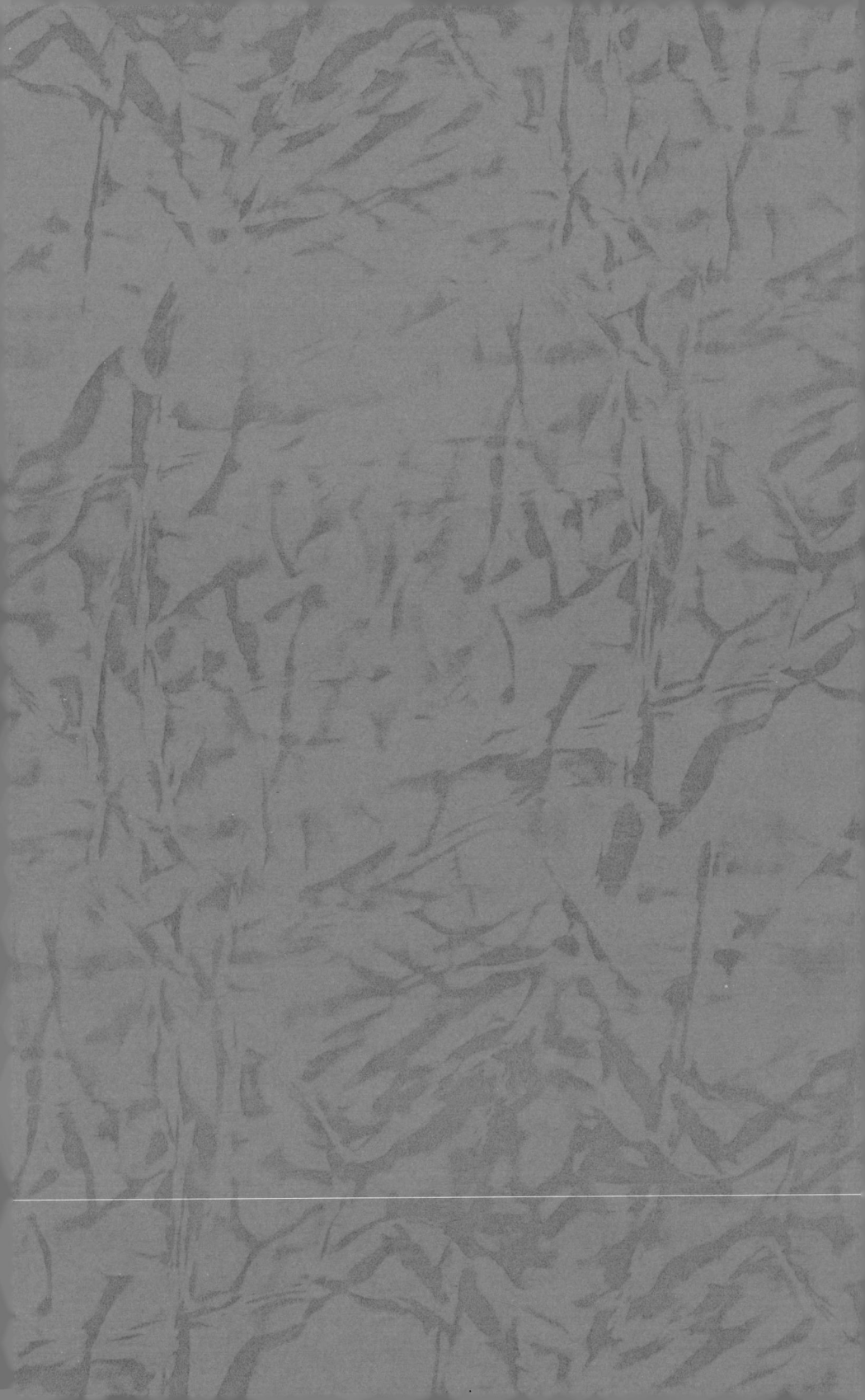

아시아의 드라마

K. G. Myrdal
Asian Drama
An Inquiry into Poverty of Nations

K. G. 미르달 저 / 최광열 역

서음미디어

【권두부록 · 1】

행복의 경제철학

1970년 4월 4일
일본 오오사까 매일국제 살롱에서

만장하신 여러분, 동지 여러분, 유감스럽게도 나는 일본어를 말하지 못하며, 이제부터 배울 만한 시간도 없습니다. 그러나 나는 여러분들이 죽은 자의 기나긴 이야기에도 귀를 기울인다는 것을 알고 있으며, 나는 아직 죽은 자가 아니라고 하는 것을 감히 말해두는 바입니다.

나는 오늘 아침에 이곳에서 열리고 있는 만국박람회를 보고 왔습니다만 그 테마는 인류의 진보와 조화였습니다. 오늘 나는 테마의 끝에서 의문부호를 붙임으로써, 제도학파의 경제학자로서 그리고 사회과학자로서 현대세계의 추세가 과연 만국박람회의 테마를 달성하는 방향으로 가고 있는지의 여부를 말해보고자 합니다.

나의 최근의 저서인 「아시아의 드라마(Asian Drama)」의 여러 곳에서 밝히고 있는 바와 같이, 나는 이 점에 관해서 깊은 의문을 가지지 않을 수 없는 많은 이유가 있습니다. 그러므로 나는 우선 만국박람회에 관련해서 이러한 기획을 하시게 된 분들에게 경의를 표하고자 합니다. 그분들은 만국박람회의 이러한 테마에다 의문을 던지는 형태로 강연을 해주기를 바라면서 나를 초청했던 것입니다. 이것은 나에게는 다음과 같은 의미를 가지는 것으로 생각됩니다. 즉, 그분들은 사물의 자유로운 검증에 깊은 이해를 가지고 있고, 또한 만국박람회를 열게 한 장래에의 밝은 전망에 대해서도 의심을 품을 만큼의 치밀함을 가지고 있다고 하는 것입니다.

그렇지만, 이 테마가 세계의 발전의 가능성과 그 기회에 관해서 말하고 있는 한, 나는 공감을 느끼게 됩니다. 만약 모든 나라의 정책을 결정하는 사람들이나 그 배후에 있는 국민들이 이성적이고 우리들의 공통적인 이념에 대해서 충실하다고 한다면, 그리고 만약 국제분쟁에 대해서 합리적인 해결을 얻고자 협조하게 된다면, 인류가 진보를 누릴 수 있고 조화를 실현할 수 있는 기회가 오늘날에 있어서는 이 때까지의 어느 시기보다도 많을 것으로 생각합니다.

과학이나 기술은 오늘날 더욱 더 급커브를 그리며 발전하고 있습니다. 이러한 발전은 우리들의 노력을 한 데 뭉치게 해서 인간의 행복을 위협하는 영원한 적, 즉 무지―기아와 타락 및 허약의 원인이 되는 빈곤과 질병 및 요절(夭折) 등에 대해 효과적으로 싸우기 위한 새로운 무기로서 사용할 수 있을 것입니다.

모든 사람들의 생활수준의 향상이나 세계적 규모로 발달하게 된 통신망의 덕분으로, 우리들은 여가를 선용하고 여러 가지 형태로 모든 국민들 사이에서 오랫동안 축적되어 왔던 문화적 재보를 충분히 향수할 수 있게 되었습니다.

이 세계가 분별 있는 세계라고 한다면 기아·궁핍·무지·공포 등과 같은 것이 없는 낙원의 상태에 곧 접근하게 될 것입니다. 그리고 이러한 방향으로의 노력이나 이에 따르는 얼마간의 성과에 의하여, 우리들의 모험심이나 인류의 희망에 넘치는 건전한 마음은 충족되는 것이 아닐까요.

그럼에도 오늘날의 세계는 이상 말한 바와 같은 의미에 있어서는 분별을 잃고 있습니다. 또한 현재로는 다소라도 분별을 잃지 않고자 하는 경향을 찾을 수조차 없습니다.

과학이나 기술의 급격한 진보에 의해 우리들도 자연을 극복할 수 있는 큰 힘을 얻게 된 셈입니다만, 이에 따를 만큼의 합리적 정신과 선의가 몸에 베이게 할 정도로 우리들의 마음이 개발되고 있지는 않습니다.

세계가 인류의 진보와 조화에의 길을 걷고 있는가의 여부를 판단하는데 중요한 점이 되는 현대의 추세에 언급하기 전에, 나는 나의 강연이 '조건부'라고 하는 것을 말해두고자 합니다. 주어진 테마가 너무나도 광범위에 걸쳐 있으므로, 나로서는 극히 간결한 표현을 취하지 않을 수 없습니다. 그리고 대담한 일반론을 말하는 외에는 방도가 없으며, 나의 주장을 논증하는 것도 생략하지 않을 수 없습니다. 그러나 이제부터 내가 말씀드리고자 하는 문제에 대한 보다 완전한 논술이나 결론에 대한 과학적인 논증은 최근 출간된 나의 저서 속에 나타나 있으므로, 참고로 말씀드리는 바입니다.

 제2차 세계대전이 끝날 무렵, 파시스트 세력에 대해 승리를 거두게 된 연합국 측의 모든 정부는 국제연합과 그에 관련된 전문기관을 설립하여 보다 긴밀한 국제적 협력관계를 맺고자 하였던 것입니다. 이러한 정부 간의 모든 기관은 전 지구적인 것이어서 중립국이나 적국도 되도록 빨리 참가시키려는 방침이었습니다. 그러나 이에 대한 큰 예외로서 현재에도 중국과 두 개의 독일이 있습니다. 국제연합의 목적은 그 헌장의 전문에 다음과 같이 정의되고 있습니다.

"관용을 실천에 옮기고, 또한 선량한 이웃으로서 서로 평화롭게 생활하며, 국제적 평화와 안전을 유지하기 위하여 우리들의 힘을 합치고, 공동의 이익이 되는 경우를 제외하고는 무력을 사용하지 않을 것을 원칙적으로 받아들이는 한편, 그 방법을 제도화하는 것에 의해 확보하고, 모든 인민의 경제적·사회적 발전을 촉진하기 위해 국제기구를 사용할 것."

확실히 국제연합의 테두리 내에서, 각국 정부 간의 모든 기관의 협력을 통해서 상당한 성과가 이루어지게 되었다고 함은 부정할 수 없을 것이나, 명문화된 당초의 목표에 조금도 접근하지 못하고 있음도 또한 명백합니다. 이것이 일반적으로 국제연합의 실패라고 불리워지고 있는 것입니다.

　실패의 원인은 아시다시피 냉전에 돌려지고 있습니다만, 세계를 두 개의 초대국인 미국과 소련에 의해 이끌리게 되는 두 개의 진영으로 분열시킨 냉전에만 그 원인이 있는 것은 아닙니다. 그것만으로는 불충분합니다. 내가 관계하고 있는 경제적·사회적 분야에 있어서의 거의 모든 국제기구는 발족 당시부터 '동부세계'를 제외하고 있었기 때문에 당초에 예상되었던 만큼의 성과를 올리지 못하게 된 것입니다. 이러한 일반적으로 국제연합의 실패라고 불리워지고 있는 것을 근본적으로 추구해 본다면, 그것은 개개 정부의 실패이고, 특히 대부분의 대국 정부가 국제연합의 헌장에 내세워진 정신에 따라 행동하지 않았기 때문이라고 할 수 있습니다. 그리고 이러한 개개의 정부가 초래한 실패의 배후에는 개개국가의 소박한 민족주의의 영향이 있습니다.

　나는 전쟁 직후에 널리 그리고 솔직하게 기대되고 있었던 정부 간의 협력이 실현되지 못했다고 하는 것이 인류의 진보와 조화를 가져오게 하는데 대해 하나의 불리한 추세를 낳게 했다는 것을 우선 지적하려 합니다. 국제연합헌장을 충실하게 실천에 옮기게 되었더라면, 오늘날의 세계는 분명히 달라지게 되었을 것입니다.

오늘날 이러한 추세가 달라지고 있다는 징후는 어디에서도 찾을 수 없습니다. 이러한 걱정스러운 추세를 되돌리기 위해서는 보다 큰 국제주의를 계발시킬 만한 교육이 모든 나라들, 특히 부유하고 강대한 나라들에서 실시될 것이 전제로 되어야 할 것입니다.

국제협정에 의해 군비를 관리한다고 하는 중요한 의제가 매년 국제연합의 총회에서나 그 제1분과위원회에서 논의되고 있습니다. 그럼에도 불구하고 두 개의 초강대국들은 실제의 교섭을 국제연합 외에서 행하고 있고, 게다가 오직 예외적으로 극히 일부의 나라들을 참가시키고 있을 뿐입니다. 현재는 일본도 그 일부의 나라들 속에 포함되고 있습니다. 국제연합은 이 중대한 문제를 취급할 사무국을 가지는 것조차 인정을 받지 못하고 있습니다.

이러한 군비나 군축에 관한 전문적인 기관의 결여를 부분적으로나마 보충하기 위해 스웨덴의회는 정부가 제안한 스톡홀름국제평화연구소의 설치에 만장일치로 찬성하게 되었던 것입니다. 이 연구소는 스웨덴 정부는 물론이거니와 그 밖의 어떠한 나라의 정부로부터도 완전하게 독립되어 있으며, 내가 의장으로 있는 국제이사회의 관할하에 있습니다. 스웨덴

예산 이외에는 어떠한 자금도 받지 않고 있습니다. 여기서는 엄격하게 실증적인 연구만이 이루어지고 있으며, 탁상공론이나 모델이나 게임의 이론 등이 아니라 현재 실제로 초점이 되어 있는 문제만을 대상으로 하고 있습니다.

작금, 중점적으로 다루어지고 있는 연구 중에는 어떻게든 교섭의 광장에 끄집어들이고자 생각하고 있는 무기의 판매와 전쟁 수단으로서의 생화학무기에 관한 문제가 있습니다. 국제연합의 총회가 열리게 될 때 이용이 가능하도록 매년 군비와 군축에 관한 연감을 발행하고 있습니다.

최초의 1968~69년도판의 400쪽이 넘는 연감(일본에서는 너무나 알려져 있지 않은 데 놀랐습니다만)은 짧은 집필기간에 작성된 것입니다만, 작년 가을에 국제총회의 제1분과위원회가 군축문제를 토의하게 되었을 때, 여기서 폭발적인 관심을 끌게 되었습니다.

그 내용은 작년 1년간에 세계의 군사예산이 비약적으로 증대하게 되었다는 것을 밝히고 있습니다. 1969년에 전세계가 사용한 군사비는 1965년에 비해 실질적으로 30%나 증가하고 있습니다. 미국과 소련이라는 강대국만을 본다면 이 증가율은 40%에 이르고 있습니다. 오늘날과 마찬가지의 군비확장 경쟁시대였던 제1차 세계대전 전과 비교한다면 군비 지출이 무려 10배에 달하고 있습니다.

만약 이러한 추세가 그대로 계속된다면, 세계의 군비지출은 10년 내지 15년마다 배로 늘어나게 될 것입니다. 경제학자들이 기회비용(사병들이 징병에 의해 그 일부를 잃게 된 정상적인 소득액)이라고 부르고 있는 것까지 가산한다면, 군사비 지출은 현재에도 중국을 제외한 저개발국 전체의 전생산액을 능가할 만큼의 엄청난 금액에 달하고 있습니다. 군사비의 증대에 박차를 가하고 있는 것은 기술진보이며, 이것에 의해 지출은 자동적으로 증가하고 있습니다. 저개발국에 있어서 마저도 그 빈약한 재원 중에서 교육비의 몇 배가 되는 군사비를 사용하고 있는 슬픈 현실입니다.

군비경쟁을 규제하려는 교섭은 아직도 거의 진전을 보지 못하고 있습니다. 부분적 핵실험금지조약은 이러한 움직임에 대해서 명백히 효과적인 것으로 되지 못했습니다. 해마다 실험의 회수는 늘어만 가고 있습니다. 또한 핵확산방지조약도 두 개의 초대국의 군비경쟁을 끝나게 하지는 못하고 있습니다. 많은 나라들이 이 조약에 아직 조인하지 않고 있을 뿐만 아니라, 기술진보에 의해 핵무기의 제조가 쉽게, 그리고 값싸게 이루어질 수 있는 이상, 이 조약이 머지않아 사문화되고 말 것이라고 하는 것은 상상하기 어렵지 않습니다.

이제 이야기를 경제문제로 옮겨 볼까 합니다. 인류는 세 개의 계층으로 나누어진 국가들로 형성되고 있습니다. 고도로 개발되어 풍부하고 번영하고 있는 몇몇 상류의 나라들이 있으며, 나의 조국 스웨덴이나 일본도 이에 속해 있습니다. 그 밑에 중류국은 매우 적습니다. 그리고 인류의 태반을 차지하는 제3의 계층 나라들은 개발도상에 있기 때문에 그 국민의 대부분은 극도로 빈곤합니다. 이에서 명백한 것은 인류의 진보와 조화가 무엇보다도 이러한 저개발국에 살고 있는 대부분의 가난한 사람들에게 관련을 가지는 것으로 되지 않으면 안 된다고 하는 것입니다.

저개발국이 참으로 영속적으로 발전하기 위해서는 전면적인 국가개혁이 필수조건으로 된다고 하겠습니다. 이에 관해서는 NHK의 주최하에 이루어지게 될 동경의 강연에서 말할 작정입니다. 이들 나라는 철저한 평등화를 목표로 할 필요가 있습니다. 그런데 이들 저개발국의 거의 대부분에서 보게 되는 추세는 반대로 불평등을 확대시키고 있습니다. 개발이 가져오게 된 과실은 지배계급, 중산계급 및 소수의 공업 노동자의 손아귀에 들어가게 되고, 대중은 예나 다름없는 가난 속에 방치되고 있는 상태입니다.

인류의 폭발에 의해 늘어나게 된 노동력을 활용할 수 없으므로 이들 대중의 상태는 더욱더 절망적이 되고 있습니다. 그럼에도 저개발국의 국내개혁에 관해서는 거의 모든 경제개발의 문헌이 언급도 하지 않고 있고, 더욱 무시되는 경향이 있습니다. 대부분의 문헌들은 내가 보기로는 외교적이고 또한 낙관적인 편견으로 가득 차 있습니다. 우리들이 사용하고 있는 개발도상국이라는 용어는 스웨덴이나 일본에는 적용된다 하더라도 가난한 저개발국에는 들어맞지 않습니다. 무엇보다도 이러한 나라들이 어째서 저개발국으로 되지 않으면 안되었는가라는 이유와, 급속하고 안정된 발전을 방해하는 금기가 뿌리깊다고 하는 등의 귀찮은 사실은 이를 외교적으로나 지나치게 낙관적으로 피해서 넘어가는 경향이 있습니다.

저개발국의 경제 정세를 서구적인 경제이론이나 마르크스적인 경제이론을 적용해서 분석하고 있습니다만, 이것들은 모두가 극히 낮은 생활수준이 가져오는 비생산적인 기능이나 이들 나라의 제도의 관계를 올바르게 파악하지 못하고 있습니다. 이러한 이론은 개발의 정도를 국민소득이나 국민 총생산의 성장률에 의해 측정하고 있기 때문입니다. 통계적으로 볼 때, 이러한 성장률은 그 용어의 정의 및 그것이 근거로 하고 있는 기준이 되는 기본적인 개념이라는 두 가지 점에서 극히 근거가 박약한 것으로 되어 있습니다. 특히 분배면에서의 고찰이 결여되고 있는 것입니다.

일반적으로 이러한 기본적인 편견에 물들게 됨으로써 저개발국의 현황에 대해서는 필요 이상으로 낙관적인 평가가 이루어지고 있습니다. 이러한 사정에 덧붙여 선진국으로부터 가해지는 압력이나 경제원조가 국내의 평등주의적인 개혁을 억압하고 있는 소수의 권력자들의 반동적인 힘을 강화시키는 결과를 가져오고 있습니다.

다만 사회정의를 나타내는 척도가 되는 것에 그치는 것이 아니라, 농업의 생산성을 제고시키기 위해 불가결한 기초로 되어 있는 토지 개혁안, 특히 이러한 요구에 응하게 될 구체적인 제안이 논문이나, 선진국 및 후진국의 정치가들의 연설 내용으로부터 점차 사라져가고 있습니다. 인구폭발의 초기의 징조를 나타내어 노동인구가 급증하고, 불완전고용 혹은 실업이라 일반적으로 불리워지는 노동력이 충분하게 활용되지 않는 상태가 진행되고 있습니다.

근년, 이 방면에 있어서의 개선은 일반적으로 알려져 있는 것보다도 훨씬 적었다고 나는 보고 있습니다. 특히 70년대의 전망도 일반적으로 인식되고 있는 이상으로 심각한 것입니다. 비록 보통 채용되고 있는 성장률을 인정한다 하더라도, 선진국과 저개발국간에 있는 소득 및 생활수준의 격차는 종전과 다름없이 벌어지고 있을 뿐입니다. 이러한 사실은 인류의 진보와 조화를 지향하는 발전과는 상반되는 것입니다.

국제연합 총회는 만장일치의 결의에 의해 1960년대를 개발을 위한 10년으로 선언한 바가 있었습니다. 이 선언 속에는 선진국으로부터 저개발국에로의 경제원조가 증가하게 될 것이라는 막연한 약속이 포함되고 있었던 것입니다. 그러나 세계적으로 실제 어떻게 되는가를 검토해 본다면 원조액은 제자리걸음이고, 급격한 물가상승을 계산에 넣는다면 실질적으로 감소하고 있는 것입니다. 뿐만 아니라, 이러한 원조의 질은 여러 가지 의미에 있어서 악화하고 있습니다. 우선 무엇보다도 원조 그 자체가 원조공여국의 수출품과 결부되어 있음으로, 수원국이 가장 필요로 하고 있는 상품을 가장 값싼 시장으로부터 살 수 있는 자유를 속박하고 있습니다.

선진국으로부터의 경제원조가 실질적으로 증가했다거나, 그 내용이 개선되었다고 하는 징후는 전혀 없습니다. 만성적인 악화상태는 제거되지 않고 있습니다. 저개발국은 모두가 제1차 세계대전이 끝난 무렵부터 악화해 왔고, 현재도 역시 악화하고 있는 무역상의 매우 불리한 입장을 이어받고 있습니다. 이들은 농업 산품이나 공업제품의 판로를 개척하는 데 있어서 심한 차별을 받고 있습니다. 만약 선진국이 저개발국의 발전을 원조하고자 한다면, 당연히 저개발국의 무역을 우대해야 할 것입니다.

1968년, 뉴델리에서 열린 UNCTAD(국제무역개발회의)에서 저개발국이 일부 선진국의 지지를 얻어 수출 조건의 개선을 요구하였으나 성공하지 못한 채 회의는 끝나고 말았습니다. 그 후에도 이러한 추세를 근본적으로 변화시키려는 움직임은 보이지 않고 있습니다. 저개발국이 조금 전에 내가 말한 바와 같은 상태에 있는 한, 아무리 무역이나 경제원조의 분야에서 발전이 이루어진다 하더라도 인류의 진보와 조화의 선에 따라 전진하고 있다고는 말할 수 없을 것입니다.

 내가 강연의 서두에서 말했던 바와 같이, 진보와 조화를 기대하게 하는 가장 큰 이유는 과학과 기술이 가속도적으로 발달하고 있다는 데 있었던 것입니다. 이것들은 모든 사람들은 부유하게 할 수 있었던 것입니다.

 선진국이나 저개발국의 정치가들이나 경제학자들은 자그만치 20년 이상이나 근대기술의 이용만이 저개발국에 급속한 발전의 기회를 주게 될 것이라고 되풀이 말해 왔습니다. 그들은 애써 발명하거나 실험하려는 노력을 하지 않더라도, 이러한 기술은 쉽사리 받아들여질 수 있다고 생각하고 있었습니다. 그렇지만 이에는 물론 몇 개의 조건이 따라야 합니다. 이러한 근대적인 기술은 저개발국에 있어서의 구성요소의 비율의 상이점이나 그 밖의 모든 조건에 적합하게 되도록 여러 가지로 조정되지 않으면 안 됩니다. 설령 조정된다 하더라도 적합하게 되지 않는 기술도 있습니다. 게다가 전통적인 저개발국에 있어서, 특히 그 농업부문에 있어서 근대화는 자동적으로 확대될 만한 것으로 되지는 않고 있습니다. 그럼에도 불구하고, 만약 저개발국이 선진국과 단절되어 있다고 한다면, 혼자 힘으로 만들어내지 않으면 안 되었던 기술보다도 훨씬 진보된 기술을 저개발국이 이용할 수 있게 되었다고 하는 주장에는 수긍할 만한 진실이 있다 하겠습니다. 흔히 잊고 있는 것은 이 문제의 동태적인 측면입니다. 과학도 기술도 끊임없이 가속도적인 스피드로 개발되고 있습니다.

기술개발의 대부분, 즉 98% 내지 99%가 선진국에서 이루어지고 있으며, 그 비용은 선진국의 정부나 대학·재단·기업 등이 부담하고 있습니다. 당연한 이치로서 개발연구는 선진국 자체에 대해서 중요한 문제를 해결해 주는 방향을 따르게 됩니다. 그리하여 과학기술의 발달은 흔히 저개발국에 불리한 방향으로 작용을 하게 됩니다.

일반적인 결론으로 단정할 생각은 없습니다만, 저개발국의 무역상의 지위 악화의 대부분이 선진국의 기술혁신에 의해 생겨나게 되었다고 하는 것은 널리 알려져 있는 사실입니다. 선진국에로의 농작물의 수출을 어렵게 하는 원인은 보호부역주의적인 관세나 무역상의 그 밖의 장애뿐만 아니라, 토양이나 기후, 종자나 가축사육 등의 연구에 있어서 급격한 기술적 개량이 이루어지게 되었다고 하는 데 있습니다. 설상가상으로 기술혁신은 끊임없이 제1차 제품의 절약을 가능하게 해줍니다.

 기술혁신이 저개발국에 대해 불리한 작용을 주게 되는 가장 뚜렷한 예는 이전에는 저개발국으로부터 수입하게 되었던 제1차 제품의 대용품을 공업적으로 제조하는 방법이 발명되었다고 하는 것입니다. 이를테면, 합성섬유나 합성고무가 그 예가 됩니다. 현재 연구실에서는 커피나 홍차, 코코아를 대신할 만한 것을 공업적으로 제조하는 방법이 연구되고 있습니다만, 이 연구의 성공은 라틴 아메리카의 일부의 나라들에 대해서는 큰 재난을 의미하게 되는 것입니다.

 과학이나 기술의 진보를 방해하려 하는 것은 우리들의 문명정신에 반하는 행위입니다. 장기적으로 본다면, 이러한 과학기술적인 치우침에 대항하는 유일한 방법은 저개발국이 자신의 진보를 위해 재원을 사용할 수 있게 되기까지 저개발국의 사익이 될 수 있는 방향으로 대규모적인 조사나 연구를 실시하는 것입니다. 이러한 사실은 이 때까지 이루어졌던 것과는 방법에 있어서 뿐만 아니라 규모에 있어서도 질적으로 판이한 기술원조가 필요하다는 것을 말해주고 있습니다.

 생산성이 높은 종자를 개발하게 되었던 저 록펠러재단의 원조에 의한 연구 등은 우리들이 이제까지 하게 되었던 원조 중에서 가장 훌륭한 실례입니다. 산아제한의 분야에서도 하나의 돌파구가 열리게 되었습니다만, 이에도 록펠러재단의 인구문제심의회의 힘이 큰 역할을 하게 되었던 것입니다.

　이 짤막한 강연에서 모든 이유를 빠짐없이 설명하기란 불가능합니다. 나는 저개발국의 이익이 되는 노선에 따르는 과학기술의 연구야말로 선진국이 후진국에 대해서 제공할 수 있는 가장 효과적이고 가치 있는 원조라고 믿고 있습니다. 저개발국에 대해 참으로 균형을 회복케 할는지 모르는 추세의 시작은 바로 여기에 있다고 나는 생각하고 있습니다. 그렇지만 현재 이루어지고 있는 과학기술의 진보를 전체적으로 고찰해 본다면, 사태는 여전히 저개발국에 대해 불리한 방향으로 움직이고 있는 것 같이 보입니다. 어쨌든, 이러한 진보가 저개발국에 대해서도 선진국의 경우와 같이 유리한 것으로 된다고는 말할 수 없습니다. 무엇보다도 이러한 격차가 있다고 하는 것은 사태가 인류의 진보와 조화를 촉진하는 방향으로 진전되고 있는가라는 물음에 대해 회의적으로 되지 않을 수 없게 되는 또 하나의 이유인 것입니다.

　돌이켜 보건대, 인류의 태반을 차지하고 있는 저개발국의 사람들을 도외시한다면, 선진국은 수세대에 걸쳐 전례가 없을 만큼의 큰 진보를 겪어왔습니다. 이 추세는 그칠 줄을 모르게 가속도적이기도 합니다. 물론, 동구에 있는 공산주의의 선진국은 상이한 정책을 취하게 됨으로써 여타 선진국과는 아주 많은 점에서 다른 형태의 발전 경향을 보이고 있습니다.

미국은 그 국내에 있어서 도시나 그 근교가 빈민굴화한다고 하는 미개발문제를 안고 있습니다. 또한 베트남에 있어서의 대규모적인 식민지전쟁에 말려들고 있으며, 그 종말이 보이기는커녕 인도지나 반도에 확대될 우려조차 있습니다.

몇몇 선진국 간에는 커다란 차이가 있다고 하는 전제를 말했음에도 불구하고, 나는 오늘 문제로 되어 있는 것에 관해서 다소 일반화를 시도해볼까 합니다. 선진국에는 우선 먼저 급속하게 발전하고 있고, 또한 더욱 경제발전을 하게 될 것이라고 하는 밝은 전망이 있습니다. 비록 발전의 방법이나 단계에 상당한 차이가 있기는 합니다만, 모든 선진국은 2세대 내지 3세대 사이에 복지국가를 향해서 급속하게 전진하려 하고 있습니다. 이것은 선진국들이 경제발전의 과실의 일부를 불우한 그룹이나 개인을 위해 공급할 수 있게 되었다고 하는 것을 의미합니다. 나에게는, 선진국에 있어서는 평등주의적인 개혁이 계속 가속화되리라는 전망이 있습니다.

앞에서도 지적했던 바와 같이, 인류의 대다수는 저개발국에 살고 있습니다. 그러나 우리들의 시야를 선진국에 살고 있는 소수의 사람들로 한정해 버린다면, 경제적 발전뿐만 아니라 보다 큰 사회적 조화에 관해서도 중단 없는 전진을 기대할 수 있을 것 같습니다.

지금 이 강연에서 말하고 있는 문제에 대해서 중요한 것은 선진국에 있어서 경제적 및 사회적인 진보가 이루어지게 됨에 따라 사람들의 시야를 좁게 하고 마는 경향이 있다고 하는 것입니다. 민주적인 복지국가일수록 국민주의적으로 되는 경향이 있습니다. 이 짤막한 강연에서는 나의 결론을 뒷받침할 만한 시간이 없으므로 부수적인 의견을 말하는 것으로 그치지 않을 수 없습니다. 그러나 이러한 일이 생겨나게 되는 인과관계에 관해서 하나의 힌트를 주는 것은 가능하다고 보겠습니다.

나는 모든 선진국에 있어서 인플레적인 물가상승을 억제하기란 매우 어려운 일이라고 하는 것을 지적하려 합니다. 이러한 움직임의 배후에는 일반시민들이 경제성장의 몫으로서 보다 높은 소득을 바라고 있고, 또한 보다 많은 소비를 희구하고 있다고 하는 사정이 있습니다. 사람들은 한층 쾌적한 도로나 학교, 병원 등을 희구하고 있습니다. 세금이 지는 것은 환영하지 한고 있습니다. 아무것도 지불하지 않고는 무엇인가를 얻는다는 것이 불가능하다고 하는 것을 이해하기 위해서는 어떠한 선진국도, 이를테면 스칸디나비아국마저도 아직 달성하지 못하고 있을 정도의 높은 교육수준을 필요로 하는 성 싶습니다.

국내경제의 균형이 깨뜨려진다면 언제나 국제수지의 균형이 위태롭게 되는 법입니다. 오늘날, 많은 선진국은 심각한 외환위기에 빠져 있다고 말해지지만, 실제로 모든 선진국이 그러한 곤란에 부딪치게 될는지 모르는 위기감을 가지고 있는 것 같습니다. 선진국은 유동자산의 부족상태에 빠지고 있다거나, 무역상의 특권을 주는 것에 인색하게 되었을 때의 변명이나 구실로 사용해 왔습니다.

우리들이 최근 수년간에 겨우 깨닫기 시작하게 된 인류의 장래를 에워싸고 있는 또 하나의 불길한 경향은 공기와 물, 토양 등의 급격한 오염이나 오물입니다. 나 자신이 사회생태학적 문제의 전문가가 아니기는 합니다만, 자연과학자인 몇몇 친구들의 말에 의하면 공해는 인간생활의 넓은 분야에서 급속하게 진행되고 있다고 합니다. 공산주의국에 있어서도 저개발국에 있어서도, 위험에 직면하고 있다고 하는 점에서는 다를 바가 없습니다.

이러한 추세를 가져오게 한 원인은 어느 정도 인구증가와 전세계적인 경향인 도시화에 기인하는 것입니다. 그러나 보다 중요한 원인은 목전의 이익 외에는 생각하지 않는 근대기술의 부주의한 남용에 있는 것입니다. 좁은 기술적·경영적인 관점에서 이루어진 계산 외에는 고려에 두지 않고 있는 것입니다.

이러한 방식에 입각해서 공공사업이나 민간기업이 기획되고, 자동차가 설계되고, 휘발유를 소비하고, 농민은 수확을 올리고 있는 것입니다. 이러한 추세를 바꾸기 위해서는 공적인 힘이 대규모적으로 개입해서 통제해야 함으로 다액의 예산이 투입될 필요가 있습니다. 국제연합의 환경에 관한 회의가 1972년 스톡홀름에서 개최될 예정입니다만, 이를 위해 현재 모든 가맹국이 준비를 갖추고 있는 중입니다. 나는 이 회의에서 어떤 성과가 얻어지기를 바라는 마음 간절합니다. 과연 여론의 힘에 의해서 정부나 국가로 하여금 방대한 경비를 지출케 하여 환경을 파괴하는 자유에 대해서 일대 제한을 가하게 할 수 있을 것인지, 그리고 돌이킬 수 없는 재앙을 가져오기 전에 이러한 정부의 결단을 내리게 할 수 있을 것인지의 여부는 모두가 의심스럽습니다.

또 하나, 인류의 행복에 대해서 위험한 동향은 마약의 유행입니다. 화학·의학·약학의 발달에 의해 더욱 많은 마약업이 발견, 발명됨으로써 비록 그것이 육체나 정신을 파괴하는 일이 있다 하더라도 복용하고 싶은 유혹에 빠지게 되는 것입니다. 약의 오용을 근절하는 운동은 아시다시피 매우 어려운 과업입니다. 각종의 마약의 생산이나 판매를 감시하기 위해서는 밀접한 국제협력이 필요합니다. 설령 그것이 실현되었다 하더라도, 마약의 밀무역을 감시한다는 것은 엄청나게 어렵고 또한 효과도 얻기가 어렵습니다. 게다가 기술이 발전함에 따라 이처럼 위험하고 더욱이 매혹적인 마약은 차고 뒤에 설치될 수 있는 조잡한 설비를 갖춘 제조공장 속에서 간단하게 제조되기에 이를 것입니다.

솔직하게 말해서 약품에 관한 장래의 발달을 생각할 때 나는 소름이 끼칩니다. 이와 같은 과학기술이 얼마나 인간의 행복을 파괴하게 되는가의 단적인 예입니다.

지금껏 나는 인류의 진보와 조화에 대해 위험천만인 현재의 동향의 약간을 열거해 왔습니다만, 이로부터 오늘날의 우리들의 상황은 이제까지의 시대에 비해 훨씬 위험한 것이 아닐까 하는 의문이 당연히 생기게 됩니다. 나의 답은 유감이지만 '예스'입니다.

인구의 폭발적 증가는 제2차 세계대전 이전에 생겨나게 된 의학기술의 진보가 가져온 것이기는 합니다만, 이것은 사상 유례가 없는 것입니다. 세계적으로 보더라도 소수의 나라들에 있어서 부분적으로 성공을 보게 되었다고 해서 쓸 데 없는 낙관을 불허하고 있을 뿐만 아니라, 사망률의 급격한 저하가 저개발국의 국민 간에서 산아제한이 보급되는 것에 의해 상쇄될 수 있는 데까지는 이르지 못하고 있습니다. 또한, 내가 이번의 일본 체류 중에 하게 될 다른 강연에서 지적하는 바와 같이, 충분히 활용되지 않는 노동력은 여전히 현재의 비율 내지는 그 이상의 비율로서 금세기 말까지는 계속 증가하게 될 것이고, 산아제한이 실제로 보급된다 하더라도 이러한 경향에는 다름이 없을 것입니다. 나아가 군비경쟁에 있어서 대량으로 저축된 핵무기나 더욱 더 완성화된 생화학 무기가 언제 사용될는지 모르는 공포감은 우리들의 시대에 이르러 처음으로 등장하게 된 것입니다. 즉, 이처럼 역사에서 전례를 보지 못할 만큼의 엄청난 위험은 과학적인 발견이나 기술적인 발전을 파괴적인 목적으로 이용하려는 나쁜 결과에 불과합니다.

나의 친구의 한 사람이 버어틀란드 럿셀경을 작고하시기 몇 주 전에 만난 일이 있었는데, 럿셀경은 인류가 금세기 말까지 생존할 수 있는 확률은 대략 50%라고 냉정하게 계산하시더라고 합니다. 매우 박식한 어느 전문가가 나에게 귀뜸해 준 계산에 의하면 인류가 수세기 말까지 멸망하게 될 가능성도 같은 정도라고 합니다. 위험성을 이것보다도 이하로 보고 있는 사람은 없습니다.

마찬가지의 동향이 그 밖에도 있습니다. 그것은 이른바 세대의 갭이라 불리워지고 있는 것이며, 일본을 포함한 세계 도처의 대학에서 젊은이들이 반항하고 있다는 것은 누구나 다 알고 있는 사실입니다. 나는 근본적으로는 이들 젊은이들의 심정을 충분히 이해할 수 있습니다. 왜냐하면, 그들은 이러한 세계의 추세를 가는 데로 내버려 둔 채 그것을 막으려고도 하지 않았던 구세대는 대체 어떠한 인간인가라고 묻고 있기 때문입니다. 이러한 의미에 있어서 나는 젊은이들의 반항을 납득할 수 있습니다. 그러나 세계를 향해서 무엇이 일어나게 될 것인가를 설명할 때의 안이한 방법이나, 그 방법을 진리를 탐구하기 위한 피눈물나는 노력(나는 이를 위해 평생을 바치게 되었습니다만)도 없이 단순한 학설로부터 끄집어내고 있는 것에 대해서는 고전의 노학자의 한 사람으로서는 쉽게 이해할 수 없습니다. 그러나 나의 조국이나, 특히 일본이나 독일과 같은 나라에 있어서 이 문제는 커다란 위험성을 가져오게 할는지 모를 정도로 어렵게 되고 있습니다.

지금껏 말해 왔던 것을 정리해서 생각해 본다면, 인류는 확실히 역사상 보지 못했던 상태에 놓여 있는 것을 알 수 있습니다. 인류는 진보와 조화의 위기는 고사하고 그 생존마저도 위태롭게 되는 상태에 부딪치고 있는 것입니다. 나는 이러한 견해가 비관적인 것이 아니라 극히 현실적인 것이며, 패배론도 아니라는 것을 강조하려 합니다.

내가 이곳에서 말하고 있는 결론은, 우리들은 현재의 세계추세를 다른 것으로 바꾸기 위해 보다 진지하게 노력하고 더욱더 신념을 가지고 싸우지 않으면 안 된다고 하는 것입니다. 우리들이 현재 필요로 하는 용기는 절망으로부터 우러나온 용기이지 환상이나 낙관주의에서 생겨나는 용기는 아닙니다.

이상하게도 미국과 소련이라는 초대양국은 매우 유사한 데가 있습니다.

소련에서는 내가 말하고 있는 바와 같은 현실적인 견해는 부르조아적 편향으로 단정되고 있습니다. 미국에서는 말할 나위도 없이 용기를 내기 위해서는 낙관주의적으로 되지 않으면 안 된다고 믿고 있습니다. 나는 용감하게 되기 위해서는 가장 안이한 방법으로 될 뿐만 아니라 환상으로도 된다고 생각합니다. 설령 그릇된 낙관주의를 품고 있는 여러분이 그 길을 걷는다 하더라도, 머지않아 여러분은 현실의 진전에 부딪치게 됨으로써 자신을 수정하지 않으면 안 되게 될 것입니다. 현재의 추세를 바꾸고, 이러한 위험성을 위대한 가능성으로 바꿔놓을 수도 있는 것입니다.

이것은 일찍부터 그것에 관해서 생각한 일이 있었던 한 사회과학자로서 꼭 말씀드리고자 하는 것입니다만, 나는 역사는 운명이 아니라 인간이 만든 것이라고 생각하고 있습니다. 나는 이러한 점이 미래학에는 근본적으로 결여되어 있다고 봅니다. 미래는 인간의 행동, 즉 정치가나 국가의 행동 여하에 달려 있으며, 과학자가 어디까지 그들의 편견을 불식하고, 권력자 속에서 얼마나 많은 반응을 얻을 수 있을까 하는 것에 있는 것입니다.

역사는 운명이 아니라 인간이 만드는 것입니다. 만약 이러한 위험을 모두가 깨닫게 할 수 있다고 한다면, 무지로 말미암아 이상에 대한 신념을 잃게 된 모든 사람들이나 우리들의 정부 정책을 마침내는 전환시킬 수도 있을 것입니다. 국제연합의 하는 일도 이때까지처럼 실패가 아니라 성공으로 이끌 수가 있을 것입니다. 이것은 일생에서 가장 충실한 10년간을 EEC(구주경제공동체)를 위해 바쳐 온 한 사람으로서 말씀드리는 것입니다만 그 때의 경험에 비추어본다면 아무리 작다 하더라도 국가 간에 협력관계가 맺어지기만 한다면, 그것이 계기가 되어 한층 더 전진할 수 있는 힘이 생겨나게 되는 것입니다.

완전한 성공이라고 하는 것은 없고, 완전한 실패라고 하는 것도 있을 수 없습니다. 모든 나라의 사람들이 힘을 집결한다면 국제연합에 있어서의 현재의 추세는 바꿀 수가 있을 것입니다. 그칠 줄을 모르고 거의 자동적으로 진행되고 있는 군비경쟁에 관해서도, 일찍이 아이젠하워 대통령이 지적한 바와 같은 산군공동체에 반대해서 미국과 소련의 국민을 일어서게 하여, 미친 듯한 군비경쟁을 하지 않는 것이 합리적이라고 하는 것을 깨우칠 수도 있을 것입니다. 또한 특히 뛰어난 힘의 소유국이 아닌 일본이나 스웨덴과 같은 중립국이 군비경쟁을 막도록 작용하는 것도 불가능하지는 않을 것입니다. 국제연합 총회는 전혀 쓸모가 없는 것은 아닙니다. 이를테면, 전번의 총회에서는 생화학 무기를 국제법에 의해 배제시킨다고 하는 것이 확인되었습니다만, 이것에 동의하지 않았던 미국에 동조한 것은 남아프리카연방과 포르투갈 뿐이었고, 스웨덴도 일본도 기권하지 않았습니다. 국제연합 총회에서는 국제여론을 조성해서 초강대국까지도 압력을 가할 수 있는 가능성이 있는 것입니다.

당연한 일이지만 우리들이 만약 과학자들을 파괴적으로가 아니라 건설적으로 활용한다면, 공기나 물이나 토양의 오염을 막기 위해서는 어떠한 희생을 치러야 할 것인가를 우리들은 알게 될 것입니다. 이러한 추세에는 필연적이라고 할 만한 것이 아무것도 없습니다. 그 모두가 가변적인 것이고, 이러한 변화는 사람들을 교육시킴으로써 비로소 가능하게 되는 것입니다. 우리들은 사람들이 저개발국에 대해 가일층 지원을 하도록 교육할 수도 있을 것입니다. 나아가 저개발국의 사람들이 교육제도나 토지제도를 개혁하고 부패를 일소하여 훌륭한 사회적 규율을 확립하려고 할 때 꼭 필요하게 되는 국내의 대개혁에 저개발국들이 전지하게 착수할 수 있도록 계몽해 나아가야 할 것입니다.

수년 전 FAO(국제농업식량기구)가 해마다 두 번씩 열리고 있는 회의에서 나는 120여개 국에서 모인 농림부장관이나 농림 관계자들 앞에서 강연을 한 적이 있었습니다. 그 때, 나는 언제나 나의 가슴 속에서 나의 마음을 괴롭히고 있던 어떠한 생각에 관해서 이야기하게 되었던 것입니다. 나는 그 연설을 다시 한번 되풀이함으로써 오늘의 강연을 마칠까 합니다.

"우리의 미래에 현재로는 생각지도 못할 일들이 일어날는지도 모른다고 하는 것을 생각해 본 일도 없이, 하루를 오직 일하는 것만으로 지내는 것을 행복하게 느끼고 있는 우리들 동포들을 볼 때, 나는 두려움으로 몸서리가 날 지경입니다. 핵무기경쟁, 생화학무기의 개발에 따르는 전쟁 준비의 현실에 관해서 우리들은 너무나 모르고 있는 것이 아닐까요. 무서운 파괴무기의 발전을 정지시킬 만한 정부간 협정은 맺어지지 않은 채 시간을 흘러만 가고 있습니다. 기술의 진보는 살상전쟁을 위한 무서운 무기를 값싸게 또는 용이하게 장비시키게 될 것입니다. 상산조차 할 수 없는 위험한 재난이 식랭생산에까지도 미치고 있습니다.

우리들은 머지않아 죽는다고 하는 생물로서의 운명을 가지고 있으며, 우리들도 이것을 당연한 이치로 생각하여 하루를 일하고 생활을 즐기고 있습니다. 그렇게 생각하지 않는다면 인생은 견디기 어려운 것으로 되고 말 것입니다. 그러나, 죽음에 대해서 우리들은 무엇을 할 수 있단 말입니까. 우리들은 죽더라도 국가와 국민은 살아남게 될 것입니다. 개인으로서 생자필멸(生者必滅)의 이치를 넘어서지 못하는 태도는 우리들이 국가와 사회의 일원이라는 입장에서 본다면, 사회에 대해서는 극히 위험한 퇴보적인 태도인 것입니다. 사회의 파멸은 개인의 파멸과는 다른 것입니다. 우리들은 어떻게 해서든 사회의 파멸을 회피하지 않으면 안 됩니다. 만약 우리들이 국가와 사회의 장래를 예견하고, 파멸에의 길로부터 벗어나지 않는다면, 우리들은 멸망하고 그 후에는 자손들마저도 살아남지 못하게 될 것입니다."

【권두부록·2】

아시아의 드라마
- 남북문제의 미래상 -

1970년 4월 9일
일본 동경 경제단체연합회 홀에서

    나는 어제 오오사까의 만국박람회에 갔다 왔습니다. 그리고 그곳에 넘쳐흐르던 엄청난 박력과 낙관주의를 피부로 느끼게 되었던 것입니다. 이와 같은 낙관주의는 일본처럼 기적적인 성공을 거두게 된 나라에 대해서는 자연스러운 일일 것이고, 스웨덴을 포함하는 선진국에 있어서 마저도 이러한 경향을 볼 수 있습니다.
    그렇지만, 오늘 이곳에서 나는 만국박람회의 테마가 인류의 진보와 조화임에도 불구하고, 여러 가지 점에서 현재의 추세는 그와 반대로 인류의 진보와 조화를 위험 속에 휘몰아 넣는 방향을 치닫고 있다고 하는 사실을 지적하지 않을 수 없습니다.
    이 강연에 앞서 하게 되었던 또 하나의 강연에서, 나는 국제협력에 관해서 다소 한심스러운 흐름이 있다고 하는 것을 이야기했습니다. 국제연합헌장에는 평화를 유지하고 군비를 제한한다는 것뿐만 아니라, 만국박람회의 테마인 인류의 진보와 조화를 가져오기 위해서는 인류의 협조적인 세력이 이루어지지 않으면 안 된다고 규정되고 있습니다. 그러한 국제연합 자체의 노력에도 불구하고, 전체적으로 오늘날에 있어서 국제연합의 실패를 인정하지 않을 수 없습니다. 즉, 국제연합의 실패는 국제연합 기구의 실패가 아니라, 협력하지 않으면 안 되는 모든 정부의 실패, 특히 초강대국 정부의 실패인 것입니다. 이러한 가슴 아프게 하는 경향으로서 우선 군비확장 경쟁을 들지 않을 수 없습니다.

1965년에서 1969년에 이르는 최근 4년 동안에 전세계의 군비확장 경쟁의 비용은 실질적으로 30%나 늘어나게 되었고, 미소 양대국에 관해서 말한다면 심지어 40%에 달하고 있습니다. 부분적 핵실험 정지조약도 실효를 거두고 있기는커녕, 핵실험은 급격히 늘어가고 있습니다.

다음으로 인류의 진보와 조화를 위태롭게 하고 있는 추세가 있다고 하는 것도 지적하지 않을 수 없습니다. 현재, 우리들은 얼마나 대기가 오염되고, 물이나 토양이 오염되고 있는가에 눈을 뜨기 시작했습니다. 이러한 환경의 파괴에 대해서 우리들은 어떠한 대책을 강구하지 않으면 안 됩니다. 환경파괴는 선진국, 저개발국을 가릴 것 없이 전세계의 공통된 골치꺼리입니다. 이와 마찬가지의 관점에서, 그 밖의 약간의 추세에 관해서도 말해보고자 합니다. 그것은 무엇보다도 오늘

나의 연제로 되어 있는 선진국과 저개발국간의 격차가 벌여져 가고 있다고 하는 것입니다.

이러한 주장을 하기에 앞서, 나는 전에도 거의 같은 것을 느끼고 있었던 것입니다만, 아시다시피 3년 전에는 캐나다 몬트리올이란 곳에서 만국박람회가 열렸습니다. 몬트리올만국박람회는 그 전에 열렸던 뉴욕의 세계박람회의 대실패와 비교해서 대성공이었습니다만, 이때의 만국박람회의 테마는 '인류와 그 세계'라고 하는 것이었습니다.

나는 한 사람의 경제학자로서 오늘날의 세계를 내다볼 때, 현재의 세계는 물론 제 정신을 가진 세계라고 하는 전제에서 이야기할 생각이었습니다만, 여러 가지 사실들을 직시한 끝에, 세계는 제 정신이 아니고 오히려 돌아있다고 하는 결론에 도달하게 되었던 것입니다.

몬트리올의 테마였던 '인류와 그 세계'라는 이름이 붙여지게 되었던 세계는 불행하게도 도처에서 기아와 질병, 급사에다, 높은 유아의 사망률과 원시적인 생활수준에 허덕이고 있었던 세계였던 것입니다.

나를 이곳에 초청해 주신 분들은 '과학과 기술의 진보는 이 세계에 낙원을 가져다 준다'고 하는 이야기를 할 것으로 기대하실지 모르지만, 그 대신에 나는 적어도 오늘날 세계의 정세는 선진국의 한 줌의 상류계급에 속하는 사람들에 대한 것을 제외하고는 도리어 악화일로에 있다고 하는 이야기를 하지 않을 수 없습니다.

만국박람회의 테마인 인류에 관해서 말하려고 한다면, 세계의 대부분의 인류가 저개발국에 살고 있다고 하는 사실을 도외시하고는 이야기가 되지 않을 것입니다. 일본은 아시아에서 유일한 고도 개발국이기는 합니다만, 그러나 세계인구의 반수 이상은 일본 외의 아시아에 살고 있으며, 그들은 정도의 차이가 있을지언정 저개발국의 주민입니다. 이들 저개발국에 있어서 인구는 급속하게 증가하고 있으며, 금세기 말까지는 인구가 대략 현재의 배로 될 것이 예측되고 있습니다. 그리고 다가오는 30년 동안에는 겨우 얼마간의 인구증가율을 줄이기 위해서도 대중들에게 산아제한이라는 것을 보급시키지 않으면 안 됩니다.

여하튼, 노동력으로 될 수 있는 인구는 출생률의 변화에 관계없이 대체로 현재의 인구증가율과 동일한 템포로 계속 늘어나게 될 것입니다. 앞으로 15년간에 노동력으로 될 연대의 사람들은 이미 태어나 있기 때문입니다. 그리고 그들은 다음 시대의 아버지나 어머니가 되는 것입니다. 사망률을 감소시킨다고 하는 것은 인구의 장래의 규모를 증가시킬 뿐입니다.

현실적인 예측에 입각해서 본다면, 20세기 말 무렵에는 산아제한의 점진적인 보급의 결과로서 예측되는 노동력 증가율의 저하는 그다지 크지 못할 것입니다. 여러 가지 조건들을 고려한다면, 아시아의 저개발국에 있어서의 고용 노동력은 2배 이상이 되고 말 것이 예상되기도 합니다.

그렇다고 해서 저개발국의 사람들에게 산아제한을 보급시키기 위한 인구정책을 재빨리 그리고 강력하게 추진할 필요가 없다고 하는 것을 말하고 있는 것은 아닙니다. 그 이유의 하나는, 이대로 간다면 다음 세기에는 엄청난 노동력의 증가가 생겨나게 됨에 틀림이 없을 것이므로 어떻게 하든 인구 증가는 억제할 필요가 있는 것입니다. 그리고 인구 증가율을 억제한다면, 그 직접적 결과로서 연령 구성이 달라지게 되고, 그 결과 부양의 의무를 줄게 할 수도 있을 것입니다. 이것은 결과적으로 자녀의 수를 줄게 하여 1인당 소득이나 생활수준을 향상시키는 것이 되기 때문입니다. 이러한 것들은 산아제한의 직접적인 효과로 볼 수 있기 때문입니다.

그리고 직접적이나 간접적으로 이것은 보다 근면하게 보다 효율적으로 일하는 노동력의 능력, 즉 노동력 이용의 효율을 상승시키게 될 것입니다. 이러한 산아제한 보급의 직접적인 효과는 일반적으로 생각되고 있는 것과는 반대로 인구밀도가 낮은 나라들이나 지역에 있어서도 마찬가지로 중요한 것입니다. 이를테면, 일반적인 통념으로는 라틴 아메리카와 같이 토지가 넓은 지역에서는 산아제한을 할 필요가 없다고 생각되고 있습니다. 이러한 생각을 가지고 있는 사람들은 자녀의 수가 적어진다면, 대중의 생활수준이 곧 향상된다고 하는 직접적인 효과에는 눈을 뜨지 못하고 있는 것입니다.

  인구폭발의 진상에 대해서 1960년의 국세조사가 판명될 때까지 우리들은 알지 못하고 있었습니다. 이 인구폭발은 아시아의 저개발국의, 그리고 실제로는 전세계의 저개발국의 현재와 미래를 생각할 때 가장 중요한 변화인 것입니다. 인구의 폭발적 증가는 우리들이 이제까지 달성하게 된 중요한 개량이나 발전의 노력을 훨씬 능가하고 있는 것입니다. 만약 현재의 후진국들이 안정된 인구패턴을 가지게 된다면, 그 미래는 매우 밝은 것이 될 것입니다. 만약 그렇게 된다면, 저개발국에서의 국내개혁과 선진국으로부터의 원조는 그 긴요성을 잃게 될 것으로 생각합니다. 그리고 또한 전반적으로 보아 국내 개혁은 실시하기가 쉽게 될 것이며, 선진국으로부터의 원조는 그다지 거액이 아니라 하더라도 효과를 올릴 수 있을 것입니다. 시간이 흘러감에 따라, 점진적인 발전이 한 단계로부터 다른 단계로 그 자체의 운동법칙에 의해 움직이게 될 것이고, 계획의 필요성과 국가개입은 그다지 필요하게 되지 않을는지 모릅니다.

  내가 볼 때 아시아의 저개발국은 전세계의 저개발국과 마찬가지로, 제2차 세계대전 후의 독립 초기부터 공업화를 중요한 과제로 내세우고 있었습니다. 근대기술을 이용한 대규모적인 공업화를 꾀하게 되었던 것입니다.

이러한 공업화 계획의 방향은 저개발국의 현황과 노동력의 급격한 증가를 감안한 장래에 대한 합리적인 전망이라고도 말할 수 있을 것입니다. 7억에서 머지않아 8억 명으로 될 인도와 파키스탄과 같은 나라는 그 인구가 다음 세기 초까지 2배까지는 늘지 않을 것 같으나, 만약 그 노동력의 상당히 큰 부분을 농업 외의 산업에 흡수할 수 없게 된다면, 그들은 생활수준을 향상시킬 수 없을 뿐만 아니라, 현재의 비참한 소득수준과 생활수준을 유지하기조차도 어려운 상태에 빠지고 말 것입니다. 이 판단은 농업에 있어서 어떠한 개량(改良)이 구상되고 있다고 하더라도 틀림이 없을 것입니다.

노동력의 급속한 증대를 예측한다면, 이 진리는 미얀마·태국·인도네시아와 같은 인구밀도가 낮은 아시아의 저개발국에도 들어맞습니다. 농업생산의 개량을 목적으로 하는 각종 노력의 결과가 인구의 증가로 말미암아 수포로 되고 만다는 것은 훗날의 일이라고 하더라도, 지금 이들 나라가 공업화를 필요로 하고 있다고 하는 것은 엄연한 사실입니다.

공업화가 필요하고, 필연적인 것이며, 또한 되도록 빨리 공업화를 서둘러야 한다고 말해지고 있습니다. 그러나 금후 수십 년 사이에는 근대공업이 노동력의 고용을 실질적으로 증가시키게 되리라고 기대할 수 없다고 하는 것을 지적하지 않을 수 없습니다. 농업으로부터의 잉여인구를 공업에다 투입시킨다고 하는 생각은 전혀 넌센스입니다. 공업화에 의해 생겨나게 되는 노동수요는 공업화의 비율뿐만 아니라 공업화의 수준에도 의존하게 되는 것이며, 아시아의 저개발국 공업화 수준은 아직도 낮은 것에 불과하기 때문입니다.

여러분들도 알고 계시다시피, 근대공업은 노동집약적이 아닙니다. 사실, 공업화는 그 초기나 상당한 기간에 걸쳐 내가 유통효과라고 부르는 것에 부딪치게 됩니다. 그것도 실제로 넓은 의미에서의 제조업의 고용 노동자수를 감소시키게 됩니다.

아시아의 저개발국은 지금까지보다도 더 엄격한 계획과 국가 통제에 의해 수출산업과 수입대체 산업의 육성을 지향해 나아가지 않으면 안 될 것입니다. 그렇게 하지 않는다면, 근대공업은 수공업이나 전통공업으로부터 노동자를 빼앗기게 될 것입니다.

이전에 나는 유럽경제위원회 사무총장의 자격으로 소련의 우즈벡을 비롯해서 4개국의 중앙아시아공화국을 방문한 적이 있었습니다. 이들 나라는 1930년까지는 거의 공업화가 이루어지지 않고 있었습니다만, 30년 이후로는 아시아의 어느 저개발국보다도 급격하게 공업화를 이룩하고 있습니다. 그럼에도 불구하고, 공업화가 높은 수준에 도달하게 된 최근까지도 수공업이나 전통공업을 포함하는 제조업의 총고용자 수는 공업화의 여파로 계속 감소하고 있었던 것입니다.

아시아 국가에서는 현재까지 수공업이나 전통공업의 고용인구가 제조업 고용인구의 압도적인 부분을 차지하고 있다고 하는 사실에 주목할 필요가 있습니다. 공업화가 참으로 총노동수요를 증가시키는 주요한 힘으로 될 수 있기까지에는 오랜 과정이 걸리게 되는 것입니다. 이러한 과정을 통해서 이들 수공업이니 전통공업은 서서히 사라져가게 되고, 경쟁이 가능한 산업만이 훨씬 한정된 분야에 남게 될 뿐입니다. 공업화가 노동고용을 증가시키게 되기까지에는 수십 년이 걸리게 되는 것이며, 그 간에는 공업화에 대해서 많은 것을 기대해서는 안 된다고 하는 중요한 사실을 저개발국의 발전문제를 토의할 때 잊어버리고 있는 것입니다.

아시아에서는, 특히 남아시아의 저개발국에서는 라틴 아메리카나 서아시아의 상황과 마찬가지로, 도시에 충분히 효율적으로 사용하기에 너무나 많은 노동력이 우글거리고 있습니다. 소매업이나 각종 개인적인 서비스업, 그리고 관청에서는 이것이 특히 눈에 띄입니다. 관청에서의 고용은 특히 하급의 직무에서 놀랄 정도로 늘어나 있습니다. 그 이유는 교육받은 실업자가 지나치게 많기 때문입니다. 그들에게 직업을 주는 것은 정치적 문제가 되고 있습니다.

나는 인도의 뉴델리에서 나의 친구인 한 장관과 이야기를 나눈 적이 있습니다. 그는 나에게 '차관 이하의 사람들은 거의가 쓸모가 없어요'라고 말하더군요. '목을 자르시지요'라고 내가 말했더니, '당신은 아주 자본가 같은 말씀을 하십니다만 목을 자른다는 것은 정치적 이유에서 불가능합니다. 장관 중에서 누구도 그러한 제의를 한 사람은 없습니다'라고 대답하더군요.

아시다시피 선진국에서는 이른바 제3차 산업에서 일하고 있는 노동력 부분, 특히 서비스업에서 일하고 있는 부분은 공업과 농업의 합리화 및 소득과 생활수준의 상승에 따라 성장해 가고 있습니다. 이러한 제3차 산업 부문의 고용노동 비율은 현재의 경제발전의 수준이나 장래의 지속적 발전의 지표로서 사용되고 있을 정도입니다.

이것과는 반대로 저개발국에 있어서 제3차 산업 부문에서 일하는 노동력의 대부분은 그 후진성과 발전이 잘 이루어지지 않는다는 것을 의미하고 있습니다. 선진국과 저개발국간의 차이는 선진국의 사람들에 대해서 제3차 산업 부문의 증가가 다름아닌 진보, 특히 사회진보를 의미하고 있는 데 대하여 저개발국에 대해서는 역으로 노동력의 저이용을 의미하고 있는 것에 지나지 않다고 하는 것입니다.

농업으로부터, 혹은 일반적으로 농촌으로부터의 노동력 유입이 없다 하더라도, 오늘날 그 태반이 도시의 빈민가에서 우글거리고 있는 제3차 산업부문 노동에 보다 충분한 고용을 주기만 한다면, 현재보다는 상당히 빠른 속도의 공업화가 장기에 걸쳐 가능할 것입니다. 그러므로 이 이상의 노동력의 도시 집중은 바람직하지 못합니다. 노동력의 도시 집중은 발전을 위해 도움이 되는 것은 아닙니다. 실제로는 사람들이 더욱 도시로 모여들게 될 것입니다. 그들은 급격한 발전이 없고, 증가하는 노동력을 흡수할 수 없는 농촌으로부터의 피난민들인 것입니다.

이상과 같은 엄연한 모든 사실은 내가 아시아, 서아시아 및 그 밖의 지역의 모든 저개발국의 농업정책에 관해서 이제부터 이야기를 진행함에 즈음하여 명심하지 않으면 안 되는 사항인 것입니다. 현재 농업에 종사하고 있는 노동력은 전노동력의 절반 혹은 그 이상을 점하고 있습니다.

인도에 있어서 농업 노동력은 대략 70%이고, 미얀마나 태국에 있어서는 그 이상입니다. 인도에 있어서는 70%에 달하는 노동력으로도 저들이 필요로 하는 식량을 생산하지 못하고 있습니다. 적어도 현재까지는 그것을 달성한 일이 없었습니다. 1헥타르당 수확은 인도에 있어서는 놀랄 만큼 낮고, 평균 일본의 5분의 1에 불과합니다.

내가 여기서 말하고 있는 것은 보통의 농업의 경우이고, 내가 산업으로서 분류하고 있는 재배농장은 들어가 있지 않습니다. 제조공업과 마찬가지로, 재배농장은 자본집약적이고, 보통 대규모적으로 노동자를 사용하고 있습니다. 여기서는 농산물을 세계시장에 수출하고 있습니다만, 이것은 경제발전을 기대할 수 있게 하는 징조로는 되지 않습니다.

전적으로 보아, 농산물의 수출에 의해 한 나라 혹은 한 지방이 이익을 얻는 수가 있다 하더라도, 이것은 다른 나라 혹은 다른 지방의 발전을 희생으로 해서 이루어질 수 있기 때문입니다. 아시아의 저개발국의 발전에 필요한 공업화는 제조공업을 일으키게 함으로써만이 가능한 것입니다.

단위면적당의 수확량이 극히 낮을 뿐만 아니라 노동생산성도 또한 낮습니다. 이들 두 가지의 사실 간에는 밀접한 인과관계가 있습니다. 보다 집약적으로 노동력을 투입하는 것에 의해 수확을 제고시킬 수 있습니다. 이러한 사실은 국별 또는 지역별로 비교하는 것에 의해서, 또한 경작 단위에 관해서 지금까지 이루어지게 된 경영연구에 의해서도 명백합니다.

대체로 말해서, 농업 노동력은 저이용상태에 있습니다. 나라에 따라 차이가 있기는 합니다만, 이를테면 인도에 있어서 노동자는 전혀 일하지 않고 있습니다. 그들은 1년 중에서, 1개월 중에서, 그리고 1주일 중에서, 또한 1일 중에서 극히 작은 부분 밖에 일하지 않고 있습니다. 그들은 보통 생각되는 것보다도 더 일하지 않고 있습니다. 이것을 나는 노동의 저이용이라고 부르고 있습니다. 널리 알려져 있는 것은 실업이라든가 불완전고용이라든가와 같은 평범한 용어로 노동시장이 조직화되어 있지 않은 여러 나라들의 사정을 나타내는 것은 적합하지 못하다는 생각이 듭니다.

이러한 노동의 저이용과 단위면적당의 저수확량에 의해서 아시아의 저개발국 농업은 인구밀도가 높음에도 불구하고 노동집약적이 되지 못하고 노동조방적(勞動粗放的)으로 되어 있으며, 그 결과 농촌은 매우 빈곤한 상태에 놓여 있습니다. 캐나다, 아메리카 및 러시아의 일부 지역에 있어서 농업은 노동조방적이기는 합니다만, 거기서는 극히 소수의 노동력 밖에 투입되지 않고 있기 때문에 수확도 적은 대신, 농업은 채산이 맞는 것입니다. 농업이란 이런 것입니다. 일본이나 서구에 있어서는 농업이 노동집약적입니다. 아시아의 빈곤한 나라들의 농업은 이들 캐나다나 아메리카나 러시아의 노동조방적 농업과 일본이나 서구의 노동집약적 농업의 중간점에 있습니다. 많은 노동력이 농업에 종사하고 있으면서도, 노동력의 투입과 그 효율이 너무나 낮으므로 농업은 노동조방적이 되어 있는 것입니다.

대중의 생활수준을 극히 낮게 하고 있는 원인은 바로 이것입니다. 그 결과 영양부족과 영양실조에 빠지게 되고, 또 모든 필요한 소비수준이 낮아지게 됩니다. 이것은 또한 끈기 있고 근면하게 일할 만한 기력을 잃게 할 것이고, 이것이 악순환하고 있는 것입니다.

노동자가 한층 더 근면하게 일하기 위해서는 보다 높은 생활수준이 필요합니다. 그러나 노동으로부터의 이탈은 빈곤을 가져오고, 빈곤은 그 자체가 생활수준이 낮다는 것을 나타내고 있습니다. 해야 할 일은 수확의 증대이며, 동시에 노동자에게 보다 많은 식량을 주고, 한층 더 근면하게 일하도록 하는 것입니다.

이상 귀에 거슬리는 말씀을 올린 셈입니다만, 사실을 정시(正視)하기 위해서는 말하지 않으면 안 될 것으로 생각합니다. 근대공업은 노동력의 대부분을 흡수하지 못합니다. 게다가 또, 수공업이나 전통산업에 있어서는 현재의 노동수요에 마저도 응하지 못하는 형편입니다. 제3차 산업은 벌써부터 노동의 매우 큰 저이용으로 괴로움을 받고 있습니다. 결국, 농업 노동력은 그대로 농업에 머물지 않을 수 없을 것입니다. 그리고 농업 노동력은 더욱 늘어가게 될 것입니다.

아시아의 농업 노동력은 현재 저이용상태에 있습니다. 아시아의 저개발국의 농업의 진보는 금후 더욱더 많은 노동력이 투입되고, 노동자가 극도로 노동 집약도가 높은 기술을 습득하는 데에 의해 비로소 가능하게 될 것입니다.

 이러한 사실도 선진국의 발전의 초기 조건과는 다르다고 하는 것을 의미하고 있습니다. 선진국에 있어서 농업노동은 처음에는 그 구성비율에 있어서, 그리고 머지않아 절대량에 있어서 감소하면서 수확은 도리어 늘어나게 되었던 것입니다. 이것은 적어도 일반적인 패턴입니다. 어느 관점에서 본다면 일반적으로 단위 면적량의 저수확량은 이용되고 있는 원시적인 기술과 관련이 있습니다. 보다 일반적으로 말한다면 모든 기술개량은 더욱 많은 또는 더욱 집약적으로 사용되는 노동이용의 고도화에 대한 수요를 의미하는 것입니다.

 이것은 경작자에 의해 이미 채택되고 있는 기술과 아직 채택하지 않고 있는 기술, 그리고 지역적으로 이미 알려져 있는 기술에도 해당됩니다. 또 새로운 농업기술에 관해서도 말할 수 있습니다. 이를테면, 트랙터의 사용과 같이 농업의 기계화로서 널리 알려져 있는 것이 그것에 해당합니다.

 그렇지만, 확실히 근대기술은 노동의 대체로서 사용되고 있습니다. 이것은 노동력의 저이용을 조장하지 않을 수 없습니다. 그리하여 정부의 통제에 의해 기계와 그 밖의 장치의 수입이나 제조 및 판매를 규제하지 않으면 안 되는 수도 있을 수 있습니다. 그렇게 하지 않는다면, 기술이 노동수요를 창조하는 효과를 감소시킬는지 모르기 때문입니다. 농업생산을 향상시키기 위한 정책에 의해, 또 사용되고 있는 기술의 향상에 의해, 그리고 또한 노동투입의 증가와 노동 효율의 향상에 의해 수많은 장애가 극복되지 않으면 안 됩니다.

이것과 관련해서, 나는 이들 주요한 모든 문제 속에서 하나만을 지적하려고 합니다. 그것은 일반적으로 보게 되는 소작제도에 의해 굳어지게 된 극도로 불평등한 사회적 및 경제적 구조가 제도적 장애로 되어 있다고 하는 것입니다.

모든 아시아의 저개발국에 있어서는 철저한 농지개혁이 요구되어 왔습니다만, 극히 적은 예외를 제외하고 이러한 농지개혁의 노력은 실패로 돌아가고 말았던 것입니다. 농지에 관한 종합적인 구상은 그것이 입법화되는 경우에 있어서 마저도 속임수에 지나지 않았던 것입니다.

그간의 급격한 인구증가가 지주와 소작인이 가지는 사회구조를 한층 불평등하고 비탄력적인 것이 되게 하고 말았습니다. 경작단위는 더욱더 영세화하고, 지주는 소작인화하고, 그리고 소작인은 토지를 잃은 노동자로 몰락하게 된 것입니다.

생산성의 관점에서 본다면, 농지개혁의 목적은 인간과 농지와의 관계를 창조하는 것이 되지 않으면 안 됩니다. 즉, 자기의 농지나 기술을 개량하고, 자기의 손으로 직접 자본을 투매하고, 그렇게 하기 위해 우선 무엇보다도 자기의 노동을 투하하게 되는, 그리고 일반적으로는 현재보다도 한층 근면하게, 그리고 효율적으로 일하게 되는 가능성과 유인을 사람들이 가지게 되지 않으면 안 됩니다. 이러한 가능성과 자극이 현재로는 많은 경작자와 또한 토지가 없는 노동자에게 전혀 결여되고 있는 것입니다.

토지개혁은 조건이 달라짐에 따라 형태도 달라지게 되는 것입니다. 때로는 경작자와 토지가 없는 노동자에 대해 토지를 재분배하는 형태를 취하는 수가 있는가 하면, 또한 다른 형태를 취하는 수도 있습니다. 중요한 것은 인간과 토지와의 관계를 바꿔, 사람이 더욱더 근면하게 일하게 되는 가능성과 자극을 가지게 하는 데 있는 것입니다. 생산성의 관점에서 토지개혁은 이러한 것으로 되어야 합니다.

효과적인 토지개혁이 이루어지지 않고 있으므로, 농지확장이나 주민생활의 발전 등이 각종의 협동사업을 통해서 개혁되며, 그 밖의 여러 노력은 대부분의 경우, 부유한 계급에 대해 유리하게 될 뿐이고, 도리어 농촌의 불평등을 증대시키거나 농업의 생산성을 억제하기 마련인 것입니다. 내가 이미 지적했던 바와 같이, 급격한 인구증가가 농민의 생활향상을 방해하고 있는 것입니다.

최근에는 다수확의 새로운 곡물의 출현이 녹색혁명의 단서로서 환영을 받고 있습니다. 그렇지만, 이 혁명은 오직 농촌의 상류계급에서만 일어나게 될 위험성이 있습니다. 새로운 곡물의 수확을 올리기 위해서는 기업가 정신이나 관개(灌漑)가 잘 되어 있는 토지, 많은 비료, 일반적으로 집약적인 경작이 필요하기 때문입니다.

필요한 자원을 투하하는 진보적인 농업기업가는 노동대체적인 기계화를 이용하게 되기까지 할는지는 모릅니다. 그들은 부자이도 권력도 있으므로, 정부가 그렇게 되지 않게 행사하는 통제를 무시할 수 있을지도 모를 일입니다. 어쨌든 토지개혁이 없다고 한다면 녹색혁명은 농지와 농업 노동력의 일부에서 이용될 뿐이며, 농촌에 있어서의 여러 계층 간의 불평등을 더욱 더 크게 하는 경향이 있을 것입니다.

토지개혁은 사회정의를 실현하기 위해 필요하다고 전통적으로 주장되어 왔습니다. 그러나 농업 노동력이 급격하게 증대하고 있는 오늘날, 생산성의 관점에서도 토지개혁은 현재 이용되고 있는 농업기술을 개선하고, 노동력 이용도를 높임으로써 수확을 증대시키기 위해 필요하게 되는 것입니다.

앞에서도 말씀드렸습니다만, 토지개혁은 나라마다 조건의 차이에 따라 그 형태도 달라지게 된다고 하는 것을 거듭 부언하고자 합니다. 농업 노동력의 저애용이 늘어가고 있는 마당에서 인구가 급격히 늘어나게 됨으로써, 위험은 가속도적으로 늘어나게 되는 것입니다. 일반적으로, 그리고 부당하게 실업이라든가, 불완전고용이라든가로 농업에서 불리워지는 1970년대—이것은 제2의 발전을 위한 10년이라고 말해지고 있습니다—를 균형을 유지하지 못하게 만들 우려가 있습니다. 이러한 현상에 대한 또 하나의 측면은 농촌의 대중 간에서 빈곤이 늘어나게 된다고 하는 사실입니다.

이러한 모든 조건하에서 농민들은 농촌으로부터 도시의 빈민가로 계속 흘러들어가게 될 것이고, 그 수도 늘어나게 될 것입니다. 앞에서 말한 바와 같이, 근대공업의 성장이 실제로 노동수요의 증가를 가져오게 할 수많은 고용 기회를 창조하는 것은 아닙니다. 도시에 있어서는 제3차 산업에 관련되는 직업은 이미 이용도가 낮은 노동력이 과잉으로 되어 있는 것입니다.

도시의 비참한 빈민가에 운집하게 된 농촌으로부터의 피난민들은 도시의 공동생활에 융합될 수 없습니다. 융합될 만한 기회도 거의 없습니다. 그들은 견고한 계층을 형성하고 있는 사회에서 노동력이 증가하고 있다고 하는 사실로 말미암아 점차 농촌에서는 잉여인간이 되어 버렸고, 농촌의 하류계층으로부터 밀려나게 된 사람들인 것입니다.

아시아에서의 어디에서도, 후진국의 대부분의 도시에 있어서는 하류계층이 시민의 대다수를 차지하기 마련인 것입니다. 도시에 있어서 마저도 피치 못한 문제는 노동력이 효율적으로 이용되지 못하고 낭비되며, 그 결과 대중들이 빈곤에 허덕이게 된다고 하는 문제입니다.

다른 한편, 상류계급과 중류계급, 다음으로 이들 계급에 속하고 있는 산업노동자들은 개발의 성과를 누리고 있는 것입니다. 도시에 있어서도 불평등은 극히 적은 예외를 제외하고는 농촌지대에 있어서와 마찬가지로 늘어나고 있습니다. 그러나 스리랑카는 하나의 예외가 될는지 모릅니다.

거의 예외 없이, 이들 모든 나라가 개발 및 개발계획의 첫째 목표로 평등화의 증대를 강조해 왔다고 하는 사실에 주목하는 것은 중요한 일입니다. 저개발국의 어느 나라도 내가 알고 있는 한, 국가목표를 불평등화의 증대에 두고 있었던 나라는 없었습니다. 그러나 극히 적은 예외를 제외하고 오늘날까지 개발의 결과는 불평등을 증가시키게 되었던 것입니다.

이와 같은 현실적인 사태의 추이와 선언된 정책목표와의 사이에 보기흉한 모순은 당연히 저개발국에 있어서 정치권리의 편재에 의해 설명될 수 있습니다. 대중은 거의 어느 나라에 있어서도 발언권이 없고, 피동적으로 움직이고 있을 따름입니다. 그들은 자기들의 이익을 위해 궐기하게끔 조직되는 일은 결코 없습니다. 대중은 자기네들의 참다운 이익이 무엇인가를 깨닫지 못하고 있는 수도 흔히 있습니다. 거의 모든 저개발국에 있어서 권력은 인도나 스리랑카에 있어서처럼 의회 민주적이건, 파키스탄이나 인도네시아에 있어서처럼 독재주의적이건 간에, 상류와 중류의 소수 그룹에 의해 장악되고 있는 것입니다.

 대중은 자기 자신들의 이익을 옹호하기 위해 막연한 생각 밖에 가지지 않으며, 조직도 되어 있지 않으므로, 권력층은 대중의 이익에 무관심하게 있을 수 있는 것입니다. 권력층은 대중의 이익에 대해 의식적으로 마음을 쓰거나 대처하거나 할 필요도 없습니다. 그들은 대중의 빈곤상을 무시하고 있으며, 정도의 차이가 있지만 풍경화의 일부로서 그것을 감상하고 있을 따름인 것입니다. 권력자들은 서구나 그 나라들의 경제학자의 도움을 얻어, 불평등 및 높아지는 불평등은 저개발국에 대해서는 당연한 것이며, 실제에 있어서 경제개발을 위한 전제조건이 된다고 하는 이론으로 무장하고 있습니다.

 내가 보기로는 이러한 이론은 그릇된 것입니다. 평등화를 위한 개혁은 실제로 저개발국의 경제 진보를 위해 초미의 급무로 되어 있습니다. 이를 위해서는 유휴 노동력의 증가를 억제하는 것이 첫째의 조건이 되는 것입니다.

 나는 사회정의에 대한 요구와 경제 진보에 대한 요구와의 사이에 모순은 없는 것이며, 오히려 밀접한 관계가 있다고 생각합니다. 그렇지만 다른 한편, 아시아의 저개발국에 있어서는 철저한 개혁을 바랄만한 많은 소지와 동향이 있습니다.

위에서 내가 주장해 왔던 모든 문제에 밀접하게 관련되어 있는 하나의 개혁은 대중들 간에 산아제한을 보급시키는 것을 목적으로 하는 인구정책의 개시인 것입니다. 종래 일본이나 중국문화의 영향하에 있었던 몇몇 소국에서는 이미 성과를 나타내고 있습니다만, 그 밖의 대륙에서는 아직 성공하지 못하고 있습니다. 이들 여러 나라들은 아시아에 있어서와 마찬가지로 라틴 아메리카에 있어서도, 모든 비공산 저개발국에 있어서 등한시되고 있는 성인교육을 촉진할 필요가 있는 것입니다.

각급 학교에 관해서 말한다면, 학교의 재학생수를 늘이는 것에 그칠 것이 아니라, 교육의 정신과 내용을 혁신하는 것이 가장 중요한 것입니다. 이들 나라들의 대부분은 이제는 개발계획에 역행하는 방향으로 교육을 실시하고 있으며, 졸업증서를 가지고 있는 교육받은 계층은 자기네들의 손을 더럽히려고 하지 않습니다. 일본이나 소련, 스웨덴, 미국과 같은 산업사회에서는 누구나 이것이 잘못이라고 하는 것을 알고 있습니다. 아시아 도처의 모든 저개발국은 구멍투성이의 법률과 결함이 많은 관료기구를 가지고 있으므로, 나는 취약국가라고 부르기로 했던 것입니다. 이들 나라들이 급속한 발전을 가지기 위해서는 보다 많은 사회적 규율을 가질 필요가 있는 것입니다.

부패는 도처에 만연되어 있고, 또한 늘어가고 있습니다. 이 문제는 개발을 논하는 문헌 속에서는 일반적으로 침묵이 지켜지고 있습니다. 여러분들이 읽게 되는 수백의, 아니 수천의 개발에 관한 논문이나 저서, 특히 경제학서의 어디를 찾아보아도 부패라는 용어는 눈에 띄지 않습니다. 우연히도 이들 여러 나라들은 그릇된 용어법으로, 즉 개발도상국과 같은 그릇된 용어로 불리워지고 있습니다. 일본이야말로 개발도상국입니다. 스웨덴도, 그리고 미국마저도 개발도상국입니다. 그러나 저개발국을 개발도상의 나라라고 부르는 것은 논리적으로도 잘못이라고 하는데 중요성이 있다 하겠습니다. 나에게는 이 세계의 후진지역에 대한 견해는 왜곡되어 있다고 밖에 생각되지 않습니다.

이 점과 관련해서 강조되어야 할 중요한 점은 모든 국내개혁은 그들 자신의 손에 의해 이루어지지 않으면 안 된다고 하는 것입니다. 그들은 토지개혁을 결정하고 실시하지 않으면 안 될 것입니다. 마찬가지로 대중 사이에 산아제한을 보급시키거나 교육제도의 개혁을 하지 않으면 안 됩니다. 선진국의 원조로 볼 수 있는 일은 극히 적은 것에 지나지 않습니다. 우리들의 원조에는 한계가 있습니다.

보다 많은 사회적 규율을 받아들이고 올바르게 일을 처리하기 위해서는, 구멍투성이의 법률과 결함이 많은 관료기구를 가지는 취약국가에 대한 투쟁이 개발을 위해서 필요한 것입니다. 그리고 저개발국이 서로 협정을 맺을 때 조언을 주는 것 같은 것을 제외하고는 이러한 일 등은 선진국이 원조할 수 있는 범위 밖에 있는 일들입니다. 부패에 관해서 말하더라도, 저개발국의 사업가들은 수뢰하는 정치가나 관료를 기피해야 할 것입니다. 그리고, 선진국에 있어서도 또한 해외에서의 증회(贈賄)가 국내와 마찬가지로 처벌될 수 있게끔 법률화하지 않으면 안 됩니다. 언젠가 나는 스웨덴의 대표단을 통해서 국제상공회의소에 이러한 제안을 한 일이 있었습니다만, 누구도 이것에 관해서 공적으로 논의하려고는 하지 않았습니다.

만약 선진국의 모든 정부가 내가 제안하게 된 의견을 고려에 넣어주기만 한다면, 모든 정부는 개혁을 위한 조언과 압력을 저개발국에 가할 수 있을 것이라는 생각이 듭니다. 오늘날까지 선진국이 행사해 왔던 영향력과 제공하게 된 원조는 사회적 및 정치적 반동세력을 키워 나왔을 따름이었던 것입니다.

내가 일본에서의 이 강연에서, 개혁은 저개발국 자체에 의해 이루어져야 한다. 특히, 인구문제에 관해서는 과감한 개혁이 그들 자신의 손에 의해 이루어지게 될 필요가 있다고 말한다 하더라도 일본인 여러분들은 그렇게 놀라시지 않을 것으로 믿습니다. 일본은 지금까지 외국의 원조를 받지 않았습니다. 1백 년 전만 해도 일본은 문화적으로는 뛰어난 전통을 가진 나라이기는 하였지만, 근대기술이라는 관점에서는 유치한 나라였고, 수천 년 동안 세계의 어디로부터도 고립되고 있었습니다. 일본은 처음에는 서서히, 그리고 뒤에 가서는 급격히 발전하게 되었습니다. 경제원조도 기술원조도 없었습니다. 일본은 오히려 그것을 거절하였고, 그리고 일본의 체질이 강하게 된 오늘날에 있어서도 계속 그것을 거절하고 있는 것입니다.

일본은 자신의 노력에 의해서 우리들이 오늘날 근대용어로 개혁이라고 부르는 변화에 의해 발전해 왔습니다. 일본은 원조 없이도 발전하는 것이 가능하다고 하는 것을 가르치고 있습니다. 그러나 불행하게도 원조를 받게 되었다고 해서, 반드시 경제의 정체와 경제발전의 결여로부터 벗어나게 된다고는 말할 수 없습니다.

이렇게 말한다고 해서, 나는 결코 저개발국을 원조하지 말라고 말하고 있는 것은 아닙니다. 그렇기는커녕, 현재 우리들이 하고 있는 원조보다도 훨씬 많은 원조를 하지 않으면 안 된다고 하는 것을 말하고 있는 것입니다.

선진제국이 공여할 수 있는 참다운 실질적인 원조는 과학분야나 기술분야에 있어서의 연구와 협력이며, 또한 경제개발을 위한 자금원조인 것입니다. 저개발국에 있어서 국내개혁의 필요성을 강조하는 데에 의해 나는 저개발국에 대한 원조가 긴급히 필요하다고 하는 것을 과소평가하고 있는 것은 아닙니다. 특히 아시아에 있어서는 모든 사태가 거의 파국에 다다르고 있는 것같이 생각됩니다.

저개발국에 있어서의 일반적인 추세가 그처럼 위급하게 되어 있으므로, 선진국은 원조에 대해 관대하지 않으면 안 됩니다. 그리고 개발을 촉진하기 위해 필요한 개혁에 대해 반대하는 저개발국의 반동세력을 원조에 의해 조장하지 않도록 충분히 주의할 필요가 있습니다.

선진제국의 통상정책과 마찬가지로 원조에 관해서도, 나는 NHK가 주최하게 된 또 하나의 강연에서 나의 생각을 말한 바가 있었습니다. 나의 생각에 대해서 사람들은 나를 흔히 비관론자라고 부르고 있습니다. 낙관론과 마찬가지로 비관론도 또한 우리들의 판단을 왜곡시키게 됩니다. 내가 한 사람의 과학자로서 그렇게 하고자 노력하고 있는 것은 현실주의의 입장에 서고자 하는 것입니다. 제2차 세계대전 후— 물론 그 이전에는 누구도 논하지 않고 있었습니다—에 출판된 저개발문제에 대한 방대한 문헌을 나는 비난하려 합니다. 왜냐하면, 이러한 저개발국 문제를 논한 저작들은 외교사(外交辭)와 초낙관론에 의해 매우 왜곡되고 있기 때문입니다. 다루기 어려운 문제는 회피하고, 저개발국을 억압하고, 그리고 개발을 방해하고, 저지하고 있는 제도적 및 정치적 모든 사실을 회피하고 있으므로, 이러한 문헌들은 세계의 참다운 모습을 나타내지 못하고 있는 것입니다. 이러한 문헌들은 저개발국의 지배계급과 선진제국의 사람들에게 자기만족을 주게 한 따름인 것입니다. 이러한 것들은 만국박람회의 테마이기도 한 '인류의 진보와 조화'에 대해 극히 위험한 것들입니다.

이 짧은 강연에서 내가 논의를 위해 다루게 되었던 모든 문제는 극히 발췌적인 것이었고, 또한 나의 생각을 구체화하는 데에도 극히 불완전하게 되지 않을 수 없었습니다. 이 점에 관한 나의 생각은 「아시아의 드라마 ―제국민의 빈곤에 관한 고찰」에 상세하게 전개되고 있습니다. 또한 다른 저서인 「빈곤의 도전 」에서는 나의 이제까지의 연구에서 얻어지게 된 선진국과 저개발국의 정책에 관한 결론을 서술하고 있습니다. 독자 여러분에게 참고가 된다면 다행입니다. 감사합니다.

K. G. Myrdal

【서 문】
이 책을 읽기 전에

군나르 미르달의 불후의 노작 「아시아의 드라마(Asian Drama)」는 1968년에 출간되었지만, 20세기재단은 그 이전에 이미 그 축소판의 발행을 결정하고 있었다. 재단 자체의 경험으로서도 그러한 절차를 밟은 선례는 없지 않았다. 본 재단은 학자나 전문가들의 연구 성과가 그들에게 필요한 형태로 발표되자면 소중한 원저작은 충분한 분량의 지면이 소요되는 경우가 많았음을 보아 왔다. 그러나 이런 연구가 최종적인 성과를 거두자면 보다 간결하고 보다 읽기 쉬운 형태로 일반대중에게 내어놓을 또 하나의 저술이 있어야만 했다. 그리하여, 이를테면 쟌콧트맨(Jean Gottman)의 810쪽에 달하는 「대도시권(Megalopolis)」이란 귀중한 저서는 그것이 나온 뒤에 「대도시권의 도전(The Challenge of Megalopolis)」이란 제목으로 128쪽의 보다 자면이 큰 판으로 나오게 되었다. 그 밖에도 재단을 통한 몇몇 연구서가 또한 축소판으로 발간된 바가 있었다.

「아시아의 드라마」의 경우에는 또 하나의 요인이 강하게 작용하게 되었다. 이 저서의 목적은 그 대부분이 아시아와 그 밖의 지역의 저개발국을 돕고자 함에 있었음에도, 3권으로 된 이 책의 가격은 이들 저개발국에서 가장 유효하게 이용되기에는 큰 장애가 될 것 같았다. 이러한 이유에서 20세기재단 이사회는 미르달 교수의 철저한 분석이나 권고의 핵심을 담은 단권판을 내기로 결정했다.

장장 2,300쪽에 달하고, 10년이라는 세월이 걸린 연구결과를 축소한다는 것은 분명히 야심적이고 엄청난 과업이다. 성실하고 능숙한 문필가인 세스 S. 킹(Seth S. King)은 이 임무를 맡기에 적합하다는 것이 판명되었다. 그는 남아시아에 관한 지식을 몸소 간직하고 있었을 뿐만 아니라 미르달의 이 지역에 관한 완벽한 이해에 대해서 탄복하고 있었다. 그는 새롭거나 개인적인 자료를 소개하는 대신에,「아시아의 드라마」의 본질을 포착하고자 기도했다.

개발에 관련을 가지는 수많은 요인—인구·정치·심리상태·사회적 전통—을 평가하는데 미르달 교수가 하게 된 독특한 공헌을 인정함으로써, 그는 축소된 형태로 연구결과를 전면 복사하기로 했다. 그는 또한 높아지는 변화에도 불구하고, 미르달 교수가 설명한 근본적인 모든 개념과 그들 개념간의 관계는 여전히 타당하고 시기에도 맞는 것으로 남게 되리라고 생각했었다. 그리고 그는 다른 하나의 이점, 즉 미르달 교수의 지도를 받는다고 하는 이로움도 가지고 있었다. 하지만 그 축소는 엄밀한 취사선택—이것은 많은 중요한 항목의 삭제와 강조점의 다소의 변경을 의미한다—이 없이는 이루어질 수 없다.

  킹씨는 주로 삭제할 자료의 선택과 남게 되는 자료를 가장 잘 다룰 수 있는 방법의 선택에 대해 책임을 져야 했다. 킹씨가 꾸며낸「아시아의 드라마」는 공동 저작이라고 하기보다는 오히려 단독 저작이며, 독자적인 것이다. 그러나 그것은 경제 발전은 그것이 넓은 정치적·사회적 구조 속에서 연구되지 않는다면 이해될 수 없다고 하는 미르달의 신념에 충실하게 따르고 있다.

  축소판은 원전을 전면적으로 재현시킬 수 없는 것이기는 하지만, 나는 킹씨가「아시아의 드라마」에 실려 있는 많은 특이한 통찰을 보존하는데 성공을 거두었다고 본다. 그것은 원작의 대담한 비정통성과 발전을 방해하는 모든 조건에 관한 원작의 현실적인 평가를 포착하고 있다.

  경제발전의 장래에 흥미를 가지고 있는 사람이라면 누구나 이것을 읽고 이익을 얻을 수 있을 것이다. 그러나 나는 킹씨의 축소판의 독자가 진일보해서 미르달 교수의 온전한 연구서를 읽어주기 바란다.

  「아시아의 드라마」속에 기록되고 있고, 논평된 남아시아나 세계의 사건 및 발전들은 연구가 끝난 1966년 1월 1일까지의 것들로 되어 있다. 이 축소판에서는 이들 내용을 최신의 것으로 대치하고자 하지는 않고 있다. 설령 기본적인 모든 사실, 그리고 모든 사실 간의 관계는 불변한 채 있다 하더라도, 중요성을 가지는 약간의 새로운 발전—예컨대, 농업에 있어서의 녹색혁명—이 있었다. 군나르 미르달의 근저「빈곤의 도전(The Challenge of World Poverty)」은 이러한 최근의 발전을 고려에 넣고 있다.

  본 재단은 미르달 교수에게, 그가 킹씨의 저작을 읽고 논평하게 시간을 할애해 준데 대하여 경의를 표하는 바이다. 본 재단은 킹씨의 판별력과 성실성 및 노고를 무엇보다 치하하는 바이다. 나는 그 결과가 모든 국민의 빈곤의 원인을 이해시키는 데 크게 이바지 할 것을 믿어마지 않는다.

20세기재단

상무이사 M. J. 로산트

CONTENTS

☐ 권두부록(저자 강연)
　행복의 경제철학 / 3
　아시아의 드라마 / 31
☐ 서 문 / 58

Part 1　서 론

제1장 제 눈 속의 들보 / 69
제2장 남아시아 지역 / 91
제3장 가치전제와 가치판단 / 104

Part 2　경제적 제현실

제4장 초기 조건의 차이 / 141
제5장 인구와 자원개발 / 155
제6장 국민산출고 및 경제구조 / 173
제7장 생활수준과 불평등 / 191
제8장 무역과 자본의 흐름 / 208

Part 3　계획화의 제3세계

제9장 계획화의 이데올로기 파급과 영향 / 233

제10장 평등과 민주주의 / 254

제11장 남아시아의 사회주의 / 274

제12장 민주적 계획화 / 285

제13장 사적 부문에 대한 작전상의 모든 통제 / 308

제14장 부패—그 원인과 결과 / 328

Part 4 노동력 이용

제15장 실업과 불완전고용 / 345

제16장 전통적 농업부문에서의 노동자 이용 / 375

제17장 농업정책 / 401

제18장 전통적 농업부문외에서의 노동력 이용 / 444

제19장 공업화 문제 / 460

제20장 수공업 및 소공업의 문제 / 483

제21장 인구문제 / 497

Part 5 인구의 질

제22장 인간에 대한 투자 / 531

제23장 보 건 / 550

CONTENTS

제24장 교육과 유산 / 564

제25장 문자해득력과 성인교육 / 580

제26장 학교제도 / 594

제27장 모든 전제 / 631

❑ 역자 후기 / 665

아시아의 드라마

K. G. Myrdal
Asian Drama
An Inquiry into Poverty of Nations

Part 1
서 론
Introduction

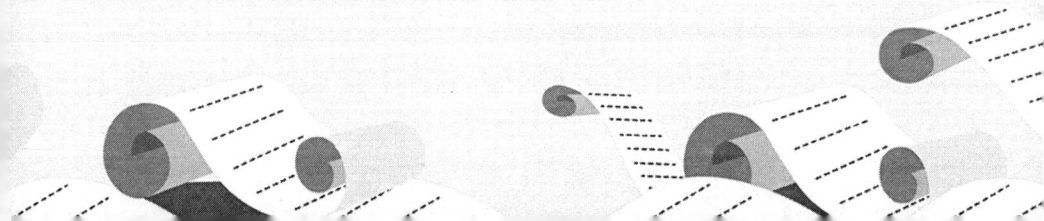

제1장 제 눈 속의 들보

제2차 세계대전이 끝난 이래로 몇 해 동안에 세계의 무대는 계속 줄어들어 왔다. 지구의 어느 구석까지도 24시간 이내에 도달할 수 있게 되었으므로 먼 곳이란 사실상 거의 없다. 이러한 비유적인 세계 면적의 축소와 보조를 같이 하여, 새로운 흥미와 어느 정도는 전인류의 운명에 관한 새로운 관심이 나타나게 되었다. 이 관심은 특히 세계의 부유한 나라와 가난한 나라 간에 대(代)를 거듭할수록 벌어져 가고만 있는 격차에 대해 쏠리게 되었다. 따라서 조사와 연구의 새로운 물결이 세계의 모든 저개발국들을 휘몰아치게 되었다.

사회과학에 있어서 자원의 매우 많은 부분이 현재 이 방면의 연구에 투입되고 있다. 이 풍조는 날로 높아가고 있으며, 우리들 경제학자는 그 풍조의 최선봉을 달리고 있는 것이다. 전쟁 전에는 저개발국에서의 가장 집중적인 연구가 부유한 서방국의 연구기관으로부터 파견된 문화인류학자에 의해 이루어졌었다. 그들은 우리들을 위해 보통 정태적 용어를 사용해서 이들 저개발국의 대중들이 그것을 통해서 생활하고, 일하고, 생존하는 제도나 태도의 구조를 묘사했다. 변화는 착란으로 분석되는 것이 보통이었다. 이제는 경제학자들이 새로운 계획을 취하게 되었고, 그들은 저개발, 개발 및 개발계획과 같은 동태적 문제를 연구하고 있다. 이처럼 엄청난 방향전환은 사회과학의 자율적이고 자발적인 발전의 결과가 아니고, 지대한 정치적 변화의 결과로 된 것이었다. 식민지 권력구조의 급속한 붕괴가 일어나게 되었고, 그것은 저개발국 자체 내에 혹은 오히려 저개발국을 위해서 생각하고 행동하는 사람들 간에 개발에 대한 갈망을 갖게 했다. 마지막으로 냉전에 의해 절정에 달한 국제 긴장은 저개발국의 운명이 개발국의 대외정책의 관심사로 되게 했다.

서방국가나 그들의 학자 및 학술단체에 관해서 말한다면, 이 셋째 번 원인이 저개발국 문제에다 그들의 관심을 가지게 하는 으뜸가는 이유임은 명백하다. 저개발국 내의 현지 지식인들은, 서방측과 소련 측이 다 같이 자진해서 저개발국에다 원조를 주고자 하거나 보다 근본적으로는 저개발국이 놓여 있는 상태 및 안고 있는 문제에 대해서 관심을 갖게 된 것이 주로 저개발국의 국내문제에 국제적 의미를 갖게 하는 세계 긴장 때문이라는 것을 아주 잘 알고 있고, 또 이 같은 사실은 그들로 하여금 때때로 냉소적인 비판을 자아내게 했다.

오늘날의 남아시아 국가의 경제적·사회적 상태는 식민지 권력체제가 붕괴되기 이전의 상태와 크게 다를 것이 없다는 사실을 기억해야 할 것이다. 주요한 변화가 있었다면, 그것은 다만 최근의 인구증가율이 급속히 가속화되고 있다는 것뿐이다. 그러나 이러한 가속적인 인구증가가 있기 전에, 더욱이 그것을 완전히 깨닫기 전에도 그들의 경제문제에 관한 과학적 관심은 폭발적으로 고조되고 있었다.

대체로 제2차 세계대전 전의 남아시아의 대중들은 현재와 마찬가지로 가난하였고 생활은 비참했다. 그렇지만 대중의 빈곤이나 비참함이 경제학자들로 하여금 경제계획이나 정합된 대규모의 국가간섭을 통해 어떻게 개발을 일으킬 것이냐는 문제에 대해 주의를 집중케 하지 못했음은 물론이요, 그들의 상태에 대해 이렇다 할 큰 관심을 갖게 하지도 못했다. 그러한 노선에 따르는 실제적 행동이 당시에는 정치적으로 할 수 있는 일의 범주에 속하지 않았다. 더구나 그러한 행동이 시급하다고 하는 지각(知覺)도 없었다.

사회과학자들, 특히 경제학자들 간에서의 이러한 관심의 결여는 확실히 기존 정치 사정을 반영한 것이었다. 보다 구체적으로 이러한 관심의 결여는 식민지제도의 성격과 이 제도의 종속 국민에 대한 영향과 아울러 우리들에 대한 영향도 반영하고 있었다. 식민지제도는 저개발국 문제를 정치적으로 중시함으로써 경제적 저개발에 관해 대규모의 연구를 불러일으킬 만한 것으로는 되지 못했다. 우리들의 과학적 노력의 방향이, 특히 경제학에 있어서의 노력의 방향이, 우리가 살고 있는 사회와 그리고 가장 직접적으로 정치 풍토에 의해서 어떻게 지배를 받고 있는가를 명백히 알고자 기도하는 것이 사회학자들에게는 자기들의 입장을 이해하는데 있어서 진지하고도 유익한 훈련이 될 수 있는 것이다.

우리들이 아담 스미드, 맬더스, 리카아도, 리스트, 마르크스, 존 스튜아트 밀, 제번즈, 윌러스, 빅셀 그리고 케인즈 등의 이름과 관련시키는 경제사상의 주요한 개혁들은 모두가 변화하는 정치적 조건이나 기회를 반영하는 것들이었다.

사회과학의 연구에 관한 보다 정밀한 이해를 얻기 위해서 우리들은 우선 달라진 세계정치 정세가 우리들로 하여금 저개발국 문제로 중점을 옮기게 하는데 책임이 있다고 하는 것을 인정하지 않으면 안 된다. 일단 이 영향의 중요성을 인정한 다음에, 우리들은 그것이 선택되는 연구 분야는 물론 연구가 이루어지게 되는 방법에도 영향을 미치고 있는 것은 아닐까 하고 물어볼 필요가 있다. '분야'의 이러한 변경은 우리들의 연구가 사회의 필요에 합리적으로 적응하는 것을 나타내는 것이기는 하지만, 우리들의 연구 활동에서 사용되는 '접근방법'에 대해 이것이 미치는 영향이 비합리적인 편견을 도입하게 하는 것인지도 모른다는 것을 우리들은 의심하지 않으면 안 된다.

제2차 세계대전 이후의 세계정치 정세는 식민지 권력체제의 거의 완전한 붕괴에 의해 특징지워져 왔다. 식민지는 독립국가로 바꿔지게 되었다. 독립국가에서는 유력한 그룹이 자기들의 나라를 정체와 빈곤으로부터 탈피케 할 경제발전을 가져오게 하기 위해 국가계획을 추구하고 있지만, 그 성공의 정도는 구구하다. 이들 두 가지의 주요한 변화와 함께 또 하나의 일련의 변화가 일어났는데, 그것은 즉, 소련의 강대국에로의 지위 향상, 공산치하에 있는 영토나 인구 규모의 어마어마한 확대와 특히 중국의 출현, 그리고 그 뒤에 일어난 냉전 등이다.

양진영에 대해서 저개발국의 정치적 충성—혹은 적어도 중립—은 안보와 세력을 얻기 위한 투쟁에 있어서 이해와 관계가 되는 것이었다. 그리고 이러한 관계가 저개발국의 대외정책에만 국한되어 있는 것은 아니다. 저개발국이 국민적 통합과 경제발전을 이룩하고자 하는 기도도 또한 저개발국의 개혁의 효율성, 속도, 더욱이 그 개혁의 방향까지도 서로 겨루고 있는 세력권에 대해 정치적으로 중요한 것이 되어 있다는 의미에서 냉전의 국면으로 되기에 이르렀던 것이다.

위기에 부딪치게 된 막대한 이해관계에 강요된 나머지, 서방측의 정부 당국, 연구를 후원하거나 자금을 지원하는 단체, 그리고 실상 여론마저도 모두가 저개발국 문제의 연구를 촉구하고 있음은 당연한 일이다. 이러한 연구를 요구하는 외침은 저개발국 문제가 서방국 자체에 대해서 점차 정치적으로 중요성을 더해감에 따라 전적으로 정당시되고 있다. 그리고 그러한 연구는 또한 편의주의적 여론에 도달하게 되고, 공적, 일반적 국가이익에 유리하거나, 또는 적어도 불리하지는 않다고 생각되는 형태로 나타나 줄 것을 그들은 기대하고 있다. 이러한 국가 이익에 관한 똑같은 문제는 저개발국 자체 내에서도 마찬가지로 나타나고 있다. 저개발국의 단체나 지식층들은 사회적 연구와 관계되는 거의 모든 문제에 대해서 더욱더 예민하게 되어가고 있다.

이것이 뜻하는 바는 저개발국 문제에 관한 연구가 이제 계몽시대로부터의 우리들의 유산인 보편적이고 영구적인 가치의 관점에서가 아니라, 한 나라나 한 블록의 우연적이고 편협한 정치적 혹은 전략적 이익관계의 관점에서 다루어지는 일이 너무나 많다고 하는 것이다. 모든 종류의 연구는 이제 미국이나 서방국의 '안보'에 대한 기여도에 따라 정당화되고 있다.

가난한 나라들에 관한 많은 경제학적 연구에 있어서 편견의 주요 원천은, 그들을 공산주의로부터 구출하겠다는 서방측의 정치적·군사적 이해관계의 관점에서 가난한 나라들의 국내문제를 다루고자 애쓰는데 있다. 외부에서 본다고 하는 것은, 그 자체가 과학자들의 방법론상의 결점이 되지는 않는다. 중요한 것은 이러한 접근방법이 일련의 명시적인 가치전제에 의해 명백하게 설명되지 않으면 안 된다고 하는 것이다. 그러나 보통 이러한 접근방법은 과학수준으로부터의 후퇴와 손을 잡고 나아가며, 이것은 편견을 자유로이 스며들게 한다 — 그리고 이러한 사실은 물론 저개발국에 회의와 노여움을 가지게 하는 불씨가 되어 있다.

저개발국을 공산주의로부터 구출한다고 하는 서방측의 정치적·군사적 관심은, 또한 이들 나라들에 금기를 유발케 했다. 그것은 이를테면, 만약 저개발국의 정부가 서방에 대해서 비우호적이 아닌 경우에 — 이것은 특히 주의할 필요가 있다 — 이 저개발국의 정치제도의 결함을 관찰하거나 분석하는 일이 금지되는 따위이다. 모든 사실의 편의주의적인 나열에 기여하는 그러한 왜곡된 논법의 하나를 지적해 본다면, 학술적인 저술에 있어서 조차도 대중들이 통념상 자유롭다는 것을 나타내기 위해서가 아니라, 한 나라의 대외정책이 공산권의 그것과 관련을 맺고 있지 않다는 순전히 소극적인 사실만을 나타내기 위해서 자유세계, 자유아시아국이니 하는 호칭을 사용하고 있다는 점이다.

 냉전은 확실히 남아시아의 저개발국에서 일어나는 모든 사실에 상당한 관계를 가지고 있다. 그들이 맺게 되는 제휴나 그들의 중립도 마찬가지로 그들의 개발세력의 양식에 영향을 줄 수가 있다. 어떠한 이유에서건 공산치하에 들어간 저개발국은 반드시 소련식 경제개발 계획을 적용하게 될 것이다. 마찬가지로, 1국의 서방 블럭에 대한 차관이나 원조의 의존은 그 나라의 태도나 국내정책에 상당히 영향을 주게 될 것이다. 그러나 이러한 인과관계를 인식한다는 것이 저개발국을 동맹국으로 얻거나, 혹은 적어도 그들을 중립국으로 묶어 두는 것에 대한 서방측의 이해관계가 그들의 개발문제를 연구하는데 있어서의 하나의 타당한 가치전제로 된다고 하는 것을 말하는 것은 아니다—그 가치전제가 명시적으로 설명되고 있지 않는 경우에는 더욱 그러하다.

 서방측의 사회연구에 대한 정치적 영향은 저개발국이 절망적으로 적에게 넘어가지 않는 한, 반드시 저개발국에 대해 냉혹한 논술방식을 조장하지는 않는다. 반대로 서방국이 다소 공공연하게 자국의 사회과학자들로부터 얻고자 기대하는 것은 내외정책이 취하는 어떠한 방향을 변호하고, 그러한 변명에다 보다 확고하고 학문적인 기초를 주고자 하는 실리적인 외교성을 띤 논문들이다.

 남아시아의 저개발국 문제를 다루는데 있어서 외교적인 방법으로 생각하고 행동하는 이러한 경향은 새로운 독립시대의 것인데, 이는 식민지시대에 있어서의 '백인의 짐'이라는 것에 해당하는 것이다. 조금의 비판력을 가진 사람이라면 누구나 이러한 추세를 깨닫지 않을 수 없을 것이다.

저자는 저자 자신, 영국이나 미국 그리고 그 밖의 서구의 학자들이 자기들 끼리 이야기를 주고받던 중, 저개발국의 상태를 논의하게 되었을 때, 과제가 뒤떨어진 사태로 기울지 않을 수 없게 되는 필연성을 고백하게 되었던 사실을 입증할 수가 있다. 정치가들은 물론이거니와 학자들도 공석에서는 아주 하찮은 감정을 해칠 비판을 한데 대해 변명을 하게 되는 일이 많다. 남아시아의 청중에게 연설을 하는 소련의 학자도 이제는 마찬가지로 약삭빠르게 되어 소련의 정책은 남아시아의 민족부르죠아정권에 대해 우호적이라고 말하고 있다.

저자는 과학적 연구에 있어서의 외교성을 문제로 하는 것 외에 여기에서 외교성에 대한 반론을 주장하고 있는 것이 아니다. 과학자는 그가 터득하는 진리에 충성을 다하는 이외에 어떠한 충성도 해서는 안 될 것이다. 그러나 많은 사람들의 경우, 저개발국에서 용감하게 말하는 것보다 미국과 같은 부유한 나라에서 용감하게 말하는 것이 보다 용이하다는 것은 명백하다. 이러한 외교성은 겉보기의 경향과 같은 것임에 반해, 솔직히 말해서 저개발국의 국민들을 동등하게 취급하는 것이라고 하는 점을 깨달아야 할 것이다. 남아시아인들이 이러한 사실을 안다면, 그들은 그러한 외교성에 감정을 상하게 됨에 틀림이 없을 것이다.

우리들의 사고가 얼마나 이러한 방향으로 기울고 있는지를 나타내는 하나의 지표는 저개발국이란 용어보다도 이것저것 수식어가 즐겨 채택되고 있는 경우에 볼 수 있는 것과 같은 보통 용법이 아닌, 보다 외교적인 것으로 생각되는 용어로 도피하고 있다는 사실이다. 이를테면, 오늘날 널리 사용되고 있는 개발도상국이라는 말이 그러한 수식어의 하나이다.

대부분의 부유한 서방국이 계속 급속도로 발전하고 있는 반면에, 저개발국은 거의 예외 없이—발전이 있다 하더라도—그리 급속하게 발전하지 않고 있다. 그리하여 개발도상국이란 용어는 바로 그들을 위해서 개발에 대한 요구가 제기되고 있는 매우 가난한 나라들을 구별하는 데 도움이 되지 않는 것이다. 또한 이들 매우 가난한 나라들이 발전 '중'에 있다고 전제하는 용어를 사용함으로써 하나의 중요한 논점이 회피되고 있다. 발전이 진행 중인가의 여부를 확인하거나, 혹은 한 나라가 과연 더 발전할 수 있는 실질적인 가능성을 가지고 있느냐의 여부를 밝히는 일 등이 오히려 연구목적 중에 들어가야 하는 것이다. 이러한 물음에 대한 확답은 적어도 한 나라의 현상에 관해 마구 내려진 정의에 의하여 선험적으로 상정되어서는 안 될 것이다.

편견의 또 하나의 주요 원천은 보다 더 자동적인 것인데, 그것은 우리들이 미개척 분야에 대한 대대적인 연구에 착수함으로써 비롯된 급진성에 의해 초래된 것이다. 연구는 당연히 이론, 즉 일련의 분석적 선입견으로부터 출발하지 않으면 안 되므로, 그것이 남아시아에도 적합한 것인가에 관해 세심한 고려도 하지 않은 채, 서구에서 만들어진 분석도구들이 사용되기가 일쑤였다. 그러나 우리들이 이 책의 여러 곳에서 상세히 논하게 되는 바와 같이 이것도 하나의 편향된 접근방법으로 간주되지 않으면 안 된다.

경제이론가들은 다른 사회과학자들보다도 더 일찍부터 일반적인 명제에 도달하고자 시도해 왔고, 그리고 그 명제는 어느 곳, 어느 때, 어느 문화에도 타당한 것으로 가정하고 싶어 했다. 우리들은 고전경제학으로부터 그 이론이 보장하는 것보다 보통 더 일반적인 주장으로 단정되고 있는 이론의 보고를 이어받게 되었고, 그 후 그것을 한층 더 발전시켜 왔다.

그 이론의 사용이 세계의 우리들의 지역에만 한정되는 한, 이러한 궤변적인 일반성은 거의 해를 주지 않을 것이다. 그러나 그 이론이 그것이 적합하지 않은 남아시아의 저개발국의 연구에 사용되는 경우, 그 결과는 심각하게 된다. 우리들 경제학자들이 집요하지만 다채롭고 신축적이며, 또한 우리들 자신의 조건에는 분명히 그렇게 부적당하지 않은 우리들의 선입견의 전통 속에서 연구를 하다가 갑자기 조건이 크게 달라진 나라들을 다룰 때, 근본적인 과오를 범할 위험은 매우 큰 것이다.

이러한 위험은 저개발국의 사회적 현실에 관한 경험적 자료의 부족 때문에 더욱 커진다. 이 문제는 전후기에 보편화된 접근방법의 또 하나의 결과 때문에 더욱 복잡하게 되고 있다.

새로운 자료가 수집되는 경우—이를테면, 남아시아국에 있어서의 노동력의 과소이용이 실업, 위장실업 및 불완전고용이라는 서구적인 개념에 의해 분석되는 경우처럼—사용되는 개념의 범주는 저개발국의 현 조건에는 맞지 않게 된다. 이로부터 결과가 된 산더미 같은 숫자들은 아무런 의미도 없거나, 그 숫자에 붙여지는 의미와는 다른 뜻을 가지게 된다.

　우리들의 주된 논점은 다음과 같다. 즉, 서방세계에 있어서 생활양식이나 생활수준으로부터, 그리고 태도와 제도 및 문화로부터 추상된 '경제학적' 용어들—시장 및 가격, 고용, 소비와 저축, 투자 및 산출고—에 의한 분석은 의미를 가지거나 확실한 결론에 도달하게 되지만, 비슷한 절차가 저개발국에 있어서는 분명히 그렇게 되지 않는다고 하는 것이다. 저개발국에 있어서는 그와 같은 추상을 할 수 없고, 현실 분석은 태도나 제도와 관련이 있고, 그리고 매우 낮은 수준의 생활이나 문화가 개발에 미치는 영향을 고려에 넣은 용어들로 문제를 다루지 않으면 안 된다.

　남아시아개발에 대한 서구적 접근방법은 또 하나의 더욱 교묘한 호소력을 가지고 있다. 그것은 남아시아국에 고유할 뿐만 아니라, 그들의 저개발에 대해서, 그리고 그들이 개발과정에서 직면하고 있는 특수한 모든 문제에 대해서 책임이 있는 대부분의 조건들로부터 추상된 것이다. 이들 모든 조건이나 문제는 모두 남아시아인들이나 그들의 외국 후원자들이 필시 잊어버리기를 원하는 것들이다. 그것들은 서구 식민지 지배자들의 사상과 그들의 상투적 문구 및 그들의 더욱 날조된 논법의 양자 속에 뚜렷이 나타나 있던 사회구조에 관한 특징이었다.

　개발에 대한 이들 모든 장해에 관한 과장된 강조는 그들의 합리화를 위한 필요에 도움이 되었다. 그것은 식민지 주민의 후진성에 대한 자기들의 책임과, 그리고 사태를 개선하는데 있어서 그들이 노력하지 않은 데 대한 책임을 교묘한 변명으로 모면케 해주는 것이었다. 해방운동의 이데올로기나 탈식민지 이데올로기는 모두가 그러한 사고방식에 대한 항의로 깊은 감명을 주게 되었다. 그리하여 편견이라는 추는 한 쪽의 극으로부터 다른 쪽의 극으로 움직여 갔다. 저개발국의 지식인들은 정반대의 의미로 합리화하기를 원하고 있고, 이는 서구 경제학자들에 의해 암시된 추상을 하고자 하는 저개발국의 요구에 기여하고 있다.

낙관주의와, 따라서 낙관주의를 보다 현실적인 것으로 보이게끔 하는 접근방법도 또한 남아시아 지역에 있어서의 모든 계획이 낙관주의로 흐르기 쉽다는 것은 오히려 명명백백한 사실로 되어 있다. 서방국에 있어서 외교적인 자제일변도는 서방국의 경제학자들 사이에서 부당한 낙관주의에로의 편견과 궤도를 같이 하고 있다. 서방국, 특히 미국에 있어서는 낙관주의가 기업심과 용기의 기초로서 존중되기조차 하고 있다. 그것은 거의 전통적인 문화유형, 즉 케난(George F. Kennan)이 일찍이 '열광과 자기도취의 위대한 미국인'이라 불렀던 것의 일부가 되고 있는 것이다.

냉전에 있어서는 공산권에 속하지 않는 저개발국이 발전을 가지거나 발전을 확신하게 되는 것이 서방측의 이익으로 된다고 생각되고 있다. 그러나 냉전과 그것으로부터 생겨나는 편견에의 편의주의적인 경향을 아주 떠나서, 서구인인 우리가 일단 저개발국의 상태에 관심을 가지기 시작하기만 한다면, 전통에 따라 우리들은 도탄에 빠져 있는 국민들에게 우호적으로 되고자 하는 마음을 가지게 된다. 그리고 모든 이기적인 이해관계를 떠나서 저개발국의 개발 노력이 성공해

주었으면 하는 것이 우리들의 열렬한 희망이 된다. 우리가 저개발국이 가능한 한, 우리들의 나라와 비슷한 국민사회로 발전했으면 하고 바라는 것은 가장 평온한 세계상황 속에서 저절로 느껴지는 자연적인 민족 우월감의 충동인 것이다.

그럼에도 불구하고 우리들은 이러한 이해할 수 있는 순수한 감정이 우리들의 사실인식에 영향을 주게 해서는 안 된다. 진리와 진리를 솔직히 말하는 것은 유익하나, 환상은—동정이나 호의에서 우러난 환상을 포함해서—언제나 해롭다는 것을 밝히는 것은 과학적 연구정신이다. 환상은 지식의 탐구를 방해하며, 또한 개발계획을 충분히 효과적이고 성공적으로 되게 하는 노력을 저해할 것임이 틀림없다. 우리들은 이 연구에서는 드라마의 밖에서 일을 진행시키고자 한다. 우리들은 이 연구자가 누군가의 감정을 그대로 두어야 한다는 어떠한 합리적인 요구도 이를 인정하지 않는다. 모든 사실은 냉철하게 진술되어야 할 것이고, 과대하게 말하는 것과 마찬가지로 과소하게 말하는 것도 편견을 드러내는 것이다.

남아시아의 개발문제에 관한 연구에 있어서 편견을 낳는 경향이 있는 모든 힘을 간단하게 특징지우고자 한 지금까지의 서술을 매듭짓기 전에 한 가지를 더 말해 둘 필요가 있을 것이다. 이들 편견은 개발의 전망에 관해 지나치게 낙관적인 견해를 낳게 하고 있으므로 그것들은 때때로 자극을 주기는 하지만, 그러나 주로 지나친 자기만족을 낳기 마련이다. 어쨌든 보다 현실적인 견해는 개발이 더욱 더한 노력, 즉 남아시아측에 있어서의 더욱 스피디하고 더욱 효율적인 개혁과 서방측에 있어서의 더욱 큰 관심을 요구하고 있다는 사실을 명백히 해주고 있다.

　남아시아에 있는 저개발국의 상태와 문제를 연구하는데 있어서의 전후형 접근방법에 관한 우리들의 비판은, 사태가 어떻게 되어 있는가에 관한 이론적 선입견을 가지고 출발하는 권리나, 혹은 실상 그렇게 해야 할 필요성마저도 부정하는 것으로 이해되어서는 안 될 것이다. 질문은 반드시 대답에 앞서는 것이고, 그리고 질문에 대한 대답이 아닌 대답이란 어떠한 것도 있을 수 없는 것이다. 그리하여 논리적으로 엄밀히 따진다면, 과학적인 연구에 있어서 비이론적인 접근방법은 불가능한 것이며, 모든 이론은 선험적인 사유(思惟)라도 근원을 내포하고 있다. 이러한 이론이 명시적으로 진술될 때, 우리들은 그 내부적인 일관성을 세밀하게 검토할 수 있다. 이론은 논리적 일관성에 대한 내재적인 비판을 받지 않으면 안 될 뿐만 아니라, 끊임없이 현실과 대조되고 그것에 따라 조정되지 않으면 안 된다.
　두 개의 과정은 병행한다. 우리들의 분석적인 선입견에 의해 얻게 되는 관찰 자료의 양을 증가하게 됨에 따라, 우리들의 본래의 이론은 자료에 의미를 부여하거나 설명하기 위해 수정되지 않으면 안 된다. 이것은 모든 과학의 십자가이다. 즉, 과학은 언제나 선험적으로 시작하지만, 그러나 끊임없이 지식에 대한 경험적인 기초를 찾고자 노력해야 하며, 그리하여 연구 중인 현실에 더욱 적합하게 되도록 노력하지 않으면 안 된다. 이것은 또한 우리들이 결코 완벽을 기할 수 없고, 다만 사실에 대한 이론의 근접한 부합만을 기할 수 있는 이유이기도 하다. 그러나 얼마나 밀접하게 우리들이 사실에 접근할 수 있는가에는 차이가 있다. 남아시아의 저개발국에 있어서는 대부분의 중요한 자료들이 범위에 있어서나 신빙성에 있어서 불충분하다. 그러므로 이론은 연구 중인 사회적 현실에 대한 일련의 상호 관련된 질문 이상의 것은 아닌 것이다. 강조해야 할 것은 모든 지식과 그리고 모든 무지는 편의주의적으로 되는 경향이 있고, 그리고 경험적 모든 사실에 돌려진 확고한 연구에 의해 체크를 받거나 수정되는 일이 적으면 적을수록 더욱 그렇게 된다는 점이다. 장기적으로 전망할 때, 저자는 남아시아 저개발국의 연구에 관해서는 비관할 하등의 이유가 없다고 본다. 모든 성실한 연구에는 결국 스스로를 확인하게 된 자기 정화의 힘이 본래부터 깃들어 있는 것이다.

우리들은 남아시아의 개발문제에 대한 전통적인 접근방법에 결코 만족하지 않고 있으므로, 우리들은 이 연구의 수행을 위해 분석체계로서 이바지할 수 있는 대체적인 이론을 약술할 의무가 있다. 실제로, 순수한 경제적인 문제란 존재하지 않는 것이며, 기껏해야 다만 경제적 모든 요인과 비경제적인 모든 요인간의 구별이 인위적으로 이루어질 수 있는 문제가 있을 따름이다. 우리들이 경제적 문제 혹은 경제적 요인이 의미하는 바를 명백히 하는 행위조차도 모든 비경제적 결정요인을 마찬가지로 포함하는 분석을 내포하고 있다. 보람이 있는 유일한 구분은―그리고 충분히 논리적으로 지지할 수 있는 유일한 구분은―관련이 있는 요인과 관련이 적은 요인간의 구분이고, 구분상의 경계선은 연구되고 있는 주위환경의 특성에 따라 달라지게 될 것이다.

우리들은 남아시아국의 기본적인 사회, 경제구조가 선진 서방국이나 공산국에 존재하고 있는 것과는 철저하게 다르다고 하는 명백한 사실을 출발점으로 하게 될 것이다. 오늘날 선진국의 상태는 개괄적으로 말해서 사회형태가 경제발전을 용납할 만한 것이고, 그렇지 않을 경우에도 그 과정이 크게 장해에 부딪치지 않게끔 쉽게 조정될 만한 것이다. 이것은 그러한 사회형태로부터 추상된 경제학적 용어에 의한 분석이 어찌하여 정당하고 유용한 분석결과를 가져올 수 있느냐는 데에 대한 이유이기도 하다. 그러나 이러한 판단은 그대로 남아시아의 상태에 정확하게 적용될 수는 없다.

저개발국의 사회적·제도적 구조는 선진국에서 발전해 왔던 것과는 다를 뿐만 아니라, 보다 중요한 것은 남아시아의 개발문제는 그 사회적·제도적 구조에 있어서 유발된 변화를 요구하고 있다는 점이다. 왜냐하면, 남아시아의 사회적·제도적 구조는 경제발전을 저해하고 있고, 또한 그것은 자동적으로는 변화하지 않거나, 혹은 경제분야에 한정된 정책만으로서는 그 정책의 규모가 아무리 크다 하더라도 이에 응해서 변화하지는 않기 때문이다.

남아시아국의 개발문제를 이해하는데 있어서의 본질적인 첫 단계는 저개발국이 실제로 어떻게 역할을 하고 있으며, 어떠한 기구가 그들의 활동을 규제하고 있는가를 발전하고자 노력하는 일이다. 분석을 이러한 현실에다 확고하게 뿌리를 박도록 하지 않는다면, 연구의 왜곡과 계획의 결점이 초래된다. 그러므로 우리들의 접근방법은 명백히 제도적인 것이며, 우리들은 이러한 선에 따르는 매우 집약적인 연구노력을 변호하고 있는 셈이다. 참다운 성과를 거두기 위해서는 이러한 새로운 접근방법이 전통적인 경제분석에서 아주 제외되어 있던 것들을 중요시하는 것 이상으로 되지 않으면 안 된다. 전통적인 분석에서 이용되는 바로 그 이론들이나 개념들은 그 분석을 이들 비경제적 요인으로부터 멀리 벗어나게 하고 있으므로, 필요한 것은 저개발국에 대해 보다 현실적인 전혀 다른 이론 및 개념의 체계인 것이다.

 우리들의 목표는 또한 전통적인 이론과 개념 대신에 저개발국이 현실에 보다 적합한 다른 새로운 것들을 도입하고자 하는 한층 더 야심적인 것이다. 그리고 우리들은 저개발국의 경제의 고유한 특질을 설명할 수 있는 메커니즘을 정립해야 할 뿐만 아니라, 동태적인 개발문제와 개발계획에 알맞은 분석구조도 또한 확립하지 않으면 안 된다.

 경제학자들은 비경제적 요인의 중요성에 관해서 일반적인 보류조건을 진술하는데 인색하지는 않다. 그렇지만, 그들은 그 점을 감안해서 자기네들의 접근방법을 변화시키고 있지는 않다. 또한 개발계획을 수립하고자 하는 저개발지역의 기도가 흔히 사회적 관계의 전분야에 걸친 행동강령을 포함하게 된다고 하는 것은 주목할 만한 일이다. 그러나 일반적인 계획수립에 있어서의 이러한 포괄성은 시장 및 가격·고용·저축투자, 그리고 산출고 등의 서구적 개념에 의해 이해되는 경제적 요인에다 주력점을 두는 경향과는 날카로운 대조를 이루고 있다.

 발전을 일으키고 가속화하기 위해서는 모든 사회적 조건이나 관계에서 유발된 변화가 유용하거나, 혹은 발전과정의 누적적 인과관계에 있어서 전략적 역할까지도 하게 된다고 생각하지 않으면 안 된다. 이러한 확신은 이 연구에서 다루어지는 문제에 대한 접근방법을 결정하게 했던 것이지만, 우리들은 완전하게 일반적인 분석체계를 형성하는 데까지 이르렀다고는 주장할 수 없다. 이 연구는 남아시아의 주요 경제문제의 보다 넓은 배경을 부단히 염두에 두고 있는 연구이기는 하지만, 본질적으로는 다만 이들 문제에 관한 하나의 연구에 멈추고 있을 따름이다.

우리들은 의식적으로 우리들의 연구를 문제의 분석과 해명에 돌리기로 했다. 우리들은 넓은 상호관계와 추세에 관련이 있는 질문에 대한 해답을 구할 때, 방향을 잃지 않는 범위 내에서 경험적인 하찮은 사실에 철저하게 몰두하고자 노력해 왔다. 그러나 많은 본질적인 사실은 포착하기 어려운 데다가 기록도 없고, 그리고 경험적인 증거는 여러 점에서 모순투성이이다. 우리들은 종종 다만 지시적이거나 혹은 암시적인 추론을 했고, 게다가 때로는 사물을 관찰하고 사람들과 이야기를 나누는 것으로부터 얻은 우리들 자신의 인상에 입각하기도 했었다. 그런 만큼 도달된 결론과 이를 뒷받침하는 추론은 고도로 추리적인 것이 되고 있는데, 이점은 종종 독자들에게 상기시킬 기회를 가지게 될 것이다. 무엇이 일어나고 있는가를 이해하기 위해서는, 알려져 있지 않지만, 알려져야만 하는 것을 명백히 진술하는 것이 할 만한 가치가 있는 과학적 임무로 남게 된다. 사실, 이 책의 주요 목적의 하나는 지식의 공백을 지적하고, 진일보한 연구를 위해 합리적인 가설의 체계를 어느 정도 자상하게 설명하는 데 있다. 그리고 이것은 오직 암시적인 추론에 의해서만 이루어질 수 있는 것이다.

  이 책에서 우리들은 제한조건이나 유보조건이 필요할 뿐만 아니라, 접근방법의 기본적인 개혁도 필요하다는 것을 논하고 있다. 만약 우리들이 옳다면, 학문 간의 연구를 한층 더 긴밀하게 할 여지가 있으며, 우리들은 경제학의 이론이나 개념의 체계를 개선코자 하는 사회학자들이나 그 밖의 학자들의 노력을 환영해야 할 것이다. 많은 학자들이 우리들의 이론과 개념에 도전하려고 하고 있으며, 그들이 그렇게 한다는 것은 건전한 일이다. 왜냐하면, 개발과정의 복잡성을 이해하기 위한 전진에 불가결한 요소는 대화인데, 이를 통해 일반화가 전개되고, 도전을 받고, 그리고 그것은 수정 내지 정정되는 것이기 때문이다. 이렇게 해서 상이한 해석과 결론의 근원들은 분리되어 검토가 가능하게 된다.

  일반화의 이러한 기능을 이 책의 독자들은 마음에 새겨 두어야 할 것이다. 이 책은 의문표로 점철되어 있지는 않으며, 편의상 대체로 서술적인 형태로 쓰여져 있다. 그러나 이러한 사실 때문에 이 책에 포함되어 있는 일반화의 역할과 기능이 모호해져서는 안 될 것이다.

  이제 우리들은 마침내 연구의 객관성이라는 문제를 논리적인 문제로서 제기하지 않으면 안 될 단계에 이르고 있다. 대체로 남아시아국에 관한 객관적 연구를 위한 규칙을 세우는 것은 용이할 것같이 생각된다. 연구자는 이면의 동기를 가져서는 안 된다. 그는 진리탐구에만 전심해야 하며, 그를 둘러싸고 있는 전통과 사회의 압력과, 그리고 그 자신의 욕망으로부터도 다 같이 되도록 자유로워야 한다.

연구자는 연구에 있어서, 그가 그 상태를 연구하고 있는 나라들의 안에서건 밖에서건 독자들의 정치적 태도에 영향을 주고자 하는 의도를 가져서는 안 된다. 이러한 것들은 내세우기에 충분한 가치가 있는 찬양할만한 원칙들이다. 그러나 이들 모든 원칙은 어떻게 하면 편견을 피할 수 있을 것인가 하는 방법론적인 문제를 해결하지 않고 있다.

연구의 객관성이라는 문제는 가치판단을 근절하고자 하는 노력에 의해서 간단히 해결될 수 있는 것은 아니다. 그와 반대로 사회문제에 관한 모든 연구는 아무리 범위가 제한되어 있다 하더라도, 가치판단에 의해 결정되거나 되지 않으면 안 된다. 사심이 없는 사회과학이란 결코 존재했던 적이 없고, 또한 존재하지도 않을 것이다. 가치판단으로부터 벗어나고자 하는 노력은 방향을 잘못 잡은 것이며, 무익하거나 해롭게 될 운명에 놓여 있는 것이다. 가치판단은 설령 그것이 지하로 내쫓기게 된다 하더라도, 우리들과 함께 있어 우리들의 연구를 이끌어 줄 것이다.

우리들은 여기에서, 연구가 객관적(이 용어가 사용될 수 있는 유일한 의미에 있어서의)인 것이 될 수 있도록 하는 가치전제를 명시하는데 찬성하는 주장을 펴왔다. 그러나 우리들은 또한 과학적 추론의 명확성과 명백성이라는 보다 넓은 목적을 위해서는 가치전제를 상세히 설명할 필요가 있다. 이에서 인식론의 주요문제에 관해 간단히 언급한다면, 그 문제와 이론사회학의 문제 사이에는 이 장에서 관심의 초점이 되어 왔던 다음과 같은 관계가 있다. 즉, 과학적인 연구에 있어서

마저도 진리를 발견하고자 하는 우리들의 충동 이외의 다른 어떠한 것에 의해서 우리들의 이념이 제약을 받지 않기를 바라는 그런 우매한 기대를 해서는 안 된다는 점을 우리가 일단 인식하게 된다면, 우리들의 일반적인 견해에 관한 설명과 우리들의 특정한 가치전제에 관한 정의는 보다 명백히 권위 있는 것이 되는 동시에 보다 용이하게 된다는 관계가 있다.

「아시아의 드라마」라는 이 책의 표제는 저자가 연구에 착수할 무렵에 생각하게 되었고, 연구과정에서 굳히게 되었던 남아시아의 모든 사건의 개념을 표현하기 위해 선택되었다. 모든 복잡성과 상이점의 배후에서, 우리들은 드라마에 있어서처럼 다소 뚜렷한 일련의 갈등과 공통적인 테마를 감지하게 된다. 이 드라마에 있어서의 연기는 급속하게 절정을 향해 치닫고 있다. 긴장은 경제적으로도, 사회적으로도, 그리고 정치적으로도 높아 가고 있다.

어느 면에서 우리들은 모두가 이 드라마의 협연자들이다. 그것은 마치 남아시아를 위해 설치된 이 무대가 확장되어, 전 세계를 그것에 끌어들임으로써 누구도 단순한 관객이 될 수 없게 하는 것과 같다. 그러나 이 드라마에 있어서의 주역들은 남아시아의 주민 자신들, 특히 교육받은 계층이다. 연구와 재정원조의 공여, 그리고 그 밖의 수단을 통한 국외자들의 협연이 최종적인 결과에 대해서는 오히려 중요치 않은 여흥이다.

이 드라마는 사람들의 마음에 영향을 미치는 일련의 내부적인 갈등—즉, 그들의 고조된 포부와 가혹한 현실에서 겪는

쓰라린 경험 간의 갈등, 개혁과 진보에 대한 갈망과 결과를 받아들이고 희생을 치르는 것에 대한 심적인 주저 내지 혐오 간의 갈등 등—속에서 그 자체의 통일성을 가지고 있다. 그와 같은 갈등은 어느 곳, 어느 때에도 인간생활의 일부분이 된다. 그러나 연구 중인 저개발국에 있어서의 갈등은 이례적으로 그 도를 더하고 있고, 독특한 형태를 취하고 있다.

남아시아에서는 누구나 자기가 보고 있는 연극이 고전적인 의미에서 상연되고 있는 드라마라고 하는 점을 느끼지 않을 수 없다. 이 연극은 수억의 주민들을 등장시키고 있다. 그러나 고전적인 드라마에 일관되고 있는 것처럼 그 복잡성과 상이점을 통해서도 본질적으로는 간단한 테마가 관찰되고 있다.

드라마의 고전적인 개념에서—과학적 연구의 이론적 국면에 있어서와 마찬가지로—배우의 의사는 결정론이라는 쇠고리에 묶여 있었다. 최종막이 내려질 때의 결과는 드라마의 제1장의—그 후의 장면 전개의 모든 사건을 설명해 주는—개막에서 이미 결정되어 있었다. 주역은 그의 운명을 모색하고 있는 동안에 마음속에서 최후의 운명을 의식하고 있었다. 그러나 인생에 있어서 드라마가 역시 상연되고 있기는 하지만, 인간의 의사로써 택일적인 연기과정에서 적당하게 선택할 자유가 있는 것이다. 그러므로 역사는 미리 결정되어 있는 것으로 생각되지는 않는다. 오히려 역사는 그것을 형성하는 인간의 힘에 달려 있다고 생각된다. 이같이 생각되는 드라마는 반드시 비극으로는 되지 않을 것이다.

제2장 남아시아 지역

　이 책의 다음 부분에서 우리들은 우리들이 '남아시아'라고 부르는 저개발지역을 개관하는 테두리 안에서 우리들 나름의 분석을 해냈다. 실제로, 지역적 접근방법은 본질적인 타당성을 가지고 있는 것은 아니다. 지리적으로 인접해 있다고 해서 문화적·정치적·경제적으로나 어떠한 실질적 의미에 있어서도 이웃 나라들을 하나의 통일체로 되게 하는 신비로운 특성이 있는 것은 아니기 때문이다. 남아시아국과 같은 특별한 경우에 있어서는 많은 여건들이 서로 얽혀 현재의 상호관계를 약화시키고 있다.
　우리들이 연구 중인 나라들의 경제계획, 그리고 참으로 모든 경제정책은 어느 편인가 하면, 편협한 민족주의적 시야를 가지고 있고, 근년에 이르러 그 추세는 경제적 상호관계의 규모를 축소시키는 방향으로 향하고 있다.
　이 연구는 그 언급의 범위를 그 지역 전체에다 잡고 있는 바, 이는 남아시아국간의 분석적 비교를 하고자 하는 기도에 의해 얼마간은 타당성을 가지게 된다 할 것이다. 남아시아국은 그와 같은 비교를 적절하게 하기에 충분할 만큼의 기본적인 모든 조건의 유사점을 나타내고 있는 동시에 주요 인과관계의 분석을 통해 비교가 가능할 만큼의 충분한 차이점을 나타내고 있다.

우리들은 논의되는 각 문제와 관련이 있는 남아시아국에 대한 주요사실들을 서술하고자 시도했다. 그러나 믿을 만한 자료의 부족은 많은 경우, 모든 국가 간의 포괄적인 비교를 하게 될 우리들의 능력을 저하시키게 되었다. 그리하여 논의를 자주, 특히 흥미 있는 특성을 나타내거나 이용할 수 있는 자료가 한층 더 풍부한 1개국, 혹은 1개국의 여러 지구에 집중시키지 않으면 안 되었다. 우리들은 서술적인 것보다도 분석적인 것에 주로 관심을 두었으므로 세부적인 사실을 철저하게 밝히거나 논의를 남아시아국간에다 균등하게 확대시켜야 할 의무를 느끼는 일은 없었다.

인도는 그 엄청난 인구와 남아시아뿐만 아니라 세계에 있어서의 그 정치적 중요성으로 말미암아, 이 연구 속에서 다른 나라들보다도 훨씬 크게 클로즈업되었다. 또한 인도는 식민지시대로부터 다른 나라들에 있어서 보다도 더 풍부한 문헌이나 토론을 계속 가져왔다. 이 책이 남아시아의 여타 국가와 빈번하게, 그리고 조직적으로 비교하고자 하는 기도를 가지고 주로 인도를 다룬 것이라고 말하더라도 그리 틀린 말은 아닐 것이다.

우리들은 인도의 주변 국가들, 즉 파키스탄과 스리랑카 그리고 어느 정도는 미얀마에 대해 다소 세심한 주의를 쏟기로 했다. 자료의 부족으로 말미암아 아프가니스탄과 네팔―그리고 시킴 왕국과 부탄 왕국은 고려에 넣지 않기로 했다.

남아시아에서 인도네시아는 매우 중요한 대국이기 때문에 비록 우리들이 원하는 것만큼 철저하게 다룰 수는 없었지만, 그 나라의 문제를 우리들의 연구의 중심 속에 두고자 애써왔다. 태국과 말라야연방(신생국 말레이시아연방이 아니다), 그리고 필리핀에 대해서는 이용이 가능한 자료가 더욱 풍부했다.

싱가포르의 문제는 아주 예외적이므로, 대체로 주된 논의에서 제외하기로 했다. 우리들의 당초 의도는 프랑스 인도지나 식민제국의 붕괴 후에 생겨난 여러 나라들―남·북 베트남, 라오스, 그리고 캄보디아―까지 포함하려는 것이었지만, 이들 중의 일부 국가는 원시적일 뿐만 아니라 그들 모두가 유동적이므로 부득이 포기하지 않을 수 없었다. 그러나 흥미있는 정보의 입수가 가능했을 때 우리들은 때때로 이들 나라들 중에서 남베트남·라오스·캄보이다 등에 대해서 언급하기로 했다.

그리하여 이 연구에서 남아시아 혹은 그 지역은 파키스탄·인도·스리랑카·미얀마·말라야연방·태국·인도네시아 및 필리핀, 그리고 때로는 남베트남, 캄보디아 및 라오스를 포함하게 된다. 서방제국 혹은 서방세계라는 표현은 이 연구에서 (동유럽이나 남유럽이 아니고) 서북 유럽이나 서부 중앙유럽에 있는 고도 개발국, 미국, 그리고 유럽 혈통의 주민이 살고 있는 영연방국(캐나다·오스트레일리아·뉴질랜드)을 말한다. 후자는 때때로 '백인 자치령'이라고 불리워지고 있다. 남아프리카는 이례적이므로 이러한 분류에 포함되지 않는다.

외부세계와의 비교는 대체로 서유럽에 한정하기로 했다. 이러한 조치는 어느 정도 합리성을 가진다. 왜냐하면, 대부분의 남아시아에 있어서는 최근까지 서구국가에 의한 지배가 깊은 통상적이고 사회적, 그리고 문화적 영향력을 가지고 있었기 때문이다.

우리들이 관심을 가지게 되는 나라들은 공간적으로 근접해 있다. 이들 모든 나라는 비록 나라 간에, 심지어는 같은 나라 안에서도 기후에 큰 차이가 있기는 하지만, 열대지방이나 아열대지방에 위치하고 있다. 이들 각국의 주민은 '유색', 혹은 이러한 표현은 남아시아에서는 유행하지 않으므로 '비백색'이다. 비록 이러한 사실이 이들 나라에 있어서 뿐만 아니라 이들 나라의 밖에서도 이제는 가볍게 다루어지는 일이 보통이기는 하지만, 그들 자신이나 여타 세계와의 관계에 대한 그들의 사고의 대부분에는 이 사실이 하나의 잠재의식으로 작용하고 있는 것이다. 식민지주의에 대한 그들의 항의가 '인종차별'이란 낱말을 포함하는 일이 보통이라고 하는 사실은 주목할 만하다.

그러나 이들 여러 나라들을 한데 묶는 가장 강한 끈은 그들이 나누어 가졌던 역사적 경험과 정치문제나 정치과정에 관한 그들의 견해에다 그 경험이 주게 되었던 영향이다. 태국 한 나라를 제외한 나라들은 전식민지이다. 그 식민지 지배의 기간은 비록 길고 짧은 차이가 있기는 하지만, 그들의 생존의 모든 국면에 명확한 흔적을 남길 만한 지속기간과 강도를 가지는 것이었다. 태국마저도 식민지주의의 그늘 밑에서 살았고, 그 운명도 또 식민지주의적 간섭에 의해 형성되었다.

이들 여러 나라의 최근의 해방은 그들의 전국민생활에 극히 중요성을 주는 것이었다. 이 해방은 남아시아의 대중들이 그 속에서 2차적인 역할 밖에 하지 못했던 세계발전의 결과로서 나타나게 되었다. 그러나 이들 모든 나라에 있어서 독립이 전주민의 다만 작은 비유만을 차지하고 있는 유식층—이 유식층이라는 용어가 남아시아에서는 특별한 의미를 가지고 있다—내의 몇 마디의 발언권이 강한 엘리트 그룹에 의해 마침내 실현을 보게 되었다고 하는 것은 사실이다. 이들 엘리트 그룹은 이제 신생 국민국가들을 통합해야 할 책임을 지고 있는 것이다. 그렇지만, 통합을 추구하는 이면에 있어서 그들 간에서는 단합이나 내부적 단결의 정도에 차이가 있었고, 또한 현재도 차이가 있다.

식민지 지배의 종식과 더불어 대중들은 자기들 스스로의 운명을 형성할 수 있고, 또 그렇게 할 책임을 질 수 있다고 하는 자각이 사회 내의 모든 관계를 도전 속에 휘몰아 넣게 되었다. 이러한 유동적인 상태는 자주 점고하는 기대의 운명으로 특징지워지고 있었다. 태도의 변화가 지금까지 주로 식자층에만 영향을 주게 되었고, 하류층에는 거의 영향을 미치지 않았다고 하는 사실이, 유식층이 우세한 이들 나라에 있어서 그 중요성을 덜하게 하는 것은 아니다. 이러한 열망은 시간이 감에 따라 높아지게 되고, 한층 더 많은 주민에게 파급되고야 만다.

정치적 의미에 있어서 이제 절정에 달한 열망은 부유한 서방국의 근대적 민주복지국가를 기준으로 공식화되기에 이르렀다. 사실, 이러한 열망은 미국혁명이나 프랑스혁명을 고무하였던 계몽시대에 그 근원을 둔다. 이러한 사상이나 이상은 주로 식민지주의에 의해 남아시아국에 도입되었고, 이로 말미암아 본의 아니게, 그리고 부지 중에 식민지 지배의 기반이 흔들리게 되었다는 것은 역사의 아이러니의 하나라고 하지 않을 수 없다.

처음에는 이들 모든 나라들이 자유선거, 남녀 성인 선택권, 그리고 시민적 모든 자유의 신장에 기반을 둔 의회민주주의적 노선에 따라, 그들의 헌정 조직과 시민 조직을 수립할 의도를 선언하게 되었다. 그러나 남아시아의 어느 나라에 있어서도 초근대적인 정치적 민주주의의 경험은 완전한 성공을 거둘만한 것이 되지 못했다. 남아시아국은 각양각색의 독재주의의 지배를 받아왔고, 이러한 움직임은 아직도 상승일로에 있는 것 같다.

남아시아국의 기본적인 경제상태에는 유사한 점이 있다. 이들은 모두 매우 가난하고, 대체로 큰 나라일수록 더 가난하다. 사회적·경제적 불평등은 최고조이며, 가장 가난한 나라에서 가장 심하다. 이들 모든 나라는 그들의 경제에 있어서 오랜 정체기간을 겪어왔고, 대부분의 남아시아국은 오늘날에도 인민대중의 생활수준이 제2차 세계대전 이전보다 높다하지만 별로 높지 않다.

남아시아의 모든 신생국은 현재 정부의 계획되고 정합된

노력을 통해서 경제발전을 촉진할 것을 공약하고 있다. 그렇지만, 이 방면에서 상당히 성과를 거두게 된 나라는 극소수에 불과하다. 급속한 경제 확대에 대한 장애는 엄청나게 많고, 이들 장애가 가지는 의미를 얕보아서는 안 될 것이다. 대체로 그것은 기존제도나 기존태도의 비효율성, 경직성 및 불평등에 뿌리를 박고 있고, 또한 이러한 제도나 태도의 구조 내에 포함되어 있는 경제적·사회적 권력관계에 뿌리를 박고 있다. 이것도 나라에 따라 정도의 차이가 있기는 하지만, 중요한 점은 남아시아의 경제적 여건과 서방 선진국의 경제적 여건을 구별 짓는 근본적인 차이가 존재한다는 사실이다.

이 책의 주요 목적은 남아시아의 발전과 서방국 및 동유럽국의 발전 간에 이렇게 극적인 대조를 가져오게 한 이유를 집약적으로 분석하는 데 있다. 남아시아의 모든 새로운 정부는 국가계획에 의해 정합된 국가정책을 통해서 자국 국민의 대다수의 빈곤을 극복하고자 하는 생각에 사로잡혀 있다. 자국의 경제와 사회를 근대화하는 것에 의해 경제발전을 달성하고자 하는 강한 충동이 남아시아국의 정치적으로 발언권이 있는 자들 간에 존재하고 있다는 것은 이 연구에서 시종일관 채택하게 된 관점과 접근방법을 결정하는 주요 요인이다. 그러므로 우리들은 남아시아의 경제발전에 있어서 그처럼 핵심적인 역할을 하게끔 요구되고 있는 국가의 성격을 고찰하는 것으로부터 우리들의 연구를 시작하지 않으면 안 된다.

이러한 국가들은 어떻게 출현하게 되었을까. 이 국가들은 식민지 지배의 유산에 의해 어떻게 영향을 받게 되었고, 어떠한 종류의 사회적인 힘이 그 후의 성격과 행동을 결정하게 되었을까.

엄격한 편년사적(編年史的) 순서는 1946년에 필리핀이 완전한 정치적 독립을 얻게 된 것을 효시로 하고 있다. 그러나 이러한 일은 갑작스러운 혹은 예기치 못한 사건은 아니었다. 그것은 10년이 더 넘는 이전에 이미 미국에 의해 획책되고 있었던 것이다.

식민지 통치라는 장벽에 처음으로 주요한 틈이 생기게 된 것은 1947년 인도에 있어서의 영국 지배가 평화적으로 종결되고, 이를 뒤따르는 국가로서 인도연방과 파키스탄공화국이 창설된 것에서 비롯되었다. 이어서 1948년에는 미얀마와 스리랑카의 정치적 독립이 일어나게 되었다. 네덜란드 국민과 프랑스 국민이 폭력적으로 자국의 영토에 대한 지배를 다시 강요했기 때문에 인도네시아는 1949년까지 완전한 독립을 성취하지 못했고, 프랑스령 인도지나연방의 구성 지역은 1954년까지 독립하지 못하고 있었다. 말라야연방은 국민적 정치의식의 상대적으로 완만한 발전과 공산반란을 진압하기 위한 영국의 군사개입 때문에 1957년까지 완전한 영국 지배하에 남아 있었다. 4년 뒤에야 말레이, 그리고 보르네오에 남아 있던 두 개의 영국의 식민지, 사라와크 및 사바와 통합되어 말레이시아연방을 형성하게 되었다.

싱가포르는 그것이 1965년에 말레이시아연방에서 축출되었을 때, 또다시 하나의 독립국이 되기에 이르렀다. 태국은 비록 영국과 프랑스라는 양대 강국에 수차례에 걸치는 영토 양여를 하지 않을 수 없었고, 또한 그 경제는 외국의 이해관계에 의해 지배되고 있었다고는 하나, 영국제국주의와 프랑스제국주의의 틈바귀에서 중립국으로서 그럭저럭 그 형식적인 독립을 유지하고 있었다.

해상 지배권이 유럽에 의한 아시아의 정복을 가능하게 했던 거와 마찬가지로 월등한 일본의 해군력은 마침내 남아시아에 있었던 유럽제국주의의 군사기지를 서서히 약화시키게 되었다. 재앙의 전조는 1905년 일본이 러시아에 승리를 거둔 이래 생겨났다. 그 사건 이후, 민족주의의 기세가 남아시아의 여러 곳에서 더욱 군사적인 형태를 취하게 된 것은 결코 우연의 일치가 아니다. 제2차 세계대전을 가리켜 남아시아에서 식민지제국의 붕괴를 일으키게 한 매개물로 보는 것은 옳다. 그러나 만약 사태가 철저한 변화를 가져오게 할 만큼 이미 성숙되어 있지 않았다고 한다면, 그와 같은 중대한 변천은 일어나지 않았을 것이다.

우선, 제국주의적 강대국 자체는 식민지에서 행정관이나 전문가를 마련하기 위해 지식층을 만들어냈다. 이러한 계층은 경제발전의 소산은 아니었고, 식민지 본국의 이해와 이상에 따라 식민지를 통치하고 발전시키기 위해서 세워진 법률적·행정적·교육적 구조의 소산이었다. 특히 양차 세계대전 간의 시기에 있어서는 이들 엘리트층의 많은 멤버가 비교적 높은 지위의 행정관으로서의 자격을 얻는 것이 허용되었고, 또한 식민지 정부는 임명된 의원과 선출된 의원, 혹은 그 어느 한편으로만 구성된 자문기관을 설치함으로써 그 권력을 나누기 시작했다. 이러한 엘리트층이 늘어감에 따라 그들은 그들의 동포에 대한 보다 많은 자리와 보다 높은 수준에서 한층 더 책임이 무거운 자리를 강요하기에 이르렀다.

이 문제와 관련해서 이러한 전개―그것은 나라마다 다른 속도로 진행되었다―에 관해 말할 수 있는 가장 중요한 의견은 그 전개가 식민지 지배에 대해서는 이율배반적으로 되는 경향을 가져오게 했다는 점이다. 엘리트층의 교육적 경험은 그들에게 정의와 자유 및 기회균등이라는 서구적 모든 이상에 접할 기회를 주게 되었다. 서방국 자체에 있어서 이들 이상들은 국내에 남아 있는 가혹한 정치적·사회적·경제적 불평등과 조화될 수 없었던 것과 마찬가지로 식민지주의와도 조화될 수 없었던 것이다.

돌이켜 보건대, 남아시아에 있어서의 식민지 지배의 붕괴는 불가피한 것이었다고 하는 결론을 피하기가 어려울 것 같다. 그러나 식민지에 있어서 독립의 출현은 충격적인 경험이었고, 그것은 보통 정치적 혁명으로 기술해도 좋을 만한 경험이었다. 모든 신생국이 독립은 자동적으로 국가통일의 조건을 가져오게 하는 것이 아니라는 사실에 직면하지 않으면 안 되었다. 그 보다도 각 신생국은 당장 영토 상속에 대한 권리를 주장해야 한다는 힘든 일에 직면하게 되었다.

오늘날의 남아시아국의 국경은 거의 전적으로 식민지시대의 타협의 결과이며, 그 타협은 다음으로 서구국간의 각축으로부터 생겨나게 되었다. 남아시아의 주요 구조는 어떠한 역사적이거나 심지어 인종적인 필요성 위에 세워져 있지는 않았다. 만약 나폴레옹전쟁 후에 영국이 네덜란드의 동인도 점령지를 수복하지 않았다고 한다면, 말레카해협의 양편에 있는 영토는 단독 식민강대국에 의해 통치되었을 것이고, 우리들은 현재 동남아시아에 대말라야국을 가지고 있을는지도 모른다. 이 나라는 현재 인도네시아로 되어 있는 지역의 1억 주민뿐만 아니라, 최근 말레이시아연방에 편입된 14만의 주민도 포용하고 있을 것이다.

영국이 남아시아에 있는 그 영토 간에 보다 긴밀한 관계를 촉진하고자 결정했다고 한다면, 스리랑카와 미얀마는 동일한 성격의 것으로 되고 말았을는지도 모른다. 그러나 남아시아의 각국이 독립을 하게 되었으므로, 이러한 타협은 이루어지지 않게 되었고, 남아시아의 국경은 대체로 기존의 상태를 계속 유지한 것이다. 뿐만 아니라, 이들 모든 나라는 현상유지에 집착해야 할 어쩔 수 없는 이유를 가지고 있었다.

주권의 이양이 이루어지자마자, 신생국은 모두가 그 영토의 전역에 걸쳐 통치권을 확립해야 했고, 이전에 단일체로서 다스려졌던 곳에서 분할을 피한다고 하는 것은 민족적 냉대 혹은 민족적 위신에 관한 문제가 되기에 이르렀다. 이러한 민족적 염원이 심한 내부적 분열과 반란을 막기에 적합한 것은 아니었다. 또 식민지 지배가 남긴 영토적 유산은 모든 국경의 양편에서 언제나 신성한 것으로 받아들여지지 않고 있었다. 그러나 모든 새로운 정부의 최초의 그리고 거의 본능적인 반응은 그것에 양도된 영토를 고수한다는데 있었다. 전 식민지 강대국이 통치했던 곳을 새로운 국가도 또한 통치하지 않으면 안 된다.

이에 대한 주요한 예외는 물론 파키스탄과 인도이다. 그렇지만, 그것은 뚜렷한 예외는 아니다. 왜냐하면, 캐시미르를 별개로 하고는 인도와 파키스탄간의 주요 분할선, 그리고 심지어 그 선이 그어지게 되었던 원칙은 영국의 감시하에서 안출되었고 받아들여졌기 때문이다. 말라야연방으로부터의 싱가포르의 분리가 남아시아에서는 정치적 실체의 지속이 원해지고 있다고 하는 우리들의 일반적인 명제에 관한 또 하나의 위배로 되는 것같이 보일는지도 모른다. 그러나 싱가포르 정부는 영국 지배하에 있었던 동안 결코 말레이국과 통합되지 않고 있었다. 그리고 베트남의 분할도 동독과 서독, 혹은 남한과 북한과 마찬가지로 예외가 되지 않는다. 그것은 냉전 속에서의 일반적인 상태를 의미하고, 주인공의 어느 쪽도 만족스럽게 생각하지 않는 일반적인 상태를 의미한다. 그렇지만, 극히 최근의 사라와크와 사바의 말레이시아연방에로의 편입은 하나의 예외로 될 수 있기는 하나, 그러나 이들 두 영토는 오직 합병을 통해서만 식민지 지배로부터 벗어나게 되었다.

대부분의 경우, 식민지 지배는 전식민지시대에 존재했던 것보다도 큰 정치적 실체를 낳게 한다는 결과를 가져왔다. 그것은 또한 이들 새로운 실체 속에다 얼마간의 내부적 통합을 가져오게 했다. 인도에 있어서 그리고 파키스탄에 있어서도 마찬가지로, 영국령 인도의 통일뿐만 아니라, 두 개의 독립국의 창설을 가능하게 했던 정치적 조정의 방법은 과거 100년이 넘은 영국 통치의 결과였다는 것이 이제는 일반적으로 인식되고 있다. 마찬가지의 유발된 변화가 아시아의 그 밖의 식민지 지역에서 작용을 하게 되었고, 그것에서는 또한 그것이 정치적 통일을 촉진하게 되었다.

인도네시아 군도를 하나의 국민국가로 보는 생각으로 된 것은 이 지역에서 네덜란드가 헤게모니를 잡은 결과이고, 또한 군도를 정치적으로, 행정적으로, 그리고 어느 정도로는 경제적으로 한데 묶고자 하는 네덜란드의 노력의 결과라고 하는 사실을 거리낌 없이 말할 수 있을 것이다.

제2차 세계대전중에 네덜란드인이 축출되었던 이래, 인도네시아가 걸어왔던 험난한 길에도 불구하고, 인도네시아의 국토통일을 염원하는 소리가 드높이 울리는 정치풍토는 무르익어가고 있다. 아주 흡사한 과정이 필리핀이나 동남아시아 대륙의 나라들에서도 일어나게 되었다. 그러나 후자는 여전히 국내적으로 통일의 정도가 적거나 약한 채 남아 있다.

제3장 가치전제와 가치판단

　우리들의 연구와 같은 사회적인 연구에 있어서 편견으로 이끄는 숨겨진 가치판단을 피하게 하는데 도움을 주었을 뿐만 아니라, 우리들의 최초의 개념을 구체화하게 하였고, 우리들의 연구의 외부구조를 형성하게 했던 가치전제를 끊임없이 아주 명백하게, 그리고 명시적이 되게 할 필요가 있다. 이것은 관련성과 유효성 및 객관성을 위하여 매우 중요하다. 모든 사회적인 연구는 사실이나 인과관계가 확인되는 이론의 수준에 있어서 마저도 그것이 사회적 개혁의 특정한 방향이 바람직하다고 하는 것을 가정하고 있다는 의미에 있어서 정책 지향적이다.
　이 연구에서 우리들은 남아시아국 자체에 관련되고 중요한 의미를 가지는 이해관계 및 이상, 규범 및 목표하는 관점에서 남아시아국의 모든 문제들을 고찰하고자 했다. 외국의 이해관계는 가치전제에 관한 한 전적으로 이를 고려해 넣지 않기로 했다.
　주민들 자신이 지니고 있는 가치관에 깃들어 있는, 관련성이 있는 중대한 의미를 가지는 가치전제를 일일이 지적한다는 일은 무한히 어렵고 도전적인 일이다—그것은 서방국에서 같은 일을 하는 것보다도 훨씬 더 어렵다. 그 이유의 하나는 직업과 사회적·경제적 지위, 그리고 주소를 달리하는 사람들이 실제로 어떻게 느끼고 있는가 하는 사실에 의한 우리들의 무지, 그들의 감정을 변경시키려는 정책조치에 의해 영향을 받게 되는 정도에 관한 우리들의 무지에 있다.

서방국에 있어서도 그러한 문제에 관한 우리들의 지식에는 큰 공백이 있다. 일반대중의 가치판단에 관해서 우리들이 확인하게 되는 사실은 막연하고 불확실한 경우가 허다하다, 그러나 서구의 1국과 남아시아의 1국을 비교할 때 이러한 가치판단에 관해서 우리가 각각 지니고 있는 지식에는 물론 상당히 큰 차이가 있다.

가치판단의 어려운 둘째 번의 이유는 남아시아에서 공공정책이 결정되는 과정이 유동적이고 불확실하며, 또한 평등주의적 입장에서 볼 때 편파적인 성격을 가지고 있다는 점이다. 교육받은 계층을 별개로 한다면, 시민참여는 이 지역 도처에서 낮다. 이러한 사실은 권력을 쥐고 있는 소수집단에다 연구를 집중시킨다면, 관련이 있고 중요한 가치판단을 결정하는 것을 저절로 보다 쉽게 되게 할 수 있을 것으로 보인다. 그러나 이 지역 내에 있는 모든 정부들은—심지어 군사정권들도—대중의 요구가 무엇이며, 그들이 감수하고자 하는 것이 어느 정도인가를 고려해 넣지 않으면 안 된다.

이들 대중은 정책에 대해 소극적일는지 모르지만, 그러나 이러한 소극적 태도 속에는 정책수행에 대한 저항이 스며 있는 수가 많다. 그리고 모든 정권들은 그것들이 대중들에게 강요하고자 하는 모든 정책에 대해 대중들이 저항을 하게 되지나 않을까 하는 가능성을 고려하지 않으면 안 된다. 그러므로 대중의 불참여는 이와 같이 많은 불안을 안고 있는 커다란 문제를 구성하는 요소가 되어 있다. 그러나 사람들의 실제의 가치판단을 상세히 서술하는 데에는 세번째로 커다란 장애가 있는데, 이것은 대중들의 무한한 이질성이라고 할 것이다.

전후 식민지주의의 종말과 민족독립의 발단을 뒤따르게 된 위대한 각성의 과정에서 열망과 이해관계 그리고 이상 등은 문화적으로나 경제적으로나 이것들을 체계적으로 소화시킬 준비가 미처 되어 있지 못한 사회의 불연속적인 각 부문에서 폭발되고 있는 것이다. 이 지역의 사회경제발전 과정상 전도되고 중첩된 역사의 결과로서 사회 각계각층의 사람들은 천태만상의 생활을 하고 있으며, 그리하여 세상에 대해서 매우 다른 견해를 가지고 있다. 실제로, 대부분의 개인들은 그들 자신 속에 날카롭게 대립하고 있는 가치판단을 품고 있다.

서방국가에 있어서도 또한 그러한 이질성이 존재하고 있다. 그러나 오랜 국가적 통합—인도에서는 감정적 통합이라고 불린다—과정을 통해서 이러한 이질성은 줄어들게 되었다. 지난 반세기 동안 서구에서 발전되어 온 현대 민주복지 국가는 이해와 이상의 높은 정도의 창조된 조화를 가지고 있다. 그리하여 서구국가의 문제들은 상당히 뚜렷한 국민적 신조에 입각해서 연구할 수 있게 된다. 이러한 국민적 신조는 비록 국민들의 일상적인 생활행위는 아니라 할지라도 국민들의 장기적인 노력 목표를 결정하게 되기 때문이다. 이러한 사실은 문제가 미국에 있어서의 흑인에 대한 차별, 특히 초기에 있어 유태인과 이주민 집단에 대한 차별과 같이 국민적 신조로부터 벗어난 것에 관계가 있는 경우에도 들어맞는다. 남아시아 국가의 사정은 물론 전혀 같지 않다. 남아시아의 어느 나라에 있어서도 국가적 통합이나 감정적 통합의 정도는 현재 혹은 산업혁명 초기의 서구국가의 상황과는 비교도 할 수 없다.

남아시아 국가에 있어서 실제적인 가치판단은 이질적이고, 또한 이러한 가치판단과 현실적인 권력관계에 대해서 우리가 알지 못하는 정도가 너무나 크기 때문에 가치판단을 명확하게 밝혀두는 것이 오히려 더 필요하다.

연구의 접근방법을 실제로 결정하게 된 이들 가치전제를 명확히 제시하고, 그것들이 기능을 할 수 있도록 허용하는 것이 가장 중요한 일이다. 이러한 가치전제가 어떠한 것이건, 그리고 그것들이 어떠한 방법으로 얻어졌던 간에, 이것은 방법론적인 명확성을 기하기 위해서 우선 요구되는 것이다. 전술한 것으로부터 분명히 알 수 있듯이 선택된 가치전제들이 참으로 관련성이 있고, 중요한 것인가에 대해서는 상당한 의문이 남게 된다. 저자는 물론 독자들도 이러한 의문을 항상 염두에 두어야 할 것이다.

남아시아 국가에 존재하는 모든 이질적이고 서로 모순되는 가치판단들 중에서 우리들은 의식적으로 근대화를 지향하는 새로운 가치전제들을 선택했다. 우리들이 간단하게 근대화의 이상이라고 부르고 있는 이 가치판단은 남아시아 주민들 중의 유식층이나 권력층이 식민지시대 동안에 서방세계로부터의 영향에 의해, 그리고 더욱 최근에는 소련으로부터의 영향에 의해 점차 받아들여지고 있었던 것이기는 하나, 특히 독립을 뒤따르는 위대한 각성의 시기에 이 지역에다 깊은 감명을 주게 되었다.

근대화의 모든 이상은 공적 신조, 혹은 거의 국교로 되기에 이르렀고, 신민족주의의 강력한 요소의 하나가 되었다. 그것들은 이제 이 지역의 모든 나라들이 수립하고 있는 개발계획 속에, 그리고 주요 개혁문제를 연구하는 공공위원회에 의한 보고서에 대한 서문 속에, 공공연한 주요 목표로 나타나 있다. 이 연구에서 이러한 근대화의 이상을 가치전제로 채택한다는 것은 어느 의미에서는 이러한 국민들의 말을 액면 그대로 받아들이고 있는 셈이다.

이 지역의 모든 나라들 사이나, 어느 한 나라의 모든 집단 간에는 차이가 있다. 근대화의 모든 이상이 인도나 파키스탄, 그리고 필리핀에 있어서는 인도네시아와 미얀마에 있어서 보다도 더욱 분명히 표명되어 있다. 특히 공적 신조의 몇몇 요소에 대한 강조점은 다양하다. 보수주의 대 급진주의라는 전통적인 서구적 궤를 기준으로 한다면, 파키스탄과 말라야연방, 태국 및 필리핀에 있어서 근대화의 모든 이상은 보다 보수적인 방향으로 기울고 있고, 한편 인도·스리랑카·미얀마 및 인도네시아는 더욱 급진적으로 되는 경향에 있다. 이 축에 따르는 기회주의적인 움직임도 또한 있다. 대체로 스리랑카는 좌를 향해 움직여 왔다. 잠시 우를 향하고 있었던 미얀마는 최근에 좌(左)로 기울어지게 되었고, 그 반면에 인도네시아는 우(右)로 되돌아가게 되었다. 인도는 실제 정치에 있어서는 거의 그러하지 않지만, 공적 선언에 있어서는 아직도 좌를 향해서 움직이고 있다.

그렇지만 일반적인 상태에 비추어 볼 때, 공적 신조는 남아시아를 통틀어 급진적이다. 왜냐하면, 근대화의 모든 이상의 자그마한 실현마저도 철저하게 경제적·사회적, 그리고 정치적 상태를 변화시키게 될 것이기 때문이다. 사실 남아시아 국가의 이러한 공적 신조는 계몽시대의 유산으로서 서방세계에서 오랫동안 간직되어 왔고, 보다 최근에는 어느 정도 복지국가의 창조된 조화 속에 구현되어 있는 모든 이상으로 주로 구성되어 있다.

남아시아에 있어서 근대화의 모든 이상은 다른 어느 때보다도 더 애매하고, 때로는 내부적으로 모순이 많다. 이러한 논리적인 결함은 직면하지 않으면 안 되는 현실의 일부이고, 그것은 의논을 말끔하게 하는 개념적인 속임수로는 처리될 수 없다. 이러한 결함은 가치판단의 관점이 실제로 한 점이 아니라, 한정된 공간—이 속에서 주요 개념은 그 논지의 명확성을 종종 잃게 된다—이라는 사실을 말해주고 있는 것이다. 뿐만 아니라, 근대화의 모든 이상은 주로 주민의 유식층이나 정치적 유력층, 특히 지식 있는 엘리트층의 이데올로기라 하겠다.

다음에 서술하고자 하는 판단들은 이러한 집단의 견해라 할 수 있다. 그러나 주민들의 광범위한 계층의 성향은 근대화의 모든 이상에 따르는 모든 정책을 착수하거나 보완할 수 있는 가망에 큰 영향을 미치고 있다. 적어도 대중들은 마음에 들지 않는 모든 정책에 저항할 수 있고, 장애를 만들 수 있다. 그리고 우리들은 또한, 근대화의 모든 이상이 수세기를 통해서 형성되었고, 종교에 의해 인정을 받고 있었던 대립되는 전통적인 모든 가치관과 싸우지 않으면 안 된다는 것을 깨달아야 할 것이다. 유식층중에서 정치에 민감하고 활동적인 사람들마저도 마음이 흔들리는 일이 많아, 어색하고 실망을 자아내는 지적 타협을 일삼는다. 그와 같은 대립은 어디서나 이러한 류의 이데올로기의 특징이 되어 있기는 하지만, 남아시아에 있어서 그것은 이상과 현실의 엄청난 거리로 말미암아 확대되고 있는 것이다.

물론 이러한 일련의 가치전제의 선택은—만약 우리들의 연구가 이러한 가치전제의 실현이 미래의 추세를 어느 정도 확실하게 대표하고 있다는 것을 지적하고자 한다면—당연히 훨씬 더 정당화될 것이다. 그러나 이러한 조사결과는 나타나지 않았다. 그러나 우리들이 얻은 확신 중의 하나는 근대화의 모든 이상의 실현을 위한 다소 급속한 전진이 특히 가속도적인 인구증가에 비추어, 점증하는 비참과 사회적 소란을 피하기 위해 이루어지지 않으면 안 된다고 하는 것이다. 이들 모든 이상은 모두가 이론적인 근거를 가지고 있다.

우리들은 또한, 어느 의미에서는 이들 여러 나라가 되돌아가지 못할 점을 넘어서고 말았다는 것을 명심해야 할 것이다. 왜냐하면, 근대화의 모든 이상은 이미 적어도 이들 여러 나라가 전통적인 조용한 상태로 되돌아갈 수 없게 할 정도로 효력을 나타내고 있기 때문이다. 우리들이 일련의 가치전제,

혹은 오히려 그 가치전제의 관점에서 착수되는 남아시아국가의 연구에다 실천적인 중요성을 가지게 하는 이유는 여기에 있다.

저자는 남아시아에 있어서의 이들 모든 이상을 에워싸고 있는 계몽시대의 뚜렷한 분위기가 자신이나 자신의 공동 연구자들의 마음에 든다고 하는 것을 솔직하게 덧붙이지 않을 수 없다. 나의 공동 연구자들은 그들의 정신적인 충성에 있어서는 보수적이지만, 개인으로서는 이들 전승된 급진적인 모든 이상에 깊은 애착을 가지고 있다. 의심할 나위도 없이 이러한 태도가 이 일련의 가치전제를 가지고 연구하건, 그것을 끝끝내 지키는 것을 보다 쉽게 했다. 그럼에도 불구하고 이들 전제는 개인적인 이유에서 선택되었던 것이 아니라, 오히려 남아시아에 있어서의 그 관련성과 중요성 때문에 선택되었던 것이다.

추상적인 형태로는 남아시아 지역의 공적 신조를 구성하고 있는 근대화의 모든 이상이 지나칠 정도로 표명되어 왔다. 우리들은 그것들이 오늘날 남아시아국가에서 하게 되는 역할이, 그 발전이 초기 계급에 있어서의 서방국가와 비교하여 초기 조건에 있어서 현저한 차이를 나타내고 있다는 것을 강조하고자 한다.

남아시아 국가의 근대화의 모든 이상이 겹쳐 있다. 그러나 그것들이 세워지게 되는 테두리에는 한계가 있다. 그리하여 우리들은 우리들의 연구의 이러한 기본적이고 지표가 되는 모든 이상의 대강을 다음과 같이 설명할 수 있다.

A. 합리성: 공적 토론에서는 보통 모든 정책이 합리적인 고려 위에 세워지지 않으면 안 된다고 하는 것이 가정되어 있다. 또한 그와 같은 과정은 전통으로부터의 단절을 의미한다는 것이 당연시되며, 또 강조되기도 한다. 미신적인 신조나 비윤리적인 사고도 근절되어야 한다. 이러한 가치판단은 이 나라가 바야흐로 과학적 시대에 들어서고 있다고 하는 단어에서 볼 수 있는 바와 같이 명백히 표명되는 수가 가끔 있다. 가치판단에 있어서의 중요한 요소의 하나는 생산성을 제고시키기 위해 근대적인 기술을 적용시킬 필요성이 있다는 사실이지만, 그러나 이것은 훨씬 더 넓게 해석되어 모든 경제, 사회관계를 포함하고 있다. 역사와 전통 및 고유의 태도나 제도들은 다만 그 보존이 생산성의 제고하는 특정 목적을 달성하는 데 필요하다는 합리적인 이유가 있는 경우에 한하여 고려의 대상이 되는 것이다. 이들이 비합리적이라고 인정될 때에는 누구도 공공연하게 이들을 옹호하지 않는다.

B. 개발 및 개발계획: 개발과 개발계획에 대한 갈망은 직접적으로 합리성의 추구로부터 비롯되는 것이며, 이것은 경제적·사회적 분야에 있어서는 근대화의 모든 이상의 총괄적이고 포괄적인 표명으로 나타나게 된다. 개발이란 것은 사회제도 내에서 저개발의 상태를 고질화시켜 왔던 허다한 바람직하지 못한 모든 조건의 개선을 의미한다. 한편, 계획화란 여러 정책 조치가 개발에 기여할 수 있게끔 그 체계를 합리적으로 정합하고자 노력하는 것을 의미한다.

C. 생산성의 향상: 인구 1인당이나 노동력의 산출고 제고는 개발계획이 가지는 공통적인 목표로 되어 있다. 그것은 주로 모든 생산부문에 있어서의 기술개량과 투하자본 증가, 그리고 우리들의 이른바 생산양식의 개선에 의해 달성된다고 일반적으로 생각되고 있다. 이것들은 다음으로 생활수준의 향상, 태도나 제도의 개선, 국민적 통합에 의존하고, 또한 사실상 다음에 열거하는 그 밖의 모든 가치전제의 실현에 의존하고 있다.

D. 생활수준의 향상: 남아시아, 특히 크지만 가난한 나라들에 있어서의 극도로 낮은 생활수준을 감안할 때, 이 가치판단이 그처럼 널리 받아들여지고 있다는 것은 놀랄 일이 못된다. 실제로 1인당 산출고의 제고가 원해지는 주요 이유는, 그것이 생활수준을 향상시킬 수 있다고 하는데 있다. 그렇지만, 생활수준의 현저한 개선은 자본 축적을 가능하게 하여 미래에 더욱 높은 생산성과 생활수준을 누리기 위해 당분간 미루어져야 한다고 일반적으로 믿어지고 있다. 이러한 필요성은 더욱 높은 수준의 소비와 보다 높은 수준의 생산 간에 적어도 단기적으로는 부분적인 모순을 불러일으킬 것이다. 그러나 양조건 간에는 정비례의 관계도 또한 존재한다는 사실을 간과할 수 없다. 즉, 생활수준을 개선하는 것은 노동 투입과 효율성을 향상시키고, 그리고 일반적으로 생산성을 높이는데 유리한 방향으로 태도와 능력을 변화시키는데 대한 전제조건이 되기 때문이다. 생산성과 생활수준 간의 상호의존 관계는 서방국에 있어서 보다도 남아시아국에 있어서 훨씬 강하다.

하지만 그 관계는 우리들이 제1장에서 비판한 바 있었던 남아시아의 개발문제에 관한 경제학적 분석에 있어서의 전통적인 전후형 접근방법의 적용에 의해 대부분이 애매하게 되어 버리고만 것이다.

E. 사회적 · 경제적 평준화: 남아시아의 모든 나라들에 있어서 사회적 및 경제적 계층 구조가 지위·기회·부·소득 및 생활수준이 평준화를 기하기 위해 개혁되어야 한다고 하는 이상은 일반적으로 계획목표나 정책목표에 관한 공적 논의에서 공통적으로 받아들여지고 있다. 평준화의 이상을 실현치 않는 것은 산출고를 증대시킨다는 미명 아래 얼버무려지는 경우도 많다. 이러한 변명은 C항과 E항의 모든 이상 간의 대립을 의미할 수도 있을 것이다. 그러나 반대의 의견, 즉 현재와 같은 남아시아의 상태에 있어서는 보다 큰 평준화가 생산과 발전의 촉진을 위한 선행조건이 된다고 하는 의견도 주장될 수 있고, 또한 때때로 주장되고 있다. 우리들의 연구는 우리들로 하여금 이 마지막의 전제가 옳다고 하는 것을 믿게 했다.

F. 제도와 태도의 개선: 대체로, 사회적·경제적 제도와 태도는 노동의 효율, 효과적인 경쟁, 가동성 및 기업심을 증대시키고, 기회균등의 증대를 가능하게 하고, 생산성과 후생의 향상을 실현케 하고, 그리고 일반적으로는 개발을 촉진하기 위해 개혁되어야 한다고 생각된다. 이 지역의 모든 나라에서는 이러한 바람직한 변화를 경제 분야에서는 물론 사회적인

'혁명이라고까지 표현하며, 그런 혁명이 개발을 위해서 필요하다고 공언되는 것도 역시 아주 일반적인 현상으로 되기조차 한다.

근대화의 모든 이상 속에 내포된 모든 제도는 단결과 그 용어가 일반적으로 경제학적 분석에서 의미하는 것보다는 훨씬 넓은 의미에 있어서 자유경쟁이 존재하는 융합되고, 통합된 국민사회를 의미하게 될 것이다. 그와 같은 국민사회에 있어서는 사회적·문화적 분열이 일소될 것이다.

그곳에서는 현저한 사회적·경제적 평등과 가동성을 가지는 국가가 형성될 것이고, 그 나라에서는 사람들이 한 경제적 수준으로부터 다른 경제적 수준으로는 물론이거니와, 한 지역으로부터 다른 지역으로 옮겨가는 것도 가능하게 될 것이다. 제도의 그와 같은 근대화에 대한 갈망은 인도에서 가장 뚜렷하게 표명되고 있는데, 인도에 있어서는 얄궂게도 넓은 의미에 있어서의 자유경쟁에 대한 장애가 가장 강하게 번져 있는 것이다.

부유한 서방국의 현대복지국가는 물론—서방 공산국이 낮기는 하지만, 점점 향상하는 생활수준에서 이러한 이상실현에 접근하고 있는 것과 같이—이 이상의 실현에 한층 더 접근해 있다. 국가적 통합이라는 관점에서 본다면, 남아시아국은 훨씬 더 무조직적이고 또한 분열되어 있다. 이상적인 제도는 단일화되고 통합된 국민국가—이는 다시 그 국민국가에 대해 충성심으로 결합된 소규모의 공동체로 나누어지고 있다—라고 생각된다. 그렇지만 실제로 사회적·정치적 구조는 이상적인 질서와는 조화되지 않고 오히려 이것에다 해를 끼치는 여러 이해관계와 다른 여러 형태의 공동체에 대한 충성이 서로 뒤얽혀 있다.

다음으로 주민의 태도에 관해서 말한다면, 이는 기존제도에 의해 지지를 받는 동시에 그것을 지탱하는 것임을 알아야 한다. 태도에 관해서 사회혁명이 추구하는 일반적인 이상은 '새로운 인간이나 현대인, 새로운 국가의 시민, 과학시대의 인간, 혹은 산업인' 등으로 표현되는 인간형의 창출을 지칭하는 것이 보통이다. 태도와 개혁이란 대략 다음과 같은 것을 가리킨다고 볼 수 있다. 하지만 이 일람표가 완전하다고 생각되어서는 안 될 것이고, 더구나 개개의 항목이 서로 독립되어 있다고 생각되어서는 안 될 것이다.

(1) 효율성
(2) 근면성
(3) 질서존중
(4) 시간엄수
(5) 검약성
(6) 세심한 정직성(이것은 장기적으로는 이익을 주게 될 것이고, 모든 사회적·경제적 관계에 있어서 효율성을 향상시키는 조건으로도 된다)
(7) 행위 결정에 있어서의 합리성(동태적인 관습에의 의지, 파벌의식이나 정실주의, 그리고 미신이나 편견으로부터의 해방을 의미하며, 따라서 이것은 서구의 자유주의적인 이데올로기를 갖는 합리적으로 생각하는 경제인에로 접근케 한다)

(8) 변화에 대한 적응성(새로운 방향으로의 실험 및 공간적 경제적·사회적으로 활약해 보기 위해 필요하다)
(9) 변천하는 세계에서 기회가 생기게 될 때 이것을 포착하는 기민성
(10) 정력적인 기업심
(11) 성실성과 자기 신뢰
(12) 협동성(이기적인 노력을 억제하는 것이 아니라 사회적으로 이익이 되는 경로로 방향을 고치게 하는 것, 공동 사회나 국가의 복지에 대한 책임을 받아들이는 것)
(13) 장기적인 안목을 갖고자 하는 마음가짐(단기적인 이익을 버리고자 하는 마음가짐, 즉 투기를 투자에 종속시키고, 또한 상업과 금융을 생산에 종속시키고자 하는 마음가짐)

제도를 개혁하는 것이 바람직하다고 하는 것은 아주 일반적인 수준에서는 받아들여지고 있지만, 공적 토론에 있어서는 보통 무시되고 있다. 논의가 직접 태도의 개혁을 목적으로 하는 구체적인 정책조치를 요구하는 형태를 취하는 일은 더구나 적다. 태도의 개혁은 교육정책의 수립에 있어서 마저도 겉치레로 넘어가게 된다.

특히, 이들 모든 나라는 강제행위를 싫어하고 있으므로, 생활양식이나 생활수준과 더불어 태도와 제도는 개혁하기 어려운 복잡한 사회제도를 형성하게 된다. 제도나 태도에 관해서 많은 것을 생각하거나 많은 일을 하는 것으로부터의 이러한 의도는 경제적 분석이나 경제계획에 있어서 우리들의 이른바

전통적인 전후형 접근방법을 적용하는 것에 의해 한층 용이하게 된다. 왜냐하면, 이 접근방법은 오직 '경제적' 요인만을 고려에 넣고 있기 때문이다.

G. 국가적 통합: 이념적으로는 국가적 통합이란 영토 내에 있는 모든 지역과 집단으로부터 그 권위를 인정받는 효율적이고 결합력이 있으며, 목적과 행동에 있어 내부적으로 통일된 입법·사법 및 행정의 국가적 체제를 뜻하는 것이다.

남아시아 전반에 걸쳐 이 국가적 통합이란 개념은 아직도 좁은 의미에 있어서 마저도 논쟁의 대상이 되고 있다. 어느 나라를 막론하고 현존하는 국가적 통합체에서 자신을 분리시키고 싶어 하는 사람들의 집단이 존재한다. 그들은 자치권을 요구하거나, 적어도 국가적 통합이라는 이상과 양립할 수 없을 정도의 독립을 요구하고 있다. 그와 같은 움직임은 접어두고서도, 그곳에는 또한 국가적 통합에 반대로 작용하는 문화·종교·계급, 그리고 경제적인 이해관계의 분열도 있는 것이다.

H. 민족독립: 이 이상은 굳게 고수되며, 모든 이상들 중에서 가장 명백하게 표명되고 있다. 민족독립은 적당한 정도의 국가적 통합과 마찬가지로 근대화의 모든 이상 중에서 그 핵심이 되는 위치를 차지하고 있다. 어떤 의미에 있어서는 반란마저도 민족독립을 위한 일반적 요구에서 예외가 되지 않는다고 할 수 있다. 남아시아의 반란집단들은 그들의 충성을 어느 외국으로 옮기고 있는 것이 아니라 자주적 생활을 위해

싸우고 있는 것이다.

  I. 정치적 민주주의: 남아시아국은 민주적 국민국가로 되고자 하는 야심을 선언함으로써 독립생활을 시작하게 되었고, 이들 나라는 자유선거와 보통선거권에 입각하는 대의회를 가지는 헌법을 가지겠다는 것을 선언하게 되었다. 그들은 또한, 시민의 자유에 대한 법적인 보장을 확립하고 그것에다 매우 포괄적인 해석을 주고자 기도했다. 이러한 당초의 기도가 약간은 수정되어, 인도네시아에 있어서의 교도민주주의(敎導民主主義)와 같이 대체적인 이상을 포함하게 되었다. 그러나 민주주의 이상과 시민의 자유는 일반적인 가설—정체는 대중의 이해관계와 일치해야 할 뿐만 아니라 대다수에 의해 받아들여져야 하고, 또한 비록 그것이 대중의 반대를 어느 정도 탄압하는 일이 있다 하더라도, 그것은 사상과 행동의 일반적인 자유를 허용하는 것이어야 한다고 하는 가설—을 뒷받침하기에 충분할 만큼은 유지되고 있었다.
  하지만 정치적 민주주의—이것은 자유선거에 기초를 두는 권력, 그리고 집회, 언론의 자유와 그 밖의 시민적 자유를 가지고 있다—의 이상이 근대화의 모든 이상을 형성하는데 중시되어야 할 것인가에 대해서는 의문의 여지가 있다. 가치전제란 단순히 하나의 관점이며, 이것에 입각하여 실제의 여건이 관찰된다. 그러므로 가치전제는 그러한 의미에 있어서는 현실적일 필요가 있다. 따라서 위에서 서술된 것 중 많은 가치전제들은 현실적인 것이 아니다. 그러나 경험이 가리키는 것은 이 민주주의 이상이 다른 가치전제와는 달리 다른 모든 근대화의 이상으로 구성되는 이념체계에서 필수적인 요소가 되지 않는다고 하는 것이다.

정치적 민주주의의 이상을 제외한 이들 근대화의 모든 이상은 이들의 실현에 뜻을 둔 독재정권에 의해서도 달성될 수 있다. 다른 한편, 독재정권을 보다 민주적인 정권으로 바꿔 놓는다고 해서 여러 가지 정책이 이들 근대화의 이상을 구현하는데 집중된다거나, 혹은 설사 그렇게 집중된다 하더라도 더 효과적이라는 보장이 또한 없다는 것도 사실이라 하겠다.

저자는 이 연구의 결과로 얻어진 것 중에서 자기 자신의 개인적인 가치판단의 관점에서는 정치적 민주주의가 근대화의 모든 이상에 없어서는 안 될 요소가 되지 않는다는 결론을 내리는 것보다도 더 자기에게 괴로움을 주는 것은 없었다고 하는 것을 말하지 않으면 안 되는 고충을 알아주었으면 한다.

J. 일반대중에 뿌리박은 민주주의: 남아시아국에 있어서는 그들의 중앙정부의 정치형태나 권력기반과는 다소 관계없이, 그들 자신의 국사에 대한 책임을 어느 정도 지방 공동체나 지역 공동체에 이양하여, 그것을 이들 비교적 작은 공동체의 주민들에 의해 받아들여지게 할 필요가 있다. 이러한 지방 분권적 자치나 협동이 가지는 이상은 제도나 태도의 변화가 가지는 이상과 많은 공통점을 가지고 있다. 오늘날 남아시아국 정부는 경제개발을 위해 노력하지 않으면 안 되거니와 성공적인 개발은 개발목표를 대중들이 다소 높은 정도로 받아들인다고 하는 것을 전제로 하고 있다. 그러나 독재정권까지

도, 만약 그것이 대중 간에 인정, 참여, 그리고 협력을 어떻게든지 불러일으킬 수 없다고 한다면, 중요한 성과는 거둘 수 없을 것이다. 그러므로 남아시아에서 '지방분권'이나 '민주적 계획'으로 불리워지고 있고, 국가 내에다 대중의 협력과 공동책임을 위한 조건을 만들어내는 데 돌려지고 있는 이 이상은 독립의 추구를 제외한 다른 어떠한 근대화의 이상보다도 일반적인 수준에서 한층 널리 받아들여지고 있는 가치판단이 되고 있다.

 K. 사회적 규율 대 민주적 계획: 이 나라들은 결정된 정책이 어떻든 법제화되어 있음에도 실시되지 않는 일이 많고, 당국은 정책을 수립하고 있을 때조차도 대중에게 의무를 지우기를 싫어한다는 두 가지 점에서 모두가 취약국가들이다. 민주적 계획이 의미하는 것은 모든 정책이 어떠한 종류건 민주적인 정치적 절차에 의해 결정되어야 하고, 또한 모든 정책은 지방 공동체나 지역 공동체의 협력과 책임분담으로 수행되어야 한다는 것이다. 보다 구체적으로, 그것은 모든 정책이 강제를 요구해서는 안 된다는 것을 의미하고, 이것은 공산국의 관행과 근본적으로 다른 점이라고 흔히 생각되고 있다. 이처럼 강제를 회피하는 것은 근대화의 모든 이상의 일부가 되는 양 받아들여지기에 이르렀다.
 민주적 계획의 이상에 관한 이러한 해석은, 이 연구의 가치 전제 중에 포함되지 않는다. 그 반대로 개발계획의 성공은 남아시아의 어느 나라에서 현재 이루어지고 있는 것보다도 훨씬 크게 '모든' 사회계층의 대중에게 의무를 과할 준비를 요구하고 있다. 더욱이 남아시아의 대중들이나 심지어 학식 있는 엘리트 속에서도 보다 규율이 잡힌 국가라는 이 이상을 지니고 있는 사람들이 많다고 할 수는 없다. 그것은 이 연구에서 가치전제가 일관성이 있고, 또 합리성과 개발계획에 대한 기본적인 추구와 일치되도록 하기 위해 널리 인정되지 않는 가치기준임에도 불구하고 이를 선택하지 않을 수 없었던 또 하나의 예이다.

비록 이 가치전제가 원칙적으로는 민주주의의 이상과 대립하지 않는다 하더라도, 실제에 있어서는 대립하는 수가 종종 있다. 이러한 대립은 근대화의 이상이 지식 있는 엘리트를 포함하여 대중들로 하여금 자발적으로 이들 모든 이상의 실현을 위해 부지런한 노력을 하도록 유도하거나 이들 상반되는 여러 가치판단을 버리도록 유도할 수 있는 충분한 힘을 가지지 못할 때 일어나게 된다. 이처럼 매우 중대한 문제는 은폐되어서는 안 될 것이다. 왜냐하면, 현재와 같은 남아시아의 상태하에서는 그 지역에서 성행하고 있는 민주주의에 관한 해석이 허용하는 것보다도 훨씬 강한 사회적 규율이 없다면 개발은 이루어질 수 없게 되기 때문이다.

L. 파생적 가치전제: 우리들은 근대화의 모든 이상이 전적으로 서로 간에 독립적이거나 선험적인 것이 될 수 없다고 하는 것, 즉 그것들은 그것들이 가치전제로서 쓰이는 연구의 결과에 얼마간은 의존하게 된다는 것을 알게 되었다. 어느 의미에서 근대화의 모든 이상은 합리성과 계획화의 이상 속에 포함되어 있거나, 그것으로부터 얻어지고 있다. 우리들이

구체적인 문제를 다루게 되는 경우, 보다 특수한 많은 가치 전제가 생겨나게 되고, 그것을 설명하지 않으면 안 된다고 하는 사실이 따르게 된다. 그러므로 우리들은 수많은 파생적 가치전제 ―이를테면, 비자유재량적인 통제가 자유재량적인 행정적 통제보다도 바람직하다든가, 그리고 대중교육과 문자 해득력의 보급은 교육이나 개혁에 있어서 선도적인 역할을 해야 한다고 하는 가치전제―를 채택하게 되었다. 우리들은 또한 건강상태를 개선하고 요절(夭折)을 방지하기 위해 할 수 있는 모든 일을 다 해야 한다고 하는 가치전제를 받아들여 왔다. 이 마지막의 가치전제는 파행된 것이 아니라, 도의적인 지상명령인 것이다.

근대화의 모든 이상의 영역 밖에도 우리가 선택한 가치전제들을 넓은 견지에서 조감할 수 있게 하기 위해 고려되지 않으면 안 되는 모든 그 밖의 관련이 있고 중요성을 가지는 가치판단이 있다. 이들 그 밖의 가치판단은 모두가 근대화의 모든 이상과 대립되는 것만은 아니다. 어떤 것은 실제로 그것을 뒷받침하고, 어떤 것은 중립적이고, 그리고 어떤 것은 양면 가치를 가지는 것이어서 이들 모든 이상을 실현하려는 기도에 유익할 수도 있고 불리할 수도 있다.

이들 그 밖의 가치판단이 근대화의 모든 이상과 충돌하는 한, 개발계획에 대해서 미치게 되는 영향의 관점에서 본다면, 이들 그 밖의 가치판단들이 정부 관리나 정부 정책을 수립하거나 집행하는데 참여하고 있는 사람들에 의해 가져지는 경우, 그것들은 '금기'로서 작용하게 된다. 그것들이 정책수립이나 집행에 적극적으로 참여하지 않는 대다수의 사람들 간에서만 나타나게 되는 경우, 이들 대립되는 가치판단은 '장애'로서 작용하게 된다. 이들 모든 장애는 그 자체로서는 그 밖의 모든 장애—이를테면, 기후상의 애로나 국내수출 상품에 대한 수요 감퇴—가 원칙적으로 분석에서 차지하는 것과 마찬가지의 위치를 차지하게 된다.

인민대중에 의해서나 대부분의 경우, 지성적인 엘리트에 의해서도 가져지는 이들 그 밖의 가치판단들은 대개가 '전통'에 사로잡혀 있다. 즉, 그것들은 정체사회와 오랫동안 제휴하여 전래한 문화의 일부이나, 남아시아국에 있어서는 근대화의 모든 이상이 발언권이 있는 엘리트 사이에 너무나 강력하게 고착되어 있기 때문에 실제에 있어서 계획화의 노력이 설사 성공적이 못된다 할지라도, 합리성과 개발계획은 정책수립의 전제로 인식되고 있다. 이들 이상에 반대하는 저들 전통주의자들마저도 그들 자신의 반동적인 '계획'을 만들어 내지 못하고 있다. 왜냐하면 이렇게 하기 위해서는 합리성의 원칙 위에서 그들의 가치판단을 정리하는 것을 필요로 할 것이기 때문이다.

남아시아의 신생국에 대해서는 전후형 모든 이상을 촉진시키는 약간의 가치판단이 금기를 가져오게 하고 있지만 합리적일 뿐만 아니라 필요한 것이다. 토착어의 평가는 그 예의 하나이다. 근대화의 모든 이상의 촉진은 토착어의 사용을 요구하게 된다. 신생국의 어떠한 참다운 가정적 통합도, 따라서 어떠한 국민적 통합도, 행정을 맡고 있는 한 줌의 토착계급에 속하는 사람들이 유럽계 언어로 의사를 소통하고, 대중들이 다만 그들의 모국어를 사용하고 있는 한 가능하지 않다. 당연한 이유에서 토착어의 사용 증가는 남아시아국에 있어서의 계획화의 일부가 되지 않으면 안 된다. 그러나 이들 대부분의 나라에 있어서 대중에 의해서 사용되거나 대중이 기꺼이 공용어로서 받아들이는 토착어는 하나만 있는 것이 아니다. 남아시아의 몇몇 나라에 있어서는 한 지방어나 한 방언을 사용하는 사람들이 다른 지방어나 방언이 공용어로 됨으로써 경제 기회를 잃게 될 것을 두려워하고 있다. 이것은 지방어가 씌어지는 다른 문학의 사용에 의해서 한층 복잡하게 된다.

말라야연방이나 필리핀에 있어서, 그리고 스리랑카나 인도에 있어서는 공용 토착어나 공용 토착문자에 대한 조치가 취해지게 되었다. 그러나 말라야연방이나 필리핀에서는 이것이 다소의 저항을 무릅쓰고 달성되었고, 스리랑카와 인도에 있어서는 때때로 총파탄에 빠지거나 유혈극으로 끝장나게 되었다. 하지만, 그것은 관이 용기를 가지고 추구하지 않으면 안 되는 가치전제이다. 예컨대, 인도에 있어서는 국민의회의 토의가 영어로 처리되는 한, 국정은 국민으로부터 유리되어 한 계급의 독점물로 남지 않으면 안 된다.

그밖에도 널리 간직되어 있고, 쉽게 눈에 띄일 만큼 조직적으로 표현되는 특정한 전통적인 가치판단이 있다. 그것들은 전후형 모든 이상과 대립되는 일이 많고, 따라서 개발계획에 대한 금기와 장애를 나타내는 예로 되고 있다. 실제적인 관점에서 본다면, 이러한 가치판단 중에서 가장 중요한 것은 소를 잡는 것을 금지하는 것으로 요약되는 동물을 잡는 것에 대한 힌두교도의 터부이다.

　인도의 가축은 최근 계속적으로 늘어나고 있으며, 하등 도움이 되지 않는 비생산적인 가축의 수는 농촌의 기근의 감소와 가축 사육법의 개량과 더불어, 심지어 더욱 급속하게 증가하게 될 것이다. 그럼에도 가축의 생명을 인간의 생명과 동등하게 다루는 종교적인 터부는 전국 도처에서 법률로서 명시되어 있다.

　단순한 사실은 물론, 만약 가축이 경제적으로 가장 유리하게 되거나 자유로 도살될 수 없다면, 인도의 농업에 대해서 합리적인 정책을 계획한다는 것을 불가능한 것이다. 합리적인 농경과 축우 도살의 금지를 동시에 요구하는 것은 자가당착이고, 이러한 금지령은 계획화에 대한 금기와 장애의 아주 만만치 않은 복합물을 나타내는 것이다. 뚜렷하게 내세워지는 특정한 전통적인 가치판단과 전후형 모든 이상 간의 대립은 기회상실을 통한 후자의 희생이라는 말로 표현될 수 있다. 인도의 소 도살금지의 경우, 이러한 희생은 전혀 고려되지 않고 있지만 매우 높다.

　그럼에도 불구하고 약간의 예외—그중 인도에서의 축우도살 문제와 언어문제가 실제로는 가장 중요하다—가 있기는 하지만, 공적 여론에 있어서나 공공정책 수립에 있어서 절대적인 영향력을 가지는 것은 어디까지나 근대화의 모든 이상이라고 할 수 있다.

　남아시아 각국 간에 무시할 수 없는 체계적인 차이점이 있는 한, 민족적 특성이란 개념은 분명한 의미를 가질 것이다. 그리고 전체로서의 이 나라들과 서방세계 간에는 조건의 차이가 더욱 현저하므로, '아시아의 마음'—혹은 '남아시아의 마음'이란 개념이 생겨날 여지도 또한 있다. 그러나 이러한 용어들은 과학적인 용도로서는 적합하지 않다. 이들 모든 용어는—서방세계에 있어서와 마찬가지로 남아시아에 있어서도—민족주의적, 공격적 혹은 변명적인 이데올로기를 위해서 사용되게끔 되므로 순수성을 잃게 되었다. 우리들은 편의상 이러한 가치관을 '아시아의 가치관'이라고 부르기로 할 것이며, 그것들을 비판하는데 있어서 우리들은 남아시아의 조건들, 특히 인도의 조건들을 마음에 두기로 한다.

아시아인들은 유럽인들보다도 더욱 정신적이고 더욱 비물질적이라고 종종 생각되고 있다. 그들은 내세적이며 이기심이 없고 부와 물질적 쾌락을 무시하는 성향이 있다는 것이다. 그들은 빈곤을 태연하게 참아내고 그 속에서 덕(德)까지 발견한다는 것이다. 그들은 학문이나 명상 능력에 대해 특별한 존경심을 가지고 있다고도 한다. 환경에 대한 그들의 태도는 시간의 제약을 받지 않고, 또한 무형식이므로 따라서 태평스럽고 운명론적이기도 하다는 것이다.

이와 같은 상투적 문구는 문헌 중에 수없이 나오고 있으며, 공통적 특성에 관한 주장은 아시아의 나라들과 그들의 문제 및 정책에 대한 거의 모든 공적 선언에 주입되어 있다. 그러나 대강만 검토해 보아도 위에서 본 바와 같은 이른바 문화적·개성적 특성은 현실과 거의 유사점이 없다는 것을 알 수 있을 것이다. 이는 마치 상투적으로 주장되어 온 서방세계의 이른바 특성이 현실과 들어맞지 않는 것과 다를 바 없다.

이를테면, 박애와 관용은 흔히 인도인의 특성이라고 하는 사람이 있지만, 이는 경직한 사회적 계층화에 의해서 형성된 극도의 편협성과 정면으로 모순되며, 또 가장 개화된 인도인의 특성이라고 하는 사람이 있지만, 이는 경직한 사회적 계층화에 의해서 형성된 극도의 편협성과 정면으로 모순되며, 또 가장 개화된 인도인들에게 흔히 있는—그리고 얼마 동안 인도에서 생활한 유럽인들에 의해서도 곧 채택되는—낮은 사회계층에 속하는 사람들에 대한 냉담과도 바로 모순이 된다.

아시아인들은 쟁의를 법적 절차에 호소하지 않고 상호간의 회의를 통해서 평화적으로 해결하는 경향이 있다. 널리 인정된 생각은 남아시아국에서 일단 법정으로 끌고 갈 수만 있다면 서슴지 않고 소송을 하게 되는 경향에 의해서 반증된다. 아시아의 사람들이 특히 정신적이고 비물질적이라는 주장에 대한 반론으로서는 모든 사회계층에 편재하여 있는 편협한 물질숭상의 성향을 보통 볼 수 있다는 것을 내세울 수 있을 것이다—이는 물론 전반적인 빈곤과 사회적인 불평등을 고려한다면, 결코 놀라운 것이 아님은 사실이다. 사치를 누릴 수 있는 사람들 간에서도 보게 되는 외양의 검소는 간디에 의해 선전되고 준수되었으며, 이것은 그의 개인적 사상과 일치되었던 것이 확실하다. 그러나 예컨대, 대중지도자들이 거의 제복처럼 되다시피 한 단순하고 대중적인 의복을 계속적으로 착용한다는 것은 그들의 근본적인 태도의 표현이라기보다는 오히려 상징적인 의식이며, 정치적 방편이라고 하는 것이 옳을 것이다.

만약 이러한 의견—그것은 개인적인 관찰, 신문기자, 그리고 전문적인 사회과학자로 자처하지 않는 그 밖의 여러 사람들의 논평에 기초를 둔 것이다―을 비난하거나 비우호적인 것으로 보인다면, 그 인상도 근거가 없다 할 것이다. 그런 인상은 보통 자기방어를 위한 외피로 삼을 목적으로 털어놓는 전적으로 현실과는 맞지 않는 견해와 병치시켜 놓을 때 비로소 얻는 인상인 것이다.

수박 겉핥기 이상으로 파고 들어가기 위해서 우리들은 남아시아의 사람들이 행위를 결정하는 모든 정신적인 성향을 고찰하지 않으면 안 된다. 그와 같은 보다 넓은 범주를 포괄해서 우리는 '태도'라는 용어를 사용하고자 하는데, 이 용어의 의미는 행위 자체를 일으키게 하는 신념과 가치판단을 통틀어서 지적하는 것이다. 그것은 말하고 싶어도 말하지 못하는 모든 심정과 방어적이고 화를 면하고자 하는 모든 조심성 위에 있는 태도이며, 또한 장기간의 정신적 및 물질적인 역사에 의해 형성되었고, 생활수준이나 제도적 모든 구조와 인과적으로 관련을 가지는 태도이다.

종교는 물론 중요하나, 낡은 경전의 해석이나 수세기간의 사색을 통해서 발전된 고매한 철학과 신학이 중요한 것은 아니다. 남아시아의 문필가들과 마찬가지로 서구의 문필가들이 힌두교, 불교 혹은 마호멧교―그들은 이것들을 일반적인 개념으로서 생각하고, 그리고 흔히 지성적이고 심오한 개념으로 생각하고 있다―의 영향에 대해서 산만하게 언급하면서 이것이 이 지역의 민족들에 대해서 더 많은 것을 말하고 있다고 생각하는 것은 정말로 놀라울 일이다. 종교는 사람들 간에서 그것이 실제로 믿어지고 있는 그대로 연구되어야 할 것이다. 즉, 전통적인 제도적 조직, 생활양식, 그리고 태도에 대한 신성, 터부, 그리고 불변성을 인정케 하는 고도의 정서적인 신앙과 가치판단이 양식화되고 계층화된 복합체로서 연구되어야 할 것이다. 종교를 이렇게 현실적이고 포괄적인 의미로 이해하는 경우, 그것은 보통 사회적 무기력을 가져오게 하는 엄청난 힘으로 작용하게 된다.

저자는 현재의 남아시아에서 종교가 사회적 변화를 가져오게 한 예를 알지 못한다. 종교가 근대화의 모든 이상의 실현을 조장하는 일은 더구나 없다. 계획의 관점에서 종교에 관계되는 이러한 무기력은 그 밖의 장애와 마찬가지로, 개발계획에 명시된 개혁을 유발시키는 모든 정책을 통해서 극복되지 않으면 안 된다. 그러나 종교적으로 인정된 신앙이나 가치판단은 대중들이 계획을 받아들이는데 대한 장애로서 작용할 뿐만 아니라, 계획 입안자들이 역시 그러한 신앙이나 가치판단을 가지고 있거나 그것들에 반대해서 행동하기를 꺼리는 한 금기로서 작용을 하게 되는 것이다.

대중 사이에서 종교로부터 승인을 받은 전통적인 신앙은 그것과 관련된 가치판단과 더불어 대개가 비합리적인 것이다. 왜냐하면 그것들은 미신적이며, 논리적이기보다는 신비적인 사고방식을 의미하기 때문이다. 그런 정도까지 비합리적인 종교적 개념은 서구에서는 몇 세기 동안 일반적으로 존재한 적이 없다. 종교의 승인을 받은 비합리적 신념은 다소 정도가 작기는 하지만 지식 있는 엘리트를 포함한 교육받은 계층 간에서도 역시 존재한다. 둔화된 '보다 높은' 수준에서는 매우 합리적이며 우상주의와 신비주의로부터 완전히 벗어난 마호멧교와 불교까지도, 그것들이 참으로 인생과 사회적 관계에 영향을 미치는 형태에 있어서는 귀신 숭배적이며 금기와 마술과 신비주의로 충만해 있는 것이다. 특히, 사회적·경제적 계층화는 종교의 인정을 받고 있는 것이다.

이러한 계층화를 형성하게 되는 태도와 제도, 그리고 생활하고 일하는 양식도 계획화에 대한 매우 큰 신앙 요인과 장애 요인으로 되어 있는 것이다. 이러한 계층화의 힘은 특권 없이 착취당하고 있는 하류 계층이 그러한 것들에 도전하려고 하는 마음을 가지지 않는 것으로도 입증된다. 그 대신에 그들은 대개가 그것들을 신이 정한 운명으로서 초자연적인 힘의 모든 장치로서 받아들이고 있다. 이를테면, 인도의 최하 천민들이 사원에 출입하지 아니하고 또 카아스트에 속하는 사람들이 우물을 사용하는 것을 삼가하는 것은 바로 이러한 감정에서 기인하는 것이다.

근대화의 모든 이상의 관점에서 본다면, 필요한 것은 다만 비합리적인 신앙과 이것에 관련되는 가치판단이라는 바닥짐을 일소하는 일이라는 것에 주의해야 할 것이다. 보다 높은 수준의 종교는 근대화의 모든 이상과 대립될 리가 없다. 그러나 종교는 대중들의 신념과 가치판단을 결정 지워주는 본질적인 부분이므로, 이것이 개발에 대하여 미치는 저지작용 및 장애작용을 제거하기 위해서 개혁될 필요가 있다.

오늘날 남아시아에서는 어느 누구도 실제로 종교를 공격하지 않고 있다는 것은 주목할 만한 일이다. 또한 남아시아에는 현재 종교를 개혁하고자 하는 어떠한 참다운 기도도 없다.

남아시아국의 어느 나라에서도, 공산주의자들조차 종교에 반대하는 입장을 취하지 않고 있다. 인도에서 주장했고, 또 근대화의 이상을 지지하는 지성적 지도자들이 끊임없이 주장하는 것은 종교는 사생활에 귀속되어야 하며, 공공의 일에 영향을 주어서는 안 된다는 것이다. 종교제도에 대한 어떤 간섭도 피하고자 하는 일반적인 경향은 다소 실용적인 근거를 가지고 있다.

중요한 입법상의 개혁—이를테면, 혼인법과 상속법 및 그 밖의 친족법 등의 개혁이 이루어지고 있는데—이를 뒷받침해 주는 것은 현재 지식 있는 엘리트 사이에 널리 퍼져 있는 보다 높은 수준에서의 종교이다. 한편, 대중들의 종교가 다르다고 하는 사실에 관해서는 침묵이 지켜지고 있다. 이들 엘리트들은 모든 개혁이나 그 밖의 개혁을 통해서, 그리고 교육을 통해서 종교적 개혁의 정면공격을 하지 않아도 이루어지게 될 것을 바라고 있는 것이다. 그렇지만 이러한 희망에는 다음과 같은 시급한 문제점이 있다. 즉, 분권주의가 근절될 수 있을까, 이들 개혁입법이 실제로 지켜지게 될 것인가, 보다 일반적으로 개발을 위해 소망스러운 방향으로 사람들이 달라지게 될 것인가, 그리고 이러한 모든 변화가 대중종교의 신중한 개혁이 없이도 충분히 급속하게 일어나게 될 것인가 등에 대한 문제가 이것이다.

대중종교가 타성을 가져오게 하는 힘으로서, 그리고 생활과 노동, 태도와 제도의 전체계를 정당화하는 불합리적인 것으로서 특징지우는 것에 의해 우리들은 실은 저개발의 한 중요한 국면, 즉 근대와의 모든 이상의 방향으로 계획되고 유도된 변화에 대한 그 체제의 저항을 강조하고 있는 것이다.

사회과학자에 의한 이러한 넓은 의미에 있어서의 대중종교에 대한 교의에 정의는 어느 것이나 자의적이면 현실과 어긋난다는 점에서 그 위의를 찾을 수 있는 것이다. 교육받은 사람들과 지식인들 간에는 전통적 사고에 고유한 비합리성으로 말미암아 모든 사실에 대한 관심과 지역적 특성으로서 일반적으로 생각되고 있는 이러한 모든 사실로 부터의 직접적인 추론이 비교적 부족하다. 그러나 보다 중요한 일반적 문제는 독특한 남아시아인의 태도 및 제도가 그들의 빈곤과 낮은 생활수준에 의해 생겨나게 된 것이 아닐까 하는 점이다.

이를테면, 생존으로 만족하는 사람들의 마음, 향상 기회에 대한 그들의 무반응, 육체노동, 특히 고용노동에 대한 그들의 경멸 등은 오랜 세월에 걸친 절망적인 빈곤으로부터 생겨난 것인지도 모른다. 특히 불평등한 사회적 계층화가 부분적으로는 빈곤 속의 정체에서 생겨난 결과인지 모른다. 이 지역의 사람들은 그 밖의 지역의 사람들과 본래는 다르지 않지만, 그러나 그들이 개발세계와는 매우 다른 조건하에 살고 있다는 것, 그리고 이것이 그들의 몸이나 마음속에 자극을 남기게 되었다는 것은 앞으로의 연구를 위한 가설이 되어야 할 것이다. 그리하여, 종교는 모든 양식의 생활이나 노동에 대한 마음의 자세를 결정하는 근원이 되기에 이르렀고, 그 인과를 통해서 그들 양식이 변화하는 것을 경직되게 하고 저항적으로 되게 하는데 이바지하게 되었던 것이다.

지난 20년 동안 독립을 얻은 이래, 남아시아에 동태적인 사회개혁을 요구하는 힘과 요인은 끊임없이 증대했다. 많은 문헌에서 보통 보게 되는 주장은 우리가 보고 있는 것이 점증하는 기대의 혁명으로 된다는 것이다. 비록 당분간 이것이 야망과 현실간의 격차의 확대를 의미한다 하더라도, 그것은 근대화의 모든 이상의 관점에서는 해로운 것이 아닐 것이며, 개발계획을 추진하고 있는 지성적 엘리트들에 의해서도 확실히 해로운 것으로 생각되지 않고 있다. 그러나 점고하는 기대라는 개념은 그 적용 범위가 한정되지 않는다면 오히려 모호하며, 거의 무의미하다 해도 좋다. '혁명'이란 용어는 태도에 있어서의 변화가 크고, 급속하게 진행되고 있다는 것을 의미한다.

이 점에 관해서는 꼭 하나의 예비적인 의견을 덧붙일 필요가 있다. 의심할 나위도 없이, 대중 간의 혁명운동으로서의 점고하는 기대라는 개념은 대부분이 그릇된 합리화를 의미한다. 그것은 서구의 관찰자나 토착의 지식인이 만약 그가 대중들과 마찬가지로 극심한 가난 속에서 살지 않으면 안 된다고 한다면, 그가 어떻게 반응을 보일 것인가에 대한 그의 느낌과 그가 이렇게 극단적 불평등에 부딪쳤을 때의 그의 불쾌한 본심을 반영하고 있다. 무엇보다도 남아시아의 대부분의 정치적 선언이 과격한 어조를 띠고 있다는 사실은, 이것이 스스로를 자기 민족과 동화시키고자 원하며, 또 지대한 사회적 격차에도 불구하고 보다 광범위한 다른 여러 계층의 참상을 잘 알고 있는 특권층에 속하는 사람들이 이들 대중의 입장에서 하는 말이라는 점을 생각하지 않는다면 이해하기 곤란하다. 즉, 그것은 그들이 이와 비슷한 환경하에 살지 않으면 안 된다면, 자기들 스스로가 어떻게 대응하게 될 것인가를 나타내고 있다. 그러나 일반대중의 실제적인 감정은 되도록 감상이나 선입관을 가지고 않고, 이들의 태도를 연구하는 것에 의해 확인되지 않으면 안 된다. 그러나 이러한 연구가 얼마간 광범위하게 이루어진 적은 없다.

우리들은 여기서 다만, 남아시아국의 어느 나라에 있어서도 정권이 민중의 반란에 의해 무너지게 된 일이 없었다고 하는 것만은 적어둘 필요가 있다. 하지만, 우리들은 우리들의 연구를 통해서 작은 변화를 점진적으로 일으키게 하는 것보다는 큰 변화를 급속하게 일으키게 하는 것이 더 어렵지 않을 뿐더러 보다 용이하다고 하는 것을 더욱더 확신하게 되었다. 그리고 이 문제는 또 하나의 문제, 즉 어떠한 정책 수단이 개혁을 수행하는데 유용하다고 생각될까 하는 문제와 관련을 가지게 된다.

일반적인 수준에서 남아시아 국가에 있어서의 공적 토론은 사회적·경제적 혁명이 필요하다는 주장으로 가득 차 있다. 그들이 처해 있는 현실적인 여건을 고찰해 볼 때, 이러한 견해가 더 강력해지는 것은 어쩔 수 없다. 그러나 실제로 취해지는 모든 정책은 단편적이건, 극도로 점진적이며, 이들 모든 나라들은 취약국가로 머물러 있다. 뿐만 아니라 취약국가의 현실에 직면하게 될 때, 개발국으로 부터의 학자들은 외교적인 이유에서 그들의 관찰을 경시하는 경향이 있다. 특히 경제학자들에 대해서는 이러한 경향이 전통적인 전후형 접근방법에 의해서 교사되고 있는데, 이 접근방법은 생활양식, 태도, 그리고 제도에 대한 저항을 나타내는 사회적 사실의 각

형태에서의 추상을 뜻하는 것이다.

남아시아 국가—전체주의적이고 독재주의적인 방법에 의존하는 경우는 제외되지만—한층 급속히 유발된 변화를 가져오게 하는 정책을 수행할 능력이 없는 것으로 간주된다. 그리하여, 설득에 의존하는 민주적 계획화는 제도의 개혁을 통한 급진적인 모든 개혁을 기피하는 것을 옹호하게끔 이와 같이 합리화되는 것이다. 그리하여 남아시아의 계획 수립자들은 이율배반적인 위치에 머무르게 된다. 즉, 일반적이고 비공약적인 수준에서 그들은 자유로이 그리고 거의 열정적으로 급진적인 사회적·경제적 개혁의 필요성을 선언하게 된다.

이에 반하여, 정책을 계획하는 데 있어서 그들은 전통적인 사회적 질서를 파괴하지 않도록 세심한 주의를 가지고 절차를 밟게 된다. 그리고 그들이 철저한 제도개혁—이를테면, 조세개혁, 그리고 마을에 있어서의 소유권에 관한 개혁—을 법률화하는 경우, 그들은 법률에 대해 온갖 허점을 가지게 하거나, 심지어 법률이 시행되지 않게 하고 있다.

남아시아에서 개혁에 직면해서도 계속 힘을 잃지 않고 있는 전통적인 가치관은 종교 속에 감정적인 기초를 두고 있는 것이다. 경합하는 근대화의 모든 이상은 그 기반이 민족주의에 있으며, 이를 고수하기 위해서는 민족주의적 감정이 필요하게 된다. 사람들은 전체로서의 국가의 개념을 가지고 있지 않으면 안 되고—그들이 국가의 독립이나 통합이 추구할 만한 가치가 있는 목표하는 것과 모든 그 밖의 근대화의 모든 이상은 통합된 독립민족국가의 배경하에서만 겨우 실현될 수 있다는 것을 느낄 수 있기 전에—이러한 개념에 대해 적극적인 가치를 부여하지 않으면 안 되는 것이다.

근대화의 모든 이상을 감정에 호소하는 이유의 일부분은 그것들이 실현되기 시작함에 따라 그 민족국가는 한층 강화되고, 한층 단결되며, 한층 통합되기에 이를 것이라는 기대에서 생겨난다. 그러므로 민족주의는 개발을 목적으로 하는 정책을 계획하고자 마음먹고 있는 지성적 엘리트에 속하는 모든 사람들에 의해서 이익을 추구하는 힘으로 보여지는 것이 보통이다. 민족주의를 조장하는 것은 그들에게 개발에 대한 억제와 방해를 깨뜨리는 수단을 제공하게 될 것이다.

유럽에서는 몇 세기에 걸쳐 단계적으로 진행되었던 민족주의를 향한 움직임이 남아시아에서는 폭력적으로 압축되고, 더구나 여러 사건들이나 사태들이 역사적 순서에 따르지 않고 무질서하게 일어나게 됨에 따라 혼란과 혼미를 자아내고 있다. 남아시아국은 새로이 생겨났으며, 부분적으로는 높아지는 민족주의의 효과로서 생겨났다고 볼 수 있는 것이다. 그리고 그들은 즉시 기성의 민주주의적 이데올로기를 받아들였으나, 민주주의적 현실은 많이 받아들이지 못했던 것이다. 남아시아가 안고 있는 실제적 문제는 다음과 같다.

민족주의의 맹공격하에서 식민지 권력체제가 붕괴됨에 따라 새로이 존재하게 된 신생국가들을 어떻게 통합하고 강화할 수 있을까, 동시에 이들 새롭고 그리 발전을 보지 못한 나라들이 정부들을 어떻게 안정시키고 효율적으로 만들 수 있을까. 그리고 민족주의의 와중에서 처음부터 어느 정도의 민주주의와 우리들의 이른바 민중에 뿌리박은 민주주의를 실현코자 시도하면서, 이러한 모든 일을 어떻게 해나가야 하는가 이다.

　유럽에 있어서는 점차적으로 나타나게 될 수 있었고, 주선율(主旋律) 연속 속에서 한 음률에 다른 음률이 뒤따르는 대교향악으로서 진행될 수 있었던 것이 남아시아에 있어서는 운명에 의해 거의 불협화음이 되고 있는 것이다.

　분명히 남아시아의 새로운 민족주의에는 법석대는 소음 위로 높이 울려가는 근본적이고 합리적인 사상의 멜로디가 있다. 이것은 통일에 호소하고 모든 국내적·지역적·종교적 및 사회적 분파주의를 비난하는 민족주의이다. 그것은 미신적인 신념을 반대하고 합리주의를 지지하는 동시에, 사회를 근대화시키고 경제개발을 달성시키고자 하는 의지를 나타내고 있다. 그러나 이것이 남아시아 민족주의의 유일한 구성요소는 아니며, 많은 나라와 많은 경우에 있어서 지배적인 구성요소로도 되지 못하고 있다. 왜냐하면, 종교와 언어, 혹은 인종에 의해 뭉치게 된 특정한 모든 집단이 서로 싸울 때에도 또한 민족주의는 나타나게 되기 때문이다.

　모든 남아시아의 나라들에게는 민족주의적 감정을 생산적인 유도체계로 통제해야 하는 필요성을 느끼고 있는 지성적인 엘리트에 속하는 지도자들이나 그룹이 있다. 그러한 노력이 얼마만큼 성공을 거두게 될 것인지 확실치는 않지만, 그러나 그것들은 이들 남아시아 국가에서 연출되고 있는 드라마의 본질적인 국면이며, 또한 그 결과를 결정하게 될 것이다.

Part 2
경제적 제현실
Economic Realities

제4장 초기 조건의 차이

　남아시아의 저개발, 개발 및 개발계획에 관한 어떠한 분석에 있어서도 이 지역과 고도로 개발된 서방국 간의 비교는 타당성이 있고, 관련성이 있는 것으로 된다. 남아시아의 현 조건은 서방국의 현 조건과 비교될 수 있으며, 혹은 급속한 경제발전, 특히 공업화를 이루었던 무렵의 서방국의 조건과도 비교될 수가 있다. 이 장에서 우리들이 주로 관심을 가지게 되는 것은 이 후자의 비교이다.
　먼저 남아시아국과 서방국 간의 경제발전에 있어서의 초기 조건의 주요한 차이점을 밝히기로 하겠다. 이러한 차이점의 비교는 남아시아에 있어서의 경제정책의 형성문제와 관련하여 고려될 것이다.
　이 지역의 모든 나라들은 자기들이 저개발상태에 있으며, 또한 개발되지 않으면 안 된다고 하는 것을 알고 있다. 그들의 계획은 모두가 근대화, 특히 공업화에 대한 갈망 위에 세워지고 있으며, 또한 그들이 개발국의 경험으로부터 많은 것을 배우고자 하는 것은 당연한 일이다.

초기에 있어서의 이러한 차이점은 극히 중요한 의미를 가지며, 이 사실은 보통 남아시아국에 극히 불리한 영향을 미치고 있다. 여러 경우에 있어서 이들 차이점은 서방국이 경험했던 바와 같은 성장형을 가지는 것을 불허할 정도로 크다. 남아시아국의 특이성을 간과하는 경향―이것은 연구에서는 보통으로 되어 있고, 또한 계획 작성이나 일반적으로 공개토론에서 보게 되는 편견에 있어서 고유한 하나의 경향이다―으로 말미암아 오늘날 남아시아국이 직면하고 있는 문제가 새로운 것이라고 하는 점에 유의하는 것은 대단히 중요한 일이다.

남아시아국의 경제문제에 대한 전통적인 전후형 접근방법에 있어서는 서방측의 현재의 조건과 비교하는 것이건, 혹은 서방측의 산업혁명 초기의 조건과 비교하는 것이건, 그 비교는 현재의 차이점이 발전의 타임 래그(time lag)를 나타내는 것이라고 가정하고 있다는 점에서 서로 관련을 가지게 된다.
이 타임 래그라는 개념은 서양사에 있어서 모든 조건―나라마다 시간축상의 위치가 다소 다르기는 하였지만―이 본질적으로 현재 남아시아에 존재하고 있는 모든 조건―이것들도 또한 나라마다 제각기 다르다―과 비교될 수 있는 어떠한 시기가 있었다고 하는 것을 의미한다. 이것은 또한 여러 나라에 대해 똑같은 개발을 요구하는 것이 가능하다는 것을 의미하고, 다음으로 이러한 사실은 개발이 관련이 있는 일련의 모든 조건이 어느 정도의 내부적인 조화를 가지고 함께 움직이게 된다는 것을 의미한다.

마지막으로 타임 래그라는 개념은 현재의 세계 사정이 미록 비교가 이루어지게 되는 시기에 서방국이 직면하고 있었던 세계 사정과는 같지 않다고 하지만, 적어도 남아시아의 개발을 방해하거나 크게 저지할 만큼은 불리하게 되어 있지 않다는 것을 의미한다. 그러나 서방국이 어느 시기까지 오늘날의 남아시아와 마찬가지 의미의 저개발상태에 있었고, 또한 어느 시기부터 발전하기 시작하였는가를 결정하고자 노력할 때, 이 이론에는 논리적인 약점이 있다. 그 이유는 명백하다.

우리들이 인정하고 있는 서방국의 산업혁명의 붕아기에 있어서 우리들은 산업혁명을 단일한 사건으로서가 아니라 오히려 연속적인 사건으로 보고 있기 때문에 산업혁명은 그 배후에 여러 해에 걸치는 사회적·정치적 발전 및 시원적(始原的)인 경제적 발전을 포함하고 있었다.

서방국가는 여러 면에서 그 당시 이미 급속한 발전을 가져오게 된 데 대해 오늘날 남아시아가 처해 있는 조건보다도 훨씬 유리한 위치에 놓여 있었다. 그러므로 여러 가지 점에서 비교의 시기는 서구에서 산업혁명이 일어나기 수세기 전으로 되어야 할 것이다. 그 밖의 점에 있어서는 근대사의 어느 시기였건 서구에 있었던 모든 조건과 비교할 수 있는 모든 조건이 오늘날의 남아시아에도 있다.

서방국가에 있어서의 도약의 시기를 정의하고자 하는 노력은 초기 조건이나 발전과정에 있어서 이들 나라 간에 기본적인 유사점이 있다는 것을 가정하는 것이고, 이러한 가정에는 의문이 따르기 마련이다. 도약이라는 서구적 개념을 사용하여 남아시아의 어떤 나라에 현재 놓여 있는 단계를 가정되고 있는 일반적인 발전의 시간축 위에다 놓고자 기도하는 것은 모든 사실에 위반되는 것이다. 그리하여 우리들은 의식적으로 서방국의 역사에 있어서의 비교의 시기를 모호하게 남겨 놓기로 하자(물론 몇몇 예에 있어서, 이를테면 기후와 인구, 그리고 천연자원에 있어서 남아시아와 서방세계 간의 차이는 시간적으로 불변한다).

한 지역으로 볼 때, 남아시아에는 본래 자원이 희소하다. 오직 인도만이 중공업을 뒷받침하기에 충분할 만큼의 석탄과 철광석을 가지고 있는 것으로 알려져 있다. 인도네시아와 같은 예외가 있기는 하지만, 이 지역에는 석유의 매장량이 풍부할 것같이 생각되지 않는다. 토지 자원도 그 자원이 처음부터 그렇게 되어 있었거나, 인구 과밀과 기후에 의해 해를 입어 왔기 때문에 빈약한 경우가 많다. 그렇지만 예외도 없지는 않다.

스리랑카는 제한된 것이기는 하지만, 차와 야자열매, 그리고 고무를 생산하는데 적합한 토지를 가지고 있다. 말레이시아와 인도네시아도 또한 고무재배에 알맞고 보다 적게 제한을 받는 토지를 가지고 있다. 말레이시아와 태국·미얀마·스리랑카 및 필리핀에는 대삼림지대가 있으나 이것들은 아직 충분하게 이용되지 않고 있다.

남아시아의 기후는 천혜의 자연자원으로서 다루어도 좋을 것이다. 그러나 그것은 또한 노동생산성에 영향을 미치고 있으므로 독립된 조건으로 다루는 것이 보다 정확하다 할 것이다. 비록 우리들은 기후가 발전에 대하여 가지는 명확한 관계에 관해서 아는 바가 거의 없다고 하지만, 기후는 남아시아와 서방세계간의 또 하나의 주된 바가 거의 없다고 하지만, 기후는 남아시아와 서방세계간의 또 하나의 주된 차이점을 형성하고 있다. 일본과 소련, 그리고 심지어 중국의 공업화를 포함하는 근대에 있어서의 모든 성공적인 공업화가 온대지방에서 일어나게 된 것은 사실이다. 남아시아는 참으로 세계의 저개발국의 대부분이 그러한 바와 같이 온대지방이나 아열대 지방에 위치하고 있는 것이다.

비록 개발에 대한 기후적 조건의 중요성에 관해서는 연구가 거의 행해져 오지 않았다고는 하지만, 일반적으로 말해서 남아시아의 대부분의 나라에 있어서의 혹심한 더위와 습기가 토지와 각종 물재(物材)의 질의 저하를 가져오게 하였고, 농작물과 삼림 및 동물의 저생산성을 가져오게 한데 대하여 책임이 있다고 하는 것은 명백하다. 또한 그것들은 노동자들에게 불쾌지수를 높여 줄 뿐만 아니라, 그들의 건강을 해치고 작업에 종사하는 기간과 능률을 저하시킨다. 기후를 변화시키는 것은 어느 정도 가능하다. 그러나 보다 중요한 사실은 생산성에 대한 기후의 영향을 여러 가지 방법으로 변화시키는 것이 가능하고, 생산뿐만 아니라 소비도 기후에다 더욱 잘 적응시킬 수 있다는 점이다. 그러나 이것은 자주 투자형태로의 지출을 필요로 하게 된다

공업화 이전의 시대에는 서구의 인구성장이 비교적 완만했다. 이것과 대조적으로 남아시아의 인구성장은 오랜 기간에 걸쳐 증대해 왔으며, 오늘날에도 더욱 급속하게 증가하고 있다. 그 결과 인구가 정밀한 지역도 현재 유럽국이 출발했던 것보다도 상당히 높은 인구와 토지비율을 가지고 출발하고

있다. 이것에는 인구 폭발의 영향도 첨가되지 않으면 안 된다. 현재의 인구밀도와 매우 급속한 인구 증가의 전망은 남아시아와 서구간의 초기 조건에 있어서의 매우 중요한 차이점을 형성하고 있다.

서구 국가의 수출시장의 확대가 서구국가의 초기 발전의 결정적인 역할을 하게 되었다고 하는 것은 일반적으로 널리 인정되어 왔다. 제1차 세계대전이 끝난 이후로 남아시아국은 그들의 수출품에 대한 수요가 세계무역의 확대에 비해서 상대적으로 축소되는 것을 감수해 왔다. 그들의 수출 이득의 전망도 그리 밝지 않다. 무역을 통한 발전경향 전체도 또한 국제무역에 있어서 유례없이 자유를 누리고 있었던 시대인 19세기 이래 근본적으로 달라지게 되었다.

무역을 통한 발전 경향도 또한 국제무역에 있어서 유례없이 자유를 누리고 있었던 시대인 19세기 이래 근본적으로 달라지게 되었다. 무역 분야를 사실상 독점하고 있었던 서방국은 세계의 방대한 후진 지역의 모든 자원이나 모든 국민을 수탈하였고, 그 지역을 정치적으로나 경제적으로 종속상태에 묶어두고 있었다. 이들 광대한 지역이 가난으로부터 벗어나고자 몸부림치고 있는 지금에 와서 이들 모든 지역이 다만 개발국의 발전과정만을 그대로 답습할 수는 없는 것이다.

또한 서방국에 대해서 자본은 저이자율로 쉽게 이용될 수가 있었다. 그러나 재래의 경쟁적인 국제자본시장은 거의 사라지고 말았다. 이러한 상황하에서 새로운 국면으로 외국과 국제기관으로부터의 증여 형태나 차관 형태로서 자본의 흐름이 등장하게 되었다. 그러나 현재의 경향은 이러한 원조를 차관 형태로 공여하는 것으로 되어 있으므로, 이자의 원금 상환은 남아시아국의 장래의 국제수지에 더욱더 무거운 부담이 되어 있다.

자본투하 문제를 순이론적으로 다룬다면, 남아시아가 현재 그 밑에서 애먹고 있는 불리한 통상적·재정적 조건을 상쇄시킬 수 있는 정책을 구상하는 것은 어렵지 않다. 서방국은 남아시아국의 수출을 자극하기 위하여 그들에 보다 많은 통상상의 특혜를 줄 수가 있을 것이다. 서방국은 남아시아국이 가장 경쟁적으로 될 가망이 있는 분야에서 국내생산을 감소시킬 수 있을 것이다. 그들은 남아시아국에다 보다 많은 증여와 저리 혹은 무이자의 차관을 이용하게 할 수도 있을 것이다.

이러한 조치가 예기할 수 있는 장래에 취해지게 되리라고는 기대할 수 없다 하더라도, 무역면이나 자본이동면에서 남아시아국이 입게 되는 가장 중대한 손실을 다소 상쇄시킬 수 있는 서방국의 능력은 확실히 존재한다. 그 능력이 존재하게 될 때까지 무역면에서나 자본이동면에서 밀접하게 서로 관련을 가지는 발전은 남아시아국에 매우 불리하게 되어 있는 초기 조건에 있어서의 또 하나의 차이점으로 간주되지 않으면 안 된다.

오늘날의 남아시아국에 있어서의 1인당 소득수준과 전공업화 시대의 서방국에 있어서의 그것과를 비교하기 위한 대담한 노력이 이루어져 왔다. 그러나 논리적으로 본다면, 전체

지수는 비현실적인 것으로 간주되지 않으면 안 된다. 우리들이 받은 아주 일반적인 인상은 인도 소대륙에서의 대중들은 산업혁명 전 수세기에 걸친 어느 시기에 서방국의 대중들이 살고 있었던 것보다도 더 심한 가난 속에 살고 있다고 하는 것이다. 다른 한편, 말레이시아에 있어서의 평균 경제수준은 서유럽국에서 산업혁명이 시작되었던 시기보다는 다소 높다고 해도 무방할 것이다. 그 밖의 아시아국은 그 중간 어디쯤에 머물러 있다.

그러나 소득수준은 개발의 전망에 대해서 어떠한 의미를 가지고 있는 것인가. 시간적 및 공간적 소득격차에 대해 문헌에서 언급이 이루어지게 되는 경우, 소득수준은 투자—개발을 위해서 결정적으로 중요하다고 생각되어 있는—에 필요한 저축을 뒷받침하는 한 나라의 능력과 직접적인 관계를 가지고 있다고 생각되는 것이 보통이다. 그러나 저축은 남아시아에 관한 대부분의 경제학적 저술 속에서 저축이 맡게 되리라고 생각되고 있는 독특한 역할을 개발과정에서 수행하지 못하고 있다.

태도와 제도는 소득수준 그 자체보다도 더욱 중요하다. 소득 중에서 저축되는 부분은 정부 정책의 효율성에 의존하는 바가 매우 크다. 사실, 저소득은 십중팔구 저축을 제한하는 것에 의해서보다도 소비를 저하시키는 것에 의해서 개발을 방해하게 될 것이다. 열등한 생활조건은 노동 능률을 저하시키게 되는 까닭이다. 이상하게도, 남아시아에 있어서의 저소득 수준의 영향에 관한 대부분의 해설에서 이 점은 간과되고 있다.

남아시아에 있어서의 저소득 수준에 대한 강조, 초기의 서구 소득 수준과의 억지 비교, 그리고 남아시아에 있어서의 소득과 저축 및 투자로의 전통적인 전후형 접근방법 등은 모두가 지나치게 단순화되고 좁은 공식을 복잡하게 얽혀 있는 사회적·경제적, 심지어 정치적 모든 조건—이들은 모두 개발을 방해하고 있다—에다 적용하려는 기도를 나타내는 것이다. 그러나 설령 우리들이 저축 중심적인 접근방법을 거부하고, 또한 관련되는 지역 간의 비교에 여전히 의심을 품은 채 있다 하더라도, 남아시아에 있어서의 특히 엄청난 인구를 가지고 있는 남아시아국에 있어서의 격심한 빈곤 그 자체가 개발에 대한 주요 장애로 되어 있다고 하는 것은 사실이다.

뿐만 아니라 예견할 수 있는 인구증가는 만약 단호한 개발 정책이 추구되지 않는다면, 보다 더한 생활수준의 저하를 가져오게 될 것이고, 이러한 추세는 남아시아국에 대해 해를 끼치고 있는 초기 조건의 또 하나의 차이를 의미하게 된다. 그리고 우리들은 오늘날의 경제적 불평등이 전공업화시대의 서방국에 있어서 보다도 더 크지나 않을까를 판단할 만한 자료를 거의 갖지 못하고 있다. 그러나 인도 대륙에 있어서 사회적 불평등이 이 용어를 넓은 의미로 해석할 때, 최근 수세기의 서방세계의 어느 곳에 있어서 보다도 널리 퍼져 있고, 또 자유경쟁에 대해 보다 해롭게 되어 있다고 해도 좋을 것이다. 대체로 남아시아국에 있어서의 태도나 제도, 특히 정치제도는 현재의 서방 개발국이 그 산업혁명 초기, 심지어 그 몇 세기 전에 가졌던 것보다도 불리하게 되어 있다. 확실히 남아시아는 태도나 제도에 있어서 크게 차이가 나고 있는 격차를 줄이고자 노력하고 있는 중이다. 다른 점에 있어서와 마찬가지로 이 점에 있어서도, 공업화의 초기 단계가 뒤늦게 시작되었던 이들 서방국은 보다 유리한 위치에 있었다.

지금까지 설명했던 초기 조건에 있어서의 모든 차이점은 이들이 이전에 서방국에 대해 그러했던 것보다도 경제개발 문제를 한층 더 곤란하게 만들고 있다. 이것을 상쇄할 수 있는 하나의 차이점이 있는데, 그것은 기술이 19세기 이래로 크게 진보했다고 하는 점이다. 남아시아국은 느릿느릿하고 괴로운 시행과정을 겪을 필요가 있다.

에드워드 S. 메이슨(Edward S. Mason)이 그의 저서「저개발지역의 경제계획」(Economic Plaming in Underdeveloped Areas)에서 말하고 있는 바와 같이, 고도의 생산기술은 모방자에게도 가능한 것이다. 과학적 지식을 점차 이용할 수 있었던 것은 서구에 있어서 출발이 늦었던 개발국을 크게 도와주었다. 그러나 진보된 기술이 오늘날의 연참자(遲參者)에게도 마찬가지의 도움을 주게 된다고 말하기는 어렵다. 진보된 기술로부터의 생산의 증가는 제한된 국내시장이 흡수할 수 있는 것보다는 훨씬 큰 경우가 많다. 이것은 지역적인 협조의 결여와 일반적으로 밝지 않은 가공품의 수출 전망을 감안할 때 더욱 중요하게 된다.

근대기술에 따르는 보다 큰 문제는, 그것이 대규모의 초기 투자를 필요로 하고 있다는 점이다. 금일의 기술은 주로 부족한 노동력과 상대적으로 풍부한 자본을 가지는 경제조직의 소산이므로, 그것은 노동집약적이고 자본절약적이 되는 경향이 있다. 그러므로 현대기술의 대부분은 매우 가난하고 자본이 부족한 남아시아 지역의 경제 조직의 자력(資力)을 넘어서고 있을는지도 모른다. 설령 이러한 도전이 극복될 수 있다 하더라도, 현대기술은 서구의 초기에 필요로 하던 것보다도 수송면이나 동력면에서 더 많은 투자를 필요로 하고 있다.

남아시아에 있어서의 기술 부족은 진보에 대한 기본적인 장애로 되어 있고, 또한 보다 고도의 기술 수준에의 전진에 대한 또 하나의 주된 애로점이 되어 있다. 근대적 산업구조의 성공적인 운영을 위해 현재 최소한으로 필요하다고 생각되는 경영자, 기술자 및 노동자들의 교육수준이 서구 공업화의 초기에 있어서 그러했던 것보다도 아주 높다고 하는 것은 거의 의심할 수 없다.

공업화가 의심할 나위도 없이 장기적인 발전을 위해 결정적으로 중요하기는 하지만, 남아시아국에 있어서 보다 시급한 문제는 농업인데, 농업에 있어서는 근대기술의 응용이 남아시아에 대해 더욱 곤란하게 하고 있다. 서구의 농업에 있어서는 기술이 생산량 제고를 목적으로 해왔으며, 한편 농업 노동력은 감소하고 있다. 이러한 패턴이 간단하게 남아시아의 모든 조건에 들어맞는 것이다.

남아시아의 기업가들이나 국가들은 서구에서 산업혁명기 이전에 이용이 가능했던 것보다도 자기들이 이용할 수 있는 보다 우수한 기술을 가지고 있다고 생각함이 사실일는지도 모른다. 그러나 중요한 것은 서구가 훨씬 높은 수준의 기술적이고 과학적 진보를 향해서 급속하게 움직이고 있다고 하는 점이다. 이것이 남아시아에 도움을 주게 된다 하더라도 그 정도는 보잘 것이 없을 것이다. 대부분의 경제적 저술(著述)은 서구에 있어서의 이러한 진보가 남아시아의 발전 가능성에 해로운 영향을 미쳐 왔고, 현재도 미치고 있다고 하는 명백한 사실을 은폐하고 있다.

서구의 진보하고 있는 기술은 이미 남아시아국의 통상상의 지위의 저하를 가져오게 하고 있다. 그것은 농업생산성을 높이게 되었고, 마침내 남아시아로부터의 공업생산을 위한 사용을 줄어들게 하고 있다. 그것은 남아시아의 생산물을 합성제품, 이를테면 합성고무와 같은 것으로 대체하는 것을 가능하게 했다. 그리고 서구의학의 발달은 남아시아의 사망률을 저하시키게 되었고, 이 지역의 인구폭발에 대한 원인이 되고 있다.

서구의 과학기술의 진보는 또한 서구 공업화의 초기에 필요했던 것보다도 높을 정도로 경영자나 기술자에 의해 필요하게 되는 교육수준을 끌어올리고 있다. 과학기술 반전의 이러한 특수한 영향이 물론 기술되고 있기는 하지만, 그러나 일반적인 결론은 내려지지 않고 있다.

과학기술 발전의 억제는 물론 문제가 되지 않는다. 그러나 남아시아에 대해서 그것이 미치는 불행한 영향은, 이 지역의 모든 문제를 해결하는 방향으로 과학기술적인 연구를 증대시키고자 하는 기도에 의해 상쇄될 수 있을 것이다. 이것은 개발국에 의한 또 하나의 원조 형태가 될 수 있을 것이고, 그 원조는 기술원조의 형식으로 이전에 이루어졌거나 현재 구상되고 있는 어떠한 것보다도 대규모적인 것이 될 것이다. 이러한 연구 노력은 대규모적으로 되어야 할 것이며, 또한 올바른 방향으로 돌려져야 할 것이다. 그렇지 않는다면, 기술진보의 동태학이 저개발국에 보다 불리하게 작용하게 될 것이다. 즉, 저개발국의 곤란을 증대시키고, 그 발전 가능성을 감소시키게 될 것이다.

이러한 관측이 옳다고 하는 것은 우리들이 개발국에서 현재 그처럼 급속하게 진행되고 있는 기술진보가 장래에는 한층 더 빨리 진행될 것이라는 것을 깨닫게 될 때 비로소 이해될 수 있을 것이다. 변화가 공업화에 앞서는 서구의 발전 초기에는 급속하지 못했으며, 서방국의 발전 초기에 있어서의 점진적인 성격의 중요성은 아무리 높이 평가해도 과대하지는 않다.

서구의 주요한 혁명들─종교혁명·지식혁명·지리혁명 및 심지어 정치혁명(통합된 국민국가)─은 모두가 산업혁명보다 오래 전에 일어났던 것이다. 그 혁명들은 완만하게 진행되었고, 또한 서유럽이 변화에 익숙하게 되고, 이를 받아들이게 되기까지는 수세기의 세월이 걸리게 되었다. 그리하여 변화라는 개념과 적응성, 그리고 가동성은 점차 일종의 생활양식으로 받아들여지게 되어, 마침내 유럽인들은 그들이 오늘날 그 속에서 살고 있는 것과 같은 영속하는 산업혁명에 익숙하게 되기에 이른 것이다.

과학이나 기술에 있어서의 진보가 이러한 점진적인 발전의 결과가 되는 동시에 추진력이 되었다고 하는 것은 일반적으로 인정되고 있다. 저개발국은 아마도 아주 제한되거나 하찮은 분야에 있어서를 제외하고는 그들의 야망을 똑같은 방법으로 실현할 수가 없을 것이다. 저개발국에 있어서의 현대과학이나 기술은 거의 전적으로 외부에서 생겨난 힘인 것이다.

저개발국에 대해서 필요한 것은 점진적인 변화가 아니라 재빠른 변화이다. 이들 변화는 일찍이 서방국의 발전 초기에 일어났던 것보다도—심지어 현재 이들 서방국에서 일어나고 있는 것보다도—더 빨리 이루어지지 않으면 안 된다. 그러나 저개발국에 있어서의 오랜 정체는 제도나 태도를 굳어지게 하였고, 주민의 모든 계층에 있어서의 변화에 대한 저항을 굳어지게 했다. 근대정신이 자연적인 진화과정에 의해 일어나게 되지 않으리라고 하는 것은 명백하며, 이것은 급진적인 국가정책을 필요로 하는 이유가 되고 있다.

계획화의 목적은 우리들이 이 장에서 시종일관 지적했던 바와 같은 한층 더한 곤란에도 불구하고, 국가간섭에 의해 발전을 일으키게 하는 데 있다. 그리고 국가개발 계획이라는 사상(思想)의 출현은 그리하여 그 자체가 하나의 초기 조건의 차이를 형성하고 있는 것이다.

제5장 인구와 자원개발

　남아시아의 기본적인 지리적 특징은 세계의 여타 지역의 지리적 특징이 그러했던 것처럼 기후와 토질 및 인구성장에 의해 형성되었다. 이러한 것들 이외에도 서구에 의한 식민지 지배가 있다. 이들 모든 요인으로부터 생겨나게 된 모든 힘은 개발을 계획할 때 기초로 받아들이지 않으면 안 되는 경제적 현실이 되어 있다.

　널리 알려져 있는 가정과는 정반대로, 남아시아에 있어서의 인구와 토지 비율은 그 밖의 세계 지역과 비교하여 현저하게 높지는 않다. 단위 경작지당 주민의 수는 유럽의 평균과 비교 가능하다. 그것은 중국의 절반이며, 물론 일본의 그것보다는 훨씬 낮다. 참으로 남아시아를 특징지우고 있는 것은 경작지당 생산량이 매우 낮고, 또한 그 경작지에 투하된 단위노동당 생산량도 매우 낮다는 점이다.

　남아시아 전체는 경작지 1에이커당 중국이나 유럽의 겨우 절반밖에 생산하지 못하고 있으며, 일본의 경우 5분의 1밖에 생산하지 못하고 있다. 남아시아의 에이커당 생산량은 줄잡아 미국이나 소련의 그것과 같을는지 모른다. 그러나 미국과 소련은 총인구의 개인당으로는 3배가 넘는 농지를 가지고 있음에도, 총노동력의 훨씬 적은 비용을 가지고 매우 조방적(粗放的)으로 토지를 경작하고 있다.

남아시아의 경제발전의 저수준을 설명하는 기본적 시실은 에이커당 혹은 노동자당 어느 쪽으로 측정하건, 그 농지 산출고가 매우 낮다고 하는 것이다. 에이커당 산출고가 똑같이 낮은 그 밖의 나라들은 주민당 농지 면적이 훨씬 크다고 하는 이점을 가지고 있으며, 심지어 농업에 종사하는 단위 노동당 면적도 훨씬 크다고 하는 이점을 가지고 있다. 이러한 숫자에 비추어 볼 때 남아시아는 어느 면에서도 두 가지의 불리한 점을 가지고 있는 것같이 보인다.

대체로 말해서 대부분의 세계를 통해서 이루어지고 있는 농경 방식에는 확연하게 구분되는 두 가지의 형태가 있다. 인구가 희소한 나라들, 이를테면 북아메리카, 오스트레일리아, 소련 등은 그들의 농토를 조방적으로 이용하고 있으며, 그 나라들이 생산하는 곡물의 종류와 곡물을 재배하는 공간은 단위 농지당 매우 낮은 생산고를 올리고 있다.

높은 인구와 토지 비율을 가지고 있는 인구가 조밀한 나라들, 이를테면 유럽 지역과 중국 및 일본 등에 있어서는 헥타르당 높은 생산고를 올리는 집약적인 농지 이용이 실천되고 있다. 남아시아는 이들 주요한 두 그룹의 어느 것에도 속하지 않는다. 그것은 제3의 매우 불행한 범주, 즉 높은 인구와 토지 비율과 결부되는 조방적인 토지이용이라는 범주를 형성하고 있다. 이것은 당연히 비참하리만큼 낮은 수준의 영양과 실질소득을 가져오고 있다.

　1인당 농업 생산고가 낮을 뿐만 아니라, 전체 노동의 4분의 3이 불충분한 식량—이 식량에는 보통 곡류가 전체 칼로리 섭취량의 3분의 2 이상을 차지하고 있는 것으로 계산되고 있다—을 생산하는 데 묶여 있다. 남아시아에 있어서는 4명의 남자 노동자 중에서 겨우 한 사람 꼴이 직접적인 식량생산 이외의 다른 생산 활동에 종사하고 있다. 미국에 있어서는 10명 중 9명, 유럽에 있어서는 3명 중 2명꼴로 남자는 비농업 부문의 직업에 종사하고 있다.

　이처럼 개략적인 비교까지도 이 지역이 안고 있는 기본적인 경제문제의 크기를 말해주고 있다. 보다 구체적으로 그것은 경작지 면적당의 식량 증산이 생활수준을 향상시키고 공업화를 뒷받침하는데 필수조건으로 되어 있다고 하는 것을 암시해 준다. 잉여 노동력을 농업으로부터 흡수하고, 이것을 공업으로 돌리게 함으로써 경제를 확장시켜야 한다고 말하는 것은 핵심을 벗어난 말이다.

　가장 낙관적으로 계산하더라도 인구의 자연증가의 극히 작은 부분만이 곧 다가올 수십 년 동안 공업에 의해 흡수될 수 있을 뿐이다. 이른바 잉여 노동력은 사실상 농업에 남지 않으면 안 되고, 경제발전을 위한 토대는 농업생산의 증가를 통해서 세워지지 않으면 안 될 것이다.

　남아시아의 인구는 몇몇 지역에 있어서는 극히 조밀하고, 그 밖의 지역에 있어서는 극히 희박하게 흩어져 있다. 인구가 조밀한 몇몇 지역에 있어서의 인구의 집중은 서유럽의 고도로 공업화된 지역에 있어서의 그것과 동일한 크기를 보이고 있다. 인도의 인구 절반은 총가용 토지의 4분의 1도 못되는 면적에서 살고 있고, 3분의 1은 토지의 6%도 못되는 면적에서 살고 있다. 그것과 정반대로 광대한 지역에는 계속하여 사람이 거의 살지 않은 채로 있다.

남아시아 도처에서 보게 되는 이러한 대조는 관행적인 농경형태와 밀접하게 관련되어 있다. 수답작(水畓作)과 재배농작물(이를테면 고무, 차 혹은 야자열매)은 높은 인구밀도를 전제로 하는 것이 보통이다.

이식이 필요 없는 전작(소맥 및 그 밖의 곡류)과 교체경작(재배 구역을 이동시키는 것)은 인구가 희소한 지구를 찾게 된다. 답 밀집지구 중에서 인구가 가장 조밀한 지구를 든다면, 미얀마의 이라와디 삼각주, 태국의 중앙부를 관류하는 메콩강의 저지대, 북베트남의 홍하계곡, 그리고 남베트남의 메통 삼각주 등이 있다.

재배농장의 가장 큰 집중은 스리랑카 내에서, 말레이시아 반도의 서해안 지대에서 자바 섬과 수마트라 섬에서, 그리고 필리핀 내에서 볼 수 있다. 동남아시아에 있어서는 미얀마 중앙부와 태국 동북부만이 전작(田作)에 한정되어 있지만, 파키스탄 서부와 북·중앙아시아의 광대한 지역은 이러한 형태의 농경에 한정되어 있다.

교체경작은 거의가 초토형태로 이루어지게 되며, 거기서는 소임야지구가 벌채되고 태워진 뒤에 곡물을 심게 된다. 곡물을 수확한 뒤에 농부들은 다른 임야지구로 자리를 옮기게 된다. 이처럼 고도로 파괴적인 농경은 이 지역의 여러 곳에서 일어나고 있으며, 특히 동남아시아의 대밀림의 변두리에서 성행하고 있다.

　순수하게 지역만을 토대로 한다면, 인도 소대륙이 동남아시아보다도 2배나 넘게 인구가 조밀하다는 것을 알게 된다. 그러나 만약 생계를 농업에 의존하고 있는 인구, 혹은 인구의 일부만을 경작면적에 관련시킨다면, 양상은 역전되어 동남아시아가 보다 높은 밀도를 가진 것이 될 것이며, 따라서 인구 압력이라는 보다 심각한 문제를 짊어지고 있다고 예상될지도 모른다. 그렇지만 수답과 재배농장이 동남아시아에 있어서는 더욱 일반적으로 되어 있으며, 에이커당 농업 생산고도 훨씬 높다. 사실, 동남아시아의 에이커당 농업생산량은 수답지구를 가지고 있는 동인도와 동파키스탄이라는 예외가 있기는 하나, 인도 소대륙의 그것보다도 4분의 1을 더 넘어설 정도로 높다. 이것은 매우 조밀한 인구 집중의 영향을 어느 만큼은 상쇄하고 있다. 실제로 인구 1인당의 농업 생산고는 예상되는 만큼 나라에 따라 다르지 않다. 인구가 조밀한 지역은 또한 토지자원이 보다 집약적으로 이용되어 왔던 지역이기도 하다.

　전작지구와 교체 재배지구는 관개나 임야 개간을 통해서 장기적으로 생산성 증대가 가능하다는 것을 나타내고 있다. 그러나 이것은 조직적인 이주민과 대규모적인 토지개량 계획을 요구하게 될 것이다. 인구밀도가 각 지구의 편의와 기술에 적합한 패턴을 요구하게 될 것이다. 인구밀도가 각 지구의 편의와 기술에 적합한 패턴을 형성하고 있는 경우, 사람들이 인구 압력이 높은 지구로부터 낮은 지구로 조직되지 않은 채 자연적으로 흘러들어갈 기회는 거의 있을 것 같지 않다. 그렇지만, 이것이 이 지역의 농업 자원이 아주 충분하게 이용되고 있다고 하는 것을 말하는 것은 아니다.

인도네시아와 수마트라의 외곽 섬은 심지어 개간도 거의 이루어지고 있지 않다. 라오스에 있어서와 마찬가지로 미얀마·태국·말레이시아에 있어서는 미이용상태에 있는 경작이 가능한 넓은 면적의 토지가 있다.

인도나 파키스탄에 있어서 이용할 수 있는 예비지가 아시아적인 표준에서 볼 때 많지 않다고 하는 것은 사실이다. 그러나 현재의 에이커당의 저생산고에 미루어 제도와 태도에 있어서의 결정적인 개혁이 이루어지기만 한다면, 농업의 어지간한 집약화는 가능하다 할 것이다.

이용이 가능한 토지면적에 비해서 지나치게 많은 남아시아인이 농업에 종사하고 있다고 일반적으로 생각되고 있다. 그리하여 개발을 위한 주요 조건은 농촌에 있어서의 잉여 노동력을 걷어내는 것에 의해 과밀한 농촌 인구를 감소시키는 것이 되지 않으면 안 된다고 생각된다. 그러나 남아시아는 극히 인구가 과밀하며, 그리고 이러한 인구밀도가 이 지역의 빈곤의 주원인으로 되어 있는 실업이나 불완전고용을 가져오게 하고 있다고 하는 것은 명백하다 할 것이다.

동일한 단위의 농경지를 경작하는 데 종사하고 있는 사람들의 수가 유럽에 있어서 보다도 남아시아에 있어서 상당히 많은 것은 사실이다. 남아시아의 농가당 경작면적은 유럽의 약 12.3에이커(5헥타르)인데 비해서 4.9에이커(2헥타르)를 넘지 않고 있다. 그러나 이러한 비교에다 적절한 균형을 가지게 하기 위해서는 농경기술의 엄청난 차이점에 대한 고려가 이루어지지 않으면 안 된다.

　남아시아의 대부분에 있어서는 인력과 수우(水牛)가 아직도 유일한 노동원으로 되어 있다. 파키스탄이나 인도와 같은 나라들은 중간단계에 있다. 일본은 진보된 기술과 개량된 종자를 가지고 남자를 기준으로 해서 에에커당 남아시아보다도 밀도가 거의 3배에 가까운 농업인구를 포용하고 있지만, 그러나 에이커당으로는 5배가 넘는 생산고와 활동적인 남자 1인당으로는 약 2배의 생산고를 올리고 있다.

　남아시아의 대부분에 있어서의 에이커당 매우 낮은 평균 생산고는 이 지역을 통틀어 농촌의 빈곤이 주로 너무나 많은 노동이 너무나 협소한 토지에 매달리고 있는 결과가 된다고 하는 인상과 모순된다. 이것이 의미하는 것은 그러한 인상과는 달리, 기술의 철저한 변화가 없다 하더라도 노동력의 투입과 능률을 끌어올리는 것에 의해 이용이 가능한 토지로부터 훨씬 더 많은 생산고를 올리는 것이 가능하다고 하는 것이다. 남아시아의 몇몇 지방에 있어서는 기후가 부분적으로 저생산고를 가져오게 하는 원인이 될지도 모른다. 그러나 기후의 영향은 높은 인구밀도의 함수가 되지는 않는다. 기후의 영향은 인구와 토지 비율이 보다 낮다면 보다 적게 될 것이다.

　남아시아의 농업의 각 부분에는 노동생산성을 끌어내리는 그 밖의 많은 요인이 있다. 매우 낮은 생활수준은 토지에 대한 노동의 능률을 저하시킨다. 악순환은 빈곤과 낮은 노동

생산성을 저절로 생겨나게 하고, 그 배후에는 생산성을 저해시키는 사회적인 토지 소유제도와 이용제도가 있다. 인구의 상승 경향은 인구밀도 그 자체의 결과가 아니었고, 인구성장의 결과였던 것이다. 이러한 인구성장이 사회제도에 미치는 영향은 중대한 것이었다. 그것은 농촌 내에서 확실히 토지 소유의 세분화를 가져오게 하였을 뿐만 아니라 이러한 세분화를 통해서 계급 구조를 굳게 했다. 그리고 인구성장은 토지가 없는 가난한 사람들의 수를 상대적으로 늘게 함으로써 계급 구조를 더욱 경직적이고 더욱 불평등하게 하였고, 다음으로 계급 구조는 농업 생산성을 향상시키기 위한 노력이 성공적으로 이루어지는 것을 더욱 방해하게 되었던 것이다.

인구의 상승 경향은 심지어 전통적인 저영양수준을 유지하기 위해서도 보다 많은 식량이 필요하게 된다고 하는 것을 의미해 왔다. 이러한 추가적인 식량을 생산하기 위해서는 보다 많은 노동력을 추가적으로 투입하지 않으면 안 된다. 점진적인 조정과정을 통해서 이러한 추가적인 노동력에는 식량을 생산하는 얼마간의 일거리가 주어지게 되었다. 그리고 사회상태 전체는 계속적으로 증가하는 노동력을 흡수할 수 있게끔 교묘하게 조절되고 있었다. 이 조정은 경작면적의 확대, 혹은 관개를 통한 생산성의 향상, 혹은 다른 경작법이나 경종(耕種)에의 전환 등을 통해서 부분적으로 이루어져 왔다. 그러나 재래의 농업을 개혁케 하는 자극은 미약했다. 특히 노동의 풍부한 공급은 농업노동의 능률을 증가시키는 생산방법의 개혁을 가져오게 할 어떠한 자극도 이를 억누르고 있었다.

노동력은 이용되고 있기는 하였으나, 그러나 당연히 그래야 했던 것처럼 집약적으로나 효과적으로는 이용되지 않고 있었고, 평균 생산고도 여전히 낮았다. 작업의 집약도와 효율성을 높이는 것을 통해서 생산고를 상당히 높일 수 있다고 하는 것은 일본이나 남아시아의 많은 지역의 예가 증명하고 있다. 이러한 예가 가리키는 바와 같이, 농업에 아직도 더 많은 노동을 투입시킬 만한 여지가 있다고 하는 사실은 인도, 파키스탄 및 쟈바에 있어서 뿐만 아니라 이 지역의 다른 몇 나라에 있어서도, 그렇지 않으면 절망적이 될 전망에 한층 밝은 빛을 던져두고 있다.

이러한 으뜸가는 인구팽창에도 불구하고, 남아시아의 대부분의 지역의 사람들은 대개가 농업구조―이것이 가지는 지상목적은 기본적인 생활필수품을 생산하는 데 있다―내에서 일해 왔다. 이러한 나라들이 경제사는 주로 자기들이 태어난 마을에서 식량증산을 가지고 인구증가에 대처하고자 하는 사람들의 몸부림으로 점철되어 있었다. 특히 인도 소대륙에 있어서는 도시화라든가 지방공동체 외에 혼인을 향한 추세에도 불구하고, 국내적인 이동성은 현저하게 결여되고 있었다.

식량 생산이 경작면적의 확장에 의해 증가되었을 경우에는 자주 희비가 엇갈리게 되었다. 경작면적의 확장은 특히 교체 경작지대에 있어서는 자주 토양을 황폐케 했다. 삼림개척과 과도한 방목은 소 도살에 대한 인도인의 터부와 결부되어 생산수준이 인구증가를 따라가는 것을 더욱 어렵게 했다. 관개가 몇몇 지역에서 생산고를 증대시킨 반면, 다른 지역에서는 수위를 끌어내기로, 토지의 염분을 증가시키는 동시에 심지어 침수를 가져오게까지 했던 것이다.

이렇게 볼 때, 어떻게 1인당 식량 생산고가 그 엄청난 인구 증가에도 불구하고, 특히 영국령 인도에서 보는 바와 같이 유지될 수 있었는가 하는 것이 설명되지 않으면 안 된다. 얄궂게도 토지의 사유로부터 소작제도나 병작제도에로의 꾸준한 이행이 그 요인의 하나로 되어 있었던 것 같다. 이러한 관행은 그 자체로는 진보에 해를 끼치고, 생산성에다 인위적인 한도를 강요하는 것이기는 하지만, 그러나 처음으로 도입되었을 때 이들 모든 제도는 새로운 소작인들—그들은 그들의 생산물의 일부분을 지주에게 바치게 되어 있었다—로 하여금 자기들의 가족분을 유지하기 위하여 더욱 많은 것을 생산하도록 강제하고 있었다. 그렇지만 이러한 제도적인 압력에서 생기는 총식량 생산고의 증대는 큼직한 것으로는 될 수 없는 것이었다.

또 하나의 동태적 요인—상업의 보급—이 토착농업에서 일어나고 있었던 장기적인 조정에 영향을 주게 되었다. 현금화를 위한 생산이 토착농업에 주게 되는 전체로서의 자극은 인도 소대륙에서도 동남아시아에 있어서 훨씬 크게 느껴지고 있었다. 가장 극적인 발전이 1870년대에 미얀마의 삼각주, 태국, 그리고 남베트남에서 일어나게 되었고, 이들 모든 지역에 있어서의 상업적 농업성장의 대부분은 정부 혹은 서방기업으로부터의 하등의 도움이나 지원 없이 일어나게 되었다. 상업적 농업을 위한 새로운 기회에 대한 이러한 반응은 강조할 만한 가치가 있다.

그것은 유리한 환경에 있는 남아시아의 농부가 다른 어떤 지역의 농부에 못지않게 기민성과 시장의식을 발휘할 수 있다고 하는 것을 나타내고 있기 때문이다. 그렇지만, 이러한 반응은 농민 소유제가 지배적으로 되어 있었던 상황에서만 주로 일어나고 있었다. 병작(竝作)이나 소작계약이 성행하고 있었던 곳에서는 혁신의 동화작용이 일어나게 되었다고 하더라도, 그것은 보다 완만하게 되어 있었다. 하지만 얄궂게도 상업화에로의 이러한 움직임은 이들 농민이 경제작물을 확대한 나머지 과도한 빚을 짊어지게 되었고, 그리하여 자기들의 토지를 잃게 되는 것을 의미하는 일이 많았다. 그 결과 농민 소유제는 침해되고 병작은 증대하게 되었다.

농업생산 및 농업인구의 전개에 따라 영향을 주게 된 주요 요인의 하나는 거대한 재배농장의 등장이었다. 이러한 확장은 19세기 후반기에 일어나게 되었고, 식민지주의의 가장 큰 유산의 하나가 되었다. 아프리카나 남아메리카의 열대지방에 있어서 보다도 남아시아의 열대지방에 있어서의 재배농장의 성장은 상대적으로 쉽게 노동을 얻을 수 있었던 것에 의했다. 토질과 기후는 그다지 중요한 요인으로는 되지 않았다. 모든 주요 재배 농장지대가 유럽과 남아시아와 극동 간의 통상로를 따라 자리 잡게 되었다고 하는 것을 또한 주의하지 않으면 안 될 것이다.

농장형 농업은 전통적인 토착농업과는 본질적으로 다르다. 고무·차·야자열매·연초·커피·사탕수수 및 향료는 먹기 위해서가 아니라 팔기 위해 재배되는 경제작물이다. 대농장의 대부분은 처음부터 식민지인에 의해 발전을 보게 되었고, 이들의 목적은 주로 생산물을 수출하는 데 있었다. 농장의 운영은 제조공업의 그것과 비슷했다. 그것은 노동력을 요구하고, 다음으로는 한 지역이 부양할 수 있는 인구를 최대로 증가시키게 되었다.

　노동력에 대한 이러한 필요성은 남아시아에서 또 하나의 매우 중대한 결과를 낳게 했다. 특히 스리랑카와 말레이시아에 있어서 그 지방의 농민들은 농장에서 일하는 것을 꺼렸다. 그 결과 농장주는 주로 인도 동남부나 중국 남구의 인구가 조밀한 수답지대로부터 노동력을 수입했다. 이것은 이들 모든 지역에 있어서의 인구 압력을 얼마간 완화시키기는 했다. 그러나 그것은 스리랑카에 있어서의 인도인 문제와 말레이시아에 있어서의 중국인 문제와 같은 오늘날의 인종분쟁을 낳게 했다.

　재배농장 출현의 하나의 부작용은 경제작물—재배농장에서 생산되는 농작물과 같은 종류의 것이거나, 혹은 농장 생산물의 가공에 적합한 농작물—에 대한 지방적인 관심을 자극한 데 있었다. 게다가 또 농장 노동자를 위한 식량에 대한 새로운 수요는 삼각주지대에 있어서의 미곡생산을 자극하게 되었고, 이 지대는 현재와 마찬가지로 당시에도 수출하기에 충분할 만큼의 쌀을 보유하고 있었다. 남아시아의 농민들 스스로가 이러한 새로운 기회를 포착하는데 앞장서고 있었다.

　이러한 환경하에서 그들은 그 밖의 모든 지역의 농민들과 다름없는 기민성과 시장의식을 발휘하게 되었다. 이것은 새로운 기술을 채택하고자 하는 의욕을 고무시키지는 않았으나, 경제조직 내에서 돈이나 돈벌이가 되는 역할을 크게 증가시켰다. 그러나 그것은 돈 맛을 알게 된 농민들로 하여금 너무나 자주 부채를 지게 하였고, 그 결과 벌떼와 같은 고리대부업자들과 브로커들을 끌어들여 그들로 하여금 오늘날 너무나 많은 농민들을 손아귀에 넣게 하고 있다.

남아시아에 있어서의 재배농장의 보급과 서유럽에 있어서의 공업화의 초기 국면 간에는 어느 정도 유사한 데가 있다. 그렇지만, 축적자본의 부작용은 남아시아에 있어서는 실망을 자아내게 했다. 이윤이 자본의 원천으로 이바지하게 되기는커녕, 그것은 너무나 자주 수출품과 함께 유럽에 보내졌다. 경제작물의 보급은 농민의 수중에 있는 화폐량을 증가시켰으나, 그러나 그것은 자본재에 대한 수요를 증가시키지는 못했다. 농경기술에는 변화가 거의 없었기 때문이다. 재배농장은 노동에 대한 수요를 증대시키게 되었다. 그러나 이러한 수요는 미숙련 노동자에 대한 것이었고, 숙련 노동자는 지나칠 정도로 자주 국외로부터 데려 왔다.

재배농장은 서방국의 공업화를 촉진하게 되었으나, 남아시아의 공업화는 촉진하지 못했다고 말해지고 있거니와 이것은 위와 같은 사실을 가리키는 것이다. 재배농장은 사실상 식민지 본국의 연장에 불과했다. 동일한 발전이 광산이나 임업에 있어서도 일어나게 되었다. 재배농장과 함께 그것들은 침체경제 속에 번영을 가지는 포령(包領)으로 되기에 이르렀다.

제조공업은 발전하지 않았다. 전식민지시대에 남아시아의 많은 지구는 공업화 이전의 성격을 띤 제조업에 있어서 서유럽국에 뒤떨어져 있지 않았다. 처음으로 접촉을 가지게 되었을 무렵, 서구는 여러모로 뚜렷하고 불리하게 되어 있었다. 그리하여 남아시아의 많은 지역은 18세기에 이르기까지만 해도 경제적으로 그렇게 뒤떨어져 있지 않았으나, 그러나 대략

이 무렵에 남아시아의 운영과 서구의 운명은 궤를 벗어나기 시작했다.

서유럽은 산업혁명을 가지게 되었고, 한편 남아시아의 경제는 정체에 빠지게 되었다. 이에는 많은 요인들이 작용을 하였다. 이들 요인 중에서 중요한 것의 하나는 남아시아에 있어서의 경직적인 사회적 계층화와 합리주의—유럽에 있어서 산업혁명을 위한 탄탄대로를 마련하게 되었던—의 결여였다. 이에 따라 일련의 제도와 태도의 어떠한 것도 남아시아에 있어서는 진화하지 않았다. 식민지 지배가 없었더라면, 남아시아에는 공업발전이 없었을 것인가 하는 의문이 생겨나게 되는 것도 이 때문이다.

하지만 확실히 남아시아의 식민지 정부들은 일반적으로 식민지에 있어서의 제조공업에 해를 끼치고 있었다. 식민지 본국들 자체는 그들 자신의 유치산업을 특히 자기들의 식민지의 경쟁으로부터 보호했다. 동시에 그들은 이들 식민지를 시장으로서, 그리고 원료 공급지로서 필요로 하고 있었다. 그 결과는 모국의 제조공업을 자극하는데 꼭 알맞은 지형적 경제조직을 가져오게 했다. 이러한 모든 정책이 뒤에 가서 수정되었고, 또한 엄격한 제한이 제2차 세계대전 후 점진적으로 폐기되었을 때, 강력한 반응을 낳게 하기에는 변화가 온 것이 너무나 늦었다.

식민지 정책에도 불구하고, 약간의 제조공업이 인도에서 면방직, 황마, 그리고 뒤늦게 강철의 형태로 다소 일찍부터 발전하게 되었다. 1920년대의 영국은 식민지에 있어서의 공업화의 결여에 대해 다소나마 관심을 보이기 시작했다. 또한 현지 제조업자들에 대한 보호책을 강구하게 되었다. 제2차 세계대전은 인도의 섬유공업과 제강공업을 더욱더 자극하게 되었다. 오늘날 독립과 더불어 인도에 있어서의 외국인의 지배권은 일반적으로 인도인의 소유권으로 바뀌지게 되었다.

서유럽에 있어서는 제조공업의 급속한 성장이 농업에 의존하는 인구의 꾸준한 감소를 가져오게 했던 반면에, 식민지에 있어서의 공업화의 억제는 농업에 대해서 반대의 효과를 가져왔다. 식민지적인 제조공업의 우세는 소규모의 가내공업을 압도하는 경향이 있었다. 직인(職人)이나 장인(匠人)의 대부분은 살 길을 찾아 토지로 되돌아가지 않을 수 없었다. 그리하여 재배농장은 근대적인 자본주의적 기업과 기술을 나타내고 있었지만, 남아시아국은 여전히 농촌적이고 주로 농업적으로 머물러 있었다.

재배농장의 출현과 이에 따르는 남아시아 농민들 간의 상업적인 농업의 성장은 남아시아에 있어서 인종 분포와 더불어 오늘날에도 여전히 남아 있는 또 하나의 패턴을 낳게 했다. 재배 농장국―스리랑카, 말레이시아, 인도네시아의 여러 지방―은 쌀 수입국이 되었고, 인구밀도가 비교적 낮은 미얀마, 태국, 남베트남(월남전이 쌀 수출을 방해하기 전까지)등의 수답 삼각주는 쌀을 그 나라들에 수출하기 시작했다.

이러한 양식으로의 토지의 이용은 또 하나의 중대한 결과를 낳게 했다. 즉, 그것은 국경을 넘는 중대한 이주운동을 일으키게 했다. 인도와 중국 남부의 자급 농업지역에 있어서의 빈곤은 이민을 제공하게 되었고, 재배농장 및 상업적인 식량

생산의 성장은 이민을 받아들이게 했다. 그 결과로서 이주운동은 남아시아나 스리랑카에 있어서의 현재의 정치적·인구적 패턴을 설명하고 있다.

남아시아국은 그리하여 그 사회 속에 세 가지 주요한 형태의 차이를 가지고 현재에 이르게 되었는데, 세 개의 형태 중에서 두 개는 부분적으로 식민지주의의 유산이다. 첫째로, 지배적인 인종그룹과 산간벽지의 부족민 간에는 문화의 수준이나 성격에 뚜렷한 차이가 있었다.

이러한 차이는 오랜 것이고 일반적으로 유럽의 지배와는 무관하다. 그것은 특히 인도·미얀마·남베트남에서, 그리고 정도는 작지만 필리핀이나 인도네시아의 외곽 섬에서 문제를 제기하고 있다. 둘째로, 근대적인 시장 지향적이고 이윤 추구적 기업과 전통적인 자급경제 간에는 콘트라스트가 있다. 이것은 재배농장이 우세한 나라에서 가장 두드러지게 되어 있다.

마지막으로, 인종그룹의 분열이 있으며, 그것은 둘째번의 차이와 밀접하게 결부되어 있다. 가장 중요한 예는 스리랑카에 있어서의 인도인, 말레이시아에 있어서의 중국과 인도인의 존재이다. 실제로 말레이시아인과 중국인은 말레이시아에 있어서는 수적으로 거의 같으며, 그 결과 경제권은 중국인계가, 정치적 권력은 말레이시아인이 각각 장악하게 되었다.

동남아시아의 모든 사회는 그리하여 다민족사회—이러한 사회에서는 각종 집단이 혼주하고 있기는 하지만, 그러나 단결하는 일은 없다고 말해지고 있다—의 다소 극단한 예로 되기에 이르렀다. 독립의 성취는 다민족사회의 문제를 더욱 악화시키게 되었다. 그것은 수많은 소수민족 문제를 전면에 나타내게 하였고, 그리하여 이 나라들이 안고 있는 인구학적 미성숙이라고 적절히 불리워졌던 문제를 부각시키게 되었다.

피셔(C. A. Fisher)가 말한 바와 같이, 이러한 나라들에 있어서는 어떠한 지속적인 조정도 국토와 국가 간에 아직은 이루어졌던 적이 없었기 때문이다.

남아시아가 인구학적으로 미성숙하다고 하는 것에는 또한 다른 하나의 문제가 있다. 그것은 도시화라는 문제이다. 남아시아는 최근 수십 년 동안에 이렇다 할 공업화도 없이 도시 인구의 성장률의 급증을 경험했을 뿐만 아니라, 도시인구의 성장에는 농업생산의 상대적인 정체가 뒤따르고 있었다. 그러므로 그것은 농업 생산성의 급상승이나 공업면에 있어서의 노동 기회의 증가에 대한 반응은 아니었다.

이것은 유럽의 경험과는 정반대이다. 서구에 있어서는 공업화의 전통적인 부수물의 하나가 인구에 관해서 뿐만 아니라, 생산량을 기준으로 해서도 도시 중심지가 상대적으로 중요성을 높이게 되었다고 하는 것이다. 끊임없이 늘어가는 일자리가 도시에서는 이용이 가능하게 되었고, 한편 농업생산성에 있어서의 같은 증가는 이러한 도시의 일자리를 채울 수 있을 만한 여분의 노동공급을 농촌지구에서 창조하게 되었다.

남아시국에 있어서도 마찬가지로, 대부분의 도시는 총인구의 성장에 대응하는 것보다는 빨리 성장하고 있지만, 그러나 이러한 도시에로의 이동은 도시의 취업 기회의 활발한 증가와는 무관하다. 도시는 실제로 그 자체의 심각한 실업문제와 불완전고용 문제로 골치를 앓고 있다. 도심지에 있어서의 불결과 혼잡, 불충분한 주택과 위생시설을 감안할 때, 도시에로의 이동은 일반적으로 도시의 순수한 매력의 증대가 동기로 되어 있다고는 할 수 없다. 그러므로 남아시아의 도시화의 주요 원인은 도시지구에 비한 농촌의 빈곤과 불안정—이것들은 도시를 향한 유출을 낳게 하고 있다—의 증가임에 틀림없다. 따라서 도시화는 활발한 경제성장의 결여에 대한 반동이다. 참으로 도시화의 대부분은 과도한 인구증가율에 기인하는 동시에 경제발전을 저지하고 있는 모든 원인, 이를테면 내란, 불안정 그리고 흉작 등에 기인한다.

 도시화는 그것이 서구에서 상징하고 있었던 것처럼 성장을 상징하는 대신에 남아시아에 있어서는 계속되는 빈곤의 한 국면으로 되어 있다.

제6장 국민산출고 및 경제구조

 한 나라가 생산하는 것, 그리고 그 국민이 그들의 노력에 의해 얼마나 많이 벌어들이는가 하는 것은 남아시아에 있어서의 저개발이나 개발을 논의하는데 있어서 중심적인 역할을 하고 있다. 우리들은 이러한 모든 요소의 수준이 기껏 개발수준의 개략적인 지표로 될 뿐이라는 것을 주장한 바가 있었다. 이러한 한정은 남아시아의 아주 많은 지역으로부터 나온 통계가 부족하다거나, 혹은 현재 이용이 가능한 이들 통계의 질이 빈약하다는 점에서 더욱 필요하게 된다.
 이 장의 도처에서 우리들은 이용이 가능한 통계자료에서 보게 되는 중대한 결함을 되풀이하여 강조할 것이다. 이렇게 하는 것은 중요한 과학적 임무라고 생각한다. 이들 여러 나라들의 경제문제를 분석하는데 있어서는 믿을 수 없는 숫자가 우직할 정도로 가볍게 믿어지고 있을 뿐만 아니라 보통으로 사용되고 있기 때문이다. 그리고 이것은 도출된 결론을 크게 손상시키게 된다.
 남아시아의 국민소득 수준을 결정하는데 있어서 국민소득

을 오로지 직접적인 지역적 산출고에만 관련시킨다고 하는 것은 오해를 이끌게 하는 일이 많다고 하는 것도 또한 상기하지 않으면 안 된다. 무엇보다도 먼저 1인당 국민소득은 개발이나 저개발의 정도에 매우 조잡한 지표로 되어 있을 뿐만 아니라, 거기에는 그와 같은 통계가 정의되고 자료가 수집되는 방법에 뒤얽혀 어떠한 논리적인 난점도 있다. 이를테면, 필리핀이나 말레이시아에 있어서는 총소득의 엄청난 부분이 송금의 형태로 모회사에 보내지거나 외국인들의 손에 들어가고 있다. 그렇지만 독립 이후로는 그와 같은 송금이나 배당에 브레이크가 걸리게 되었다. 남아시아의 그 밖의 지역에 있어서의 더욱 큰 외국자산 중에는 국유화된 것도 있었다.

또한 외국인 소유재산에 대한 과세도 늘어나게 되었다. 현지 주민들이 고위 행정직에 앉게 되거나, 이전에는 항상 유럽인들의 경제활동 영역이었던 곳에 진출하게 되었다. 그리하여 생산고와 소득간의 불일치는 좁아지게 되었다. 그러나 이러한 지표상의 모든 숫자는 상당히 주의 깊게 받아들여져야 할 것이며, 만약 그것들이 평균적인 남아시아인들에 대한 생산고의 척도로나 장래 얻을 수 있는 소득으로 간주된다면, 이러한 숫자들은 유용하게 될 수 있을 것이다. 후자의 관계에 있어서는 토착인들이 점차 그 나라의 재산에 대한 소유권이나 지배권을 취득하게 됨에 따라 더욱 현실적으로 되기에 이를 것이다.

남아시아의 경제를 숫자로 나타내는 데에는 또 하나의 문제가 있다. 그것은 산출고를 실제로 평가하는 문제이다. 경제의 큰 부문들은 화폐적으로 되어 있지 않으며, 시장과는 큰 연관이 없다. 이렇게 물물교환이 이루어지게 되는 생산물은 평가하기가 어려울 뿐만 아니라 그러한 평가가 이루어지게 되는 경우, 그것은 화폐로 정해지는 시장에 있어서나 물물교환이 이루어지게 되는 시장에 있어서 기호나 선호가 같다는 것을 의미하고, 또한 물물교환되는 재화가 화폐로 팔리게 된다면 그 가격들이 같은 것이라고 하는 것을 의미한다.

우리들은 인도나 필리핀의 자료가 가장 훌륭하고, 인도네시아나 남아시아의 그것이 가장 나쁘지 않을까 생각한다. 그 밖의 것은 그 중간쯤에 위치하고 있을 것이다. 그렇지만 인도의 자료마저도 고쳐져야 할 점이 많다. 그리고 만약 필리핀의 자료가 인도의 그것보다도 비판을 받는 일이 적었다면, 확실히 이것은 그 자료가 아주 세밀하게 검토된 바가 없었기 때문이라 하겠다.

남아시아의 계획화는 이용할 수 있는 자료에 의존하는 정도 여하에 따라 어떤 경우에 있어서는 아주 심하게 오도될 가능성이 없지 않으므로, 그 자료의 근거가 박약하다는 것을 강조하는 것이 극히 중요하게 된다. 계획화를 위한 도구로서건, 혹은 결과의 지수로서건, 남아시아의 통계는 모두가 믿을 수 없고 부적당하다. 그럼에도 불구하고 우리들은 몇 가지 이유에서 감히 이들 숫자를 논의의 대상으로 하기로 했다.

이들 몇 가지 이유를 든다면 다음과 같다. 첫째로, 국민소득에 관한 숫자가 이 지역의 경제계획에 있어서 중대한 역할을 하고 있기 때문이다. 참으로 국민소득의 변화는 빈번하게 개발계획의 성패를 나타내는 주요 지표로 생각되고 있다. 둘째로, 우리들이 이미 하게 되었던 것과 같은 논평은 개념을 명백하게 하고, 아마도 남아시아에 있어서의 개발에 관한 논의의 초점을 전적으로 바꿔야 할 압도적인 중요성을 말해 주고 있기 때문이다. 전혀 성질을 달리하는 환경에다 서구적인 개념을 적용한다는 것은 우연에 의하지 않고서는 남아시아의 긴급한 문제를 해결하는 데 크게 도움이 될 수 없다 할 것이다.

마지막으로, 이곳에 제시된 숫자는 물론 현실과 어느 정도 관련을 가질 가능성이 있기 때문이다. 그리하여 캔버스를 공간으로 남겨 놓는 것보다는 무엇인가를 붓으로 그려놓는 것이 낫다고 하는 가정 위에서 이러한 숫자를 제시하는 것도 그렇게 무리하다고는 생각되지 않는다.

개괄적으로 말해서 1인당 소득의 비교는 이 지역의 가장 가난한 나라들과 가장 부유한 나라들 간에 많은 불균형을 나타내고 있다. 즉, 1인당 추산 소득이 겨우 220루우피 밖에 되지 않는 파키스탄이 있는가 하면, 1인당 평균소득이 780루우피인 말레이시아—이 지역에서 가장 부유한 나라로 알려져 있다—도 있다.

만약 우리들이 예외적으로 눈에 띄는 말레이시아를 제외한다면, 그 폭은 좁아지게 된다. 나타난 차이가 절대적인 것은 아니라 하더라도, 다음과 같은 순위를 정한들 불합리하지는 않을 것이다. 즉 파키스탄과 인도는 가장 가난한 나라로 나타나게 되고, 높은 순위에 있는 필리핀, 스리랑카 및 말레이시아는 상대적으로 다소 부유하고, 그리고 인도네시아, 미얀마 및 남베트남은 그 중간의 어느 점에 위치한다고 할 수 있다.

개인소득에 있어서의 변화율은 아마도 한층 더 의미가 있을 것이다. 총실질생산고라는 개념도 사용되고 있기는 하지만, 이 개념은 나라를 달리함에 따라 달라지게 된다고 하는 것을 주의해야 할 것이다. 이 자료가 비교될 수 있다고 하는 것은 국민총생산고, 국내총생산고, 국민소득 및 어떤 특정 년도의 시장가격이나 요소비용간의 모든 관계가 각국마다 안정되어 있다고 하는 것을 의미한다. 그러나 대부분의 나라에 대해 이용이 가능한 자료는 너무나 간략하여 이 점에 관한 세밀한 검토를 불허하고 있으므로 이것은 옳을 수도 있고 옳지 않을 수도 있다.

그럼에도 불구하고 일정한 기간에 걸치는 이들 모든 관계의 비교적 높은 정도의 안정을 가정한다고 하는 것은 불합리하다고 생각되지 않는다. 적어도 비교를 무의미하게 할 만큼의 큰 불안정성은 없다 할 것이다.

이렇게 볼 때, 이들 모든 자료는 미얀마가 훨씬 급속한 성장률을 나타내게 되었다고 하는 것을 말하는 것으로 보일 것이다. 그러나 1인당 생산수준이 1960년에 이르러서도 아직 1939년의 그것보다 약 15%나 하회하고 있다는 사실을 감안한다면, 그러한 결론은 제약을 받지 않으면 안 된다. 그리고 정체 혹은 심지어 후퇴가 최근 10년 동안에 일어나게 되었을 가능성은 농후하다.

인도네시아는 1950년대를 통해서 급속한 성장을 하고 있었던 것처럼 보이기는 하지만, 그러나 국민안정은 극히 믿을 수 없다. 1966년 초에 나타나게 된 사태를 미루어볼 때, 인도네시아는 급속한 성장의 가망이 거의 있었을 것 같지 않다.

자료가 다소 더 신빙성이 있어 보이는 남아시아국을 총괄적으로 설명한다면 대략 다음과 같다. 즉 파키스탄과 태국 및 스리랑카는 1인당 생산고를 기준으로 해서 상대적으로 정체에 빠져 있었다. 그렇지만 근년에 이르러서 파키스탄은 지난 10년 동안의 정체로부터 벗어나게 되었다고 하는 징후가 있다.

말레이시아는 1955년에서 1962년에 이르는 7년 동안에 1인당 실질국민총생산고로는 7%도 못되는 미미한 증가를 기록하고 있었지만, 그러나 근년에는 보다 높은 증가율을 가지게 되었다. 필리핀은 1950년대에 지속적이고 상당히 급속한 1인당 소득 성장률을 보이고 있었지만, 그러나 근년에 이르러 이 지수는 둔화의 경향을 보이게 되었다.

인도에 있어서는 1948~49년에 1인당 소득이 1931~32년 수준의 거의 16%나 하회하고 있었다고 믿어지고 있다. 필리핀과 미얀마를 제외한 남아시아국은 1950년대 동안에 1인당 소득에 있어서 매우 완만하고 기복이 심한 상승을 갖게 되었다.

1960년대의 전반 동안에 이 지수는 태국과 말레이시아 및 어느 정도로는 파키스탄에 대한 것을 제외하고는 감소하였거나 마이너스가 되어 있었다. 뿐만 아니라, 최근의 1인당 소득 수준은 대부분 그것들이 전쟁 전에 도달하게 되었던 피이크(peak)가 어떠한 것이었든 간에 그것들은 하회하게 될는지도 모른다.

남아시아국에 있어서의 경제구조의 폭넓은 상황을 파악하고자 하는 경우, 그 자연적인 과정은 국민소득의 총계를 그

구성부분으로 나누고, 각 주요부문에서 생겨난 소득을 그 부문에 고용되어 있거나 그 부문에서 생계를 벌어들이고 있는 인원수에 관련시키는 것으로 되어야 할 것이다. 불행하게도 직업 분포에 관한 통계는 특히 믿을 수가 없다.

인도네시아와 미얀마는 수십 년 동안 완전한 국세조사(國勢調査)를 가져본 적이 없었고, 인도와 파키스탄, 스리랑카 및 필리핀에서의 직업분포에 관한 국제조사 자료는 특히 근거가 빈약하다고 알려져 있다. 이 지역의 그 밖의 나라들에 대한 숫자도 또한 그 숫자의 대부분이 추계로서가 아니면 임시적으로 기록된 것이므로 보다 우수하다고는 생각할 수 없다. 그러므로 우리들은 다만 농업부문과 비농업부문간의 간단한 구별만을 강조하는 바이다. 국민소득총계를 간단하게 2~3개의 부문으로 나누는 것마저도 국민소득이나 국민생산물에 대한 총계에 관한 의문을 심지어 더욱 두드러지게 나타내게 한다는 다소 변칙적인 결과를 가져오게 한다.

또한 농업적인 것과 비농업적인 것에 관한 정의는 나라마다 다르고, 이러한 정의와 결부된 통계도 문제가 된다. 그러나 대체로 남아시아의 국민소득의 과반은 농업으로부터 생겨나고, 주민의 약 3분의 2 내지 4분의 3이 농업으로부터 생계를 얻고 있는 것으로 보인다.

농업생산의 추세를 형성하는 보다 중요한 요소를 결정하고자 한다면, 우리들은 또 다시 불충분하고 오해로 이끄는 통계에 의해 방해를 받게 된다. 그러나 1인당 농업산출고가 이 지역에 있어서는 총체적으로 1950년대와 1960년대 초기 동안에는 상대적으로 정체에 빠져 있었던 것 같이 보인다. 이것은 1인당 국민소득이 대체로는 활발한 확대의 징후를 나타내지 못하고 있었다고 하는 것을 설명하는 것임에 틀림없다.

남아시아의 경제구조에 있어서도 비농업부문은 물론 잡다한 것이 들어 있는 자루이다. 그것은 서비스업과 제조업, 건설업, 광업 및 상업과 같은 직종을 포함하고 있다. 우선 제조공업이나 수공업을 제외한다면 일반적인 인상은 소매업과 가사종업, 그리고 공무직이 인구의 지나치게 큰 비율을 차지하고 있다고 하는 것이고, 그러한 활동에 따르는 저생산성을 감안할 때, 특히 그러한 인상을 받게 된다.

소매상이나 소상인의 급증과 중개업자 수의 증가는 쉽게 볼 수 있다. 뜨내기 상인들은 이 지역 어디에서나 수없이 볼 수 있고, 그들은 일종의 특수매매에 종사하고 있다. 1947년에는 말레이시아에서 상업에 종사하는 사람들의 반수 이상이 몸소 이동하는 도부장수거나 행상인이었다. 그와 같은 상업활동에 종사하는 많은 사람들은 아주 능률적이거나 아주 복잡한 기능을 완수하지 못하고 있고, 또한 이 소매업의 매상고도 그리 높지 않다. 참으로 이것은 노동의 불완전 이용을 뚜렷하게 나타내는 것이고, 농업에 있어서의 그것과 비슷하다.

소상인이나 행상인의 과다는 그들의 서비스에 대한 수요증가에 응하는 것이라고 하기 보다는 차라리 일반적인 저생산성과 노동이 저렴하다는 것에 대한 반발이라 할 것이다. 이러한 반발은 고용주를 위해 일하는 것을 싫어하는 마음이 따르게 될 때, 영세자본과 근소한 기술 밖에 필요치 않다고 하는 사실에 의해 자극을 받게 되는 독립채산 직종에로의 축출을 가져오게 한다.

마찬가지의 사정이 재래의 수공업에도 존재하고 있으며, 수공업 분야에서는 수입품과 그리고 더욱 최근에는 현지 공업화의 확대로 말미암아 시장이 뒤흔들리고 있다. 그렇지만, 여기에는 일을 적게 하면서 재래의 수공업의 영역에 그대로 남아 있고자 하는 경향도 있다.

영세상업의 성장은 공업부문의 고용 기회와 하등의 관계가 없거나, 그것에 의해 일어나게 된 것도 아닌 도시화에로의 경향에 대한 반응으로 되는 것이었다. 이들 두 가지의 반작용은 노동투입이나 노동능률의 저수준을 항구적이게 하고 있다.

모든 조건은 공무직의 영역에 있어서도 기본적으로는 다를 바가 없다. 정치활동을 위한 공적 지출은 개발노력과 새로 전취(戰取)하게 된 독립의 필요에 따라 증가하게 되었다. 그러나 행정사무에 고용된 사람들의 수는 더욱 엄청나게 증가했다. 행정사무의 겨우 일부분만이 불가결한 정치적 활동의 확대에 의해 요청되고 있다. 고위간부 인사는 수가 너무나 적고 십중팔구는 엄청나게 과로를 하고 있었다. 그러나 고용 증가의 대부분은 행정 직계의 하급 수준에서 일어나고 있다. 정부에 있어서의 인력의 비능률적인 사용이란 확실히 서구에 있어서는 생각조차 할 수 없는 것이기는 하나, 남아시아에 있어서는 훨씬 광범위하게 되어 있는 것같이 보인다.

직분의 책임과 비슷한 임무를 가지는 새로운 국과 과에의 부서의 분할, 많은 손을 거치는 품의와 결재, 이 모든 것들은 능률을 희생으로 해서 공적 부문에 있어서의 고용을 확대시키는 경향을 가진다. 노동력이 풍부하고 불완전하게 이용되고 있을 때, 인력의 효율적인 이용은 그렇게 필요하지 않은 것으로 보일지도 모른다. 그렇지만 관료제도에 있어서의 그와 같은 성장은 반드시 중요한 개발계획에 지체를 자아내게 하고 인플레를 가져오게 할 것이다. 소득이 이에 따를 만한 산출고의 증가도 없이 지불되고 있는 까닭이다. 더욱이 개발계획의 목적은 1인당 생산고를 향상시키는데 있으며, 공적이거나 사적이거나 어떠한 형태건 쓸데없는 일은 해를 끼치게 될 것이다.

남아시아는 공적 부문에 있어서 이러한 낭비의 증대를 설명하는 것의 하나로, 도시에 있어서의 이른바 교육받은 실업자에 의해 가해지게 되는 압력이 있다. 그들은 사무직을 구하고 있고, 또한 행정사무직에다 매우 높은 권위를 부여하고 있다. 그러한 압력에 저항하는데 대한 취약국가의 무능은 의심할 나위도 없이 하급 공무원의 수를 진실로 필요한 것보다도 더 늘어나게 하는 원인이 된다.

현재 이용이 가능한 말레이시아·스리랑카·파키스탄 및 필리핀에 관한 1960년도 국세조사 추계는 모두가 우리들이 위에서 지적했던 바와 같이 서비스업이나 상업에 종사하고 있는 노동력의 비율의 증대를 나타내고 있다. 서비스업에 종사하고 있는 수만도 이들 여러 나라, 그리고 태국 및 인도에서 제조업에 종사하고 있는 수를 능가하고 있었다.

이것은 공업이 현재 이 지역의 경제 속에서 비교적 작은 역할을 하고 있다는 것을 가리키는 것이다. 그 자료를 통계적으로 믿을 수 없기는 하나, 그것은 희미한 방법으로 다음과 같은 일반적으로 알려진 사실을 확인해 주고 있다. 즉, 그것은 제3차 산업에 종사하는 사람들의 수는 한 나라가 부유하게 됨에 따라 증가하게 된다고 하는 널리 알려진 견해가 남아시아의 저개발국에 있어서는 적용될 수 없다는 것을 확인해 주고 있다. 특히, 제2차 세계대전 전의 상태에 비해서 괄목할 만한 경제 진보를 하게 된 나라들의 수는 얼마 되지 않지만, 남아시아의 대부분의 나라들은 제3차 산업에 종사하는 비농업 인구의 매우 높은 비율을 가지고 있으며, 이 비율은 증가일로에 있다.

농업부문의 상대적인 정체와 아직껏 보잘 것 없는 공업부문이 인구증가의 많은 부분을 흡수하지 못하고 있음에도 불구하고 인구는 끊임없이 성장하고 있다. 영세상업이나 서비스업 등으로의 축출이 일어나고 있다. 게다가, 또 이것은 서구에 경제성장을 가져오게 하지만, 그러나 남아시아에 있어서는 급속한 성장을 이룩하지 못하게 된 것을 더욱 두드러지게 상징하는 특수한 경향인 또 하나의 예를 제공하고 있다. 그리하여 도시화에의 경향에서 우리들이 보게 되었던 바와 같이 정반대의 힘이 서구에서 경험하게 되었던 것들과 유사한 모든 과정을 낳게 하는 수도 있다. 그리고 남아시아에 있어서 서구적인 발전과정의 적용 가능성은 의심스럽다고 보아야 할 것이다.

우리들은 남아시아의 재배농장이 공업화된 농업으로 생각되어야 한다고 믿고 있다. 재배농장은 스리랑카나 말레이시아에 있어서, 그리고 다소 정도는 작지만 인도네시아에 있어서 수출계획에 지배적인 역할을 하고 있다. 남아시아의 수출품의 대부분은 농산물이고, 수출품은 국민소득의 중요한 비율을 차지하고 있다. 그러므로 우리들은 국민소득에서 수출품이 차지하는 비율이 가장 큰 재배농장 면적을 가지는 스리랑카나 말레이시아에서 가장 높고, 파키스탄이나 인도에서 가장 낮다고 하는 것을 알게 된다 하더라도 놀랄 것은 못된다. 이러한 사실로부터 1인당 현 소득수준은 매우 수출 지향적인 재배농장 노선에 따라 조직된 우세한 농업부문에 의해 직접적으로 영향을 받게 될 수 있다고 하는 결론을 내리기란 쉬운 일이다.

이것은 보다 가난한 나라들을 성장으로 이끄는 주요 수단에 두 가지가 있다고 하는 것을 말한다. 농업기술을 합리화하는 것과 전통적인 농업의 상대적인 중요성을 저하시키는 것이 그것이다. 이들 두 가지의 수단은 공업화를 암시하고 있는 바와 같이 남아시아의 모든 나라들은 현재 공업화를 강조하고 있다. 그렇지만, 하나 혹은 수종의 수출 농산물에로의 집중은 설령 그것이 1인당 소득수준의 향상을 설명하는 것 같이 보인다 하더라도 위태로운 사태를 낳게 한다. 그것은 경제 전체를 변화무쌍한 시장의 엄청난 불안정성에 종속시키는 것만으로 그치는 것이 아니며, 게다가 그와 같은 집중이 보여주는 전망은 급속하거나 지속적인 성장을 가져오게 할 것 같지는 않다.

모든 달걀을 한 바구니에 넣는다고 하는 것은 생활방법으로서는 위험한 방법이며, 지속적인 발전을 가져오게 하기 위한 기초로서는 있어서는 안 될 기초이다. 이러한 문제를 떠나서도 말레이시아와 인도네시아만이 재배농장 면적—특히, 고무재배 면적—을 확대시킬 만한 공간을 가지고 있다. 스리랑카는 여지가 적기는 하나 재식(再植)과 시비(施肥)를 통해서 기존 면적에서 생산량을 올리는 많은 일을 할 수가 있다.

그 밖의 나라들에 있어서는 보통 농업에 초점이 주어지지 않으면 안 된다. 여기서는 지난날의 경험에 대한 유추가 두 가지의 불길한 사실, 즉 첫째로 농업 생산성의 현저한 상승이 공업화에 앞서서 일어나 본 적이 없었다는 사실과 둘째로 어떠한 농업혁명이 유발되건 그것은 서방국의 발전 초기의 경제성장률보다도 2배 내지 3배가 높은 인구성장률에도 불구하고 달성되지 않으면 안 된다고 하는 사실에 대한 것을 제외하고는 훨씬 적합하게 된다. 인구성장은 기나긴 암영(暗影)을 던져주고 있다. 공업 발전은 있다 하더라도 기껏해야 매우 완만하게 밖에 성장할 수 없기 때문이다.

남아시아 국가는 농업부문을 떠나서 공업화에다 기대를 걸고 있으므로 제조업의 현재의 구조와 추세를 연구하는 것은 중요하다 할 것이다. 충분한 자연자원이 없이 공업화를 꾀하고자 하는 국가는 어떠한 나라건 엄청난 량의 원료를 수입하지 않으면 안 될 것이다. 그와 같은 수입품이 차지하게 되는 상대적인 부담의 크기는 주로 임금이나 노동생산성의 수준에 달려 있다. 만약 이러한 수준이 높다면—이것은 고도로 훈련되고 능률적인 노동력과 거액의 투자자본이 있다는 것을 말한다—이들 수입품의 코스트는 확실히 경제성장에 대한 저해요인으로 되는 일이 적을 것이다. 이러한 코스트는 총생산비

중에서 작은 부분을 차지하게 될 것이고, 그들이 구입하는 수입품은 보다 효과적으로 이용될 것이다. 이렇다 할 자연자원도 없이 공업화된 나라들이 있는데, 그러한 나라들 중에는 덴마크와 스위스, 그리고 일본이 끼어 있다. 이 나라들의 성공은 그들의 고도한 노동훈련과 노동능률에 의하는 바가 클 것으로 생각된다. 그렇지만 자본이 부족하고 동물이 풍부하고 저렴한 나라에 있어서는 오직 자본투자만으로는 생산성을 향상시키기가 어렵다.

남아시아 경제에 있어서는 자본 부족이 저수준의 노동기술, 작업훈련 및 작업능률과 결부됨으로써 저생산성과 저임금을 가져오고 있다. 다음으로 이것은 수입 원자재의 상대적인 부담을 더욱 무겁게 하고 있다. 남아시아의 자원부족 상태는 한층 더 중대한 문제를 제기하고 있거니와 이것은 이들 불리한 모든 특징이 뒤얽혀 있기 때문이다.

일반적으로 자연은 남아시아에 대해 특히 너그러운 것이 되지 못했다. 오직 인도만이 고도의 공업화에 충분할 만큼의 철광석과 석탄 혹은 동력원을 가지고 있을 뿐이다. 이 지역의 몇몇 나라들에는 1종 혹은 수종의 주요 금속이 매장되어 있으며, 이러한 광석의 수출은 외화 회득의 중요한 원천으로 되고 있다. 하지만, 인도만이 공업발전에 유리하게 결합된 자원을 가지고 있다. 반대로 천연자원의 한계를 무릅쓰고 참으로 공업발전을 추진하고 있는 나라는 거의 없다.

천연자원이 개발되고 있는 나라에 있어서도 그것은 확대해 가는 국내공업의 필요를 충족시키기 위한 것이 아니라, 오히려 오직 원료로서 수출하기 위한 것이 많다. 부분적으로 이것은 유리한 자원결합의 부족을 반영하는 것이다. 그러나 남아시아에 있어서 공업화의 매우 빈약한 정도는 자원부족의 결과라고 하기보다는 차라리 그 밖의 제약이나 금기의 결과라고 하는 것이 더 강조되지 않으면 안 될 것이다.

남아시아에 있어서 제조업의 형태를 분류하는 데에 문제가 있음에도 불구하고, 인도와 파키스탄, 그리고 필리핀에 있어서 제조업의 훨씬 많은 부분이 미국이나 서구국가에 있어서보다도 일반적으로 소비재에 집중되어 있다고 하는 것은 명백하다.

1960년에 인도는 이미 3개의 새로운 제철공장을 가지고 있었고, 그 후 기계공업이 급속하게 증가하게 되었다고는 하나, 그것은 아직도 매우 작은 부문을 구성하고 있을 뿐이며, 인도의 공업구조는 한층 빠른 발족에도 불구하고, 크게 변화하지 않고 있다.

또 하나의 두드러진 특징은 인도나 파키스탄에 있어서의 방직공업의 우세와, 필리핀에 있어서의 식품가공업의 양적 증가이다. 이것은 저개발국에서 일반적으로 보게 되는 다양성의 결여를 반영하는 것이다.

인도에 있어서는 이를테면, 5대공업—선철(銑鐵) 및 철강, 시멘트, 제지, 면직, 그리고 제당—은 1951년도 국세조사에 포함된 총 29개 공업부문에 종사하는 노동자수의 60%를 고용하고 있었고, 총부가가치의 약 60%를 낳게 하고 있었다. 그 밖의 모든 나라들에 있어서는 그들이 가지는 얼마 되지 않은 모든 제조업이 사실상 수세공이나 원료가공에 집중되어 있다. 내구소비재를 생산하는 중공업은 인도를 제외하고는 현저하게 결여되어 있다. 그러나 장래의 공업화에 대해 더 중요성을 가지게 되는 것은 어떠한 종류의 생산물이 생산되고 있는가 보다도 특정 공업부문이 어떠한 성격의 이른바 '공업'시설을 갖추고 있는가 하는 것이다.

제조공업에는 세 가지의 주요 형태가 있다. 규모가 작고, 문자 그대로 자주 단일가택에 한정되는 가내공업, 근대기술을 사용하여 라디오 세트, 자전거 부속품, 전기모터, 가구, 비누 등을 생산하는 소규모 공업, 그리고 대량의 투자자본과 원료를 사용하는 대규모 공업 등이 그러한 것들이다.

인도에 있어서는 가내공업이 압도적으로 우세하다. 1955년의 한 조사보고에 의한다면, 조사대상 노동자의 거의 70%가 이러한 형태의 제조공업에 종사하고 있었다고 한다. 인도의 제조공업에 있어서 고용의 3분의 2 이상이 5명 미만의 노동자를 가지는 기업에서 일어나고 있다. 아주 많은 가내공업이 농촌에 자리 잡고 있는데, 인도에 있어서는 일반적으로 농촌의 전화(電化)가 이루어져 있지 않다고 하는 사실을 감안할 때, 그러한 시설의 대부분은 기계력을 사용하지 않고 있다고 생각해도 좋을 것이다.

가내공업이나 소규모 공업에 이처럼 균형을 잃을 정도로 집중되고 있다고 하는 것은 경제적 불리를 가져오게 하는 주된 요인으로 되어 있다. 생산된 것의 아주 큰 부분이 국내에서 소비되고, 대부분의 아시아 국가들이 몹시 필요로 하고 있는 수출이나 외화 회득을 위해 해외로 나가는 것은 거의 없기 때문이다.

인도의 패턴은 전체로서의 이 지역을 잘 상징하고 있다. 남아시아 공업은 근소한 자본을 사용하고 소수의 노동자를 고용하는 농촌기업에 의해 지배되고 있으며, 그 노동자 1인당 생산고도 매우 낮다. 이것은 공업생산성의 수준을 전면적으로 끌어내리게 할 뿐만 아니라, 농촌지구의 저생활수준을 항구화시키는 경향이 있다. 잘 알려져 있는 누적적 인과관계의 패턴은 또 다시 나타나게 된다.

가내공업에 있어서 1인당 산출고는 좁은 농촌시장에 의해 제한을 받게 되고, 다음으로 농촌시장은 낮은 농업 생산성과 정도는 작지만 낮은 공업 생산성에 의해 제한을 받게 된다. 이리하여 가내 기업의 능률을 올리게 하는 능력뿐만 아니라 자극은 현재 상황에 의해 둔화되고 만다. 또다시 우리들은 어떻게 하면 농촌수준에서 저수준 생산성이라는 올가미로부터 벗어날 수 있을까 하는 문제에 도달하게 된다.

가내공업에 종사하는 인원이 그처럼 엄청나게 많지 않다면 명백한 해결책은 공장 공업의 성장을 가속화하는 방향으로 모든 자원을 동원하게 되어야 할 것이다. 그러나 근대화된 기업은 그것이 대규모이든 소규모이든 간에, 일반적으로 고도의 자본투자에 의해 노동을 절약하는 방향으로 나아가고 있다. 특히, 이들 어느 특징도 대규모적인 노동력의 불완전이용과 자본 부족으로 특징지워지는 경제에는 적용되지 않는다.

가내공업의 급속한 파괴는 농촌에 있어서 부수입의 원천을 제거하게 될 뿐만 아니라, 또한 도시 집중의 경향을 가속화시키게 될 것이고, 나아가서는 도시지구에 있어서의 혼잡을 악화시키게 될 것이다. 그리고 도시로 이주한 사람들은 살기 위해 행상이나 낮은 수준의 상업에 종사하는 수가 아주 많다.

남아시아국이 공업화를 꾀하고 있는 동안에, 특히 소비재 부문에 있어서 농촌 가내공업을 보호하려 하는 데에는 이처럼 감상적인 이유 이상의 어떠한 이유가 있는 것이다. 그와 같은 정책은 아마도 과도기에 있어서 다만 하나의 현상유지책으로 될 수 있을 뿐이라 하더라도, 그러한 과도기는 장기간에 걸쳐 지속되어야 할는지도 모른다.

제7장 생활수준과 불평등

 생활수준이라고 할 때, 우리들은 그 지역의 여러 나라에서 보통 사람들이 규칙적으로 소비하고 있는 재화와 용역의 양을 의미한다. 고도의 불평등이 존재하고 있다는 사실은 저소득층에 속하는 인민대중이 평균치로 제시된 숫자보다도 훨씬 낮은 생활수준을 유지하고 있다는 것을 암시하고 있다.
 생활수준은 그 자체로도 중요하다. 인민대중이 한없이 낮은 생활수준을 향상시키는 것은 참으로 이 지역에 있어서 개발계획의 주요 목표로 되어 있다. 순환적 인과관계에 있어서 생활수준의 향상은 거의 모든 그 밖의 조건, 특히 작업에 투입되는 노력 및 노동능률, 그리고 또한 생산성을 개선하게 될 것이다. 마찬가지로, 태도와 제도도 생활수준의 향상에 의해 영향을 받게 된다.
 무엇보다도 먼저 생활수준의 향상은 선진국에 있어서보다는 남아시아에 있어서 더욱 유용한 가치를 가진다고 하는 사실에 유의하는 것이 중요하다. 선진국에 있어서는 생활수준이 이미 매우 높아져 있으므로, 그 변화는 생산성에다 거의 영향을 갖지 않거나 전혀 갖지 않게 되어 있다. 그러므로 서구에 있어서 개인이나 집단의 소득은 뚜렷하게 두 개의 부분, 즉 소비로 사용되는 부분과 저축되고 투자되는 부분으로 나누어질 수가 있다.

선진국에 있어서의 생활수준은 총소득에서 저축되는 부분을 공제하는 것에 의해 측정될 수 있고, 다음으로 저축은 현 산출고의 몇 부분의 소비억제를 통해서 축적되는 유형자산과 일치한다. 그러나 남아시아의 저개발국에 있어서의 생활수준은 건강과 정력, 그리고 작업에 대한 태도를 심히 해칠 정도로 낮다. 따라서 대부분 형태의 소비의 증가는 그것이 생산성에다 직접적으로 영향을 미치게 되는 만큼, '동시에' 투자를 나타내는 것이 된다. 이것은 전통적인 전후형 접근방법과 생산고, 고용·저축, 그리고 투자 간의 관계를 강조하는 경제학적 모델을 적용할 수 없게 하는 또 하나의 이유가 된다.

보다 세밀하게 검토한다면, 비소비적 소득을 의미하는 '저축'에 관해서 공표된 통계는 전혀 근거가 빈약하므로 사용할 수 없다고 하는 것이 명백해진다. 이러한 사정하에서는, 앞 장에서 언급한 바와 같은 '저축'—이것은 어쨌든 인민대중에 대해서는 전혀 없거나, 있다 하더라도 수 퍼센트를 넘지 않는 것이 보통이다—을 무리하게 공제하지 않은 소득수준에 의지하는 것이 보다 정직하다.

이러한 과정을 따르는 경우, 국내적으로 조달된 투자로 들어가는 저축 외에도 국민소득의 많은 부분이 비생산적 지출, 특히 군사 목적으로 들어가고 있다는 것을 기억해 두지 않으면 안 된다. 이러한 형태의 지출은 거개의 남아시아의 나라에 있어서, 부분적으로는 인도와 중국과의 국경분쟁과 캐시미르를 에워싼 인도와 피키스탄간의 긴장과 전투, 인도네시아와 말레이시아와의 대결, 그리고 베트남전쟁에 의한 자극을 받아 급격한 증가를 나타내고 있다.

국민산출고가 상대적으로 정체적인 수준에 머물러 있다고 한다면, 가속화된 국방 활동은 의식주와 그 밖의 가정용품을 위해 남겨지는 양을 감소시키게 된다. 평균 생활수준을 단일한 숫자로 표현하고자 하는 생각은 모두가 생활수준이 국내에서 뿐만 아니라 국가 간에서도 크게 다를 경우, 터무니없는 생각이다. 이것은 물론, 남아시아국 중의 어느 한 나라와 어느 부유한 개발국 간에 비교가 이루어지는 경우에 특히 들어맞는다. 이를테면, 미국에 있어서의 생활수준이 남아시아의 특정 국가에 있어서 보다도 15배, 20배, 혹은 30배나 높다고 말하는 것은 의미가 없다. 실제로 소비되는 재화나 용역을 기준으로 하는 비교가 더욱 의미가 있을 것이다. 그렇지만 그러한 비교를 하기에는 믿은 만한 통계자료가 너무나 적다.

남아시아에 있어서 생활수준의 가장 적절한 상황을 총망라 할 것으로 보이는 항목을 선택함에 있어서, 우리들은 다음의 항목을 열거하기로 한다. 즉 식량과 영양, 의료 및 위생시설을 포함하는 주택, 보건 및 교육시설, 보도수단, 에너지 소비, 그리고 수송 등이다. 이들 모든 구성요소의 하나하나에 대해서는 간략하고 불완전하기는 하지만 이용이 가능한 다소의 통계자료가 있다. 그러나 서방의 선진국과 비교를 하거나, 심지어 남아시아국간을 비교하는 데에는 위험이 있다. 거기에는 엄청난 질적 차이가 있으며, 서방측과 비교해서 특히 그러하다. 남아시아의 식료품은 때때로 낮은 영양가를 가지는 동시에 시장에서 판매되는 식료품에는 조악한 것이 많고, 또한 그것들은 적어도 주민의 대다수에 대해서는 서구에 있어서 보다도 훨씬 단조로운 형태로만 이용이 가능하다. 그리하여 소비량에 있어서의 차이는 남아시아와 서구간의 실제적인 차이를 엄청날 정도로 적게 표현하게 된다. 게다가, 아마도 더 중요한 것으로는 남아시아에 있어서는 도시와 농촌 간에, 그리고 또 한 나라의 여러 지역 간에 각각 상이한 소득계층이나 각각 상이한 사회적·인종적 계층이 존재하고 있기 때문에 평균 수치만으로는 각 항목별 소비의 엄청난 불평등을 나타낼 수가 없게 된다. 자료가 이용이 가능한 항목에 속하는 것의 대부분은 보통 도시 중심지에 집중되어 있는 소수의 상류계급에 의해 소비되고 있다.

남아시아에 있어서는 사적인 총소비지출의 거의 3분의 2, 혹은 그 이상이 식량에 위한 것이지만, 이와 달리 개발경제에 있어서는 그 비율이 보통 5분의 2를 하회하고 있다. 이리하여 생활수준에 관한 매우 적절한 지표로써 식량소비량이 제시되는 경우, 이것은 한 사람이 하루에 소모하는 총칼로리량으로 측정되고 있다.

1958년에 추계된 이러한 칼로리 섭취량은 파키스탄의 2,030칼로리, 말레이시아의 2,290칼로리에 걸쳐 있다. 이들 숫자는 미국의 3,100칼로리, 영국의 3,290칼로리와는 비교도 되지 않는다. 남아시아 지역 내에서의 이러한 칼로리 섭취량의 차이는 파키스탄을 최저로, 그리고 말레이시아를 최고로 하는 1인당 소득에 있어서의 차이와 아주 밀접한 관련을 가진다.

　쌀을 수출하는 미얀마 태국에 있어서는 이러한 원칙에서 일탈을 보이고 있는데, 이는 식량 소비량이 이들 나라의 일반적인 경제상태에 비해 높기 때문이고, 한편 수입 식료품에 크게 의존하고 있는 스리랑카에 대해서는 정반대의 것이 들어맞는다. 이러한 추계마저도 너무나 낮게 평가되는 수가 많은 인구 규모를 기초로 하고 있으므로, 문제가 없지는 않을 것이다. 그러므로 남아시아국간에서 보게 되는 식량공급의 얼마 되지 않는 차이는 결코 사실일 수가 없고, 소비수준에 있어서 뿐만 아니라 순위에 있어서도 상당한 차이가 있을는지도 모른다.

　그러나 다음과 같은 한 가지 사실만은 명백하다. 그것은 선진국에 있어서의 칼로리 섭취량은 필요량을 상당히 초과하고 있는 반면에, 남아시아에 있어서의 섭취량은 아마 말레이시아를 제외하고는 적어도 10%, 십중팔구는 그 이상이나 최저 필요량에 미치지 못하고 있다는 사실이다. 더구나 이 소비에 있어서 무시할 수 없는 불평등으로 말미암아 인구의 엄청난 비율은 심지어 이처럼 낮은 평균치보다도 더 적게 섭취하고 있다.

　필리핀과 인도에 있어서는 칼로리 섭취량에 있어서 다소의 개선이 있었다. 제2차 세계대전 전과의 비교는, 비록 결정적인 것은 아니라 하더라도 1958년에 이르러 칼로리 공급이 필리핀과 인도 소대륙에 있어서 1934~38년 수준을 다소 능가하고 있기는 하였으나, 그러나 그 밖의 나라들과 거의 같거나 다소 낮은 수준에 있었다고 하는 것을 가리키고 있다.

남아시아의 식량 소비상태—음식물의 단조로움—에 관한 다른 일면은, 이용이 가능한 자료에 의해 뚜렷하게 밝혀지게 된다. 곡류는 파키스탄인의 칼로리 섭취량의 70% 이상을, 그리고 인도인이나 필리핀인의 그것의 약 3분의 2를 차지하고 있는데, 이것은 미국에 있어서의 4분의 1보다도 적은 것에 필적한다.

총체로서의 극동에 있어서는 주식 곡류와 부식 근채류가 보통의 경우, 음식물의 약 4분의 3을 차지하고 있을 것으로 추계되고 있다. 이처럼 지나친 1종 혹은 수종의 곡물에 대한 의존은 질병에 대항하는데 필요하게 되는 항병력(抗病力)을 주지 못할 뿐만 아니라, 소비자로 하여금 불순한 기후, 혹은 작물의 병해로 말미암아 생기는 뜻하지 않은 흉작에 의해 해를 입게 하고 있다. 남아시아를 통틀어 낮은 육류 소비는 철분 부족에 따르는 빈혈증을 가져오게 하고 있다.

음식물의 단조로움은 비록 빈곤이 사람들로 하여금 쌀이나 보리와 같은 단일한 주식만을 취하게 하는 주요 요인으로 되어 있다고는 하지만, 오직 빈곤에 의해서만 야기되고 있는 것은 아니다. 서투른 조리방법과 더불어 각종 식품의 영양가에 관한 무지와 영양을 고려하지 않은 기호도 또한 영향을 주고 있다. 그리하여 시력(視力)에다 영향을 주게 되며, 녹엽야채의 섭취 부족에서 생기는 비타민 A 부족은 반드시 최저소득그룹에서만 흔히 보게 되는 것이 아니다. 비타민 B 부족, 그리고 이에 따르는 각기병의 이병률은 제2차 세계대전 이래로 증가일로에 있었다. 왜냐하면, 사람들이 가정에서 도정된 쌀보다도 맛이 좋고 다루기가 용이한 기계로 도정된 쌀에 더욱더 쏠리게 되었기 때문이다.

식량소비 사정을 악화시키는 또 하나의 요인은 불충분한 저장시설과 운송시설이다. 통계자료는 입수할 수 없다고는 하나, 많은 양의 곡물과 그 밖의 식료품이 고온과 습기에 의해 망쳐지거나 새·쥐·벌레에 의해 먹혀지고 있다고 하는 것은 알려진 사실이다.

요컨대, 보통의 남아시아인은 다만 먹기에 충분할 만큼도 얻지 못하고 있다고 한들 아마 틀림은 없을 것이다. 식량 섭취량이 기아 수준을 넘어서고 있는 나라마저도 그 영양 내용은 일반적으로 건강을 최저로 보호하기에도 충분치 못하다. 무엇보다도 음식물의 실질적인 개선은 1930년대 이래로 이루어진 적이 없었다.

남아시아에서 보게 되는 음식물의 단조로움은 의복에까지 번져가고 있다. 뿐만 아니라, 한층 가난한 계급은 어느 나라에 있어서도 그 국민의 평균 직물 소비량에 가까울 정도로도 소비하지 못하고 있다. 남아시아인의 대다수는 오직 한 벌의 의복을 가지고 있을 뿐이고, 그 의복은 목욕할 때를 제외하고는 거의 세탁되지 않는다. 파자마도 심지어는 셔츠까지도 매우 많은 사람들이 거의 가질 수 없는 사치품으로 되어 있으므로 같은 의복이 주야를 가릴 것 없이 착용되고 있다.

남아시아의 기후의 대부분은 아주 적은 수의 의복으로도 족할 만큼 온난하기는 하지만, 자기들이 가지고 있는 의복이 건강을 유지케 하는 최저수준에도 상당히 미달되는 수백만의 사람들이 있다.

인도 지방의 대부분과 파키스탄은 남아시아에 있는 그 밖의 나라의 산악지대가 그러한 것처럼 낮은 야간 기온과 더불어 추운 계절을 가지고 있다. 이곳에서는 다행히 담요를 가지게 된 사람들마저도, 그것을 가축의 추위를 막아주기 위해 사용하지 않으면 안 되는 수가 많다. 1인당 직물 소비량에 관한 숫자는 이와 같은 일상적인 현실에 관해서 아무것도 말하지 않고 있다.

대체로, 남아시아의 주택상태는 식량이나 의복과 마찬가지로 빈약하다. 주민의 대다수는 초라하고, 혼잡하고, 비위생적이고, 또한 빈약하게 가구가 비치된 집—여기에는 오락시설 따위는 전혀 없다—에 살고 있다. 참으로 불충분한 식량 다음으로는 빈약한 주택이 저생활수준의 가장 두드러진 구성요소로 되어 있다.

주택의 질에도 또한 중대한 차이가 있다. 사태는 동남아시아의 대부분과 정도는 작지만 인도나 스리랑카의 구릉지대에 있어서처럼 목재를 이용할 수 있는 농촌지구에 있어서는 그렇게 절망적은 아니다. 기후가 건조한 인도 동부와 파키스탄 서부에 있어서는 가옥의 3분의 2 이상이 흙으로 축조되어 있고, 그 가옥은 쉽게 습기가 스며들게 되므로 우로(雨路)를 막기에는 부적당하다. 그러나 만약 농촌지구에 있어서의 주택이 일반적으로 불충분하다고 한다면 대도시의 빈민가에 있어서의 누추한 정도에도 거의 변화가 없다 할 것이다. 사태는 최근 10년 동안의 급속한 도시성장으로 악화되기에 이르렀다.

오늘날 도시민의 태반은 농촌지구에 있는 주택보다도 훨씬 혼잡하고 통풍이 불충분하고 빈약한 위생시설의 주택에 살고 있다. 모든 도시민의 4분의 1 내지 2분의 1은 빈민굴이나 판자집에 살고 있는 것이다.

수만은 사람들은 이처럼 비참한 오두막집조차 가지지 못하고, 기념관이나 다리 및 혹은 대로 위에서 자지 않으면 안 된다. 심지어 공업 노동자들 중에서도 불건전한 주택상태로 고통을 받고 있는 자들이 많다. 이주노동자들—그들은 부득이 자기들의 가족을 마을에 남겨두고 있다—을 위해 세워진 누추한 집에는 1~2명의 부녀자와 더불어 4~5명의 남자가 살게 되며, 그들이 쓰고 있는 방은 그만한 인원의 4분의 1도 수용하기 어려운 것이다.

주택문제와 직접적으로 관련을 갖는 것은 위생시설 문제이다. 또다시 부족한 점은 엄청나고 개선은 부진하다. 이것은 상수도 시설이나 하수도 시설에 있어서 특히 명백하다. 농촌지구에 있어서는 얕은 우물이 뚜껑도 없이 방치되는 것이 보통이고, 이것은 다만 땅에 파놓은 웅덩이에 지나지 않다고 하는 것이 좋을는지도 모른다. 우물이나 그 밖의 수원(水源)을 청소하거나 소독제를 사용하는 일은 극히 드물다. 그와 반대로, 마을 사람 각자는 물을 물통에 퍼 넣을 때 가가호호에다 병균을 퍼뜨리는 셈이 된다. 가정용으로 쓰여지는 배수구는 또한 오물을 옮기거나 처리하는 데에도 사용되고 있다. 대부분의 촌락이나 심지어 많은 도시지구도 하수도 시설을 갖지 않고 있으므로 오물은 길바닥이나 뒷마당에 버려지게 되고, 길바닥이나 뒷마당에는 파리가 들끓게 되는 동시에 오물은 비가 올 때마다 수원(水原)으로 씻겨 들어가게 된다.

모든 문제 중에서 가장 중요한 것은 아마 인분처리일 것이다. 남아시아를 통틀어 농촌지구에 있어서는 택지 근방의 전답이나 숲에다 뒤를 보는 것이 일상적인 관습으로 되어 있다. 그 결과 맨발로 걷고 있는 사람들은 매일 같이 십이지장충에 걸릴 위험에 놓여지게 된다. 바람에 날리는 인분가루는 눈을 아프게 한다. 비만 오면 인분 속에서 번식하는 기생충은 개울이나 우물로 씻겨 들어가게 된다. 변소가 있다 하더라도 그것은 보통 빈약하게 세워져 있고 또한 불결하다. 많은 도시에 있어서는 특히 빈민가에 있어서는 위생시설이 농촌의 그것보다도 더 좋지 못하거나 더욱 나쁠는지도 모른다.

최근의 추계에 따르면, 인도의 총인구의 대략 6%가 완전한 식수의 공급을 받고 있는 한편, 겨우 3%가 하수구 조직을 가지고 있다고 한다. 완전한 식수의 공급과 적절한 하수의 처리가 없다고 하는 것을 감안할 때, 남아시아에는 불충분한 위생시설에 의해 옮겨지는 질병이 많다고 하는 것이 조금도 괴이하지 않다. 그리고 이러한 끊임없는 질병의 위험에도 불구하고 의사나 보건 보조원, 그리고 병원 시설의 파행적인 부족이 있다. 쓸 만한 사람들은 도시에 사는 부자에게만 봉사하는 경향이 있는 것이다.

남아시아의 연료나 전기의 공급은 대체로 서방개발국의 최저수준에도 훨씬 미치지 못하고 있다. 남아시아의 모든 나라에 있어서는 농촌의 전기 설비가 거의 이루어져 있지 않다. 몇 개의 희미한 등불에 의한 것을 제외하면, 마을의 대부분은 해가 지고난 뒤에는 완전히 캄캄하다. 설령 문자해득율이 훨씬 높고 신문이나 책이 농촌사회에서 입수될 수 있다고 하더라도 불충분한 조명은 많은 독서를 방해하게 될 것이다.

이것은 물론 문자해득 수준이나, 인쇄물의 이용도의 증대를 가로막게 된다. 누적적 효과를 가지는 순환적 인과관계라는 잘 알려져 있는 메커니즘이 또다시 명백하게 된다.
　일반적으로 수송도 또한 이 지역에서는 원활하지 못하다. 소규모의 내륙이나 해안의 선편과 자전거, 가축, 그리고 자그마한 배에 의한 이동은 남아시아에 있어서 수송의 중요한 형태로 되어 있다. 참으로 도로가 매우 나쁜 인도에 있어서는 우차(牛車)가 아직도 철도보다 많은 화물을 운반하고 있다. 도로 수송은 철도 수송에 비해 늘어나고 있다.
　말레이시아와 같은 몇몇 지역에서만이 도로의 건설은 자동차 교통에 있어서의 수송 증대와 보조를 같이하고 있다. 하지만 화물이나 여객의 수송편의 계속적인 증대는 시장을 확대시키기 위해서 뿐만 아니라, 지역적 고립을 타파하기 위해서도 경제적 진보에 필요불가결한 것으로 되어 있다. 물론 하나의 문제는 교통시설이 지나치게 도시지구에 집중되어 있다고 하는 점이다.
　광대한 농촌지구가 개선된 수송망과 분배망 속에 편입되기 전에는 지역적인 불평등은 확대될 것이고, 역효과는 농촌의 빈곤을 영속화시키는데 이바지하게 될 것이다. 공업은 비록 토착인의 지배하에 있다 하더라도 겉으로 드러내지 않는 성격을 계속 가지게 될 것이다.

　남아시아의 저개발경제 속에 살고 있는 대중의 곤궁은 설령 소득이 평등하게 분배된다 하더라도 매우 심각하게 될 것이다. 그러한 방법으로는 각국의 주민이나 소득 취득자의 하나하나가 극히 낮은 국민 전체의 평균치와 동등한 금액을 받게 될 것이다. 그 대신에 현존하는 고도의 불평등을 그대로 둔다면 이것은 각 국민의 절대 다수가 이미 불충분한 국민 전체의 평균치보다도 훨씬 떨어져 있는 연간 소득으로 간신히 목숨을 이어가지 않으면 안 된다고 하는 것을 의미한다.

최저 소득층과 최고 소득층이 받는 소득의 격차는 개발국에 있어서 보다도 저개발국에 있어서 한층 크다. 개발국에 있어서는 높은 소득에 대한 누진적인 고소득 과세가 평균소득을 평준화하는 경향이 있다. 개발국에 있어서는 이용이 가능한 사회복지 시설이 또한 비교적 낮은 계급의 수준을 평준화하는 경향이 있다. 그러나 남아시아에 있어서는 조세 징수가 악명 높을 정도로 방중하고, 사회정책―그러한 것이 있다고 한다면―도 어느 쪽인가 하면 그다지 가난하지 않은 계층에다 혜택을 주는 경향이 있다. 그러나 설사 전체에 걸치는 불평등의 일정한 정도가 개발국의 그것과 비교될 수 있는 것이라 하더라도 그것은 저개발 경제에 대해 상당히 큰 고통을 주게 되고, 또한 표면에서 보기보다는 훨씬 심각한 것으로 되어 있으므로, 남아시아에 더욱 나쁜 영향을 주게 될 것이다.

더군다나 개발국과는 대조적으로, 남아시아의 사회적 경제적 모든 조건은 정태적으로 되는 경향이 있다. 특정한 시점에 있어서 소득의 불평등은 남아시아에 있어서는 더욱 영속적이다. 서구적인 환경에 있어서는 소득의 평균수준이 다소 급속히 상승하는 경향이 있을 뿐만 아니라 개개인은 자기들의 상대적인 소득상태를 개선할 만한 보다 많은 기회를 가지고 있다.

　서구에 있어서 저소득층에 속하는 개개인에게 주어지는 향상의 기회는 남아시아에 있어서의 같은 층에 있어서 보다도 훨씬 크다. 설령 양자가 총소득의 동일한 몫을 얻고 있다고 하더라도 그러하다. 개개인이 상이한 소득계층으로 빈번하게 뒤바뀌거나 순환하는 것은 서구의 특징으로 되어 있지만, 남아시아에 있어서는 그렇지가 않다. 게다가, 또 남아시아에 있어서는 직업이나 부문 내의 불평등이 개발국에 있어서 보다도 더 클 것같이 보인다.

　비교가 가능한 직업분류법을 찾기가 어렵다고 하는 문제와 그 밖의 통계자료의 부족은, 이러한 주장을 뒷받침할 만한 많은 실증적인 자료의 제시를 불가능하게 하고 있다. 그렇지만, 선험적인 근거에 입각해서 기동성이 제한되어 있는 곳에서는 직업적 불평등이나 지역적 불평등의 정도가 보다 높다고 볼 수 있다. 불평등을 가져오게 하는 류의 대대적인 임금과 봉급의 격차가 경제적·사회적 이동의 가능성이 적은 경우에 보다 오래 존속될 수 있다고 하는 것은 명백하다. 경제적·사회적 경직성은 서방국에 있어서 보다도 남아시아에 있어서 훨씬 크므로, 남아시아 경제의 특정부문 내의 불평등은 서구에 있어서 보다도 더욱 두드러지고 끈덕지다고 하는 사실이 따르게 된다.

　남아시아에 있어서는 저평균소득, 소득불평등, 그리고 사회적 계층화가 인과적으로 상호관련되어 있다. 그러나 사회적 계층화는 그 자체가 불평등의 하나의 국면이다. 남아시아에 있어서의 빈민계층간의 소득 불평등의 정도로 그렇게 크지는 않을 것이다. 그들의 평균소득이 최저생존 수준에 아주 밀착해 있기 때문이다. 그리하여 인도에 있어서는 가난한 농촌에 살고 있는 상류계층은 병작 소작농들이나 토지 없는 농민들보다도 현저하게 높은 소득을 얻지 못하고 있다.

하지만 양그룹 간에는 중대한 차이가 있다. 그 차이는 전자가 흔히 일하지 않고 소득을 얻게 되는 반면에, 후자는 그렇지가 못하다고 하는 점이다. 그러므로 실제로는 사회구조가 몹시 불평등한 경우에도 사회계층에 의한 소득배분은 고도의 평등을 나타내게 될 것이다.

그런 까닭에, 만약 분배 통계가 사회적 계층화에 따르는 보다 보편적인 모든 사실을 변명하게끔 작성될 수 있다고 한다면, 훨씬 더 명백한 불평등이 나타나게 될 것이다. 특히 남아시아의 농촌에 있어서는 불평등은 사실상 주로 토지소유—안일, 지위의 향유, 그리고 권위는 이것과 관련되어 있다—에 관한 문제이다. 이들 경제적·사회적 모든 요인 간에는 밀접한 관계가 있다.

사회적 지위에 있어서의 불평등은 흔히 생산성을 올리고자 하는 의욕을 꺾어 버린다. 일하는 것에 의해 얻는 것이 거의 없는 경우에는 안일이 크게 존중되기에 이른다. 마을에 사는 모든 사람들이 꼭 같이 가난하다고 하는 사실이 모든 사람들이 평등하다고 하는 것을 의미하는 것은 아니다.

반대로 그것은 그들이 모두가 너무나 불평등하기 때문에 그처럼 가난하다고 하는 것을 의미한다. 소득의 불평등이 서구에 있어서 보다도 적은 경우—주로 저소득층 간에서 보게 된다—라 할지라도, 훨씬 큰 사회적 불평등이 존재한다는 사실은 이러한 소득의 불평등을 상쇄할 뿐만 아니라, 경직성의 영속화와 기회의 부족을 조장하게 된다.

불평등의 결과는 발전의 템포에 있어서 다소 증가를 보였던 약간의 남아시아의 나라들에 있어서 자기들의 소득의 가난한 사람들의 그것보다도 더 증가하고 있었던 사람들은 한 줌의 상류계급이나 중류계급이었다고 하는 증거에 의해 확실하게 되었던 것이다. 이러한 점에서도 또한 오늘날의 남아시아와 발전도상에 있었던 지난날의 서구 간의 비교는 관계가 없다고 하는 것을 알 수 있다.

서유럽에 있어서 공업화의 초기단계에 있어서는 소득의 분배가 한층 더 불평등하게 되어 있었고, 다만 후에 가서 부수적인 효과가 파급되고, 사회입법이 증가됨에 따라 이것은 역전되기에 이르렀다고 하는 것은 일반적으로 믿어지고 있는 사실이다. 그러나 남아시아에 있어서는 정반대의 것이 들어맞는다. 도시화, 그리고 보조적인 공업의 상대적인 성장에 관해서와 마찬가지로 불평등의 뚜렷한 증대는 급속한 성장을 가져오지 못하고 있었다.

또한 남아시아에 있어서는 각국 내의 각 지역간이나 도시 노동자와 농촌 노동자간에서 불평등은 증대하고 있는 것같이 보인다. 이를테면, 인도에 있어서의 1인당 월간 소비지출이 중소도시에서는 농촌보다도 3분의 1 정도가 높고, 대도시에서는 농촌지역보다도 배가 넘는 것으로 추산되고 있다.

쌀 수출국인 태국에 있어서, 한 방콕의 조사표는 도시의 음식물이 농촌의 음식물보다도 훨씬 월등하다고 하는 것을 나타내고 있었다. 도시에 있어서는 또한 전문가와 노동자 간에 소득 격차가 있다. 서구국가에 있어서는 전문가의 소득과 공업 노동자의 소득 간의 비율은 3 내지 4대 1인데 반해, 그것이 남아시아에 있어서는 15 내지 20대 1이다.

마지막으로, 남아시아에서는 인종혈통에 의해 결정되는 특수한 형태의 불평등을 흔히 보게 된다. 이를테면, 스리랑카에 있어서는 스리랑카계 타밀인의 평균소득과 인도로부터 이주해 온 타밀인의 평균소득 간에는 심한 불균형이 있다. 이것은 주로 높은 소득을 가지는 상인이 스리랑카계 타밀인 중에 많다고 하는 것에 연유한다.

중국계 사람과 인도계 사람이 전문적으로 농장 노동에 종사하고 있거나, 대체로 전문직과 상업의 정상을 차지하고 있는 말레이시아에 있어서는, 이들과 말레이시아인 간에는 필연적인 소득의 격차가 있다. 말레이시아인은 대개가 시골의 농부가 아니면 적은 밑천으로 일하는 사람들이거나, 혹은 낮은 보수의 운전사, 배달부 및 서기이기 때문이다. 그러나 다시 말레이시아, 싱가포르 및 내국에 있어서의 중국계 사람들 간에도 높은 사람들의 소득과 날품팔이꾼의 소득 간에는 엄청난 차이가 있다.

비록 인도와 파키스탄에 있어서는 카아스트나 종교가 순수한 인종적 차별보다도 한층 중요하게 되어 있다고는 하지만, 이 지역의 그 밖의 나라들에 있어서도 이야기는 다를 바가 없다. 비록 수차례의 개발계획은 동양계의 이방인과 더불어 서구계의 이방인그룹의 보수를 제한하고 있기는 하였지만,

높은 보수를 받는 직종에로의 서구인의 집중으로 말미암아 모든 구서구 식민지에 있어서는 극단적인 불평등의 예를 또한 보게 된다.

위에서 제시한 특정한 불평등의 예는 모두가 밀접하게 서로 관련을 가지고 있다. 불평등의 전체 구조는 카아스트제도, 피부색, 인종차별, 정실주의, 그리고 일반적으로는 일련의 사회적·종교적 터부에 의해 지탱되고 있다. 누적적 상호관계나 인과관계의 악순환이 이렇게 해서 영속하게 된다.

현재의 제도적인 조직은 사회적·지역적 및 직업적 가동성의 향상을 저해하고, 사회적·경제적 생활에 있어서 단절의 지속성을 항구화시키고 있다. 경제성장에 대한 주된 장애요인은 바로 이 불평등이다.

제8장 무역과 자본의 흐름

서유럽에 있어서의 수출의 증대는 일찍이 발전을 영속시키고 자극하게 되었던 자본재의 수입을 가능하게 했다. 남아시아에 있어서는 재배농장이나 광산에 대한 투자가 이러한 초기 활동을 확장하는데 도움이 되었다.

오늘날 스리랑카나 말레이시아의 소득수준이 인도나 파키스탄의 그것을 능가하고 있는 것도 이 때문이다. 서유럽, 북아메리카, 그리고 남호주에 있어서의 산업발전은 당초부터 무역량의 확대를 통해서 일어나게 되었다. 남아시아에 있어서의 이 지역의 원료에 대한 수요증대는 대개가 서유럽국으로부터의 외국인들—그들은 자기들의 이윤을 본국에 송금하는 한편, 자기들이 필요로 하는 완제품은 해외에서 수입하고, 현지 주민들과 동화하는 일은 드물었다—에 의해 창립되고 운영되는 기업들에 의해 충족되고 있었다.

수출의 기회는 제1차 세계대전 직전에 이르러 남아시아에 대해 확대되고 있었으나, 그 기회가 이 지역경제의 급속하고 전면적인 성장을 일으키게 하지는 못했다. 독립 이래로, 이미 지적했던 바와 같이, 이들 외국인 지배의 기업으로부터 보다 많은 지역적 이익을 얻기 위한 노력이 이루어져 왔다. 이리하여 지역경제에 대해 유리한 영향을 주게 될 가능성이 독립 이래 이전보다도 커졌음은 물론이다.

그렇지만 국제정세가 일변하고 말았다. 수출시장의 확대로부터 얻어지는 중대한 자극이 이미 전혀 존재하지 않게 된 것이다. 사실, 남아시아의 전통적인 수출품의 대부분에 대한 수요가 조금이라도 증대할 것으로는 거의 기대되지 않는다. 자연은 남아시아에 대해 자원을 주는데 인색했을 뿐만 아니라, 이 지역이 가지고 있는 자원에 대한 세계의 수요는 정체에 빠져 있다. 더군다나 수출의 확대와 다양화는 저개발이라는 개념 자체 속에 깃들어 있는 국내적 장벽의 모든 것에 의해 어렵게 되어 있으며, 문제는 공업국의 수입제한 정책에 의해 더욱 악화되어 있는 것이다.

서방 개발국들은 모두가 너무나 빈번하게 이른바 '값싼' 외국인 노동의 생산물에 대해 관세와 할당, 그 밖의 제한을 가하고 있다. 또한 공산국도 아직은 남아시아로부터의 완제품에 대해 실속 있는 판로를 보장할 만큼의 무역정책을 채택하지 않고 있다.

만약 발전이 남아시아국에서 일어나게 된다면, 그것은 그 지역이 전통적으로 비교 우위를 가져왔던 생산물에 대한 외국 수요에 응하는 형태로서는 생겨나지 않을 것이다. 이러한 사실은 개발국이 이 문제에 직면하게 되었을 때에 그러했던 것보다도 경제성장이 더 어려운 과제로 되어 있다고 하는 것을 의미할 뿐만 아니라, 그것은 또한 성장과정 자체 속에서 자급경제가 하게 되는 기능은 크며, 또한 외부적인 힘에 대한 자동적 반응이 하게 되는 기능은 작다고 하는 것을 의미한다.

개발은 대부분이 국내에다 토대를 두지 않으면 안 되는 동시에 신중히 추진되고 보완되지 않으면 안 된다. 왜냐하면, 비교적 자유롭고 확대해가는 무역의 자연발생적이고 성장유도적인 자극은 이미 존재하지 않고 있기 때문이다. 남아시아를 중심으로 하는 무역과 자본의 흐름에 관한 실제 자료는 그 밖의 경제적 자료에 비해 정확하므로, 이 자료로부터 얻어지는 결론은 그렇게 에누리하지 않아도 된다.

스리랑카와 말레이시아와 같이 높은 1인당 소득을 가진 나라들은 높은 무역의 비율을 가지고 있으며, 한편 가장 가난한 나라인 인도와 파키스탄은 가장 낮은 비율을 가지고 있다.

국민소득에서 수출품과 수입품이 차지하는 비율은 인도와 파키스탄에 대해서는 10%도 못되는데 반하여, 스리랑카와 말레이시아에 대해서는 30%를 넘어서고 있다. 말레이시아는 그 재배농장과 광산으로 인구가 거의 30배나 되는 파키스탄보다도 많은 것을 수출하고 있다.

일반적인 무역률도 실정을 잘 나타내고 있지만, 그것에 못지않게 중요한 대외부문의 국면은 수출품이나 수입품의 구성요소, 보다 구체적으로는 수출품이나 수입품 간에 있어서의 다양성의 결여이다. 남아시아의 여러 나라들 중에서 5개국은 단일상품이 총수출의 50% 이상을 차지하고 있으며, 이러한 나라로는, 미얀마(쌀), 파키스탄(황마), 남베트남 및 말레이시아(고무), 그리고 스리랑카가 있다. 오직 3개국만이 단일 주요 수출품보다도 많은 것을 가지고 있다.

필리핀은 사탕과 야자열매, 인도네시아는 고무와 석유, 그리고 태국은 쌀과 고무를 팔고 있다. 그리고 인도만이 제조품이라는 중요한 수출품을 가지고 있다. 게다가 쌀을 제외하고는 이들 상품의 어느 것에 대해서도 국내 수요는 매우 적고, 생산되는 것은 사실상 전부 수출되고 있다.

이것은 남아시아국으로 하여금 유달리 해외시장—그들은 적어도 수요면에서 이것을 움직이는 힘을 가지지 못하고 있다—에 의존하게 하고 있다. 국내시장이 없을 경우에는 외국구매의 감퇴에서 생기는 충격을 막아 줄 것이 아무것도 없으므로, 그들의 경제는 해외시장의 변화에 한층 더 민감하게 된다.

수출·수입의 불안정성은 수출이 보잘 것 없는 나라들에 대해서마저도 수지 균형에 있어서의 거듭되는 위기—이것은 개발 이외의 국면에 대해서 주의를 돌리는 것을 불가능하게 할 뿐만 아니라, 개발에 긴요한 생산물의 수입을 저지하게 된다—를 자아내게 하고 있다.

어떤 종류의 수입품은 확실히 개발을 위해 불가결한 것이다. 이러한 수입품 중에는 영양수준에 대해서 악영향을 주지 않고서는 더 이상 줄일 수 없는 수입식량이라는 부분이 포함되어 있다. 인도와 파키스탄 그리고 인도네시아는 최근까지 자본재의 수입을 증가시키는 방법으로 식량 수입을 줄일 여지가 거의 없는 점에 달하고 있었다. 그래서 이들 3개국은 수입 가격의 등귀나 수출, 수입의 감소로 특히 타격을 받기 쉽게 되어 있다.

이 지역에 있어서 그 밖의 나라들은 그들의 수입을 같은 정도로는 긴급한 상품에 집중시키지 않고 있다. 그들의 수입의 감소는 그 감소가 긴급하지 않은 상품에 한정될 수 있는 한, 십중팔구는 개발에 대하여 훨씬 작은 영향 밖에 주지 않을 것이다.

이러한 사실은 긴급하지 않은 수입품의 비율이 높다는 것이 바람직하다고 하는 것을 의미하는 것으로 받아들여져서는 안 된다. 그것은 개발국에 있어서는 일반적인 풍요의 징조로 볼 수 있겠으나 저개발국에 있어서는 그렇게 볼 수 없을는지도 모른다. 그러나 만약 어느 나라가 가난하고, 또한 그 개발계획을 인도나 파키스탄의 경우가 그러한 것처럼 긴급한 상품 수입이 총수입의 매우 큰 부분을 차지하게 되는 방법으로 꾸며놓았다면, 수입의 대폭적인 삭감은 모두가 계획된 개발에 대하여 중대한 차질을 주게 될 것이다. 그럼으로, 비록 인도와 파키스탄은 이 지역에 있어서 국민소득에 대해 수출입이 차지하는 비율이 가장 낮기는 하지만, 수입품의 구성내용은 해외부문에다 그 규모에 어울리지 않을 만큼의 전략적인 중요성을 부여하고 있다.

수출로부터의 대외수입을 가지는 말레이시아와 스리랑카 같은 나라들은 외국으로부터 많은 양의 소비완제품 뿐만 아니라 많은 식량을 구입하는 것이 가능하다.

아주 최근에는 남아시아국의 수출 품목이 각국의 개발 노력의 상대적인 강조에 의해 영향을 받게 되었다. 보다 가난한 나라들은, 특히 소비재와 같이 긴급하지 않은 수입품을 철저하게 줄이지 않을 수가 없었다. 더욱이 그들은 군수물자에 대한 지출 증대를 강요당하고 있었으며, 이것은 귀중한 경화(硬貨)의 지출을 필요로 하게 했다.

인도와 파키스탄은 이러한 방향으로 가장 깊숙이 빠져들게 되었고, 양국의 수입면에서 중대한 변화가 일어나게 될 여지는 거의 없을 것으로 보인다. 이러한 모든 요인으로 말미암아 특히 인도와 파키스탄은 자국 생산품이나 원료를 사용하거나 혹은 없이 지내는 수입 대체정책을 강행해야만 했고, 이들 나라가 일반정책을 실시할 범위는 극히 제한을 받고 있었다.

남아시아의 무역에 있어서 또 하나의 인상적인 국면은 원국(遠國) 지향적이라고 하는 점이다. 인도와 파키스탄 그리고 스리랑카로부터의 수출품의 50%~60%는 서유럽이나 북아메리카에 보내지고 있다. 남베트남 수출품의 3분의 2 이상과 필리핀 수출품의 70% 이상도 동일한 지역으로 나가고 있다. 오직 미곡 수출국인 미얀마와 태국, 그리고 정도는 작지만 인도가 그들 수출품의 많은 부분을 그 밖의 남아시아의 나라들에 보내고 있다.

수입 사정도 꼭 같이 인상적이다. 말레이시아, 싱가포르, 스리랑카, 그리고 태국은 그들 수입품의 30~45%를 북아메리카와 서유럽으로부터 얻고 있다. 이 지역의 그 밖의 나라들도 그들의 수입이 반 이상을 같은 지역으로부터 얻고 있다.

식민지주의가 남아시아에서 끝나고만 지금에 와서는, 이 지역의 경제적 운명을 결정하는 사람들은 현재의 경제구조를 정태적인 것으로 보지 않고 새로운 출발을 위한 기초로서 보고 있다. 그렇지만, 그들이 부지런하게 개발목표를 추구하고 있음에도 불구하고 그러한 노력은 그들이 통제할 수 없는 모든 요인에 의해 훼방을 받고 있다. 이 지역의 모든 나라들은 과도하게 외부조건에 의존하고 있으며, 지난 수십 년에 걸친 무역의 경향과 이러한 경향의 고유한 전망은 각국의 성장전망에 대해서 심하게 악영향을 주는 것들이다.

1920년대 후기 이래로, 가공품에 있어서 전체로서의 세계무역은 1차 상품에 있어서의 세계무역보다도 더 증가일로에 있었다. 남아시아는 이러한 1차 상품에 매우 크게 의존하고 있으므로 전체로서의 세계무역의 경향은 이 지역에 대해 불리한 것이었다. 뿐만 아니라 1920년대 후기 이래, 1차 상품에 있어서 전체로서의 세계무역의 증가가 남아시아의 그것을 능가하고 있다고 하는 것은 중요하고도 불길한 일이다.

석유를 제외한다면, 1950년대 말기 남아시아로부터의 수출량은 1927~29년과 거의 같은 수준에 머물러 있었던 것같이 보인다. 남아시아의 4대 수출품목인 쌀·사탕·면·황마—에 대한 수요는 서구에 있어서의 경제성장보다도 상당히 뒤지고 있었다. 남아시아 지역은 또한 합성섬유와 합성고무의 증가로 타격을 받게 되었다. 설상가상으로 기술 효율의 증대, 무역 장벽, 그리고 특히 미국이나 캐나다에 있어서의 잉여물자로부터의 압력도 있다. 남아시아산 원료를 사용하는 많은 공업에 있어서의 경제성장은 이들 원료에 대한 동등한 증가로 나타내지는 않았다.

이처럼, 전면에 걸치는 수출 정체를 초래케 한 이유의 일부는 공급의 측면에 있다. 전시의 파괴—이것은 특히 미얀마나 인도네시아가 더 심했다—는 전후의 정치적 혼란과 함께 완전복구를 방해하는 동시에 전후기의 얼마동안은 총수출의 감소를 가져오게 했다. 게다가, 인구증가는 약간의 부문에 있어서 수출 가능한 잉여분을 감소시키는 경향이 있었다. 이를테면, 인도나 파키스탄에 있어서의 국내 소비증가는 황마나 면(棉)의 공급 증가분의 대부분을 빼앗고 있었다.

수출의 정체적인 경향과는 대조적으로 수입의 필요성과 실제적인 수입은 다 같이 현저하게 늘어가고 있었다. 중요한 식량문제에 있어서 생산의 증가는 완만하고 인구증가는 급속하였으므로, 수출국에서는 수출용 식량이 감소하고, 수입국은 구매량을 늘리지 않으면 안 된다고 하는 결과를 가져오게 했다. 제2차 세계대전까지만 해도 에누리 없는 식량 수출국이었던 남아시아국은 에누리 없는 식량 수입국으로 전락하게 되었고, 식량부족은 날로 늘어만 가고 있다.

요컨대, 총체로서의 남아시아 지역은 지난 30~40년 동안 수출의 가능성이 수입의 필요성에 대응할 만큼 활기를 보이지 않고 있었음에도 불구하고, 가속적으로 늘어나는 수입의 필요성을 꾸준히 느껴왔다. 참으로 세계시장의 추세에 의해 야기되는 실제적인 수출·수입에 있어서의 심한 변동—이 변동은 그 자체가 만성적으로 늘어가는 수입이 필요로 하는 것 이하로 떨어지고 있다—은 거의 모든 남아시아의 나라들을 일련의 심각하고 악화되어 가는 국제수지의 위기로 몰아넣는 경향이 있다.

식민지적 무역의 전통적 패턴을 나타내는 남아시아의 서유럽 수출시장에의 의존도는 실제로 1948년에 있어서 보다도

1961~62년에 있어서 더욱 컸었다. 공산국에 대한 수출은 실질기준에 의한 것은 아니지만 전쟁 전보다도 다소 컸다. 대체로, 동유럽공산국과의 전면적인 무역은 상당한 페이스로 늘어나고 있었던 반면에, 중국과의 무역은 떨어지고 있었다. 동시에 지역 내 무역의 감퇴도 있었다.

이러한 경향은 일반적으로 불리한 수출 풍토와 더불어 경제성장을 방해하게 될 것이라고 하는 것이 점차 자각되고 있었다. 이러한 사실은 지역 내 무역을 자극하는 기도를 더욱 중요한 것으로 되게 하지 않을 수 없을 것이다. 그러나 최선의 의사와 노력을 가지고서도 그것은 달성하기 어려운 과업이다. 경제성장의 일반적인 결여 자체가 그러한 노력을 저지하게 되는 것이다. 각국은 그 수입품을 개발목적을 위해 필요하게 되는 재화, 이를테면 자본장비나 중기계에 이르기까지 조금씩 줄어가고 있다. 그 결과는 당연히 이러한 류의 장비가 역시 공급부족에 있는 그 밖의 남아시아국에 대한 차별대우로 나타나게 된다.

저개발국에 대해서는 자본절약적인 방법으로도 족한 부문에서 독립을 성취하는 것이 가장 손쉬운 일이므로, 그 결과 그 밖의 남아시아의 저개발국의 공업과 경합하는 공업개발을 촉진하지 않을 수 없는 것이다. 뿐만 아니라, 식민지적 무역정책은 남아시아국을 본국시장과 연결시켜 놓았으나, 그들 상호간을 연결시켜 놓지는 않았다. 그리하여 수송망이나 교통망은 지역 내 무역을 촉진하게끔 세워져 있지는 않았다. 남아시아에서는 독립 후에도 급속한 비율의 경제 확대는 없었고, 남아시아국은 급속한 경제 확대가 가져오게 하는 신축성을 갖지 못하고 있었다. 신축성의 결여는 지역 내 무역의 성장을 저해하는데 있어서 가장 중요성을 갖는 것이었다.

마찬가지로, 정치적 알력과 전통적인 반감은 이 지역을 분열시키게 되었고, 어떤 경우에는 이러한 것들이 독립 후에 더욱 악화되기에 이르렀다. 인도와 파키스탄은 캐시미르를 에워싼 전투를 개시하게 되었고, 이러한 투쟁은 종교적인 적개심에 의해 더욱 심하게 되는 동시에 이 지역의 다른 곳에까지 번져가고 있다.

일반적으로 미얀마인이 싫어하고 있는 인도인은 현재 대개가 미얀마로부터 축출되고 있다. 인도와 스리랑카간의 관계는 재배농장에서 일하는 인도계 타밀인, 그리고 어느 정도로는 북부에 있는 스리랑카계 타밀인에게 불리한 영향을 주게 되는 법률이 통과되었을 때, 긴장을 보이게 되었다. 태국과 캄보디아의 대립은 사원의 배치를 에워싼 언쟁을 가져오게 했다. 인종적·종교적 차이에 의해 뒷받침되는 하찮은 질투가 남아시아 전역을 뒤덮고 있다.

이 지역의 소국들도 또한 원래부터 대국에 대해 의심을 품고 있다. 이러한 긴장의 모든 것은 깊은 역사적인 뿌리를 가지고 있으며, 그것들은 줄어들지 않고 있다. 줄어들기는커녕, 경제적 정체, 치솟는 민족적 감정, 또한 냉전 속에서의 남아시아의 주요 강대국과의 제휴라는 테두리 내에서는 분쟁이 날로 늘어만 가고 있는 것 같이 보인다.

수입품의 단위가치로 나누어진 수출품의 단위가치로서 정의되는 교역조건에 있어서는 남아시아에 대한 전망은 명확하지는 않으며, 최근 수십 년 동안에 남아시아국이 진보를 향하고 있었다고 하는 장기적인 추세를 나타내는 명확한 증거는 하나도 없다. 비록 나라마다 다른 길을 걸어왔다고는 하나, 모든 지표는 특히 이 지역이 그처럼 지나치게 1차 상품 수출에만 계속 의존하게 된다면 장래에도 마찬가지로 악화하는 동향을 따르게 될 것이라고 하는 것을 나타내고 있다.

이 점에 있어서도 남아시아국은 한층 불리하게 되어 있다. 왜냐하면 개발국은 상대적인 가격의 변화에 적응하기가 한층 더 용이하여, 가격이 떨어지면 가난한 나라들로부터 더 많이 매입할 수도 있고, 시장이 구매자에게 그다지 유리하지 않을 때에는 감축시킬 수가 있기 때문이다. 그렇지만 이것이 가지는 영향은 개발국에 있어서의 기술진보에 의해 완화될 수도 있다. 기술진보는 남아시아국이 필요로 하게 되는 수입품의 코스트를 내리게 하는데 이바지함에 틀림이 없기 때문이다. 뿐만 아니라, 공산국으로부터의 남아시아에 대한 수출 증가는 수입가격의 인하를 가져오게 하는데 이바지할 수 있는 경쟁 압력을 낮게 했다.

그들의 수출, 수입이 수입의 필요를 따라가지 못했기 때문에 남아시아국은 더욱 더 심각한 외환부족에 직면하게 되었다. 그러므로 그들의 개발노력의 성공 여부는 알맞은 조건으로 충분한 양의 외국 자본을 끌어들일 수 있는 능력에 의존하는 바가 상당히 크다 할 것이다.

서방세계는 거의 전적으로 직접투자 형태로의 대규모적인 해외투자를 점진적으로 재개하게 되었다. 그렇지만, 지배적인 채권국으로서 미국은 그 투자를 남아시아 이외의 나라들에 대해 계속 집중시키고 있었다. 그러나 필리핀·말레이시아·태국, 그리고 최근에는 파키스탄이 약간의 투자를 확보하게 되었다. 상대적으로 적은 양이 인도나 파키스탄에 투입되었고, 이들 두 나라는 전에는 많은 외국기업과 투자를 끌어들일 수가 있었다.

사적인 자본의 유입이 그처럼 적었으므로, 남아시아로 하여금 자기들의 정체적인 수출·수입으로 조달할 수 있는 것을 능가하는 수입의 필요를 충족시키게 하는 주된 임무는 외국정부에 떨어지게 되었고, 스탈린이 죽을 때까지 줄곧 전적으로 서방국 정부, 특히 미국에 떨어지게 되었다. 종전 직후기에 있어서는 파괴될 대로 파괴된 남아시아는 독립을 위한 투쟁으로 편한 날이 없었고, 원조국의 주의는 유럽에 집중되어 있었다.

중국에서 공산주의 정부가 집권하게 된 직후인 1950년대 초에 있어서의 미국은 이 지역에 대해 더 많은 관심을 보이기 시작했고, 이러한 관심은 증여나 차관의 증액으로 옮겨지게 되었다. 1950년대 후반기에 이르러서는 미국의 원조가 냉전의 가열에 따라 가속화되었다.

남아시아국은 또한 서유럽국으로부터의 증여나 차관의 혜택을 점차 대규모적으로 입게 되었다. 그리고 처음으로 공산국은 더욱 대량으로 차관을 공여하기 시작했다. 수원국의 필요나 부유국의 능력, 어느 쪽에 비교해서도 그 액수는 작지만, 남아시아에 대한 외국 원조나 차관의 현재의 유입은 이 지역이 일찍이 과거에 받게 되었던 원조나 차관을 훨씬 능가하고 있다.

 원조를 증가시키는 주된 이유는, 국내적인 불안정과 그 밖의 요인이 사적 해외투자에 불리한 풍조를 자아내고 있었던 바로 그 시기에 남아시아가 강대국에 대해 정치적으로 중요하게 되기에 이르렀기 때문이다. 그러나 이러한 패턴의 자본이동은 그와 같은 원조로 하여금 남아시아의 경제개발에 대해 조금 밖에 자극을 주지 못하는 것으로 되고 있었다. 무엇보다도, 재정원조의 독특한 배분방식은 경제적 고려와 두드러진 관계가 없었기 때문이다.
 이를테면, 1954년에서 1958년에 이르는 동안에 라오스와 남베트남은 인도와 파키스탄이 받은 것과 통계에 있어서 거의 맞먹는 증여나 차관을 미국으로부터 얻고 있었다. 그렇지만, 대체로 말해서 남베트남과 라오스의 개발노력은 그처럼 엄청난 원조를 받아들일 만한 것으로는 되지 못했고, 이들 두 나라보다도 몇 배가 넘는 인구를 가지고 있는 인도가 상당히 큰 개발노력을 하고 있었다. 또한 남아시아에 주어지는 경제 원조의 대부분은 끈이 달려 있었다.
 어느 나라가 원조를 받게 되는가에 대해 영향을 주게 되는 정치적 저의는 접어두더라도 증여와 차관 자체는 특수한 목적을 가지고 이루어지는 수가 많다. 때때로 그것들은 원조국을 위한 진열장을 마련하기 위해 주어지고 있었다. 그 밖의 예로는, 수원국은 그들이 받는 원조자금을 수원국 내에서 사용하도록 요구받게 되거나, 그들이 구매하는 것을 원조국의 선박으로 수송하도록 요구받고 있었다.

그러한 제한은 원조를 받은 나라들이 외국자본을 가장 효율적으로 이용하는 것을 방해하게 된다. 이러한 원조는 1국의 정치적 태도에 따라 빈번히 즉각 변동하게 되었다. 이를테면, 미국을 비판하는 어느 수상의 연설은 그 나라가 미국으로부터 받게 되는 원조의 전망을 흐리게 할 수 있었다. 이와 달리, 강력한 반미정책의 추구는 소련으로부터 증액된 차관을 얻을 수 있게 할는지도 모른다. 붕괴될 우려가 있거나 공산주의자들의 수중에 넘어갈 우려가 있는 정권은 다액의 미국 자금을 끌어낼 수가 있었다.

현재의 쌍무적인 원조체계가 경제적인 관점에서 본다면, 그릇된 자금의 배분으로 밖에 볼 수 없는 것으로 향하는 강력한 경향을 가지고 있다고 하는 것은 명백하다. 남아시아에 경제원조의 얼마나 많은 부분이 잘못 주어지게 되었는지는 말할 수 없으나, 그 원조의 많은 부분이 낭비되었거나 불가결한 개혁마저도 저지하게 되었다고 하는 것은 의심할 여지가 없다.

이러한 모든 것들은 정치적 요소를 비교적 적게 표명하는 국제기관으로부터의 차관에 보다 크게 의존할 필요가 있다고 하는 것을 의미한다. 대외원조는 그것을 가장 필요로 하고 있거나, 그것을 받을 만한 나라에, 보다 대규모적으로 그리고 장기적인 베이스로 흘러 들어가게 하는 더욱 적절한 기수가 발견되기까지는 그러한 원조는 불충분하건, 특히 단기적으로 머물게 될 것이고, 또한 그때그때의 정치 사정에 의해 좌우되는 급격한 변화를 여전히 받게 될 것이다.

이 장에서 우리들이 개관하였던 경제적 현실의 어느 것도 남아시아국의 대부분에 대해서 유리하지 못했고, 장래의 개선의 전망도 마찬가지로 실망을 자아내고 있는 것 같다. 그러나 남아시아국은 그들 앞에 가로놓인 많은 불리한 조건과 싸울 수 있는 만반의 조치를 취하지 않으면 안 된다.

남아시아국은 새로운 1차 생산품을 추가시키는 것에 의하여, 혹은 이를테면 관광과 같은 판매할 수 있는 서비스를 증가시키는 것에 의하여, 또는 새로운 공산품을 제조하는 것에 의하여, 그들의 수출품을 다양화시킬 수 있다. 그러나 남아시아의 원료 기반은 새로운 발견이 없다면, 1차 생산품을 위해 많은 새로운 원료의 공급을 일으키게 할 만큼 충분할 것 같지는 않다. 서비스업은 의심할 나위도 없이 다음 20년간에 확장될 것이다. 그러나 그것은 수입 능력을 크게 향상시킬 만큼 확장될 것 같지는 않다. 이것은 가공 상품의 다양화를 위해 가장 유망하다는 것을 말한다. 그러나 약간의 생산물, 이를테면 인도로부터의 천정 선풍기와 재봉틀과 파키스탄으로부터의 크리켓 볼, 그리고 물론 직물을 제외하고는 남아시아의 어떠한 나라도 공업국 내에 가공 생산품을 위한 시장을 크게 개척할 수가 없었다.

이러한 사태를 가져오게 한 데에는 자연적인 이유뿐만 아니라 인위적인 이유가 있다. 무엇보다도 상대적으로 빈약한 원료기반에 있으며, 이것은 노동이 비능률적이고, 임금이 낮고 또한 자본이 풍부하지 못한 경우에는 중대한 제약으로 된다. 더욱 근본적인 것은 기존시장—이것은 가장 잘 시설을 갖추고 있는 나라를 아주 강력히 요구하고 있다—에 침투하기가 어렵다고 하는 것이다.

남아시아에서는 값싼 노동을 충분히 이용할 수 있을는지도 모른다. 그러나 불행하게도 노동 및 관리의 비능률과 전문 보조시설의 결여는 생산물의 단위당 코스트를 끌어올리고, 이로 말미암아 낮은 임금수준에서 얻어지는 이익을 상계시키는 경향이 있다. 이러한 문제에 대하여, 대개의 대시장국가에 의해 가해지는 수입제한과 관세의 조직이 있다.

그리하여 남아시아국은 그들이 필요로 하고 있는 수입품에 대한 자금을 조달하기 위해서 수출·수입의 증대가 불가결하게 되고, 가공 생산물은 오직 수출이 성장할 가망이 많은 부분만을 구성하게 된다고 하는 딜레마에 빠지게 된다. 그러므로 활발하고 동태적인 경제조직의 성취는 이들 나라가 제조품의 수출을 증대시킬 수 있는 능력에 주로 의존하게 된다. 하지만 이러한 방면으로의 확장은 우리들이 이미 열거한 바가 있었던 장애와 금기에 부딪치게 될 것이다.

이것은, 만약 부유한 나라들이 남아시아국이 성공하기를 바란다면, 그들은 애써 남아시아의 공산품에 대한 인위적인 제한조치를 제거해야 할 뿐만 아니라 자국 내에 그와 같은 생산물에 대한 시장을 창조하고, 수입제한으로부터의 장기적인 해방을 보장해야 한다고 하는 것을 의미한다.

이것은 비교적 부유한 나라들이 보다 큰 이해심을 가지고 저개발국에 접근해야 한다고 하는 것과, 그것이 지금껏 보여 왔던 의욕보다도 단기적인 보호조치를 바라는 강력한 국내적 압력에 대항할 보다 큰 의욕을 가져야 한다고 하는 것을 요구하고 있다.

정치적으로도, 서방 부유국이 국내산업의 어떤 부문에다

불리한 영향을 주게 될는지도 모르는 많은 양의 수입을 허가하는 것보다는, 자국의 수출을 증대시켜 자기들 자신의 통상상의 이익을 가능케 하는 증여와 차관을 공여하는 편이 그들에 대해서는 훨씬 용이하다 하지만, 가공 수출품의 증대는 쌍무적인 외국 무상원조나 차관―이것은 불안정성과 그 밖의 결함으로 고통을 받고 있다―보다도 아마 저개발국에 대해 자극을 주게 될 것이다. '원조가 아니고 무역을'이라는 슬로우건은 남아시아에 대해서는 참다운 의미가 있는 것이다.

다양화의 노력과 더불어 남아시아국은 대체적인 시장을 개척하는 것에 의해 무역을 증대시킬 만한 다소의 영역을 가지고 있다. 시장을 개척할 만한 곳으로는 3대 지역이 있는데 그것들은 공산국들, 남아시아에 있는 여러 나라, 그리고 라틴 아메리카 및 서아시아에 있는 저개발국이다.

소련과 그 밖의 유럽 공산국가들이 그들 자신의 원료 예비지를 극도로 확대하고 있을는지도 모른다고 하는 것은 있음직한 일이다. 그들의 공업화의 노력은 그들을 주요 자본재 수출국으로 될 수 있는 지위에까지 끌어올리게 되었으며, 이러한 자본재는 저개발국에 돌려질 수가 있다.

다음으로 공산국가는 보다 다량의 1차 생산품이나 토산물을 남아시아로부터 얻을 수 있다. 그러므로 생산국과 남아시아 간에 상당히 대규모적인 호혜무역이 일어날 가능성은 확실한 것으로 보인다. 공산 불록은 소비재에 대한 보다 큰 잠재시장을 형성하고 있다. 소비지출은 소련에 있어서 1950년 이래로 현저하게 늘어났으며, 이러한 소비재의 대부분이 블록 내에서 생산되고 있다는 것은 사실이기는 하나, 그 밖에 나라들로부터 도입되는 것을 막을 이유는 하등 없을 것이다.

공산주의자들은 현재 남아시아의 몇몇 나라들, 특히 인도와 의 무역을 개시하는데 대해 정치적 이익뿐만 아니라, 경제적 이익을 의식하고 있는 것 같이 보인다. 뿐만 아니라 그들은 남아시아의 소비재나 생산물의 수출에 대해 국내시장을 개방하고, 현지 통화로도 상환이 가능한 장기차관을 주고자 하는 마음가짐에 있어서, 미국보다도 한층 더 융통성이 있는 것 같이 보인다.

남아시아국간의 무역은 시장 확장에 대한 또 하나의 가능한 길을 열어주고 있다. 비록 이 지역 내에서의 알력이 당장의 가망을 흐려놓고 있기는 하지만, 남아시아국은 수입대체를 위한 노력을 지역 내 기반 위에서 두게 하는 방향으로 작용할 수 있을 것이고, 이것은 남아시아의 한 나라가 지역 내의 다른 나라의 생산물과 교환해서 그 나라에 팔 수 있는 가능성을 확대하게 된다. 이를테면, 특정상품을 특정국가에 전문화시킴으로써, 이전에 수입되었던 것의 생산을 공동계산으로 하는 것이 가능하다.

만약 세계의 여타 지역에로의 수출이 크게 확대될 수 없다면 경제적 곤란은 시간이 흘러감에 따라 늘어나게 될 것이며, 그리하여 보다 긴밀한 지역적인 경제통합이나 경제협조에 대한 소망은 더 커지게 될 것이다. 이는 남아시아국간의 국가적 대립에도 이미 나타나고 있다. 메콩강 유역 개발계획과 아시아 고속도로는 고무적인 예를 제공하고 있다. 그러나 남아시아국 간에 있어서 관세를 인하시키는 것만으로는 무역을 증대시키기에는 충분하지 못할 것이다.

국제경제학자들의 말에 의하면, 시장은 자유화에 의해 확대될 수 있는 것이 아니라, 오히려 조직화에 의해 확대될 수가 있다. 필요하게 되는 것은 국민계획의 정합이다. 이를테면, 스리랑카는 인도가 자국시장 내에 공작기계를 공급하는 권리를 주는 대신에 자국뿐만 아니라, 인도에도 공급하기 위해 대규모적인 타이어공업을 세울 권리를 가질 수 있을 것이다.

스리랑카는 고무를 가지고 있고, 인도는 대기계공업을 위한 기초를 가지고 있다. 합동계획과 현계획의 편협한 국민주의로부터의 탈피가 협조로부터 얻어지는 이익의 만족할 만한 분배를 이룩하게 하고, 적당한 시장기구의 결여를 메우게 하는데 불가결한 것으로 된다.

이러한 사실의 어떤 것이 현실로 될 수 있기까지에는 제거되어야 할 수많은 장애물이 있다. 이러한 모든 조건에 미루어, 남아시아에 있어서의 지역적 통합에 관한 활발한 의론으로부터 얻어진 것이 아직은 거의 없다고 하는 것은 그렇게 놀랄 일이 못된다. 그러나 지역 내 통합을 권하는 노력은 매우 크므로, 그것은 십중팔구 단념되지는 않을 것이다. 뿐만 아니라 그 밖의 지역에서의 통상블록, 예컨대 유럽공동시장의 출현은 그것이 없을 경우에 남아시아가 결합하게 되는 것보다도 더 빨리, 또한 그들을 한층 더 긴밀한 경제적 연합으로 몰아넣고 있을는지도 모른다.

또한 시장 대체, 즉 남아시아 지역 외에 있는 그 밖의 저개발국과의 무역은 당분간 실현과는 가장 거리가 먼 것으로 보일 것이다. 그러나 남아시아 내의 모든 나라들을 긴밀한 경제 협조로 몰아넣고 있는 바로 그 논리가 모든 저개발국에도 꼭 마찬가지로 적용되지 않을 수 없을 것이다. 특히, 가난한 나라들이 부유한 나라들 속에서 보다 큰 수출시장을 얻고자 서로 경쟁하게 된다면 얻는 것보다도 잃는 것이 많다고 하는 것을 생각할 때, 값싼 재화를 위한 일종의 빈곤국 공동시장은 확실한 논리적인 근거를 가진다고 할 것이다.

세계무역이나 지역무역이라는 까다로운 문제는 그 자체가 실망을 자아내게 하기에 안성맞춤이다. 마찬가지로 남아시아에서 외국투자가 상당히 증가할 것 같은 전망도 밝지 않다. 수입제한, 통화관리, 그리고 외국기업에 대한 일반적인 규제는 수많은 민간투자가들로 하여금 남아시아에 진출하는 것을 더욱 꺼리게 하고 있었다. 그리고 보호된 시장에 있어서는 노력의 부산물로부터 많은 돈을 벌 수 있다고 하는 생각에 의해 계속 유혹을 받게 될 사람의 수는 아직도 많다.

남아시아의 실업가들도 기계류나 또한 그 밖의 생산시설을 제공할 수 있는 외국 회사와 합작하는 것이 이익을 가져올 수 있다고 하는 것을 알고 있다. 실업가들은 그러한 방법에 의하지 않고서는 외자 획득에 곤란을 갖게 될 것이다. 남아시아에 있어서는 위험이 따르는 산업에 외국인이 참여하는 것은 외화를 절약하는 것 이상의 이익이 된다고 하는 것이 점차 인식되어가고 있다. 특히, 그러한 참여는 유능한 관리자 및 기술자 그리고 유용한 기술정보를 가져오게 한다. 그러나 남아시아에 있어서의 경제적·정치적 불안정을 감안할 때, 민간 직접투자가 장래에 있어서 종전보다도 한층 더 중요하게 될 것으로는 생각되지 않는다.

남아시아에 있어서 급격히 늘어가는 수입의 필요성과 정체적인 수출, 수입 간의 갭은 적어도 그것이 메워진 일이 있었다고 한다면 증여나 차관의 형태로서 공적 자본에 의해 메워졌다고 할 것이다. 그러나 저개발국에 대한 재정원조라는 일반적 문제는 심각한 위기상태에 봉착하게 되었다. 원조국, 특히 미국은 그들의 원조를 실질적으로 감축시키고 있을 뿐만 아니라, 몇 가지 점에서 그 질을 저하시키고 있다. 사태는 남아시아의 무역상 지위의 계속적인 악화로 말미암아 더욱 심각하게 되고 있다. 이것에 대해서는 세계은행이 말했던 바와 같이 '채무폭발'의 우려도 있다.

저개발국이 짊어지게 된 누적적인 부채액은 이러한 부채의 상환이 점차 과중한 부담으로 되어 가고 있다고 하는 것을 암시하고 있다. 이제 남아시아에 대한 최선의 형태의 원조로서 대부로부터 증여에로의 전환이 또다시 있어야 한다고 하는 것은 명백하다. 그러나 증여는 대부보다도 의회나 국회를 통과시키기가 훨씬 어렵다. 그럼에도 남아시아가 그것이 지고 있는 모든 책무를 상환하기란 사실상 기대할 수 없다고 하는 인식이 점차 늘어가고 있다. 이러한 사실은 이자율에 관해서 뿐만 아니라, 원금상환 기간에 관해서도 이 지역에 대한 대부조건을 완화시키고자 하는, 현재 이루어지고 있는 노력을 지지하지 않을 수가 없다.

이러한 사정하에서는, 수입대체가 주요정책 노선으로 보여지는 것도 이해가 갈 만하다. 왜냐하면, 공업성장에 대한 수요기반을 제공하는 시장이 있기 때문이다. 해외로부터의 수입을 삭감한다고 하는 것은 외화를 절약시킬 뿐만 아니라,

공업화가 일어날 수 있는 보호 장벽을 구축하게 된다. 그렇지만 새로운 제조업을 자극함으로써 수입대체를 발전시키고자 하는 계획은 설비나 기계류, 그리고 흔히 후생시설이나 수송시설의 건설을 위한 자본재 수입, 그리고 부속품, 반제품 및 원료의 계속적인 수입에 대한 필요성을 높이게 된다. 이러한 수입품을 대체시키고자 가공공장을 세우게 된다면 그것은 특히 자본재 수입에 대한 필요성을 제고시키게 될 것이다.

그러나 수입대체정책에 따르는 보다 중대한 난점은 계획이 합리적인 대체부문을 대부분의 경우, 자유로이 선택할 수 없다고 하는 점이다. 보통의 경우, 가장 먼저 일어나게 되는 일은 한 나라가 환 부족에 빠지게 된다고 하는 것이고, 다음으로 그것은 자주 어떠한 형태이건 수입통제를 도입하지 않을 수 없게 한다. 자연적이고 또한 참으로 정당한 이유에서 그 나라는 가장 불필요한 재화의 수입을 줄이고자 노력하게 되며, 이것은 따라서 자동적으로 가장 높은 보호 장벽을 쌓게 한다. 개발의 관점에서 이것은 계획되지 않은 보호이다. 마지막으로 우리들은 남아시아국이 이 지역 내에서 보다 합리적으로 노력을 배분하는 양식으로 정합되어 있지 않다고 한다면 그들의 수입대체 노력은 지역통합이라는 큰 목적을 해치게 될지도 모른다고 하는 것을 강조해야 할 것이다.

이웃나라로부터 도입되는 식량이나 직물과 같은 수입품에 대한 대용품을 개발하는 것은 때로는 극히 쉬운 일이다. 그러나 새로운 공업에 관해서도 국가적 수입대체 정책은 지역적 조정을 전혀 고려하지 않고서는 잘 되어갈 것 같지가 않다. 모든 나라들이 제철공장을 가지고자 원한다면, 가장 값싼 철강을 생산할 수 있는 나라가 이 지역 내에서 수출시장을 개척하게 될 가능성은 없어지게 된다.

이 장에서 언급한 문제의 어느 것에 대해서도 쉬운 해결책이란 없다. 모든 정책수단들은 심하게 제한을 받고 있다. 이들 정책수단은 제각기 정책의 다른 국면에 대하여 중대한 영향을 미치게 되고, 게다가 종종 불리한 영향을 미치게 된다.

확실히 남아시아의 모든 나라들은 오늘날의 서방 개발국의 어느 나라가 1세기 전이나 또는 그 이전에 직면하게 되었던 것보다도, 말하기는 쉽지만 실제로는 더 어려운 지속적인 성장에로의 도약을 달성하고자 노력해야 한다는 근본적으로 더 어려운 과제에 직면하고 있다.

Part 3
계획화의 제3세계
A Third World of Planning

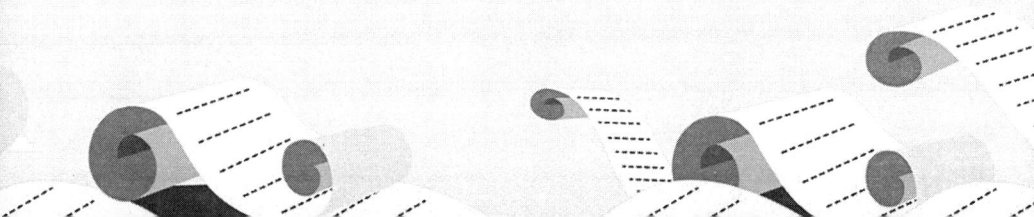

제9장 계획화의 이데올로기 파급과 영향

개발계획의 이데올로기는 하나의 이론으로서 생각될 수도 있고, 또 정치적 행위에 의한 일관성과 현실성, 그리고 실용성이 실험될 수도 있다. 그러나 이데올로기의 파급과 영향은 동시에 그 자체가 현실의 일부분, 즉 원인과 결과를 가지는 일련의 사회적 모든 사실이고, 그러한 사실들은 그 밖의 사회적 모든 사실이 연구되고 있는 것과 마찬가지로 연구되지 않으면 안 될 것이다.

경제계획의 기본개념은 국가가 경제에 있어서 적극적이고 참으로 결정적인 역할을 해야 한다는 것, 다시 말하면 그 자체의 기업활동이나 투자활동을 통해서, 그리고 사적 부문에 대한 각종 통제 유발과 제한을 통해서 국가가 경제개발을 일으키고 자극하고 추진해야 한다고 하는 것이다. 이러한 공공정책 수단은 합리적으로 정합되어야 하고, 그 정합은 다가올 특정기간에 걸치는 전면적인 계획 속에 명시되어 있어야 한다.

이와 같이 계획화라는 복잡한 이데올로기의 전 체계는 그것이 표명되는 경우, 모두가 본질적으로 접근방법에 있어서는 합리주의적인 것으로 되고, 결론에 있어서는 간섭주의적인 것으로 된다. 그것은 개발이 정부 간섭에 의해 일어나게 될 수 있다거나, 또는 가속화될 수 있다고 하는 확신에 근거를 두고 있다. 특히 경제상태를 있는 그대로 방치해두거나, 또는 다만 자연적인 힘의 영향하게서만 발전하도록 놓아둘 필요는 없다. 그보다도 경제 상태와 경제 진보는 경제 조직이 합목적으로 계획되고 합리적으로 정합된 국가정책에 의해 바람직한 방향으로 움직여 나아갈 수 있도록 국가의 통제하에 놓여져 있어야 한다고 생각된다.

 이러한 모든 정책을 위한 전략은 한 나라의 현황을 이루는 모든 사실에 관한 합리적인 분석으로부터 도출된 일련의 정책과 일정한 개발목표에 의해 수립될 것이다. 국가경제 계획을 주장하는 남아시아 지역의 모든 사람들은, 그것이 보통 사람들에게 이익을 주게 되고, 그 나라의 최하층의 생활수준의 향상에 집중되고, 또한 총체로서의 국민의 의사를 나타내게 되어야 할 것이라는 데 원칙적으로 의견의 일치를 보이고 있다.

 국가경제계획이라는 이처럼 합리주의적이고 간섭주의적인 생각이 나타나게 되었다고 하는 것은 과거와의 뚜렷한 결별을 의미하는 것이었다. 왜냐하면, 외국 소유의 포령(包領)을 제외한 남아시아국은 매우 정체에 빠져 있었고, 또한 현재도 그러하며, 거기에 살고 있는 주민들의 대부분은 그 소련이 인습이고 사물을 있는 그대로 받아들이고 있기 때문이다.

 립 반 윙클(Rip Van Winkle—Washington Irving작 Sketch

Bock중의 이야기 주인공)의 세계 속에서 수세기에 걸치는 꿈을 아직도 깨어나지 못하고 있는 사람들 사이에서 그러한 생각이 출현했다고 하는 사실은 국가경제계획을 한층 더 극적인 것이 되게 하고 있다.

이념적으로도 일단 사람들이 합리적으로 정합된 국가활동을 통해서 유발되는 변화의 가능성을 받아들이기만 한다면, 남아시아에 있어서의 사회적·정치적 상태는 바람직하지 못한 것으로 보이거나 개혁이 필요한 것으로 보이게 된다. 순수한 '경제적' 변화 이상의 것이 그 자체로서 바람직한 정책목표로 생각되기에 이른다. 생활수준은 개선되어야 하고, 사회적·경제적 계층화에 따르는 불평등과 경직성은 줄여야 하고, 기회는 만인에게 더욱 널리 개방되어야 하고, 또한 모든 상태의 개선을 목표로 하는 국가정책은 그 독자적인 가치 이외에도 하나의 부수적인 가치를 가지고 있는 것이 보통이다. 왜냐하면, 이들 국가정책은 여타의 상태를 바람직한 방향으로 변화시키는 데에도 이바지하게 될 것이며, 그리하여 이들 여타의 상태의 개선이나 경제발전을 달성케 하는 수단이 되기 때문이다.

인과관계는 순환적이다. 즉, 모든 종류의 '비경제적' 상태의 개선은 경제발전을 가능하게 하거나 촉진하게 될 뿐만 아니라 경제발전을 일으키는 것은 동시에 비경제적 상태를 개선하는 데에도 이바지하게 될 것이다.

이와 같은 방식으로 계획화는 근대화의 이데올로기의 지적인 모체—일반모형—가 된다. 그리고 국가발전에 대한 요구는 정치적·사회적 및 경제적 개혁을 위한 모든 노력을 포함하기에 이른다. 이리하여 경제개발은 인간의 문제로 이해되는 것이다. 개발계획은 흔히 계획화를 모든 불만족스러운 상태를 개혁하고자 하는 포괄적인 기도로서 명시적으로 정의하고 있다. 이러한 견해는 또한 거의 모든 계획의 원대한 목표와 야망—이것들은 협의로의 경제정책을 넘어서고 있다—속에 반영되어 있다.

적어도 표면적으로는 계획화의 이데올로기가 현재 남아시아국을 휩쓸고 있다. 남아시아국의 문헌이나 신문에서, 또는 지식인이나 정치 지도자의 선언문에서, 그리고 이들로 구성된 심의회의 토의에서, 사회적·경제적 모든 문제에 관한 많은 공적 논의가 전개됨에 따라 계획화의 이데올로기는 이러한 공적 논의에 대하여 인용 용어를 제공해 주고 있다.

이들 여러 나라의 국민들, 혹은 여러 나라의 국민들 중에서 특히 발언권이 있는 사람들은 각기 정도의 차이는 있다 할지라도 계획의식에 눈뜨기 시작하고 있다. 경제개발에 대한 요구가 이들 저개발국 내에서 이미 나타나게 되었다고 하는 것—그리고 나아가서는 계획화를 통해서 발전을 주도하는 것이 국가가 담당해야 할 일이라는 생각이 나타나게 되었다고 하는 것—은 비공산세계에 관한 한, 역사상 하나의 전기를 마련하는 큰일이다. 초기 조건에 있어서의 그 밖의 차이가 없다 하더라도 일한 이데올로기적 언명이 있다고 하는 것은 그것만으로도 남아시아국이 서방세계의 발전과정과 비슷한 과정을 따르게 될 것이라고 가정하는 것을 부적당한 것으로 되게 할 것이다.

남아시아의 극소수의 나라들만이 자국의 경제생활을 국가

계획의 규제하에 두기 위해 참으로 진지한 노력을 해오고 있었다. 이러한 노력을 해왔던 나라들에 있어서 마저도 정합된 국가통제의 범위와 효과는 크지 않다. 그러나 계획화라는 생각은 국가정책을 어떻게 보아야 할 것인가에 관해 정부나 야당이 공통적으로 취하게 되는 태도를 얼마간 설명해 주고 있다.

계획화가 사실상 거의 없고, 그 실시는 더욱 드문 경우에 있어서도 계획화의 이데올로기는 간섭주의적인 정책을 합리화시키는데 이용되고 있다. 진보가 있는 경우에는 이러한 진보가 계획화의 성과로서 과시된다. 내핍생활과 희생정신이 요구되는 경우, 이러한 희생은 계획화라는 미명 아래 강요되고 있으며, 이것은 계획화의 이데올로기가 생활조건의 개선이나 공업발전의 부진을 은폐하는 데 상용되고 있는 것과 마찬가지이다.

계획화의 이데올로기는 공공정책에 관한 모든 토론에 있어서의 인용 용어를 제공하는 데 이바지하고 있다. 서방국은 보통 그들이 실제로 가지고 있는 경제계획을 선전하지 않는 경향이 있고, 특히 미국에 있어서는 자국의 경제가 '자유경제'라는 것을 애써 믿으려고 하는 경향이 있는 반면에, 남아시아국은 그것을 선전하고, 자기들의 계획화가 실제보다도 더 진척되고 있는 양 뽐내는 경향이 있다. 그들은 계획화의 대부분을 현실로 옮길 수 있기 전에 그것을 이상으로 받아들이고 있었다.

경제개발에 대한 필요성—반드시 국가계획을 통해서 그것을 일으켜야 한다고 하는 필요성은 아니지만—은 사람들이 남아시아국의 처절한 빈곤을 생각할 때 자명하게 된다. 정합된 계획을 통한 대규모적인 국가간섭이 이러한 경제발전을 가져오기 위해 필요하게 된다고 하는 일보 앞선 생각은 이러한 나라들이 오랫동안 상대적으로 정체에 머물러 있었던 반면에, 서방세계는 여러 세대에 걸쳐 급속하게 발전해 왔다고 하는 사실을 인식하게 됨으로써 나오게 된다. 그러한 정체에 종언을 고하고 경제적 진보―이것이 자연발생적으로 혹은 적어도 충분히 급속하게 이루어지지 않는다고 하는 것은 명백하다―를 가져오기 위해서는 유발된 강력한 자극이 필요하게 된다고 하는 것이 인식되고 있다.

이러한 주장은 발전을 위한 현실적인 모든 조건을 더욱 상세히 연구하는 것에 의해 한층 뒷받침을 받게 된다. 우리들은 오늘날의 남아시아국과, 이들과 비교가 가능한 수준에 있었을 때의 서방 부유국 간에 존재하는 차이점이 근본적으로 중요하다고 하는 사실과, 또한 이러한 차이점이 남아시아에 있어서는 발전을 더욱 어렵게 하는 성질의 것이라고 하는 점을 알게 되었다. 참으로 이러한 차이점이 있기 때문에 새로운 요소로서의 국가계획이 강력하게 적용되지 않는다면 남아시아국은 거의 발전할 가능성이 없을 것이다.

계획화를 통해서 급속하고 강력한 국가간섭을 가해야 할 많은 이유가 있음은 확실하다. 급속한 인구증가는 생활수준을 끊임없이 저하시키는 동시에 또한 발전을 방해하고 있다. 만약 인구가 정체적이라고 한다면, 자연적 발전의 가능성은 훨씬 클 것이다.

다음으로 자본 부족이 있다. 무역상의 지위도 불리하다. 국가계획의 필요성을 열거하자면, 이러한 여러 가지 이유 이외에도 사적 부문에 있어서의 경영 능력이나 훈련의 상대적인 결여, 부유층이 그들의 자금을 투기나 수익이 빠른 상업상의 모험에 투입하는 것보다도 오히려 생산적 투자로 투입하는 것을 꺼린다는 사실, 그리고 마지막으로는 대기업들이 과도한 독점이나 과점을 하게 되는 경향 등이 첨가되지 않으면 안 된다. 이러한 여러 가지 이유― 이것들이 작용하게 되는 강도는 남아시아의 나라에 따라 다르나―로 말미암아 국가는 흔히 산업기업 자체를 창립하거나, 아니면 바람직한 방향으로 가끔 급속한 발전을 얻기 위해 기업 활동을 규제하거나 통제하는 명분을 찾게 되는 것이다.

사회적·경제적 평등과 복지―이들은 남아시아에 있어서는 공언된 정책목표로 되어 있다―라는 이상을 상당한 정도로 실현하고자 하는 기도는 또한 대규모적인 국가간섭을 필요하게 할 것이다. 특히 가난한 나라에 있어서 그러한 정책들은 일반계획 속에 들어 있는 그 밖의 모든 정책수단과 더불어 계획되거나 통합될 필요가 있다. 그러한 정책들이 이와 같이 계획 내지 통합될 때, 그것들은 경제발전을 위태롭게 하기보다는 오히려 개발에 효과적인 작용을 하게 될 뿐만 아니라 이에 박차를 가하게 될 것이다. 일반적으로 전승된 불평등과 경직성은 경제발전에 불리한 것이므로, 만약 발전이 이루어져야 한다면, 이들은 정합된 국가정책에 의해 완화시킬 필요가 있게 된다.

모든 단계에서 계획화 자체는 또한 얼마간의 교육적 효과를 가질 것으로 기대될 수도 있다. 계획을 수립하고, 이를 널리 공고하고, 또 검토시킨다고 하는 것은 사람들로 하여금 수단과 목적의 양면에서 이를 합리적으로 생각해 보도록 하는 교육 효과를 가지게 될 것이다. 남아시아의 지도자들은 모두가 개발이 생활이나 노동에 대한 사람들의 태도의 근본적인 변화를 요구하고 있고, 또한 전통주의는 반드시 타파되지 않으면 안 된다고 하는 것을 알고 있다.

우리들이 지금까지 남아시아국에 있어서의 모든 국민 자신들의 상태, 문제, 그리고 이해의 관점으로부터 상세히 설명하고자 노력해 왔던 국가계획에 대한 논거는 가장 가난하고, 가장 인구가 조밀한 나라인 인도나 파키스탄에 대해서 가장 유력하다.

스리랑카는 비교적 높은 평균소득을 가지고 있기는 하지만, 인구 증가가 매우 급속하고, 산업화를 위한 자연발생적인 힘이 매우 약하므로—예외로 확장의 가능성이 제한되어 있는 재배농장이 있기는 하다—그곳에서는 계획화해야 할 근거가 매우 강하다. 아마 말레이시아와 태국과 같은 나라들은 역사적으로 다소 서구형과 유사한 자연발생적인 발전의 가능성을 보다 많이 가지고 있을는지도 모른다. 그러나 급속한 인구 증가가 비교적 덜 가난에 쪼들린 이들 나라들을 대규모적인 계획화가 필요하게 되는 점까지 이끌어가게 되리라는 것을 예측할 수 있다. 그렇지만, 특히 말레이시아는 준자연발생적인 형태의 발전을 가지게 될 비교적 유리한 전망을 보여주고 있는 것 같다.

그곳에서는 소득수준이 훨씬 높고, 인구 규모—급속히 증가하고 있기는 하나—에 비해서 천연자원은 여전히 풍부하고, 수출 가능성도 다소 밝게 보이며, 또한 많은 중국계 주민이 이 지역에서는 예외로 되리만큼 그 기업을 마련하고 있다. 만약 말라야연방이 말레이시아인과 중국인, 그리고 인도인 사이에 어느 정도의 내부적 단결과 정치적 안정을 유지시킬 수 있다고 한다면, 말레이시아는 그 결과로 고도의 국가 계획이 없이 남아시아의 다른 어느 나라보다도 크게 계속적인 경제발전을 할 수 있는 가능성을 머지않은 장래에 가지게 될는지 모른다.

경제계획이 많은 성과를 거두기 위해서는 안정적이고 효율적인 정부가 필요하다. 그러나 동시에 계획화 자체는 국가적 통합을 이룩하기 위한 주요 수단으로 된다. 그 이유는 첫째로, 계획화는 정부 정책을 강력히 추진하는 제도적 구조를 낳게 할 것이고, 둘째로, 계획화가 성공적인 경우, 그 결과는 보다 높은 경제수준, 대중들에 대한 보다 큰 기회, 그리고 국민적 위업의 상징으로 될 것이기 때문이다.

남아시아에서 국가가 경제개발을 계획화하고자 노력하고 있는 이론적 근거를 추상적인 용어로 묘사하고자 하는 이러한 기도는 물론 계획화의 이데올로기가 실제로 출현하고 언급하게 되는 이유를 설명하는 것은 아니다. 실제로 남아시아국이나 그들의 지도자들은 그저 단순하게 그들의 사태를 명확하게 파악함으로써 그들의 곤란을 극복하고 되도록 급속한 발전을 하기 위해서는 국가계획이 필요하다는 결론을 얻게 된 것은 아니었다. 계획화라는 생각의 언급은 훨씬 복잡한 인과관계를 가지고 있다.

무엇보다도, 남아시아국에 있어서의 참다운 상태에 관한 지식은 그들의 지도자들 간에서도 불완전할 뿐만 아니라 낙관주의적인 방향으로 기울어 있다. 이를테면, 대부분의 공무원들은 오랫동안 인구 추세가 가지는 중대한 의미를 똑바로 인식하는 것을 외면하고 있었다.

인구증가가 이론적으로 사실로써 받아들여지기 시작한 오늘날에 있어서도 그것이 가지는 중대한 의미가 완전히 이해되는 일은 거의 없고, 오히려 갖가지 그릇된 개념이 사실과는 유리된 채로 용인되고 있다. 그 밖의 대부분의 불리한 사정에 관해서도 같은 경향을 볼 수 있다. 태도와 제도 그리고 낮은 생활수준에 기인하는 생산 증가에 대한 억제요인과 방해요인은 마땅히 하루라도 빨리 제거되지 않으면 안 될 것이다. 그러나 이들은 일반적으로 모든 계획의 중심문제로부터 다소 제외되고 있으며, 고용과 저축, 투자 및 생산고 따위의 용어로 추론하는 전통적인 전후형 접근방법은 이러한 보편적인 편견을 합리화시키는 데 이바지하고 있다.

이리하여 계획에서 행해지는 모든 추계의 착오는 조직적이고 낙관적인 편향으로 기울게 된다. 뿐만 아니라, 신생국들을 위해서 생각하고, 말하고, 그리고 행동하는 사람들—정치가·기업가·전문가 및 경영자—은 총인구 중에서 오직 한 줌에 불과한 상류계층이다.

그들은 다소 유리된 서클을 형성하고 쾌적한 생활을 하고 있으며, 그들은 조직적인 환상에 의해 스스로를 방어하고자 하는 마음을 가지고 있음에 틀림이 없다. 왜냐하면, 그러한 환상이 유지되어야만 그들은 기득권익을 가지게 되기 때문이다. 그러나 위와 같이 모든 것이 지적되는 경우, 남아시아국의 지도자들이 직면하고 있는 곤란은 서방국이 이전에 직면했던 것보다도 여러 가지 면에서 훨씬 크므로, 결국 그들은 자기들의 사정을 달리 인식하게 되거나 정책에 관해서 다른 결론을 내리게 되는 경향이 있다고 하는 사실이 남게 된다. 그러한 일반적인 결론의 하나—그것은 많은 그 밖의 것도 포함하게 된다—는 경제계획이 필요하다고 하는 것이다. 이렇게 해서 위에서 열거한 국가계획에 대한 논리적인 이유는 명분으로서 기능하게 된다.

식민지시대나 전식민지시대로부터 이어받게 된 온정적 간섭주의의 경향이나 패턴은 이러한 확신을 뒷받침하고 있다. 남아시아의 도처에는 국가 공무원들이 할 수 있는 일에 관한 비상한 기대와 대중을 위해서 사물을 조직하는 것은, 그들에게 달려 있다고 하는 생각이 있다. 이러한 전통적인 관(官)에의 의존은 지방자치나 협조에 관한 무서운 장해로 되어 있다. 그러나 그것은 주민의 하류층으로 하여금 적어도 계획화의 이데올로기에 복종하게 하는 데 이바지해 왔다. 이것에 대응하는 것으로 걸핏하면 관리가 지시와 명령을 내리는 것이 있었다. 이리하여 남아시아에 있어서는 행정가들이—그들이 조금이라도 변화의 필요성을 깨닫고 있다면—계획수립가로 되어 버리는 경향이 있다.

이들 행정가들 사이에, 특히 계획화에 관해서나 사기업에 관한 국가 감독에 있어서 공산세계로부터 온 이데올로기적 영향이 강했다. 남아시아의 계획 선구자들이 국가경제개발계획에 관한 생각을 가지게 되었던 것은 명백히 급진적(사회주의적, 보통 마르크스주의적) 사상에 의해 자극을 받았기 때문이다.

실제로 '마르크스주의'는 가장 혼란된 개념이 되기에 이르렀으므로, 이 책에서는 전문용어로는 사용되지 않을 것이다. 마르크스는 계획 수립가는 아니었다. 그러나 계획화의 이데올로기가 남아시아국에서 발전하게 되었을 때, 그 이데올로기에 대한 마르크스의 사고방식은 그것이 경제적 모든 요인을 강조하고 있었을 뿐만 아니라, 사회적인 힘과 전사회제도에 있어서의 일반적인 상호의존 관계를 알고 있으므로, 일종의 일반적인 중요성을 갖는 것이었다. 자본주의의 후기 국면에 관한 제국주의 이론은 남아시아의 이데올로기에 내포된 교리에 대하여 보다 크고, 보다 특수한 영향을 끼쳐 왔던 것이다.

반대 방향으로부터, 남아시아의 지식인들은 공공정책의 정합을 통해서 서방국—이들은 정도에는 차이가 있을지언정 모두가 복지국가로 되기에 이르렀다—에 있어서는 계획화가 점진적으로 파급되어 가고 있다고 하는 것을 주목하게 되었다. 이러한 경향은 적어도 국가계획을 바람직하고 유용한 것으로 일반이 생각하게 되었다고 하는 점에 있어서는 공산세계로부터 생겨난 것과 크게 다를 바가 없는 영향력을 가지고 있었다.

물론 계획에 있어서의 특정 정책과 실시, 혹은 그 정책을 실시하지 않는데 대하여는 많은 반대가 있었으나, 대체로 이데올로기적 수준에서는 계획화 자체에 대한 뚜렷한 저항이 사실상 놀랄 만큼 거의 없었다. 그럼에도 특히 종교적·사회적 성격을 가진 전통적인 모든 이상에 사로잡히게 됨으로써 이와 같은 사례는 계획화의 이데올로기의 본질로 되어 있는 변화를 의식적으로 일으키게 하는 열성을 아무튼 저하시키고 있을는지 모른다.

우리들은 이러한 사실이나 계획화의 이데올로기가 대중에게 어느 정도로 받아들여지고 있는가에 관해서는 거의 아는 바가 없다. 대중들이 갑자기 수세기에 걸치는 졸음으로부터 깨어나게 되어, 자기들의 비참한 생활을 개선하기 위해 급속한 발전을 이성적으로 요구하기 시작한 것처럼 혹은 말하고 혹은 쓰는 것은, 생산세계는 물론 남아시아아나 서구에서도 상당히 공통적인 현상으로 되어 있다. 점고하는 기대의 혁명이라는 표현은 이러한 생각을 암시하고 있다. 그러나 이러한 견해는 정체적인 사회의 상태에 관한 다소 완전한 오해를 나타내고 있다.

지성적·상업적 엘리트와 대중들 간에는 큰 사회적·심리적 갭이 있으며, 그리고 이러한 갭이 존재하기 때문에 흔히 하류계층들은 엘리트들이 대중들과 동일한 방법으로 살아가게 강요된다면, 엘리트 자신들이 취하게 될지도 모르는 태도를 대중들에게 덮어씌우는 경향이 있다.

실제로 남아시아에서 우리들이 보게 되는 것은 한 줌의 엘리트가 계획화의 이데올로기와 근대화의 모든 이상을 받아들였고, 또한 이러한 개념을 대중 간에 퍼뜨리고자 노력하고 있다고 하는 것이다. 이것은 계획화의 이데올로기가 그것을 파급시키고자 하는 이러한 노력 속에서 어떠한 변환을 받게 될 것인가라고 하는 문제를 제기하게 된다.

과거부터 내려온 온정적 간섭주의나 관권주의의 패턴은 대중들로 하여금 계획화의 이데올로기를 받아들이기 쉽게 하고 있다. 이러한 패턴은 그 이데올로기의 내용에다 영향을 미치게 된다고 하는 것도 또한 생각하지 않으면 안 된다. 사람들은 자기들의 태도를 바꾸고자 하는 큰 마음가짐은 보이지 않으면서, 정부가 자기들을 위해 보다 많은 일을 해주기를 기대하거나 요구하게 된다. 정체적이고 가난한 사회에 있어서의 계획화가 대중들로 하여금 자기들의 태도를 합리화하고, 특히 스스로의 운명을 개선하기 위해 가일층 노력하게 하는 것을 목적으로 하고 있느니 만큼, 이것은 개발의 명분에도 도움을 주지 못한다.

계획화의 이데올로기의 영향과 한 나라의 빈곤, 그리고 자연발생적인 발전의 결여의 상대적인 정도 간에는 직접적인 밀접한 관계가 있다. 인도나 파키스탄에 있어서는 정치 지도자들이 계획화의 노력이 더욱 필요하다고 하는 것을 알고 있다.

다른 한편, 말레이시아, 필리핀, 그리고 태국에 있어서는 보다 유리한 모든 조건이 존재하고 있으므로, 정치 지도자들이 시장력에다 더욱 큰 신뢰를 두게 된 것은 당연한 일이다. 계획화에 있어서의 실제적 성과는 중앙정부의 역량 및 국민적 통합의 정도와 한층 강력한 상호관계를 가지고 있다. 이러한 것들은 경제계획에 주어질 수 있는 관심도와 효과적인 활동에 대한 가능성을 결정하게 된다. 계획은 본질적으로 일련의 뚜렷한 정치적 결정을 요구하는 정치강령이다.

인도는 그러한 빈곤에도 불구하고, 이 지역의 다른 어떤 나라들보다도 더 멀리까지 통합과 효율적인 정부를 향해서 전진하고 있었다. 파키스탄에 있어서는 진정한 계획화가 1958년 군사정권의 집권과 더불어 시작되었고, 그 정권은 적어도 잠시 동안은 보다 많은 명령과 규율을 그 나라에 강제하게 되었다. 계획화하고자 하는 노력이 미얀마나 인도네시아에서 큰 성과를 거두지 못하게 되었다고 하는 사실은 통일과 효율적인 정부를 유지하기 위해 야기되었던 반란이나 계속적인 투쟁과 명백한 관련을 가지고 있다.

계획화에 발전의 수준은 또한 합리적인 사고와 지식층의 영향력의 수준과 관련되어 있다. 인도는 이러한 점에 있어서도 또 앞서 있고, 스리랑카와 필리핀, 그리고 말레이시아가 바짝 뒤따르고 있다. 미얀마와 인도네시아—이들은 크게 전통적인 금기에 의해 묶여 있고, 흔히 기묘한 민족주의와 종교적인 슬로우건으로 뒤덮혀 있고, 일반적으로 감정적이다—에 있어서 계획화에 관한 대중토론의 수준이 한층 저조한 이유는 오직 정치적 곤란이 있다는 것만으로는 설명될 수 없다.

보다 정확하게 말한다면, 이러한 나라들에서는 식민지 정부나 행정기관에서의 오랜 경험을 가지거나 전문적인 능력을 가진 고도로 교육을 받은 합리적인 인재의 부족으로 인하여, 그리고 주로 책략가·음모가·편동가 및 투사로서의 훈련을 가진 지나치게 많은 수의 지도자들로 인하여 곤란이 크게 늘어나게 되었던 것이다. 그렇지만, 남아시아 도처에서 계획화의 이데올로기는 발언권이 강한 상류계층을 지배하게 되었고, 대중토론의 형식과 방향을 제시하는 동시에 정부 계획기관의 설립을 가져오게 했다.

인도와 파키스탄은 그들의 계획의 성과를 점검하고자 하는 진지하고도 정상적인 기도를 하게 되었다. 계획의 성과가 설정되었던 목표에 미치지 못하는 수가 많았다고 하는 것은 사실이다. 그렇지만, 비교적 후기에 이르러서 파키스탄을 제외한 이 지역의 다른 나라들에 있어서와는 달리, 인도에 있어서는 계획화가 국민적 정치생활이나 국민적 신앙의 교리의 중요한 일부분으로 되고 있었다고 하는 것은 부정할 수 없다. 의심할 나위도 없이, 인도에서 계획화가 실제로 진전을 보이게 되었던 가장 중요한 이유의 하나는 계획화의 이데올로기가 이처럼 열렬하게 받아들여졌다고 하는 데 있었다. 그러나 이러한 정치적 전개가 다음으로 계획화의 이데올로기의 위력을 강화하게 되었다고 하는 것도 또한 확실하다. 인도에서 그리고 뒤늦게 파키스탄에서 계획화의 이상이 경제생활이나 정치생활에 대해 확고하게 뿌리를 박게 되었을 때, 계획화는 그 자체의 타성을 가지고 움직이는 관심사가 되기에 이르렀다. 그러한 일이 일어나게 되었을 때에는 언제나, 그것은 많은 것을 의미하고 있었다. 계획화는 그 때 새로운 제도를 낳게 되었고, 보다 중요한 것은 그 진전에 이바지할 수 있도록 현존제도를 변경시키거나 형성하게 되었던 것이다.

국민 중에서 발언권이 있는 상류계층의 보다 많은 부분이 계획화 속에서 기득권익을 얻게 되었다. 효과가 커져감에 따라 계획화의 이데올로기는 공공정부에 관한 모든 논쟁에서 언급되는 주요 내용을 구성하게 되었다. 정부도 관료도 그 논쟁에 말려들게 되었고, 그리고 거대한 계획 구조의 부분으로서 움직이기 시작했다. 계획을 작성하고 설득하고, 그리고 실시하는 것은 정부의 주요 기능의 하나로 되기에 이르렀고, 모든 정부 시책은 점차 계획의 관점에서 제안되게 되었다.

계획화가 효과적으로 되기 위해서, 그것은 경합하고 있는 이해관계를 끊임없이 조정하고 이들 간에 우선순위를 결정하지 않으면 안 된다. 남아시아의 현상태하에서 계획화가 활발한 관심사로 되기에 이르렀을 경우, 언제나 그것은 대체로 중앙정부가 자치주정부와 협정하거나 업계의 이해관계와 절충하는 것으로 이루어지고 있었다. 그것은 또한 지역적이고 직능적 조직을 통한 민주적 계획화의 필요성을 직면하지 않으면 안 되었다.

새로이 마련된 집단조직뿐만 아니라 부활되거나 개편된 구조직은 제도적 하부구조를 확장한 것이었는데, 이와 같이 확장한 의도는 계획화에 있어서 그리고 특히 그 실시에 있어서 대중의 참여와 협조를 얻기 위한 수단으로서 이를 이용하려는 데 있었다. 확실히 국민의 보다 상류계층에 속하는 조직집단, 특히 상업과 공업, 그리고 개별적인 대기업에 있어서의 조직집단은 경제계획에 대한 참여자로서 훨씬 용이하게 받아들여지고 있었다. 이 때에는 협상—이것은 생산과 무역의 전면적인 국유화에 대한 유일한 대안이다—이 참여의 양식으로 되기에 이르렀다. 마지막 결과는 사기업조직의 이해관계를 고려해 주는 타협이었다. 그러나 그 결과가 어떠하건, 이러한 협의와 교섭이 이루어지는 동안에 이들 이해집단은 활발한 관심사로서의 계획화에 의하여 형성된 제도적 조직의 일부분이 되었던 것이다.

추구되는 실제정책에 대한 반대는 언제나 있을 것이고, 그리고 그것은 어떤 점에서 푸대접을 받고 있다고 생각하는 이해 당사자에 의해 언제나 조장되게 될 것이다. 그러나 이에서 중요한 것은 정부가 특정문제에 관해서 다만 산만한 반대에 부딪치는 것으로 그치느냐, 그렇지 않으면 정부의 계획활동을 방해하는 경향이 있고, 그럼으로써 계획화의 이데올로기 자체를 비난하는 굳게 뭉친 이해관계와 충돌하게 되느냐 하는 문제이다.

비교적 유복한 집단으로부터의 조직적인 반대가 예측될 수도 있다. 우선 계획화는 과다한 직접적이고 임의적인 행정적 통제를 통해서 그들의 활동에 타격을 주게 될 가능성이 가장 크다. 둘째로 남아시아를 통한 계획화의 이데올로기는 대중복지의 향상을 약속하고 있다. 그렇지만, 이러한 급진주의의 어느 것도 거의 모든 곳에서 이데올로기적 수준에서는 큰 반대에 부딪치고 있지 않다는 것이 사실이다.

계획정책으로부터 생기는 이익의 대부분은, 설령 그렇게 하는 것이 선언된 목적이나 동기가 되었다고 하더라도 가난한 사람들에게는 미치지 못했다. 그 대신에 그러한 이익은 그들보다 높은 계층에 귀속하게 되었다. 보다 일반적으로 말한다면, 추구된 모든 정책은 어느 나라에서도 보다 큰 경제적 평등과 경제력 집중의 완화를 가져오게 하지는 못했다.

현실적 권력구조의 이러한 반응은 보다 큰 평등의 약속이 계획화에 대한 상류계층으로부터의 많은 반대를 자아내게 하지 않았던 이유를 설명한다. 어쨌든 남아시아에 있어서의 모든 계획화는 일반적으로 상류계층에 대해서 이익을 주게 되는 것이었다.

또한 '사회주의'도, 그리고 특히 공공부문의 확대계획도 아직까지는 대기업이나 대중 위에 있는 그 밖의 어떠한 집단의 이익에 반대하는 것은 아니었다. 이러한 이면에 비추어, 실업가들 그리고 그 밖의 타고난 보수집단이 남아시아판 계획화의 이데올로기 속에 포함되어 있는 평등화, 사회주의, 그리고 통제라는 슬로우건에 대해 보다 많은 이의를 제기하지 않았던 이유를 더욱 이해할 수 있게 된다. 사실, 이러한 모든 정책은 그들에게 즉각적인 이익을 주게 되었거나, 아니면 그들의 이익을 해치는 일이 거의 없었다고 하는 것이다. 반대가 있었다면, 주로 그것은 모두가 정부에 대해 주의를 환기시키고, 정부로 하여금 더욱 급진적인 모험을 하지 않도록 경고하는데 이바지하게 되었다.

특히 인도에 있어서의 활발한 관심사로서 계획화에 관한 전술한 의견은 60년대 중엽으로부터 심각한 경제적 참화로 말미암아 3년간에 걸치는 계획화의 중단이 있었으므로, 이곳에서 과거시제(미완료시제)로 쓰게 되었다. 인도는 관례적인 5개년 계획으로 되돌아가려고 하고 있다. 만약 그것이 성공한다면 계획화의 기성패턴이 재현될 것이다.

서방국에 있어서는 오늘날 상당한 정도의 전면에 걸치는 경제계획이 있다. 하지만, 이러한 경향의 급속한 가속화는 다만 최근 수십 년 동안에 일어나게 되었다. 서방국에 있어서의 경제계획은 공업화의 결과였고, 사회적·경제적 그리고 제도적 모든 변화는 한층 성숙한 산업사회의 출현과 관련을 가지고 있었다. 그리하여 남아시아의 저개발국에 있어서 계획화는 공업화 '이전에' 또는 공업화의 바로 초기단계에 적응되고 있다. 뿐만 아니라, 남아시아의 계획화는 원리에 있어서나 접근방법에 있어서나, 시장에 대한 통제와 간섭이라는 조직적인 행위에 앞서는 것으로 생각되고 있다.

계획화는 서방국에 있어서처럼, 자연적인 과정에 의해 독자적으로 자라나게 내버려 둘 수는 없다. 남아시아에 있어서의 계획화는 발전의 결과가 아니고 발전을 촉진시키기 위해 사용되고 있는 것이다. 그것은 하나의 선행조건으로 생각되고 있고, 참으로 자연발생적 발전은 기대될 수 없다고 하는 가설에 의해 유도되고 있다. 그리하여 이 지역의 저개발국은 서양사에 비추어볼 때, 지름길로 생각되는 것에 착수하지 않을 수 없도록 강요되고 있다.

다름아닌 그들의 상황이 가지는 논리에 의해 서구에 있어서와는 달리 남아시아국의 계획화는 프로그램적인 것으로 되어 있다. 이것은 계획화가 재빨리 도입되고 있다는 사실로부터 나오고 있다. 그들의 상황이 가진 논리는 또한 프로그램을 통한 이러한 계획화가 원칙적으로 포괄적이고 완전해야 하고, 특히 서방국의 초기단계에 있어서처럼 국부적이고 단편적인 것으로 되어서는 '안 될' 것이라고 하는 것을 암시하고 있다.

그렇지만, 공산세계에 있어서는 프로그램적이고 포괄적인 계획화가 저개발상태에서 경제개발을 일으키고 감독한다는 바로 그러한 목적을 위해 사용되고 있다. 이러한 계획화는 또한 남아시아국이 찾고 있는 것이기도 하다. 남아시아의 저개발국이 기도하고 있는 것은 프로그램적이고 포괄적인 국가계획에 대한 공산주의적 기술의 요소를 이용하고자 하는 것이기는 하나, 그러나 약간의 조건—이러한 기술이 공산국에서 이용되고 있었던 약간의 조건—을 피하고자 하는 것이라고 해도 큰 잘못이라고는 말할 수 없을 것이다.

남아시아국은 모두가 민주적 계획화에 열중하고 있다. 민주적 민주화가 비틀거리고 있었던 곳에서도, 그리고 군부 독재하에 놓이게 되었던 나라들에 있어서 마저도 지도자들은 전체주의적이고 단일체제적 정권을 강요할 용의는 없었다. 설령 남아시아국이 그렇게 하고 싶다 하더라도 그들은 공산제도의 광신적인 교리를 강요할 조직과 준비를 갖추지 못하고 있다. 이러한 정치적인 저지요인을 접어두고라도 경제제도에도 또한 차이가 있다.

남아시아국은 공산국처럼 생산을 국유화하거나 국영기업과 집산주의를 원칙으로 하지는 않았다. 또한 그들은 무역이나 교역관계도 국가독점의 패턴으로 조직하지 않았다. 그러므로 남아시아국의 경제계획은 서방국의 형(型)과는 물론 다르거니와 공산국의 그것과도 판이한 제3의 형을 이루고 있다.

제10장 평등과 민주주의

 남아시아국은 개발계획의 이데올로기를 받아들이고 있었고, 또한 보다 근본적으로 그 나라들은 경제개발을 국가의 관심사로서 따라서 정치적 문제로서 다루고 있었다. 이것은 남아시아국의 사태를 서방국이 공업화의 문턱에 서 있었을 때 그들이 놓여 있었던 사태와 구별하는 중대한 사실이다. 또 하나의 사실은 남아시아의 평등주의에 대한 공약인데, 이러한 평등주의는 그들의 계획화 이데올로기의 구성부분으로 되어 있다. 다음으로, 이 이데올로기는 해방운동에 있어서 각종의 형태로 역할을 하고 있다.
 국민적 풍조라는 관점에서 본다면, 평등주의의 모든 사상이 공인되고 있다고 하는 사실에는 이들 모든 이상이 정치적 행위에 주게 된 영향이 어떠하건 간에, 남아시아국과 서방국 간에는 유사점이 있다. 그렇지만 시간적인 넓이에는 차이가 있다.
 서방국이 급속한 발전기에 들어서게 되었을 무렵에는 복지사회라는 개념은 아직도 무르익지 않고 있었다. 그 개념은 학자들의 추상적인 모든 전제나 반항자들의 비전 속에는 포함되어 있었으나 정부의 확정된 정책선언의 부분으로는 되지 않았다. 지배계급은 그것을 위험한 것으로 생각하고 있었다. 요컨대, 전공업화 단계에 머물러 있는 남아시아국이 정치적으로 평등원칙을 공약하게 되었다고 하는 것은 소련권을 제외하고는 사상 선례가 없는 일이다.

개발목표를 명백히 설명하고 있는 모든 계획에 있어서는 평등주의의 이데올로기가 우세해지고 있다. 계획은 개발의 경제적 국면에 초점을 두고 있는 것이 보통이므로, 그것은 소득과 부의 평등화, 그리고 생산수단의 한층 폭넓은 소유를 강조하고 있다. 그 밖의 복지의 모든 이상은 적어도 그것들이 계획에 포함되어 있다고 한다면, 보통 부록(附錄)으로 미루어지게 된다.

보다 큰 사회적·경제적 평등은 그 자체가 독립적인 가치를 가지고 있는 본질적인 선(善)—이것은 우리들의 용어법에 따른 것이다—이라고 하는 널리 받아들여지고 있는 개화사상이 바로 이러한 평등을 희구하는 이론적 근거의 한 부분을 이루고 있다. 이것은 설령 보다 큰 평등이 오직 완만한 경제발전을 대가로 해서 달성될 수 있다고 하더라도 그것을 추구하는 것이 합리적인 동기에 의해 어느 정도 뒷받침을 받게 될 것이라고 하는 것을 의미한다.

그렇지만 넓은 사회적인 관점에서 본다면, 남아시아국의 특히 가난한 나라들에 있어서 아직도 일반적으로 되어 있는 것 같은 불평등은 자주 경제적 진보를 방해하게 된다. 이러한 경우, 평준화는 개발에 대해서 독립적일 뿐만 아니라 수단적인 가치를 가지게 될 것이다.

전통적인 사회계층화에 고유한 이들 모든 불평등은 발전에 대한 장해로 인정되고 있다. 인도에 있어서 카아스트제가 장애로 되어 있다고 하는 것은 확실하다. 그것은 모든 사회계층 속에서 우세하게 되어 있는 근육노동에 대한 경멸과 혐오를 더욱 강화시키고 있다.

정통적 힌두교도들은 근육노동을 수행하는 사람들뿐만 아니라, 그 자신이 카아스트에 속하지 않는 모든 사람들을 구제하기 어려운 무리들로 보고 있으며, 그들은 또한 동포애나 연민을 느끼는 보통의 인간감정을 비뚤어지게 하거나 망쳐버리고 있다.

보다 큰 평등이 계획화를 위한 지상목표가 되어야 한다고 하는 공통된 의견일치가 있기는 하지만, 현실적인 발전은 보통 불평등의 증대를 향해서 움직이고 있다. 따라서 이러한 상태에서는 상당한 경제성장이 이루어지는 단계까지 목표의 실현을 연기하는 것이 합리적이라고 하는 주장이 유력하다.

불평등의 증대는 '개발도상국'에 있어서는 당연하게 생각되고 있다. 이러한 생각을 뒷받침하기 위해 경제발전은 역사적으로 보다 큰 부와 권력의 집중을 가져오게 했던 일이 많다고 하는 것이 일반적으로 거론되고 있으며, 때로는 이러한 결과가 불가피하다는 것을 증명하는 참고자료가 제시되기도 한다.

서구의 경험이나 심지어 일본의 경험이 이 점과 관련해서 언급되는 수가 많다. 그러나 그 자체로서 이러한 역사적인 비교가 반드시 중대한 의미가 있는 것은 아니다. 왜냐하면 남아시아의 상태 속에는 그것을 형성하는 독특한 요소가 있기 때문이다. 그리하여 남아시아에 있어서 발전은 계획화에 의해 일어나게 될 것이고, 더욱이 이러한 계획화는 평등화의 모든 이상을 실현하는 방향으로 돌려지게 될 것이라고 생각되고 있는 것이다.

중요한 문제는 경제적 평등화와 경제적 진보 간에 대립이 있는 것이 아닐까―다시 말하면, 평등화를 실현하기 위해서는 완만한 진보를 감수하지 않으면 안 되는 것이 아닐까―하는 것이다. 비록 남아시아에 있어서는 당면문제와 관련이 있는 경제적 모든 요인과 이들 상호간의 관계에 관해서는 상세한 정보가 아직은 없다 하더라도, 그 곳에서는 평등화의 증가가 발전을 방해하기 보다는 오히려 조장하게 될 것이라는 것을 암시하는 수많은 조건들을 서방국에 있어서 보다도 훨씬 많이 들을 수 있다.

우선 한 가지 예를 들면, 경제적 불평등은 사회적 불평등의 원인 중의 하나이고, 그리고 역도 또한 사실이다. 그리하여, 경제적 불평등의 감소는 사회적 불평등의 감소를 가져오는데 이바지하게 됨은 틀림이 없을 것이고, 또한 사회적 불평등의 감소는 경제발전에 유리한 효과를 미치게 될 것이다. 뿐만 아니라 매우 낮은 생활수준과 낮은 노동생산성 간에도 비슷한 상호관계가 있다. 따라서 저소득층에 대해 필수품의 소비를 증대시키게 하는 모든 수단은 노동 투입과 노동 능률을 증대시키고, 생산을 향상시키게 될 것임에 틀림이 없을 것이다.

전후형 접근방법―그것은 개발을 오직 투자 기능으로서만 다루고 있다―은 이들 두 개의 중요한 관계로부터 추상을 하고 있으며, 이것은 개발이 평등주의적 개혁 없이도 일어날 수 있을 뿐만 아니라 심지어 불평등의 증대는 경제성장을 위한 조건이 될는지도 모른다고 믿는 것을 가능하게 한다.

보다 큰 평등이라는 지상목표는 개발문제가 편의(偏倚)된 방법으로 연구되고 있는 바로 그 시기에 존속되고 있는 경우, 그 결과는 혼란된 편의주의적인 견해가 되고, 평등주의적 이상과는 맞지 않는 모든 정책을 은폐하는 것으로 되기에 안성맞춤이다. 설령 개혁이 그러한 이상에 따라 화려하게 유도되는 경우에도 그 개혁은 하등 실효가 없거나, 그렇게 가난하지 않은 사람들에게 이익을 주는 일까지도 있게 된다.

이것은 널리 토지개혁 노력이나 소작개혁 노력, 사회개발계획이나 협동계획과 같은 각종 지원계획에도 들어맞는다. 확실히, 장기적으로는 보건이나 초등교육의 수준을 향상시키고자 하는 노력이 평등화의 효과를 가져야 할 것이다. 그러나 이 점에 있어서도 정부 지출의 적은 부분만이 가장 필요로 하고 있는 사람들을 위해 배당되고 있을 뿐이고, 특히 학교제도는 보통보다 낮은 계층에 아주 불리하게 기울어져 있다.

그들의 정부조직과는 전혀 관계없이, 남아시아국은 상류계급 및 상류계급이라는 거대한 몸집을 구성하고 있는 각종의 집단 내에 있어서의 또한 그것들 간에 있어서의 타협과 조정에 의해 지배되고 있다. 이 상류계급의 구성원들이 자기들을 '중류계급'이라고 부르고 있다고 하는 사실은 중요하다. 특히 인도에 있어서는 정부가 누진세를 포함한 각종 수단에 의해 회교군주, 대지주 및 공업계와 금융계 거물들의 권력과 부를 제한하는 데 노력해 왔다.

　마을의 소지주와 상인 및 대부업자, 보통의 공업가, 그리고 최고위층 공무원에 속하는 상류계층은 이러한 모든 정책—덧붙여 말한다면, 이것들은 매우 효과적으로 되지는 못하고 있었다—보다 큰 평등을 실현하기 위한 기도로 보고 있다.

　공적 토론에 있어서는 '중류계급'에 대한 사회적 처우개선이 평등이라는 대의명분을 촉진하게 될 것이라고 하는 것이 보통 주장되고 있다. 사실, 인도적인 배경에 있어서는 이러한 중류계급이 어김없는 한 줌의 상류계급의 구성부분으로 되어 있다고 하는 것이다. 평등의 참다운 하류계급에 속하는 사람들이다.

　인도에 관해서 말해왔던 것은 이 지역의 여타 국가들에게도 마찬가지로 적용된다. 파키스탄에 있어서는 카아스트제의 경직성이 없기는 하지만, 역시 불평등이 두드러지게 나타나 있다. 이 나라에 있어서의 상류계층은 사회적·경제적 정의에 대해 관심이 적다. 혹은 적어도 이 문제에 대해 이론을 환기시킨다고 하는 것은 현명치 못하다고 확신하고 있다.

　스리랑카와 말레이시아에 있어서는, 그리고 그 밖의 남아시아국에 있어서는, 평등문제가 인도인이나 중국인이라는 소수집단의 존재로 인하여 복잡하게 되어 있으며, 이들의 약간은 소수집단에 대해서 특권적으로 보이는 지위를 차지하고 있다. 미얀마와 인도네시아는 평등을 촉진하는 급진적인 계획을 공약으로 내세우고 있다. 그러나 이 문제에 대한 관심은 높아져 가는 내외적인 정치문제에 직면해서 쇠퇴하고 말았다.

　정치적 민주주의라는 이상은 사회적·경제적 평등과 밀접

하게 관련되어 있다. 정치적 민주주의라는 말은 행정부가 보통투표권을 가지는 선거, 독립적인 사법권, 그리고 광범위에 걸치는 시민적 자유로 표현되는 인민의 의사를 이행할 만한 능력이 있는 제도를 의미한다.

사회적·경제적 평등의 증대에 관심을 가지게 되는 이유의 일부는 만약 그것이 없다면 정치적 민주주의는 실속 없는 성과가 되고 말 것이라는 것을 깨닫고 있었기 때문이다. 그러나 특히 독립 이전의 시대에 있어서 그것은 또한 흔히 사회적·경제적 혁명을 수행하는, 또는 불가피한 주요 수단이 되는 것으로 생각되었다.

인도에 있어서는 네루나 국민회의파에 속하는 좌익뿐만 아니라 그 밖의 사람들도 가난한 대중들에게 투표권을 준다고 하는 것은 급진적인 개혁을 가져오게 할 것이라는 것을 확신하고 있었다.

정치적 민주주의에 대한 책임은 처음부터 남아시아의 모든 나라들의 지도자들에 의해 일반적으로 받아들여지고 있었다. 그들이 선택한 패턴은 서방국으로부터 빌려온 것이었다. 한편, 서방국은 이러한 선택을 권장할 만한 것으로, 또한 완전히 자연적인 것이며, 정상적인 것으로 보고 있었는데, 이러한 예는 그들의 민족중심주의에서는 좀처럼 볼 수 없는 일이었고, 또한 역사적인 전망의 결여를 나타내는 것이기도 했다.

남아시아에 따라서 독립국이 출현하고 있었던 무렵에 서방국에 있어서는 이러한 패턴의 정치적 전개가 결국 어떠한 것으로 되고, 그것이 효과를 가지게 될 것인가, 그리고 그것을 어디로 끌고 가게 될 것인가에 관해 거의 아무런 실질적인 논의도 이루어지지 않고 있었다. 심지어 현대에도 거의 이루어지지 않고 있다. 제1차 세계대전 후 중앙유럽과 동부유럽, 그리고 남부유럽에 새로 창설된 민주주의 국가들에서 일어나게 되었던 일들을 상기한다면, 그것은 다소의 불안을 자아내게 할지도 모르는 것이었다. 그렇기는 하지만, 그것은 말로 표현되지는 않고 있었다. 서방국의 정치 구조가 그들이 비교할 만한 저개발 단계에 있었을 무렵에는 전혀 다르게 되어 있었다고 하는 사실은 거의 고려되지 않았다.

서유럽 민주주의국의 젊은이들은 비교적 진보된 발전단계가 이미 실현을 보게 되었던 수십 년 전가지만 해도 자기들 자신의 나라에 있어서 투표권이 얼마나 제한을 받고 있었는가에 관해 뚜렷한 생각을 갖지 못한 채 자라나고 있다.

산업혁명기를 맞아 유럽국가 중에는 선거구 유권자의 대표자로서 구성된 의원내각제의 형태를 취하게 된 나라도 있었다. 그러나 그 나라들은 근대적인 용어의 의미에 있어서는 결코 민주주의 국가가 아니었다. 실제로, 역사는 보통선거권에 입각한 튼튼하고 실효성 있는 정치적 민주주의를 확립하게 된, 매우 저개발상태에 있는 나라의 예를 제공하지 않고 있다. 게다가, 어떠한 나라도 그 나라가 남아시아국과 맞먹을 정도의 가난과 불평등으로 고통을 받고 있었을 때, 복지국가가 갖는 모든 이상을 실현하고자 기도한 적은 없었다.

보통선거권을 가진 완전한 민주주의는 경제발전이 진보를 보이게 된 단계―비교적 높은 생활수준과 읽고 쓰는 능력, 그리고 상당할 정도의 기회균등을 가지게 된 단계―에서만 비로소 성공적으로 시도될 수가 있었다. 그리하여 보통선거권의 최종적인 쟁취는 교육과 대중 편동, 조직 및 진취적인 기상이 승리의 결과로 되는 것이었다.

남아시아에 있어서는 정치적 모든 권리를 결코 쟁취할 필요가 없었고, 그것들은 대중들이 요구하지 않아도 위로부터 주어지게 되었다. 그럼으로, 그들의 이익을 증진시키기 위해 새로운 권리를 행사하는 데 그들을 결속시키는 투쟁으로부터 자극이 결여되고 있었다.

오늘날 남아시아의 여러 나라들은 아직도 어떻게 하면 대다수의 국민을 동화시킬 수 있을까, 그리고 그들로 하여금 국가건설 과정에 있어서 책임 있는 참여자로서 행동하게 할 수 있을까 하는 엄청난 문제에 직면하고 있다. 때문에 남아시아의 새로운 독립국이 완전한 민주주의 국가를 세울 수 있다거나, 그것을 유지할 수 있다고 생각했던 희망이 애당초 잘못된 것이었다.

남아시아국 중 4개국은 상당히 안정된 의원내각제를 아직도 가지고 있다. 그 밖의 나라들은 그 형태야 어떻든 독재주의 지배하에 들어가 있다. 어떤 나라에 있어서도 상당히 깊숙한 사회적·경제적 개혁은 이루어지지 않고 있다. 인도는 극단한 예의 하나이지만, 보통선거권과 비교적 높은 유권자의 참여에 토대를 두고 확고하게 세워진 의원내각제를 가지고 있다. 그러나 이것에도 불구하고, 대중들은 정치의 주권보다도 오히려 객체로 되어 있다.

대중들은 여전히 소극적이고 무기력하게 남아 있다. 그들은 자기들의 이익을 깨닫지 못하고 있고, 자기들의 이익을 지키기 위해 조직되어 있지도 않다. 그들은 힘을 행사하지 않고

있다. 인도의 민주주의는 현저하게 안정되어 있다고 하는 것
이 입증되고 있기는 하나, 그러나 그것은 대체로 정체성을 띤
안정이다. 그 나라의 불평등으로 굳어진 구조가 개혁을 필요
로 하고 있다고 하는 것을 감안할 때 확실히 그렇다.

한때 스리랑카의 의회민주주의는 질서정연한 과정을 걷고
있었다. 그러나 1950년대 초기 이후로, 그것은 무책임하고 무
질서한 방식으로 운영되고 있었다. 정치는 인종적·언어적 및
종교적 감정에 잠기게 되었고, 또한 급진적 민족주의가 만연
하게 되었다. 스리랑카가 군부 독재체제하에 들어가게 되지
않았다고 하는 것은 아마 대부분이 그 군대가 보잘 것 없고,
군부가 파키스탄이나 미얀마에서 차지하고 있는 지위를 갖지
못하고 있다고 하는 사실에 의할 것이다.

말레이시아와 필리핀은 이 지역에서 의원내각제로서의 구
실을 하고 있는 모든 제도를 갖는 그 밖의 유일한 나라들이
다. 그러나 말레이시아에 있어서 정치적 안정은 말레이시아
의 상류계층과 중국인 사회나 인도인 사회 간에 겨우 유지되
고 있는 이해의 균형에 크게 의존하고 있다.

다시 말하면, 말레이시아인들—그들은 중요한 정치적 이익
과 특권을 누리고 있다—은 보다 활동적이고 교육을 받은 중
국인들이 현재 그들이 차지하고 있는 2차적인 정치적 지위에
참지 못하게 되기 전에, 자기들 자신의 사회적·경제적 지위
를 개선할 수 있느냐의 여부에 크게 달려 있다.

필리핀의 안정은 심지어 더욱 뚜렷하게, 매우 불평등한 권
력구조에 의존하고 있다. 만약 발언권이 있는 필리핀인들이

민주주의적 자유나 절차에 대하여 그들의 열성을 나타내는 것이 용납되어 있다고 한다면, 그것은 아마도 정치권력의 지렛대를 쥐고 있는 지주들이나 이들 지주들과 동맹을 맺은 과두체제의 그룹에 대하여 그들이 아직은 크게 도전을 하지 않고 있기 때문일 것이다.

그 밖의 나라들에 있어서는 각종 이유로 말미암아 정치적 민주주의는 뿌리를 내리지 못하게 되었고, 어떠한 형태건 독재체제로 바꿔지게 되었다. 이러한 모든 변화는 정당제도를 갖는 정치적 민주주의가 비능률적이며 부패되어 있고, 국가의 통일을 무너뜨린다고 하는 이유에서 보통 정당화되고 있었다.

파키스탄에서 민주주의가 실패로 돌아가게 된 주된 원인은 인도의 국민회의파와는 달라서, 회교연맹이 이데올로기적으로나 그 밖의 어떠한 면에서도 공적 문제를 의회에서 제정된 방법으로 다루려고 하는 용의가 없었다고 하는 사실에 있었다.

미얀마나 인도네시아가 의원내각제를 완성시키고자 하는 데 있어서 겪게 되었던 문제의 대부분도 또한 그 나라들이 초기에 그러한 용의를 가지고 있지 않았다고 하는 데에서 찾을 수 있다. 태국은 제2차 세계대전 후 서방 민주주의국이 우세하다는 국외 사정에 편의주의적으로 순응해서 서구형의 의원내각제를 채택하게 되었다. 그것이 확고하게 뿌리를 내일 가능성은 그 나라의 독재주의적 전통에 비추어 희박하다. 베트남, 라오스, 그리고 캄보디아에 있어서 프랑스 지배의 독특한 성격과 프랑스인이 손을 떼지 않을 수 없게 했던 사태는 후진국의 정치적 민주주의에 거의 희망을 주지 않았다.

근대화나 경제개발이라는 입장에서 본다면 민주적인 정부 형태를 취하고 있던 나라들과, 독재주의를 향하여 움직이고 있던 나라들 간의 차이는 실질적인 것이라기보다는 피상적인 것이다. 어느 한 정부의 형태가 다른 정부의 형태다도 경제개혁정책이나 사회개혁정책을 적용하는데 보다 도움을 주게 되었다고는 말할 수 없다. 그와 반대로, 이 지역에 있어서 각종 정치제도는 기본적인 개혁을 개시하거나 사회기강을 강요할 만한 능력이나 마음가짐이 없다고 하는 데에는 뚜렷하게 비슷한 점이 있다. 민주적이건 독재적이건 간에 그것들은 모두가 이러한 의미에 있어서는 취약국가들이다.

몇몇의 남아시아국에 있어서의 독재주의를 향하는 움직임은 외부적인 영향에 의하는 바가 실제로 적었다. 남아시아의 관측자들이, 경제적 진보는 서구적인 의미에 있어서의 정치적 민주주의가 없어도 가능하고, 아마 매우 가난한 나라에 있어서는 독재주의적인 정부가 없다면 한층 불가능할 것이라고 하는 것을 이들 나라의 경험으로부터 추론해 왔다 하더라도, 이 점에 있어서는 공산국으로부터 명백한 이데올로기적 영향은 거의 없었다.

프랑스가 정치적 불안정에 대한 대책으로 효율적인 정부를 되찾기 위해 군인 출신인 드골에게 의지하게 되었다고 하는 사실은 선거에 의한 의회를 묵살하는 직접 통제제도를 존중할 만한 것으로 되게 했다. 그리고 프랑스에 있어서의 이러한 전개가 초기에 일반적으로 그 밖의 서방국에서 환영을 받게 되었다고 하는 사실은 남아시아에도 알려지지 않고 넘어가지는 못했다. 그렇지만 기본적으로는 외국으로부터의 영향이 이 지역에 있어서 정치적 민주주의를 약화시키는데 결정적인 것으로는 되지 않았다.

남아시아에 있어서 민주주의의 근본적인 약점은 그것이 각 계층의 민중에 의한 아무런 투쟁도 없이 위로부터 주어졌다고 하는 데 있었다. 민주주의가 이 지역에서 비틀거리게 되었거나 실패하게 되었을 때, 그것은 대중이 자기들의 이익을 옹호하고 궐기하기 위한 조직을 가지게 되었고, 엘리트들로 하여금 스스로를 방어하기 위해 행동을 취하지 않을 수 없게 했기 때문은 아니었다. 다시 말하면, 남아시아에 있어서 정치적 전개의 패턴에는 마르크스의 계급투쟁 모델에 대응한 만한 것이 거의 아무것도 없다. 대부분의 경우, 대중들은 여전히 냉담하고 분열된 채 남아 있었다.

이것은 대중들이 그들의 현재상태에 만족하고 있다고 함을 의미하는 것은 아니다. 특히 빈곤이 극도에 달한 인도와 파키스탄 및 필리핀의 경우와는 거리가 멀다. 마을에서는 혜택을 받지 못한 자들 간에서 음울한 불만족을 흔히 보게 된다. 그러나 그것은 정치적으로는 실패이다. 개개인은 자기의 항의를 효과적으로 되게 할 수 있는 수단이 없기 때문이다.

남아시아국이 순수한 서구형 민주주의를 확립하는데 겪게 되었던 곤란을 감안할 때, 그 나라들이 서구 발전의 초기 국면을 되풀이해서는 안 될 것인가 하는 것은 물어볼 만한 가치가 있다. 이 나라들은 서구의 공업화시대에 그 나라들을 특징지우고 있었던 안정된 상류계급의 정부를 세우고자 노력할 수는 없을 것인가.

교육이나 재산, 혹은 소득과 같은 조건에 의해 제한을 받는 선거권에 기초를 두고 선출되는 대의원제가 효율적으로 기능할 가망이 보다 많을 것이고, 또한 그 안정성에 의해 상당할 정도의 시민적 자유를 줄 수 있는 정부를 낳게 할 가망이 보다 많을 것이라고 하는 것은 주장될 만도 하다.

문자해득자에게만 선거권을 주는 것만도 중요한 차이를 가져오게 할 수 있을 것이다. 뿐만 아니라 문자해득 수준이나 생활수준의 향상은 당연히 선거권의 점차적인 확대를 뒤따르게 할 것이므로, 그러한 제도의 발전 가망은 명백하다. 이에 대한 답은 간단하다. 즉, 역사의 조류는 이 지역의 새로운 국가들이 서방국의 정치적 발전을 겪게끔 되돌릴 수 없다고 하는 것이다. 선거권을 제한하려고 하는 기도는 있었던 적이 없다. 그리고 민주주의의 이상이 포기된 적도 없었다. 모든 이상이 신통찮게 실현되었을 경우에도, 이들 모든 이상이 가지는 영향과 위세는 평화롭고 안정된 상류계급 국가가 출현하는 것을 막을 만한 것이었다.

민주주의의 탈을 쓴 서구형의 상류계급 국가는 일단 보통선거권이 도의적인 명령으로서 받아들여지기만 한다면 창립될 수 없다. 완전한 민주주의로부터의 후퇴는 갈대로 가고야 말 것이며, 참정권은 누구에게도 거부되거나 혹은 선거에 의한 의회를 격하시킴으로써 대수롭지 않게 됨은 틀림이 없다.

생각컨대, 오직 주민의 하류계층만 투표권을 박탈한다고 하는 것은 훨씬 '민주주의적'이 아니라고 생각될 것이며, 그것은 선행에 반대하고 죄악에 찬성하는 것이나 다름이 없는 것이 될 것 같다.

전체의 추세는 이데올로기의 힘이 왜곡되고 있을 때에도 그 힘이 얼마나 강한가를 보여주는 예를 제공하고 있다. 올바른 역사적인 관점에서 본다면, 이들 모든 독재제도는 남아시아국이 갖지 못하거나 창설할 수 없는 것, 즉 서방국이 산업화하기 시작했을 때 그 나라들이 갖고 있었던 것과 비교될 수 있는 안정된 상류계급 정권에 대한 대용물로서 생각될 수 있을는지 모른다.

자야프라캇쉬 나라얀과 수카르노 전대통령과 같은 비판자들이 의지했던 것은 식민지시대 이전의 마을민주주의라는 다소 낭만적인 이상이 있다. 정치적 재건에 관한 그들의 사상은 상호협조와 조화를 가질 수 있는 자기 나라의 국민들의 특별한 재능에 관한 황금시대의 신화로 그럴 듯하게 꾸며져 있었다.

파키스탄의 아유브 칸은 서구적 민주주의를 적용하는 데에 대한 유일한 반대자였는데, 그는 자국민의 정치적 미성숙에 관해서만큼 자국민의 뛰어난 재주에 관해서는 이야기하지 않고 있었다. 이러한 생각을 가지고 있었기 때문에 각양각색의 정치제도—교도민주주의, 그리고 여론과 직접선거 및 직접적인 독재통치를 통한 지배—가 투표권 제한에 토대를 두는 대의정치를 대신해서 세워지게 되었다. 그러나 그러한 정권의 안정은 자기들의 지위나 추세의 유지에 자신이 있는 동시에 내부적으로 마음든든함을 느끼고 있는 지배계급을 갖는 안정된 상류계급 사회의 존재를 전제로 하게 될 것이다.

인도에 있어서 그와 같은 사회를 위한 기초는 정치적 독립 직후에 제정된 반봉건개혁에 의해 약화되었다. 보다 중요하게 그것은 정치적 민주주의, 평등, 그리고 계획화 이데올로기의 파급에 의해 깎아내려지게 되었다. 이들 모든 이상은 적어도 그들의 자신을 뒤흔들 만큼 상류 지배계급의 마음을 확실하게 사로잡고 있었다.

　독재주의적 지배가 의회제 민주주의를 대신하게 되었던 경우에는 언제나 군부 세력이 그것을 달성케 하는 수단이 되어 왔다. 이에는 취할 만한 점이 있다고 주장될 수도 있다. 군부세력은 적어도 합리적인 계획에 따라 움직이게 될 것임에 틀림이 없고, 또한 그들은 규율이라는 바탕을 가지고 있기 때문이다.
　만약 이들 모든 정부의 군인 지도자들이 사회적·경제적 불평등을 감소시키는 데 참으로 헌신적이라고 한다면, 군부독재는 근대화의 모든 이상의 관점에서 충분히 바람직하다 할 것이다. 그러나 장교는 특권계급 출신이 많거나 그러한 계급으로 장가를 가기로 되어 있다. 그리고 효과적으로 다스리기 위해서, 그들은 거의 언제나 사업가 그룹, 지주그룹, 그리고 고급 공무원들과 제휴하지 않으면 안 된다. 이것은 너무나 자주 상류계급을 지지하는 효과를 낳게 하고 있다.
　군부독재가 개발에 대해 유익하게 될 것인지의 여부는 이와 같이 확실하지 못하다. 남아시아국이 정치적으로 떠내려가고 있는 방향을 알기도 또한 쉽지 않다. 어느 정도 확실성을 가지고 말할 수 있는 모든 것은 남아시아국이 현재 가지고 있거나 혹은 장래에 가지게 될 민주주의의 형태나 혹은 독재적 인기주의가, 서구국이 그들의 역사의 비슷한 단계에 가졌던 정치제도와는 결정적으로 다르다고 하는 것이다. 또다시 우리들은 남아시아를 제3세계로서 보지 않으면 안 된다.

남아시아에 있어서 정치적 민주주의의 운명에 대한 서방국의 반응은 주로 냉전을 고려한 나머지, 억제되어 왔거나 이율배반적으로 되어 있었다. 서구국가에 있어서는 그리고 특히 미국에 있어서는, 남아시아의 저개발국, 그리고 참으로 모든 저개발국이 공산주의로 널리 퍼질 두려움이 있다. 만약 가난한 나라들이 아주 급속한 경제 발전율을 갖지 못하게 된다고 한다면, 그리고 만약 그 발전의 성과가 대중들에게 나누어지지 않는다고 한다면, 그와 같은 사태가 일어날 가능성이 높을 것으로 보통 생각되고 있다. 그리하여 서방측의 해탈자들 중에는 독재정권이 출현하는 경우에도 그것이 반공적인 한, 그것을 민주주의적이 아니라고 비난하는 것을 꺼리는 사람도 있다.

보다 존경할 만한 지식층 간에서 현재 남아시아 내에 널리 퍼져 있는 조건하에서는 민주주의적 모든 이상을 실현하기가 무한히 어렵다고 하는 깨달음이 높아지고 있다. 서방의 학자들은 끊임없이 민주주의를 선택한다는 것을 명백히 하고 있기는 하지만, 그러나 그들은 정권의 형태에 대해서는 애써 한층 중립적인 태도를 견지하는 동시에, 그 정권이 계획화라는 관점에서 얼마나 효율적으로 될 것인가 하는 것에 관심을 가져왔다. 그럼에도 불구하고 가장 자주 논의되는 정치적 문제는 아직도 이 나라들이 공산주의를 향하여 가고 있는가의 여부에 있다.

우리들은 남아시아에 있어서의 장래의 정치적 전개, 특히 대중의 행동에 관해서 자주 입에 오르는 의견에 토대를 두는 정치적 전개에 관한 어떠한 예측도 그 타당성에 관해서는 깊은 회의를 표시하고 한다. 우리들은 마르크스의 혁명이론이나 점점 높아지는 기대의 혁명에 관한 이론에로의 그 확대에도 부합하지 않는 혁명적인 대사건이 일어나게 되거나, 일어나지 않는다는 것을 상상하기란 용이하다는 것을 강조하는 바이다. 이를테면, 인도 촌락의 하류계층은 설령 그들의 생활수준이 한층 더 저하된다 하더라도, 불평등이라는 쇠고랑에 묶인 채 가만히 있을 것은 아주 뻔하다. 또한, 그들이 외부로부터 어떠한 영향의 결과로서 심한 교란을 받게 된다면, 계급적 이해관계가 현재의 복잡한 이해구조를 대신해서 들어서게 될 것이고, 특권층에 대한 대중의 반란을 가져오게 할 수도 있을 것이다.

어떤 사정하에서는 외부적인 힘이 경제가 정체적이거나 악화하고 있을 때 대중을 궐기하게 하는 데 한층 효력이 있다 할 것이다. 다른 사정하에서는 생활수준이나 문자해득 수준의 향상이 외부로부터 그와 같은 혁명적인 영향에 대한 보다 좋은 온상을 마련할는지 모른다. 만약에 교육 받은 실업자가 수적으로 증가하게 된다면, 이러한 특정 중류계급 그룹은 대중저항운동의 조직에 자극을 주게 될는지 모른다. 그러나 이러한 범주에 속하는 실업자의 욕구불만이 오직 표면적인 의사표시, 즉 조직되지 않은 시위나 파업, 그리고 폭동 속에서만 배출구를 찾게 될 것도 또한 있을 수 있다.

교육 받은 자와 대중 간의 거리는 육체적 노동이 천시되고,

교육은 신체적 고역으로부터의 탈출구를 마련할는지 모르기 때문에 그것이 존중되고 있는 나라에서는 엄청나게 크다. 또 외국으로부터의 공산주의적 선전에 의해 이용되는 국제적 긴장이나 충돌은 조직적인 반란에 불을 지르는 데 이바지 하게 될는지도 모른다.

어떤 사정하에서는 애국적 정열이 혁명의 원인으로 손꼽히게 될 것이고, 어떤 조건하에서는 애국적인 호소—특히 만약 그것이 종교의 색채를 띠우고 있다고 한다면—가 초기의 반란을 진압시키는 데 이용될 수 있을는지 모른다. 이처럼 예측을 불허하는 변화에 대한 반응은 나라를 달리함에 따라, 그리고 시대를 달리함에 따라 달라지게 될 것이다.

공산주의가 절망으로부터 벗어나게 하는 조언—민주주의가 다소 유복하거나 장래에 대해 낙관적으로 되어 있는 사람들의 마음보다도 매우 가난하거나 자기들의 운명을 개선시킬 가망이 거의 없는 사람들의 마음에 훨씬 접근하기 쉽다고 말해지고 있다는 의미에 있어서—으로서 묘사되는 경우, 이것은 경험이나 주의 깊은 분석에 의해 뒷받침되지 않는 일반화이다.

장기적으로는 몇몇 남아시아의 나라들이 공산주의의 방향으로 더욱 기울게 될 가능성이 충분히 있다. 또한, 때로는 대중의 경제상태에 대해서 유리한 영향을 주지는 못한다 하더라도, 서방국이 관대한 원조정책에 의해 반공적인 정권을 강화시키는 데 성공하게 될 가능성도 없지는 않다.

어떠한 일이 일어나게 되든지 그 원인은 복잡할 것이고, 나라마다 매우 다를는지 모른다. 빈곤과 불평등, 그리고 발전의 결여는 그 과정에서 예정된 또는 일정한 역할을 하게 되는 것은 아니다.

　남아시아의 짓밟힌 대중들은 더 잘 알고 있어야 하고, 동정적인 호의를 가지고 있어야 할 서방측의 학자들이 세계의 인민 간에 한층 더한 정신적 단결을 가져오게 할 필요가 있다고 하는 자기네들의 주장을 들려주기 위해서, 자기들의 국민 간에 반공주의적인 감정에 호소하지 않으면 안 된다고 느끼고 있는 것은 슬픈 일이다.

제11장 남아시아의 사회주의

　공산주의 또는 공산진영과의 공공연한 제휴는 옛 프랑스령 인도지나를 제외하고는 남아시아의 어느 곳에서도 아직 실현을 보지 못하고 있기는 하지만, 일부 '사회주의'가 인도와 스리랑카·미얀마, 그리고 인도네시아에 있어서는 공인된 교리로 되어 있다. 사회주의의 이데올로기는 사실 남아시아의 여타 지역에서도 마찬가지로 존중되는 경향이 있다.

　비록 사회주의를 고집하는 풍조가 널리 퍼져 있다고는 하지만, 그 용어는 결코 엄격하게 정의되지 않고 있었다. 그 뜻은 나라마다 크게 다를 뿐만 아니라 같은 나라에서도 크게 다르고 그 결과 공적 토론을 혼란케 하고 있다. 어느 정도로는 이러한 혼란이 사회주의를 마르크스주의—이것도 그 자체가 막연한 개념이다—에 관련시키는 데에서 생겨나고 있다.

　다음으로는 이데올로기적 타협에서 생겨나는 사회주의가 있는데, 파키스탄의 마호멧교적 사회주의, 인도네시아에 있어서의 사회주의, 미얀마에 있어서의 불교적 사회주의, 인도에 있어서의 간디주의자에 의한 사르보드하야(Sarvodhaya socialism) 사회주의가 있다. 사회주의의 모든 이상은 토착철학 속이나 심지어 마을조직 속에 내재하고 있다고 보통 주장되고 있다. 물론, 사실은 그렇게 간단하지 않으며, 토착형의 사회주의를 설명하고 정당화하는데 사용되는 지적인 언어의 마술 이외에는 아무것도 아닐 것이다. 뿐만 아니라 사회주의적 이데올로기를 고수하는 풍조도 시간이 흐름에 따라 달라지게 되었다.

각국은 각종 정치적 경험을 겪어왔다. 그러나 사태의 추이 과정이 어떠했건, 사회주의라는 개념은 끊임없이 막연한 급진적 공약을 발표하는 데 이바지해 왔다. 개념의 모호함은 신봉되는 사회주의 이론을 나타내기 위해 선택되는 표현의 다양성에 의해 상징되어 있다. 그 밖의 점에서는 남아시아의 여타 국가에 있어서 보다도 이데올로기적 토론이 보다 높은 지적 수준에 있는 인도마저도 목적으로 하고 있는 사회의 종류를 서술하기 위해 의미가 아주 다른 수많은 용어를 사용해 왔다.

인도가 사용했던 용어로는, 사회주의 사회, 사회주의형 사회, 협동적 공화국, 사회주의적 협동공화국, 혹은 계급 없는 사회가 있었고, 계급 없는 사회는 때때로 평화적이고 합리적인 수단에 의해 세워져야 한다고 부연되기도 했다.

어디에나 내포되어 있는 막연한 좌익적 경향은 빈틈없는 지식층간에서 식민지 지배에 대한 반대에 공통적인 역사적 기원을 가지고 있다. 그러므로 그것은 또한 민족주의, 특히 아시아의 민족주의의 구성요소로 되어 있었던 평등주의적 이데올로기와 밀접하게 관련되어 있다.

거의 모든 경우에 있어서, 남아시아의 사회주의적 이데올로기는 독립운동의 일부분으로 번져가고 있다. 그것을 받아들이는 데에 레닌이나 홉슨과 같은 사람들의 정교한 이론은 필요치 않았다. 대규모적인 외국 투자의 존재와 경영 및 금융을 지배하고 있었던 외국인이 누리게 되었던 특권은 식민지주의와 그 모체인 자본주의에 대한 반대를 강화하게 되었다.

퍼니발(J. S. Furnivall)은 이러한 영향하에서 생겨나게 되었던 추론의 경향에 대하여 다음과 같은 납득이 갈 만한 논평을 가하고 있었다. 하지만 저자가 생각하기로는, 그들(식민지주민)은 그들이 자본주의적 '관행은 너무나 많이 보아왔기 때문에 공산주의적 '이상'에 대해서 보다 많은 공감을 가지고 있다. 그들은 경제적 개인주의에서 생산과 분배 및 교환에 대한 국가통제라는 교과서적 사회주의를 배척하는 것은 아니지만, 무제한적인 자본주의—혹은 이 용어를 좋아한다면—식민지주의에 의해 파괴된 사회를 재통합시키는 것으로서 사회주의 방향에 반응을 보이고 있는 것이다. 그리고 그들은 공산주의적 방법이나 공산주의 지배를 크게 싫어하거나 두려워하고 있으므로, 개인적 행복이라는 환영(幻影)에 대해서보다도 오히려 사회적 의무가 요구하는 것에 대해 보다 쉽게 응할 용의가 있을 뿐만 아니라 실제로 응하고 있다.

자국의 빈곤과 정체에 대한 맹렬한 분개는 남아시아의 지식인들로 하여금 외국인 소유이건 현지인 소유이건 가릴 것 없이 민간업체에 대해 경제적 진보를 일으키지 못한 책임을 지우게 했다. 무대가 주어진다면, 대부분의 독립운동 지도자들이 정치적 독립뿐만 아니라 그들이 자본주의의 식민지적 조직으로서 생각하고 있었던 것으로부터 해방을 요구하고, 이를 대신할 만한 경제조직을 찾는다는 것은 당연한 일이었다.

말레이시아나 인도네시아와 같은 동남아시아의 나라들과 스리랑카에 있어서는 서구 지배자들의 철수 후에 이들 여러 나라가 놓여져 있었던 사태, 즉 정치권력은 현지민 그룹의 수중에 있었지만, 경제권은 외국인 소수파가 보유하는 일이 많았다고 하는 불안정한 사태에 따르는 재조정 과정에 의해 사회주의의 영향을 받게 되었다. 이들 나라에서는 국가가 소유권과 관리권을 인수해야 한다는 요구가 때때로 있었다. 그러나 이러한 사회주의는 자주 소수파 외국인을 현지주민으로 바꿔놓는데 지나지 않았다.

한 예로서, 인도에 있어서는 사회주의가 계획화와 동일시되는 일이 많았는데, 이것은 물론 계획화의 목적이 우리들의 이른바 근대화의 모든 이상의 목적과 같은 것으로 될 것이라는 가정하에 서 있었다. 어쨌든 사회주의는 계획화 없이는 달성될 수 없는 것으로 생각되어 왔다. 혹은 사회주의는 단지 좋은 사회를 실현하기 위한 것으로서만 이해되고 있다.

대부분의 경우에 있어서 사회주의라는 말은, 다만 초기계획 목적으로서 전통적으로 평등을 강조하는 근대화의 이데올로기를 대신하는 애매한 용어에 지나지 않는다. 분명히, 이것이 인도에 있어서 사회주의 고수자의 대부분—특히 국민경제구조에 있어서의 폭넓은 개혁을 찬성하지 않는 사람들—에 대해서 사회주의가 갖는 뜻이다. 그러나 그와 같은 공식화는 서구인들이 아시아의 사회주의에 관해서 이야기하는 경우의 뜻과는 다르다. 지금까지 사회주의가 내포하고 있었던 뜻은 무엇보다도 국유화의 공약이고, 또한 보다 일반적으로는 경제의 보다 큰 부문에 걸치는 국가 소유와 국가 관리의 공약이다.

사회주의를 남아시아에 대해 경제적으로 적용시키는데 있어서 적어도 국가 소유와 국가 관리가 고려되고 있다고 한다면, 그것들은 다만 국민경제의 매우 한정된 분야—공익사업과 근대적 대공업, 광산, 대재배농장, 금융업, 보험업, 그리고 어느 정도로는 특히 외국과의 무역—에 대해서만 생각되고 있다는 점에 우선 주의하지 않으면 안 될 것이다.

농업과 수공업 및 근대적 또는 재래적이거나를 불문한 소규모 공업은 사회화할 만한 대상으로는 생각되지 않고 있다. 그보다도 경제활동의 이러한 광대한 분야에 있어서는 소유와 경제의 분리가 파키스탄과 태국, 말레이시아, 그리고 필리핀에 있어서나 꼭 마찬가지로 인도에 있어서도 이상으로 되어 있다.

남아시아에 있어서는 협조가 필요하고, 무엇을 민주적 계획화 속에 포함시킬 것인가에 관해서 의견이 일치하고 있는 것처럼 경제활동의 광범위한 분야를 사적 부문에 남겨놓은 동시에 개별적인 기업가를 지원하는 정책이 있어야 한다는 데 의견이 일치하고 있다. 유일한 차이점은 사회주의를 공약으로 내세우고 있는 나라들에 있어서는 이러한 모든 정책이 사회주의적으로 된다고 생각하는 것이다.

다른 한편, 남아시아에 있어서 공익사업은 일반적으로 국가에 속하지 않으면 안 된다고 하는 데 또한 의견이 일치하고 있다. 그러나 또 다시, 이러한 정책노선이 사회주의적이라고 일컬어지고 있는 것은 사회주의국에 있어서 뿐이다.

남아시아에 있어서 독립 이후에 창립된 금융기관은 대개가 국가 소유로 되어 있다. 이 지역 내의 각국은 그 자체의 개발목표에 이바지하게끔 규제될 수 있는 독자적인 화폐를 발행하고 투자 자금을 공급하기 위해 중앙은행을 설립하게 되었다. 그러나 모든 나라들은 또한 그들의 식민지시대의 전임자들로부터 물려받은 민간은행 제도를 확장시켜 왔다. 전 지역에 있어서는 또한 국가 수출입기관을 통한 무역이나 상업에 대한 잦은 정부 간섭도 있었다.

상업이나 사업에 대한 이러한 개입은 외국인 특히 남아시아국에 어느 정도 존재하고 있는 중국계 중간 상인과 인도계 중간 상인에 대한 편견에 의해 자극되는 수가 많았다. 그리고 이 지역의 대부분에 있어서는 국가가 사실상 식량공급이라는 본질적인 항목을 떠맡지 않을 수 없었다. 왜냐하면, 미얀마나 태국 같은 예외가 있기는 하지만, 식량 부족이 일반적인 현상으로 되어 있었기 때문이다. 이처럼 국가로 하여금 무역활동에 있어서 더욱 많은 책임을 지게끔 촉진하게 된 동기는 여러 가지로 다르지만, 그 동기의 대부분이 사회주의와는 관련이 없다.

남아시아국의 대부분에 있어서의 사회주의 문제는 위에서 말한 모든 활동이 이루어지게 되는 경우에서도 일어나지 않거나, 혹은 경제의 가장 큰 부분에 관해서 논의하는 경우에도 부적절하다. 사회주의 문제가 여전히 적절하게 되는 부분은 근대공업인 바, 이에는 광산과 임업, 재배농장이 포함된다. 대제조공업은 계속 남아시아 경제의 매우 작은 부문으로 되어 있다—심지어 인도에 있어서도 그 나라 경제의 매우 작은 부문으로 되어 있다. 그렇지만, 사회주의에 관해서 논의하는데 있어서 대공업을 특히 중시하는 데에는 두 가지 이유가 있다. 첫째로, 만약 이 지역의 모든 나라들이, 특히 크고 급증하는 인구를 가진 가장 가난한 나라들이 그들의 개발계획에 대해 어떠한 성공적인 희망을 가질 수 있다고 한다면, 훨씬 많은 부분의 노동력이 결국 농촌 외에 고용되지 않으면 안 된다.

만약 대공업이 국가기업에 의해 가장 잘 추진될 수 있다고 한다면, 이것은 정부의 참가를 확장시키는데 대한 틀림없는 논거가 된다. 둘째로, 일부 대공업은 기초적으로 된다고 생각하고 있는데, 이것은 보통 대공업이 보다 많은 공기업—기초적이건 혹은 기초적이 아니건—을 일으킬 수 있다고 하는 것을 말하는 것이다. 그리하여 대공업은 정부에 대해서는 계획 작성에 있어서 경제개발의 속도와 방향에 영향을 주게 되는 수단을 의미하게 된다. 말레이시아를 제외하고는 남아시아 도처에서 어떠한 형태이건 국유산업을 조직하려고 하는 기도가 실제로 이루어지고 있었다.

공업에 있어서 정부 간섭에 관한 문제는 모든 곳에서 어려운 것으로 생각되고 있다. 이에 대한 답은 아마도 한 나라가 급진주의를 향하여 진로를 잡고 있는가, 혹은 보수주의를 향하여 진로를 잡고 있는가를 도시(圖示)하는 데 있다 할 것이다. 이 경우에 사회주의 사회를 향해서 가느냐, 그렇지 않으면 자유기업 사회를 향해서 가느냐 하는 선택은 정부의 결정에 따르게 되거나 그것에 달려 있다고 생각되고 있다.

남아시아국은 독립 후에 세 가지 방법으로 공업의 국가 소유에 대해서 손을 댈 수 있었다. 그들은,
(1) 공공부문에 있어서 기업을 이어받을 수 있었거나,
(2) 민간기업을 국유화할 수 있었거나 혹은,
(3) 새로운 국가 공기업을 창립할 수 있었다.

남아시아국은 거의 예외 없이, 전식민지 정부로부터 공공부문에 있어서의 공기업을 거의 이어받지 못하고 있었다(단 태국은 식민지로 점령되었던 적이 없었다).

이 지역에 있어서 민간 공기업의 국유화는 여태까지 주로 외국인에 의해 소유되고 있었던 공기업에만 관련되고 있었다. 국유화는 미얀마―그곳에서는 채취산업을 외국 업체가 장악하고 있었다―에서 일어나게 되었고, 또한 인도네시아에서도 일어나게 되었다. 그렇지만, 인도네시아에 있어서는 국유화가 대부분의 경우, 외국인들에게 경영관리를 위임한다는 애매모호한 방법이나, 혹은 주로 사회주의에 관련되지 않는 정치적인 수단으로서 이루어지게 되었고, 어떤 경우에는 몰수했던 것을 그 후에 되돌려 주기조차 했다.

공공부문이 확장되고 있는 3개국 중에서, 인도는 관영 대공업의 조장이 그 나라의 사회주의 정책의 일환으로 된다고 하는 것을 선언하고 있다. 그러나 파키스탄과 필리핀은 공식적으로 자유기업 경제를 답습하고 있다. 이들 두 나라 공업에 있어서의 국가 기업은 두 가지 이유에서 정당화되고 있다. 즉 충분한 대규모 사기업의 결여, 그리고 희소한 재화의 공

급을 증대시키고 외부 경제를 창조하는 것을 통한 사기업에 대한 이익의 증가—이러한 이익은 국유 공익사업으로부터 일어나고 있다—등의 이유에서 정당화되고 있다. 같은 이유가 인도에 있어서도 그것이 사회주의라고 부르기를 원하는 정책을 취하게 되는 논거로서 또한 내세워지고 있다.

오직 한 가지 점에 있어서만이 인도가 파키스탄이나 필리핀보다도 더 사회주의에 기울어 있다고 볼 수 있겠는데, 그것은 마지막 두 나라들이 관영기업을 단지 고도적인 것으로 생각하고 있다고 하는 점이다. 파키스탄과 필리핀은 국가 기업을 되도록 빨리 민간기업으로 옮길 의도를 밝힌 바 있었고, 또한 이러한 의도는 부분적으로 이행되고 있었다.

이상의 모든 것을 고려해 넣는다면, 공공부문 및 민간부문의 문제를 사회주의와 자유기업 간의 이데올로기적인 선택문제로 줄여 생각할 만한 충분한 이유가 있을 것 같이 보인다. 그러나 남아시아국간의 경제정책에 있어서의 차이점과 공업발전에 관한 업적에 있어서의 차이점은 그들의 이데올로기적 입장과는 밀접하게 관련되어 있지 않다.

서방측의 학자들이 인도가 많은 사기업을 용납하게 될 것인가에 관해서 깊이 생각할 때는 그들의 현재의 정책보다도 오히려 미래의 행동에 더 관심을 갖고 있는 것이고, 이러한 사실은 또한 인도의 민간업계에서 때때로 표명되고 있는 걱정에도 타당성이 있다. 발전도상의 사회주의 경제에 관한 공식적인 정책선언은 그 자체로는 이러한 미래에 있어서의 걱정에 거의 근거를 주지 않고 있다. 그러한 선언과 이념은 인도에 있어서는 독립되기 오래 전부터 더러 있었다.

　정책선언은 보다 급진적으로 되는 경향이 있기는 하지만, 실제 정책은 민간기업에 대해 국가를 위해 보류되었던 부문에 진출할 기회를 더욱 많이 주고 있었다. 최근에 인도의 재정곤란과 해외원조에 대한 더욱 심한 의존은 이러한 추세를 강화하는 것으로 생각하지 않으면 안 된다.

　또한 관영공업 부문에 있어서 투자의 높은 성장률은 이들 투자가 중공업에 집중되는 한, 민간공기업의 미래에 관한 염려를 자아내게 하지는 않을 것이다. 개괄적으로 말해서, 그것은 공익사업에 있어서의 투자와 마찬가지로 사기업에 대한 자극제가 된다고 볼 수도 있다. 그리고 또한 이러한 공공부문이 민간기업에 대한 정부의 통제력을 강화하게 될 것이라고 염려하는 것도 비현실적이다.

　무엇보다도 공공부문의 성장은 그것이 품귀를 해소시키는 정도만큼 자유화를 가져오게 하기 때문이다. 그리고 일단 정부가 중공업으로부터의 철과 강철 및 그 밖의 제품에 대한 통제력을 갖게 된다면, 그것은 그 밖의 통제력을 필요로 하게 되는 일이 훨씬 적을 것이고, 또한 민간기업에 보다 많은 기회를 줄 수 있음에 틀림이 없다고 할 것이다. 마지막으로, 정치적 경향이 보수적이었다고 하는 사실도 또한 민간업계의 우려를 진정시킬 만한 것이다.

　우리들은 다음과 같은 두 가지 사실을 어느 정도 확인할 수가 있다. 첫째로, 특히 인도에 있어서는 현재의 활동양식이 그 자체의 타성을 일으키게 하고 갑작스러운 변화에 대한 상당한 저항을 자아내게 하고 있다는 사실이고, 둘째로, 기존의 사회주의적인 이데올로기와 그 실제적인 해석이 계속 미래의 발전에 영향을 주게 될 것이라고 하는 사실이다. 그럼에도 불구하고 이데올로기적인 입장이 일반적으로 지나치게 중요시되고 있다.

  그리하여 정치생활의 양식이 파키스탄에 있어서는 인도에 있어서만큼 확정되어 있지 않으므로, 파키스탄의 미래의 진로는 인도의 그것보다도 한층 더 불안정함에도 불구하고, 파키스탄의 민간공업의 미래가 그 나라에 있어서나 서방국에 있어서 문제가 되는 일은 훨씬 적고 논의되는 일조차 없다. 그러나 다시 남아시아의 어떠한 나라라도 그 나라의 정책방향에 관해서 예언한다고 하는 것은 극도로 위험한 일이라고 말하지 않을 수 없다.

제12장 민주적 계획화

　민주적 계획화라는 말은 남아시아에서 흔히 쓰이고 있는 용어이다. 그것은 많은 생각을 포함하고 있으나, 가장 두드러진 생각은 다음의 것이다. 첫째로, '민주적 계획화'는 계획화와 그 계획 속에 통합된 모든 정책이 대중의 지지를 얻어야 할 뿐만 아니라 계획화를 입안하고 실천하는데 있어서 그들의 적극적인 참여도 얻어야 한다는 것을 의미하는 것으로 생각되고 있다. 둘째로, 이러한 대중적인 참여와 협조는 자유의사에서 생겨나야 할 것이고, 그래야만 국가정책은 통제나 강제가 없이 수행될 수 있다고 일반적으로 생각되고 있다. 일상의 토론에 있어서 이들 두 가지의 생각은 일반적으로 결부되어 있으며, 이미 제9장에서 언급했던 그 밖의 이데올로기적 모든 요소와 뒤섞여 있다.
　대중의 참여를 추구해야 할 논리적 근거는 간단하다. 추상적인 용어로 우리들은 경제개발이 궁극적으로 사람들이 생각하고 느끼고, 그리고 행동하는 방식에 있어서의 변화를 요구한다고 말할 수 있다. 개인으로서, 그들은 생활이나 노동에 대한 그들의 태도를 바꾸지 않으면 안 될 것이다. 특히 그들은 더욱 열심히, 그리고 더욱 능률적으로 일하고, 또한 그들의 에너지를 보다 생산적인 경로로 돌리지 않으면 안 될 것이다. 집단으로서, 그들은 그들이 그 속에서 살고 일하는 자기들의 사회, 따라서 사회의 모든 조건을 개선하기 위해 더욱 협동하지 않으면 안 될 것이다.

이러한 주장을 낳게 하는 연구방법의 배후에는 일단 대중들이 자기들의 처참한 상태를 인식하게 되고, 또한 국가정책을 통해서 상태를 개선할 수 있는 길을 알게 된다면, 그들은 이러한 모든 정책을 채택을 지지하거나 그 실현에 참여함으로써 적극적으로 반응을 보이게 될 것이라고 하는 신념이 있음에 틀림이 없다. 대중 포섭의 추구는 '민주적 계획화'의 중요한 교리로 되어 있다.

지방분권이라는 용어는 국가보다도 작은 단위 내에서의 정치적 자치에 대한 동의어로서, 특히 정치적 자치에 대한 논급에서 자주 사용되고 있다. 기본이념은 동일 지역이나 지방에 있어서의, 혹은 동일 산업이나 직업에 있어서의 사람들 간의 조직적인 협동 바로 그것이다.

그와 같은 협동은 대규모 민간업체에서 흔히 쉽게 이루어질 수 있다. 그러나 농업과 수공업 및 소공업—이것들은 거의 모두가 민간부문으로 남아 있다—에 대해 협동을 조장하고자 하는 기도는 민주적 계획화의 본질이라고 생각되고 있다. 하지만 본질적 요소는 국가수준 이하에서 사람들이 어디에서나 그들의 공통적인 이익을 위해 협동해야 한다고 하는 것이다. 오직 이 때만 계획화는 참으로 민주적 계획화에 이르는 것이다.

그러나 이렇게 생각하는 데 있어서는 약간의 딜레마가 따르게 된다. 무엇보다도 가난과 전통에 묶여 있는 대중들이 개발계획의 합리적인 모든 이상(더구나 일반적으로 개발계획에 함축되어 있는 보다 큰 평등에 대한 요구)을 이해하거나 받아들이려고 하지 않을는지 모른다는 것이다. 남아시아의 소원(所願)에 대해 가장 동정적이었던 한 서구학자 모리스 진킨(Maurice Zinkin)은 상당히 오래 전에 그가 저술했던 「자유아시아의 개발」이라는 저서에서, 이 점을 날카롭게 지적하고 있었다.

"민주주의적 정치가 부딪치게 되는 곤란은 대부분의 아시아에 있어서는 그 곤란이 개발을 방해하는 유권자의 소원과 편견 자체에서 생겨나게 된다고 하는 것이다. 유권자들은 자기들의 사회가 정체에 머물게 되고, 자기들의 수공업이 보호를 받게 되고, 자기들의 자녀들이 교육을 받지 않게 되고, 자기들의 돼지가 굶주리게 되고, 자기들의 소를 살려두게 되고, 자기들의 재생산은 통제를 받지 않게 되기를 바라고 있다. 남아시아의 어느 나라에서건 개발을 방해하고 있는 예를 든다면, 편견과 신념, 그리고 태도 등을 헤아릴 수 없이 많다 (그리고 참으로 서방국에 있어서도 또한 마찬가지이다.)"

어느 시점에 이르러 계획 입안자들은 이러한 사실을 인식하게 되었고, 마침내 대중 자신들을 계획의 참여를 통해서 교육시키는 데에 특별한 역점을 두게 되었다. 이 점에 있어서 그들은 이것이 이루어지기가 얼마나 어렵고, 또한 얼마나 많은 시간이 걸릴 것인가에 관해 흔히 너무나 낙관적으로 되어 있었다. 그러나 이 같은 낙관적인 편견이 없었다면 민주적 계획화의 이데올로기는 붕괴했을 것이다. 그 이데올로기에 따른다면, 계획은 대중의 지지와 더불어 시작되어야 하고, 대중의 자발적인 협조로서 완수되어야만 하는 것이었다. 그러나 계획화는 그 자체가 계획화의 교육과정에 의해 생겨나게 될 지지를 기다릴 수는 없다.

또 하나의 주요한 딜레마가 있다. 민주적 계획화는 대중을 위해 보다 큰 평등을 참조해야 한다고 일반적으로 생각되고 있다. 경제적·사회적 평등화는 계획화에 대한 대중의 자발적인 지지를 확실하게 하며, 그래서 계획화는 강제에 의하지 않고 수행될 수 있다고 생각되는 것이다. 그러나 계획의 입안과 집행을 감독하는 정부의 대표단을 선출하는 힘은 여전히 압도적으로 특권그룹의 수중에 있다. 그리고 보다 큰 평등은 실패한 적이 많았다. 이러한 딜레마와 그 밖의 딜레마에 대해서는 후에 되돌아가기로 한다.

민주적 계획화를 달성케 하는 실제적인 수단은 각종 방법으로, 그리고 여러 분야에 제도화된 협동체제를 확립하는 것이라고 일반적으로 이해되어 왔다. 이처럼 매우 포괄적인 의미에 있어서 협동은 매우 다양하고도 자주 중첩되어 있는 제도적인 모든 장치—지방자치기관이나 지역자치기관으로부터 신용조합이나 그 밖의 협동조합, 지역사회개발계획, 농업확대계획, 노동조합 등에 이르기까지—를 포함하고 있다.

이들 모든 구상이나 모든 계획은 대개가 서구의 이데올로기적 영향으로부터 생겨나게 된 것들이다. 사실, 식민지 정부는 협동조합을 추진하거나 심지어 지방자치나 지역자치를 실시하고자 노력했었다. 지역사회개발마저도 전혀 새로운 착상은 아니다. 협동조합이나 마을 자치가 자기들의 나라나 자기들의 지역에 대해서는 낡은 전통으로 되어 있다고 주장하는 것이 남아시아에 있어서는 보통으로 되어 있다. 이러한 주장은 설령 그것들이 진리의 요소를 포함하고 있다 하더라도 황금시대의 신화의 환상을 되풀이한 것이다. 왜냐하면, 모든 원시적이고 비시장내 경제는 남아시아국이 현재 도입하려고 하는 제도적 하부구조의 형태와는 아무리 다르다 하더라도, 일부 그리고 어느 정도의 협동과 지방자치를 가지고 있기 때문이다.

서방국에 있어서는 남아시아의 지도자들이 모방하고 싶어하는 이러한 고도로 발전된 지방정부와 그룹의 협동이익을 증진시키는 유사 공공조직이나 사조직이 그것들을 진압하기 위해 흔히 사용되고 있었던 국가 권력에 반대해서 아래로부터 가해졌던 압력의 결과로서 자라나게 되었다. 지역 자치나 지방자치에 관해서 서구는 굳게 자리잡게 된 제도적 유형을 세울 수 있었고, 또한 끊임없이 수정할 수 있었다. 그러나 남아시아국은 서두를 필요가 있고, 계획화와 개발에 대한 대중의 지지를 동원하기 위해서는 근대적 하부구조를 필요로 하고 있다.

그들은 하부구조가 자연발생적으로 아래로부터 생겨나게 되기를 기다릴 수는 없다. 실제로, 만약 근대적 하부구조가 국가간섭에 의해 만들어지지 않는다면, 뒤에 가서 적당한 자연발생적인 반응을 일으키게 할 것 같은 발전의 가망은 전혀 없다. 제도적 하부구조를 정부 정책에 의해 만들어내고, 그 성장을 정부 간섭에 의해 자극하는 외에는 다른 방도가 없다. 이것은 민주적 계획화의 이상이 오히려 노력 전체를 약화시키게 하는 환상이 아닐까 하는 치명적인 문제를 제기하게 된다. 이것들은 중대한 문제들이며, 또한 마찬가지로 중대한 그 밖의 문제들도 있다. 공산국에 있어서의 제도적 하부구조는 혁명 후 정치적 명령으로 만들어지게 되었다. 그것은 상부의 지시를 지방 수준이나 지역 수준에 전담하는데 주로 사용되었고, 또한 사용되고 있다.

우리들이 제9장에서 지적했던 바와 같이 남아시아에 있어서 계획화의 이데올로기는 다소 소련의 그것과 비슷한 데가 있기는 하나, 그러나 남아시아 정부는 전체주의적이고 단일체제적인 국가를 만들지는 않고 있다. 그렇지만 제도적 하부구조는 국가간섭에 의해 만들어지지 않으면 안 된다. 그렇게 하지 않으면 그것은 발전하지 않기 때문이다. 이 때에 생겨나는 문제는 일단 만들어지기만 한다면, 그것이 인기를 끌고 더욱 발전할 수 있는 그 자체의 생명을 가지게 될 것인가 하는 것이다. 민주적 계획화는 그것이 그렇게 될 것이라고 하는 데 기대를 걸고 있다.

제도적 하부구조에 관해서마저도 남아시아의 저개발국이 서방적 유형뿐만 아니라 소련적 유형과도 다른 계획화의 제3세계를 형성하게 될 운명에 놓여져 있음은 이미 명백하다 할 것이다.

그와 같은 제도적 하부구조를 만들고자 하는 데 있어서, 인도는 계획 작성에 있어서는 물론이거니와 계획의 착수에 있어서도 앞장을 서 왔다. 이러한 노력에 관한 공적 토론의 수준이나 열도는 높았고, 그리고 인도는 또한, 특히 농촌 향상계획에 관해 단연 으뜸가게 날카로운 평가연구를 하고 있었다.

애당초부터 인도는 생산성과 생활수준을 향상시키고, 농촌에 있어서의 노동이나 생활에 대한 태도를 개선시키기 위한 정합된 기도라고 할 수 있는 이른바 국민총력 동원과 지역사회개발을 강조하고 있었다. 지역사회개발 계획은 급속한 이득이 있을 것이라고 하는 기대와 함께 큰 열성을 가지고 착수되었다. 그러나 출처를 달리하는 많은 평가연구는 일찍부터 이러한 기대가 너무나 지나치게 낙관적이라고 하는 것을 보여주고 있었다. 대부분의 인도 농촌에 있어서는 크게 달라진 것은 아무것도 없었다.

협동을 촉진하기 위해 인도는 식민지시대에 비롯되었던 신용조합을 발전시키는 노력을 강화하게 되었다. 신용조합의 수는 엄청나게 증가하게 되었고, 그것들이 공급하는 총기금의 비율은 3%~20% 이상까지 늘어나게 되었다. 그럼에도 불구하고, 시골은 아직도 고리대부업자에 의해 지배되고 있으며, 또한 협동조합운동은 식민지시대에 있어서와 똑같은 병폐로 골치를 앓고 있다. 많은 협동조합은 주로 통계상으로만 존재하고 있다. 그 밖의 많은 것들도 참다운 협동조합이 아니었으며, 그것들은 조합원들로부터 자금을 마련하는 노력에 있어서 성공을 거두지 못하고 있을 뿐만 아니라 주로 보조자금의 지출기관으로서만 역할을 하고 있다. 많은 것이 파산

지경에 있고, 그 운영은 자주 비능률적이고 부패해 있다. 인도의 계획 입안자들은 또한 협동조합운동이 그 밖의 분야에까지 번져가는 것을 장려하고 있었다. 그러나 다목적 협동조합, 그리고 특히 농업협동조함은 한층 더 보잘 것이 없었다.

더욱이 최근의 인도는 지방자치에 대한 법적 기반의 창설을 역설하게 되었다. 농촌 핀차야트(village Panchayat)로 시작해서 지역 수준을 정점으로 하는 선거에 의한 3단계에 걸치는 피라밋형 지방의회가 구성되었다. 이들 공공단체가 계획 작성과 계획 실시, 그리고 일반적인 지방행정 및 지방세에 대해 더욱 더 책임을 맡아줄 것을 사람들은 기대하고 있었다.

통틀어 생각할 때, 민주적 계획화를 실현하기 위해 꾸며진 인도의 모든 정책은 그 목적에 있어서 참으로 인상적이다. 그러나 관찰자는 그 파업의 중대성만을 알고, 그 과업에 따르는 고유한 모든 문제의 중대성에 대해 눈을 가려서는 안 된다.

그 이유의 하나는 초기 조건을 고려할 때, 민주적 계획화를 향한 이러한 노력에 있어서 급속한 진전을 바란다고 하는 것은 비현실적이기 때문이다. 그렇지만 사실 급속한 변화는 그 것을 성취하기가 어려우면 어려울수록 그만큼 없어서는 안 된다는 것이고, 한편 실패할 잠재적 위험은 예상할 수 없을 정도로 크다. 불행하게도 이것은 인도나 그 밖의 남아시아국들이 민주적 계획화를 달성하고자 하는 그들의 노력에 있어서 직면하게 되는 여러 개의 딜레마 중의 하나일 따름이다.

둘째의 딜레마는 계획의 범위, 그리고 특히 표면적으로 전국을 적용 범위로 하는 것이 선정된 지역에 집중적으로 노력을 경주하는 것보다도 성과가 있을 것인가 하는 것과 관련이 있다. 인도에 있어서는 뒤의 방법이 특정지역에 있어서 보다 급속한 성공을 보증하기는 하였으나, 그러나 그 나라의 대부분은 여전히 정체에 빠져 있었다.

셋째의 딜레마는 농촌향상계획이 주로 관련을 가져야 했던 '생활상태'와 관련이 있다. 최근에는 보다 많은 농산물에 대한 긴급한 필요성이 이 농업 생산성의 증진을 최우선 순위로 해야 한다고 하는데 의견의 일치를 가져왔다. 그러나 저생산은 교육상태나 건강상태, 그리고 태도와 관계되어 있으므로, 그렇게 널리 인기를 얻고 있는 견해는 그릇된 것이라고 하는 것이 판명될는지 모른다.

간단한 사실은 인도가 모든 바람직하지 못한 조건을 개혁함으로써 광대한 시골 전역에 걸쳐 급속한 진보를 일으킬 필요가 있다고 하는 것이다. 지금처럼 특정한 개발 국면이나 소수 지역에 집중한다고 하는 것과 완만한 발전에 고정되게 한다고 하는 것은 모두가 매우 저개발상태에 있는 나라—이러한 나라에 있어서는 현재 노동력이 해마다 약 2.5%나 증가하고 있으며, 만약 그 노동력이 도시의 빈민가나 판자촌으로 넘쳐 흘러가지 않는다면, 그것은 농업 속에 머무르지 않으면 안 된다—에 대해서는 충분한 해결책으로 되지 못할 것이다.

인도의 경제학자들은 그들의 최초의 계획을 작성함에 있어서, 개발 모델을 설정하는 가장 낮은 기본단위로서 마을을 선택하게 되었다. 그들의 신념은 마을에는 지역개념의 유산이 있다고 하는 확신에 근거를 두고 있었다.

그들은 마을 사람들이 자기들 자신의 지방 문제를 잘 이해하고 있고, 서구인들보다도 자기들의 상호관계에 있어서 한층 허물없는 마음을 가지고 있을 것으로 믿고 있었다. 또한 마을 사람들 간에는 순수한 이해관계의 일치가 있을 것이라고 하는 한층 더 문제가 되는 가정도 있었다. 그러나 실제로 인도의 농촌향상계획이 배양하고자 애쓰고 있었던 자치와 협동의 형태는 과거나 현재의 관습이나 태도에서 심히 벗어나 있다. 새로운 계획은 마을사람들로 하여금 합리적으로 되게 하고, 변화와 개선을 찾게 하려고 하고 있는 반면, 재래의 자치와 협동은 기껏 기존관계의 유지에 관심을 가지고 있었다.

인도의 마을은 불평등과 이해의 대립, 그리고 변화에 대한 저항—이것들은 민주적 계획화의 정책이 극복하지 않으면 안 되는 정체에 의해 일어나게 되고, 다음으로는 정체를 뒷받침하고 있는 모든 태도이다—의 문자 그대로의 본거지이다. 그렇지만, 마을을 이해의 조화를 가지는 단위로서 보는 낭만적인 견해가 매우 강하므로, 그것에 감히 도전하는 인도의 학자가 있다 하더라도 그리 흔하지는 않다—심지어 능률을 근거로 내세워 도전하는 학자도 매우 드물다.

마을을 기본단위로 두어야 할 것인지, 이것도 확실히 의심스럽다. 아마 변화를 일으키게 할 힘은 애당초부터 마을을 보다 큰 단위로 통합시키는 것에 의해서만 동원시킬 수 있을 것이다.

민주적 계획화의 기초가 되는 기본이념의 하나는 민주적 계획화가 아래로부터 세워진 것이라야 하고, 더욱이 그것은 국민의 자발적인 참여와 협조를 통해서 생겨나야 한다고 하는 것이다.

영국인은 인도인의 마음으로부터의 참여를 얻는 것을 좋아하지 않았거나 얻을 수 없었다고 하는 점에 대하여 끊임없이 비난을 받고 있었다. 독립된 인도는 새로운 방향을 취하게 될 것으로 믿어지고 있었다. 그래서 딜레마가 생겼다. 왜냐하면, 남아시아의 정체적인 마을에 있어서는 이러한 자발적인 참여가 서유럽에서 생기게 되었던 것처럼 자연발생적으로 생겨나지 않았기 때문이다. 격심한 가난과 급속한 인구증가에 완만한 발전으로 대처한들 별효과가 없을 것은 뻔하다. 급속한 발전이 아니고서는 전혀 발전이 없는거나 다름이 없으며, 심지어 진보를 의미하게 될 뿐이다. 확실히 국가는 마을 지도력의 창조를 촉진하기 위해 간섭하지 않으면 안 된다. 그러나 문제는 이것이 자치에 참다운 대중운동으로서 정력을 얻을 기회를 주게 될 만한 힘을 일으키게 할 것인가의 여부에 있다.

모든 정부는 그 나라의 국민이 다만 정부 자체의 의향에 따르기를 원하고 있었던 것이 아니라, 오히려 국민이 자기네들의 생활조건을 개선하게 될 새로운 제도에 참여하는 동안에, 이들 정부가 지시하는 행동의 방향을 따르기를 원하고 있었다. 이것은 중대한 개혁을 의미하는 것이며, 또한 자발적인 참여에 중점을 둔다고 하는 것은 그 개혁을 더욱 어렵게 할 뿐이다. 이러한 사회적·경제적 혁명을 이룩하기 위한 수단은 물론 행정이며, 그것은 확대되고 훈련되고 방향이 고쳐지지 않으면 안 된다. 이것은 이들 모든 정부가 공산주의자들처럼 열광적이고 훈련된 당간부를 가지고 있지 않으므로 특히 잘 들어맞는다. 자치와 협동은 위로부터 주어져서는 안 되고, 국민의 소망으로부터 솟아나지 않으면 안 된다고 하는 아주 자주 되풀이되고 있는 이데올로기적 공식은 주로 자기 기만일 것이며, 자기기만에 빠진다고 하는 것이 거의 농촌향상계획을 합리적으로나 효과적으로 되게 할 것 같지는 않다.

　남아시아의 많은 자치기관이 특히 인도에 있어서는 서구형으로 만들어지는 수가 보다 많았으며, 또한 국민이 의사표시를 하는 수단으로 되게 하는 것을 목적으로 하고 있었다. 그러나 이들 기관은 중앙정부의 앞잡이로서의 관리에 의해 움직여지는 수가 보다 많았다. 노동조합이 적절한 예의 하나이다.

　남아시아 도처에서 노동조합운동은 주로 대공업이나 대재배농장에만 한정되었고, 농업 노동자를 조직하고자 하는 중대한 노력은 이루어지지 않았다. 몇몇 나라에 있어서는 노동쟁의에 있어서 약자인 노동자를 돕기 위한 노력, 특히 경영이 외국인의 지배하에 있는 경우에 이루어지고 있었다.

　다른 한편, 단체협약의 최후수단이 되는 파업은 경제발전을 방해하게 될 것이라고 하는 의견도 있었다. 주장을 굽히지 않는 자주적인 노동조합이라는 서구적인 개념은 말로만 내세워지고 있었던 반면, 정부의 노력은 실제로 조합으로 하여금 임금의 억제를 받아들이거나, 조정과 중재를 통해서 협조하게 하는 방향으로 돌려지고 있었다. 이것은 남아시아의 노동조합의 대부분을 이데올로기적으로 소련의 그것과 거의 구별될 수 없게 하고 있다. 그러나 기본적인 사회적·경제적 구조를 개혁하지 않은 채 자치와 협동, 그리고 대중 참여를 위한 기구를 만들고자 하는 이러한 모든 노력은 본질적으로 평등문제를 무시하고자 하는 기도이다. 그리고 이들 모든 개혁을 실패케 한 데 대한 책임의 대부분은 불평등문제를 회피하려고 하는 이러한 기도에 있다.

이에서 이 문제는 하나의 딜레마―참으로, 이데올로기와 민주적 계획화 정책과의 기본적 딜레마―로서 나타나게 된다. 왜냐하면 인도나 그 밖의 남아시아의 나라들에 있어서, 정치적·사회적 조건이 불변이라고 한다면, 매우 다른 정책을 실시할 수 있는 방법을 찾기란 어렵게 되기 때문이다.

인도에 있어서 간디주의를 신봉하고 있던 지도자들의 대부분은 촌락 구조 속에 널리 번져있는 불평등을 솔직히 인정하고 있다. 그들은 카아스트 토지소유제도나 토지사유제도를 폐지하게 될 전면적인 개혁의 필요성에 관해서 말하는 일까지도 있다. 그러나 그들은 이것은 강제가 없이 이루어져야 한다고 주장했다. 네루가 사회계급에 있어서의 참다운 개혁 대신에 기존제도 내에서의 자비심과 박애심에 중점이 두어지게 되었고, 기존권익은 있던 그대로 남아 있었다고 말한 것을 보더라도, 이러한 접근방법의 약점을 그는 알고 있었다.

실제적인 농촌향상문제와 민주적 계획화 문제가 논의되는 경우, 자치제도와 협동제도는 농촌의 모든 구성원을 총망라할 필요가 있다고 하는 것이 강조되는 수가 많다. 민주적 절차는 보다 가난하고 보다 약한 자에 대한 특별한 고려를 가져오게 할 것이며, 따라서 특권층은 자기들의 특권을 잃게 되어 비특권층과 참다운 민주적 협동을 하게 될 것이고 하는 희망에서이다.

이러한 사고의 노선은 인도에 있어서 공적 신조가 되어 있다고 말할 수 있으며, 그것은 사람들이 함께 일하게 될 수 있을 때, 비폭력적 사회개혁이 일어날 수 있다고 하는 간디의 확신에 의해 뒷받침을 받고 있다. 그러나 공적 토론에 있어서는 이러한 모든 것에 대한 의문이 공공연하게 표현되어 왔다.

가드길(D. R. Gadgil)은 그의 저서「경제정책과 경제개발」에서 이러한 류의 간디주의는 복고주의와 거의 다를 바가 없다고 그 특징을 설명하고 있다. 그는 간디의 접근방법이 실패하게 된 이유가 본질적으로 새로운 조직이 시도되기 전에 낡은 제도적이고, 계급적 형태를 철저하게 분쇄해야 한다고 하는 것을 깨닫지 못한 데 있었다고 생각하고 있다.

인도와 같은 독특한 이데올로기적 상황에 있어서는 정치가들이나 지식 있는 엘리트들이 보다 큰 평등과 촌락으로부터의 불공정의 제거를 소리높이 외치기란 쉬운 일이다. 그러나 이러한 의견을 말하는 사람들 중에서 이들 이상을 실현시킬 실제적인 방법을 지지하는 사람은 거의 없다.

위에서 개발을 지도하는 것은 그들의 모든 이상과 상반한다. 그러나「개발도상의 정치지역사회에 있어서의 공공기관: 인도의 예」에 있어서 리챠드 벤딕스(Richard Bendix)가 강력히 주장한 바와 같이, 마을 사람들은 미래가 아니고 현재 협동하게끔 요구를 받고 있으며, 그리고 현재 그들은 큰 경제적 불평등과 강한 종파적 관계에 의해 심히 분열되어 있다. 사실은 대중들이 만약 농촌사회의 상태가 달라졌다면, 그리고 달라지게 되었을 때, 다소 먼 장래에 일어날지 모르는 촌락 전반에 걸치는 단결과 조직을 받아들일 만한 그러한 포용력을 현재 가지고 있지 않다는 것이다.

　보다 중요한 것은 농촌 향상정책 자체가 대부분의 사람들보다도 이미 유복하게 되어 있는 사람들에게 주로 이익을 주는 경향이 있었다고 하는 사실이다. 비록 목적과는 정반대이기는 하지만, 이러한 경향은 보다 큰 평등에 대한 현존의 제도적 장애를 깨뜨리고자 하는 우선적이거나 혹은 동시적인 노력도 없이 불평등한 사회에 대해 향상계획을 적용한 데에서 생긴 자연적인 결과이고, 참으로는 필연적인 결과이기도 하다. 행정의 전체제는 이러한 경향을 조장하고 있다.

　행정기관 자체는 아무리 설득해도 고쳐지지 않는—적어도 신속하게 고쳐지지 않는—강한 계급제도적 유산을 가지고 있다. 인도의 지역사회개발 노력에 있어서 주도적 역할을 하게 되었던 미국의 전문가인 포오드재단의 더글러스 엔스밍거(Douglas Ensminger)는 이들 계획에 착수하는 공무원들의 특권계급적인 태도에 대해 경고를 하고 있다.

　그는 농촌 노동자들이 함께 일하는 사람으로서가 아니라 낮은 계층의 노동자로서 천시되거나 천대를 받는 일이 너무나 흔하며, 또한 행정직계 내에서의 현재의 카아스트제는 지역사회계획의 성공을 해치는 한층 주요한 저해요인이 되어 있다고 불평을 말하고 있다.

　많은 행정관들이 낮은 계층에 대해 쌓고 있는 사회적 장벽과 무관심에 대한 불평도 또한 자주 있다. 그러나 이러한 불이행은 행정관 자신의 행동과 태도를 관찰하는 것만으로는 충분하게 설명되지 않는다. 설령 그가 가장 헌신적이고 정력적인 사람이라 하더라도, 그가 마을에 가서 최하 천민을 일깨우고 자기들의 착취에 대해 폭동을 일으키게 한다고 하는 것이 참으로 기대될 수 있을까. 그는 틀림없이 마을로부터 추방당하거나, 혹은 결국 무능을 이유로 파면되고 말 것이다.

그는 정부를 위해서 혁명을 일으키게 하게끔 파견된 것이 아니라, 실제적인 어떠한 일을 완수하게끔 파견된 것이다. 이 것을 하기 위해서 그는 자연히 유산계급이나 가장 유력한 카아스트와 관계를 가지게 된다. 그는 그들과 함께 일할 수 있고, 그리고 그들은 그의 노력으로부터 가장 많은 것을 얻는 입장에 있으므로 한층 잘 그들을 받아들이게 된다.

최하 계급이 그를 다만 정부의 앞잡이로 생각하고, 근본적으로 자기들 자신의 사람으로 생각하지 않는다고 하는 것도 마찬가지로 이치에 맞는다. 잠재적 자유노동자로서나 다소의 찌꺼기를 얻은 사람으로서를 제외하고는 보다 가난한 마을 사람들이 계획에서 배제되는 이유는 이러한 사정이 있기 때문이다. 실속 있는 급속한 발전은 뒤떨어진 그룹이 그들 자신의 야망을 가지게 되기를 각별히 요구하고 있으나, 그러나 현재의 정치적·사회적·경제적 배경은 이러한 변화를 조장하지 않고 있다.

이러한 딜레마를 알게 된 서구 사람들은 그것에 대해 매우 이율배반적인 태도를 보이고 있다. 그들은 부분적으로 지역사회개발계획이 자기들의 보수적이고 원래 반공주의적인 공격에 찬성하고 있으므로, 그 계획을 찬양하고 있다. 그럼에도 그들은 또한 자주 보수세력이 이미 너무나 강하게 되어 있으므로, 혁명을 피하기 위해서는 남아시아국이 마을의 불평등한 기능, 구조를 개혁하지 않으면 안 된다는 것을 느끼고 있다.

그들은 토지개혁이나 소작인 보호가 보다 철저히 이루어지지 않았던 것을 유감으로 생각하고 있다. 하지만 단정적인 비판은 매우 적었고, 지역사회계획이 논의되는 경우에 평등 문제는 애써 회피되고 있다. 외교성이 민주적 계획화의 각종 프로그램에 관한 저술의 대부분에 있어서 주된 관심사가 되어 있음은 명백하다.

자유의사라는 낱말이 가지는 딜레마도 그 용어의 전적으로 다른 세 가지의 의미가 광범위하게 혼동됨으로써, 모호하게 되는 수가 많다. 그 의미의 하나는 민주적 계획화가 먼 장래에 있어서가 아니라 자치와 협동을 위한 새로운 제도를 창조하는 과정에 있어서 되도록 빨리 대중의 참여와 창의를 필요로 하고 있다는 것이다.

계획화의 문제는 근본적으로 어떻게 하면 대중들이 한 나라를 저개발상태에 묶어두고 있는 불만족스러운 모든 조건을 개선하는 데 참여하고 협조할 수 있도록 유도할 수 있을까 하는 데 있다. 둘째의 의미는, 전계획화와 개발과정이 민주주의적인 정치 구조 내에서 일어나게 되어야 한다고 하는 것이다. 남아시아의 모든 나라에 있어서는, 그 정체는 그것이 인민의 필요와 욕망에 따르고자 노력하고 있다는 의미에서 민주주의적이라고 하는 주장이 있다.

셋째의 의미는, 인민의 참여와 협조는 강제에 호소함이 없이 설득과 조정에 의존해서 추구되어야 한다고 하는 것이다. 인도는 확실히 서방국가로부터나 공산국가로부터나 외국의 관찰자에 대해서는 지나치게 생각될 정도로 설득과 조정을 택하는 쪽으로 기울어져 있었다. 남아시아의 그 밖의 나라들도 비슷한 선택을 해왔다. 남아시아에는 모든 점에서 극단한 방종이 있었으며, 또한 정부 정책은 끊임없이 위협보다도 회유를 통해서 일을 처리하려고 노력하고 있다.

이러한 선택이 그 밖의 두 가지의 의미와 논리적으로나 실제적으로 동일하지 않다고 하는 것을 깨닫지 않으면 안 된다. 그것은 분명히 정치적 민주주의와 동일하지 않다. 이들 모든 나라들은 그들의 시민들에게 보다 작은 의무 밖에 지우지 않았고, 그들이 지우게 되었던 의무마저도 서방 민주국보다 훨씬 비능률적으로 강요하고 있었다. 이러한 강제의 기피는 확실히 첫째 의미의 자유의사와는 같지 않다. 규칙을 세우거나 강요하는 것으로부터의 이러한 회피는 협동을 촉진하는 대신에 대중들의 냉소와 무관심을 증대시키는데 이바지하게 될 뿐이다. 만약 대중들이 정부가 보다 큰 평등을 강행하지 못하고 있다는 것을 알게 된다면 이것은 특히 확실하다.

남아시아의 전역에는 자유의사라는 낱말에 관한 세 가지 의미의 조직적인 혼동이 있다고 해도 과장은 아닐 것이다. 이것은 혼란을 낳게 하였고, 그리고 그 혼란은 이처럼 불명확한 혼합물이 공산주의에 반대하는, 또한 테러와 통제에 반대하는 근거가 된다는 설명에 의해 늘어나게 되었다.

서방국—그 나라들의 정책은 남아시아에 대한 원조와 조언을 소리 높이 외치고 있다—은 이러한 모든 것을 가지고 이 지역이 공산주의로 넘어가지 않기로 결정하게 된 증거로서 찬양해마지 않았다. 아이러니칼하게도 그것은 또한 암묵리에 유럽 공산국에 의해서도 받아들여져 왔고, 또 이들 유럽 공산국은 민주주의적으로 보이게 되기를 바라고, 유럽 공산국은 강제가 혁명 후까지는 남아시아에 있어서 적용될 수 없다고 믿고 있는 것 같이 보이며, 그들은 현 단계에서는 그것을 강요하지 않도록 세심한 주의를 하고 있다.

자유의사라는 이상에 관해서 이러한 용어상의 애매함에 의해 은폐되는 진실하고 매우 중대한 한 딜레마는 남아시아에 있어서는 보다 큰 사회적 규율이 없이는 급속한 발전의 희망이 거의 없다고 하는 것이다. 무엇보다도 큰 규율—그것은 강제성을 띤 법규 없이는 나타나지 않을 것이다—이 없다면, 농촌 향상의 모든 방법은 성과를 거두지 못하게 될 것이다— 대체로, 규율은 한 나라가 성취할 수 있는 정치적 민주주의의 정도—그 정도가 어느 정도이건—의 테두리 내에서만 달성될 수 있으며, 결국 규율의 여지만큼 민주주의에 대해서 더 위험한 것은 없다. 그러나 이들 나라에 있어서의 정치적·사회적 모든 조건은 보다 의무를 부과하는 법률의 제정을 방해하고 있다. 법률이 제정되는 경우마저도 그것은 쉽게 실시될 수 없다.

그렇지만, 그 지역의 이데올로기를 결정하는 토착민의 지식 있는 엘리트뿐만 아니라 외부적인 관찰자가 개념을 명백하게 하고, 공상적으로 혼동된 용어법 속에 깃들어 있는 실제적인 난점을 은폐하지 않는다고 하는 것은 있을 법한 일이라 할 것이다. 그렇게 하는 것은 어떻게 하면 효과적인 개혁에 대한 금기와 장애를 정부정책에 의해 의식적으로 또한 점진적으로 극복할 수 있을까. 그리고 가장 좋은 경우, 심지어 어떻게 하면 이론의 여지가 없는 민주적 이데올로기에 있어서의 기본적인 교리를 버리지 않고 이것을 달성할 수 있을까에 관해서 얻어지는 결론을 관점으로 한다면, 실제적인 중요성을 가진다 할 것이다.

위에서 말한 약간의 딜레마는 서로 관련이 있다. 그것들은 모두가 자유의사라는 낱말이 가진 딜레마로부터 파생하고 있으며, 다음으로 이 딜레마는 우리들이 취약국가라고 불러왔던 사회조건의 체계에 의해 설명된다.

우리들이 남아시아국을 '취약국가'로서 특징지우는 경우 우리들은 이 지역 도처에서 국민정부가 그 시민들에 대하여 이상하리만큼 요구하는 것이 거의 없다고 하는 것을 의미한다. 과해지는 의무가 실제로 있다 하더라도, 그것은 불충분한 정도로 강요되고 있을 따름이다. 이러한 낮은 수준의 사회적 규율은 오늘날의 남아시아국과 발전 초기의 서방국 간에 가로놓인 가장 기본적인 차이점의 하나이다.

남아시아국이 전식민지시대에, 서구가 중세기나 전중세기에 가졌던 의무의 체계와 유사한 것을 가지고 있었다고 믿는 데에는 충분한 이유가 있다. 남아시아에 있어서도 그물눈과 같은 의무의 체계가 도로와 운하 및 그 밖의 공동사회 시설의 유지를 확실하게 하고 있었다. 서구에 있어서는 공동사회가 발달해감에 따라 그것을 지키기 위해 필요하게 되는 규율도 해를 거듭함에 따라 꾸준히 늘어나게 되었고, 오늘에 있어서는 빈부를 가릴 것 없이 모든 사람이 꼭 같이 공동사회의 통제체계에 묶여 있다. 남아시아는 원시적이고 정태적인 마을조직으로부터 꼭 같은 발전을 경험한 적이 없었다. 그 대신에, 식민지주의는 어떠한 대체물도 만들어내지 않은 채 고래(古來)의 마을조직을 쇠퇴로 이끄는 것이 보통이었다.

인도에 있어서는 간디가 비협조에 관한 철학과 정치적 전략이론을 세우게 되었다. 그럼에도, 간디와 같은 사람이나 심지어 강한 해방운동을 갖지 못했던 남아시아의 나라들에 있어서는 불복종과 비협조가 강제된 식민주의적 권력구조에 대한 자연적인 거부와 방어수단이 되었다. 그 유산은 식민지 세력에 대한 저항의 경험으로부터 유도되는 이데올로기적이고 감정적인 힘을 가진 일련의 무정부적인 태도이다. 새로이 독립을 얻은 나라들에 있어서는 이러한 태도가 이제 그들 자신의 당국에 대하여 취해지고 있다.

서구적인 관점에서 본다면, 널리 번져 있는 중대한 무질서에 대한 명백한 해결책은 정부가 조속히 공동사회의 합리적인 규칙체계가 확립하고, 그러한 규칙이 적절하게 시행되도록 주선해야 하는 것으로 보이게 될는지 모른다. 사실, 이것은 개발계획에 있어서 가장 본질적인 요소가 되는 것으로 보일 것이다. 그렇지만, 그와 같은 충고가 남아시아에 있어서는 지켜지기가 어렵거나 불가능하게 되는 수많은 이유가 있다.

첫째로 역사적인 유산이 있으며, 그 유산에 있어서는 식민지주의가 권위—이것은 독립과 함께 없어지지 않았다—에 대해 반항하는 태도를 낳게 하였다. 강력한 국가의 발족은 마을에 있어서의 태도나 제도에 의해서 뿐만 아니라 통치자의 금기에 의해서도 불리한 위치에 놓여 있다. 게다가, 남아시아의 어떠한 나라도 새로운 규칙이 그렇게 혁명적이 아닌 경우에 있어서 마저도 그 규칙을 강요할 용의가 있는 행정부를 갖지 못하고 있다. 부패—이것은 식민지시대에 있어서 마저도 보다 낮은 수준에서 만연하고 있었다—는 일반적으로 늘어나고 있고, 또한 중앙정부로부터의 명령을 김빠지게 하고 있다.

금기(禁忌) 속에는 중대한 이데올로기적 요소도 또한 있다. 남아시아의 신생국은 일반적으로 서방 민주복지국가와 공산국의 평등주의적 이상을 받아들여 왔다. 그러나 비특권 계층을 위한 개혁이 입법뿐만 아니라 시행의 수준에서 좌절되는 일이 허다했으므로, 평등주의적 모든 이상에 가장 열중하고 있는 다름 아닌 이들 정부 요원들이나 지식 있는 엘리트들은 가난한 인민대중들에게 실행을 요구하게 될 조치를 취하는 데 있어서 신중을 기하지 않을 수 없게 된다.

그럼에도 불구하고, 급속한 발전이 모든 계층, 심지어 농촌에 있어서의 사회적 규율의 증대가 없이는 생겨나기가 극히 어려울 것이라고 하는 것에는 의심할 여지가 없다. 그럼으로, 모든 계획이 이 점에 관해서 침묵을 지키고 있다고 하는 것은 불안을 자아내게 한다.

인도—그 곳에서는 계획화가 활발한 관심사로 되기에 이르렀고, 계속적인 계획은 그와 같은 각종의 관련 있는 모든 문제를 고려에 넣고 있었다—에 있어서 마저도 모든 계획을 참으로 아무리 세밀하게 조사해본들 마을 사람들에게 의무를 부과하는 규율—이러한 법규도 큰 확신이 없이 겉치레로 제시되거나 실행되지 않고 있다—가 필요하다고 하는 언급을 거의 찾을 수가 없다.

전체적으로 보아서, 보다 큰 규율의 필요성은 공적 논의에서 회피되고 있으며, 사실 간디의 시대에 있어서 보다도 훨씬 더 회피되고 있다. 왜냐하면 간디는 그의 국민을 게으르고, 불결하고, 그리고 대체로는 무질서하다고 꾸짖는 일이 많았기 때문이다. 오늘날 일반에게 요망되고 있는 행동양식은 그러한 것이 아니고 새로운 지역사회 정신이다.

제13장 사적 부문에 대한 작전상의 통제

　남아시아국이 과거에 그들의 개발을 위해 꾸며내게 되었던 모든 계획은 재정계획으로서 작성되고 있었다. 그 계획의 대부분이 공공서비스를 개선하거나, 토지개혁을 마련하거나, 산아제한을 지원하건, 혹은 그들의 사회구조를 형성하고 있는 제도와 태도에 있어서 그 밖의 구조적인 큰 변화를 일으킬 것이 예상되는 입법과 행정활동을 요구하는 부문을 포함하고 있다고 하는 것은 사실이다. 그러나 이러한 모든 개혁은 다만 부수적으로 공공지출과 관련되어 있고, 또한 어떠한 경우에 있어서도 비용만이 고려되고 수익은 고려되지 않고 있으므로, 그것들은 사실상 계획의 주요 부분으로 통합되어 있지 않다.
　게다가, 그들의 모든 계획에는 사적 부문에 대한 이른바 작전상의 모든 통제라는 전체계가 있다. 그리고 어느 특정한 점에 있어서 그 체계에는 사람들의 경제행위에 영향을 주기 위해 정부가 적용하는 모든 단기적인 정책수단이 포함되어 있다. 설령, 유사한 점이 있다 하더라도 작전상의 모든 통제는 그것들이 정책의 지렛대로 되는 것을 목적으로 하고 있다는 점에서 장기적인 개혁과는 다르다. 그리고 정책의 조작은 발전이 변화와 관련해서 가능한 한, 밀접하게 계획의 노선에 따라 매월 또한 매년 일어나는 것을 확실하게 하기 위해 필요하게 된다.

제도나 태도에 있어서의 근본적인 변화를 유도하려고 하는 모든 정책—설령 그것들이 합리적으로 통합되어 있지 않다고 하더라도—은 모든 계획 속에서 충분히 논의되는 수가 많은 반면에 작전상의 모든 통제와 그것들이 다루어져야 할 방법은 전혀 논의되지 않는 것이 보통이다.

이자율 및 그 밖의 여신 조건, 국영기업의 그 재화나 서비스에 대한 가격, 가격통제 및 배급 실시, 사적 기업이나 투자의 허가 등과 같은 중대한 문제에 대해서마저도 주의가 거의 주어지고 있지 않거나, 전혀 주어지지 않고 있다. 특히 모든 계획은 어떻게 하면 모든 통제의 합리적인 정합—이것은 모든 통제가 다 같이 개발을 계획완수의 방향으로 이끌어가게 하기 위함이다—을 이룩할 수 있을까라는 결정적인 문제에 대해서는 침묵을 지키고 있다. 이것은 모든 계획이 작전적이 아니라고 하는 것을 의미한다.

모든 통제는 참으로 미리 계획된 것이 아니라, 특별한 형식으로 즉석에서 만들어지지 않으면 안 된다. 모든 통제는 약간의 통제가 대체적인 것으로 보이게 된다거나, 혹은 한 형태의 통제는 그 밖의 통제를 필요로 하게 된다고 하는 의미에 있어서도 하나의 체계로서 분석되지 못할 것임은 확실하다. 계획화라는 관점에서 그 문제는 모든 각종 통제가 개발에 대해 미치게 되는 영향의 총체로서 언제나 생각되지 않으면 안 될 것이다.

 작전상의 모든 통제는 크게 두 개의 그룹, 즉 적극적인 그룹과 소극적 그룹으로 나누어지게 된다. 적극적 통제는 생산과 투자 혹은 소비를 자극하고, 조장하고, 용이하게 하고 또한 유도하는 것을 목적으로 하고 있다. 이러한 통제에는 상황을 밝혀주고 투자를 조장하는 것을 목적으로 하는 교육운동, 사적 부문에 대한 기술원조, 보조금, 조세면제기간, 그리고 수월한 조건으로서의 대부금의 공여, 통제가격에 대한 국유기업으로부터의 생산물의 배당, 수입통제에 의한 보호와 외환의 공급이 포함되어 있다. 그와 반대로 소극적 통제는 강제를 통해서 생산을 저지 내지 제한하는 것을 의미하고, 이를테면 주식발행과 투자 및 생산에 대한 행정적 제한, 외환 배당의 거부, 생산재나 소비재의 배급, 국내 소비세의 부과 등이 있다.
 비록 통제라는 용어가 보통의 용어법에 있어서는 소극적인 의미를 가지고 있다고 하나, 보다 적절한 용어가 없으므로 우리들은 한 나라의 경제생활에 있어서의 모든 작전적인 국가간섭을 서술하기 위해 용어를 고수해 왔다. 이에서 마음에 새겨두어야 할 보다 중요한 보류조건은 통제가 간혹 소극적인 것으로 될 수 있는 동시에 적극적인 것으로 될 수 있다고 하는 것이다. 이를테면, 외환 할당이나 수입에 대한 국가통제는 다소의 수입업자에 대해서 소득적인 통제로 되고 있지만, 그러나 다른 사람들에 대해서는 적극적인 통제로 되고 있으며, 그리고 확실히 그것은 국내 생산자들을 대외투쟁으로부터 막아준다고 하는 점에서 보통 적극적인 통제로 된다.

모든 통제에서 또 하나의 구별은 이들 통제가 적용되는 방법과 관련이 있다. 만약 이들 통제의 적용이 어느 한 행정당국에 의한 개별적인 결정을 포함하고 있다면, 그것들은 자유재량적이라고 일컬어지게 된다. 그러나, 만약 모든 통제가 자동적으로 일정한 규칙에 의해 적용되거나 혹은 가격규제, 관세, 또는 특정 회사에 이익이 되도록 특별 대우할 가능성이 없이 특정 공업분야에 주어지는 보조금에 의해서 적용된다면, 이들 통제는 비자유재량적으로 된다고 생각되고 있다.

이 구별은 대체로 이 문제에 관한 많은 저작에서 설명되고 있는 바와 같이, 직접적 혹은 자연적 통제와 간접적 통제간의 구별과 동일하다. 일반적인 행정적 통제가 차별이 스며들 여지가 전혀 없을 정도로 공명정대하게 실시되는 경우가 있는데, 그것은 통제가 엄격히 지켜지는 경우이다. 그러나 그러한 경우가 남아시아에 있어서는 드물다. 그곳에서는 행정이 간섭하게 되는 경우에 언제나 자유재량에 대한, 또한 차별대우에 대한 기회가 있기 마련이기 때문이다.

서방 개발국과 비교할 때, 남아시아국은—나라마다 상당한 차이가 있기는 하지만—자동적으로 적용되는 비자유재량적 통제와는 반대되는 것으로서 행정적인 자유재량적 통제에 아주 크게 의존하고 있다. 그러나 남아시아에 있어서의 능력뿐만 아니라 성실성을 가진 행정요원의 부족은 자유재량적 통제가 적당히 효과를 가지고 이루어지는 것을 더욱더 어렵게 하고 있으며, 또한 그것에 의존하는 것은 도의적으로도 더욱 위험한 것으로 되게 하고 있다. 이러한 것을 고려에 넣는다면, 우리들은 비자유재량적 통제가 되도록 최대한으로 사용되는 것이 대체로 바람직하다고 하는 가치전제를 얻게 된다.

남아시아의 모든 계획 속에는, 대개 가격 메커니즘에 영향을 미치는 정책조치를 통해서 자동적으로 적용되는 비자유재량적인 통제에 찬성하는 일반적인 설명이 포함되어 있는 수가 많다. 그렇지만 실제로는 매우 다르며, 계획 수립자들은 명백하게 행정적인 자유재량적 모든 통제의 사용을 준비절차로서, 그리고 계획화의 진실한 본질로서 보고 있다. 특히 보다 급진적인 경향을 가진 남아시아의 경제학자들이나 정치가들은 정부가 기꺼이 자유재량적인 모든 통제를 사용하는 것을 가지고, 특히 사회주의적인 특성을 나타내는 것으로 보고 있다고 하는 느낌을 누구나 받게 된다.

이러한 사상의 혼란은 남아시아에 있어서의 행정적인 자유재량적 모든 통제의 과다에서 사회주의적인, 또는 심지어 마르크스주의적인 사상으로 기울어져 가고 있는 징후를 찾아내고 있는 수많은 서구학자들에 의해 비난을 받고 있다. 경기순환은 정부가 사업에 간섭하는 데에 대한 빗발치는 비난을 뒷받침하고 있으나, 이러한 비난은 이상하게도 짓눌리게 되고, 그다지 중대하게 생각되고 있지 않음은 아주 뚜렷하다 할 것이다. 대체로, 이것은 기업, 특히 대기업의 이익이 실제로 적용되고 있는 자유재량적 통제의 체계에 있어서 매우 유리하게 되어 있다고 설명된다.

우선 남아시아의 경제에 있어서 월등하게 큰 부문인 농업부문에 있어서의 통제에 관해서 몇 마디 말해 두기로 한다.

독립 후 신생국가들의 모든 정부는 정식의 시장이 무력하거나 심지어 존재하지 않는, 그리고 비자유재량적인 가격통제가 거의 효과가 없거나, 심지어 적용될 수 없는 농업부문이 있다고 하는 것을 알게 되었다.

온정주의와 권위주의의 유산도 또한 남아 있었고, 이러한 유산은 농민들로 하여금 자기들의 활동을 조직하고 지시하기 위해 간섭하는 관공리를 가지는 것을 바라게 했다. 동시에 농민들은 또한 음성적인 불복종으로 향하는 전통적인 경향과 되도록 실속은 차리지만 책임은 지지 않는다고 하는 기존 태도를 나타내고 있었다.

식민지시대에 있어서는, 서방측의 관공리들은 마을사람들을 자기들이 돌보지 않으면 안 되는 난폭하고, 게으르고, 패기가 없는 어린이들로 보지 않을 수 없었다. 그렇지만, 그들은 특히 사회문제에는 지나치게 말려들지 않도록 했다. 행정적인 자유재량적 모든 통제는 이들 관공리나 그들의 부하에 의해 직접적으로 행사되고 있었다.

서방 정치가들의 뒤를 이은 토착 정치가들이 그들의 후임이 되기를 바라는 것은 당연한 야망이었다. 새로운 정부들이 이어받게 되었던 국가들은 취약국가들이었고, 이것은 농촌지역의 경우나 농업에 관한 경우에 특히 그러했다. 당면문제와 관련해서 말한다면, 이것은 독립된 모든 정부가 모든 식민지 정부보다도 비자유재량적 통제를 행사하는데 심지어 더욱더 제한을 받게 되어 있다는 것을 의미하고 있었다. 그렇지만, 토착 정치 지도자들이 권력을 잡게 되었다는 것은 하나의 매우 큰 차이를 의미하는 것이었다. 그 지역의 모든 지식 있는 엘리트와 마찬가지로, 그들은 근본적인 개혁을 뜻하는 개발의 추진을 공약하게 되었다.

농촌지구에 존재하고 있었던 모든 조건에 비추어, 모든 정부는 지역사회 생활에 대해 더욱 심한 영향을 주지 않을 수 없다고 느꼈다. 효율적인 시장이 없고, 숙명적으로 무력하게 되어 있는 가격 유인을 가지고서도 이러한 영향이 주어져야 한다면, 행정적인 자유재량적 모든 통제가 절대 필요한 것으로 된다.

모든 남아시아국은 마을 사람들의 어떤 계급에도 누진세를 부과하는 소극적 모든 통제를 피하고 있었다. 이것은 농촌의 향상을 위한 모든 정책이 적극적인 자유재량적 모든 통제에 한정되지 않으면 안 된다는 것을 의미했다. 협동조합과 자치단체가 지시로부터 각종 보조금에 이르기까지 적극적 요인을 제공하기 위한 도구로 되기에 이르렀다.

앞장에서 우리들은 이러한 정책수단을 논의한 바가 있었고, 또한 토지소유제도나 소작제도의 구조적인 변화가 없는 경우, 이들 정책수단이 마을에서 비교적 가난하지 않은 사람들에게 얼마나 유리하게 되는 경향이 있었으며, 농촌지구의 불평등을 얼마나 증대시키게 되었는가 하는 것을 지적한 바가 있었다.

적극적인 자유재량적 모든 통제, 그리고 특히 갖가지 형태의 보조금도 역시 또 하나의 영향을 가지고 있다. 그러한 것들이 증가하게 됨에 따라 그것들을 관장하게 되는 관공리들을 감독할 필요성이 늘어나게 되었으며, 다음으로 이것은 감독자들을 감독하는 필요성을 늘어나게 한다.

경직성과 관료적 형식주의, 그리고 관료주의가 손쉽게 계획화와 개혁을 알리는 신호로 되기에 이른다. 의심할 나위도 없이 자유재량적인 결정에 대한 한층 더한 필요성과 더불어 농업부문에 있어서의 엄청난 양의 적극적인 자유재량적 모든 통제는 행정면에서의 능률과 성실의 수준을 떨어뜨리게 된다.

다음으로 부패가 협동기관이나 자치기관에의 지방적인 참여를 통해서 민주적 계획화를 추진하는 방향으로 움직이려고 하는 정신을 해치는 경향이 있다. 이것이야말로, 아마 어떠한 이상적인 방법으로도 해결될 수 없는 참다운 딜레마일 것이다. 태도나 제도가 구태의연하고, 또한 보다 기본적인 모든 개혁이 정치적인 이유로 말미암아 배제되고 있는 경우, 가격정책과 그 밖의 자동적으로 적용되는 비자유재량적 모든 통제를 통해서 개발정책을 추구하려 하는 것은 거의 아무 것도 이룰 수 없다. 소극적인 통제는 또한 정치적·심리적 뒷받침을 받지 못하고 있으므로, 그것들은 실행될 수 없다.

남아시아에 있어서 작전상의 모든 통제와 이것들의 실시에 관한 논의의 대부분은 근대화된 공업부문에 집중되어 왔다. 이 자그마한 부문에 있어서의 기업들—사유건 공유건, 혹은 민영이건 관영이건—은 식민지시대에 있어서와 마찬가지로 훨씬 광대한 전통적 경제 속에 포령(包領)으로 되는 경향이 있다.

이들 기업들이 필요로 하는 노동이나 그 밖의 생산요소의 공급은 물론이거니와, 그것들의 생산물에 대한 수요도 또한 완전시장과 같은 어떠한 것으로부터 작용하는 것은 아니다. 그것들은 또한 전통적인 제조업이 가진 많은 특징을 가지게 되기 마련이다. 따라서 친위 등용이나 연고관계가 큰 역할을 하게 된다. 그럼에도 불구하고 가격정책과 그 밖의 비자유재량적 통제가 보다 효과적으로 될 것이 기대될 수 있으며, 또한 계획 수립가나 정부가 이러한 기회를 극도로 이용하게 되리라고 생각되는 것은 이러한 근대화된 부문—이것은 흔히 조직된 부문이라고 일컬어지고 있다—에서이다. 왜냐하면, 이 부문은 계획의 모든 목표를 달성하기 위한 자유재량적인 형태의 국가간섭을 가장 적게 필요로 할 것이기 때문이다. 그렇지만, 실제로는 이 부문에 있어서 마저도 행정적인 자유재량적 모든 통제가 엄청날 정도로 행사되고 있다.

제2차 세계대전 중이나 직후, 모든 서방의 나라들은 상품과 가격에 대해 통제를 가하거나, 이러한 통제를 배급제, 허가제 등으로 뒷받침하지 않을 수 없었다. 식민지를 가졌던 이들 서방국은 이것과 동일한 통제를 식민지에 도입하게 되었다. 그리하여 전후에 권력을 쥐게 되었던 모든 독립정부는 자국의 자유재량적 모든 통제의 대부분을 흔히 계승하게 되었고, 어쨌든 서방측의 전시통제는 그들이 모방하고 한층 더 발전시키게 된 모델을 제공하게 되었다. 대체로 서방측은 될 수 있는 대로 빨리 그러한 모든 통제를 버리고자 노력하고 있었다. 그러나 탄력성이 낮은 남아시아경제에 있어서는 자유재량적인 통제의 필요성이 여전히 훨씬 더 크게, 그리고 훨씬 더 끈덕지게 남아 있었다.

조직된 부문에 있어서 마저도 시장상태는 아직 서방국이 필요하다고 느끼고 있는 것보다도 훨씬 더 큰 정도로 자유재량적 통제를 일반적으로 적용하지 않으면 안 되는 상태에 있다. 이러한 유추는 이처럼 남아시아에서 통제제도가 적용되지 않을 수 없는 이론적 근거를 제시해 주고 있다.

그 기본적인 근거를 든다면, 첫째로 이 지역의 빈곤과 저개발—이것은 험로와 과잉이 수요와 공급 간의 균형보다도 더욱 정상적으로 되어 있는 경제조직에 있어서는 모든 기업이 가지는 전통적인 성격 속에 반영되고 있다—이고, 둘째로 개발을 일으키고 지도하는 데에 대한 이 지역의 관심이다. 그러나 지금까지 자유재량적 통제에 의존해 왔던 정도로 엄청나게 그것에 꼭 의존할 필요가 있었다고는 생각되지 않는다.

남아시아에 있는 대부분의 나라들(말레이시아와 태국은 제외)에 있어서 주요한 애로의 하나의 외환부족이다. 외환이 충분하게 있다면, 조직된 공업부문에 있어서의 부족을 극복하는데 필요하게 되는 수입품이 보다 쉽게 획득될 수 있을 것이다.

외국으로부터 구입하는데 쓰이는 외화의 이러한 부족은 가격정책, 또는 관세나 복수환율과 같은 그 밖의 비자유재량적 통제, 혹은 수입 추징금에 의해서도 상당할 정도까지 극복될 수 없는 게 보통이다. 또한 평가절하도 외환사정을 크게 개선할 것으로는 기대되지 않는다. 외환이 어떠하건, 인도나 파키스탄과 같은 나라들은 그들의 수입통제를 굳게 고수하지 않으면 안 된다.

만약 그 나라들이 그렇게 하지 않는다면, 그들의 계획병기고에 있는 가장 중요한 도구의 하나를 버리는 것이 될 것이다. 이러한 수입통제는 수입이 허용되는 재화의 질이나 양에 관해서 본질상 차별적으로 되지 않으면 안 된다. 그렇게 되지 않는다면 외환이 필요불가결한 소비재와 개발을 위해 필요하게 되는 재화를 수입하기에 충분할 만큼 남지 않을 것이다.

그와 같은 수입통제는 외국으로부터 그 나라에 들어오는 것이 금지되는 생산물의 국내생산에 보호를 주게 된다고 하는 부수적인 효과를 가지게 된다. 수입통제가 엄격할수록—이것은 그 생산물의 필요한 정도가 한층 낮다고 하는 것을 의미한다—보호는 더욱더 높아지게 된다. 이러한 악영향은 정부가 전혀 불필요하다고 생각하는 어떤 생산물의 생산을 금지함으로써, 그리고 그 밖의 생산물의 생산에 초과이득을 부과함으로써 막을 수 있을 것이다.

그와 같은 비자유재량적 통제는 적용되지 않는 것이 보통이며, 완전하게 적용되는 일은 결코 없다. 이것은 그것에 의해 수입허가가 인정되는 종이조각을 돈과 마찬가지로 가치가 있는 개인적 선물이 되게 하는 부수적인 효과를 가지게 한다. 이것을 떠나서도, 비자유재량적인 소극적 통제를 행사함을 싫어하는 것은 다음에 가서 자유 재량적 통제의 복잡한 체계에 의해 그 불합리한 보호주의적 효과를 상쇄하는 것을 명백히 필요로 하게 된다.

인도에 있어서는, 정부가 회사의 새로운 유가증권의 발행을 통제하게 되어 있다. 공업 분야에 있어서 모든 새로운 회사의 위치 변경, 혹은 그것들이 제조하는 물건에 대해서는 정부의 인가를 받게 되어 있다. 정부는 또한 모든 공기업의 행위를 사찰할 권한을 가지고 있으며, 만약 정부의 지시가

지켜지지 않을 경우, 정부는 경영진을 교체할 수 있다.

주요 상품통제법에 의해 인도 정부는 모든 식료품과 원료의 생산 및 취급을 규제할 수 있다. 인도관세위원회는 보호를 받게 되는 업종의 모든 생산물의 가격을 고정시키고, 또한 그 위원회는 하고 싶으면 투자자본의 이윤을 8%~12%로 제한할 수 있다. 독립무역회사에는 알맞은 가격으로 공정한 분배를 보장하기 위한 목적으로 중요 상품의 수입과 분배에 대한 독점권이 주어지고 있었다.

그 결과로 모든 주요한 사업의 결정과, 그리고 거의 모든 대수롭지 않은 사업의 결정이 행정당국의 사전 허가를 받지 않고서는, 혹은 사후적인 정부의 문책을 각오하지 않고서는 취해질 수 없게 되어 있다. 물론 이렇게 모두 공인된 소극적이고 자유재량적 통제는 결코 완전하게 활용되지 않고 있다.

만약 그것들이 활용된다면, 조직된 부문의 어떠한 부분도 참다운 의미에 있어서 '사적'이라고 불리워질 수 없을 것이다. 실제로 사용되는 이들 통제의 범위는 정부 또는 행정적 결정에 의해 때때로 달라지게 된다. 그러나 외환부족이 있고, 또 그 사태를 극복하기 위해 비자유재량적 통제를 사용하는 것을 싫어하고 있는 한, 이러한 방면에서 이루어질 수 있는 한계는 좁을 것이다.

파키스탄에 있어서는, 모든 계획에서 그리고 정부 대변인에 의해 행정적인 자유재량적 통제가 완화될 것이며, 또 가격 메커니즘을 통한 작용에 더욱 의존하게 될 것이라고 되풀이해서 주장되고 있음에도 불구하고, 사태는 인도의 그것과 대동소이하다. 스리랑카도 같은 방향으로 움직이고 있었다.

미얀마와 인도네시아는 그들 나라의 정치적 전개의 급진적인 경향과 그 나라들의 현대사를 물들이게 했던 반란과 내란에 의해 행정적인 자유재량적 통제를 향해서 한층 더 멀리까지 나아가게 되었다.

말레이시아와 태국은 비교적 조금 밖에 소극적인 자유재량적 통제를 가지지 않고 있다 하지만, 그 나라들의 적극적인 통제—이를테면, 신설 기업에 대한 면세의 인정—는 이상할 정도로 정치적 자유재량에 관한 문제로 되고 있다. 스리랑카에 있어서와 마찬가지로 동남아시아의 모든 나라들에 있어서도 자유재량적 규제가 부분적으로 인종적 소수파나 외국인들에 반대해서 다수 그룹에 유리하도록 차별을 두려는 욕망 때문에 채택되었다고 하는 사실은 주목할 필요가 있다. 이러한 목적은 비자유재량적 통제를 통해서 추구될 수가 없었던 것이다.

인도식 작전상 통제의 제도에 있어서는 일련의 통제의 적용이 그 밖의 통제—이것들은 일반적으로 또한 자유재량적으로 되지 않을 수 없다—의 적용을 필요로 하게 된다. 공정가격이 지켜지기 위해서는 할당이나 배급이 필요하게 된다. 공급 측에 대한 훨씬 세부에까지 미치는 간섭이 또한 자주 필요하게 된다. 그리하여, 특히 한 나라의 경제가 국내 공급이나 외환의 부족을 겪고 있는 경우에는 자유재량적 통제의 모든 제도가 저절로 영속하고 확대하는 경향이 생겨나게 된다.

남아시아에 있어서의 모든 경제계획은 개발이 추진되어야 한다고 하는 생각에서 출발되고 있다. 더욱 두드러지게는 사적 기업, 특히 생산을 위한 투자는 추진되고 자극될 필요가 있다고 생각되고 있다. 이러한 견해는 인도—그곳에서는 공공부문의 성장이 계획화의 주요목표로 선언되고 있다—와 같은 나라에 있어서 마저도 보편화되고 있다.

이를테면, 공공부문이 매기게 되는 모든 가격을 결정하는 데 있어서 주로 고려해야 할 것은 이들 가격이 사기업에 대해 자극을 주게끔 낮게 유지되어야 한다고 생각되어온 점이다. 각종의 면세라는 특혜가 새로운 사업적 모험을 자극하기 위해 주어지게 되고, 조세 행정상의 문란도 동일한 방향으로 작용을 미치고 있다. 조직적인 자본시장에서는 이자율이 낮게 규지되고, 자본이 크게 부족함에도 불구하고 개발국에 있어서 보다도 더 낮은 것이 보통이다. 흔히 차용자들에게 저리융자를 하게 되는 특수 여신기관이 창설되고 있다.

설령, 사적인 기업심이 너무나 부족하므로 그것은 자극을 받을 필요가 있다고 하는 당초의 생각이 옳다 하더라도 그것은 실제로 억제되지 않으면 안 될 정도로 자극을 받아왔다. 외환의 공급이 무진장하지 않고, 극히 제한되어 있다고 하는 것을 생각할 때, 특히 그러하다.

이러한 장려책의 대부분은 적극적인 자유재량적 통제에 의해 마련되고 있다. 물론 행정적인 자유재량은 일반적으로, 누가 공공부문이 제공하는 서비스를 이용할 것인가, 누가 금융기관으로부터 특별 저리로 대부를 받을 것인가, 그리고 누가 외환을 할당받을 것인가를 결정하기 위해 행사되고 있다.

적극적 통제는 너무나 강력하므로, 그 결과는 소극적 통제를 필요로 하게 된다. 적극적 통제와 마찬가지로 그것들은 행정적 통제의 성격을 띠게 된다. 사업을 촉진하거나 줄이고자 하는 과정에서 정부 및 행정은 사적 기업 활동의 모든 국면에 직접 말려들게 되기에 이른다.

이리하여 기묘한 사태가 생겨나게 된다. 누구나 사적인 기업심을 자극할 필요성에 관해 말하고, 엄청나게 많은 적극적 통제가 이 점을 고려해서 제정되고 있는 한편, 대부분의 관공리들은 위에서 예시한 소극적인 자유재량적 통제의 장치에 의해서 기업심을 제한하거나 꺾는데 시간과 정력의 대부분을 바치지 않으면 안 된다. 이것은 악셀레이터를 바닥에 눌러놓고 브레이크를 위로 당기며, 차를 운전하거나 다름이 없다. 자유재량에 입각한 광범위한 소극적 통제가 필요하게 되는 이유는 과도할 만큼 작전상의 적극적 통제를 작용하고 있다고 하는 데 있다.

강조해야 할 중요한 점은 실제적 한계를 넘어서 사적 기업심을 자극시키며, 또한 그것을 저지하기 위한 행정적인 자유재량적 통제의 거대한 관료주의적 체계를 필요로 하게 된다고 하는 것이다. 적극적 통제는 대개가 자유재량적 형태를 갖추고 있으므로 특히 그것을 필요로 한다.

어떤 적극적 통제의 폐지 내지 완화는 어떤 소극적 통제를 덜 필요로 하게 될 것이다. 대립되는 통제가 광범위하게 존재하고 있다고 하는 사실은 '보다 많은' 통제가 필요하게 되고, 또한 통제의 '보다 큰' 뿐이 그렇지 않으면 필요하게 되는 것보다도 더 자유재량적인 형태를 가지는 것으로 되지 않으면 안 된다는 것을 말한다. 남아시아국에 있어서 가장 중대한 애로의 하나는 유능하고 진정한 행정가의 부족이므로, 이것은 개발의 관점에서 볼 때, 특히 불행한 일이라 할 것이다.

우리가 말하고 있는 사태는 확실히, 대부분이 정합의 결여, 즉 계획화의 부족에 연유하고 있다. 계획 수립가들과 더구나 계획 집행가들이 관점은 높은 데 두고 있지만, 그 목적을 달성하기에 충분할 만큼 비자유재량적 제한을 마련하지 않는다는 자연적인 경향은 내부적인 모순으로 가득 찬 통제체계를 가져오게 하고 있으며, 그 결과 통제의 필요성은 늘어나게 되고, 그 통제는 자유재량적으로 되기에 이른다.

모순되는 통제방식의 결과로서 이러한 통제를 교묘히 회피하는 실업가들은 터무니없이 높은 이윤을 얻게 된다. 그 이윤은 바람직하고 있음직한 정도로 기업과 투자를 불러일으키기 위해 필요한 것보다도 더 높다고 하는 의미에 있어서 너무나 높다. 이러한 이윤은 가격체계가 기업가들에게 계획 완수의 관점에서 올바른 자극을 주지 않게 되었다고 하는 결과로서 생겨나고 있다. 게다가, 지나치게 높은 이윤은 조세를 통해서 아주 효과적으로 흡수되지 않고 있다. 왜냐하면, 한계세율이 매우 높은 경우에 있어서도 남아시아의 조세법에는 편리한 허점이 있으며, 대규모의 탈세가 관습으로 되어 있기 때문이다. 정글과 같은 통제망을 헤쳐 나가지 않으면 안 되는 이들 실업가들에 대해서는 사태가 지나치게 복잡한 것으로 보일 것임에 틀림이 없다. 그들이 때때로 아주 소리높이 국가간섭의 급증에 대해 불평을 늘어놓고 있음은 사실이다. 그러나 관찰자들은 누구나 이러한 외침이 근거가 없는 것이며, 실제로는 엄살이라고 하는 것을 반드시 알게 될 것이다.

우선 한 예를 든다면, 사적 기업가들은 그러한 사태—인도에서 지켜지고 있는 카아스트 지배, 그리고 많은 그 밖의 생활조건—에 익숙해지기에 이르렀으므로, 그들은 그것을 기후와 마찬가지로 당연한 것으로 받아들이고 있다. 또한 사적 기업가는 개인적으로 어느 특정한 결정에 항의하는 것을 꺼리는 수도 있다.

그는 자기가 관계 공무원의 호의를 재삼재사 얻지 않으면 안 될 것이라고 하는 것을 알고 있기 때문이다. 그러나 주된 이유는, 물론 이해관계가 모든 불편을 훌륭히 참아내게 할 만큼 충분히 높다고 하는 데 있다. 이것은 통제를 뚫고 나갈 수 있는 모든 사람들이 그 통제방식이 지속되는 한, 기득권익을 가지게 된다는 것을 의미한다.

다른 방식도 또한 명백하다. 행정적인 자유재량적 통제의 어떠한 체계도 자주 선언되는 의도와 정반대로 어떤 허가를 필요로 하게 되는 분야에서 이미 활동하고 있는 사람들에게는 유리하게 되는 경향이 있다. 이미 사업에 종사하고 있는 사람들은 한층 더 견문이 넓고, 또 그들은 공무원들과 보다 친근한 접촉을 가지고 있다. 그들은 또한 정부가 조언과 협조를 요청할 때에는 이에 응할 준비를 아주 잘 갖추고 있다.

이러한 모든 것은 경쟁을 제한하고, 독점과 과점을 유리하게 하고, 또 기득권익을 비대하게 하는 경향이 있다. 이와 같은 상황에 있어서 이것은 기존 업체, 특히 대기업이 적용되는 작전상의 통제의 체계에 의해 크게 혜택을 보게 된다고 하는 것을 의미한다. 이것은 표명된 정책목표와는 전적으로 모순된다. 또한, 현재의 체계는 새로운 회사의 설립이나 소회사의 확장의 길을 막는 장애가 되기 쉽다.

만약 대기업이 이들 통제방식을 존속시키는 데에 기득권익을 가지고 있다고 한다면, 통제를 결정하는 관공리들이나 정치가들도 또한 그것들을 유지시키는 데에 기득권익을 가지고 있다. 우리들은, 이미 그처럼 많은 통제가 자유재량적인 것으로 되어 있다는 사실로 말미암아 그들이 가지는 힘을 지적한 바가 있었다. 이 힘은 통제가 계획 속에 통합되지 않게 됨에 따라 더욱 커지고, 그 결과 통제의 행사를 좌우하는 지령은 모호하게 되기 마련이다.

통제의 적용은 행정적 판단에 관한 문제로 되고, 그리고 기존 대기업에 유리하게 결정하는 데에는 자주 충분한 이유가 있는 것이므로 그들은 양심을 지킬 수가 있는 것이다. 그러나 카아스트나 가계, 경제적·사회적 지위, 그리고 보다 일반적으로는 연고관계가 전통적으로 아주 큰 의미를 가지고 있는 환경 속에서는 공모의 위험성이 크다—그리고 그것은 위로는 수도의 상류 계층으로부터 아래로는 촌락에 이르기까지 퍼지게 된다. 그 결과는 흔히 노골적인 부패를 낳게 된다. 참으로 자유재량적 통제의 성행은 부정을 가져오게 하고 있다. 인도네시아에 파견되었던 미국 경제조사단이 기술했던 바와 같이 부정 이득의 문제는 직접 통제와 불가분의 관계에 있다.

남아시아의 자유재량적 통제의 체계가 사회도덕을 저하시키는데 대한 중대한 역할은 과소평가되어서는 안 될 것이다. 서방세계가 전시에 과다한 자유재량적 통제에 의존하지 않으면 안 되었을 때, 그것에서마저도 아주 우수한 행정구조나 행정관리에도 불구하고, 암시장과 부패가 만연하고 있다. 남아시아에는 행정가들이나 정치가들의 부패집단이 그들에게 부유하게 되는 기회를 주는 자유재량적 통제를 유지시키고 증가시키는데 관심을 가지게 될 것이라고 하는 의미에 있어서, 누적적 효과를 갖는 순환적 인과관계가 있다.

서방세계에 있어서는 가격 구조가 점차로 민주주의적 제도를 통해서 대중들이 선택하게 되는 정책의 하인으로 되기에 이르렀다. 그리고 가격구조는 그 밑에서 작용하게 되는 조건이 끊임없이 달라지고 있는데, 그것들이 달라지는 경향은 격동하는 세계에 더욱 잘 적응하게 되어 있다. 이러한 과정에 있어서 국가는 사태의 진전에 한층 큰 영향력—존 케네스와 갈브레이스가 만들어 냈던 용어를 사용한다면, 모두가 극에 달한 무정부상태에 있는 남아시아국에 있어서 보다도 훨씬 큰 영향력—을 발휘하기에 이른다.

그러나 서구에 있어서의 이러한 영향력은 가격과 조세정책, 그리고 그 밖의 비자유재량적 통제에 의해서 최대한으로 효과를 나타내게 된다. 남아시아의 통제체계는 공산국의 정책과는 아주 조금밖에 많은 데가 없다. 공산국은 다루어야 할 사적 부문을 가지고 있지 않기 때문이다. 또다시 우리들은 남아시아국이 계획화의 제3세계로 된다고 하는 사실에 직면하게 된다.

이 장에 있어서의 분석은 작전상의 통제가 가급적 최대한으로 비자유재량적 형태로 되어야 한다는 가격전제에 근거를 두어왔다. 이 가치전제는 근대화의 이상에서 얻어지게 된 것이고, 그것은 남아시아국이 자기들 자신의 이익을 위해서는 서방국을 더욱 닮아가도록 노력해야 할 것이라고 하는 것을 말하는 여러 취지 중의 하나이다.

남아시아국이 사적 부문을 고유화하고, 공산국과 닮게 되는 길을 택하지 않으려면 이 길 밖에 없다. 그러나 남아시아국이 자유재량적 통제에 의존하고 있다고 하는 사실이 부분적인 필요에서 생기게 된 것은 인정해야 할 것이다. 시장의 분열이나 결여와 심지어 가격유인에 대한 반응의 결여는 비자유재량적 통제의 효과를 감소시키게 되기 때문이다.

그렇지만, 자유재량적 통제에 그처럼 엄청난 우위를 인정할 필요는 없을 것이다. 만약에 작전상의 통제가 보다 훌륭하게 계획되어 있고 정합되어 있다고 한다면, 비자유재량적 통제를 위한 여지는 보다 크게 될 것이고, 특히 정책의 모순에서 결과되는 자유재량적 통제를 유지시키는데 작용을 미치는 강력한 힘이 있다. 그 힘의 하나는 관권주의와 온정주의라는 이데올로기적이고 태도적 유산이다. 또 하나는 행정가와 정치가 및 대기업의 기득권익이다.

남아시아의 경제정책의 어떤 분야에 있어서도, 과학적 분석 뿐만 아니라 경제적 모든 사실에 관한 체계적이고 명확한 지식이 작전상 통제의 분야에 있어서만큼 부족하지는 않다. 작전상의 통제는 계획되어 있지 않고, 명백히 정합되어 있지도 않으며, 그리고 그것들이 적용되는 방식은 적나라하게 폭로되지 않고 있는 것이 보통이다. 우리들이 해왔던 노력은 논리적으로 정합된 체계적 문제를 진일보한 연구에 제기하게 될 하나의 이론을 꾸며보려고 하는 데 있는 것이다.

제14장 부패—그 원인과 결과

아시아에서 정권이 붕괴한 나라라면—이를테면, 파키스탄과 미얀마 그리고 중국—어느 나라를 막론하고 정치가들이나 행정가들 사이에 비행이 만연하고, 이에 따라 사업가들이나 일반대중들 사이에는 불법행위가 널리 저질러지게 된 것이 바로 붕괴의 중요하고도 때로는 결정적인 원인이었다는 사실에 비추어 볼 때, 아시아의 부패상은 크게 문제가 된다 하겠다. 부패 문제는 남아시아 정부에 대해 매우 중대한 관계가 있다.

왜냐하면, 매수와 부정이라는 관행은 독재정권에 대해서 길을 열어주게 되면, 그 독재정권은 부패를 폭로하고 범법자에 대해 그것이 취하는 처벌행위에 의해 자체를 합리화하게 되기 때문이다. 군사혁명을 합리화시키는 주된 이유로는 부패의 일소가 보통 내세워져 왔다. 그리고 새로운 정권이 부패를 일소하는 데 실패한다면, 그 실패는 또 하나의 소규모 반란에 대한 근거를 마련하게 된다. 부패의 정도가 지역에 있어서 모든 정부의 안정과 직접적인 관계를 가지고 있다고 하는 것은 명백하다. 그럼에도 부패를 연구제목으로 택하는 것은 거의 금기시되어 있다.

부패는 정부나 계획화에 관한 학문적인 논의에서는 물론, 심지어 서방측의 전문가에 의해서도 언급되는 일은 드물고, 이들 서방측의 전문가들은 우리들이 연구상의 외교성이라고 특징지웠던 일반적인 편향을 나타내고 있다. 귀찮은 질문은 태도나 제도에 관한 문제를 무시함으로써 기피되고 있다.

남아시아의 사회과학자들은 그들이 보수주의자이건, 혹은 급진주의자이건 간에 두드러지게 이러한 안이한 질을 택하는 경향이 있다. 이러한 경향이 도전을 받는 경우, 그것은 다음과 같은 어떠한 포괄적인 주장에 의해 합리화된다. 즉, 이러한 주장 중에는 모든 나라에는 부패가 있다든가, 부패가 남아시아국에 있어서는 식민지시대나 전식민지시대로부터 이어받은 깊게 뿌리박힌 제도와 태도로 말미암아 당연한 것으로 된다든가, 부패는 남아시아에 있어서의 사업이나 정치의 복잡한 기구를 원활하게 움직이게 하는 데 필요한 것이고, 아마 실제로는 반드시 해로운 것은 아닐 것이라고 하는 것 등이 있다. 이러한 변명은 빗나간 것이고, 또한 대개가 그릇된 것이다.

이 변명은 인쇄물에서보다도 대화에서 더 자주 표명되고 있다. 비록 부패문제가 아직은 연구의 주제목이 되지 않고 있기는 하지만 남아시아에서 발언권이 강한 사람들은 그것을 크게 우려하고 있다. 특히 의회제 민주주의와 언론의 자유가 보장되어 있는 나라에 있어서는 이 문제에 대해서 신문이 많은 지면을, 그리고 의회는 많은 시간을 할당하고 있다.

모든 나라에 있어서 대화는 그것이 자유롭고 제한을 받게 되지 않는 경우, 빈번하게 정치적 흑막에 돌려지고 있다. 주기적으로 부패추방운동이 전개되고, 법률이 제정되고, 감시기관이 설치되고, 또한 비행에 관한 풍문을 조사하기 위해 특별경찰제도가 마련되고 있다. 때로는 대부분이 말단에 속하는 공무원들이 고발되거나 벌을 받게 되고, 그리고 특별한 경우에는 장관이 물러나지 않을 수 없게 된다. 하지만, 이들 모든 나라에 있어서의 발언권이 있는 자들은 부패가 특히 의원들이나 장관들을 포함하는 고급 관리들과 정치가들 간에 만연되어 있으며, 게다가 늘어가고 있다고 믿고 있다.

부패를 방지하겠다고 뽐내는 노력과, 부패는 죄질에 따라 가차 없이 처벌하겠다는 주장은, 특히 얼마나 높은 데까지 이러한 것들이 그 힘을 미칠 수 있을 것인가라는 점에 이르러서는 오직 냉소를 머금케 할 뿐인 것으로 생각된다.

상술한 것에 의하여, 다음과 같은 두 개의 요소를 밝힐 필요가 있음은 명백하다. 그 하나는 부패라는 민속—즉, 부패에 관한 대중들의 소신과 이러한 소신에 따르는 감정—이라고 부를 수 있는 것이고, 다른 하나는 막연하게 부패추방운동이라고 부를 수 있는 공공정책조치—즉, 모든 직위의 공무원들에게 청렴을 강요하기 위해 세워진 입법적·행정적·사법적 제도—이다. 이들 두 개의 요소는 뚜렷하게 볼 수 있고, 또한 나타내거나 분석하기가 용이할 것이다.

부패라는 민속 자체는 원래 집중적으로 연구할 만한 가치가 있는 중요한 사회적 사실을 포함하고 있다. 이 민속은 대중들이 어떻게 그들의 사생활을 영위하고, 그들이 국민을 단결시키고 개발을 지도하거나 촉진하는 자기들의 정부의 노력을 어떻게 보고 있는가 하는 것과 중대한 관계를 맺고 있다.

그것은 사람들로 하여금 권력의 자리에 앉은 자는 누구나 자기 자신이나 그의 가족, 혹은 그가 충성을 다하고자 생각하고 있는 그 밖의 사회적 그룹의 이익이 되게끔 이 자리를 이용할 것으로 생각하기 쉽다. 이와 더불어 연구할 만한 가치가 있는 문제는 부패라는 민속이 조직된 사회에 대한 충성심을 약화시키는 데 이바지하게 되는 정도와 관련이 있다. 만약 부패가 당연한 것으로 간주되어 버리면 분개하는 마음은 반드시 정직하지 못한 행동에 의해 사복을 채울 기회를 가진 자들을 결국 부러워하는 마음으로 바뀌게 된다.

다른 각도에서 본다면, 부패 가능성에 대한 이 같은 소신, 특히 이름 있는 범법자들이 그들의 부패된 만행을 거의 처벌받을 위험도 없이 계속할 수 있을 것이라고 하는 소신은 이러한 유형의 냉소적인 사회적 태도가 정상적이라고 하는 확신을 보장하는 경향이 있다. 부패라는 민속은 또한 그 자체만으로도 해를 주게 된다. 왜냐하면, 그것은 특히 고급 관리들 간에 부패가 널리 번져 있다고 하는 과장된 인상을 줄 수 있기 때문이다.

인도와 스리랑카 및 필리핀에 있어서처럼 아주 자유롭고 공개토론이 있고, 그리고 남아시아의 모든 나라에 있어서는 뒷공론이 있으므로, 비행의 개별적인 사례에 있어서의 모든 사실은 확인하기가 그렇게 어렵지는 않을 것이다.

주요 연구과제는 물론 한 나라에 있어서의 부패의 일반적인 성격과 정도, 각계각층이나 정치적·경제적 생활면에로의 침투, 그리고 눈에 띄는 모든 추세를 확증하는 데 있다.

뒤에 나오는 설명은 이들 연구과제 중에서 아주 예비적으로 추려낸 것들이다. 그 내용은 의회기록과 위원회보고서, 신문 및 그 밖의 간행물을 통한 폭넓은 독서에 근거를 둔 것이고, 나아가 개인적인 관찰뿐만 아니라 서구 실업가들을 포함한 이 지역의 유식층들과의 대화에 근거를 둔 것이다.

우선 부패의 일반적 수준에 관해서 말한다면, 그것은 의심할 나위도 없이 서방 개발국이나 혹은 공산국에 있어서 보다도 훨씬 높다. 식민지 시기의 상태와 비교한다면, 남아시아 출신의 관찰자들뿐만 아니라 서방 출신의 관찰자들은 부패가 식민지시대에 있어서 보다도 현재 더욱 일반적으로 되어 있다고 하는 견해를 가지는 것이 보통이다. 특히 그것은 고위 관리들이나 고위 정치인들 간에 우세하게 되어 있다고 믿어지고 있다.

남아시아 정부에 있어서의 행정 각 부서에 관해서 말한다면, 공공 사업부나 정부 구매기관이 특히 부패해 있고, 이들을 바짝 뒤따라 수출입 허가를 통제하는 관리들, 관세 및 조세를 징수하는 관리들, 그리고 철도를 관리하는 관리들이 부패해 있다. 자유재량적 권력이 주어지는 경우에는 언제나 부패가 따르기 쉽다고 하는 것은 명백하다. 부패는 심지어 법원 그리고 대학에까지 만연되고 있다.

의회나 관이 하게 된 부패에 관한 연구에 있어서는 특히 인도에 있어서의 그러한 연구에 있어서는, 남아시아에서 시장획득을 위해 다투고 있는 서방 기업의 이해관계가 하게 되는 역할에 관해 일반적으로 침묵이 지켜져 왔다.

서방측의 사업가들도 당연히 이 문제를 공공연하게 논하지는 않고 있다. 그러나 우리들과의 사적 대담에 있어서 많은 사업가들이 상거래를 결말을 짓기 위해서는 고위 관리들이나 고위 정치인들을 매수하지 않을 수 없었다고 하는 것을 솔직하게 인정했다. 마찬가지로 자주 그들은 지나치게 많은 방해를 받지 않고 그들의 기업을 운영하기 위해 고급 관리들뿐만 아니라 하급 관리들을 매수하지 않을 수 없었다. 이러한 뇌물은 그들 남아시아에 있어서의 총운영비의 상당한 부분을 차지하고 있다고 그들은 말하고 있다.

연구자들이 특히 고급 관리들이나 고위 정치인들 측에서 뇌물을 받거나 바라는 데에 관한 사실을 입증하려는 그들의 노력에 직면하게 되는 특별한 문제가 하나 있는데, 그것은 뇌물이 직접 전달되는 일은 드물다고 하는 것이다. 보통 뇌물은 중개인을 통해서 전달된다. 중개인은 토착 기업가일 수도 있고, 또는 말단의 공무원일 수도 있다.

많은 서방 상사들은 그들의 앞잡이로서 직업적인 브로커를 이용하는 것을 한층 편리하게 생각하고 있으며,. 적어도 못마땅하게 생각하지는 않고 있다. 그래서 브로커는 생산과 사업을 영위하기 위해 협조를 받을 필요가 있는 모든 사람들을 뇌물로 낚게 된다.

사업 거래가 결정될 무렵에는 관계 부처의 직위가 다소 낮은 공무원의 누군가가 서방 실업가에게 장관이나 혹은 고위 관리가 얼마만한 금액을 기대하고 있다는 것을 종종 알려주는 것이 보다 일반적으로 되어 있다. 토착 실업가마저도 때때로 뇌물을 받는 자에 대해 그와 같은 간접적인 관계에 놓여지게 된다. 모든 뒷거래가 안개에 가려 있으므로, 중개인이 그 돈으로 사복을 채우고 있는지의 여부는 알 길이 막연한 수가 많다. 실제로 중개인은 뒷거래의 액수를 늘이고 보다 많은 것을 사취하기 위해 죄 없는 권세가의 이름을 도용하고 있는 것인지도 모른다. 부패는 민속이 고위층에서의 부패의 정도를 과장해서 생각하는 버릇은 물론 이러한 데에서도 생겨나게 된다.

부패라는 민속, 부패추방운동에 있어서의 대중들의 부패에 대한 소신과 감정의 정치적·행정적·사법적 반향, 나라마다 시대마다 다른 부패의 실제적인 만연, 그리고 현재의 추세 등, 이 모든 이러한 사회적 사실들은 그것들을 남아시아에 있어서 그 밖의 모든 조건에 관련시킴으로써 인과적으로 확인하고 설명하지 않으면 안 된다.

우리들의 부패는 서방 개발국에 있어서보다 남아시아에 있어서 더욱 성행하고 있다고 말할 때, 우리들은 관습에 있어서의 기본적인 차이—개인적 이익을 얻는 장소와 방법, 그리고 시기에 있어서의 차이—를 말하고 있는 것이다. 이윤이나 시장경쟁에 대한 욕망을 자극시킨다고 하는 것이 남아시아에 있어서는, 이러한 것들이 현재 서구에 존재하고 있다고 하는 것과 동일한 의미에 있어서는 극히 어렵다. 그러나 남아시아에 있어서는 대체로 서구에서 자취를 감추어 버린 근원—공직이나 권력의 영역—으로부터 사익을 얻고자 하는 욕망을 제거한다고 하는 것도 마찬가지로 어렵게 되어 있다.

서구인들이 이윤의 원천으로 생각하지 않게 되어 있는 직능이 남아시아에 있어서는 보통 팔려고 내놓아지고 있다. 그 직능은 비록 서구적인 의미에 있어서는 확실히 완전한 시장은 아니지만, 일종의 시장을 가지고 있다. 이들 차이점은 설제로 서로 설명하고 있다. 참으로, 그것들은 자본주의적 전통사회의 유물이다.

남아시아에 있어서는 재화나 용역에 대한 시장이 없는 수가 많고, 경제행위는 비용과 수익에 의한 합리적 계산에 의해 지배를 받지 않고 있으므로, 연고관계가 그 갭을 메우지 않으면 안 된다. 그와 같은 환경에 있어서 관리에 대한 뇌물은 구사회에서 인정되었던 선물이나 공물과 조금도 다르지 않게 생각되고 있다. 또한 그와 같은 뇌물은 어떠한 사회적 수준에서 베풀어진 호의에 답례하는 데 따르는 부담과 다르게 생각되지 않고 있다.

남아시아국은 전통적으로 복수사회로 되어 있으며, 그러한 사회에 있어서의 충성은 기본적으로 전체로서의 공동사회—지방수준이건 국가수준이건—에 대해서보다도 가족·마을·종교·언어·씨족을 바탕으로 한 데 뭉친 그룹, 혹은 카아스트에 대해 이루어지고 있었다.

명문 규정이나 처벌조치에 의해 뒷받침되는 보다 폭넓은 국가에 대한 충성은 근대 서방국과 공산국의 관습—그리고 이들 관습은 개인적 이익을 얻기 위한 목적으로 행위를 하는 것을 막고 있다—에 대해 없어서는 안 될 기초가 되어 있다. 남아시아에 있어서 그와 같은 비교적 작은 집단에 대한 보다 강한 충성은 동족 등용을 가져오게 되었는데, 그것은 그 자체가 부패의 한 형태이며, 일반적으로 정신적 부패를 조장하게 된다. 부패의 성행은 취약국가의 일면을 드러내는 것이고, 또한 대체로 낮은 수준의 사회기강을 나타내는 것이기도 하다. 그러나 이것은 정태적 견해이다. 그것은 어째서 부패가 번져가고 또한 늘어가고 있는가를 설명하지 않고 있다. 일어나게 된 일들은 거의 모두가 보다 많은 부패를 가져오기 마련이었다. 독립 전취, 그리고 식민지 상태로부터 자치에로의 이행은 그 자체만으로도 충분한 교란을 자아내게 하는 것이었다.

또한 정치가의 역할은 크게 늘어나게 되었다. 동시에, 엄격한 서구적 관습을 가지는 유능한 토착 행정관을 얼마 되지 않게 남겨둔 채, 식민지 행정관청은 본국에 소환되었다. 공무원들의 자유재량적 권한은 사기업에 적용되는 통제형태에 의해 그 수가 늘어나게 되었다.

이 같은 부패의 만연은 다음으로 부패한 정치가들이나 부정한 공무원들에게 이들 자유재량적 모든 통제를 유지하는 데에 강한 기득권익을 주게 된다. 그리고 특히 중간층이나 최하층의 공무원들의 낮은 봉급은 부패를 큰 유혹으로 되게 하고 있다. 그래서 부패는 인과적인 환경 속에 빠지게 된다. 그것은 대중들이 부패의 만연을 알아차리게 되고, 또 효과적인 조치가 그것에 대해 취해지고 있지 않다는 것을 알게 됨에 따라 특별한 힘을 가지고 움직이게 된다.

학식이 있는 사람들 간에서는 인플레와 마찬가지로 부패가 개발의 피할 수 없는 부속물이 된다고 하는 생각이 커지게

영능력과 퇴마 최고 권위자 정인스님이 본 베일속의 저승세계

여보게 저승은 어드메인고

출간즉시 베스트셀러

법력으로 영혼의 세계를 자유로이 넘나들며 빙의(귀신씌움), 우울증 등으로 고통속에서 헤매는 분들에게 새 삶을 찾아주고 계신 정인스님이 공개하는 저승의 구조와 저승의 법칙

이런 사람들은 지금 운명을 바꿔라

- 빙의나 우울증으로 고통받는 분
- 주벽, 도벽, 정신분열증이 있는 분
- 역마살이 끼었다고 생각되시는 분
- 자살자가 많은 집안
- 밤마다 악령에 시달리는 분
- 형제간에 불화와 반목이 계속되는 분
- 원인모를 병에 시달리는 분
- 돈에 허덕이거나 사업이 부진한 분

[스님과의 만남]
책속의 대화신청서를 작성하셔서 우송하시면 스님과 만나실 수 있습니다.
문의 : 02)2253-5292

주문즉시 또 다른 세계myin서 수행을 하기 위한 이승지 출입통서시대
우리 시대 최고의 영능력자이자 퇴마승인 정인 스님이 공개하는 베일 속에 감춰진 저승세계 이야기!!

값 15,000원

서음미디어 Tel. (02)2253-5292 Fax. (02)2253-5295   ■ 전국유명서점 및 인터넷 교보문고/영풍문고/알라딘/인터파크/예스이십사 공급중

초능력과 영능력개발법 (전3권)
모도야마 히로시/ 저 안동민/ 편저

예수 그리스도와 석가, 노스트라담스 그들은 모두 영능력자였다. 영능력은 특별한 사람에게만 주어진 것은 아니다. 누구나 영능력은 개발할 수 있는 것이다. 영능력의 존재를 알고 수천년 동안 전해 내려온 초능력과 영능력자가 되는 비법을 익히면 당신도 초능력자와 영능력자가 될 수 있다.

값 13,500원

미스테리아
김영수/저

한반도 통일 프로젝트 - 통일수도는 강화도

세계적인 영능력자 차길진법사의 기적과 예언-그 스토리! 박정희대통령 죽음/ 노무현대통령 당선/ 서해교전/ 박근혜대통령 피습사건/ 김정일 사망 예언적중/ 미9.11테러 희생자 진혼제 집전으로 유명한 차법사가 모델이다. 독자들에겐 소설이겠지만 필자로선 다큐멘터리다.

값 15,000원

나는 영계를 보고왔다
임마뉴엘 스웨덴 보그/ 저

신비주의자 중 신비주의자 스웨덴 보그의 대표적인 저서. 영혼의 세계는 과연 어떤 곳인가? 생명은 육체가 죽는 순간에 그 모습을 바꿀 것이다. 따라서 인간의 인격은 육체가 죽은 후에도 남아 있으므로 그 남아있는 인격과 의사를 교환하는 일은 불가능한 것은 아니다. 스웨덴 보그는 자신의 죽는 날을 예언했었는데, 정확히 그날 죽었다.

값 15,000원

내가 살아가는 이유
김남석/편저 값 15,000원

세계적인 철학가 15인의 행복론과 인생론. 오늘 내가 살아가는 이유는 무엇일까. 나를 위해 살아가는 것일까. 침묵...허무...공허. 그리고 숱한 생각과 생각들. 삶에 있어 가장 중요한 것은 쾌락의 추구가 아니라 내가 존재하는 이유가 있느냐 없느냐가 아닐까? 나의 존재 이유와 삶의 의미를 되새겨본다.

21세기 인간경영
마쓰모토 쥰/ 후나이 유끼오 공저

시대를 앞서가는 경영을 하고 싶은가? 그렇다면 먼저 인간경영을 하라. 일본내 1,500개사 경영고문을 맡으며 30년간 100% 경영실적을 성공시킨 세계적인 경영컨설턴트의 성공노하우. 그가 관여하는 곳마다 성공하는 바람에 세계적인 대기업들이 앞다투어 그의 경영노하우를 배우려 하고 있다. 값 15,000원

허튼소리 (1. 2권)
걸레스님 중광/저

21세기 최대의 기인! 반은 미친듯 반은 성한듯이 세상을 걸림없이 살다간 한 마리 잡놈 걸레스님! 중 사시오! 내 중을 사시오! 그는 진정한 성자인가? 예술가인가? 파계승인가? 아니면 인간 중퇴자인가?

값 15,000원

값 15,000원

업(전9권)
지자경/안동민/차길진 공저

세계적인 영능력자 지자경, 안동민, 차길진이 밝히는 영혼과 4차원세계의 전모! 나의 전생은 무엇이며, 전생에 지은 죄는 어떻게 소멸할 것인가? 저승세계는 어디쯤 있을까? 저 광대한 우주 공간의 어디쯤에 천당과 지옥은 있는가? 그리고 어떻게 살다가 갈 것인가?에 대한 명쾌한 해답을 내리고 있다.

영혼과 전생이야기 (전3권)
안동민 편저

당신의 전생은 누구인가? 사후에는 무엇으로 환생할 것인가? 사람이 죽으면 어떻게 되는가? 이승과 저승은 어떻게 다른가? 전생을 볼 수 있는 원리는 무엇인가? 사람은 왜 병들게 되는가? 운명은 누구나 정해져 있는가? 이 영원한 수수께끼에 대한 명쾌한 해답!

값 13,500원

된다. 이것이 갖는 효과는 냉소하는 버릇을 번져가게 하고, 또 뇌물의 주고받음에 대한 저항을 줄어들게 한다는 데에 있다. 부패한 관행은 근대화의 모든 이상을 달성하려는 어떠한 노력에 대해서도 아주 해를 끼치게 된다. 부패의 성행은 개발에 대한 강한 장애와 억압을 낳게 한다. 충성의 분열에 의해 촉진되는 부패는 국민을 단결시키고자 하는 노력에 반하는 작용을 하게 된다. 그것은 정부나 그 기관에 대한 존경과 충성을 감소시킨다. 그것은 흔히 계획화의 불합리성을 촉진시키고, 모든 계획의 범위를 제약하게 된다. 부패한 관행에 의해 치부하고자 하는 보통의 풍습은 공직의 기능을 저해하거나 지연시키게 된다.

이것은 남아시아에서 행정사무 처리를 해를 끼치게 할 정도로 느리게 하고 있다. 그와 같은 지연을 피하고자 하는 갈망은 급행요금이라는 일상용어를 낳고 있다. 뇌물을 주는 자들은 관리들이 자기들을 위해 어떠한 불법행위를 해주기를 바라지 않는 수가 많을는지 모른다. 그는 다만 서류가 빨리 돌고 정부기관의 결재가 빨리 나도록 노력하고 있는 것인지도 모른다.

남아시아에 있어서의 부패는 번거로운 행정적인 절차를 빨리 진행시킨다고 하는 통속적인 의견—이것은 서방 학자들에 의해 표명되고 있다—은 명백히 그릇된 것이다. 남아시아의 문제를 관찰하는 사람들이 남아시아의 관료주의의 전통적인 결함을 비판할 때, 매우 빈번하게 그들은 부패를 원인으로 들어서는 안 된다는 것을 말하고 있다. 이러한 관료주의에 관한 활발한 토론에 참가하는 많은 학자들과 마찬가지로 그들은 자기들의 관찰을 부패의 성행이나 잦은 부패에 관한 풍문, 그리고 번거로운 절차를 유지시키는 데에서 생기는 개별적인 공무원 자신의 이해관계에 관련시키는 것을 피하고 있다.

대중들이 사실이건 사실이 아니건 부패가 널리 번져 있다고 믿게 되는 경우에는 공무원의 청렴은 힘을 잃게 된다. 그리고 만약 그가 부패를 반대하고 있다면, 그는 자기의 임무를 완수하기가 어렵다는 것을 발견하게 되는지 모른다. 이를테면, 우리들이 얼마 동안 머물러 있었던 뉴델리 지구에서 사귀게 된 경찰서장을 생각해 보기로 하자.

우리들은 언젠가 그에게 교통법규를 무시하는 택시운전사의 습성에 대해 불평을 털어놓은 뒤에 '어째서 귀하께서는 서원에게 명하여 이 법규를 시행케 하지 않고 있습니까'라고 물어본 적이 있었다.

그는 대답했다. '어떻게 내가 할 수 있겠습니까. 서원의 한 사람이 택시운전사에 접근하면 운전사는 이렇게 말할는지 모릅니다. '물러나시오, 물러나지 않으면, 사람들에게 당신이 10루피를 요구했다는 것을 폭로하겠오'. 이때 그 서원이 그렇게 한 적이 없었다는 것을 지적한다면, 택시운전사의 답은 이러할 것입니다—'누가 당신 말을 믿길래…"

남아시아에서 부패가 끼치게 되는 중대한 영향을 인식하게 될 때, 사람들은 이에 대한 대책은 무엇일까라는 문제를 제기하게 된다. 인도에 있어서의 중요한 산다남위원회보고서는 부정의 기회를 낳는 행정적 절차를 분석하고 개혁방안을 제시하고 있다. 동 위원회는 정치적·행정적 결정을 위한 보다 간단하고 더욱 명확한 법규와 절차—이들 법규와 절치는 개인이나 사기업, 그리고 또한 보다 엄한 감시에 영향을 주게 된다—를 권장하고 있다.

동위원회의 주요 테마의 하나는 자유재량적 모든 권력을 가능한 한 줄여야 한다는 것이다. 그것은 하급 공무원의 보수를 인상하고 그들의 사회적·경제적 지위를 개선하는 동시에 좀 더 나은 보장을 해주어야 한다는 것을 제안하고 있다.

특별감찰부를 포함하는 감시기관은 강화되어야 하고, 비리관리에 대한 처단이 보다 신속하게, 그리고 효과적으로 이루어질 수 있게끔 법과 절차는 고쳐져야 하며, 관리들을 매수한 민간업자에 대한 조치도 강구되어야 한다고 하고 있다.

동위원회는 또한 과세 소득신고서와 과세 사정액은 공개되어야 하고, 더욱이 보다 일반적으로는 공문서를 기밀로 되게 선언하는 관행은 제한되어야 한다고 제의하고 있다. 동위원회는 기업이 정당에 헌금하는 것은 금지되어야 하고, 또 진실한 호소를 하는 사람들은 보호되어야 하며, 다른 한편 물적 증거도 없이 신문이 기사화한다면, 그 신문은 책임 추궁되어야 한다고 제창하고 있다.

동위원회는 부패문제의 해결은 오랜 기간이 걸려야 하고, 단호한 결의와 다가올 여러 해에 걸쳐 꾸준한 노력이 필요하다는 것을 인정하고 있다. 중대한 문제는 정부가 동위원회가 제의한 노선에 따라 행동을 취하게 될 것인가, 그리고 동위원회가 정신적 가치와 사회경제적 구조의 전체계라고 말하고 있는 것이 개혁되지 않으면 안 될 때, 그와 같은 행동에 국가사회 내에서 어느 정도로 효과를 거두게 될 것인가에 있다.

부패가 전통사회의 제도적·태도적 유물 속에 깊이 스며있고, 일어나는 일들은 거의 모두가 개인적 이익에 대한 자극과 기회를 늘어나게 하고 있는 여러 나라에 있어서 개혁의 전망을 생각할 때, 부패를 반대하는 대중의 외침은 건설적인 힘으로 간주되지 않으면 안 된다.

이러한 반작용이 근본적으로는 오직 기회가 있으면 부패한 관행을 저지르는 데 주저하지 않을 정도로 타락하게 된 사람들을 부러워하는 데에서 생기는 경우마저도, 위에서 말한 것은 들어맞는다. 부패한 관행으로부터 개인적으로 이익을 얻을 수 있는 이러한 사람들의 수는 아주 소수에 지나지 않으므로 부패에 반대하는 대중의 외침이 중대한 개혁에 여념이 없는 정부를 뒷받침하게 됨은 틀림이 없다.

엉국과 네덜란드, 그리고 스칸디나비아국은 모두가 2백 년 전에는 부패로 충만되어 있었으나 현재는 극히 한정되어 있다. 강력한 국가가 이들 나라에서 발전하게 되었던 것은 중상주의(重商主義)와 근대복지국가 간의 자유주의적 중간기에서였다. 이에서의 주요 원인의 하나는 하류계층의 처우개선—이것은 종종 관례적인 뇌물을 합리적인 보수로 옮겨놓음으로써 이루어지게 되었다—과 더불어 특히 상류계층에 있어서의 도의심의 뚜렷한 경화였었다.

확실히 남아시아국은 백여 년 전에 이들 서방국가들에서 이루어지게 되었던 모든 개혁으로부터 무엇인가를 배울 수 있을 것이다. 그렇지만, 초기 조건에는 근본적인 차이가 있다. 정치나 행정에 있어서의 상대적으로 높은 정직성이 이들 서방국에 있어서는 국가 활동이 최소한으로 줄여들게 되었던 시기에 실현을 보게 되었다.

  국가가 다시 경제에 대규모로 간섭하게 되었을 무렵, 국가는 그 제도의 높은 특질이 지켜지거나 보존되는데 필요한 정치적·행정적 제도를 가지고 있었다. 다른 한편, 남아시아국은 국가 활동이 급격히 증가하고 있고, 또 우선권이 심지어 필요한 정도를 넘어서 자유재량적 통제에 주어지고 있는 시기에 엄청난 부패와 싸우지 않으면 안 된다. 다시 남아시아는 계획화의 제3세계로서 우뚝 솟아 있다.

Part 4
노동력 이용
Labor Utilization

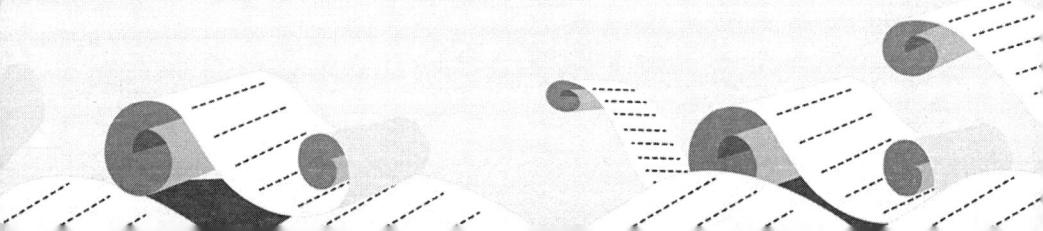

제15장 실업과 불완전고용

　노동력의 극단한 불완전이용은 남아시아국을 특징지우는 것으로 일반적으로 생각되고 있다. 노동력의 평균 산출고는 매우 낮다. 그것은 부분적으로도 많은 노동력의 소유자들이 1일, 1주, 1개월, 혹은 1년을 완전하게, 아니면 그 대부분을 놀고 있기 때문이다. 그러나 노동력의 소유자들이 일하고 있을 때마저도 그들의 생산성은 낮은 것이 보통이다. 이것은 많은 조건에서 생기게 된 것이며, 이들 모든 조건 중에는 낮은 노동 능률이 있다.

　이 같은 노동력의 낭비는 실업 및 불완전고용이라는 용어로 논의되는 것이 보통이다. 동시에 남아시아에 있어서의 실업자 및 불완전고용자는 사용되지 않은 생산력의 풀을 형성하고 있는 것으로 생각되고 있다. 이것은 판에 박은 듯이 임금 고용인에 대한 수요부족에 의해, 혹은 자영이나 농민의 경우, 생산적인 일을 할 만한 기회의 결여에 의해 설명된다. 일단 이들 대중들에게 일할 기회가 주어지기만 한다면, 그들은 그 기회를 포착하게 될 것으로 가정된다. '실업'뿐만 아니라 '불완전고용'은 비자발적인 것으로 생각되고, 또 낮은 노동 능률은 관심 밖에 놓여 있다.

경제이론의 주류에 있어서 대규모적인 실업 및 불완전고용은 남아시아국에 있어서의 빈곤의 주요 원인으로 간주되고 있다. 동시에 이들 나라에서 사용되지 않거나 불완전하게 이용되는 대량의 노동력은 자본을 창조하고 생산을 증가시킬 수 있는 생산력, 따라서 보다 높은 수준의 소득과 소비를 가능하게 하는 생산력―요컨대, 가난을 제거하는 데 이용될 수 있는 잠재력―을 가지는 것으로 생각되고 있다. 계획화의 지상과제는 실업자와 불완전고용자를 생산적인 일에 끌어넣음으로써 이러한 노동력의 풀로부터 노동력을 빼내는 데 있다고 보고 있다.

실업 및 불완전고용에 대한, 그리고 일자리나 일할 기회의 창조에 대한 관심의 집중은 대체로 제2차 세계대전 후에 시작되었다. 남아시아에 관한 초기의 문헌에 있어서는 주요한 관심사가 식민지 정부나 민간기업이 부딪치게 되는 끊임없는 노동력 부족으로 되는 것이 통례였다.

오늘날 남아시아의 경제적 모든 문제를 논하는 데 있어서 아마 이 점에 있어서만큼 식민지시대에 이루어졌던 논의와 한층 날카롭게 반대되는 점은 없을 것이다. 노동력 이용의 기본적 문제는 오늘날에 있어서는 실업상태의 대중이나 불완전고용상태에 있는 대중에 대한 수요와 이들이 일할 기회를 마련하는 문제로 생각되고 있다. 그런데 얼마 전까지만 해도 기본적인 문제는 충분할 만큼 임금 노동자들을 끌어들이는 것과 이들이 일할 때 능률을 향상시키는 것으로 생각되고 있었다.

 이러한 극적인 역전은 남아시아국이 독립하게 되었고, 또 개발을 계획하고자 몸부림치기 시작했을 무렵에 일어나게 되었다. 남아시아국의 계획 작성자들이 놀고 있거나 비생산적인 노동력을 한편에서 저주의 대상이나 빈곤 및 저생활 수준의 원인으로 보았고, 다른 한편에서는 개발을 위한 잠재적 자원으로 보았던 것은 당연한 일이고, 노동력을 보다 충분하게 이용할 수 있는 방법을 꾸며내는 데 있었다. 이 문제에 있어서 남아시아국은 서방국에 있어서의 사조(思潮)에 의해 강력하게 뒷받침을 받게 되었고, 이들 서방국에 있어서도 또한 제2차 세계대전 종결 이래로 완전고용이 경제정책의 주요 목표로서, 또 정부의 책임으로서 선언되고 있었다. 서구 경제학자들이나 그들 남아시아의 동학자들—이들도 마찬가지로 철저하게 서구적 사고에 물들어 있었다—은 실업에 관한 초근대적 견해를 있는 그대로의 형태로 남아시아에 적용하고 있었다.

 자본주의 국가들은 자기들의 고용문제를 해결하지 못했고, 해결할 수도 없었다고 하는 공산국가의 주장은 노동력 이윤이나 노동력 저이윤에 관한 새로운 견해를 가져오게 하는 것으로는 되지 못했다. 공산국가의 영향은 전후형 접근방법이 남아시아에서 강화되게 하는 것을 의미했을 뿐이다. 그리하여 '실업' 및 '불완전고용'이라는 서구적 개념—일하지 않고 있는 것은 일련의 작업수준과는 관계없는 비자발적인 것이며, 또 노동력의 풀이 있기는 하지만, 이것은 노동수요의 증가와 노동기회의 증대에 의해 해결이 가능하다고 하는 생각

―의 바탕에 깔려 있는 주요 가설이 남아시아에 적용될 수 있을 것인가를 검토하게 하는 자극은 생겨나지 않았다. 노동능률은 무시되고 있었다.

그 밖의 많은 분야에 있어서와 마찬가지로, 식민지시대에 있어서의 노동시장에 관한 경제사상은 본래부터 중상주의적 유형의 것이었다. 고용주 측의 전망에서 생겨나게 되었던 16세기 내지 17세기의 노동력에 관한 견해에 따른다면 값싸고 유순하고, 또한 훈련된 노동력의 풍부한 공급은 공공의 이익이 되는 것으로 생각되었다.

중상주의자들은 다만 도덕적으로 부패해 있는 냉소주의자들이 아니었고, 식민지시대에 남아시아에서 권력을 쥐게 되었던 식민지주의자들이나 사업가들이 했건 거와 마찬가지로, 그들은 자기들이 공동의 이익이 된다고 생각했던 것을 추진하기 위해 주장했고 행동했던 사람들이었다. 대체로, 이용이 가능한 증거는 식민지시대에 성장을 보게 되었던 새로운 기업들―재배농장이건, 광산이건, 혹은 도시공업이건―이 노동력 부족으로 종종 괴로움을 받게 되었다고 하는 것을 가리키고 있다. 어쨌든, 새로운 산업들은 보통 고용을 간청하고 있는 노동력의 방대한 과잉에는 부딪치지 않았다. 이러한 입장에서 본다면, 시골은 그 자체로는 빠져나가게 되기를 기다리고 있는 쉽게 이용이 가능한 노동력의 많은 공급을 받지 못하고 있었던 것 같다.

노동력을 보충하는 데 겪게 되었던 모든 곤란은―새로운 기업들은 후진경제의 발전을 가져오게 했다고 고용주들이나 모든 정부에 의해 견지되고 있었던 견해와 마찬가지로—우리들이 중상주의의 한 국면으로 특징지우게 되었던 모든 정책을 강행하게 하였고, 또 이들을 용인하게 했던 것이다.

모든 정부나 고용주들의 접근방법은 실제적 배경을 가지고 있었다. 즉, 그들에 대해서 그것은 현실적 환경과 일치하고 있는 경험에 근거를 두고 있는 것으로 생각되었음에 틀림이 없다. 이데올로기는 그것을 가지고 있는 사람들에 대해서는 명백한 사실로부터 얻어진 간단하고 다툴 여지가 없는 결론이 된다고 언제나 생각되었다.

식민지시대의 농업부문에는 정체적이고 인습적인 경제 속에, 특히 자급자족인 농경자들이나 마을 장인들 간에 물론 많은 게으름이 있었다. 빈곤 자체에 의해 생기게 된 인습적인 성질로 말미암아 사람들은 서구적인 관점에서 본다면 정상적 노동일로 될 많은 세월을 허송하기 마련이었다. 일하고 있을 때마저도 그들은 훨씬 비능률적으로 일하고 있었다. 인민대중은 매우 가난했지만, 그들은 확실히 농업에 대해서 노동 투입을 증가시킴으로써 스스로의 운명을 개선하는 데 열중하지 않고 있었고, 고용임금을 위해서 자기들의 노동력을 제공함으로써 운명을 개선하고자 하는 일은 더구나 없었다. 동시에, 경제의 새로운 동태적인 부문에 있어서는 노동력 부족이 통감되고 있었다.

이러한 현상을 설명하기 위한 식민이론도 있었다. 그 이론의 주요 논지는, 나태와 비능률을 향하는 원주민의 경향과 임금 직업을 찾기를 싫어하는 기질이 그들의 무욕(無慾), 아주 한정된 경제적 시야, 생존위주, 자족주의, 태평한 성품, 그리고 한가로운 생활에 대한 편호(偏好) 등을 나타내는 것이라고 하는 것이었다. 이것은 보통 원주민과 유럽의 백인간의 인종적 구별과 관계가 있었다.

그 밖의 몇몇 사실에 대해서도 마찬가지 설명이 이루어졌다. 덥고 또 흔히 습한 기후는 지속적인 노역을 어렵게 하고 게으름을 가져오게 한다고 보통 말해지고 있었다. 일하는 태도도 또한 사회제도에 있어서의 눈에 띄는 모든 요소와 관계가 있다고 하는 것이었다. 사회적·종교적 관습이나 터부에 의해 강요되는 육체노동에 대한 많은 금기가 식민지시대에는 자주 비판의 대상이 되었다. 또한 자주 영양부족, 일반적으로는 저생활수준이 집중적으로 일하는 스테미너와 능력을 저하시키게 된다고 하는 것이었다.

비록 현재에는 다소 완전하게 억제되고 매우 완곡한 형태가 아니고서는 결코 공공연하게 표명되지 않고 있다 하더라도, 그와 같은 태도나 특히 열등 인종설은 남아시아국에서 일하고 있는 유럽인들에 의해 널리 지지를 받고 있었고, 또한 상류계급에 속하는 현지 출신의 많은 개인들도 이러한 생각을 가지고 있었다. 그러한 태도와 열등 인종설도 특히 뒤에 이르러 높은 관직에 이르거나 혹은 때때로 근대적 대기업가로 성공하게 된 몇몇의 토착인들에 의해 공통적으로 주장되는 수가 많았다.

이것은 조직적인 연구를 위한 중요한 문제를 제시하고 있다. 왜냐하면 토착민과 유럽인 간에 하등의 차이가 없다고 하는 전통적 이론—이것은 현재 국내외에 걸치는 강력한 정치적·외교적 이해관계에 의해 시인되고 있다—의 밑바탕에는 우리들이 이에서 식민이론이라고 불렀던 것을 반영하는 덤불과 같은 태도가 살아남아 있기 때문이다. 이 이론은 그렇게 멀지 않은 과거에 있었던 여성에 대한, 그리고 최근에 있었던 미국에 있어서의 이주민이나 흑인에 대한 통속적인 견해와 아주 유사한 점을 갖고 있다.

식민지시대의 이론은 식민지 권력구조를 합리화시키는 구실을 주게 되었다. 그것은 이론상 스스로를 다스릴 수 없는 사람들을 다스려야 한다는 백인의 책임이라는 통속적인 개념을 정당화시키는 데 이바지했다. 이 이론은 토착인의 참상이 기후와 어쩔 수 없는 사회적·생물학적 모든 사실의 결과이므로, 토착민의 소득이나 생활수준의 향상을 위해서는 아무 것도 큰일은 할 수 없다고 하는 생각을 뒷받침했다.

이 결론은 식민이론의 또 하나의 요소, 즉 나태하고 무욕한 원주민들이 행복하다는 생각, 아마도 유럽인들—그들의 야망은 그들을 종종 좌절로 끝장나고 마는 노력으로 휘몰아 넣는다—보다는 더 행복할 것이라고 하는 생각으로 말미암아 양심의 가책 없이 받아들여질 수 있었다.

우리들이 알고 있는 바와 같이 혜택을 받지 못한 자들이 특히 행복하다고 하는 생각은 특권이 있는 그룹이 불평등을 합리화시키는데 있어서 거의 관례적인 요소가 되어 있다. 행복하고 태평한 흑인, 행복하고 만족한 여성, 흡족하게 느끼고 있는 하인 등에 관한 아름다운 묘사가 우리들 앞에 펼쳐져 있다.

모든 무지와 마찬가지로 모든 지식은 편의주의적인 것이 되고 특별한 이해관계의 원인이 되기 마련이다. 우리들의 관찰에는 무지가 편리하게 되는 수도 있다. 이러한 사실을 인식한다고 하는 것은 모든 우리들의 관찰이나 추론이 불완전하다는 것을 의미하는 것이 아니라, 우리들이 추론을 주의깊게 음미하지 않으면 안 된다고 하는 것을 의미한다.

노동력 이용에 관한 모든 문제—이들 문제에 대해서는 이미 설명한 바가 있었고, 또 뒤에 더 논의하기로 할 것이다—에 대한 전후형 접근방법은 식민지 시기에 지배적이었던 이론에 대한 항거였다. 참으로 전후형 접근방법이 그처럼 많은 항의의 성격을 띠고 있다고 하는 사실은 오늘날의 남아시아에 관한 연구에 대해 식민지 시기에 지배적이었던 사상에 관한 이해를 중요한 것으로 되게 한다.

은연중에 식민이론은 남아시아에 있어서의 모든 조건을 서구적 관점에서 보고 있었고, 그곳에 있어서의 태도나 동작을 서구적 기준에서 판단하고 있었다. 그리하여 식민이론은 그 이론이 뽐내고 경멸적이고 또 무례한 성격을 갖게 되었다. 그러나 적용되는 관점이나 기준에서 접근방법을 근대적 접근방법과 구별하는 근본적인 것은 아무것도 없다.

스스로를 서방세계의 사람들과 동일시하고 있는 남아시아의 지식인들 뿐만 아니라 적극적으로 서구에 반대하고 있는 보다 진취적인 민족주의자들도 마찬가지로 그들이 실업이나 불완전고용이라는 용어로 노동력 이용을 논의할 때에는 서구적 기준을 적용하지 않으면 안 된다. 식민이론은 남아시아의 진보의 부족을 설명하는 동시에 그 빈곤을 설명하기 위해 주장된 것이었다. 이제 진보에 따라 박차를 가하려고 하는 남아시아의 지식인들은 그리하여 진보에 대한 장애를 강조하고 있었던 식민이론의 모든 이러한 구성요소를 도외시하고자 하는 유혹을 받게 된다.

역사의 우연한 모든 사건으로 말미암아 남아시아국이 독립을 얻게 되었고, 그들 자신의 개발계획에 착수할 수 있었을 무렵, 실업문제는 서구의 경제이론과 경제계획의 핵심으로 되기에 이르렀다. 남아시아 지역에서 저개발, 개발 및 개발계획이라는 문제에 관심이 폭발하고 있는 가운데, 서구학자들은 거의 기계적으로 자기들에게 잘 알려져 있는 용어로 생각하게 되었다.

남아시아의 경제학자들도 그들이 서구적인 용어로 생각하게끔 교육을 받았으므로 아주 같은 영향하에 있었다. 서방국에 있어서의 전후형 접근방법이 지니고 있었던 감정적 경향은 사회정책 문제에 있어서의 급진주의와의 밀접한 관련을 통해서 분명히 남아시아의 지식인들에게 호소하는 바가 컸다 하겠다. 그러나 보다 중요한 사실은 새로운 서구형 접근방법이 식민이론 속에 있는 모든 못마땅한 요소를 논박하고 있었다는 것이다.

서구형 접근방법은 물론 인종에 관해서는 아무것도 말하지 않고 있었다. 인종적·생물적 열등성에 관한 식민이론의 가설에는 아마 일리가 있을는지 모른다고 하는 희미한 의심이 감돌고 있기는 하였으나, 그와 같은 태도는 이미 남아시아의 대중들의 소질과 능력을 설명하는 것을 목적으로 하는 이론—과학적 수준에서건 통속적 수준에서건—의 일부로는 될 수 없다.

대중들의 집단 사이에서 정신적 특징으로 전승되어 온 평등은 현재 당연하게 받아들여지고 있고, 또 근대적 접근방법에 있어서 결코 도전을 받지 않고 있다. 이것은 의심할 나위도 없이 보다 큰 합리화를 향한 전진인 것이다. 그러나 동시에 환경적인 모든 사실—그것들은 서구의 그것들과는 다르다고 하는 것이 강조되어 왔다—도 또한 내던져지게 되었다. 이를테면, 기후의 차이는 온대에 있어서는 결코 경제적으로 주요한 의미를 부여하지 않았다.

오늘날에 있어서 기후는 저개발 및 개발에 관한 고찰에 있어서 거의 전적으로 고려되지 않는다 하지만, 식민이론에 있어서는 매우 뛰어난 역할을 하고 있었다. 그리고 노동력 이용에 대해 기후가 미치게 되는 영향이나 이러한 영향을 통제하는 가능성에 관해서는 남아시아국에 있어서나 서방국에 있어서 실제로 아무런 연구가 이루어지지 않았다.

또한 전후형 접근방법은 그 성장모델 속에서 영양, 소득수준, 생활수준, 그리고 그것들의 노동 투입이나 노동 능률에 대한 관련성에 대해서는 이렇다 할 주의를 기울이지 않고 있다. 이들 모든 요인이 남아시아와의 관련에서 고찰되는 경우마저도, 그것들은 오직 대중의 복지라는 관점에서만 고려되고, 그들이 일할 수 있는 능력과 일하고자 하는 용의, 혹은 그들이 일하고 있을 때의 근면과 능률이라는 관점에서는 고려되지 않고 있다.

서방국가에 있어서의 실업은 사람이 직업을 가지고 있지는 않지만 그것을 참고 있는 상황을 말하는 것으로 해석되고 있다. 서방국가에는 노동시장이 있고, 노동자들은 취직자리가 생겨날 때 그것에 관한 지식을 가지고 있다. 계획의 관점에서 보면, 실업자나 위장 실업자는 노동예비군을 의미하고 있다. 그것은 일할 기회만을 기다리고 있는 쉽게 이용이 가능한 노동력의 공급원이 된다고 생각할 수 있다. 그것은 노동력에 대한 총수요의 증가에 의해 동원될 수 있다. 남아시아에 있어서의 계획문제는 만약 우리들이 그곳에서 일하지 않는 노동자들을 노동예비군—이것은 주로 노동 기회의 범위를 확대시키는 것에 의해 손쉽게 빼내서 이용할 수 있는 노동 공급원을 형성하고 있다—으로 생각할 수 있다면, 아주 간단하게 될 것이다.

계획화 문제는 만약 우리들이 정당하게 노동 능률을 무시할 수 있다면, 더욱 간단하게 될 것이다. 서구에 있어서 노동력은 기능에 따라 구분되어 있다. 노동시간의 한도와 주당 및 연간 노동일수는 단체요약이나 법에 의해 정해져 있다. 사회적으로 예외적인 경우를 제외하면 직업을 가지지 않은 사람들은 이러한 표준화된 모든 조건하에서 일자리를 원하고 있는 것으로 생각될 수 있다.

이러한 모든 점에 미루어 계획화 문제는 남아시아에 있어서는 명백히 다르다. 남아시아에 있어서는 일하지 않는 노동력의 많은 존재 자체가 노동 능률을 향상시키게 할 조치에 대해 반대하는 태도를 스며들게 하고 있거니와, 이러한 사실은 문제를 한층 복잡하게 하고 있다. 몇몇 문헌에서 능률은 고용에 대해 이롭지 못한 것으로 되어 있다.

노동 능률을 무시하고 노동력 낭비에 대한 책임을 노동 수요나 노동 기회의 부족으로 돌리는 경향—이것은 전후형 접근방법 속에 깃들어 있고, 또 계획 작성의 모든 국면에 영향을 주고 있다—은 많은 곤란한 문제로부터의 도피를 낳고 있다.

고용문제에 관한 사상에 있어서의 한층 더한 혼란은 식민지시대를 벗어난 후로 가속화된 인구성장률을 지각하는 것으로부터 생기고 있다.

후술하는 바와 같이, 인구성장은 고용에 대해 밀접한 관계가 있기는 하지만, 그것이 인구성장의 가장 결정적인 국면은 아니다. 적어도 다가올 수십 년을 내다보는 경우—모든 계획화는 이 기간을 내다보고 있다—노동력의 규모는 출생률을 저하시키고자 하는 조치에 의해 좌우되지는 않을 것 같다. 그럼에도 불구하고, 인구문제는 급속히 늘어나고 있는 노동력에 대한 직업을 제공할 필요를 의미하는 양 보통 생각되고 있다.

노동력 이용문제에 대한 전후형 접근방법은 서방국의 현실에는 상당히 들어맞지만 남아시아의 현실에는 맞지 않는 경제적·사회적 모든 사실에 관한 수많은 가정을 내포하고 있다. 이들 모든 가정 중에서 당장 알 수 있는 것은 다음의 세 가지이다.

(1) 노동 투입은 노동의 질, 즉 노동 능률에 특별한 주의를 거의 하지 않고 주로 양으로서 논의될 수 있다고 하는 것.

(2) 낮은 총노동 투입, 즉 나태는 비자발적인 것으로 다루어질 수 있다고 하는 것.

(3) 따라서 실업 및 불완전고용으로 표현되는 유휴 노동력은 노동 기회의 제공의 나태를 제거하는 데 필요한 주요 조건으로 된다고 하는 의미에 있어서, 쉽게 이용할 수 있는 노동력의 공급원을 형성하고 있다고 하는 것.

전후형 접근방법에 내재하는 이러한 모든 가정은 남아시아국의 독특하고 서로 밀접하게 관련되어 있는 환경적인 모든 조건—자연적이건, 기술적이건, 제도적이건, 혹은 널리는 태도적이건—의 대부분으로부터, 특히 다음과 같은 모든 요인으로부터의 추상(抽象)을 전제로 하고 있다.
(a) 기후적 모든 요인
(b) 낮은 영양 수준과 건강 수준
(c) 제도적 모든 조건
(d) 모든 제도에 의해 형성되지만, 다음으로는 제도를 강화하게 되는 모든 태도
(e) 노동력의 상대적인 불가동성, 그리고 위의 (d)항을 통해서 (a)항으로부터 생겨나기도 하지만, 그러나 두드러지게는 (c)항이나 (d)항으로부터 생겨나게 되는 모든 시장과 특히 노동시장의 큰 불완전성

이론경제학적 논의를 형성하게 되고, 또 경제학적 모델이나 경제계획 속에서 반영되고 있는 일반형의 사상에 있어서는 일보 전진해서 다음과 같은 것이 가정되고 있다.

(4) 경제학적 논의에 있어서 정치적·행정적·체제적 문제

는 대체로 간과될 수 있다고 하는 것.

(5) 유휴 노동을 노동기회 속에 흡수하지 못하게 된 일반적 이유는 생산의 보완적 모든 요소를 충분하게 공급하지 못한 데 있다고 하는 것.

투자와 유동자본뿐만 아니라 토지와 그 밖의 보완적 요소—이를테면, 관리자·기술자·숙련공—는 양에 제한이 있고, 이러한 것들의 공급 증대는 투자를 필요로 하고 있으므로, 대규모의 비자발적인 나태—즉, 전후형 접근방법의 용어로는 실업 및 불완전고용—의 이유는,

(6) 국내 저축이나 해외 자본유입의 부족에서 생기는 자본의 불충분으로 요약될 수 있다.

이에 대한 대상은 경제에 자본 투입량을 증대시키는 데 있다. 그리하여, 자본 투입량을 총생산고의 증대에 관련시키는 각종 경제 모델을 갖는 환경론이 세워지게 된다.

상술한 모든 가정과 함께 근대적 접근방법의 모든 요소는 일관된 사상체계에 적합하게 될 수 있다. 남아시아에 있어서 단순히 고용과 실업을 기준으로 하는 서구적 모델은 그 모델이 이 지역의 모든 조건과 보다 밀접한 관계를 가지게 될 것으로 생각되는 부가물—농업부문이건 그 밖의 부문이건 경제 각 부문의 취업자 수에 관한 이론—에 의해 보총되고 있다. 이 학설과 설정된 그 밖의 모든 가정이 내포하고 있는 뜻의

하나는 다음과 같다.

(7) 실업자 및 불완전고용자는 다 같이 노동예비군 뿐만 아니라 동시에 저축예비군을 형성하고 있는 것으로 볼 수 있다. 그들은 총소비의 증대 없이 일을 시킬 수 있고, 또 그들의 취업에 따르는 모든 비용—이를테면, 도구나 그 밖의 자본장비를 위한 모든 비용—이 억제될 수 있는 정도만큼 총투자량은 조직적 자본시장에 의존하지 않고서도 증대될 수 있다.

이곳에서는 전후형 접근방법의 강조점을 부각시켜 극히 간단하게 설명한 셈이지만, 강조점을 그와 같이 부각시키는 것은 남아시아의 현실에 대해서 전후형 접근방법이 하게 된 통찰—이것은 방대한 문헌 속에 때때로 제한조건이나 보류조건으로 나타나 있다—을 올바르게 평가하지 않는 것으로 된다. 그렇지만 중요한 점은 이러한 제한조건에도 불구하고 이 폭넓은 접근방법이 경제학적 이론과 용어의 정의, 통계자료의 수집과 분석, 개발계획의 구성을 좌우하고 있다는 것이다.

얼핏 보아도, 이들 기본적인 모든 가정이 남아시아의 상황에는 잘 적용되지 않는다고 하는 것을 알 수 있다. 남아시아 모든 회사는 이들 모든 가정을 서구에 있어서 총체적인 경제 분석의 출발점으로서 유용하게 하였던 경제 진보와 통합, 표준화 및 합리화의 과정을 겪었던 적이 없었다.

인도통계학회의 창시자이자 회장인 마하라노비스(P. C. Mahalanobis) 교수는 통계적 연구를 통해서 노동력 이용문제를 밝히고자 하는 시도에 대한 주요 책임을 맡아 왔다. 그는 약 1천 3백만 명—이들은 정부기관과 공공기관 혹은 사적으로 조직된 대기업에서 일하고 있다—만이 선진국에서 보통 형태의 직업을 가지고 있다고 하는 것에 주목하고 있다.

그는 말하기를, '실업'이라는 학술적인 개념은 엄밀히 말해서 오직 이들 1천 3백만 명(1억 6천만 명의 총노동력 중에서)의 경우에 있어서만 사용될 수 있고, 가정이나 소기업에서 일하는 나머지 1억 4천 7백만 명에게는 적용될 수 없다고 하고 있다.

그렇기는 하나 마하라노비스는 인도에 있어서의 실업이나 불완전고용의 정도를 전후형 접근방법의 방식으로 추정하고자 시도하고 있었다. 이것은 약간의 비현실적인 모든 가정, 즉 숙련과 능률이라는 점에서 표준화된 노동시장과 노동기회에 관한 일반적인 지각, 더욱이 노동자들이 일하지 않고 있는 것은 참으로 비자발적인 것이며, 따라서 일하지 않는 노동력의 공급원은 노동 기회를 기다리고 있고, 또 기회를 포착하기 위해 용솟음치게 될 것이라는 등의 가정을 내포하고 있다. 그가 제시한 숫자는 물론 하등의 의미가 없다. 실업과 불완전고용에 관한 그 밖의 통계도 또한 의미가 없다.

서방국가에서 쉽게 이용할 수 있는 노동력의 공급원과 노동예비군은 결국 보통의 경우, 거의 같은 것으로 되어 있다. 즉, 실업자 수에 때때로 우수리 위장실업자 수를 플러스하면 된다. 노동예비군은 노동에 대한 수요를 증가시키는 것에 의해 주고 재화나 서비스에 대한 총수요의 확대를 통해서 동원되게 할 수 있다. 남아시아에서 쉽게 이용이 가능한 노동력의 공급원은 참다운 노동력 낭비의 아주 작은 부분에 해당하고 있다.

대량적인 노동력 낭비—노동력이 전혀 이용되지 않기 때문이건, 혹은 시간의 겨우 일부만이 이용되거나 혹은 거의 무익한 방법으로 이용되기 때문이건—는 이 지역에 있어서 경제생활의 명백한 모든 사실의 하나로 되어 있다. 이와 같은 상황에 있어서 중요한 점은 이러한 노동 낭비의 거의 어떠한 것도 총수요라는 꼭지를 돌리는 것에 의해 활용되게 할 수 없다고 하는 것이다. 노동력의 저이용은 수요의 확대에 의해 동원될 수 있는 공급을 엄청나게 초과하고 있다.

그 대신에, 노동력의 크기는 현재의 노동력 이용의 저수준을 항구화시키는 경향이 있을 뿐만 아니라, 새로운 생활방법이나 노동 방법에 급속하게, 그리고 직각적으로 적응하는 것을 막고 있는 기후적·사회적·문화적 및 제도적 기반에 뿌리를 박고 있다.

저생활수준과 저노동능률을 항구화시켜 왔던 제도적 구조 내에서 전체적으로나 부분적으로 일하지 않고 있거나, 혹은 비생산적인 일에 종사하고 있는 노동력은 쉽게 이용할 수 있는 노동력의 공급원을 형성하는 것으로는 생각될 수 없다. 남아시아국의 고용 사정은 자유의사라든가 유동적인 노동시장이라는 합리적인 개념에 의해서는 생각조차 할 수 없다.

우리가 널리 알려져 있는 모든 사실을 엄밀히 검토할 때, 서방국에 적용이 가능한 합리적인 모든 가정—이것들은 무비판적으로 남아시아국의 연구에로 옮겨지고 있다—은 완전히 깨뜨려지고 만다. 전후형 접근방법에 의해 가정되고 쉽게 이용할 수 있는 노동의 공급원은 이리하여 지나치게 높이 평가되어 왔다 하겠다.

남아시아에 있어서는 노동력 저이용의 성격은 판이한 것이며, 그리고 문제는 장기적인 성격의 것이다. 완전고용은 아득한 목표이고, 태도나 제도를 불변하게 남겨두는 어떠한 조치를 통해서도 도달될 수 없는 목표이다. 조직적 시장의 범위가 한정되어 있다고 하는 사실은, 특히 노동력 저이용의 총체적인 측정을 한층 불가능하게 하고 있다.

우리들이 쉽게 이용할 수 있는 노동력의 공급원이라는 개념을 사용할 때, 우리들은 다음과 같이 어느 쪽인가 하는 복잡하지 않은 질문을 던지고 있는 셈이다. 얼마나 많은 양의 노동 투입이 노동 수요의 증대에 응해서 임금노동시장에 있어서 뿐만 아니라, 자영이 지배적인 부문에 나타나게 될 것인가. 본질적으로 우리들은 이때 국외적인 관찰자들의 표준과는 전혀 관계가 없는 행태적 사실을 확증하는 데 관련되고 있는 것이다. 그러나 이처럼 명백하고 간단한 질문마저도 남아시아에 있어서는 아주 솔직한 해답을 허용하지 않고 있다.

노동자 자신들—해답은 그들의 반응에 달려 있다—은 그러한 변화된 사태—그 속에서는 노동자들이 새로운 직업을 가지거나, 보다 오랜 기간 일하거나, 혹은 한층 열심히 일하는 것이 유리하다는 것을 알게 되는 사태—를 생각하는 데 있어서 마저도 곤란을 가지게 될는지 모른다.

우리들은 우리들의 주의를 그 대신에 계획 입안자들이 마음대로 할 수 있는 노동예비군에 돌리는 경우, 문제는 남아시아에 있어서 한층 더 복잡하게 된다. 이에서 우리들은 노동력 낭비를 저하시키는 데 관심을 가지고 있는 국외자의 관점에서 그 낭비를 이해하려 하고 있는 것이다.

국외자가 생각하고 있는 노동예비군은 그가 각종 정책조치—노동자들의 태도에 있어서 약간의 변화와 이러한 태도를 결정하는 제도에 있어서 약간의 변화를 포함하는 각종의 영향을 직접적으로 뿐만 아니라 간접적으로도 낮게 할 정책조치—를 취하고 난 뒤에, 그가 마음대로 할 수 있는 부가적 노동 공급원과 노동 투입량을 말한다. 그리하여 그가 연구하고 있는 행태의 기준은 노동력의 현재의 행태 속에 나타나게 되거나 그 곳에서 볼 수 있는 기준과는 다르다. 그러므로 노동예비군이라는 개념은 모든 계획된 정책조치의 방향이나 강력성에 의존하게 됨으로써 고도로 가설적인 중요성을 갖게 된다.

무수한 개인들은 직접적으로—교육·선전·지도·규제 혹은 강제에 의해서—뿐만 아니라 간접적으로도—투자의 증가, 생산기술의 개선, 토지소유에 관한 제도적 구조의 개혁 등과 같은 모든 수단을 통해 노동조건의 개혁을 가져오게 함으로써—직업이나 노동에 대한 그들의 전통적 태도를 바꾸도록 유도되지 않으면 안 된다. 이러한 동태적인 정책 조건 속에서 이용이 가능한 노동력의 공급원, 그리고 노동의 지속성과 능률성 등이 그 자체로 채택된 정책 조치의 함수가 되기에 이르는 것이다.

남아시아 국가에서 저이용되고 있는 노동력을 노동예비군으로 보려고 하는 모든 기도는 하나의 정책 가설을 내포하고 있다. 노동예비군의 크기는 적용되는 모든 정책 조치의 함수로 된다고 하는 것이 그것이다. 노동예비군은 다만 모든 사실에만 관련되고, 모든 정책 가설과 관계가 없는 객관적 방법으로는 정의될 수 없고—따라서 경험적으로 확인되거나 측정될 수 없다.

일반적인 용어로 말한다면, 계획된 모든 정책 조치가 원대하고 효과적일수록, 그리고 그것들이 이용할 수 있는 노동력의 공급원과 투입량, 효율성의 증대라는 특정한 목적에 더욱 강하게 집중되면 될수록 그만큼 노동예비군은 커지게 되는 것이 기대될 수 있는 것이다.

이곳에서 우리들이 설명하려는 명제는 남아시아의 모든 조건하에서는 노동예비군이 실제적 이유와 더불어 논리적 이유로 말미암아 동태적이고 정책에 의해 결정되는 모든 조건 속에서 이해되지 않으면 안 된다는 것이다. 그리고 계획 입안자의 예비군은 시간적인 면에서 오직 한 시점에만 관계를 가져서는 안 되고, 정책에 의해 유도되는 모든 변화가 효과를 나타나게 되는 기간을 가정하지 않으면 안 된다. 게다가, 그 기간 동안의 노동력의 자연 증가도 분석에 집어넣지 않으면 안 된다. 뿐만 아니라, 현명한 정책은 오로지 총노동 투입량의 증대에만 돌려져서도 안 된다.

그것은 또한 노동 능률의 개선도 목적으로 하지 않으면 안 된다. 계획 입안자와 정책 수립가는 최종 목표로서 노동 능률의 보다 높은 수준에서, 그리고 노동 생산성의 한층 높은 수준에서 노동력을 충분히 이용하는 데에 의해 총노동예비군을 흡수하는 것을 목적으로 하지 않으면 안 된다. 이러한 의미에서 본다면, 남아시아국에 있어서의 계획 입안자나 정책

수립가에 대해 이용이 가능한 노동예비군은 쉽게 가능한 노동력의 공급원보다도 훨씬 크다고 하는 것이 명백하다.

사실, 우리가 경제분석의 주요 문제라고 불러왔던 정책조치와 총노동력 이용 간의 함수관계에 대해서는 아주 조금 밖에 연구가 이루어지지 않았다. 문헌은 생산고를 증대시키는 한편, 얼마나 많은 노동력을 농업에서 절약시킬 수 있을까, 생산이 합리화된다면 그 밖의 많은 직업에서 얼마나 많은 노동력이 절약될 수 있을까에 관한 비현실적인 설명으로 가득 차 있다.

그와 같은 모든 주장의 일반적 취지에는 틀린 것이 하나도 없다. 그와 같은 모든 주장이 본질적으로 옳다고 하는 자각은 남아시아국에 있어서 계획을 작성하고 정책을 수립하는 노력의 배후에 있는 지적인 힘이 되어 있다. 그러나 이들 모든 주장이 남아시아국의 현실적인 사정에서 요구되고 있는 특정정책 조치에 관한 상세한 설명으로 보완되지 않는다면, 그것들은 뚜렷한 의미를 갖지 못하게 된다. 일반적으로 전후형 접근방법에 동조하는 학자들은, 그 대신에 노동예비군을 그 자체로서는 일정한 시점에 존재하고 있으며, 또 어떠한 정책가설과도 관계를 가지지 않고 있다고 생각해서 정태적인 용어로 정의하고자 애써 왔다.

임금 노동자에 관해서는 보통의 절차가, 현재 놀고 있지만 고용되기를 바라고 있다고 생각되는 노동자들을 노동예비군으로 인정하는 데 있었다. 그러나 주된 노력은 불완전고용의 양을 정의하거나 측정하는 데 있었으며, 그리고 이 불완전고용은 농업부문이나 그 밖의 가족기업에 있어서의 전적으로 혹은 부분적으로 일하지 않고 있거나, 혹은 생산성의 매우 낮은 수준에서 일하고 있는 자가 경영자 간에 잠재하고 있는 과잉 노동력으로 이해되고 있다.

이것은 틀림없이 전후형 접근방법이 남아시아의 아주 다른 사정에 맞게 조정될 필요가 있다고 하는 신념에서 생겨나게 된 것이다. 서구에 있어서의 실업 논의와 비교하기 위해 이러한 과잉 노동력은 종종 위장실업으로 불리워지고 있다.

이러한 논지에는 많은 차이가 있지만, 불완전고용이라는 접근방법의 배후에 있는 생각은 정태적인 생각이다. 즉, 그것은 자본장비와 생산기술 및 제도적 구조가 불변한 모든 조건 하에서 노동조직 자체 속에 오직 미미한 모든 변화가 일어나는 경우, 설령 노동력의 일부분이 제거된다 하더라도 동일한 총생산물을 얻을 수 있다고 하는 것을 전제로 하고 있다.

이러한 정태적인 정의는 외부적인 일련의 기준을 토대로 하고 있음에 틀림없다. 경우에 따라서 이러한 정의는 노동력이 보다 집약적으로 이용되고 있는 농가의 성과에 기초를 두게 되었고, 또 다른 경우에는 일정한 수의 연간 노동시간이나 노동일은 완전고용과 일치한다고 생각되어 왔다. 때로는 어떠한 기준이 적용되었는가, 그리고 정태적 모든 조건이 충분히 유지되는 것을 전제로 하고 있는가 등이 명시되지 않았다.

이러한 사고방식은 사회과학에 있어서 특히 경제학에 있어서, 모든 개념을 객관화하거나 어떠한 가치전제도 없이 정치적으로 의미심장한 결론에 도달하는 전통과 궤를 같이 하고 있다. 남아시아국에 있어서의 노동력 이용에 관해서는 이러한 절차를 취하고자 하는 유혹이 강했다. 한편으로 노동자들이 일하지 않고 있다든가, 그리고 그들이 일하고 있을 때 매우 비능률적으로 일하고 있다고 하는 의미에 있어서, 실제로 엄청난 노동력 낭비가 있다.

다른 한편으로는, 노동력 저이용에 대한 대책이 폭발적인 정책문제를 건드리게 된다. 이를테면, 조세개혁, 토지개혁 및 소작개혁, 그리고 강제적인 노동 조정에 관한 논의는 명백히 고도로 기득권익과 감정으로 충만되어 있다. 우리들이 비판하고 있는 학설은 논리적으로 불가능한 책략에 의해서—노동력 낭비에 대해서 취할 수 있는 방법은 여전히 모르고 있으면서, 그것을 정의하고 측정하는 데에 의해서—구태의연한 방법으로 '학구적'으로 되고자 꾀하고 있다.

모든 사실의 관찰을 이러한 강제적으로 이론화하는 것은 또한 현실의 큰 왜곡—전후형 접근방법에 토대를 두고 있는 모든 이론에 공통적인 왜곡—을 가져오게 된다. 최근 수십년 동안 이루어져 왔던 불완전고용—이것은 정태적인 비교를 통해서 노동예비군을 정의하고, 그렇게 함으로써 남아시아국에 있어서의 노동력 낭비의 정확한 측정을 가능하게 하려는 것이다—이라는 개념을 돌출하고자 하는 기도는 실패하고 말았다.

이러한 사정은 일찍이 초기에 과잉인구라고 설명되었던 개념의 정립이 실패했던 것과 다를 바가 없다. 우리들이 경험상 연구대상으로 할 수 있는 것은 쉽게 이용이 가능한 노동력의 공급원이다. 설령, 그러한 노동력의 공급원은 정확하게 측정될 수 없다 하더라도 그 개념은 적어도 모순이 없고 명백하다. 그 개념은 사람들이 다른 사정하에서 행동하게 되거나 행동할는지 모르는 양식을 설명하지만, 선험적인 가설에 의해 구속되지는 않고 있다.

우리들은 또한, 계획 입안자나 정책 수립가의 관점에서 남아시아국에 있어서의 노동예비군은 서구에 있어서의 그것과는 달라서―만약 그 계획화가 철저한 개혁정책을 일으키게 할 용의를 가지고 있다고 한다면―이와 같이 쉽게 이용이 가능한 노동력의 공급원보다도 훨씬 크다고 하는 것도 알고 있다. 이것은 남아시아의 경제생활에 관한 가장 결정적인 모든 사실의 하나이다. 그러나 남아시아에 있어서의 노동예비군은 전후형 접근방법의 테두리 내에서는 확증되거나 측정될 수 없다.

전후형 접근방법이 이 문제에 있어서는 정태적이고, 또한 가치전제를 갖지 않은 채 연구하려 하고 있기 때문이다. 남아시아에 있어서의 노동예비군은 한편으로는 정책조치와, 또한 다른 편으로는 노동투입 및 노동능률간의―일정한 기간에 걸치며, 특수한 사정에 있어서의―함수관계로서 현실적으로 연구되지 않으면 안 된다.

우리들은 지금껏 노동력 이용문제에 대한 전후형 접근방법을 거부하고 따라서 실업과 불완전고용이라는 용어가 남아시아의 현실에는 적합하지 않은 것으로 배격해 왔다. 그러므로, 우리들은 이제 또 하나의 접근방법―우리들이 남아시아에 있어서의 현실적 모든 조건을 연구하는데 논리적으로 모순이 없고, 또 적합하다고 믿고 있는 접근방법―으로 방향을 바꾸기로 한다.

이 연구에서 우리들은 일하는 연령의 인구를 나타내기 위해 가용노동력 혹은 노동력이라는 용어를 사용하게 될 것이다. 이러한 노동력의 연령적 한계는 이 지역의 관습과 모순되지 않는 현실적인 가정에 의해 결정되지 않으면 안 된다. 모든 정책의 논의에 있어서는 이러한 가정이 모든 가치전제 —이것들도 따라서 명시적으로 되지 않으면 안 될 것이다— 에 따라 이들 모든 습관을 변화시키게 되는지 모르는 방법도 또한 고려에 넣지 않으면 안 될 것이다.

개발의 수준이나 개발의 변화율은 가용노동력의 평균 생산성에 의해 나타낼 수 있다. 계획화 문제는 되도록 크게, 그리고 되도록 빨리 평균 생산성을 높이게 하는 모든 변화를 일으키게 할, 정치적으로 바람직하고 또 실행이 가능한 정책수단을 안출해내는 데 있다. 노동력의 생산성은 총노동 투입량의 제고(提高)에 의해 증대될 수 있고, 후자는 다음의 것에 의존하고 있다.

(a) 적어도 1년 전체를 고려에 넣을 때의 참가율 혹은 일을 정상적으로 수행하고 있는 노동력의 참가부분, 참가율은 세계 어느 곳의 그것보다도 더 낮지만, 여러 가지 이유에서 그것은 남아시아의 약간의 나라들에 있어서는 현저하게 낮다.
(b) 연령 주수 및 월수, 주당 일수, 일당 시간 수를 기준으로 하는 참가자에 의한 노동의 지속기간.

이러한 모든 정의는 우리들에게 다음과 같은 방식으로 유휴 정도를 결정하는 것을 가능하게 한다. 노동지속 시간의 기준이 일정하다고 한다면 그 기준에서의 노동력의 완전한 참여를 통해서 이루어지게 되는 총노동 투입량은 계산이 가능하게 된다.

다음으로 유휴의 정도는 다음과 같은 두 개의 순서로 확정될 수 있다. 첫째로, 실제적인 참가 및 지속기간으로부터 얻어지게 되는 노동투입량과 가정된 모든 조건하에서 최대한으로 이루어지게 되는 노동투입량 간의 차이는 확정될 수 있다. 둘째로, 이 크기는 이루어지게 될 것으로 가정되는 최대 노동투입량의 비율로서 표현될 수 있다.

전후형 접근방법에 있어서 유휴는 비자발적인 것으로 생각되고 있다. 남아시아에 있어서의 노동력 이용문제에 관한 이러한 의욕면에서의 연구―이것은 실업과 불완전고용이라는 개념 속에 암시되어 있다―는 하등 쓸모가 없다.

대중들은 자기들 중의 누구도 고용될 만한 자격이 없다고 믿고 있기 때문에 일자리를 찾지 않을는지 모르며, 이것은 다음으로 효과적인 시장을 생겨나지 못하게 하거나 정체적이고 아주 고립적인 사회에 있어서의 생활에 의해 강요되는 좁은 시야를 가지게 하는 기능을 하게 된다. 뿐만 아니라 사회적·종교적 모든 제도 및 모든 태도는 대중의 일부로 하여금 전혀 일할 마음이 내키지 않게 하거나, 그 밖의 자들로 하여금 자영할 수 있거나 가족 기업에서 일할 수 있는 경우에만 일할 마음이 내키게 하는 강력한 영향을 가지고 있다.

고용주를 위해 일할 마음을 갖게 될 일할 나이를 가진 자들마저도 오직 시골에서만, 혹은 오직 특정 고용주의 업무에 있어서만, 혹은 특종 임무에 대해서만 이용이 가능하게 될는지 모른다. 그리하여 그들의 가동성은 그들이 일하고자 원하고 있는 곳과 그들이 하고자 원하고 있는 일에 의해 제한을 받게 될는지도 모른다.

우선, 쉽게 이용이 가능한 노동력 공급원의 크기가 정의될 수 있고, 또 확정될 수 있다고 한다면, 중요한 점은 합리적인 계획화의 범위가 일할 기회에 응하는 사람들에게만 한정될 수 없다고 하는 것이다. 그것은 또한 생활수준의 향상에로 돌려지지 않으면 안 되며, 더욱 많은 사람들이 연당보다 오랜 시간, 보다 많은 일수, 주수, 월수를 그리고 보다 능률적으로 참사하거나 일하는 것을 원하게 되게끔, 또한 참가하거나 일할 수 있게끔 제도와 태도를 바꾸지 않으면 안 된다.

노동투입량 이외에 제2의 변수가 있는데, 그것은 단위노동 투입량의 평균 산출고이다. 그것은 수많은 요인에 의거하고 있다.

(a) 하나는 노동능률이다. 이것은 노동투입의 질적인 면을 나타내고 있다. 하기의 (b)항에서 (c)항까지의 모든 조건이 주어지는 경우, 그것은 노동자의 생산성으로 정의된다. 이렇게 정의되는 노동능률은 노동자의 육체적·정신적 스태미너, 즉 그의 건강—이것은 다음으로 이용이 가능한 보호시설, 더욱이 영양수준이나 그 밖의 생활수준에 의해 결정된다—에 의지하고 있거나, 그의 교육 및 현 기술수준에서의 작업에 대한 훈련, 그리고 기후와 생활수준·습관·제도 등에 의해 결정되는 바와 같은 생활과 노동에 대한 그의 태도에 의거하고 있다. 그러나 생

산성 수준은 또한 오직 노동자의 질로서만 이해되어서는 안 되는 일련의 모든 조건에 의해 영향을 받게 된다. 이들 모든 조건은 다음과 같다.

(b) 노동력의 직업적 분배
(c) 자연자원
(d) 자본 자원의 양과 그 배분
(e) 기술

노동력 이용의 정도는 세 가지의 구성요소, 즉 참가와 지속기간, 그리고 능률에 의거하고 있다. 개괄적으로 말해서, 이들 세 자기의 모든 구성요소는 남아시아에 있어서의 노동력 이용을 이해하는 데 불가결하게 되어 있음에도 불구하고, 전후형 연구방법은 이들 모든 요소 중의 첫째 것에만 전념해 왔고, 더구나 오직 부분적인 방법이나 비현실적으로 편향된 방법으로 전념해 왔다. 그리고 세 가지 모두가 관계를 가지고 있다고 하는 사실이 올바르게 인식되지 않으면 안 된다.

노동 능률은 유휴가 있을 때에도, 또한 보다 일반적으로는 노동이 풍부할 때 한층 낮은 것이 보통이다. 기후는 또한 시간의 지속기간 뿐만 아니라 밀도를 저하시키게 되는지 모른다. 같은 불건강―이것은 다음으로 저생활수준으로부터 생겨나게 된다―에 의해 생겨나게 되는 낮은 육체적·정신적 스태미너에 관해서도 말할 수 있다. 건강상의 결함은 노동에의 참가를 저지하게 되거나 노동자들로 하여금 노동시간을 줄이게 하는 원인이 될지는 모른다. 건강 불량은 취업중의 노동능률을 보통 감소시키게 될 것이다.

어느 직장에 있어서의 노동 능력의 향상은 다른 직장에 있어서의 유휴의 증대를 가져오게 할는지 모른다. 참가의 대대적인 증가는 작업시간과 작업능력이 저하되고 있다고 하는 것을 의미하는 수도 있다. 이들 모든 요인들은 변화시킬 수 있을 뿐만 아니라, 참으로 정합된 방법으로 바람직한 모든 변화를 일으키게 한다고 하는 것이 계획화의 목적으로 되어 있는 것이다.

우리들의 접근방법 속에서 언급되고 있는 크기는 모두가 다만 행태적인 것이어서 확실히 관찰이나 기록이 가능한 것들이다. 그러나 통계자료를 수집하는 노력이 비현실적인 전후형 접근방법에 의해 이끌려 왔으므로, 노동력의 저이용과 그 약간의 구성요소—참가와 지속시간 및 능률—를 설명할 수 있는 가능성은 몹시 제한을 받고 있다.

서구적인 노동시장과 유사한 점이 많고, 또한 우리들이 실업노동자수를 확실하게 기록할 수 있는 모든 부문에 고용되어 있는 노동력의 얼마 되지 않은 부분에 관해서조차도 통계적 근거는 남아시아 도처에서 매우 믿을 수 없는 것으로 되어 있다. 서방국에 있어서 실업량의 추계는 두 개의 기본적인 정보원—실업구호자 명부와 직업소개소에 대한 등록자수—에 의해 작성되고 있다.

아무런 실업구호 계획도 없다고 하는 것은 직업소개소에 등록하게 하는 유인의 대부분을 무력하게 하고 있다. 더구나 직업소개소마저도 수가 매우 적고 지나치게 집중적으로 위치하고 있는 것이 보통이다.

노동력의 대부분에 대해서는 실업이라는 용어에 의한 유휴노동에 관한 통제는 전혀 쓸모가 없는 것으로 되어 있다. 불완전고용이라는 용어로 노동력 저이용을 측정하고자 하는 기도는 상술한 논리적 모든 곤란에 부딪치고 있다. 참으로, 농업이나 수공업에 있어서의 노동자 과잉의 제거를 기준으로 하는 접근방법은 남아돈다고 생각되는 노동자들이 갈 곳이 있다고 하는 것을 전제로 하고 있다. 이것은 농업이나 수공업으로부터 배제되는 노동자들에게도, 또한 직업을 줌으로써 공업화하는 것이 아주 단기간에 있어서도 저개발국에 있어서의 개발문제에 대한 주요 해결책이 된다고 보통 그럴싸하게 말해지고 있는 선입견과 일치하고 있다.

다음 몇 장에서, 우리들은 남아시아에 있어서는 공업화―비록 그것이 보다 급속하게 진행된다 하더라도―가 앞으로 수십 년 동안 노동에 대한 보다 많은 수요를 의미하지 않을 것이고, 심지어 제조공업에 있어서는 고용의 감소를 의미하게 되는지 모른다고 하는 것을 밝힐 것이다.

나아가 우리들은 노동력이 금세기 말까지는 산아제한을 보급시키려고 하는 어떠한 노력과도 관계없이 매우 급하게 늘어나게 될 것이라는 것을 논증할 것이다. 남아시아에 있어서 공업화는 현재 생각할 수 있는 어떠한 사정하에서도 많은 배출구를 제공하지 않을 것이므로 이렇게 증가하고 있는 노동력은 그 일자리를 농업 속에서 찾지 않으면 안 될 것이다. 제거라는 생각 자체가 비현실적인 것이다.

제16장 전통적 농업부문에서의 노동자 이용

 올바른 계획화를 통한 개발이 남아시아에서 성과를 거두게 되어야 한다면, 노동력이 이용되고 있는 방법과 이에 대한 연구에 의해서 얻어지게 되는 성과에 관한 철저한 이해가 있어야 할 것이다. 노동력의 이용과 실업 및 불완전고용이라는 서구적 개념은 적용되지 않는다. 그러한 개념은 이 지역에서 경제적 진보에 맞서고 있는 기본적 모든 문제를 밝히지 못할 뿐만 아니라, 그것들은 실제로 이러한 모든 문제를 흐리게 하고 있다.
 우리들은 우선 농업 노동력부터 연구하기로 할 것이다. 농업경제부문은 아무리 그 소득이 보잘 것 없다 하더라도 대부분의 주민에 대해 그것을 제공하고 있기 때문이다. 게다가 농촌지방에 있어서는 남아시아의 경제구조를 근대 서방국의 경제구조로부터 가장 날카롭게 구별되게 하는 모든 특징이 아주 두드러지게 나타나 있다.
 유럽이나 북아메리카에 있어서 보다도 훨씬 심하게, 남아시아에 있어서 오늘날의 농업 패턴은 이 지역에 있어서의 제도의 반영물이 되어 있다. 이동경작이 지배적인 지방에 있어서 경제제도는 과거에도 그러했듯이 대체로 계속 그와 같이 자급자족적인 것이었고, 이 제도하에서 농민들은 오직 가족의 생활필수품만을 생산하게 되었다. 전작(田作)이건 답작(畓作)이건 안착 경작지대에 있어서는 훨씬 더 계층화된 제도가 과거에 생겨나게 되었다.

가족이 당장 필요로 하는 것을 초과하는 잉여물이 생산되었다 하더라도, 그 대부분은 지방 족장에 대한 공물로 바쳐지게 되었다. 지방 족장은 다음으로 더욱 많은 부분을 대군주나 국왕에게 바치게 되었을는지도 모른다. 그러나 지방, 족장이 그것을 가지고 무엇을 했건 간에 이러한 제도의 중요한 특징은 농가의 생산물의 일부분이 아무런 대가도 없이 착취되었다고 하는 것이다.

이러한 공납으로, 농민은 다소의 토지 사용권을 얻게 되거나, 족장 혹은 국왕에 의한 보호를 얼마간 기대하게 되었다. 농민은 그의 수확물 중에서 그들에게 바치고 난 나머지를 자기가 원하는 대로 처분할 수 있었다. 그러나 그가 살고 있는 토지는 처분할 수 없었다. 이 토지는 마을을 둘러싸고 있는 모든 토지—경작되고 있건, 되지 않고 있건—가 그러했던 바와 같이 마을이나 족장에 속하고 있었다.

다음과 같은 사실은 올바르게 인식하는 것이 중요하다. 즉, 안착 경작에 토대를 두고 있었던 모든 제도에 있어서, 촌락공동체—토지에 대한 기본권리는 이것에 귀속되고 있다—는 일정한 지방에 살고 있는 사람들의 집합체로서 지리적으로 한정할 수 있는 집단이 아니었다고 하는 사실 말이다. 촌락 공동체는 그 대신에 원래는 사회적·종교적 단위였다. 그 속에서 태어나게 되었고, 그 종교와 사회적 관습을 따르는 자들만이 자기들의 이익을 위해 토지를 경작하는 특권을 가진 완전한 구성원 자격을 향유하게 되었다.

국외자들은 농노나 노동자로 받아들이게 되었고, 그들이 그 집단에서 완전한 신분을 인정받게 되는 것은—적어도 그것이 이루어지게 된다면—몇 세대가 걸릴는지도 모르는 것이었다. 오늘날에 있어서 마저도, 인도에 있어서의 부족민과 최하 천민들은 그들이 토지를 소유할 권리 심지어 우물이나 도로를 사용할 권리도 없이 몇 세기에 걸쳐 살아왔던 마을에서 완전한 구성원 자격을 얻기 위해 싸우고 있다.

인도네시아에 있어서는 원래의 마을 구성원들—그들만이 농지를 소유할 권리를 가지고 있다—과 그 밖의 마을 주민들—그들은 그들의 주택이 세워져 있는 택지만을 점유할 수 있다—간의 확연한 구별이 아직도 유지되고 있다. 인도네시아의 많은 지방에 있어서 한 집단으로서의 지도자층은 아직도 국외자들이 농지에 대한 권리를 갖는 1급 시민권을 획득할 수 있을까의 여부를 결정할 권리를 가지고 있다.

농촌 구조 속에는 과거로부터 현재에 이르기까지 이러한 모든 요소가 계속 존재해 왔다. 그러나 변화를 낳게 하는 세 가지의 주요한 힘이 전통적인 농업 패턴을 오늘날과 같은 형태로 만들어 놓았다. 이들 세 가지의 힘은 서구 식민지 지배의 개입과 점진적인 화폐 거래의 도입, 그리고 인구 성장이었다.

만약 유럽인들이 남아시아에 오지 않았다 하더라도 주요 변화가 전통적 농업 구조 속에서 일어나게 되었을 것은 의심할 여지가 없다. 그러나 식민지 지배는 변화에 대한 중요한 매개체로서의 역할을 하게 되었다. 가장 중요한 것은 남아시아 모든 사회에 서구형의 토지소유제도를 강요하고자 하는 유럽인의 기도였었다. 이것은 토지를 점유하고 토지로부터 공납을 받는 권리와 토지를 처분하는 권리 사이에 그어져 있었던 전통적인 제도 내에서의 구별을 완전히 무시하는 것을 의미하는 것이었다.

일반적으로 말해서, 영구적으로 경작되지 않은 마을의 토지는 여전히 집단 소유로 남아 있기는 하였으나, 그러나 자주 중요한 차이점을 수반하고 있었는데, 그것은 소유권이 이제는 촌락 공동체로부터 정부로 옮겨지게 되었다고 하는 것이다.

영구적으로 경작되지 않은 토지는 이미 마을의 토지가 아니라 군주에 귀속하는 황무지로 되어 있었고, 황무지 경작에 손을 대는 자들—그들이 촌락 공동체에 속하건 속하지 않건—은 종종 불법 입주자로 생각되고 있었다. 다른 한편, 경작에 알맞은 토지에 대해서도 유럽인들은 보통 개인적 소유—그가 이전에 공물 취득자였건, 현재의 토지 경작자이건—를 인정하고 있었다.

서구의 개입 이후로 생겨나게 된 토지 소유제도가 가져온 중대한 사회적 결과의 하나는 촌락생활—이것은 비공식적이기는 하나, 자주 정교한 권리와 의무의 조직을 가지고 있었다―의 초기의 많은 단결력을 파괴하게 되었다고 하는 것이다. 전통적 토지소유제도에 대한 서구의 개입이 가져온 마찬가지의 중대한 경제적 결과는 남아시아 도처에서 개인적인 대지주들―그들의 활동은 이미 관습에 의해 제약을 받지 않고 있었다―의 계급을 생겨나게 했다고 하는 것이다. 지대(地代)에 덧붙여, 아시아의 지주들은 소작인들로부터 명절 때의 전통적 선물, 노동봉사, 그리고 각종 상납을 종종 받고 있었다. 이러한 구소유제도의 유물은 치솟는 인구 압력이 그렇게 하지 않을 수 없게 하는 기회를 늘게 함으로써 때때로 더욱 부담스러운 것이 되고 있었다.

참으로 남아시아의 대지주는 봉건시대의 족장이 가졌던 특권을 잃지 않은 채 자본가적 지주가 갖는 특전을 종종 누릴 수 있었다. 동시에 그는 양자가 져야 했던 거의 모든 의무를 지지 않고 있었다. 현재에 있어서 마저도, 그는 전형적으로 토지개량에 대해서 투자를 하지 않고, 또한 그는 때때로 종자의 일부분을 공급하는 것을 제외하고는 그의 소작인이 필요로 하는 운영자금을 제공하지 않고 있다.

오늘날 대표적인 남아시아의 지주는 미국이나 유럽에 있어서의 지주들이 지불하고 있는 것보다도 훨씬 낮은 지세(地稅)를 지불하고 있을 뿐만 아니라 거의 대부분의 경우, 토지소유로부터 얻어지는 소득에 대한 조세를 물지 않고 있다.

또한 그는 전형적으로 농업노동, 감독하는 따위의 노동마저도 손수 하지 않고 있다. 대지주는 머슴을 고용해서 자가경작을 하는 일이 드물었다. 보통 그는 도시에 살며, 농토의 관리는 병작농이나 소작인들에게 떠넘기고 있었다. 그는 오직 드물게 밖에 손수 소작료를 징수하지 않고 있다.

보통 소작료 징수는 지방의 대행자들에게 맡겨지고 있다. 많은 경우, 이들 중개자들은 정해진 양을 바치는 대신에 영구적인 징수권을 부여받고 있다. 특히 인도나 파키스탄에 있어서는, 이러한 순서가 몇 번이고 거듭되는 것으로 알려져 있다. 이리하여 중개 역할을 하는 소작료 징수자들의 기나긴 연쇄가 생겨나게 되었던 것이다.

토지에 대한 개인 소유권을 만들어내는 것에 의해 서구의 개입은 농촌 구조에 변화를 가져오게 하는 또 하나의 대리인 ―고리대부업자―이 활약할 수 있는 환경을 조성하게 되었다. 일단 토지소유제도가 사유재산이라는 서구적인 개념에 적용되기만 하면 토지는 양도할 수 있는 자산이 되기에 이른다. 그것은 이제 차용금을 위한 담보물로서 사용될 수 있고, 책무의 이행이 불가능한 경우에는 몰수되거나 양도될 수 있게 된다.

이러한 모든 환경의 힘은 또 하나의 요인―화폐경제와 상업적 농업의 부분적인 보급―에 의해 커지게 되었다. 이러한 화폐경제의 도입이 수많은 남아시아의 농업 경영자들 간에 생산의 제고를 자극한다거나, 혹은 신종 생산물을 장려하는 데 있어서는 오직 한정된 효과 밖에 갖지 않고 있었다. 그러나 수요에 대한 그 효과는 훨씬 멀리까지 미치게 되는 것이었다.

유럽인들과의 경제적 접촉은 전면에 걸치는 새로운 재화― 더우기 오직 화폐를 가지고서만 입수가 가능한 재화―의 도입을 필요로 하고 있었다. 게다가, 이러한 모든 현상은 전통적인 농업구조—에 대해서 일련의 교란을 가져오게 했다.

생존경제에 있어서 고리대부업자의 활동은 농민이 흉작으로 말미암아 곤경에 빠져 있었을 때나 그가 가족의 혼사나 장례를 위해 화폐를 필요로 했을 때, 살아가기 위한 화폐를 그에게 공급하는 것에 한정되어 있었다. 그러나 상업적 농업의 출현과 더불어 경제작물을 성공적으로 경작하기 위해서는 종자와 비료 및 그 밖의 비용에 대한 화폐 지출이 대부분의 경우에 필요하게 되었다. 만약 농민의 식량 생산이 경제작물을 생산하는 것으로 인해 줄어들게 된다면, 또한 그 식량의 부족분을 위해서도 화폐가 필요하게 되었다.

일반적으로 농민은 한층 화폐에 쪼들리게 되었다. 이제 그의 토지는 양도가 가능하게 되었으므로, 그는 쉽게 담보로 제공할 수 있는 물건을 가지게 되었고, 또한 고리대부업자들은 전보다도 많은 금액을 서슴지 않고 대출하고자 했다. 이러한 소비 대부에 대해 부과되는 이자율이 상업적 농업의 자금을 마련하기 위해 사용되는 대출에 적용되는 경우, 그것이 농민을 파멸시키는 일은 거의 일어나지 않았고, 또한 고리대부업자에게 해를 주는 일도 그렇게 자주 일어나지 않았다.

이것은 남아시아에 있어서 오늘날의 농민들이 그들이 얻게 되는 대부금을 언제나 생산적 소비를 위해 사용한다는 것을 의미하는 것은 아니다. 여러 나라에서 고리대부업자의 대부금은 아직도 그 대부분이 구태의연한 용도에, 특히 과도한 관혼상제 비용에 충당하기 위해 사용되고 있다. 터무니없이 높은 이자율을 부과함으로써, 혹은 농민들로 하여금 뒷감당을 하지 못할 정도로 많은 부채를 짊어지게 함으로써, 고리대부업자는 농민이 몰락하는 과정을 촉진할 수 있는 것이다.

농업 자산가의 지위의 이 같은 침식은 결코 똑같이 일어나는 것은 아니었다. 아이러니컬하게도 고리대부업자가 농민의 소유권을 침해하게 되었던 것은 생존을 위해 농경이 이루어지고 있었던 한층 가난한 지방에 있어서 보다도 오히려 상업적 농업이 성행하고 있었던 지구에서였다.

인도의 번영하는 푼자브 지방에 있어서나 미얀마의 하부 지역 및 남베트남의 비옥한 삼각주에 있어서, 그리고 인도네시아의 가장 부유한 지역에 있어서는 고리대부업자의 문제가 그 밖의 모든 농업문제를 뒤덮고 있었다. 몇몇 지역에서는 대지주마저도 고리대부업자들의 손아귀에 들어가게 되었고, 그 결과 온 마을이 그들에 의해 지배되었다.

남아시아의 많은 나라들은 외국인이 토지를 소유하는 권리에 대해서나 또는 토지가 고리대부업자들에게 이양되는 것에 대해 제한을 가하고 있었다. 그러나 자주 이러한 제한을 빠져나가는 방법이 안출되었다. 농민들은 토지가 고리대부업자의 명의로 등기되는 것을 승낙하는 수도 많았다. 혹은 빚을 진 농민이 그의 토지를 채권자에게 낮은 소작료로 임대한 뒤에, 다시 그것을 훨씬 높은 소작료로 대차(貸借)하는 방식으로 소작계약이 체결되고는 했다. 그리하여 사실 채권자는 법률상 자기 자신의 소유로 되어 있는 토지에 대해 소작인으로 바꿔지기도 한다.

또한 농촌 구조에 있어서의 고리대부업자들의 위세는 오직 금융 중개자로서의 그들의 지위에서만 유래하고 있는 것은 아니다. 종종 그것은 상인이나 지주로서의 그들의 부수적인 역할에 의해 뒷받침을 받고 있다. 상인이나 지주로서 고리대부업자는 실질 이자율을 정상 이자율보다도 아주 높게 끌어올릴 수 있는 절호의 기회를 가지고 있다.

그는 농민이 파는 생산물에 대해 임의로 낮은 가격을 붙이고, 농민이 매입하는 생산물에는 아주 높은 가격을 붙일 수 있거나, 혹은 지대를 농민에게 불리하게 교묘히 조종할 수도 있다. 이러한 종류의 가장 고도로 발전된 제도의 하나는 말레이시아에 있어서의 미곡쿤차제도(paddy kuncha system)이다.

이 제도에 있어서 소작인들은 소작료를 현금으로 선불하게끔 가일층 강요되고 있었다. 이것은 그들로 하여금 농토에 머물러 있기 위해서는 빚을 지지 않을 수 없게 했다. 이때, 미곡상들—그들은 종종 지주이고 점주이기도 하다—이 자금의 공급자로서 끼어들게 되고, 또한 소작인은 종종 100% 내지 그 이상에 달하는 이자율을 붙여 앞으로의 수확물의 일정량을 담보로 제공하지 않으면 안 된다.

말레이시아와 같은 회교 지방에 있어서 지방민들은 고리대부업에 대한 그들의 종교적인 금지에 의해 그와 같은 장사에 가담하는 것을 자제하는 것이 보통으로 되어 있다. 동남아시아 도처에서 고리대부업의 대부분은 전통적으로 인도인이나 중국인에 의해 이루어져 왔다.

인도인이나 중국인의 대부분은 이제 적어도 일시적으로 보호법에 의해 강제로 축출되었기는 하나, 그러나 여전히 상당한 수가 남아 있음으로서 농민들과 중국인 및 인도인 간의 사업상의 이해관계를 동남아시아에 있어서의 가장 폭발적인 문제의 하나로 되게 하고 있다.

유럽의 간섭과 화폐경제의 성장에 덧붙여, 식민지시대에 대부분의 지방에 있어서는 인구의 급속한 성장이라는 제3의 변화 요인이 나타나게 되었다. 인구성장은 새로운 농민의 출현을 의미하는 것이었으므로, 이에 따르는 경지면적의 확대가 기대될 수 있는 것이었다. 그러나 이것이 가능한 곳에 있어서도 보유권이나 태도에 따르는 금제(禁制)가 종종 그렇게 하는 것을 억누르고 있었다.

그 결과, 소유권의 한층 더한 세분이나 분할이 거의 모든 곳에서 일어나게 되었다. 이들 모든 요인은 전통적인 회교규칙이나 힌두규칙—이들 모든 규칙은 전소유지가 모든 후손들에게 균등하게 나누어지게 되는 것을 요구하고 있다—에 의해 강력한 힘을 얻고 있었다. 이들 전통은 고리대부업자들의 압력과 결부되어 한층 세분된 농지를 계속 가져왔다. 이를테면, 봄베이 근처의 푸오나군에 있는 한 마을의 1770년 평균 소유지는 40에이커였다. 제1차 세계대전 말에 그것은 7.5에이커로 줄어들게 되었다.

스리랑카에 있어서도 동일한 세분화 패턴을 보게 되었고, 이곳에 있어서 추가된 부분의 많은 후손들은 소유권을 가지고 있기는 하였으나, 가까운 도시로 이주하고 다른 농민에게 그 토지를 소작케 하거나 병작케 하고 있었다. 그렇게 극단적인 형태는 아니지만, 동일한 과정이 남아시아 전역에 걸쳐 진행되고 있다.

이들 모든 나라에 있어서 토지는 아직도 가장 안전하고 가장 이윤이 많은 투자로 생각되고 있으며, 또한 토지 소유권의 위세도 높다. 게다가 자기의 고장에서 토지를 소유하는 것과 관련되는 감정—경제적 이유로 말미암아, 이러한 감정은 토지의 가치가 끊임없이 상승하고 있을 때에 높아지게 되었다—도 종종 있다.

늘어가는 인구, 그리고 이처럼 끊임없는 경작 면적의 감소는 한결같이 많은 농민들의 궁핍을 가져왔다. 이들 적은 소유주들의 경제사정이 악화되어 감에 따라, 그들은 한층 자기들의 토지를 완전히 잃게 될 곤경에 빠지게 되었고, 인구의 더욱 많은 비율이 토지 없이 남겨지게 되었다.

토지를 잃게 되는 이러한 경향은 물론, 소작인 수의 증대를 통해서 뿐만 아니라 임금노동에 의지하지 않으면 안 되는 완전한 형태로 나타나게 되었다. 그것은 경제적 불평등을 강화하거나 농촌지방에 있어서의 한층 더한 사회적·경제적 계층화를 촉진하는 작용을 하게 되었다. 경제적 양극화를 향한 이러한 모든 경향은 농촌 수공업자들의 지위 악화에 의해 늘어나게 되었다.

재산에 관한 서구적 개념의 강제 적용, 농업에 있어서의 상업적 요소의 등장 및 고리대부업자의 활동, 그리고 인구의 성장은 확실히 농촌 구조를 바꾸어 놓게 되었다. 그러나 종종 주장되고 있었던 것처럼, 일반적으로 이러한 추세가 농촌 사회의 붕괴를 가져오게 했다고 주장하는 것은 오해에서 비롯된 것이다. 그렇지 않고 전통적 사회조직과는 오직 부분적으로 밖에 다르지 않는 사회조직의 형태를 낳는 조정이 이루어지고 있었다.

남아시아의 마을 구조에 관해서 널리 가지고 있는 두 가지의 오해는 말끔히 불식되어야 할 것이다. 그 하나는 전형적인 마을은 부재지주와 그들의 지방 대행자에 대해 반대로 뭉쳐 있는 수많은 가난한 소작인으로 구성되어 있다고 하는 견해이다.

다른 하나는 마을을 자족적인 농가의 전형적 모임으로 보는 견해이다. 그러한 마을도 없지 않을 것이나, 그러나 보통 남아시아의 마을 구조는 훨씬 더 복잡하다. 그것은 그물눈과 같은 경제적·사회적 모든 관계에 의해 연결되어 있는 약간의 그룹으로 구성되어 있는 계급제도인 경우가 보다 흔하다. 이러한 다소의 관계는 변화를 크게 반대하는 해묵은 전통에서 유래되고 있다. 그 밖의 것들은 새롭고 날카로운 이해관계의 대립을 낳게 하는 최근의 경제적·사회적 발전으로부터 생겨나게 된 것이다.

아주 잡다한 이해관계를 가지는 수많은 그룹을 거의 모든 남아시아의 마을에서 보게 된다. 피라밋형의 농촌사회 구조의 절정에는 지주들이 있고, 이들에는 대충 세 가지의 유형이 있다. 첫째의 유형은, 대지주들을 포함하고 있고, 그들은 전승되었거나 혹은 식민정책이 마련하게 된 봉건형 사회구조가 남겨놓은 잔존들이다. 둘째의 유형은, 소농토를 가지는 비농 소유자들로 구성되어 있으며, 그들에 대해서 토지로부터의 지대는 소득의 주원천이 되지 않고 그 밖의 소득에 대한 보충으로 되어 있다.

이들 두 그룹은 부재지주인 경우가 보통이고, 그들은 불편하고 불쾌한 마음을 떠나서 살고 있기는 하나, 마을생활에 대해서 갖는 그들의 영향력은 만만치 않다. 셋째의 범주는, 실제로 마을에 살고 있고, 또한 대부분의 아시아의 통계에서 자작농으로 분류되고 있는 층의 지주들을 포함하고 있다.

이 셋째의 그룹은 두 그룹의 유형이 있다. 그 하나는 농민이면서 지주인 경우인데, 그는 그 일부를 소작으로 내어놓을 수 있을 정도로 충분한 농지를 가지고 있다. 나머지는 보통의 자작농인데, 그는 머슴을 고용하거나 농번기에는 다소의 품팔이꾼을 고용하는 수도 있기는 하지만, 자신과 가족의 노동으로 충분할 정도 밖에 토지를 갖고 있지 않다.

수많은 남아시아의 소농들은 가족을 부양하기에 족할 만큼의 규모에까지 자기들의 경작 면적을 끌어올리기 위해 타조형태(打租形態)나 그 밖의 형태의 소작계약으로 농지를 얻지 않을 수 없게 되었다. 그리하여 보통의 소농과 소작인 간의 구별은 많은 마을에 있어서 보유지의 세분의 결과에 의해 희미하게 되고 있다. 그러나 이들 각종 그룹 사이에 상당한 중복이 있기는 하지만, 농촌 구조에 있어서 최하의 지위가 토지를 가지지 못하고 일꺼리를 타인에게 의존하고 있는 사람들에 의해 차지되고 있음은 하등의 의문이 있을 수 없다.

불행하게도, 마을에 있어서의 이들의 범주에 관해서 명백하게 분류한 통계자료를 얻는다고 하는 것은 불가능하다. 엄밀한 연구가 공식적으로 이루어졌던 적은 없었으며, 그 주된 이유의 하나는 당국이 독립 후에까지 그와 같은 정보의 공개가 가져오게 할지도 모르는 농지개혁에 대한 요구를 일으키는 모험을 하기를 원하지 않았기 때문이다. 그러나 개괄적으로 말해서, 농업 노동자로서 전적으로 임금에 생존을 걸고 있는 사람들은 보통 적어도 농촌 인구의 3분의 1은 될 것이다.

우리들은 지금껏 농촌 인구를 기본 범주로 나누어 설명해 왔거니와, 이러한 구분은 단순한 직업적 분류 이상의 것을 뜻하고 있다. 그것은 또한 사회적 계급제도를 설명하고 있다. 농업적인 남아시아에 있어서 사회적 서열을 결정하는 가치 척도는 아직도 자본주의적인 것으로 남아 있다.

토지를 소유한다는 것은 사회적 존경의 가장 높은 표준으로 되어 있고, 육체노동을 한다는 것, 특히 고용주를 위해 그것을 한다는 것은 가장 낮은 표준으로 되어 있다. 상당한 사회적 지위가 감독하는 일에 주어져 있기는 하지만, 그러나 전혀 일하지 않는 사람들이 누리게 되는 위세는 더욱 크다.

피고용 노동자의 지위는 자기 자신의 이익을 위하여 육체노동을 하는 사람의 지위보다 대체로 낮고, 한편 토지를 가지고 있기는 하나 손수 그것을 경작하지 않는 농민들은 가장 높은 위세를 누리게 된다. 그럼에도 노동자가 반드시 소작인보다도 적은 수입을 올리고 있는 것은 아니다. 실제로 피고용 노동자의 수입은 소작인의 평균 수입을 넘어서는 수도 있다. 이것은 바로 다음과 같은 이유에 의한다. 즉, 임금노동에 주어지는 한층 낮은 존경은 피고용 노동자를 충분한 수만큼 끌어들이기 위해서 다소 높은 경제적 보수를 주는 것을 필요로 하고 있기 때문이다.

인도의 촌락 구조는 아직도 강하게 카아스트제도에 의해 영향을 받고 있다. 카아스트제도는 경제적 지위를 안전하게 하는 것은 아니지만, 그것은 토지에 대한 권리와 소유권에 대한 태도에 영향을 주고 있다. 브라아만에 속하는 약간의 사람들은 종교적 관습에 의해 농사를 짓지 못하게 되어 있으며, 그들은 종종 이것이 모든 육체적 농업 노동을 해서는 안 되는 것을 의미하는 것으로 대개 해석하고 있다. 이러한 이유로 말미암아, 이들 중에서 아주 가난한 사람들의 약간은 자기 소유의 근소한 지주를 소작인에게 임대하거나 혹은 농사를 머슴에게 떠맡기고 있다.

카아스트적 터부의 그와 같은 엄격한 준수를 통해서 그는 한층 더 가난에 빠져들게 될 것이지만, 그러나 이러한 정통파적 관행의 사업은 마을 사람들이 그들에 대해서 가지고 있는 존경심을 증가시키게 되는지도 모른다.

일반적으로 말해서, 남아시아의 어느 곳에 있어서도—심지어 인도에 있어서 마저도—사회계층상의 부침의 가능성이 있기는 하지만, 각자는 촌락계급제도 내에서 자신의 지위를 가지고 태어나게 된다. 불행하게도 토지가 없는 소작인들과 노동자들은 만약 정부가 그들에게 토지를 주지 않는다면, 거의 지위 향상이 있을 것 같지 않으며, 그리고 그들에게 토지를 주는 방향으로의 시원치 않은 조치마저도 강력한 저항을 받게 될 같다.

하향운동은 설명하기가 보다 쉽다. 보통 이 과정은 점진적으로 진행된다. 토지를 잃은 자도 한 두 마리의 소와 다소의 유동자본을 가지고 있을 것이다. 만약 그가 그러한 것들을 가지고 있다면, 그는 지주그룹과의 사회적 친분에 의해 현물지대나 혹은 금납지대(金納地代)의 기반 위에서 작은 땅을 얻을 수 있을 것이다. 그러나 후에 이르러, 흉작이 그로 하여금 소를 팔고 그의 생계를 품팔이 노동자로서 일하지 않을 수 없게 할 것이다. 그는 채권자에 대해 머슴으로서 일하는 다소 구속된 노동자의 그룹으로 전락하는 수도 있을 것이다.

특히 제2차 세계대전 직후의 수년간에는 빈민들이 이러한 사태에 대해 반란을 일으키고 난동을 부리고자 꾀했던 예가 있었다. 그러나 대체로 마을 구조는 어느 정도의 안정과 변화에 대한 저항을 보여 왔다. 이것은 부분적으로는 육체노동을 천시하는 관습에 의해 설명된다.

지주를 가진 자들은 아무리 가난한 자로 몰락된다 하더라도 곧 마음을 가다듬어 비탄을 달래게 된다. 그리고 소작인들은 토지 없는 노동자들과의 이해관계의 일치를 느끼지 않고 있다. 또한 국외자가 기대할 것은 고리대부업자에 대한 분개 따위도 없다. 고리대부업자는 심지어 언제나 평판이 나쁜 인물로는 되지 않고 있다. 그가 인종적으로 토착민이 아닌 그룹의 일원일 경우, 그는 심한 양심의 대상이 되는 수도 있고, 또 종종 그렇게 되기도 했지만, 그가 하고 있는 기능 자체는 환영을 받고 있다.

채무자들은 그의 조건에 대해 원한을 품고 있을는지 모르지만, 그러나 그는 한층 유리한 모든 조건을 내걸고 있는 다른 흥신기관이 특히 토지를 갖지 않는 자들에게는 그렇게 할 용의가 되어 있지 않은 서비스를 제공하고 있는 것이다.

마을 구조에 있어서의 진정한 변화의 결여는 또한 마을 자체 내에 있어서의 다양한 이해관계의 교차―이것은 서로 균형을 가지게 하여 저울을 중심점에서 멈추게 하는 경향이 있다―에 의해 촉진된다. 이를테면, 남아시아의 대부분의 지역에서 판매할 수 있는 생산물의 상당한 몫을 공급하고 있는 소작인들은 농산물에 대한 고가격을 지지할 분명한 이유를 가지고 있다.

다른 한편, 소농들과 소작인들은 판매를 위해 내놓을 만한 것이 거의 없고, 심지어 부족 식량을 사들일 필요마저 있는 것이다. 그들의 식량 가격에 대한 이해관계는 지주의 그것과 정반대일 수도 있으며, 양그룹은 토지 없는 노동자들―이들은 확실히 저가격으로부터 더욱 많은 이익을 얻게 된다―과 동일한 견해를 가지고 있지 않다. 동일하게 반대되는 이해관계가 임금률이 문제로 되는 경우에는 토지 없는 자들에게도 영향을 주게 된다. 병작농이나 임차 소작인 자신은 노동을 고용하게 될 것이고, 이 경우에 그는 되도록 적게 지불하고자 원하게 될 것이다.

다음으로, 그렇지만 그는 이웃에 그의 시간의 일부가 고용되는 수가 있을 것이고, 이에 대해서 그는 가장 높은 임금을 원하게 될 것이다. 심지어 농촌개혁 자체도 전폭적인 지지자나 반대자를 가지고 있지 않다. 보유지가 매우 적으므로 토지 재분배 때문에 몰수의 염려를 전혀 가질 필요가 없는 소농들도 토지를 농업 노동자들에게 주게 될 개혁안에 반대하는 사람들과 제휴하게 된다. 이들 소농들은 농번기에 종종 약간의 노동자들을 고용하게 되지만 그러한 재분배는 임금을 끌어올리는 경향이 있는 것이다. 그러나 비경제적 모든 요인도 또한, 마을 계급조직의 모든 구성원들은 토지 없는 노동자들이 그들 자신의 토지를 얻고자 하는 야망에 반대해서 뭉치게 하는 경향이 있다.

　인도, 그리고 파키스탄에 있어서 최하계층을 제외한 모든 계층은 무산자들이 지위와 위신을 얻게 되는 것을 막는데 공동선전을 펼 수 있는 것이다. 왜냐하면, 그와 같은 노력은 카아스트 지배에 대한 대표적인 괘씸한 침해행위로 된다고 생각되고 있기 때문이다. 그리하여 실제로 남아시아의 마을은 복잡한 분자―그 분자의 구성부분 간에는 극단적인 긴장이 맴돌고 있다―로 발전해 가고 있다.

　비록 긴장은 균형을 유지하는 방식으로 뒤얽혀 있기는 하지만, 이러한 긴장이 분자를 폭발시키는 방향으로 재편성될 것도 생각할 수 있다. 그러나 이것은 아마 외부로부터의 강력한 충격이 아니고서는 자연발생적으로 일어나지는 않을 것이다.

　남아시아 마을의 제도적 구조가 고대 봉건제도로부터 이와 같이 뒤얽힌 현재의 모든 집단으로 발전하게 되었다고 하는 것은 남아시아의 사회적·경제적 모든 조건에 대해서 깊은 영향을 주게 되었다.

　이상에서 말한 것으로부터, 이 지역에 있어서의 모든 조건은 서구적인 경제분석에서 흔히 보게 되는 모델―이것은 경제활동의 대부분이 시장거래를 지향하고 있으며, 따라서 생산과 교환은 합리적인 경제 계산에 의해 논의될 수 있다고 하는 암암리의 전제를 가지고 있다―에는 맞지 않는 것이 명백하다.

　서구에서 종종 이루어졌던 것처럼 생산을 자극하거나 시장을 개선하기 위한 농산물 가격의 유지 혹은 고정이 남아시아에 있어서는 거의 중요성을 갖지 않는다. 곡류는 비농업인구에 판매되게 할 수 있을 것이나, 그러나 일반적으로 가격제도의 작용을 통해서 일어나는 것은 아니다. 그보다도 지주 및 고리대부업자가 전통적인 농업으로부터 생산물을 빼내는 주요 수단이 되고 있다. 이것은 생산능률을 올리게 하는 자극을 일으키지 않는다. 반대로, 이러한 양식은 노동투입 및 노동능률의 증대를 통하거나 혹은 생산고를 제고시키는 형태의 자본투자를 통해서 생산성을 올리는 자극의 대부분을 약화시키고 만다.

남아시아 농업의 반자본주의적 구조의 불행한 결말은 만약 우리들이 잠시 농촌 공동체의 중요한 구성원—소작인—이 그 속에서 스스로를 찾게 되는 사태를 생각한다면, 생생하게 알 수 있을 것이다. 그의 소작권의 불안정은 그로 하여금 생산고를 재고시키기 위한 개선을 실시케 하는 대부분의 자극을 빼앗는다.

비교적 빠른 효과를 가져 오는 투자, 이를테면 비료의 사용마저도 첫 수확에 있어서는 충분한 이익을 주지 않는다. 보다 중요한 것은 지대가 순수익에 따라서가 아니라 총산출고에 따라서 달라진다고 하는 사실은 이 제도가 집약적 경작에 대해 강력하게 뿌리박은 방해물을 가진다고 하는 것을 의미한다는 것이다. 또한 지주는 그가 투자를 하지 않고서도 넉넉한 수익을 올릴 수 있으므로 투자할 강력한 유인을 전혀 가지고 있지 않다. 대체로 이들 지주들은 그들의 소유지에서 생산한 것만을 가지고 만족하며, 또한 그 생산량을 높이려고 꾀하지도 않는다.

남아시아에 있어서 너무나 자주 토지의 비농 소유주나 혹은 소농 소유주에로 이양되는 것은 토지가 전소유주가 가졌던 만큼 유인을 가지고 있지 않고, 또한 그것을 개량할 만한 능력을 더 크게 가지지 못하고 있는 소작인에 의해 경작된다고 하는 것을 의미해 왔다.

한편 새로운 소유권자 자신은 여전히 초연한 채 있다. 동시에 남아시아 촌락에 있어서의 사회계급제도는 임금 노동자의 효율적인 사용을 통한 생산증대를 저해해 왔다. 고용주는 육체노동에 대한 천시가 우선 노동자의 고용을 어렵게 하고 있으므로, 자기의 노동자들을 너무 열심히 부리는 것을 꺼리고 있다. 사람에 따라서는 임금노동으로부터 얻어질 수 있는 보다 높은 실질소득보다도 조그마한 한 떼기의 소작지 위에서의 반기아(半饑餓)를 택하는 자도 있다.

모든 이들 요인은 서로 뒤얽혀 능률이나 생산성의 개선에 대한 자극을 억제하기 마련이었다. 이들 모든 요인은 지대 취득자들이 농업으로부터의 잉여물의 증대를 가능케 할 모든 자원을 투하하지 않은 채, 그 잉여물을 가로채게 하는 환경을 조성하게 되었다. 이러한 모든 요인은 서로 도움을 주게 되는 모든 요소의 공급을 늘이지 않고서도 이용이 가능한 노동력 자원만을 가지고서 이루어질 수 있는 경작의 집약화를 위축시키게 되었다.

우리들이 이미 지적한 바 있었던 노동력의 효율적인 이용과 농업생산의 집약화에 대한 저해요인을 고려한다면, 남아시아의 전통적인 농업가들이 하고 있는 일은 그저 할 일을 하고 있는 것이라고 하는 것이 아마 뚜렷하게 될 것이다.

남아시아에 있어서의 전통적 농업의 사회적·제도적 상황이 생물적 노동을 기피하게 하는 으뜸가는 이유가 되어 있음은 명백하다. 다시, 얼마나 많은 사람들이 실제로 일하고 있고, 그들이 어떠한 성분이며, 그리고 그들의 연령별 및 남녀별에 관한 통계자료를 얻기란 쉽지 않다.

남아시아의 몇몇 나라들—이를테면, 인도네시아와 남베트남—은 그 나라들의 인구 규모에 관해서 다만 가장 흐릿한 생각밖에 가지고 있지 않다. 그러나 설령 취업비율과 그 비율에 영향을 주는 힘에 관한 지식은 아직도 불완전하다 하더라도, 효과적으로 일에 종사하고 있는 바람직한 취업자의 비율은 낮고, 더욱이 이 비율은 적어도 이 지역의 약간의 나라들에 있어서는 감소하는 경향이 있는 것 같이 보이기까지 한다.

세계의 모든 농민들은 어느 정도 계절에 의해 영향을 받고 있다. 1년의 어느 기간 동안은, 이를테면 이식과 수확기간에는 그들의 노동은 다른 기간에 비해서 길고 훨씬 무겁다. 남아시아에 있어서 이식기와 수확기에는 정규적인 농업 노동력의 소유자가 아닌 사람들마저도 들일에 나서게 된다. 그러나 남아시아에 있어서 농업에 관계를 가지고 있는 모든 사람들에 대해서 노동년도는 큰 유휴기간을 가지고 있다.

한 영국위원회는 식민지 인도를 연구하는 과정에서 농민들의 대부분이 1년간에 적어도 2개월 내지 4개월의 완전한 농한기를 가지고 있다고 하는 것을 발견하게 되었다. 1950년대 중엽에 이루어졌던 또 하나의 연구는 인도의 농업 노동자들 간에는 연간 4개월 내지 6개월의 계절적 실업이 있다고 하는 결론을 내리고 있었다. 확실히 자기 소유의 농지를 경작하는 소유주들과 자신도 일하며, 일정기간만 노동력을 고용하는 지주들은 보다 높은 노동 참가율을 나타내고 있다. 여러 경우에 있어서, 빚을 갚기 위해 지주에 속하게 된 머슴은 한가로운 계절에는 잡역이나 가사에 종사하게 되는 것이다.

남아시아의 여러 지방에 있어서는 농업 연도가 강우기와 건조기로 확연하게 나누어져 있다. 그러나 농업생산이 계절풍에 의해 지배되고 있을 때마저도 노동 양식이 계절에 의해 완전히 지배되어야 할 이유는 없을 것이다. 계절 순환이 노동력 이용에 미치는 영향은 농경 양식의 개혁을 통해서 수정될 수 있을 것이다. 기후의 악조건이 농경 양식의 적용성을 거의 허용하지 않을 경우에 있어서도 생활조건을 개선하기 위한 많은 유용한 노동이 농사철의 경과 후에 이루어질 수 있다.

농촌지역은 주택과 도로, 위생시설 및 급수시설 등의 개선을 긴급히 필요로 하고 있으며, 이러한 것들의 대부분은 계획 입안자들이 마음대로 할 수 있는 자본자원에 대해 큰 부담을 주지 않고 이루어질 수 있는 것이다. 서구의 한랭한 지방에 살고 있었던 농민들은 노동이 비교적 활발하지 못했던 시대에 있어서도, 기나긴 추운 겨울철을 자기들의 주택 및 도로를 건설하고, 보수하고, 또한 전통적 수공업을 익히기 위해 사용했었다.

그들의 한층 높은 생활수준은 1백 년 전에 있어서 마저도, 서구의 농민들이 다재다능한 사람의 성격을 농후하게 가지고 있었다고 하는 사실에 의존하고 있었다. 즉, 그들은 가정이나 농지에 대한 각종의 일을 할 수 있게끔 훈련되어 있었고, 따라서 기후적 모든 조건에 의존하는 바가 적었다고 하는 사실에 의하는 것이었다. 이리하여 대규모의 나태는 흔히 생각되고 있는 것처럼 계절의 불안정성에 의해서만은 분석될 수 없다. 그것은 생활수준과 문화유형, 그리고 농사를 짓고 작업을 다양화하는 데 있어서의 모든 개혁을 방해하는 모든 제도에 관련지워지지 않으면 안 된다. 이들 제도적 장애 가운데서 중요한 것은 문화유형인데, 그것은 1년의 상당한 부분을 축제·휴가·명절, 그리고 회교도 농민들에 있어서는 1개월간의 단식을 위해 요구하고 있었다.

몇몇 인도의 지도자들은 근년에 농민의 무기력을 통틀어 비난하고 있었고, 또한 간디뿐만 아니라 네루는 공공연하게 자국민들의 나태를 나무라고 있었다. 그러나 대부분의 경우, 인도에 있어서나 또는 그 이웃 나라들에 있어서 노동 능률의 저수준과 하루 혹은 일주일 동안에 있어서의 짧은 노동 지속에 관해서는 비판을 놀랄 만큼 적게 받았다.

이것은 부분적으로는 단점을 논하는 것을 싫어하는 국민성에 의해 설명될 수 있을 것이고, 또한 부분적으로는 일하는 것, 더욱이 열심히 일하는 것을 싫어하는 것은 정신적 소질의 부족에 기인하는 것이 아니라, 명백히 개혁에 저항하고 있는 제도적이거나 그 밖의 모든 요인에 의해 일어나게 된다고 하는 것을 다소 정확하게 이해하고 있다고 하는 것에 의해 설명될 수 있을 것이다.

약간의 지역에 있어서는 기후적으로 극단적인 상태가 저수준의 영양, 스테미너 및 건강과 결부해서 장기간에 걸친 휴식을 필요로 하거나 혹은 적어도 바람직한 것으로 되게 하고 있다. 지극히 고온다습한 몇 달 동안에 에너지의 축적이 불과 수 시간의 육체적 활동으로 김빠지게 되는 수가 종종 있다. 하지만, 기후적 모든 조건만이 비교적 많은 노동기간과 노동의 저능률에 대한 모든 책임을 겨야 할 이유는 없다. 왜냐하면 미국의 대평원에 있어서의 농업지대의 대부분에 있어서도, 최성기에 있어서의 기온과 습도는 남아시아에 못지않게 아주 불쾌하기 때문이다. 비능률과 상당한 유휴가 또한 다른 일련의 이유로 말미암아 너그럽게 받아들여지고 있다. 대체로, 사람들은 일하게 하고 더구나 열심히 일하게 하는 아무런 제도적 자극도 없다. 제도적 금기는 접어두고서도, 노동에 대한 자극은 일단 근소한 산출고—이것은 자극이 존속하는 것을 가능하게 하고 있다—가 실현되기를 하면 사라지기 일쑤이다.

세계 도처에서 자급자족적 농민들에게 전형적으로 되어 있는 이러한 태도는 전적으로 불합리한 것은 아니다. 그의 경험이 그의 고립된 위치에 의해 제한을 받고 있는 농민은 그로 하여금 소비패턴을 다양화시키거나 증대시키는 것을 가능하게 할 부가적 소득을 얻게 하는 자극을 거의 갖지 못하고 있다.

이들 모든 요인의 순효과는 노동자들이 표면상으로 설치고 있을 때에도 실제로는 산출고에 대해서 크게 유익한 공헌을 하지 못하고 있다는 것이다. 이것은 남아시아에 있어서의 농민들의 생활에 관한 결정적 모든 사실의 하나이다. 하지만 실업 및 불완전고용이라는 개념을 경유하는 전후형 접근방법은 그것을 흐리게 하고 있다.

　전후형 모델이 자본과 기술을 노동 생산성의 기본적 결정요인으로 다루는 경향에도 불구하고, 우리들은 그것들이 결코 농업 진보에 대한 유일한 제한조건으로 되지 않는다고 하는 결론에 도달하지 않을 수 없다. 노동의 근면성이 아마도 한층 더 결정적인 변수로 될 것이다. 그렇지만, 노동의 행태는 사회적·제도적 환경—이 환경 속에서 영양과 건강 및 스테미너의 수준이 낮고, 또한 열심히 일하게 하는 자극도 거의 없다—에 관련하는 범위 내에서 이해되지 않으면 안 된다.

　농업에 있어서 1인당 산출고를 제고시킨다고 하는 문제는 노동력 이용에 관한 모든 구성요인 중의 하나만을 독립적으로 높이고자 하는 의식적인 조치에 의해서는 해결될 수 없다. 보다 많은 노동자들을 노동에 참가하게 한들 거의 소용이 없을 것이고, 그것은 다만 노동을 확대시키는데 그치고 노동의 지속과 강도를 저하시키게 된다. 농촌 공동체에 있어서의 한 집단이 보다 열심히 그리고 보다 오랫동안 일하게 강요되고, 그리하여 다른 부분이 그 노동의 일부 혹은 전부에 참여할 수 없게 된다면, 성과는 거의 없을 것이다.

　사실에 관한 자료가 빈약하고 노동력 이용에 대한 연구가 불완전한 현재의 상태에 있어서까지도, 남아시아 농업을 괴롭히고 있는 불안과 그 발전을 저지하고 있는 장해물에 관해서 약간의 중요한 결론을 내린다고 하는 것은 가능하다. 생산량과 소득 및 생활수준을 보다 많고 보다 집약적인 노동

투입에 의해 충분히 개선되게 할 수 있는 사정이 전혀 없는 것은 아니다. 그러나 농업이 놓여져 왔던 제도적 구조는 노동력의 활용을 통해서 생산성을 증대시키는데 대해 큰 해를 주고 있다.

소작제도—특히, 병작제도(竝作制度)—는 이중으로 해롭다. 그것은 농업에 있어서의 잉여 생산물에 대한 지배권을 지주 그룹—이들은 대부분이 토지의 생산성을 증대시키게 할 자원을 투하하고자 하는 마음을 가지고 있지 않다—에 넘겨주는 경향이 있을 뿐만 아니라 그것은 또한 실제로 농사일을 하고 있는 사람들이 창의를 잠식하고 있다.

남아시아의 토착농업은 참으로 빈곤의 악순환에 빠져 있다. 따라서 그 악순환을 깨뜨린다고 하는 과업은 매우 복잡하고 어려운 것 같다.

제17장 농업정책

 남아시아에 있어서의 장기 경제개발을 위한 투쟁은 산업에서 성패가 결정될 것이다. 남아시아인들의 대부분은 생계를 농업에서 얻고 있을 뿐만 아니라, 많은 외국 원조가 없어도 사회적 진보가 이루어질 있는 것은 남아시아의 경제가 다른 어느 부문보다도 이 부문에 있기 때문이다.
 우리들은 농업에 의해 생계를 얻고 있는 사람들의 노동력은 효율적으로 이용되지 않고 있고, 또한 그것이 이용될 수 있는 정도까지도 이용되지 않고 있다는 것을 알고 있다. 이처럼 보기에도 간단한 예측이 가지는 중대성은 마찬가지로 다음과 같은 간단한 사실에 의해 높아진다.
' 즉, 남아시아의 농업인구는 날마다 늘어나고 있고, 또 정부의 산아제한 계획이 얼마만큼의 성과를 거두게 될 것인가와는 관계없이, 남아시아에 있어서의 노동력은 금세기 말 경까지는 혹은 오늘날의 계획 입안자들이 내다볼 수 있는 모든 기간을 통해서, 약 2% 내지 3%의 연율로 늘어가게 될 것이고, 이들 신래자(新來者)의 대부분은 농업에 머무르지 않을 수 없게 될 것이라고 하는 사실이다.

　다가올 수십 년 동안에 노동력으로 등장하게 될 사람들의 큰 비율은 농업 외에 생산적으로 고용될 것이라고 보통 말해지고 있지만, 이러한 희망은 환상에 지나지 않는다. 농촌 인구는 너무나 방대하므로, 그 증가는 다음 20년~30년 동안에는 농촌으로부터 도시에로의 어떠한 이동의 결과로서도 크게는 감소되지 않을 것이다. 계획의 관점에서 농촌지방으로부터 도시 빈민굴에로의 이주를 촉진한다고 하는 것은 어쨌든 농업 노동력의 저이용을 줄이게 하는 바람직한 방법으로는 되지 않는다. 시골에 태어나게 된 수많은 사람들에 대해서는 농업이 천직이고, 그 밖에 달리 발붙일 곳이 아무 데도 없다. 그러나 계획 입안자들에 대해서 적어도 가까운 장래에 농업에다 보다 많은 노동력을 생산적으로 흡수시킬 수 있는 전망을 밝게 할 것으로 보인 상태를 가져오게 할 모든 요소가 있다.

　이들 모든 요소 중에서 주요한 것은 남아시아 농업에 있어서는 산출고가 극히 낮기 때문에 생산수준을 높이는 것은 비교적 용이하다고 하는 사실이다. 넓은 의미에 있어서, 저산출고 밖에 올리지 못하고 또 고산출고를 올릴 수 있는 잠재능력을 이용하지 못하게 하는 이유는 현재의 노동 관행때문임에 틀림이 없을 것이다.

　바꾸어 말하면, 전통적이고 잘 알려진 농경방법을 효과적으로 이용하지 못한 데 있다. 어떠한 개혁이 없어도, 그리고 심지어 보다 길고 효과적인 노동 이외에 다른 어떠한 투자가 없어도, 농업 산출고는 아주 현저하게 끌어올릴 수 있는 것이다. 이것은 지역간, 혹은 심지어 경영관리에 의해 나타나게 되는 개별적인 농토간의 산출고 수준의 차이로도 알 수 있다.

산출고에 있어서의 한층 더한 증대가 근대적인 과학적 농업기술의 적용에 의해 달성될 수 있을 것이다. 그러나 근대 기술의 대부분은 서구에서 발전되었고, 또한 남아시아의 농업에 반드시 적합하지는 못하다고 하는 것을 상기하지 않으면 안 된다.

이 지역에 있어서의 농업문제 연구에는 아직도 많은 결함이 있다. 이를테면, 온대에 있는 여러 나라에서 생산량의 급속한 증가를 가능하게 했던 지역적이고 집약적인 형태의 기후나 토양에 관한 연구에는 많은 결함이 있는 것이다. 이러한 연구는 서구적 기술—이것은 급속하게 줄어가고 있었던 농업 노동력에 적합하게 되어 있었다—이 남아시아에는 맞지 않는다고 하는 인식 위에서 이루어져야 할 것이다. 남아시아에 있어서는 아주 저이용상태에 있는 방대한 노동력이 다가올 수십 년 동안 급속하게 늘어나게 될 것이기 때문이다.

이러한 사태 속에서의 한 가닥의 희망은 일반적으로 믿고 있는 것과는 달리 남아시아의 농업에 있어서의 노동 관행이 현재 노동집약적이 아니라고 하는 데 있다. 노동 투입은 낮고 또 비능률적이다. 에이커당 저산출고는 주로 노동력의 저이용의 결과이다. 이러한 사실이, 즉 노동력의 보다 충분한 이용과 보다 높은 수준의 농업생산은 양립할 수 있는 목적으로 될 뿐만 아니라, 실제로는 동일한 사실의 양국면이라고 하는 것을 말하고 있음은 명백하다.

농업 생산의 증대가 결정적으로 중요하다고 하는 것이 현재 남아시아 도처에서 올바르게 인식되고 있다. 그러나 약간의 예외를 제외한 이 지역의 모든 나라들은 농업 산출고의 제고를 위한 노력을 충분히 하지 않고 있다. 이것과 함께 우리들은 남아시아국에서 실시되고 있는 농업정책을 논의하는 데 있어서 특이성을 알지 않으면 안 된다고 하는 것은 명백하다.

무엇보다도 노동력의 저이용―특히 노동의 지속성이나 능률성이라는 점에서―은 일반적으로 무시되고 있거나 혹은 농업이 조방적(粗放的)이라고 하는 사실이나 생산성이 낮다고 하는 사실과는 무관한 별개의 문제로서 다루어지고 있다. 때때로 그 관계가 다루어지는 수도 있었으나, 노동력 활용의 개선의 필요성이 농업개혁계획에 있어서 주제가 된 적은 결코 없었다.

농업에 있어서의 공공사업 투자의 조직화가 종종 논의되기는 했으나, 그러나 최근에 파키스탄의 경우를 제외하고는 이러한 방향으로의 대규모적인 노력이 있었던 적이 없었다. 불행하게도 이에 못지않을 정도로 제도적·태도적 모든 문제도 무시되고 있었다. 그 대신에 기술적 모든 개혁이 더욱더 강조되기에 이르렀고, 생산증대 계획을 내세우는 일반적인 설명은 기술적 모든 개혁에 관한 설명으로 온통 뒤덮여 있었다.

남아시아의 모든 정부와 마찬가지로 서방측의 모든 정부도 토지개혁을 권고하는 국제식량농업기구회나 그 밖의 유사한 정부 간 회의에 있어서의 결의를 계속 지지하고 있다. 그러나 이것은 제스처에 불과하다. 미국―이 나라는 식량원조에 대해서 모든 조건을 붙이지 않을 수 없다고 느끼고 있었기는 하지만—은 보통으로 오직 수원국에 대해서 기술적 모든 개혁에 착수할 것을 권고하거나, 수원국의 공공개발 지출을 공업으로부터 농업으로 돌릴 것을 권고할 뿐이었다.

한편, 제도학파에 속하는 몇몇 경제학자들은 인적 요소 제1주의의 접근방법이라고 불리워 왔던 것의 중요성을 꾸준히 외치고 있었다. 이들의 생각은 실제 경험을 가진 사람들에 의해 지지를 받고 있으며, 이들 실제 경험을 가진 사람들은 기술적 조언이 일정한 점까지는 효과를 가지게 될 것이지만, 그 점을 넘어서면 농경자들의 협동은 한정된 요인으로 밖에 되지 않는다고 하는 것을 알고 있다.

우연히 저개발국의 모든 문제에 터치하고 있는 수많은 서구 경제학자들도 또한 우직하게, 이 나라들이 단지 농산물 가격을 인상하는 것에 의해 농업생산에 자극을 줄 수 있을 것으로 생각하고 있다. 남아시아의 농업 실정을 연구한 적이 있는 전문가들은 보다 주의 깊다. 그들의 남아시아의 동료들과 마찬가지로, 이들은 농업생산을 제고시키는 방법으로서, 가격 지지책을 중시하지 않고 있다.

우리들은 농경 개혁가들이 기술적 개혁과 제도적 개혁의 상호의존 관계를 전혀 인식하지 못하고 있었다고 하는 것을 말하고 있는 것이 아니다. 오히려 그들이 후자를 경시하는 쪽으로 기울어 있었다고 하는 것을 말하고 있는 것이다.

식민지시대에 있어서 모든 정부는 현지 주민의 생활이나 관습에 간섭하는 것을 싫어했다. 하지만 그들은 토지의 권리와 조세의 징수, 그리고 유럽인 고용주들을 위한 노동력 보충의 경우에 있어서처럼, 그들의 이해관계가 간섭을 필요로 하게 되었을 때에는 거리낌 없이 현지 주민의 생활에 간섭을 하고 있었다. 노동 투입과 노동 능률을 저해하고 있었던 모든 요인—이것들은 전통적 농업 구조에 뿌리를 박고 있었다—에 대한 정면 공격은 개인적 이익이나 비용을 고려한 나머지 또한 자유방임을 기조로 하는 일반적 식민지정책으로 말미암아 저지되고 있었다.

얄궂게도, 이러한 태도는 대부분이 확실히 훨씬 많은 에너지가 과거에 있어서 보다도 제도적 모든 개혁에 경주되어 왔음에도 불구하고 독립 이후에도 존속되고 있다. 기술적 해결을 찬성하는 이러한 편견은 계획화에 대한 전후형 접근방법에 의해 강화되기에 이르렀고, 이 접근방법은 제도 속에 뿐만 아니라 태도나 생활양식과 생활수준 속에, 그리고 자본투자가 생산 제고에 대해 큰 역할을 하게 된다고 믿고 있는 것 속에 깃들어 있는 모든 문제를 대체로 다루지 않고 있다.

그 편견은 근대과학과 근대기술의 적용에 의해 생겨나게 되는 기적에 관한 환상으로 말미암아 한층 더 강화되고 있다. 그리고 그것은 조언자로서 활약하고 있는 서구 출신의 농업계획 입안자들—이들은 종종 제도적 모든 개혁의 중요성을 말하고는 있었지만, 보통 그들의 논평을 보다 안전하고 아마 보다 중립적인 기술적 개혁의 문제에 한정하고 있었다—의 모든 보고서에 의해 지지를 받아왔다.

이러한 편견은 이들 전문가들이 기술적 문제에 있어서는 훈련을 받고 있었지만, 남아시아에 있어서의 태도나 제도에 관해서는, 그리고 어떻게 그것들을 개혁할 것인가에 관해서는 거의 지식을 갖지 못하고 있다고 하는 사실을 반영하는 것에 지나지 않을는지 모른다.

일반적으로 말해서, 최근 수십 년 동안에 남아시아의 농업생산에 나타나게 되었던 증대는 에이커당 산출고의 증대보다도 경작 면적의 확대에 의하는 바가 더욱 컸었다. 그러나 농업계획 입안자들 간에서 이 지역에 있어서의 한층 더한 경지의 확장은 그 규모가 극히 제한을 받고 있을 뿐만 아니라 대부분의 경우, 달성하는데 비싸게 치인다고 하는 것에 일반적으로 의견의 일치를 보이고 있다. 그리하여 에이커당 산출고의 증대는 남아시아 농업의 급속한 개혁을 목적으로 하는 모든 계획 중에서 가장 중요한 표말이 되어야 한다고 일반적으로 받아들여지고 있다. 이것은 경작될 만한 토지가 더 이상 없다고 하는 것에 의하는 것은 아니다. 양으로 줄잡아 본다면, 남아시아국에 있어서는 총토지면적의 10%~20% 밖에 경작되지 않고 있다.

인도 소대륙에 있어서는 인도 본토에 있어서처럼 총면적의 반이 경작되고 있는 나라가 있는가 하면, 이 숫자가 약 5분의 2에 불과한 나라들도 있다. 국제농업식량기구의 통계자료에 의하면, 남아시아의 최소한의 경작된 나라들은 대략 두 배로 늘어날 수 있다는 것을 암시해 한다. 자연은 현재 이용되고 있는 기술을 가지고서도 동남아시아에 있어서는 아마 2배~3배에 달하는 농업 노동자들의 고용을 가능하게 할 것이다.

인도 소대륙에 있어서 경작 면적을 확대할 만한 가능성이 한층 제한을 받고 있기는 하지만, 그러나 특히 전통적인 방법 이외의 다른 방법이 사용된다고 한다면, 그 가능성이 결코 보잘 것 없지는 않을 것이다. 그러나 이 지역의 대부분의 나라들에서 경작 면적의 확대는 중기계 장비 및 거액의 지출—그 대부분이 귀중한 외환의 형태로—에 대한 필요를 의미하게 될 것이다.

하지만, 자연은 남아시아의 농업인구에 고정된 한도를 정하지 않고 있었다 하더라도, 그 밖의 힘이 경작할 수 있는 토지의 완전한 이용을 막고 있었다. 높은 소작료와 낮은 임금에 이해관계를 가진 지주들은 종종 경지 확장에 거의 열의를 보이지 않고 있다. 이것은 특히 인도에 들어맞으며, 인도에 있어서는 문제가 하층 카아스트 가족이나 황무지에 정착해서 소유권을 취득하고 있는 부족민에 대한 상층 카아스트의 적대에 의해 복잡하게 되고 있다. 몇몇 정부는 때때로 토양 침식의 위험이 증대하는 것을 두려워한 나머지 마을의 황무지 경작을 장려하는 것을 꺼려 왔다.

마을로부터 아주 멀리 떨어져 있는 미개척지의 경작은 재이민을 필요로 하고 있으나 대부분의 남아시아의 소농민들은 자기들의 고향이 아무리 혼잡을 보이고 있다 하더라도, 그곳을 떠나는 것을 극히 싫어하고 있다.

스마트라의 대지역과 면적은 크지 않지만 인도네시아군도의 대부분에는 이민과 개발이 가능한 곳이 있다. 그러나 필요하고 방대한 소비와 이민을 조직하는데 있어서의 정부의 무능은 서로 결부되어 이러한 모든 계획을 실망을 자아내는 수준에서 멈추게 하고 있다.

말레이시아는 조직적으로 대농원식 경작을 위해 농지를 개척해 오고 있다. 그러나 이것은 느릿느릿하게 그리고 조심성 있게 이루어져 왔다. 많은 남아시아의 나라들은 신개척지 안주자들에 대해서 강력한 통제를 가하고 있다. 만약 이러한 통제가 완화된다면, 많은 지역이 도로의 건설을 제의하고는 이렇다 할 공공투자가 없어도 경작을 위해 급속하게 개척될 것이다. 그렇지만 이러한 움직임은 정부가 부유한 지주들이나 청부업자들이 이러한 토지를 점유하기 위해 피고용 노동자들을 파견하는 것을 막음으로써 보호되지 않으면 안 될 것이다.

경작면적 확장의 여지에 관한 완전한 평가에 관련되는 많은 것이―특히 미경작지의 질에 관해서는―아직도 알려지지 않고 있으며, 그리고 남아시아의 대부분의 나라들에 있어서 이 문제에 대한 계획 입안자들의 관심은 최근 수년 동안 쇠퇴일로에 있다. 우리들은 적어도 농지면적의 확대 가능성은 아직도 완전하게 테스트가 끝나지 않았다고 말할 수 있다. 사회적·제도적 구조와 전통적인 농업기술은 다른 환경하에서는 경작되기에 이르렀을는지도 모르는 면적에까지 경작을 조장하지 않았고, 또한 경우에 따라서는 허용하지도 않았다.

효율적인 경작을 위해 이용할 수 있는 면적을 늘이게 하는 가장 값싸고 유망한 방법의 하나는 비축을 줄이는 데 있을 것이다. 자유로운 가축 사육은 남아시아의 가축군의 질과 능률의 저하를 가져오는 모든 요인의 하나가 되어 있다.

가축이 요구하고 있는 공간은 인도에 있어서 가장 크고, 정도는 작지만 파키스탄에 있어서도 크다. 그리고 이들 두 나라는 현재 전세계에 있는 소과에 속하는 동물 수의 3분의 1에 가까운 것을 가지고 있다. 양국에는 대략 주민 2명에 1마리 꼴의 소가 있다. 전문가들은 가축을 목장에서 사육하는 전통적인 방법이 높은 인구밀도를 가지고 있는 지역에서는 전적으로 적합하지 않다는 것을 지적했다. 같은 수의 가축이 현재 목장으로 되어 있는 면적의 불과 일부분에서 생산되는 재배 사료에 의해서도 훨씬 잘 사육될 수 있다는 것이다.

이 지역의 모든 조건에 정통하고 있는 학자인 르네 듀몽(Rene Dumont)은 만약 재배 사료가 보통 토지에서 생산되는 재래 마을의 목초를 대신하게 된다면, 이들 보통 토지의 5분의 1이 아마도 그 토지 전체가 이전에 주게 되었던 것보다도 많은 사료를 주게 될 것을 말한 바가 있었다.

가축군의 전체 크기의 축소도 또한 오랫동안 권고되어 왔다. 한 미국 전문가단은 인도의 가축군의 적어도 3분의 1, 아마도 절반은 사료 공급에 미루어 여잉(餘剩)으로 생각되지 않으면 안 될 것이라고 하는 결론을 내렸다. 가축 도살에 대한 반대는 물론 오직 인도에 있어서의 종교적 편견에서만 연유하는 것은 아니다.

가축은 동력과 연료, 비료 및 식료품을 제공하는 데 알맞은 잠재적 원천으로 되어 있다. 그러나 농업 전문가들은 보다 적은 수의 잘 사육된 가축군이 이용이 가능한 동력을 증가시킬 것으로 믿고 있다. 게다가, 포오드재단 조사단은 일정량의 사료가 두 마리의 가축에 나누어지는 경우보다도 한 마리에 의해 소비되는 경우, 보다 많은 똥거름이 생산된다는 결론에 도달했다.

동남아시아의 거의 모든 곳에 있어서 가축이나 물소는 착유용으로나 식육용으로는 거의 이용되지 않고 있다. 싱가포르나 자카르타에 있어서처럼 도시에서 우유 소비가 한층 보급되고 있는 나라들에 있어서는 그 공급의 대부분이 분유나 연유(煉乳)의 형태로 수입되고 있다. 약간의 노쇠한 역축을 제외한 남아시아에 있어서의 육류의 주요 원천은 양이나, 그리고 비회교도 지역에 있어서는 돼지로 되어 있다.

축력(畜力)을 트랙터나 그 밖의 농업 기계로 대체하는 것이 당초에는 비용이 들게 될 것이다. 그러나 훨씬 효과적인 경작이 뒤따르게 될 것이고, 푼자브(Punjab)의 농장 경영에 관한 연구에 따르면, 만약 알맞게 조직되기만 한다면, 트랙터의 이용은 황소의 이용보다도 비용이 들지 않을 뿐만 아니라 상당히 값싸게 치일 수도 있는 것이다. 그러나 농업 관행의 그와 같은 합리화는 제도적·태도적 기반의 개혁 없이는 이루어질 수 없다. 그것은 소유지의 분산, 저소득 및 소작제도가 기계의 취득을 막게 되거나 기계의 경제적 이용을 방해하고 있는 경우, 아주 깊숙이 진행될 수가 없는 것이다. 이러한 속박이 깨뜨려지기만 한다면, 트랙터의 도입의 누적적 효과는 순환적 인과관계라는 현상으로 말미암아 훨씬 커질 것이다.

많은 계획 입안자들은 관개를 통한 남아시아의 농업생산의 확대에 큰 희망을 걸어왔다. 끊임없는 물의 공급은 계절풍에의 놀랄 만한 의존을 감소시킬 뿐만 아니라, 그것은 만약 농민들이 더욱 열심히 일할 용의가 있다면, 연간 1모작 이상 재배를 가능하게 할 것이다.

많은 남아시아의 나라에 있어서는 관개시설의 확장을 위해 이미 많은 것이 이루어져 왔고. 현재에도 보다 많은 것이 계획되고 있다. 그러나 현재까지의 성과는, 특히 주요 관개사업은 실망을 자아내게 하는 것이었다. 대체로 말해서, 농민들은 제공된 시설을 충분히 이용할 만큼은 기민하지 못했다.

실제 경작자들은 너무나 자주 관개시설을 자기들의 생산량을 늘이게 하거나 아마도 1모작 이상으로 작물을 늘이게 하는 시설로서보다도 오히려 계절풍이 없을 때에 대비하는 일종의 모험시설로서 보았다. 침적토의 풍부한 퇴적물을 가져 오는 적시의 홍수마저도 이용이 가능할 정도로 이용되지는 않았다.

이처럼 눈앞에 있는 기회조차도 충분히 이용하지 못하게 된 책임의 태반은 전승된 제도적 조직에 돌려지지 않으면 안 된다. 농민들은 자기들이 마음대로 쓸 수 있는 물을 사용하거나 특히 2모작으로 전환하는 것을 싫어하는 수가 종종 있다. 그들은 자기들이 익숙해진 생활의 조화가 변화하는 것을 싫어하고 있고, 또한 현재와 같은 농업구조에 있어서 그들이 그것에 반대하는 데에는 때때로 확실한 경제적 이유가 있는 것이다. 지주와 수리조합, 그리고 고용된 노동자들이 다같이 1기작에 대해서와 마찬가지로 2기작에 대해서도 동일한 비율의 지불을 고집하는 경우, 그리고 2기작이 보다 적게 밖에 생산되지 못하고 보다 많은 노동을 필요로 하고 있는 경우, 특히 소작인들은 모든 것에 관해서 회의적이 되기 쉽다. 그러나 수리가 충분하게 활용되지 않았을 때마저도 관개시설이 농업 산출고를 상당히 높이게 하였던 뚜렷한 경우가 있었음은 확실하다.

관개작물이 보통 많은 양의 비용을 필요로 하였다고 하는 것은 기억하지 않으면 안 된다. 그리하여 이것은 화학비료 사용의 증대로 명백해진다. 남아시아는 이 점에 있어서도 또한 뒤떨어져 있다. 이를테면, 일본은 그 경작 면적이 인도의 4%에 불과하지만, 인도보다도 많은 양의 비료를 사용하고 있다. 그리고 일본의 에이커당 곡물 산출고는 인도에 비해서 거의 5배나 된다. 그러나 중요한 점은 그 밖의 농업 원조와 마찬가지로, 비료는 농경방법에 있어서의 전면에 걸치는 개선과 나란히 사용되는 경우에만 최대한의 효과를 가져 올 것이라는 것이다. 농산물이라는 산품은 다만 관개와 비료, 그리고 그 밖의 유익한 약제가 지역적 기후조건이나 토양조건에 알맞은 양만큼 동시에 사용되는 경우에만, 최대한에 달하게 되는 공공 생산물인 것이다. 계획 입안자들이나 정책 수립가들에 대한 지침으로서 복잡한 연구가 필요하게 되는 이유가 바로 여기에 있다.

한편, 농업 관행에 대해서조차도 변화를 가져오게 한다는 것은 어려운 문제였다. 맥킴 마리오트(Mckim Marriot)로부터 인용한 다음의 구절은 왜 그러한가를 명백히 설명해 주고 있다.

"나는 나의 마을이나 이웃 마을의 농민들이 개량종 소맥에 대해 제기하게 되었던 반대를 몇 가지 들기로 하겠다. 농민들은 순조로운 경우에는 정부의 개량종자를 심은 밭에서 누구나 보다 많은 양의 굵은 소맥을 얻게 될 것이라는 것, 즉 중량으로서의 산출고는 참으로 아주 나무랄 데가 없다고 하는 것은 사실이라고 말하고 있었다. 한 두 사람의 농부가 그것을 시작했었다. 그렇지만, 그들은 다시는 그것을 경작할 생각을 갖지 않게 되었다. 종묘 상점의 경영자는 까다로운 사람이었다. 그는 아주 낮은 이자율로 종자를 주고 있었으나, 수확 후에 갚아야 할 그 밖의 부채를 가졌던 사람에 대해서는 아주 불편한 소정기일에 그것을 변상하게끔 요구하고 있었다. 가장 불합리했던 것은 종묘 상점의 경영자가 그 종자는 보리·완두·녹두 및 깨 등—이것들은 소맥이 흉작일 때 수확의 완전한 실패에 대비하기 위한 것들이다—과 혼식되지 않는 순수한 형태로 가꾸어야 하고, 수확되어야 한다고 요구했다는 것이다.

종자의 대여나 사용을 지배하고 있는 이들 괴상망칙한 모든 조건을 접어두고서도, 얻어지는 수확물을 보기로 하자. 낟알은 참으로 크다—심지어 너무나 크고 단단하므로 부녀자들이 구식의 돌절구로는 잘 빻을 수도 없을 정도이다. 새로운 밀가루로부터 만들어진 덩어리는 반죽하기가 곤란하고 좋은 빵으로 굽기가 힘들다. 새로운 빵—이것은 모든 가난한 농민이 먹지 않으면 안 될 것이다—은 양질의 옛빵처럼 맛이 나지 않는다. 그것은 납작하고 시시하게 보인다(그 이유의 일부분은 물론 그것이 보리·완두·녹두 및 겨자씨 등의 혼합물—빵은 옛날에는 이것을 포함하고 있었다—을 포함하고 있지 않다고 하는 데 있다).

다음으로 암소와 황소를 보기로 하자. 그것들은 새로운 밀짚을 먹고자 하지 않는다. 우리들이 그것을 재배한다면 굶어 죽게 될 것이다. 밀짚은 또한 지붕을 이는 데에도 쓸모가 없다. 그것은 겨울철에 우리들의 손을 녹일 만큼 화력을 내지 못하고 있다.

모든 조건이 특히 안성맞춤으로 되어 있었던 모든 지역에 있어서, 광범위에 걸치는 모든 개선이 이루어지게 되었던 경우에도 급속한 진보가 이루어지지 않고 있다고 하는 사실은 남아시아의 농업의 발전이 모든 개선이 기술적으로 상호의존 관계에 있기 때문만이 아니라 그것들이 종종 경작자들로부터의 냉담한 반응 밖에 얻지 못하고 있기 때문에 완만하다고 하는 것을 말한다. 그러나 기술적 개선이 받아들여지게 되는 경우에는 언제나, 특히 그 밖의 모든 개선과 결부된다면 태도는 보다 진보를 쉽게 하는 방향으로 달라지게 된다. 문자해득력과 교육의 보급은 그와 같은 발전에 있어서 촉매적인 역할을 할 수 있을 것이다.

우리들은 일찍이 남아시아의 농업은 대부분이 노동집약적이 아니라 조방적(粗放的)이라는 것을 지적한 바가 있었다. 거기에는 잦은 인력의 낭비와 그 결과로서의 저생산성이 있다. 개선을 억제하는 많은 요인 중에는 새로운 농경방법이 농업에 있어서의 일자리 수를 줄이게 될 것이라고 하는 확신이 있다. 그러나 이러한 확신은 틀린 것이다. 진보된 기술은 노동력 이용을 개선하는 기회를 감소시키지는 않는다. 그와 반대로 그것은 그 기회를 증가시킨다. 사실, 실제로 모든 기술적 개혁이 공통적으로 가지고 있는 하나의 사실은 이들 모든 개혁이 보다 많은 노동 투입을 필요로 한다는 것이고, 노동 투입에 대해서는 그것을 일으키게 하는 자극이 만들어지지 않으면 안 된다.

남아시아국은 지역적 토양이나 기후적 조건에 관한 지식

위에 기초를 둔 기술을 필요로 하고 있으며, 농업에 있어서의 노동력이 심히 저이용되고 있을 뿐만 아니라, 다가올 수십 년 동안에 급속하게 늘어나게 될 것이라는 사실을 충분히 이용할 수 있게 마련된 새로운 기술을 필요로 하고 있다.

우리들의 지식의 현 단계에서 강조되지 않으면 안 되는 점은 기계화조차도 서방국에서 그러했던 바와 같이 노동집약도가 비교적 낮은 농업 관행과 관계를 가져서는 안 된다고 하는 것이다. 기계화의 가능성이 남아시아에 있어서 세밀하게 검토되는 경우, 기계화는 농업의 강화를 위해 필요불가결하다는 것이 판명될 것이다.

기계화 뿐만 아니라 우리들이 논의한 바 있었던 농업 관행의 모든 기술개선에 대한 또 하나의, 그리고 보다 중대한 장애는 우리들이 되풀이 설명해 왔던 바와 같이, 자기들의 노동이나 생활을 변화시키게 될 혁신을 받아들이기를 싫어하는 경작자들의 태도이다. 기술적 전문가들은 이러한 태도의 힘이 얼마나 큰가를 종종 이해하지 못하고 있다.

유망한 기술혁신은 훈련과 교육에 관한 강력한 계획을 요구하고 있음에도 이 같은 계획을 위한 시설은 남아시아의 도처에서 불충분하다. 기술자가 보충되고 훈련을 받게 되었을 때마저도, 그들이 야외 작업에 익숙치 못하고 있다는 것, 손을 흙으로 더럽히는 것과 관련되는 치욕감을 극복하지 못하고 있다는 것, 그리고 농촌생활의 불쾌를 같이 나누지 않고 있다고 하는 것 등은 흔히 그 임무를 실패로 돌아가게 하고 있다. 개혁을 위한 야심적이고 기술적인 건전한 청사진은 이러한 이유로 말미암아 수포로 돌아가게 되었고, 장래에 있을 비슷한 실패의 위험을 얕잡아보는 것도 어리석은 일이라 할 것이다.

오늘날 농업생산을 증가시키는 기회의 대부분은 공공사업의 성격을 띠고 있음으로써 당국에 의한 조직을 필요로 하고 있다. 그리하여 점차 문제를 단순하게 조직의 문제로 줄여보려는 욕심이 생겨나게 되었다. 그러나 이러한 욕심은 편의주의적인 책략에서 생기게 된 것이다. 그것은 혁신을 받아들이거나 공동 행위를 취하는 것—이렇게 하는 것은 조직을 전제로 하게 된다—에 대한 중대한 사회적·정치적 금기와 장애를 무시하게 되는 수단으로서 이바지하고 있다.

남아시아의 모든 정부는 독립을 얻게 된 이래, 줄곧 어느 정도의 토지개혁을 기도해 왔었고, 신생 정부들의 대부분은 저들이 집권하게 되었을 때 농지개혁을 실시할 것을 공약했다. 그러나 이들 모든 정부에 의한 입법 조치의 결과로서 실제로 재분배된 토지의 양은 그렇게 크지는 않았다. 대부분의 남아시아 정부들은 한층 철저한 토지개혁 조치를 취하는 것을 전적으로 멀리해 왔다. 그 대신에 그들의 간섭은 벼농사를 짓는 소작농의 전부나 혹은 일부에 대한 보호입법과 협동 및 지역사회 개발을 촉진하고자 하는 기도에 한정되어 있었다.

급진적 토지개혁 조치에 대해 의견의 일치를 보지 못하고 있다고 하는 것은 토지소유권과 관련되는 이해관계의 복잡성에 비추어서 이해되지 않으면 안 된다. 토지소유권은 도시 상류계급 및 중류계급, 그리고 농촌지역의 비경작자 간에까지도 널리 퍼져있으며, 이들 두 그룹은 많은 정부 관리들과 더불어 무서운 반토지개혁 블록을 형성하고 있다. 이 블록이 강력한 힘을 가지게 되는 것은 그 투표의 힘에 의존하는 것이 아니라, 그것이 유식층의 상당한 부분을 포함하고 있기 때문이다.

독립 이후의 시대에 있어서 철저한 개혁에 대해 열을 식게 한 이유의 일부분은 또한, 각 국민정부로 하여금 자기들의 국력을 강화하지 않으면 안 되게 하고, 또 이들 모든 정부가 이어받게 된 거의 혼란에 가까운 상태 속에 다소의 외형적인 질서와 안정을 가져오게 하였던 압력에 돌려지지 않으면 안 된다. 그러나 보다 큰 경제적 관심이 또한 신중을 기하지 않을 수 없게 했다.

토지개혁으로부터의 이익은 완만하게 밖에 나타나지 않을 것이고, 한편 신생 모든 정부가 모두 긴급한 문제에 사로잡혀 있었다고 하는 것은 일반적으로 이해되고 있었던 사실이다. 또한 모든 정부는 공업화에 대해서 정책적으로 고도의 우선순위를 주고 있었고, 몇몇 나라들에 있어서는 철저한 토지개혁에 의해 공업화의 속도가 떨어지게 될 것을 두려워하고 있었다. 왜냐하면, 단기적으로는 철저한 토지개혁이 늘어가는 비농업인구를 부양케 할 식량의 시장 출회량을 감소시키게 될는지 모르기 때문이다. 그 밖의 점에 있어서의 중대한 약점이 어떠한 것이건, 소작이 지배적이고, 부채에 짓눌려 있는 농업구조는 농업에 종사하고 있는 가난한 농민들로부터 판매용 식량을 짜내게 하는데 있어서 유용한 장치를 제공하고 있다.

이러한 장치가 없다면 자기들의 수확물의 대부분을 소비하게 되었을는지 모르는 경작자들은, 그들의 수화물의 많은 부분을 지주들이나 고리대부업자들에게 넘겨주지 않을 수 없으며, 그리고 이들 지주나 고리대부업자는 그 식량을 도시에 판매하는 데 이용할 수 있다. 이리하여 남아시아의 모든 정부는 진퇴양난의 딜레마에 빠지게 된다. 그들이 농지개혁에 착수하지 않는다면, 농업 생산고를 제고시키고자 하는 그들의 기도는 엄청나게 방해를 받게 될 것이다. 그들이 강력하게 주요 토지개혁계획을 밀고 나아간다면, 그들은 판매되는 식량의 공급에 있어서 적어도 일시적인 감축에 부딪치지 않을 수 없다. 게다가 발언권 있는 사람들과 정치적 유력층의 대부분은 보다 철저한 토지개혁을 반대하고 있다. 설령, 그들이 입으로 토지개혁을 내세우고 있다 하더라도, 그들은 실효성 있는 입법을 무력하게 하거나 또는 실시를 방해하려고 할 것이다.

인도나 파키스탄에 있어서 영국인에 의한 토지 소작제도의 수정을 통해 발전하게 되었던 중개인들과 반봉건적 지주계급은 독립 후 원한의 특별한 대상이 되었다. 처음에는 이들 지주들—이들은 독립 전 인도 토지의 거의 반을 소유하고 있었다—을 제거하고자 하는 노력이 이루어지게 되었다. 그러나 야심적인 출발이 있었던 뒤로, 타협이 아니면 발뺌을 하는 세력이 여느 때처럼 활개를 치게 되었고, 중개인들의 대부분은 스스로를 직접적인 경작자가 되게 하는 편법을 통해서 교묘하게 명맥을 유지하고 있었다.

단적으로 말해서, 인도나 파키스탄에 있어서의 중개인들의 제거는 또한 실제로 토지를 경작하고 있는 사람들에게 그것을 주고자 하는 의도에서 나온 것은 아니었다. 그것은 초기 영국 식민지 치하에서 권리를 잃게 되었던 소농경작자들이라는 본래의 계급을 원상태로 재건하는 정책을 의미하는 것이었다.

토지는 마을에 사는 경작하는 카아스트의 구성원이나 보다 고위의 카아스트 가족─이들의 소득은 전통적으로 토지 소유로부터 얻어졌고, 또한 식민지 치하의 소작법에 의해 특권적 소작인으로서의 권리를 인정받고 있었다─들에게 귀속하게 되었다. 실제로 토지를 경작하였던 계층에 속해 있었던 이들은 이미 전에 보통의 소작인들보다도 경작을 개선하는 데 대한 보다 많은 유인을 가지고 있었다. 왜냐하면, 그들의 생산고의 증대는 지대(地代)의 증대와 직접적 또는 직각적으로 관련을 가지는 것이 아니었기 때문이다.

반봉건적인 지배자로서의 중개인의 지배는 끝장나고 말았다. 이에 따라 다음과 같은 부수적 결과가 생기게 되었다. 즉 일반적으로 마을의 권력이 구부재지주 계급이나 그 대행자들로부터 상인들, 고리대부업자들, 그리고 종종 마을에 살고 있는 자작농 겸 지주들로 구성된 중산계급의 상층으로 옮겨가게 되었다. 자본주의적 노선을 따르는 인도 농업의 있을 법한 발전의 기초가 닦아지게 되었고, 그와 같은 발전을 찬성하는 사람들은 토지소유제도에 있어서 더 이상의 변화를 지지하려 하지 않고 있다.

다른 한편, 인도의 농업이 보다 평등주의적인 노선에 따라 발전하기를 바라고 있었던 사람들에 대해서 중개인제도의 폐지는 다만 농지개혁의 시작에 지나지 않았다 하지만, 그것은 중대한 시작이었다. 의회기관을 통한 봉건적 대지주의 제거는 독립 후 첫 10년 동안에 있어서의 적지 않은 업적이 되는 것이었다. 비록 행정면에서의 우유부단과 부패가 직후의 얼마 동안은 구지배자들에게 상당한 영향력을 행사하는 것을 가능하게 했다고 하지만, 소유상한제와 토지 재분배 정책의 모든 결과를 고려한다면, 약간의 시험적인 일반화가 오늘날까지 남아시아의 경험에 관해서 이루어질 수 있을 것이다. 농업 구조 내부에서는 재산관계에 있어서의 혁명적인 소동이 일어난 적은 없었다. 촌락구조 내부에 있어서의 해묵은 불평등은 거의 논의된 바가 없었다. 이러한 모든 조치가 그것들을 예고하는 단계까지도 존속하지 못하고 있었다고 하는 사실은 농업의 실패를 가져오게 하는 풍토를 조성하는 데 이바지해 왔다.

한편, 정부가 농업상의 재산 소유에 대해서 취하는 행위의 하찮은 조정으로부터 유리한 경제적 결과가 생기게 되었다고는 도저히 생각할 수 없다. 남아시아의 어느 나라에 있어서도 상당한 수의 소작인들은 그들이 경작하고 있는 토지의 소유주가 되지 못하고 있었다. 그리하여 소작권의 안정은 계속 중대한 문제가 되고 있다. 남아시아의 모든 정부들은 전부는 아니라 할지라도 일부의 소작농들은 더욱 모호하고, 또한 수확물에 대한 지주의 요구를 제한하기 위한 입법을 추진해 왔다.

이들 소작법이 조금이라도 효과적으로 되어야 한다면, 그것들은 지대(地代) 상한을 규정할 뿐만 아니라 소작인의 점유권의 안정을 보장하는 것으로 되지 않으면 안 될 것이라고 하는 것을 올바르게 이해하는 것이 중요하다. 하지만, 이들 소작법은 명백히 그렇게 하지 않고 있었다. 또한 법의 준수는 이행하기가 곤란하기 마련이었다. 이들 소작법은 너무나 자주 법의 허점으로 가득찬 전시물로 되어 있었거나 혹은 다루기 힘들고 극히 복잡한 문서로 되어 있었으므로 소작인 — 비록 그가 학식이 있다 하더라도—은 모든 소작법을 이해하는 데 곤란을 느끼게 되는 것이었다.

독립 후의 인도에 있어서의 병작농들은 보통 확실히 불리한 상태에 놓여 있었다. 그들은 특권적 소작인들보다도 훨씬 높은 소작료를 지불하는 것이 보통이었고, 또한 지주들은 병작농들이 보호된 소작인들로서의 권리를 얻게 되는 것을 막는 데 특별한 관심을 가지고 있었다. 그 결과, 병작제도는 사실상 인도나 파키스탄의 도처에 존속하고 있다. 병작농들이 법에 의해 기술적으로 보호를 받고 있을 때마저도 안정된 소작권을 갖지 못하고 있는 그들은 너무나 약한 위치에 있으므로 법정 소작료를 지켜지게 할 수 없다.

병작권을 보호받는 소작농의 범주 속에 효과적으로 포함시키지 못하고 있다고 하는 것은 농업발전에 대한 중대한 의미를 가진다. 불행하게도 병작이 성행하고 있는 경제적·사회적 농업구조 속에서 강력한 소작법이나 또는 지주들이 병작농들로부터 징수하는 양을 제한하는 것 같은 법률에 의하여, 병작농들을 보호할 목적으로 이들을 단순히 소작인들 속에 포함시키는 것만으로는 불공정이 방지될 수가 없다.

노동력의 급속한 증대가 토지에 대한 수요를 늘어나게 하고 있는 남아시아의 농촌지역에 있어서, 지대의 상한을 정하고 있는 법들은 그것들이 강행되는 경우, 불행한 사회적·경제적 효과를 가지게 되는 수까지 있다. 아주 빈번히 소작인들은 자기의 토지를 그 자신이 지불하는 것보다도 훨씬 높은 지대를 받고 전대(轉貸)할 생각을 가지게 되며, 소작인들의 저변에는 병작농이 깔려 있는 것이다.

인도나 파키스탄, 그리고 남아시아국에 있어서 소작법의 또 하나의 큰 약점은 그 관리권이 공무원들—이들은 종종 그 직업에 필요한 자격뿐만 아니라 성실성을 가지고 있지 않다—의 수중에 들어가 있었다고 하는 사실이다. 스리랑카는 소작법의 관리권을 이 특수목적을 위해서 농민들에 의해 선출된 지방위원회에 이양함으로써 색다른 접근을 시도하고 있었으나 그러나 초기의 경험은 실망을 자아내게 하는 것이었다. 소작인이나 지주의 작은 비율만이 투표를 하게 되었는데, 이 경우 대부분의 소작인들은 아마 관심의 부족에서라기보다도 지주들에 의한 보복을 두려워한 나머지, 투표를 삼가게 되었을 것이다. 그 결과, 선거는 여러 마을에서 취소되지 않을 수 없게 되었다. 그리하여 토지 소작법이 실패하게 되었던 이유는 그러한 법이 없었기 때문이 아니라 채택되었던 법들이 이행되지 않고 있었기 때문이다.

대부분의 소작인들이 문맹과 무식—이것들은 그들을 쉽게 지주들이나 그 대행자들의 제물로 되게 하고 있다—을 제외하고서도, 토지소작법은 많은 소유주들의 지주로서 뿐만 아니라 고리대부업자로서의 이중 역할에 의해 방해를 받고 있다. 소작인들이 지주에게 빚을 지고 있는 경우에 소작인들은 지주가 자기들의 권리를 침해하는 것을 감수하지 않을 수 없다.

다음으로 소작인은 작은 소유주인 소농들로부터의 지지를 얻지 못하고 있을 뿐만 아니라, 피고용노동자들—이들은 소작인에 대해 관심을 가질 하등의 이유가 없다—로부터의 지지도 얻지 못하고 있다. 소작인들 자신은 너무나 이질적으로 되어 있고, 남아시아의 약간의 지역에 있어서는 카오스트 차별로 너무나 분열되어 있으므로, 위법행위에 대해 집단적으로 항의한다고 하는 것은 불가능하다.

소작인은 지주에게 경외와 존경을 갖고 대하고, 지주가 법을 어기고 있을 때에도 그에게 반대할 만한 정신적 용기를 갖고 있지 않다. 이들 법을 관리하고 있는 관리는 지주를 한층 더 존경하는 일이 너무나 많기 때문에 애써 지주의 비위를 건드리지 않도록 하고 있다.

협동조합은 세계의 많은 지역에서 농부들이 토양과 기후 및 시장과 싸우는데 대한 강력한 무기가 되었다. 그와 같은 기관을 통해서 농부들은 그들이 필요한 종자와 비료를 대량으로 구매할 수 있거나 수확기에는 서로 도움을 주고 받을 수가 있고, 그리고 협동적인 노력을 통해서 자기들의 생산물을 보다 유리한 가격으로 시장에 출하할 수 있다.

불행하게도, 각종 협동조합을 마련하고자 하는 기도가 남아시아에 있어서는 거의 성과를 거두지 못하고 있었는데, 그 주된 이유의 하나는 이 지역의 아주 많은 지방에 있어서의 기본적인 사회적 불평등에 있다.

지역 협동계획은 혁명적인 것이고, 또한 그 자체만으로도 마을에 있어서의 보다 큰 평등을 가져오게 하는 모든 조건을 창조하게 되는 것 같이 그것이 종종 제시되고 있었다. 불행하게도 이것은 하나의 환상이 아닐 수 없다.

 토지개혁과 소작법은 적어도 그 의도에 있어서는 재산권이나 경제적 의무에 있어서의 근본적이 변화를 낳게 하는 방책이 되어 있음에도, 협동형 접근방법은 불평등한 현 권력구조에 대해서 정면적인 공격을 가하지 못하고 있다. 참으로 그것은 그 구조를 건드리지 않고, 모든 조건을 개선하는 것을 목적으로 하고 있고, 또한 그것은 실제로 평등문제에 관한 기회를 나타내고 있다.

 만약 일반적인 경우에 있어 그러한 바와 같이, 마을의 보다 높은 계층만이 협동기관에 의해 제공되는 편익을 이용할 수 있고, 또한 마을의 개발을 위해 주어지는 정부 조성금으로부터 이익을 얻을 수 있다고 한다면, 숨김없는 효과는 불평등을 줄게 하는 것이 아니라 늘게 하는 것이 될 것이다. 이것은 선언된 목적이 불리한 계층을 돕는 데 있다고 하더라도 들어맞을 것이다.

 협동운동과 마찬가지로, 남아시아국이 촉진하고자 기도해 왔던 지역사회개발 계획은 평등의 이상에 의해 활발하게 되었고, 이에 대한 역점은 마을 계급제도에 있어서의 비교적 낮은 계층의 필요와 이해에 두어지게 되었다. 그렇지만, 사업이 추진되어감에 따라 특히 인도에 있어서는 마을의 부유층뿐만 아니라 부유한 마을과 지구에 유리한 경향이 나타나게 되었다.

 독립 후에 시작되었던 사회개발계획이 그 지역 도처에서

대중의 지위 향상을 가져오게 할 것이라고 하는 희망은 흐려지고 말았다. 이 계획에 대해 대중들이 초기에 가지고 있었던 지지는 대부분이 시들고 말았다. 특히, 노동계획—이것은 결코 강제적인 것은 아니었다—에의 자발적인 참가는 인도에 있어서는 확실히 떨어지게 되었던 것으로 보인다.

지역사회개발은 이미 하류계층의 자조노력을 돕기 위한 수단으로는 생각될 수 없다. 그것은 실제로 정부의 원조가 그렇게 가난하지 않은 자에게 전달하기 위한 방책이 되기에 이르렀다. 지역사회개발은 토지법이나 소작법, 그리고 이들 법의 시행에 있어서의 허점에 골치를 앓고 있지는 하지만, 그것은 그 자체가 이들 개혁노력—이것들은 본래부터 인도에서 생각되고 있었던 것이다—의 길을 가로막는 장해물을 증대시키게 되었다.

농업확장운동은 자작농 겸 지주그룹이 중개자의 배제에 의해 강화되었을 순간에 힘찬 출발을 하게 되었다. 적어도 이 그룹에 속하는 약간의 멤버들은 농업의 근대화에 의해 돈을 벌 수 있다고 하는 것, 더욱이 풍부한 원조가 이러한 목적을 위해 정부로부터 얻어질 수 있다고 하는 것을 알게 되었다. 그러한 교훈에 마음을 사로잡힌 뒤로는 자작농 겸 지주는 자기들의 토지가 비교적 가난한 마을 사람들을 위해 나누어지게 되는 것에 전처럼 동의할 마음이 내키지 않고 있다.

협동산업—이것은 지역사회개발에 대한 보다 복잡한 참여방식이다—이 몇몇 남아시아의 나라들에 있어서 시도되었다. 얼핏 보아서도, 협동농업 계획은 인도와 같은 나라에 있어서는 그것을 권장하기에 알맞은 많은 것을 가지고 있는 것으로 보이게 될 것이다. 협동농업협정을 가진다면 소규모적이고, 단편적인 소유지를 토양관리나 토지이용에 관한 합리적인 모든 원칙이 한층 쉽게 적용될 수 있는 효과적인 단위로 병합 정리하는 것이 가능하게 될 것이다. 동시에, 비교적 대규모적인 농경 면적은 생산고를 재고시키는 모든 기술―이를 테면, 관개 및 개량된 종자나 비료의 사용과 같은―의 도입이나 합리적인 적용을 위한 한층 밝은 전망과 역축(役畜)·트랙터·도구 및 기계의 경제적 이용을 위한 한층 밝은 전망을 주게 된다.

요컨대, 협동농업은 남아시아의 농업구조의 전제도적 원형을 변화시킬 수 있고, 또한 능률, 생산성 향상 및 보다 완전한 노동력 이용에 대한 오랜 장애를 극복할 수 있는 것으로 종종 생각되고 있다. 협동농업에 대한 기도가 얼마간 대규모적으로 이루어지게 되었던 것은 오직 인도에서 뿐이다. 그러나 인도의 마을은 현재와 같은 상태로서는 사회적 조화의 형태가 발전하는데 필요하게 되는 유리한 환경을 조성하지 못하고 있다.

인도의 협동농업이 일반적으로 성공을 거두지 못하게 되었던 기본적인 요인은, 토지소유 구조를 개혁하는데 실패한 데에 있었다. 협동을 위한 노력은 여태까지는 현상에 있어서의 어떠한 변화도 사실상 낳지 못하고 있었다. 인도에 있어서는 부재지주들마저도 협동농업이라는 착상을 지지하고 있다. 왜냐하면, 토지에 대한 개인 소유권은 유지되고, 또한 그들은 정부의 특혜나 원조가 제공하는 것으로부터 이익을 얻게 되기 때문이다. 그러나 협동농업을 통해서 모든 문제가 해결될 수 있다고 하는 선입관으로부터 생겨나게 되는 가장 불행한 결과는 아마도 그에 대한 주의가 기본적인 구조개혁이라는 어려운 문제로부터 벗어나 있다고 하는 데 있을 것이다.

최근 15년간 남아시아 지역의 농업문제를 연구해 왔던 경제학자들은 그가 서구 출신이건 아시아 출신이건, 사실상 모두가 도로 및 교량, 관개시설 그리고 농촌의 하부구조를 개선하게 될 그 밖의 모든 요소를 건설하기 위해 노동력의 동원을 요구하고 있었다. 이러한 투자활동은 필요하게 되는 노동력을 보충하기 위한 추가적 자원을 거의 필요로 하지 않는다는 것이 지적되었다. 그러나 이러한 활동은 모두가 집단적 행동을 전제로 하고 있고, 또한 저이용상태에 있는 노동력을 조직하고자 하는 모든 노력은 남아시아의 모든 지방에 있어서 실패에 가까운 것이었다.

자기들 자신의 직접적인 이익이 되지 않을 때, 대중들을 일하도록 설득시키는 것은 사실상 불가능하다는 것이 판명되기에 이르렀다. 이를테면, 인도에 있어서의 토지 없는 노동자들이나 소작농들은 그들의 이익이 토지를 가지고 있는 보다 높은 계층에 돌아가게 될 개선을 위해 모보수로 일할 하등의 이유가 없는 것이다.

이러한 자동계획을 추진하기 위해서 고위층에 보다 큰 통솔력이 있어야 하고, 중간 지도층에 보다 큰 규율이 있어야 한다고 하는 외침은 누구나 종종 듣는 바이다. 저이용상태에 있는 노동력을 동원할 수 있는 가능성은 공산체제하에서보다도 민주주의에 있어서 보다도 제한을 받게 된다고 하는 것이 더욱 자주 내세워지고 있는 설명이다. 이러한 언급은 때때로 향수를 띠게 됨으로써, 설령 성과가 적다고 하더라도 강권은 발동하지 않겠다는 것이 자랑스럽게 말해지는 수가 더욱 많다. 그렇지만, 일반적으로 남아시아의 대부분의 나라에 있어서는, 그리고 확실히 인도에 있어서는 서방국에 있어서 보다도 대중들을 일깨워 집단적 노력을 하게 하는 경우, 공산제도가 한층 더 강제에 의존하게 된다고 하는 것을 보다 쉽게 인정하는 경향이 있다. 공산주의는 또한 급진적인 평등화나 강력한 교육과 선전, 그리고 열성분자에 의해 수행되는 조직적 공작에 의존하고 있다고 생각되고 있다.

  남아시아에 대해서 한층 명백한 곤란은 조직자들의 부족이다. 애로는 지방 수준에서 작업을 감독하고 지휘할 수 있는 유능하고 기술적으로 잘 훈련된 인재의 부족에 의하는 바가 적지 않다. 때때로 군대가 최후적으로 의지할 곳으로 내세워지고 있다. 참으로, 중국뿐만 아니라 파키스탄에 대한 방위를 위해 대군을 유지하지 않을 수 없는 인도의 경우, 공공사업에 필요하게 되는 다소의 훈련을 마련한다고 하는 것은 아주 가능할 것이다.

  인도네시아에 있어서는 군대가 공공사업에 있어서 농민들을 조직하고 원조하기 위해 그 대민활동 계획을 이용하고 있었다. 그러나 설령 군대나 이들 군대가 훈련하게 되었던 인재들이 공공사업을 감독하는 데 돌려진다 하더라도, 그들은 농촌 지위 향상에 관심을 가지고 있는 모든 사람들이 부딪치고 있는 것과 마찬가지의 곤란—주나 국가와 마찬가지로 촌락도 불평등한 농업구조에 전통적으로 되어 있는 격차에 의해 심하게 분열되고 있다고 하는 기본적인 사실—에 직면하게 될 것이다.

남아시아의 농업을 향상시키고자 하는 전후의 노력에 있어서 실망을 자아내게 하는 것을 일일이 열거한다면 한이 없다. 전후에 취해진 모든 정책에서 생긴 두드러진 결과의 하나만을 든다면, 아마도 마을에 있어서의 상류계층의 강화와 이에 따르는 농촌사회의 하류계층에 속하는 소작인이나 토지 없는 노동자의 지위의 저하일 것이다. 이러한 사실의 핵심에는 이 지역의 도처에서 보게 되는 경제적·사회적 불평등의 영구화와 부조리한 지위의 선점이 있다.

전후의 사태는 이 같은 추세를 더듬어왔거니와, 이러한 추세가 갖는 정치적 영향은 지대하다. 그 결과, 농업구조의 철저한 재편성을 위한 호기가 지나가고 말았음은 명백하기 때문이다. 철저한 개혁은 해방 직후기의 혁명적 분위기 속에서 아마 이루어질 수 있었을 것이다. 그러나 재산권이나 소작권에 있어서의 근본적인 개혁에 대한 동의는 당시는 얻어질 수 있었다 하더라도 현재는 불가능하다. 이루어지게 되었던 단편적인 모든 개혁은 농촌 상류계층—현정부들은 결정적인 지지에 의존하고 있다—의 정치적·사회적·경제적 지위를 떠받쳐주고 있었다.

일한다는 것, 그리고 소득을 벌어들인다고 하는 것이 지위를 위태롭게 하고 있는 한, 토지를 소유하는 것과 생산적 노동으로부터 부분적으로나 혹은 완전하게 도피하는 것은 소득을 향상시키게 되는 반면, 총생산고는 그 가능성보다도 상당히 아래에서 멈추게 된다.

다른 한편, 만약 불평등을 줄이고자 하는 조치가 일하는 것에 대한 방해물을 제거하는데 성공할 수 있다고 한다면, 총노동력 이용과 총생산은 동시에 증가하게 될 것이다. 서방국의 사정(적어도 그것이 그러하다고 생각되고 있는 것)과 달라서 남아시아의 경우는 사회적·경제적 불평의 증진은 생산에 있어서의 상당히 장기적인 증대를 이룩하기 위한 선행조건이 된다고 하는 경우에 해당하고 있는 것이다.

그와 같은 정책 접근이 성과를 거두기란 결코 쉬운 일이 아닐 것이다. 왜냐하면, 그것은 수많은 보완적인 조건들에 의존하고 있기 때문이다. 그러나 적어도 다음과 같은 사실은 말할 수 있다. 즉, 불평등에 관한 문제를 무시하는 농업개혁 정책이 주요한, 그리고 특히 지속적인 성과를 얻게 될 것 같지는 않다고 하는 것은 말할 수 있다.

이러한 사실을 간과하고 있다는 것은 아마도 지금껏 남아시아의 모든 정부가 추진해 왔던 제도적 개혁을 위한 노력의 가장 중대한 결점이 될 것이다. 문서상으로 평등에 관한 문제를 다루고 있는 것처럼 보였던 모든 법안—이를테면, 협동조합법이나 지역사회개발법—마저도 실제로는 그것과 맞붙어 싸우지 않고 있다.

남아시아의 농업을 향상시키게 될 택일적인 방법에 관한 많은 논의에 있어서 토지 재분배는 단지 그것이 비경제적인 작은 소유를 낳게 하고, 또 현재의 대단위 경작에서 생기는 능률을 희생시키게 될 뿐이라고 하는 이유에서 일찍부터 제외되고 있다.

남아시아에 있어서는 소유단위와 경작단위 간에 엄청난 차이가 있다고 하는 것을 명심하지 않으면 안 된다. 남아시아에 있어서의 농장은 북아메리카나 혹은 유럽에서 보게 되는 경작 단위와 유사점을 가지고 있지 않다. 남아시아의 농장은 경영자를 위한 주택과 정원, 그리고 수확물을 저장하거나 가축 및 기계를 보존하기 위한 일단의 건물로 구성된 경제단위는 아니다. 경작단위는 다만 헐벗은 땅조각이거나, 혹은 보다 많이 흩어진 작은 조각에 지나지 않고, 아마도 우물 혹은 때로는 얼마간의 단구(段丘)와 배수로 또는 관개수로를 제외하고는 아무런 고정 투자도 갖지 않고 있다.

노동력 이용이라는 관점에서 급진적인 토지 재분배는 강력히 권장할 만한 가치가 있다. 그것은 불평등을 가진 전통적인 사회형태 속에서 오랫동안 깃들어 있었던 노동에 대한 장애물을 배제하는 것에 의해 농촌 노동자의 심리나 태도에 중요한 변화를 일으키게 하는 토대를 마련하는 희망을 안겨주고 있다.

급진적인 토지 재분배는 자기의 명의로 토지를 획득한 자들을 고무시켜서, 보다 부지런히 일하게 하고, 또 농한기에도 산출고를 제고시키는 개선을 위해 이용하게 할 것이다. 특히 그것은 현행 소작제도가 갖는 감수(減收)를 낳게 하는 악영향을 배제하게 될 것이다. 한편, 그와 같은 재분배에 의해 자기들의 소유지가 줄어들게 된 경작 농민들은 적어도 자기들이 잃게 된 소득의 일부분을 보충하기 위해 더욱 열심히 일하게 될 것이다.

토지 재분배는 그들의 경험 부족이 감수(減收)를 가져오게 할는지도 모르는 새로운 소유자들을 낳게 할 것이라고 하는 것도 또한 주장되고 있었다. 그러나 병작농 및 그 밖의 소작농, 그리고 토지 없는 노동자, 즉 재분배에 의해 가장 많은 이익을 얻게 될 그룹은 경험이 많은 경작자들이다. 비록 새로운 소유자들이 그들이 대신하게 된 경작자들보다도 자격이 부족한 경작자들이라 할지라도, 이들 편에서의 보다 많은 노동 투입은 그들의 열등한 자격에서 생기는 어떠한 부정적인 효과도 상쇄하고 남음이 있을 것이다.

우리들이 앞에서 지적했던 바와 같이, 잘 알려져 있거나 노동자 수의 확장에 의해 추진될 수 있는 전통적인 방법만으로서도 농업의 집약화가 이루어지게 될 여지는 아직도 충분히 남아 있다. 이들 노동자는 자기들이 경작하고 있는 토지를 소유하게 되는 경우에 한층 효과적인 반응을 나타내게 되는 것이다. 새로운 지주들은 자본, 특히 강력한 자본을 가지고 있지 않을 것이라고 하는 주장도 또한 근거가 없다. 이것은 필요하게 되는 장비의 공동이용에 의해서, 그리고 신용을 포함하는 순수한 협동에 의해서 극복될 수 있을 것이고, 협동은 보다 평등한 사회적·경제적 구조에 있어서 한층 쉽게 이루어질 수 있는 것이다.

철저한 토지 재분배는 확실히 농업 진보에 대한 모든 장애물을 제거하지는 못할 것이다. 많은 부분이 기술개량이나 노동력의 보다 효과적인 이용을 통해서 이루어지지 않으면 안 될 것이다. 그러나 토지 재분배는 이러한 새 기틀에 보다 쉽게 동화할 수 있는 풍토를 마련하게 될 것이다. 이것은 또한 협동운동에 관해서도 들어맞는 것이다. 협동농업도 만약 그것이 보다 순수하게 협동적으로 될 수 있다면, 성공할 수 있는 보다 많은 기회를 갖게 될 것이다. 그러나 보다 긴 안목에서 본다면, 고려되어야 할 또 하나의 보다 큰 문제가 여전히 남아 있다. 보호조치가 없다면, 토지 재분배를 남아시아의 농업문제에 대한 만족스러운 장기적인 해결책으로 본다고 하는 것은 그릇된 생각이 될 것이다.

실제 경작자들에게 옮겨진 소유권은 현재 활기를 띠고 있는 동일한 힘에 의해 똑같이 쉽게 침해당하게 될 것이다. 마찬가지로, 영구적인 개선이 되기 위해서 철저한 토지 재분배는 철저한 고리대부업자들에 대한 밀린 채무의 정리와 이들로부터의 새로운 차용의 금지, 그리고 토지의 저당과 매매를 금지하는 입법에 의해 보완되지 않으면 안 될 것이다. 게다가, 장차의 세분화 내지 분할을 막고 또 토지의 매매를 금지하는 것을 목적으로 하는 입법은 농업에 있어서의 노동력의 증대로부터 오는 압력 때문에 실패하게 되는지 모른다.

이리하여 토지소작 형태를 개혁하기 위해 철저한 토지 재분배가 이루어진다 하더라도, 그것은 기껏해야 그 충격적인 효과를 통해 불평등을 갖는 현제도하에 존재하고 있는 보다 집약적인 노동력 이용에 대한 장애물을 제거하기 위해서 또다시 실시할만한 가치가 없는 개혁으로 생각되기가 고작일 것이다.

경작자들에 대한 토지의 철저한 재분배가 정치적으로 비현실적일 뿐만 아니라 실제적인 결함으로 방해를 받게 된다면, 토지 소유권의 국유화가 보다 유리한 대안이 될 것으로 보인다. 국유화가 이루어지게 되면 소유에 따르는 세분화나 분할의 문제는 극복될 수 있고, 합리적인 토지이용과 계획의 도입도 가능하게 되며, 또한 관개의 기술적 가능성도 보다 효과적으로 이용될 수 있을 것이다. 그러나 급진적인 토지의 병합을 선택하려는 생각은 그 자체도 흥미 있는 생각이기는 하지만, 정치적으로는 실현이 불가능하다. 그와 같은 정책은 오직 공산혁명 후에만 이루어질 수 있을 것이다. 그리고 남아시아에 있어서의 성과는 소련이나 중국에서 나타나게 되었던 성과보다도 한층 흡족하지 못하게 될 것이다. 소련이나 중국에 있어서는 공산 정부가 권력을 잡게 되고, 토지를 병합함에 앞서 상당한 조직 기간과 준비기간을 가졌기 때문이다. 그러나 공산주의는 이론적으로도 남아시아 농업이 부딪치고 있는 곤란에 대해 적절한 대책을 제시할 것 같이는 생각되지 않는다.

우리들은 모든 관점에서 이상으로 생각될 수 있는 어떠한 계획이 꾸며질 수 있다고 하는 데에 대해서는 큰 의문을 품고 있다. 그렇지만 우리들은 현재 취해지고 있는 농업정책에 대한 접근방법과 가장 현저하게 논의되었던 택일적인 과정이 그처럼 초미의 급무로 되고 있는 변화의 형태를 낳게 할 것 같지는 않다는 결론을 얻는 것으로 만족하는 바이다. 상당한 망설임을 가지고 우리들은 농업정책에 대한 새로운 접근방법이 유익하게 고려될 수 있는 시험적인 구조를 제시하기로 한다. 우리들은 우선 인도와 같은 나라를 생각하고 있는 것이다.

현재까지 농업정책은 세태 속에서 가장 나쁜 두 가지를 추구해 왔다. 즉, 평등은 사실상 추진되지 않고, 그 결과 대중들은 용기를 잃게 되거나 냉소적으로 되기에 이르고 한편, 능률은 충분하게 인정을 받거나 보수를 받지 못하는 세태를 추구해 왔다.

이러한 사정에 있어서도 첫째의 결론은 정부가 명확한 정책을 내세워야 하고, 또 그 정책이 참으로 실시되도록 주선해야 한다고 하는 것이다. 둘째의 결론은 다음과 같다. 즉, 급진적인 토지개혁이건 또는 어떤 상당히 효과적인 토지개혁이건, 그 문제에 대한 정치적 의사도 또한 행정적 재원도 없는 것이므로, 진보적인 경작자에게 그의 기업이나 노동의 충분한 보수를 얻게 놓아두거나 장려하는 것에 의해 자본주의적 농업에 유리하게 신중한 정책선택을 하는 것이 바람직하다 할 것이며, 한편, 평등과 제도적 개혁이라는 기본적인 문제는 다른 각도에서 그리고 다른 정책수단에 의해 접근되어야 한다고 하는 결론으로 된다.

자본주의적 노선에 따라 농업의 발전을 지원하는 정책은 자유방임정책과 확연하게 구별되지 않으면 안 된다. 참으로 그것은 현상의 주요한 전환을 요구하고 있다. 우리들이 다른 곳에서 논증했던 바와 같이, 남아시아에 있어서의 토착적인 농업 관행은 자본주의의 가장 불리한 특징과 경제 조직의 봉건적 유형을 결합한 반자본주의적 형태의 전형으로 되어 있다.

무엇보다도 순수한 자본주의적 발전 노선은 농업부문의 잉여를 줄어들게 하지만 생산적 활동에는 하등 기여하지 않고 있는 사람들 측에 있어서의 피동적이고 기생적인 토지 소유를 허용할 까닭이 없으며, 소작은 폐기되지 않으면 안 될 것이다. 또 부재지주의 소유권의 남용을 배제한다고 하는 것은 쉽지 않을 것이며, 그 문제에 관해서는 경작자임을 자처하고 있지만, 실제로는 경작자가 아닌 사람들 측에 있어서의 거주자임을 자처하고 있지만, 실제로는 경작자가 아닌 사람들 측에 있어서의 거주자 소유권이나 다름이 없을 것이다. 그러나 비농지주들의 소득에 대해서 엄한 벌과금을 부과하는 조세제도를 통해서, 그리고 비농비거주자에 대한 장차의 소유권의 이전을 금지하는 법을 통해서 많은 것이 이루어질 수 있을 것이다.

　마지막 형태의 법은 많은 민주주의 국가에서도 존재하고 있으며, 비록 유해한 부재지주제도는 아주 조금 밖에 남아 있지 않지만, 스웨덴은 그러한 민주주의 국가의 하나이다. 우리들이 마음에 구상하고 있는 개혁은 어느 누구로부터 아무 것도 빼앗지 않을 것이지만, 그러나 경작자가 되려고 하는 마음을 갖지 않은 사람들에 의한 토지의 취득은 무효가 되게 할 것이며, 특히 도시 거주자에 의한 토지 취득을 금지하게 될 것이다.

　사회적·경제적 혁명 및 경작자 기전(其田)이라는 전통적인 유형에 따르는 수많은 급진적인 선언이 있었음에도 그와 같은 직선적이고 실제적인 노선에 따르는 계획의 필요성이 크게는 감소되지 않고 있었다고 하는 사실은 참으로 남아시아국에 있어서의 권력상황을 나타내는 동시에 이데올로기를 형성하는데 있어서의 권력 상황을 반영하고 있는 것이다.

　실사과정에 있어서 상당한 완화가 불가피하다고 하는 사실에 관해서 우리들은 조금도 의심을 갖지 않고 있는 바이지만, 그러나 그와 같은 접근방법은 전후 몇 해 동안에 추진되고 있었던 모든 정책보다도 그 방법을 권고할 많은 이유를 역시 갖고 있었을 것이다. 대체로 농지개혁에 관한 전후의 정책은 기본적인 기준으로서 농지 소유의 규모를 사용해 왔다. 그러나 우리들은 이것을 대신하는 것으로서 토지의 기능적인 사용을 기준으로 할 것을 제의하는 바이다.

대규모적 소유는 만약 그것이 능률이나 생산성에 있어서 순수한 이익을 주게 된다면 그 자체가 죄악으로 생각되어서는 안 될 것이다. 능률이라든가 순수한 노동 참가라는 기능적인 기준이 소유 규모라는 정태적인 기준보다도 훨씬 바람직한 것으로 될 것이다.

서방국에서 점차 발전해 온 자본주의적 관행의 통제적이고 제한적인 양식을 모방하고자 하는 성실한 기도—설령 이것이 불완전하게 밖에는 실시되지 않는다 하더라도—는 현재 널리 이루어지고 있는 정책이나 관행보다는 얼마간 많은 이익을 주게 될 것이다. 그것은 적어도, 현실과는 거리가 멀 뿐만 아니라 '가진 자들' 간에다 불안정을 자아내게 하고, 또 실현을 보지 못하게 될 때 '갖지 못한 자들' 간에다 쓰디쓴 환멸을 일으키게 하는 기대를 자아내게 할 사회주의적 양식이라는 기만적인 허울을 벗김으로써 한층 일관된 방향으로 생각을 이끌게 될 것이다.

우리들이 주장해 왔던 바와 같이, 농업생산의 집약화라는 목표와 보다 많은 노동 투입에 열중하는 것 간에는 필연적인 대립이 있는 것이 아니다. 그럼에도 불구하고, 그와 같은 경합은 어떤 경우에 있어서는—이를테면, 기계화 과정의 무제한적 도입에 있어서는—일어날 수도 있다고 하는 것을 인식하지 않으면 안 된다. 그러나 만약 기계화가 불리한 노동 대체적인 효과를 가지게 될 우려가 있다고 한다면, 기계의 사용은 단호한 정부 통제에 의해 저지될 수 있을 것이다.

생산의 순수한 자본주의 제도의 발전은 '현상'의 유지를 의미하는 것이 아니고, 도리어 철저한 토지개혁—이것은 우리들이 지적해 왔던 바와 같이 보통 논의되는 계획과는 다른 종류의 것이다—으로서 인식되지 않으면 안 된다. 토지개혁은 지주들의 순수한 농업 기업가로 된다고 하는 의미에 있어서, 경작자가 되게 하는 방식으로 계획되지 않으면 안 된다. 특히 그와 같은 정책은 소작제도의 점진적인 폐지를 지향하지 않으면 안 된다.

반대의 관점에서 본다면, 농업 노동자들이 자본가적 농업제도에 있어서 상당한 지위를 얻게 되어야 할 것이다. 의심할 나위도 없이, 남아시아에 있어서의 장기적인 농업 발전은 근면한 근육노동, 그리고 특히 임금 노동자로서의 노동에 대한 전통적인 혐오가 경제제도나 사람들의 마음으로부터 제거되지 않는다면 실현될 수 없다. 뿐만 아니라, 이러한 형태의 토지개혁을 실시하는 데 있어서는, 지주 측에다 순수한 기업가 정신을 일으키게 할 자극을 주는 것과 마찬가지로 농업 노동자를 보호하는 조치를 강구하는 것이 중요하다. 그와 같은 조치를 통해서 이 농업제도는 점진적으로 후생 자본주의의 특징을 얻을 수 있을 것이다.

이 계획에 있어서의 높은 우선순위는 토지 없는 하류계층의 구성원들에게 작은 조각의 토지—그리고 토지와 함께 소득의 자그마한 독립적 원천은 물론이거니와 위신과 새로운 생활관—를 주고자 하는 프로그램에 따르지 않으면 안 될 것이다.

이 지역의 가장 인구가 조밀한 나라들에 있어서도, 토지 없는 자에게 적어도 현재 경작되지 않는 황무지인 작은 땅덩어리를 준다고 하는 것은 가능할 것이다. 어느 경우, 토지는 현재 소유되고 있는 토지의 근처의 토지 없는 자에게 이용이 가능할 것이다. 현존 경지 소유 형태는 심하게 교란을 받지 않게 될 것이다. 밀집된 지역에 있어서는 다소 인구의 재배치가 필요하게 될 것이다.

이러한 노선에 따라 입안되는 온건한 재분배계획—이것은 일반적으로 논의되고 있고, 또 어느 정도 법으로 제정되고 있는 토지개혁보다는 훨씬 덜 급진적이다—이 그 자체를 권고하게 되는 데에는 다음과 같은 두 가지의 중대한 사유가 있을 것이다. 첫째로, 그것은 토지 없는 자들에게 현물로서의 적당한 소득을 올리게 해 줌으로써 농업구조 내에서 그들에게 다소나마 사회적 안정을 주고자 하는 데 있을 것이고, 둘째로, 더욱 중요한 것은 지위와 위신이라는 제도적이고 태도적 문제를 그 뿌리로부터 공략하고자 하는 데 있을 것이다. 그렇지만, 토지를 소유하고 사용하는 불가침적이고 무제한적인 권리를 토지 없는 개개인의 손에 넘겨준다고 하는 것은 제한된 재분배를 갖는 그와 같은 계획에 있어서는 불가피하게 될 것이다.

만약 인도의 프로그램에 있어서처럼 마을 협동조합이 그 계획의 중심 목적은 좌절될 것이다. 극히 제한된 토지 재분배는 혜택을 받지 못한 자들이 갖는 모든 문제를 바로 해결하지 못할 것이다. 그들은 여전히 그 밖의 원천—농업임금노동을 통해서나 시골에 있어서의 그 밖의 형태의 노동을 통한—으로부터 보충적 소득을 필요로 하게 될 것이다. 그렇지만, 노동자들은 그들이 현재 놓여 있는 것과는 다른 입장에서 계약을 하게 될 것이다. 그리고, 일단 지위가 향상되기만 한다면, 그들은 그들의 노동에 대해 한층 적극적인 태도를 훌륭하게 취하게 될 것이다.

어쨌든, 농업 산출고나 능률에 있어서의 장기적인 진보는 남아시아의 대중들이 임금노동은 진보적인 경제체제의 정상적이고 건전한 특징이 된다고 하는 사실을 받아들이는 조건 하에서만 오직 달성될 수 있을 것이다. 결국, 모든 저개발국에 있어서 주민의 대부분은 타인을 위해 일하는 것에 의해 그 소득의 대부분을 얻게 된다.

이러한 관점으로 미루어 남아시아의 대중들은 임금가득은 모욕적인 것도 아니고, 체면을 잃는 것도 아니라는 사실을 알지 않으면 안 된다. 그러나 이 교훈이 효과적으로 받아들여지기 위해서는, 현재 토지소유를 거부당하고 있는 사람들에게 토지를 주는 것에 의해 위신을 갖게 할 필요가 있을 것이다.

이 제안은 결국 남아시아국의 환경에 적합하고, 사실상 돈이 들지 않는 형태의 사회적 안정과 사회적 진보를 가져오게 하는 제도를 의미한다. 그것은 진보에 대한 기본적인 제도적이고 태도적 저해요인의 하나가 경감될 수 있고, 또 진보를 향한 진로가 더욱 명확하게 그려질 수 있는 어떠한 희망을 안겨주게 될 것이다.

만약 그것이 농업의 진보를 촉진하는 데 성공한다면, 그것은 농업에 있어서도 장래의 보다 질서 있는 노동조직—이것은 노동자들로 하여금 그들 자신의 이익을 더욱 잘 지키게 하고 증진케 할 것이다—을 위한 기초를 닦게 될 것이다. 소득 수준이 향상됨에 따라, 점차 서방국이나 공산국에서 발전하게 된 것이고 같은 근대적 형태의 사회적 안정이 다음으로 또한 실현 가능하게 되며, 또 효과적으로 가능하게 될 것이다.

우리들이 약술해 왔던 행동의 방향은 비록 남아시아에 있어서의 태도적이고 제도적 상황이 갖는 특이성에 알맞도록 특히 안출된 모든 정책과 결합해서라고는 하지만, 서방국에서 성공하게 되었던 농업 진보의 촉진방법을 선택적으로 적용하는 것을 요구하고 있다. 그것은 농업에 대한 수정된 형태의 후생자본주의를 의미하고 있다.

우리들이 제안하고 있는 것은 국가적으로 또는 국제연합에서 논의되고 있는 대부분의 개혁보다는 야심적인 것이 아니다. 그러나, 실제로 우리들의 제안은 남아시아에 있어서 지금껏 이루어졌던 어떠한 것보다도 훨씬 급진적인 것이 될 것이며, 또 농업에 있어서의 생산성을 제고시키고, 그리고 경제적이고 사회적 구조에 있어서의 평등과 가동성을 증대시키는 방향으로 움직이게 하는데 십중팔구 훨씬 효과적이 될 것이다.

정치적으로 이러한 노선에 따라 농업정책을 추진하게 될

전망은 결코 밝지 않다. 남아시아국에 있어서 가장 가능성이 있는 발전은 확실히 현재의 과정의 계속이다. 사회적·경제적 혁명이라는 깃발 아래에서 토지개혁기나 그 밖의 급진적인 성격을 띤 개혁이 논의될 것이며, 또한 때로는 어떠한 형태건 법으로 제정될 것이다. 그러나 개혁은 실제로 아주 조금밖에 이루어지지 않을 것이고, 심지어는 보다 큰 불평등이 정부 정책으로부터 뿐만 아니라 정부의 힘이 미치지 못하는 발전—이를테면, 노동력의 증대—으로부터 생겨나게 될 것이다. 토지 소유의 장래에 대한 불안정상태는 유지될 것이며, 이러한 사실은 그것만으로도 생산에 있어서의 개선을 억압하는 경향이 있을 것이다.

널리 퍼져 있는 급진적인 이데올로기적 허세가 갖는 적지 않은 해로운 영향은 그 허세가 실제로 이루어지지 않을 경우, 그것이 실천적으로 건전한 급진적 모든 정책에 관해서 실제로 생각하거나 토론하는 것을 방해하게 된다고 하는 것이다. 하지만, 그와 같은 모든 정책의 필요성은 크다. 왜냐하면, 이러한 모든 정책은 이 장이나 이 책의 그 밖의 여러 장에서도 우리들의 분석으로부터 명백하게 될 재앙을 피하기 위해서 필요하게 되어가고 있기 때문이다.

제18장 전통적 농업부문외에서의 노동력 이용

　남아시아 경제의 비농업부문은 농업부문과 마찬가지로 식민지시대에 의해 깊은 영향을 받게 되었다. 유럽인들은 그들과 함께 그들 특유 형태의 경공업과 수적으로 한층 많은 농산물 가공업을 가져오게 되었다. 이러한 공업들이 갖는 힘은 대단치 않은 것이었으나, 그것들은 전통적 도시 수공업에 대해 상당한 압력을 가하는 경향이 있었다.

　기계제품으로부터 새로운 경쟁이 있었을 뿐만 아니라, 전 식민지시대의 지배자들 밑에서 존속하고 있었던 국영 수공업에 대한 지원도 이러한 경쟁이 일어나고 있는 정도 만큼 감소했다. 비록 전통적 제조업의 지위는 그 결과 저하되었다고는 하지만, 그것은 사라지지 않았다. 전통적 제조업은 특히 고용노동자 수를 기준으로 한다면 아직도 남아시아의 제조공업에 있어서 훨씬 지배적인 형태로 되어 있다.

　이들 수공업은 최근 토착농업의 많은 특징을 갖게 되는 경향이 있었다. 현대 수공업자들은 그들의 선구자들과 마찬가지로 대개가 오직 조잡한 도구를 가지고 손으로 일하고 있다.

그리고 시장을 위해 생산하는 많은 수공업자들은 고리대부업자, 원료 공급자 및 그들의 생산물을 매매하는 중간 상인들의 손아귀에 들어가게 되는 수가 종종 있다.

많은 남아시아의 수공업자들은 가족 경영으로 되어 있다. 그들은 가족의 일손을 보충하기 위해 노동을 고용하는 수가 종종 있기는 하지만, 고용 노동자들은 보통 노동력의 작은 부분을 차지하고 있다. 많은 경우에 있어서 이들 노동자는 구내에서 침식을 하게 되며, 그들의 지위는 하인의 그것과 다를 바가 없다. 즉, 그들은 생산을 도울 뿐만 아니라 가사도 돕고 있다.

남아시아에서 현재 볼 수 있는 보다 고도로 조직된 형태의 공기업의 대부분은 처음부터 유럽인들이나 혹은 외국인들—예컨대, 중국인 사업가들이나 인도인 사업가들—에 의해 발기되고 자금이 조달되고 또 운영되었다. 보다 최근에는 이러한 활동의 대부분이 현지 주민이나 국민정부에 의해 접수되기에 이르렀고, 또 어떤 경우에는 남아시아인들 스스로가 상당히 복잡한 몇몇 기업들을 일으키고 있었다. 그러나 경제조직의 서구적 모든 형태는 설령 그것들이 부분적으로 차단되고 있었던 구식민지시대의 포령(包領) 속에서 확립되었던 것이라 하더라도, 현지의 사회적·제도적 환경의 영향으로부터 완전히 격리될 수는 없었다.

남아시아에 옮겨졌을 때, 서구적인 경제적 모든 제도나 모든 관행은 상당한 적응을 하지 않을 수 없게 되었고, 또한 이들 모든 제조나 관행이 남아시아에 있어서의 노동력 이용에 주게 되는 자극은 서구적 모든 조건하에서 그것들이 보통 주게 되는 자극과는 엄청나게 다른 수가 흔히 있다.

무엇보다도 유럽인들이 현지 노동력을 보충하고 유지하는 데 있어서 식민지시대에 가지게 되었던 곤란은 비상조치를 가져오게 했다. 외관은 다르지만 각종 강제가 임금 노동력을 동원하기 위해 종종 사용되었다. 임금이 너무나 저렴했기 때문에 사람들은 그들의 가족들을 마을에 남겨놓지 않을 수 없었다. 이것은 고용주에게 다소나마 임금의 절감을 가능하게 했을는지 모르지만, 그러나 그것은 매우 불안정한 노동력을 낳게 했다. 독립 이래로 많은 남아시아의 나라들은 이러한 환경을 개선하기 위해 법을 채택하게 되었다. 그러나 남아시아 도처에서는 법과 규칙 속에 규정된 조건과 실제로 존재하고 있는 조건 간에 큰 간격이 있다.

마구잡이로 선정된 어떤 공기업에 종사하는 대다수의 공업 고용자들의 생활상태를 무심코 보는 것만으로도, 현 수준의 주택과 보건 및 영양이 최소한의 능률에도 도움이 되지 못한다고 하는 것을 알기에 족할 것이다. 노동시간에 관한 정부의 법규가 효과적으로 지켜졌던 적이 있었는지도 또한 의문이다.

대충 말한다면, 남아시아에 있어서의 경영 관행도 또한 노동 능률의 제고에 도움이 되는 환경을 조성하지 못하고 있었다. 약간의 중요한 점에 있어서, 대기업가는 그가 유럽인이건 아시아인이건 간에 부재지주의 속성을 갖게 되는 경향이 있었다. 비록 이들 대기업가들은 대표적인 부재지주들보다는 그들의 지배하에 있는 기업에 투자할 마음을 더 가지고 있었기는 하지만, 그들도 역시 작업현장의 직접적인 감독은 거의 하지 않았다. 서구경제기구에 있어서는 경제 간부가 직접 하게 되어 있었던 많은 기능을 자주 중간 관리자들—이들에게는 광범위한 자유재량적 권한이 주어지고 있었다—에게 위임하고 있었다.

근대적 경제부문의 성장 가능성이나 확대 가능성에 대한 영향은 접어두고서도, 경영 관행의 이러한 패턴은 뚜렷하게 드러나는 것은 아니지만, 노동 능률에도 또한 영향을 주었다. 서구의 근대적 모든 상황에 있어서 노동조합 운동은 노동조건의 표준화의 증대를 위한 유력한 기구로서 생겨나게 되었다.

남아시아에 있어서 근대적 제조업 부문에 있어서의 노동조합운동은 그 약점만을 두드러지게 드러내고 있다. 이에는 수많은 상호의존적인 모든 요인이 있을 것이지만—이들 모든 요인 중에는 노동자들이 자기들의 고용주들로부터 경제적으로나 사회적으로 아주 멀리 떨어져 있고, 또 그처럼 많은 실업자가 있을 때 그들이 가지게 되는 계약상의 어려운 위치가 있다—그것은 부분적으로는 책임을 중간 관리자들이나 직장들에게 위임하는 경영 관행에 돌려지지 않으면 안 된다.

노동자들에 대해 권세가로 행세하게 됨으로써 이들 중간 관리자들은 높은 비율의 노동 생산고를 항구화시키는 데 이해관계를 가지고 있다. 중간 관리자의 전략적 위치는 또한 굳게 다져진 노동조합의 형성을 좌절시키게 된다. 왜냐하면, 중간 관리자 자신들—이들은 다른 환경에 있어서는 그들의 의심할 여지없는 재능을 노동조합을 조직하는 데 돌리게 되었을는지 모른다—은 현상유지에 기득권익을 가지고 있기 때문이다.

공업의 근대적 부문이나 조직적 부문에 있어서도 노동력 이용을 지배하고 있거나 노동의 이행에 영향을 주고 있는 힘은 선진경제체제에 현재 대표적으로 되어 있는 힘이나 서구의 분석 모델에서 전제로 하고 있는 힘과 엄청나게 다르다.

토착적인 경제제도의 기술이나 조직방식보다도 훨씬 더 고도로 조직된 자본주의적 기술이나 조직방식의 사용에도 불구하고, 근대적 부문은 보다 폭넓은 환경적 배경으로부터 벗어날 수 없다. 최근 대기업마저 포령 속에 존재하고 있음에도, 남아시아의 사회적·경제적 생활로부터 완전하게 스스로를 분리시킬 수 없는 것이다.

대부분의 남아시아국은 또한 농업부문 외에서, 그리고 대개가 도시지구에서 이루어지게 되는 경제활동의 제3그룹—이것은 때때로 비공식적으로 조직된 경제활동이라고 불리워지고 있다—을 가지고 있다. 이것은 오직 하나의 특성, 즉 보다 공식적으로 조직되어 있는 서구화된 생산단위에 있어서나 혹은 전통적으로 대개가 농촌적인 수공업에 있어서 보게 되는 특성과는 다른 일련의 특성을 공통적으로 갖는 광범위한 다른 종류의 활동을 포함하고 있다. 그렇지만, 이러한 경제활동의 대부분은 전통적인 패턴—이를테면, 생산조직의 중심단위로서 가족을 강조하는 것 같은—을 항구화시키는 경향이 있었다.

남아시아에 있어서는 서비스업에 종사하는 도시 노동력의 비율이 도시의 제조업에 종사하는 그것보다도 훨씬 큰 것으로 알려져 있다. 순회 도부장수나 순회장꾼이 우글거리게 되는 소매업 분야—이 분야가 동남아시아의 많은 지역에 있어 서처럼 외국인들에 의해 채워지는 경우에는 그것이 보다 훌륭하게 조직되기도 하지만—도 또 하나의 큰 부분을 형성하고 있다. 모든 이러한 직업이 갖는 특징은 노동투입이 낮고 불충분하다는 것이다.

대체로 말한다면, 전통적 농업부문 외에서의 경제활동의 대부분의 형태는 근대적 서구경제의 특징이 되어 있는 노동의 지속과 능률에 관한 제도적 검토가 부족하다. 비록 보다 고도로 조직된 기업이 전통적 제조업이나 도시 노동력의 대부분을 고용하고 있는 그 밖의 완만하게 조직된 기업보다도 노동 수행에 대해서 보다 많은 통제나 규제를 가할 수 있다고는 하지만, 그러한 노력이 효과를 나타내기에는 얕볼 수 없는 제약이 아직도 남아 있다.

대규모 제조공업에 있어서의 능률이 이를테면, 비참한 주택상태가 노동 능률이나 노동 생산고에 미치는 영향은 말할 나위도 없거니와, 일반적으로는 저수준의 영양과 건강에 의해 크게 감퇴되고 있다. 일반적으로 재배농장 종업원들의 건강상태는 보다 양호한 편이다. 그러나 그들의 사정은 그들이 효과적인 이동의 자유를 갖지 못하는 수가 많다고 하는 점에서 그 밖의 선진경제에 있어서 노동자들의 그것과는 근본적으로 다르다. 그들이 장기적인 계약에 의해 묶여져 있지 않은 경우에도, 그들의 대부분은 그 밖의 직업으로 옮길만한 자금이 없으므로 이국적 환경 속에 그대로 주저앉게 된다.

이 점에서, 실직이라는 장기적인 문제에 영향을 주게 될 남아시아에 있어서의 모든 힘과 서구에 있어서의 모든 힘 간의 근본적인 차이를 구별할 필요가 있을 것이다. 조직된 경영부문에 속하는 일자리로부터 해고된 남아시아인들은 '실업'이라는 사치스러운 말로 간단하게 처리될 수 없다.

실업 수당이 주어지고 있지 않은 사회에 있어서 마을로 돌아갈 수 없거나 우인과 친척의 자선으로 생계를 이어가는 사람들은 도시지구에 있는 수많은 다소 우연한 경제활동 속에서 해야 할 어떠한 일을 찾지 않으면 안 된다. 마찬가지로, 조직된 부문에 고용된 적이 없었던 노동력의 훨씬 많은 부분에 관해서도 같은 말을 할 수가 있다.

하지만, 장기간에 걸쳐서 비농업부문에서 직업을 얻을 수 있을 것이라는 가망이 가장 강력한 영향을 주게 됨으로써 도시인구 규모의 급증을 가져오게 하고 있다. 만약 이러한 추세가 도시에 있어서의 노동에 대한 수요증대에 의하는 것이라면, 노동자들은 간단하게 이들 새로운 직업에 알맞게 될 수 있을 것이다. 그러나 남아시아에 있어서 도시에로의 이주는 부분적으로 소농 토지소유의 감퇴와 전통적 농촌 수공업의 쇠퇴에 의해 일어나고 있었다.

또한 부분적으로, 그것은 농촌생활의 단조로움을 도피시키는 것으로서의 도시의 매력에 의해 자극을 받고 있었다. 남아시아의 계획 입안자들은 도시에로의 이 같은 이주가 계속될 것으로 생각하고 있었다. 그들 중의 약간은 산업혁명기에 서구에서 생겨나게 되었던 일들과 비교해서, 그것을 경제발전 과정의 불가피한 결과로 보고 있었다. 그러나 이러한 비교가 이루어질 수 있을 것인지는 매우 의심스럽다.

이 점은 만약 실업의 규모가 놀랄 만큼 늘어나지 않는다면, 새로운 취업 기회가 도시지구에서 마련됨에 틀림이 없을 것이라고 주장되고 있을 때의 공적 견해에서 부분적으로 인정되고 있다. 많은 조직적이고 상세한 연구가 이러한 이주의 원인과 결과를 밝히기 위해 절실히 필요하다. 불행하게도, 농촌으로부터 도시에로의 이주는 공업발전의 정상적이고 건전한 부산물이 된다고 추정하는 공적 태도는 그와 같은 연구에 대한 이상적인 풍토를 낳지 않고 있다.

하나의 중요한 점―노동의 지속에―있어서도, 총노동력 이용에 관한 분석은 전통적인 농업 내부에 있어서 보다도 그 외부에 있어서 한층 간단하게 되어 있다. 계절성은 농업에 있어서의 현행 노동양식에 아주 큰 영향을 미치고 있지만, 그것이 일반경제에 있어서 노동의 지속에 미치는 영향은 비교적 적다. 농업부문 외에서는 제도적 환경이 보다 많은 일관성을 가지고 있다.

점차 도시경제의 근대적·조직적 부분에 있어서의 일당 및 주당 노동시간 수는 표준화되거나 규제를 받고 있다. 그러나 서방국에 있어서의 상태와는 대조적으로, 노동자 자신들에 의한 조직적인 항의는 남아시아의 제조공업에 있어서의 노동시간을 단축시키거나 규제하기 위한 노력에 있어서 매우 조금 밖에 역할을 하지 못했다.

자발적인 노동 조직은 약하거나 비능률적이었고, 또한 노동조건이나 표준화를 위한 이니시어티브는 주로 정부에 의해 취해졌다. 그리고 관에 의한 규제도 급격히 늘어나고는 있었으나, 규칙의 시행은 매우 고르지 못했다.

　미조직부문에 있어서의 약간의 기업에 있어서는 노동시간이 분명히 길다. 이것은 많은 수공업 활동에 있어서도 마찬가지이다. 무거운 빚을 지고 있는 일이 많거나 경제적 곤궁에 몰려 직공들은 장시간에 걸쳐 일하게 되는 것으로 알려져 있으며, 그들의 하루의 노동시간 수는 오직 자연일의 시간표에 의해서만 제한을 받게 된다. 그럼에도, 본질적인 사실은 명명백백하다. 즉, 게으름을 피우는 경우가 많고, 또 열의와 숙련 및 근면―노동력은 그것이 일에 종사하고 있을 때 대체로 이러한 모든 특성을 가지고 일하게 된다―은 대체로 낮고 또 일반적으로 큰 향상을 보이지 않고 있다. 이것은 널리 알려진 사실이며, 또 실제로 남아시아인 자신들도 종종 이러한 사실에 관해 말하고 있다.

　남아시아에 있어서 경제적 활동을 제도적 배경에 미루어본다면, 조직된 부문에 있어서 마저도 저노동 능률이 존재하거나 존속하게 되는 근본적인 이유는 이해하기가 어렵지 않다. 대부분의 노동력은 지속적이고 부지런한 노동의 반복에 익숙하지 못하고 있으며, 그리고 경영은 기율을 바로잡는데 미온적인 수가 많다.

　실제로 능률을 향상시키게 되었던 엄격한 노동 기준은 취업 기회를 위협하게 되고, 따라서 반사회적인 것이라고 보통 생각되고 있다. 그리하여 고용주들은 게으르게 일하는 것은 그렇게 하지 않는다면 무방비로 남게 되거나 생활수단을 잃게 될 노동자들에 대해서 일종의 사회보장을 마련하게 된다고 하는 이유에서, 그것을 너그럽게 보아주고 있다. 그리고 임금이 낮은 수준에 머물러 있는 한, 고용주들은 그들이 노동력을 사용하는데 있어서 경제성을 찾거나 노동 수행의 높은 수준을 고집할 아무런 강력한 유인도 갖지 않게 된다.

노동조합—이것은 조건 개선을 위해 계약을 맺는데 있어서는 그렇게 효과적이 되지 못하고 있는 것이 보통이다—은 기존 관행이 개혁되는 것에 대해 항의하는 데 있어서는 아주 쉽게 활기를 띠게 된다. 이러한 태도는 남아시아국을 취약국가로 되게 하는 보다 일반적인 특징과 일치하고 있다.

서구에 있어서는 고용주들이 노동 수행의 효율을 높이고자 하는 보다 큰 유인을 가지고 있고, 이 때문에 고도로 기계화된 작업이 쉽게 달라질 수 없는 일정한 반복과 속도를 강요하게 되는 것이지만, 이것과 동일한 과정이 남아시아에 있어서는 일반적으로 동일한 결과를 가져오게 하지 않고 있다.

이 문제와 관련해서 비교할 때, 남아시아에 있어서는 노동자당 산출고가 서구에 있어서의 책임 생산량을 엄청나게 밑돌고 있는 것으로 보인다. 숙련이나 기술이 훈련을 통해서 발전하게 됨에 따라 속도차가 줄어드는 경향이 있을는지 모르지만, 동일한 기계가 남아시아국에 있어서는 보다 완만한 속도로 움직여지는 수가 종종 있다.

이러한 사태는 거의 놀랄 것이 못된다. 미숙한 노동자—특히 육체적으로 정상상태 이하에 있는 노동자—는 보다 발전한 나라들에 있어서의 그의 동료들과 비교하여 크게 불리하게 되어 있다.

몇몇 남아시아의 나라들에 있어서 노동을 기계로 대체하는 것에 관한 두려움이 일반적으로 심했었고, 그리고 공공정책에 영향을 주고 있었다. 인도에 있어서는 고급기술과 저급기술 간의 경쟁에서 생기는 노동의 배제를 최소로 줄이기 위한 조치가 정부에 의해 취해지게 되었다. 모든 계획 속에 책정된 기계화를 위한 투자의 대부분은 새로운 산업에 배당되고 있었는데, 이것은 기존 산업에서 보게 되는 생산성 증대 조치에 대한 저항을 무시하는 행동이다.

서구 산업사는 남아시아의 대부분의 지역에 있어서 노동력의 효과적인 이용을 저지하고 있는 특수한 모든 요인에 의해 복잡하게 되는 일은 결코 없었다. 카아스트적이고 종교적·인종적 계층화는 전통에 얽매인 마을에 있어서와 마찬가지로 도시지구에 있어서도 직업적 가동성에 인위적 브레이크를 걸고 있다.

고용주들은 이러한 편견에 적응하기 위해 때로는 노동 양식의 합리적인 조직을 보류하지 않을 수 없었다. 이러한 편견이 갖는 영향의 하나는 자유를 주지 않는다고 하는 데 있다. 고용주는 중대한 노동분쟁을 일으킬 것을 각오하지 않고서는 고용자에게 전통적인 사회에 있어서의 그의 위치보다도 높이 그를 끌어올리게 될 지위를 줄 수가 없다. 마찬가지로, 업무도 노동력에 관한 편견에 적응하지 않을 수 없을 것이다.

또 하나의 요인—노동자들의 직업적 분포상태—이 경제적으로 활동하고 있는 사람들에 의해 이루어지게 되는 생산성의 낮은 평균수준을 설명하는 데 이바지하고 있다. 서비스업이나 상업에 종사하고 있는 사람들의 수는 제조업에 종사하고 있는 사람들의 수에 비해서 극히 많다.

만원을 이룬 서비스업이나 상업에 있어서의 생산성은 일반적으로 낮다. 노동자들의 도시에로의 집중은 일반적으로 공원직을 잃게 된 숙련공들에 의해서보다도 도시에로의 새로운 전입자들에 의해 생겨나는 수가 가장 많다. 능률에 대한 또 하나의 저해요인은 정부에 의한 끊임없는 노동 수요에 있으며, 정부는 더욱 많은 고용자들, 특히 정부의 수요가 없다면 교육받은 실업자로 남게 될 사람들을 받아들이고 있다.

우리들은 이 장에서 하게 되었던 고찰을 통해서 또 다시 남아시아의 모든 조건과 서구에 있어서 대표적인 모든 조건 간의 대조를 알 수 있다. 남아시아의 경제구조의 근대적 부문에 있어서 마저도, 선진 경제제도의 환경과는 조화되지 않은 많은 것이 활개를 치고 있다. 실로 그 지역에 있어서 노동력의 이용을 지배하고 있는 힘은 전적으로 근대의 서구의 경험과는 거리가 멀다. 그러한 힘을 형성하고 또 그 힘에 의해 형성되는 제도나 태도에 있어서의 차이는 너무나 크기 때문에 고용에 대한 합리적인 접근방법에 토대를 두고 있고, 또한 제도적 구조는 자동적으로 노동 지속의 높고 표준화된 기준량에서 근면한 노동을 낳게 하는 경향이 있을 것이라고 하는 가정에 토대를 두고 있는 서방적인 개념상의 모든 계획은 이 지역의 기본적인 모든 현실과는 거리가 멀다.

이러한 제도적·태도적 대조는 다음으로 노동의 보수가 낮고, 따라서 안일뿐만 아니라 낭비가 조장되고 있는 남아시아의 경제적 환경이라는 배경에 비추어 이해되지 않으면 안 된다. 지나치게 단순화 한다는 위험이 없지는 않지만, 이 지역에 있어서의 노동력 이용은 그 근본적인 특질로서 회유와 강직의 기묘한 결합을 가지고 있다고 말할 수 있을 것이다. 한편으로 각종의 제도적 모든 압력은 한데 뭉쳐 노동 부담의 확산을 일으키게 하고 있고, 다른 한편으로 정통적인 구직자로 간주되는 집단의 구성원들을 제한하는 작용을 하고 있다. 동시에, 정상적으로 일하고 있는 사람들 측에서의 근면한 노력을 좌절시키는 많은 관행이 용인되고 있다. 이러한 힘의 순효과는 1인당 산출고의 성장을 억압하는 것이 된다.

모리스 친킨은 그의 저서「자유아시아의 개발」에서 이렇게 지적하고 있다.

"이들 모든 사회가 한층 더 유복하게 되고자 원한다면, 그들은 노동에 더욱 역점을 두어야 하며, 안일에 역점을 두어서는 안 된다. 수확이나 결혼을 위한 장기 귀향휴가에 의해 생겨나게 되는 공장 결근은 줄이지 않으면 안 된다. 더욱 부지런히 잡초를 뽑거나 밭갈이를 하지 않으면 안 되며, 나무그늘에 있는 침대 위에 눕거나 차집에서 잡담을 나누는 것도 줄이지 않으면 안 된다. 그리고 더욱 열심히 공부하되, 이론에 치중하지 말고, 현장 작업을 중시하지 않으면 안 될 것이다."

또 한사람의 서구 출신의 관찰자인 워이틴스키(Woytinsky)는 그의 저서「인도—각성하는 거인」에서 부분적으로 다음과 같이 말하고 있다.

"인도의 결함의 주요 근원은 인간적 요인에 있다. 즉, 국민에 있어서의 타고난 능력이나 기술적 숙련의 부족에 있는 것이 아니라, 창의와 자기들의 경제적 지위를 개선하는 데 대한 관심과 노동에 대한 존경심의 부족에 있다. 만약 미시간, 오하이오 및 펜실베니아에 있는 모든 공장들을 하룻밤 사이에 인도에 옮겨놓는 것이 가능하다 하더라도, 인도 국민의 경제적 태도를 변화시키지 않는다면, 이 나라는 10년 후에도 현재와 거의 마찬가지로 가난할 것이다. 한편, 만약 어떠한 마술에 의해 인도의 노동력을 형성하고 있는 1억 5천만의 고용주와 자영업자 및 고용자의 심리를 하룻밤 사이에 근대 공업국의 패턴에 따라 바꿔놓게 된다면, 인도는 20년 후에는 근대적 공장과 발전소 및 고속도로 등으로 온통 뒤덮이게 될 것이고, 인도의 1인당 소득은 국내 자본의 부족에도 불구하고 몇 배로 늘어나게 될 것이다.'

다시 모든 제도는 진공 속에 존재하는 것이 아니라 사회적 모든 제도에 의해 제한을 받게 되고, 또 굳어지게 된다고 하는 것을 깨달을 필요가 있다.

한 그룹의 구성원들, 즉 교육받은 자들은 노동시장에서 기인한 지위를 유지하고 있으며, 그들은 자신들을 노동시장의 독립된 이질적 부분으로서 유리되게 하고 있다. 그들은 대체로 가족이나 원조나 후원에 의지함으로써 수입을 얻을 직장이 없음에도 생활을 해나간다는 놀랄 만한 능력을 나타내고 있다. 교육받은 자들은 도시를 전전하면서 높을 정도의 지리적 이동성을 나타내고 있기는 하지만, 그들의 직무적 이동성은 보잘 것이 없다. 그들은 비근육노동을 찾고 있으며, 손을 더럽히는 노동을 받아들일 마음가짐이 없다.

초등학교를 졸업함으로써 어느 정도의 문자해득력을 얻는데 지나지 않거나, 중등학교를 졸업 전에 중퇴한 자들마저도, 흔히 자신들을 교육받은 자들로 생각해서 손을 가지고 일하는 직무를 외면하고 있다고 하는 것도 또한 잊어서는 안 될 것이다. 이들 교육 받은 실업자의 수는 독립 이래 꾸준히 늘어나고 있다. 인도에 있어서는 이들의 수가 1960년대 초기에 1백만 명이 넘는 것으로 추정되었다.

합리적인 계획와의 관점에서 본다면, 근육노동에 대한 이러한 태도가 개발에 대해 크게 해를 끼치게 될 것이라고 하는 것은 명백하다. 근대적 산업구조를 확립하고자 하는 기도는 서면으로서의 지시나 설계도에 따라 계산하고 일할 수 있는 숙련공의 부족에 의해 방해를 받고 있다.

서방국(그리고 동구 공산국)에 있어서의 보통의 노동자들은 대체로, 남아시아에서 교육받은 자라고 불리워지게 되는 자들의 대부분보다도 도리어 더 많은 교육을 받고 있다고 하는 점에 대해서 주의해야 할 것이다. 대학을 졸업한 기사마저도 사무직을 기대해서 기계와 육체적인 접촉을 가질 가능성이 있는 자리에 앉기를 싫어하는 경향은 개발에 대한 이러한 장애를 더욱 커지게 하고 있다. 이러한 인력의 저이용에 따르는 낭비는 비극적이다.

남아시아에 있어서의 교육받은 자들의 지위나 태도에 따르는 모든 문제는 경제적 낭비라는 비교적 간단한 문제를 훨씬 넘어서 확대되어가고 있다. 이 그룹은 대다수의 국민들로부터 또는 자국의 진정한 개발문제로부터 유리되고 있다고 하는 사실이 갖는 보다 넓은 사회적 중요성은 적어도 경제적 중요성 못지않게 중대하다. 이들 중에서 한층 성공한 자들은 관청이나 회사에 취직하게 되지만, 대민 접촉을 하게 될 때, 그들이 생존이라는 가혹한 현실로부터 유리되고 있는 사실은 그들이 개발과업에 기여할 수 있는 가능성을 최소로 하고 있다.

남아시아국을 방문한 적이 있는 사람은 누구나 유식 계급의 고위층간에 기묘한 허식적인 분위기가 감돌고 있다고 하는 것을 입증할 수 있다. 교육받은 취업자 및 실업자는 하류 계층에 이르러서는 국가 이익과의 일체감이 더욱 조금 밖에 없다.

점점 높아지는 교육받은 실업자를 노동사회에 통합시키는 방법에 관한 문제는 특히 인도·파키스탄·스리랑카 및 필리핀에 있어서 많은 관심을 일으키게 하고 있다. 그러나 실제 개혁을 위한 권고는 보통 교육받은 자들이 받아들이게 되리라고 생각되는 형태의 직업—즉, 근육노동을 필요로 하지 않는 직업—을 보다 많이 창출할 것을 권고하고 있다.

현재 널리 취해지고 있는 태도를 개혁하는데 필요하게 되는 힘은 전교육제도에 있어서와 마찬가지로 철저한 개혁을 요구하게 될 것이며, 그리고 그 교육제도는 남아시아국의 사회적 구조 속에 깊이 뿌리를 박고 있는 것이다. 개혁실천가는 그 노력을 학교 교육을 확대시키거나 교육의 방향을 돌리게 하는 것에 의해 상류 계층이 갖고 있는 교육의 독점을 타파하는데 집중하지 않으면 안 된다.

제19장 공업화 문제

　남아시아의 도처에는 공업화를 요구하는 외침이 있다. 지식 있는 엘리트들이 자기들의 나라는 저개발상태에 있다고 말하는 것은 너무나도 조금 밖에 공업을 가지고 있지 않다고 하는 것을 나타낸다. 그리하여 남아시아국의 대변인들은 자주 전산업화 혹은 저공업화를 빈곤 혹은 저개발과 동의(同意)로 사용하고 있다.
　이러한 견해에 따른다면, 근대공업의 성장은 비농업경영의 전통적이고 완만하게 조직된 부문 속에 묶여 있거나, 현재 농업 속에 묶여 있는 지이용 노동력에다 일자리를 주게 될 것이다. 공업화는 또한 경제에다 자극을 주게 될 것이고, 또한 정체로부터 끌어올리게 될 것이기 때문에 개발전략에 대해 결정적인 것이 된다고 생각하고 있다.
　남아시아의 지식 있는 지도자들은 서구에 있어서의 동료들과 마찬가지로, 개발국에 있어서 현재의 높은 발전 수준이 산업혁명에 의해 생기게 된 모든 변화의 결과인 것으로 믿고 있다.

남아시아에 있어서 공업화의 이데올로기에다 한층 더 중대한 영향을 주게 된 것은 소련에 있어서의 정부 계획을 통한 최근의 급속한 공업발전이었다. 공산주의의 이데올로기에 있어서 공업화는 모든 나라, 그리고 모든 지역에서 중공업에 기초를 두고 있는 상당히 포괄적인 공업 구조의 건설을 각별히 요구하고 있는 이론과 프로그램을 포함하고 있다.

　이 모델은 현재 어떠한 저개발국도 이를 모방하는 것이 당연한 것으로 종종 받아들여지고 있다. 사실, 이 지역에 있어서의 모든 진보적 지식인들은 개발을 일으키게 하는 기술로서 계획되고, 지도받는 공업화에 관한 공산주의의 교리에 의해 결정적으로 영향을 받고 있다. 그들 모두에 대한 계획화에 있어서 소련의 성공은 그들 자신의 개발 진로를 모색할 때 그들이 적용하고 싶은 교훈을 주고 있다. 또한 공산주의 이론 속에는 식민지 지배로부터의 진정한 정치적 독립은 오직 계획된 공업화를 통해서만 실현될 수 있다고 하는 호소도 있다.

　이 같은 역사의 해석은 그것이 아주 동일한 형태로서 현재 널리 서방측 경제학자들에 의해 받아들여지고 있는 것과 꼭 마찬가지로, 공산 진영으로부터 멀리 떨어져 있는 남아시아의 지식 있는 지도자들 간에도 널리 승인을 얻기에 충분할 만큼의 명백한 현실성을 가지고 있다. 보다 일반적으로 공산주의 사상은 또한 서방국 정부에 관해 의심을 품게 하고, 그리고 계획 작성에 있어서 공업화의 우선순위에 대한 서방국 정부의 태도에 관해 의심을 품게 하는 데 영향을 주고 있다.

　공업화의 이데올로기는 또한 남아시아가 전통적으로 공급

하고 있었던 원료에 대한 세계적인 수요의 상대적 감퇴에 관한 관심과, 가속화되는 인구성장이 갖는 의미에 관한 높아지는 자각에 의해 자극을 받고 있다.

남아시아는 농업이 그 노동력—이것은 또한 계속적으로 그리고 급속하게 늘어가고 있다—을 거의 더 이상 이용할 수 없는 지점에까지 도달하게 됨으로써 아주 진실한 곤란을 갖게 된다고 하는 이례적인 문제에 직면하고 있다. 근대공업에 있어서는 다소 급속한 생산성의 진보가 또한 가능하게 될 것임에 틀림이 없을 것이다.

그 이유의 일부는 근대공업에 있어서는 노동력의 효과적 이용에 대한 태도적·제도적 장애를 회피하기가 훨씬 용이하기 때문이다. 뿐만 아니라 공업에는 수확체증의 실현을 방해하는 농업의 토지 이용에서 보는 바와 같은 제한적인 모든 요인이 없다. 그리고 또한 남아시아의 통계의 질적이고 수적 빈약에도 불구하고, 노동력 이용과 노동 생산성이 이 지역 경제의 어느 부문에 있어서 보다도 근대 제조공업에 있어서 보다 높은 수준에 도달하고 있다고 하는 것은 조금도 의문이 있을 수 없다.

공업화의 매력의 일부분은 근대기술을 후퇴경제에 도입할 수 있고, 특히 중공업에 있어서 또한 소비재를 생산하는 공업에 있어서 그 기술을 동력이나 기계로 구체화시킬 수 있다고 하는 기대에서 생겨나고 있다. 대부분의 경우, 남아시아에서 사용되고 있는 기계류는 처음에는 선진국으로부터 수입되지 않으면 안 되고, 그리고 일단 공업화의 방향이 설정되기만 하면, 기술 선택에는 거의 자유가 없다. 그렇지만, 자본과 노동이 결합되는 비율을 바꾸는데 대한 다소의 여지는 남아 있다. 이것은 원료 및 완제품의 취급과 포장 및 선적과 같은 작업에 특히 맞는다.

남아시아에 있어서 이러한 임무는 직접적인 생산과정 자체가 자본집약적으로 되어 있는 경우에 있어서 마저도, 풍부하게 노동자를 사용하는 노동집약적 방법으로 쉽게 이루어질 수 있고, 또 대부분은 이루어지고 있다.

가까운 장래에, 이 지역의 나라들은 대개가 고개발국의 기술을 사용하거나 그렇지 않으면 전적으로 근대 기계를 배격하는 방도 밖에 없을 것이고, 전자의 경우에는 지금껏 거의 언급되지 않고 있었던 하나의 가능성, 즉 선진국으로부터 중고 기계류를 사들일 가능성이 크다. 비록 서방측에 있어서는 그와 같은 장래에 관해서 다소의 논의가 있었다고는 하지만, 남아시아국은 이러한 가능성에 관해서 일부는 중고시설을 평가하는 절차가 완료되지 않았다는 데 있었고, 또 일부는 부속품의 계속적인 이용 가능성이 확실치 못하다고 하는 데 있었다. 그리고 또 일부는 자기들이 그 2급품을 받아들이지 않을 수 없다고 하는 생각이 자기들의 감정을 해치게 하는 것이었기 때문이다.

남아시아의 모든 나라들은 노동력이 대부분 숙련의 정도가 낮고 관리 능력은 거의가 경험이 부족하다고 하는 것에 의해 도전을 받고 있다. 이것은 고도로 기계화된 대공업이 현존하는 기술이나 기술교육의 최대한의 이용에 더욱 적합하다고 하는 주장에 대하여 타당성을 주게 된다.

만약 급속한 기술의 증진을 꾀하고 그러한 기술의 효과적인 사용에 대한 사회적 제한을 극복하는 어떠한 정책이 또한 있다면, 공업화 정책은 합리적이 될 것 같다. 만약 근대기술이 오랫동안 경제활동을 저지해 왔고, 또 낮은 수준의 노동력 이용을 항구화시키게 되었던 사회적·제도적 장애를 회피하기 위해 사용된다면, 그와 같은 정책은 모든 면에서 꼭 같이는 유리하게 되지 않을지도 모른다.

급속한 공업화를 지지하는 부분적인 이유는 다음과 같은 명백한 결론에 입각하고 있다. 즉, 이 지역의 보다 크고 보다 인구가 조밀한 나라들에 있어서 평균생활 수준의 실질적 향상은, 만약 상당히 큰 비율의 노동자들이 농업 밖에서 생산활동에 종사하게 되지 않는다면, 금세기 말—이 때에는 노동력이 아마도 현재 규모의 배가 되어 있을 것이다—갖는 문제가 되지 않는다고 하는 데 있다. 이것은 어떠한 진보가 농업 생산성에서 이루어지게 된다 하더라도 들어맞는다.

미얀마와 태국 및 말레이시아—이들 나라에는 보다 많은 토지와 생활수준을 향상시킬 만한 더욱 좋은 기회가 있다—에 있어서 마저도 장기적인 전망은 엄청난 공업 발전이 급증하고 있는 인구 조건의 개선을 위해서 일어나지 않으면 안 된다고 하는 것을 요구하고 있다.

이 간단한 결론은 그 자체가 이들 나라가 되도록 빨리 공업화를 위해 노력하지 않으면 안 되는 합리적인 근거를 제공하고 있다. 그리고, 비록 우리들은 공업화의 진전을 제한하고 있는 모든 조건, 공업화의 추진이 가까운 장래에 노동력 이용의 제고를 위해 안정된 영향 밖에 주지 못하게 될 가능성,

그리고 그 밖의 다방면에 걸친 개발 노력이 매우 다급하게 필요하다고 하는 것 등에 관심을 갖게 될 것이지만, 이러한 논의가 남아시아국이 공업의 확대를 포기해야 한다는 것을 의미하는 것으로 생각되어서는 안 될 것이다. 위험과 한계에 관한 분석은 도리어 공업화가 성공하기 위해서는 장애의 극복이 중요하고 긴급하다는 것을 가리키고 있다.

남아시아의 개발에 관한, 그리고 일반적으로 저개발국에 관한 문헌에 있어서 공업화가 단기적으로도 고용에 대해 엄청난 영향을 갖는 것은 당연하다고 보통 생각되고 있다. 고용의 창출은 이 지역의 모든 나라들에 있어서 계획 입안자들의 주된 관심사가 되어 있다. 그렇지만, 그 목표가 너무나 수수하다고 하는 것—일반적인 기획 목표에 있어서 완전고용 및 고도 완전고용에 주어지게 된 우선순위에 비추어 볼 때 놀랄 만큼 수수하다고 하는 것—그리고 더구나 성과는 보통 목표에도 훨씬 미달되고 있다고 하는 것을 상기하지 않으면 안 된다.
우리들이 설명하고자 하는 비정통적인 견해는 남아시아에 있어서 공업화의 고용 효과가 앞으로 수십 년 동안에는, 즉 이 지역이 가일층 공업화되기에 이르기까지는 매우 크게 될 것으로 기대될 수 없다고 하는 것이다. 일반적으로 말해서, 공업화가 제조공업에 있어서의 노동력에 대한 직접적인 수요의 성장에 미치게 되는 영향은 공업화의 속도의 함수일 뿐만 아니라 근대공업에 의해 이미 이루어지게 된 경제조직에 있어서의 제조공업의 위치의 함수이기도 하다.
매우 급속한 공업 성장률마저도 공업부문에 종사하는 비율을 증가시키기에 충분할 만큼의 노동에 대한 수요를 상당한 기간 동안 일으키게 하지는 않을 것이다. 노동력이 너무나 급속하게 성장하고 있는 것이다. 만약 근대공업이 전통적인 노동집약적 제조공업과 치열하게 경합하게 된다면, 그리고 경합하고 있을 때에는 순고용 효과는 상당한 기간에 걸쳐 부정적으로 되기조차 할는지도 모른다. 이러한 차원의 문제는 공업화를 실업이나 불완전고용에 대한 구제책으로 보는 생각에 있어서는 간과되고 있다.

이들의 관계는 우리들이 다음과 같은 가설적인 예를 고찰한다면 한층 더 뚜렷하게 알 수 있을 것이다. 우리들은 노동력의 1%가 계획기간의 초기에 근대공업에 고용되어 있고, 그리고 전통적인 제조업은 전혀 존재하지 않는 것으로 가정하기로 한다.

우리들은 또한 노동 연령을 가지는 인구가 년 2%의 비율로 자연증가하고 있다고 가정하기로 한다. 이러한 사정에 있어서는, 근대공업에 있어서의 연간 10%의 고용증대―이것은 그 자체가 남아시아의 어떠한 나라에 있어서도 이루어진 바가 없었던 아주 상당한 증가이다―이며, 그 부문에 있어서의 직접적인 고용이 노동력 증가의 겨우 5% 밖에 흡수하지 못하게 될 것이라고 하는 것을 의미하게 될 것이다.

다시 말하면, 신참 노동력의 95%는 근대공업 밖에서 어떠한 형태의 경제활동 속에서 생계를 구하지 않으면 안 될 것이다. 이러한 가정하에서 노동 연령인구의 자연증가를 완전하게 근대공업에 흡수시킨다고 하는 일은 1차 년도에는 1년 동안에 공업 고용자 수를 3배로 늘게 해야 한다고 하는 실현이 불가능한 요구조건을 강요하는 것으로 될 것이다. 요구되는 증가 비율은 물론 시간이 흘러감에 따라 감소될 것이지만, 그러나 장기에 걸쳐서는 이러한 감소가 매우 완만하게 될 것이다.

이 가설적인 예에 있어서 우리들은 기존 제조공업에 대한 있을 법한 역류 효과를 무시해 왔다. 전통적 제조업은 최신기술을 사용하게 되는 경우에는 역류 효과의 영향을 받게 된다. 기존 반근대공업은 어느 정도의 합리화를 꾀하지 않을 수 없을 것이다. 합리화는 보통보다 적은 양의 노동력을 가지고 소정량의 생산물을 생산하는 것을 의미한다. 계획화를 통해서 전통적 제조업과 낙후된 근대 제조공업은 이러한 많은 역류 효과로부터 보호될 수 있다. 그렇지만, 상당한 기간에 있어서 신설 근대공업에 있어서의 노동기회의 보잘 것 없는 증가는 일찍부터 존재하는 공업이나 전통적 제조업에 있어서 일자리의 감소에 의해 더 많이 상쇄될 참다운 위험이 있다.

이와 같은 역류 효과는 신설 제조업체가 수입 대체품을 생산하게 되거나 그 생산품을 수출시장에 돌리게 되는 경우에는 일어나지 않는다. 그러나 우리들이 지적했던 바와 같이, 남아시아국의 수출 증대는 극히 어렵게 되고 있다. 수입 대체부문은 이와 달리, 국내적 역류 효과의 위험 없이 새로운 제조공업의 문호를 개방하고 있다.

이 부문이 매력을 더하게 되는 것은 이러한 사실이 있기 때문이다. 그러나 신설되거나 확장된 공기업이 전통적 수공업의 잔존업체나 그 밖의 비근대적 업체에 있어서의 생산자들과 직접적으로 경쟁하게 된다면, 공업화가 취업 기회에 대해서 주게 되는 전면적인 영향은 상당한 기간 부정적인 것이 될는지도 모른다.

　노동 수요에 대한 역류 효과의 문제는 몇 개의 그 밖의 문제를 제기하고 있다. 그것은 신설공업 뿐만 아니라 기존 기업의 근대화를 수출품이나 수입 대체품을 생산하는 부문에 한정해야 한다고 하는 강력한 부수적인 주장을 낳게 하고 있다.
　이들 나라는 이렇다 할 근대적 자본재 공업을 갖지 못한 채 독립을 얻게 되었으므로, 중공업 육성은 특히 취하기에 안성맞춤의 방책일 것이다. 그러나 인도와 같은 나라마저도 어쩔 수 없는 이유로 말미암아 중공업을 강조하고는 있지만, 모든 근대화의 노력을 수출 지향적이거나 수입 대체적인 제조공업에 좀처럼 연결시키지 못하고 있다.
　이러한 상황에 있어서는 계획 수립가들이나 모든 정부가 중대한 딜레마에 빠지게 된다. 그들의 장기적인 목표는 전경제조직을 근대화시키기 위한 방책으로서 실업 확대를 이용하는 데 있다. 그러나 전통적 제조업, 그리고 특히 수공업에 있어서의 무시할 수 없는 쇠퇴를 막고자 하는 그들의 단기적인 관심은 이러한 장기적인 목적과 충돌하게 된다.
　인도는 새로운 투자를 되도록 수입 대체적 대공업에 집중시킬 뿐만 아니라 전통적 수공업을 보호하고, 또 전통적인 수공업적 생산과 경합하는 어떤 부문의 대제조공업의 합리화에 제한을 가함으로써 이러한 딜레마를 해결하고자 기도했다.
　후자와 같은 형태의 조치는 특히 노동자들에 의해 환영을 받게 되었고, 그리고 노동자의 이해관계에 대한 관심은 정부로 하여금 눈물 없는 합리화, 즉 어느 누구로부터도 일자리를 빼앗지 않는 합리화를 찾게 하고 있다. 하지만 취업 노동력의 규모는 정상적인 마멸에 의해 일어나게 되는 공석이 채워지지 않는 경우에는 줄어들게 되는 수도 있었다. 그러나 새로운 기업들은 그와 같은 제한을 필요로 하지 않고 있다. 그리고, 정부가 취업을 보호하는데 관심을 가지고 있고, 또 뒤에 가서 취업 노동력을 줄이고자 한다면 노동자들과의 마찰이 생길 위험이 있다고 하는 것에 관한 새로운 기업들의 지각은 기업가들에게 처음부터 자본집약적이고 노동절약적 기술을 채택하고자 하는 강한 유인을 주게 된다. 이것은 새로운 시설과 낡은 시설에서 사용되고 있는 기술 사이에 격차를 낳게 한다. 이러한 격차는 동시에 낡은 시설에 대한 투자가 정부 정책에 의해 억제되는 경우에 더욱 벌어지게 된다.

　남아시아의 대부분의 나라들에 있어서의 계획 입안자들은 공업 근대화가 그 초기단계에서는 고용에 대해 직접적인 영향을 조금 밖에 주지 못하는 반면에, 역류 효과는 상당히 크게 될 가능성을 전혀 간과하고 있지는 않다. 하지만 이것은 농업이나 그 밖의 부문에 있어서의 저이용상태에 있는 노동력을 흡수시킬 수 있는 수단으로써 공업화가 일반적으로 환영받고 있는 것에 대해서는 거의 영향을 주지 못하고 있었다. 그러나 결론은 파급 효과가 없다면, 공업화는 그것이 순고용을 감소시키지 않고 있는 경우에는 노동에 대한 수요에 있어서의 매우 작은 직접적인 확대만을 낳게 할 수 있을 뿐이라는 것이 된다. 이러한 사태는 물론 근대적 공업 확대가 출발점으로 하고 있는 낮은 바탕과 근대공업의 생산품이 국외에 있어서건 국내에 있어서건 새로이 개척된 시장에 전적으로 돌려지지 않는다면, 생겨나게 될 것이 확실한 역류 효과가 가져오는 피할 수 없는 결과이다.

첫 출발이 남아시아국에 있어서처럼 매우 낮은 바탕에서 이루어지지 않으면 안 되는 경우에는 공업 확대를 향한 강력한 추진마저도 다가올 수십 년 동안에 노동력 증가의 매우 작은 부분에 대해서밖에는 직접적으로 노동 기회를 주게 될 것으로 기대되지 않으며, 그 이득마저도 역류 효과에 의해 부분적으로나 전체적으로 혹은 전체 이상으로 상쇄될는지도 모른다.

이 점은 공업화 계획이 착수되기만 한다면, 급속한 직업 구조의 변화가 일어나게 될 것이라고 하는 아직도 널리 받아들여지고 있는 아주 비현실적인 기대를 추방하기 위해서도 강력히 강조되지 않으면 안 될 것이다. 만약 남아시아에 있어서의 계획 입안자들이 신설 공업의 고용 효과를 과대평가하고 역류 효과의 가능성과 영향을 과소평가하는 경향이 있었다고 한다면, 그들은 또한 공업화의 착수로부터 생겨나게 되는 확정적 자극의 힘—공업화로부터 기대되는 파급효과—을 과대평가하는 경향이 있었다고 하겠다.

이러한 경향은 과도한 낙관주의를 낳게 하였고, 잠재적 파급 효과를 삼켜버릴는지도 모르는 경직성과 터부로부터 주의를 흩어지게 했다. 이러한 편향은 그렇게 이해하기가 어렵지 않다. 남아시아에서 채택되고 있는 전후형 이론은 공업화의 착수의 간접적인 효과에 관해서 비현실적인 기대를 조장했다.

우리들은 남아시아에 있어서 특히 인도와 파키스탄, 그리고 그 밖의 인간과 토지 비율이 높은 나라들에 있어서는, 만약 이들 나라가 노동력의 보다 많은 부분을 근대공업이나 그 밖의 생산적 비농업직에 고용할 수 없다고 한다면, 결국, 하등의 실질적인 발전도 있을 것 같지 않다고 하는 전제에서 출발했다. 그러나 그러한 변화는 오랜 시간이 걸리지 않아도 가능하고, 그리고 특히 단기에 있어서 마저도 공업건설의 착수는 경제제도에 스며드는 강력한 확장력을 발산하게 될 것이라고 하는 보편화된 견해가 있다.

공업화의 착수로부터 기대되는 타력(惰力)은 기구를 통해서 전달되는 것이지만, 그러한 기구를 명백하게 하기 위한 분석은 추상적이고 이론적 수준에서 조차도 아주 조금 밖에 이루어지지 않고 있다. 공업화가 급속한 부수적 효과를 가져오게 할 것이라는 우직한 생각은 아주 흔히 서구경제의 초기 경험과의 산만한 유추에 기초로 두고 있었다. 서구에 있어서 산업혁명은 수많은 소공업을 가지고 시작하게 되었거나 때로는 약간의 대공업을 가지고 시작하게 되었다. 이러한 것들의 성공은 더욱더 새로운 출발을 가능하게 하였고, 다음으로 이들 새로운 출발은 더욱더 다른 출발을 자극하게 되는 조건을 낳게 하고 있다. 누적적 발전이 경제적·사회적 생활의 모든 국면에까지 미치게 되었다. 그러나 보다 세밀하게 검토한다면, 서구경제사에 관한 이러한 이미지는 과하게 간단화되거나 이상화된 것으로 보이게 될 것이다. 그러나, 그렇다고 하더라도 1세기 반 전에 서구에 있어서 우세했던 모든 조건은 오늘날 남아시아에 있어서 우세한 모든 조건보다도 강력하고 효과적인 부수적 영향을 가져오게 하는 데 한층 더 유리했다.

만약 공업 확대가 계획 입안자들이 원하는 대로 이루어질 수 있다고 한다면, 나타나게 될 파급 효과의 하나의 형태는 병참술적인 것이 될 것이다. 새로운 공장이 건설되지 않으면 안 되고, 그리고 대부분의 지역에 있어서 동력시설, 수송시설 및 통신시설의 확충이 일어나지 않으면 안 된다. 원료와 그 밖의 불가결한 투자에 대한 수요도 늘어나게 될 것이다. 이러한 새로운 수요는 물론 그 모두가 국내자원만으로는 충족되지 못할 것이다. 그러나 얼마간의 자극이 국내적으로 느껴지게 됨은 확실하다 할 것이다. 동시에, 공업화 과정은 경제의 그 밖의 부문에 있어서 추가적인 확대 가능성을 낳게 할 것이다. 공급면에서 본다면, 공업화는 또한 성장이 동력을 얻게 됨에 따라 생겨나게 되는 코스트의 저하를 통해서 파급효과를 갖게 될 것이다. 만약 수입 제한이 효과적으로 가해질 수 없다면, 소비 수요의 증대의 일부분은 처음에는 아마 수입품에 의해 충족될 것이다. 만약 수입이 억제되고 있다면, 더욱 큰 수요가 낭비품의 국내 생산자들에게 가해지게 될 것이다.

새로운 수요를 통해서 파급 효과가 이처럼 널리 번져가게 된다고 하는 것에 관해서는 불가사의한 점이 조금도 없다. 부언하면, 그것은 새로운 국내투자나 생산투자에 의해 폭발하게 된 확장의 누적과정에 불과하다. 경제적 향상과정은 일단 일어나기만 하면, 자동적으로 영속하게 되는 경향을 갖지 않을 수 없게 되는 것이다. 만약 지속적인 공업 확대가 기도되고 있다면—실제로는 공업 확대가 얼마간의 확신을 갖고 기대되고 있을 뿐이라 하더라도—부가적인 투자가 유발되는지도 모른다. 그렇지만 남아시아 경제의 일반 구조는 수요증대를 통한 성장 유도적 자극의 효과적 파급에 대한 금기와 장애가 엄청나게 많다고 하는 것을 가리키고 있다.

　남아시아에 있어서의 저개발국의 경제는 저탄력성을 갖는 경제이고, 따라서 도처에 장애라는 복병이 있다. 설령 공업화의 착수로부터 생겨나게 될 모든 경제적 자극이 국내경제 속에 유지될 수 있다고 하더라도—이러한 사실은 실제로 많이 있을 것 같지 않고, 또한 때로는 전혀 있을 것 같지도 않다—파급 효과는 여전히 약한 것으로 보이게 될 것이다. 하지만 현명한 계획화를 통해서 애로와 그 밖의 장애는 결국 해결될 수 있을 것이다.

　파급 효과—이것은 수요증대가 있을 때 나타나게 된다—를 촉진하기 위한 특별 정책이 경제의 모든 부문에서 요청되고 있다. 붕아기의 제조공업은 충분한 시장의 부족으로 요절할 위험에 직면하고 있다. 공급은 그 자체의 수요를 창조하지 못하고, 한편 수요는 그 자체의 공급을 일으키지 못하고 있다. 그러나 왕성한 수요와 새로운 공급의 존재는 결함을 극복하고자 하는 노력을 고무하게 됨에 틀림이 없을 것이다.

　모든 정책 조치가 효과적으로 되기 위해서는 보완될 필요가 있고, 이에는 시간이 걸리게 된다. 그렇지만, 그동안에 확대를 향한 추진력은 약하게 되어버릴는지도 모른다. 나아가 남아시아에 있어서는 확대를 위한 경제적 자극이 자동적으로 유리한 행동적 반응을 수반하게 될 것이라고 생각할 수도 없다—서방국에 있어서는 정당한 확신을 가지고 그렇게 생각할 수가 있기는 하지만, 보다 광범한 사회적 수요와 공급의 증대에서 일어나게 되는 파급에 대한 한층 더 근본적인 장애가 되어 있다.

정체에 오랫동안 스스로를 적응시켜 왔던 사회가 익숙치 못한 기회에 극적으로 재적응하게 되리라고는 기대될 수 없다. 경제의 보다 고도로 조직된 공업부문—이곳에 있어서는 시장 감응도가 보다 크다—에 있어서 마저도, 반응작용은 활발한 기업열을 조장하지 못하고 있었던 제도적 구조에 의해 제지를 받게 될는지도 모른다.

케인즈류의 모델이 남아시아국의 경제에 적용되지 못하는 근본적인 이유는 바로 이것이다. 총공급과 총수요간의 관계를 기준으로 해서 생각하는 것은 관련성이 더욱 적다. 특히, 추가 소득의 1차적 발생 직후에 가격등귀라는 애로가 생겨나게 되었을 때, 남아시아의 모든 정부는—특히 인도 정부는—약간의 기업의 창설을 막기 위한 직접적이고 간접적 통제를 사용하고 있었다. 그리하여 이들 모든 정부는 그렇지 않으면 일어나게 되었을는지도 모르는 모든 형태의 2차적 확대를 저지하게 되었다.

이것은 결국 본의 아니게 파급 효과를 말살하고 있는 것이 된다. 그렇지만, 이러한 제한조치를 가하게 된 바탕에는 경제가 허용할 수 있을 것으로 생각되는 총수요량을 제한하는 실링제의 필요성이 깔려 있는 것이다. 경제를 저탄력적인 것이 되게 하는 모든 장애는 여러 가지 형태를 취하고 있다. 새로운 공업이 창설되는 경우, 수송 조직에 차질이 있는 수가 많거나 숙련자의 부족이 있다. 다른 한편, 새로운 공업의 가동 능력이 충분히 이용되지 못하는 수도 흔히 있다. 효과적인 계획화는 이러한 장해의 많은 것을 감소시킬 수 있다. 그리나 순전히 총체적인 형태의 계획화가 바람직한 결과를 가져 오게 하리라고는 기대할 수 없다. 정책적 간섭은 경제의 개별적인 부문에 있어서 특수한 모든 장애에 돌려지지 않으면 안 된다.

경제의 그 밖의 모든 부문에 있어서 공업화가 초래할 가능성이 있는 파급 효과를 고려에 넣고자 할 때, 계획 입안자들이 부딪치게 되는 모든 곤란의 하나는 경제활동의 증대가 반드시 취업 기회의 증대를 가져오게 하지는 않을 것이라는 사실이다. 이를테면, 서비스업에 있어서는 문제가 특히 복잡하다. 일어나게 될 만한 노동수요에 대한 2차적인 효과는 노동기간을 연장하거나 이미 취업하고 있는 자들의 능률을 올리게 함으로써 쉽게 충족될 수 있을 것이다. 서비스업에 있어서 노동자들의 수가 늘어나고 있다면, 그것은 공업화에서 생기는 자극의 결과라고 하기보다는 차라리 할 일 없는 노동력이나 저이용 노동력, 특히 농촌지방으로부터의 이주민들로부터의 압력의 결과가 된다 할 것이다.

많은 계획상의 예상에 있어서 주된 결함은 실로 도시지구에로의 인구의 유입이 노동수요의 증대—다음으로, 이것은 공업화로부터 생겨난다고 생각되고 있다—에 따르는 것이라고 맹목적으로 가정하고 있다는 데 있다. 도시 노동자들은 이 지역의 도처에서 확실히 팽창하고 있기는 하지만, 그러나 이것은 전혀 공업화가 없어도 일어나게 될 공산이 크다 할 것이다.

사실, 현재의 도시 노동력을 보다 충분하게, 그리고 효과적으로 이용하는 것만으로도, 지금 남아시아에서 일어나고 있는 공업화보다는 훨씬 클 정도의 공업화를 유지하는 것이 가능하게 될 것이고, 농촌으로부터의 새로운 노동자는 하등 필요하지 않게 될 것이다. 도시화는 십중팔구 계속될 것이지만, 그러나 이러한 도시화가 크게 공업화의 결과로는 되지 않을 것이다.

수요 및 공급의 증대를 통한 공업화의 이러한 모든 효과는 접어두고서라도 중요하다고 볼 수 있는 그 밖의 파급 효과도 있다. 공업화는 합리성, 기업심, 규율, 시간엄수, 이동성 및 능률에 관한 새로운 정신을 고취할 것으로 기대되고 있다.
사람들은 새로운 공업계 내에 있어서 뿐만 아니라, 경제의 여타 부문에 있어서도 마찬가지로 자발적으로 일하는 마음을 가지게 되고, 또 생소한 기술에 숙달하게끔 일깨워질 것이다. 더욱 경제적이고, 더욱 완전한 시장이 생겨나게 될 것이고, 우수한 상업제도나 금융제도가 발전하게 될 것이다. 무엇보다도 중요하게는 노동조직 및 그것에 대한 사람들의 태도가 경제의 어느 분야에 있어서도 노동 수행의 능률을 제고시키는 방향으로 달라지게 될 것이다. 모든 장애는 보다 쉽게 제거될 것이고, 또한 병참술적 형태를 가지는 파급 효과의 보급 가능성은 확대되기에 이를 것이다. 새로운 공업화의 개시로부터 생겨나게 되는 자극은 농업이나 전통적인 제조업 부문을 수면으로부터 깨어나게 할 것이다. 이러한 즐거운 결과는 공업 확대의 직접적인 결과로서 생겨나게 될 것으로 생각된다. 사람들의 외관, 태도 및 기술에 있어서의 비슷한 질적인 모든 변화는 그 밖의 형태의 최초의 경제 확대, 이를테면 농업 발전으로부터 얻어질 수 있다고는 믿어지지 않는다.

위에서 열거한 바와 같은 외부경제가 급속하게 남아시아에 나타나 파급될 것인지의 여부는 확실치 못하다. 무엇보다도 새로운 공업 자체 내의 효과가 과대시되어서는 안 될 것이다. 깊이 베어든 허례허식이 그 특징을 노동협약에 남겨놓고 있기 때문이다. 이를테면, 많은 재래의 축제일이 계속 존중되기에 이를 것이고, 일과는 종교적 관례를 존중해서 중단될는지도 모른다. 심지어 새로운 공업의 대부분도 공사 기간이 조절될 수 없으므로, 기후적 불리로 작업의 중단을 낳게 하거나 노동의 밀도를 저하시키게 될 것이다.

새로운 공업부문 밖에서의 파급 효과는 한층 더 불확실하고 의심스럽다. 제도적 구조와 일반적 태도는 이러한 형태의 가치 있는 효과에 도움이 되는 모든 변화를 제지하고 있다. 실제로 이러한 노선에 따르는 파급 효과가 전파될 수 있는 정도는 이미 달성된 문화적·사회적·경제적 수준의 함수이다.

경제적 정체와 상당히 정태적인 사회적 모든 조건의 오랜 역사를 가지고 있는 가난한 나라들은 그들이 보다 높은 발전 수준에 도달하고자 기도할 때 엄청나게 많은 장애에 직면하게 된다. 모든 형태의 잠재적 파급 효과는 쉽게 억제되고 만다. 이러한 교훈은 합리적이고 고도로 조직적인 근대공업에 관해서 남아시아국이 겪었던 한정된 경험 속에 강력하게 나타나고 있다. 그 속에서 서구적 형태의 경제조직이 모방되고 있는 자그마한 섬은 그것을 에워싸고 있는 전통적인 정체에 잠겨 있는 바다에다 많은 지속적인 영향을 주지 못하고 있다.

식민지시대에 있어서 남아시아에서 발전했던 몇몇 근대공

업은 경제의 그 밖의 부문에까지 자극을 미치게 할 만한 것으로는 되지 못했다. 그것들은 여전히 포령으로 남게 되었다. 현재 계획되고 있는 공업화의 개시가 이러한 식민지적 패턴을 함구시키게 될 위험성을 가지고 있음은 명백하다.

남아시아를 방문한 사람은 그가 빈틈없는 사람이라면 누구나 원시적인 생활방식과 전통적인 노동 양식이 모든 도시 자체 내의 거대한 빈민굴에 있어서는 물론이거니와 근대적 공업시설이 있는 도시에서 수마일도 떨어지지 않은 곳에서 성행하고 있는 것을 알게 될 것이다.

또한 근대공업은 참으로 노동에 대한 태도나, 그것이 직접적으로 고용하고 있었던 노동자들의 기술수준에다 영원한 변화를 낳게 하는 데 언제나 성공하지는 못했다. 대표적인 훈련을 위한 대책이 거의 강구되지 않았고, 또한 방대한 노동력은 여전히 거의 기술을 갖지 못한 채 남아 있었다. 게다가 임금노동에 얼마간 종사한 뒤에 고향으로 되돌아간 노동자들 간에서는 보다 복잡하게 조직적인 형태의 경제활동과 보다 규칙적인 노동 규율과의 접촉에서 얻어진 효과가 덧없이 사라지고 마는 것이 보통이었다.

생각컨대, 공업화의 이데올로기는 경제 진보에 대해 유익한 형태의 제도적·태도적 모든 변화는 공업화의 개시로 말미암아 생겨나게 될 것이라고 하는 확신에 대하여 설득력이 있는 뒷받침을 주지 못하고 있는 것 같다. 적절한 결론은 오히려 파급 효과가 강력할 뿐만 아니라 지속적인 것으로 되자면, 모든 분야—심지어 엄밀한 의미에서의 공업부문을 멀리 벗어나 있거나, 혹은 이른바 경제적 모든 요인에 관한 분야

—에 있어서 특수한 모든 정책이 추구되지 않으면 안 된다고 하는 것으로 될 것이다.

전술한 것으로부터 공업부문의 저 편에까지 뻗혀 있고, 또한 전체로서의 경제조직에 관련을 갖는 약간의 폭넓은 결론이 얻어질 수 있다. 남아시아국에 있어서 노동력의 급속하고 가속적인 증가가 기정사실로 되어 있다고 한다면, 소득 및 생활수준이 실질적으로 개선될 수 있는 가망이 없거나, 또는 —만약 노동력의 훨씬 큰 비율이 농업 외에서, 특히 근대공업에 있어서 효과적으로 이용될 수 없다면—여태까지 이루어져 왔던 모든 수준의 악화를 보다 장기에 걸쳐 막을 수 있는 가망마저 없게 된다. 그러나 근대공업은 설령 그것이 급속한 템포로 성장한다 하더라도, 앞으로 수십 년 동안에는 노동력에 있어서 자연증가의 작은 부분 밖에 흡수할 수 없다.

공업화의 초기단계에 있어서는 모든 형태의 제조업에 고용되고 있는 노동력의 절대적 규모가 줄어드는 것을 막기가 어렵기조차 할는지도 모른다. 후기 단계에 이르러서야 비로소 근대공업은 노동력에 대한 수요를 증가시키기 시작할 수 있었다. 그러나 남아시아국은 그들의 공업화의 진로를 포기해서는 안 될 것이다. 그와 반대로, 공업화가 훨씬 높은 수준에 도달하게 되기에 이르를 때 비로소 점차적으로 중대한 효과를 가지게 된다고 하는 사실은 이 나라들이 되도록 일찍 그리고 되도록 급히 공업화를 서둘러야 한다고 하는 것을 의미한다. 그렇지만, 그것은 또한 이 나라들이 농업부문—이것은 모든 부문 중에서 가장 크고 가장 중요한 부문이다—을 포함하는 그 밖의 부문에 있어서의 노동력 이용과 생산성의 제고를 목적으로 하는 강력한 정책 조치를 가지고 공업화의 추진을 보완하지 않으면 안 된다고 하는 것을 의미하고 있다.

공업화의 개시로부터 자동적으로 생겨나게 되는 유리한 파급 효과의 효험에는 거의 신뢰를 둘 수 없다. 일반적으로 말한다면, 변화와 개선에 대한 자극이 받아들여지게 될 수 있는 정도는 대중교육의 함수이고, 또한 태도와 제도를 변화시키는 능력의 함수이기도 하다.

한편, 대중교육과 태도나 제도를 변화시키는 능력은 태도와 제도 자체 속에 뿌리를 박고 있다. 남아시아국은 식민지 시대에 있어서와 마찬가지로 정체에 잠겨 있는 바다에 의해 포위된 채 남게 될, 보다 고도로 조직적인 서방형 공업을 가지는 자그마한 섬을 만들 모험을 강행하고 있는 것이다.

공업화의 추진을 수출이나 수입대체에 집중시킨다고 하는 것은 그것이 근대공업의 성장이 기존의 전통적 제조업에 주게 되는 역류 효과를 최소로 되게끔 할 것이므로 물론 합리적이다. 그러나 확실히 이러한 형태의 공업화는 이 나라들의 경제구조에다 상당한 변화를 일으키게 하거나 발전을 향한 참다운 정력을 주기에는 충분치 못하다. 사실, 만약 경제의 그 밖의 부문에 대한 직접적인 간섭정책이 따르지 않는다면, 그것은 식민지 치하에서 경제가 겪게 되었던 포령적 경제패턴을 지지하는 것이 되고 말 것이다.

공업화는 그 자체만으로는 더욱 전통에 묶여 있는 경제부문에 있어서의 노동력 이용, 특히 농촌지방에 있어서의 노동력 이용을 제고시키는데 거의 이바지할 수 없다. 이러한 모든 문제는 개혁을 촉진하는 것을 목적으로 하는 특수정책에 의해 마땅히 공략되지 않으면 안 된다. 다음으로, 이러한 모든 개혁이 성공을 거두기 위해서는 보건과 교육을 개선하는 방향으로의 주요한 추진이 필요하게 된다.

그와 같은 모든 정책은 경제의 그 밖의 부문에다 공업화의 착수에서 생기는 큼직한 자동적 파급 효과의 혜택을 입지 못하는 것에 대해 보상해 주기 위해서 뿐만 아니라, 공업화의 추진 자체를 뒷받침하기 위해서도 필요하다. 인과적 순환은 완성되지 않으면 안 되고, 또한 결합되지 않으면 안 된다. 특히 근대공업 부문은 만약 더욱 많은 양의 소비재—특히 식량—가 생산되어 판매용으로 이용될 수 없다면 성장할 수도 없다.

이러한 문제들은 중요하고 어디에나 스며 있으므로 자연히 우선순위를 결정하는 문제를 제기하게 된다. 이것은 너무나 자주 동일 자원에 대한 각 경제부문간의 경합이라는 말로서만 논의되고 있다. 저축과 투자와 같은 통계를 의미가 있는 것으로 보거나 명백히 수량화할 수 있는 것으로 보는 것은 오해를 가져오기 쉽다. 이러한 생각은 공업시설에 대한 투자와 농업·교육·보건 및 지역사회 발전을 위한 지출을 합산하거나, 이러한 투자와 지출을 가용재정재원에 대비하여 투자라든가 개발투자로서 병치하고 있는 이들 모든 계획 속에 나타나게 된다.

이것은 국내 저축과 해외로부터 공급되는 자금은 서로 대체가 가능하다고 하는 그릇된 판단을 낳고 있다. 이를테면, 국내 소비의 축소는 생활에 필요한 것을 제외하고는 현재 소비재가 거의 수입되지 않고 있는, 특히 인도나 파키스탄과 같은 나라들에 있어서는 외환을 생겨나게 할 수가 있다.

  또한 전후형 접근방법은 또 하나의 그릇된 생각에 빠져 있다. 많은 정책조치—특히 농촌지방에 관한 것들—는 제도적 모든 개혁의 시행과 보건이나 교육에 있어서의 열렬한 노력의 실시를 요구하고 있지만, 그러나 다만 한정된 액수의 자금을 필요로 하고 있을 뿐이고, 이러한 자금은 근대적 공업부문에다 하등의 부담을 주지 않고 농촌지방 자체 내에서 종종 조달될 수 있다. 경제의 여타 모든 부문의 개발을 위태롭게 하지 않고 공업화 운동을 추진할 만한 상당한 미개척 분야가 남아 있음은 본질적으로 명백하다.

  포괄적인 계획화가 착수되기에 이르렀던 이들 나라에 있어서 정책의 가장 중대한 결함의 하나는 더욱 야심적으로, 그리고 더욱 대규모적으로 계획을 하지 못하고, 또 그 밖의 분야에 있어서와 마찬가지로 단호한 노력을 가지고 공업화를 보완하지 못한 데 있다.

  확실히 공업화운동—이것은 기득권익으로부터 아주 조금 밖에 저항을 받지 않고 있다—은 그 밖의 분야에 있어서의 모든 개혁을 더욱 열심히 추진하지 않아도 된다고 하는 구실로서 이바지하는 수가 많았다. 이 나라들이 필요로 하는 것은 그들의 성장을 억누르고 있는 수많은 모든 조건에다 동시적으로 변화를 일으키게 할 프로그램이다. 계획 입안자들의 책무는 근본적으로, 모든 이러한 변화가 개발을 촉진시키는 방향으로 정합하는 데 있다 할 것이다. 목표나 목적에 우선순위가 정해져 있을 때에는 이러한 사실을 잊어버리기 쉽다.

제20장 수공업 및 소공업의 문제

　경제정책이 꼭 하지 않으면 안 되는 일로서의 공업화는 도전을 받고야만다. 경제적인 전통주의적 이데올로기는 산업혁명을 필요로 하지 않는다. 아니 오히려 그것은 전통적인 경제조직의 모든 형태를 유지하며 강화하려고 노력하고 있다. 그렇지만, 양 이데올로기는 식민지시대의 경제적 경험이 가져온 결과에 대해 항의하고 있다. 공업화의 이데올로기를 지지하는 사람들은 주로 근대공업의 성장이 식민지시대의 열강국의 모든 정책—혹은 정책의 부족—에 의해 저지되었다는 것을 불평하고 있다.

　다른 한편, 전통주의자들은 그들의 생각으로는 완제품의 수입에 의해, 그리고 또한 부분적으로는 후기에 이르러 기계제품의 국내 생산에 의해 일어나게 된 오래된 수공업의 악화에 마음이 사로잡혀 있다. 공업 근대화의 투사와는 반대로, 그들은 농촌 수공업의 발전이 경제적·사회적 개선과 국가적 자급자족을 달성케 하는 주요 수단으로 되어야 한다고 주장하고 있다.

이 전통주의적 이데올로기는 수많은 다른 형태로 존재함으로써 간단한 요약을 불허하고 있다. 그러나 색채를 달리하는 모든 전통주의자들은 몇 개의 확신을 공통으로 가지고 있다. 그들은 농촌 수공업은 장려되어야 하고, 농촌 수준뿐만 아니라, 국가적 수준에서의 자급자족을 촉진하기 위한 조치가 취해져야 하며, 그리고 근대공업 제품―특히, 수입소비재―은 의심을 가지고 보아져야 한다고 믿고 있다.

이러한 류의 전통주의적 이데올로기는 인도에 있어서 소리 높이 외쳐지게 되었다. 이 나라의 수공업자들은 남아시아의 그 밖의 나라들에 있어서의 그들의 동업자들보다도 훨씬 가혹한 운명에 시달리고 있었다. 농촌경제에 의해 입게 되었던 손실이 인도에 있어서는 그 밖의 나라들에 있어서 보다도 훨씬 작은 정도로 밖에 보충되지 않았고, 그리고 경직한 카아스트 구조는 모든 변화에 성공적으로 순응해가는 데 필요하게 되는 적응성을 갖지 못하고 있었다.

농촌 수공업을 통한 농촌 재건이라는 슬로우건은 해방운동에 있어서 선전 무기로서 성공적으로 사용되고 있었으며, 이것은 전통주의적 이데올로기를 형성하는 중요한 요소의 하나가 되어 있었다. 민족투쟁의 일환으로, 인도인들은 서구 제품뿐만 아니라 서구풍을 배격하도록 권고 받고 있었다. 스와데시(국산품 애용에 해당하는 인도어)는 도덕률로까지 높아지게 되었다.

서구 제품과 서구의 경제적 행동양식을 배격하는 것을 넘어서, 이 이데올로기는 인도인들의 장래의 경제생활 패턴에 대한 적극적인 의미를 가지고 있었다. 이것은 간디가 남겨놓은 영구불변한 유산이며, 그의 사상은 오늘날의 인도에 있어서도 전통주의자들 간에서 아직 강력한 힘을 형성하고 있다. 이 생각 속에는 기계에 대한 불신감이 깃들어 있다. 간디는 또한 공업 근대화를 농촌 수공업의 적으로 보고 있었다. 그는 그 도시화를 농촌의 피를 빠는 악으로 생각하고 있었다. 전통주의적 이데올로기에 스며있는 또 한 줄기의 중요한 사상은 자영이 임금노동보다도 도덕적으로 월등하다고 하는 생각이다. 남아시아에 있어서, 그리고 가장 두드러지게 인도에 있어서, 자영은 특별한 이점을 가지고 있다고 하는 생각이 사회구조—이 속에서 임금 노동자는 천대를 받고 있다—의 경직성에 의해 강화되고 있었다.

전통적 이데올로기의 이같이 별난 변형은 무조건적으로 간디로부터 물려받은 참다운 유산이 된다고는 생각할 수 없다. 왜냐하면, 그는 카아스트제도에 반대하였으며, 그리고 모든 노동의 존엄성을 강조하고 있었기 때문이다.

독립시대 후에 있어서 계획화의 이데올로기와 마찬가지로 스와데시는, 현재의 경제상태를 피동적으로 받아들이는 것을 거부하는 것을 의미했다. 그와 같은 감정적 대처 덕분으로, 계획화에 있어서 인도의 독자적 노력은 자유방임형의 자유주의적 변종에 의한 반대에 거의 부딪치지 않게 되었다. 이리하여 아이러니컬하게도 스와데시는 국가경제 계획에 이데올로기적 뒷받침을 주게 되기에 이르렀고, 또한 자급자족적인 접근방법으로 계획화하는데 이바지 하게 되었음은 의심할 여지가 없다.

그 밖의 남아시아국에 있어서도, 몇 개의 같은 문제가 다시

발생하고 있기는 하지만, 그러나 전통주의적 이데올로기가 그들 나라들에 있어서는 인도에 있어서 보다도 약하다. 그 이데올로기를 뒷받침하고 있는 뼈대도 간디주의가 아니다. 그럼에도 불구하고 전통적 수공업의 강화를 찬성하는 이데올로기가 특히 독립을 위한 투쟁기에 일어나고 있었다. 인도에 있어서와 마찬가지로 전통적인 의상에로의 복귀는 민족운동의 전술로서 역할을 담당하게 되었다. 나아가 전통적 수공업 ―특히, 의료품 생산에 있어서의―경기회복은 제2차 세계대전 동안의 점령군의 수요는 토착 제조기업의 산출고를 자극하게 되었다.

일단 독립을 얻게 된 뒤로 전통주의의 지지자들은 국가계획의 보다 신중한 제한으로 옮겨가지 않을 수 없었다. 가내공업이나 소공업이 국가계획에 적합하게 되기 위해서는 그렇게 할 필요가 있었던 것이다. 근대화를 공약하게 되었던 모든 정부는 그들대로 전통주의자들을 따르기 위해 약간의 타협을 하지 않을 수 없었다. 그러나 수공업의 보호와 진흥은 공업화에 역점을 두고 있는 합리적인 계획화의 목적과 반드시 충돌하는 것은 아니라는 것이 자주 간과되고 있다.

우리들은 다음과 같은 것을 강조한 바가 있다. 즉, 설령 근대공업을 되도록 빨리 건설하는 것이 전적으로 합리적이라 하더라도, 그것은 장기에 걸쳐 많은 새로운 고용을 낳게 하지 않을 것이고, 그것은 얼마동안은 광의의 제조공업에 취업하고 있는 노동자의 순감소를 의미하게 될는지 모른다는 것을 강조한 바가 있다. 한편, 인구는 급속도로 증가하고 있다.

이와 같은 상태하에서는 만약 농업에 있어서의 노동력 이용과 생산성뿐만 아니라, 농촌의 가내공업으로 구성되고 있는 아주 큰 부분의 제조업에 있어서의 노동력 이용과 생산성을 증가시키는 조치가 취해지지 않는다면 경제는 여전히 정체에 머물러 있을 것이다.
　농촌 수공업의 생산물에 대한 수요는 대체로 농업에 있어서의 소득 수준에 의존하고 있다. 그러나 농업정책이 지금까지 남아시아의 어느 나라에 있어서 성공했던 것보다도 한층 더 성공적으로 된다고 가정한다 하더라도, 경제정책에 있어서의 안 될 요소는 농촌의 기공(技工)들을 보호하고, 가능하다면 그들의 지위를 향상시키게 되지 않으면 안 된다. 수출부문이나 수입대체 부문에 있어서 공업 확대는 전통주의자들이 보호하고자 원하는 모든 형태의 제조업에 역류 효과를 갖는 것이 아니므로 이러한 노선에 따르는 공업화의 모든 목표와 국내공업을 보호하는 모든 목표 간에는 근본적인 일치가 있다.
　가내공업을 근대공업의 경쟁으로부터 보호할 수 있는 방법에는 두 가지가 있다. 첫째로, 계획 입안자들은 새로운 공업의 개발을 이러한 경쟁을 제한하는 방향으로 추진할 수 있고, 동시에 가내공업에 대한 가격을 유지시키기 위해 조성금을 줄 수 있다. 둘째로, 정부는 새로운 장치를 제공하고 농촌의 기공들을 판매협동조합에 편입시킴으로써 그들을 더욱 보호할 수 있다. 이러한 모든 정책은 이것들이 빈곤하고 경제적으로 무방비한 그룹으로 하여금 새로운 사정에 적응하는 것을 용이하게 한다는 이유에서 옹호될 수 있다.

그와 같은 모든 정책은 큰 곤란에 부딪치고 있다. 가내공업 노동자들 자신에 관해서 말한다면, 특히 노동력이 금세기 말까지는 급속하게 증가하게 될 것이므로 그들을 위한 어떠한 대규모적인 조정의 가망도 없다. 그리고 공업화가 진행됨에 따라, 더욱 값싸게 또 더욱 매혹적으로 생산될 수 있는 근대공업의 제품을 막아낸다고 하는 것은 더욱더 어렵게 될 것이다. 이것은 소득이 늘어감에 따라 가내공업 제품에 대한 것보다도 근대공업 제품에 대한 수요가 더욱 커진다고 하는 사실에 의해 뒤얽히게 된다. 그럼에도 불구하고 유지정책으로서 수공업 내의 경쟁을 줄이게 하고, 심지어 수공업에 대해 조성금을 주는 방향으로의 공업화 운동의 장려는 계획화의 일부분으로서 확실히 유도될 수 있을 것이다.

남아시아의 정책 논의에 있어서 수공업을 보호하고 조성하기 위한 당연한 주장은 소공업도 또한 우대되어야 한다는 생각을 도입하는 것에 의해 복잡하게 되고, 심지어 혼란을 가져오게 하고 있다. 보통 이러한 생각은 소기업은 농촌지방에 설립되어야 한다는 것이다. 많은 전통주의자들은 이러한 견해를 지지하기에 이르렀고, 그리고 실제로 그들의 주장은 농촌 수공업과 소공업을 포괄하는 것으로 확대하기에 이르렀다.

이러한 학설은 원래의 간디주의와는 차이가 있다―이 학설의 지지자들은 이것이 원래의 간디주의라고 주장하고 있기는 하지만, 소공장은 고용 노동자들을 고용하고 근대적 기계기술에 의해 근대식의 생산물을 생산하는 것으로 이해되고 있다. 소기업이 정확하게 무엇인지에 관한 일관된 정의는 없었지만, 그러나 그것은 가족기업보다는 큰—때로는 훨씬 큰—기업에 관한 문제임은 확실하다.

그럼에도 불구하고, 전통주의자들의 대부분이 소기업을 가내 수공업과 대공업 간의 납득할 수 있는 중간 단계로서 보기에 이르렀을 때, 소공업을 가내 수공업과 연결하고 있는 이데올로기적 끈은 공업은 분산되어야 한다는 생각이거나, 보다 구체적으로는 공장은 농촌지방에 분산되어야 한다는 생각이다. 그렇지만 남아시아의 모든 나라들에 있어서는 소공업이 도시, 그나마도 대도시를 찾게 되었을 뿐만 아니라 정부의 지원계획도 흔히 이것을 장려하고 있었다. 충분한 발전을 보게 된 동력 조직이나 수송 조직이 없다면, 농촌지방에 공업을 육성한다고 하는 것은 어려울 것이고, 현 단계에서 공업을 도시에 설치하는 자연적 경향을 고친다고 하는 것은 무모하게 될 것이다. 그러나 이것이 공업을 소읍이나 심지어 촌락으로 밀어내는 장래의 모든 정책을 배제해서는 안 될 것이다. 비록 그와 같은 정책 목표는 자주 강조되어 왔고, 또한 심지어 지나치게 강조되고 있었지만, 남아시아의 어떠한 나라도 그 목표를 달성하는 데 있어서 두드러진 전진을 보이지는 못하고 있었다.

남아시아의 모든 나라에 있어서 아주 초기부터 소기업은 대기업보다도 작은 자본투자를 필요로 하게 되므로, 지원할 만한 가치가 있다고 주장되고 있었다. 그러나 이러한 주장에 대한 명백한 도전이 있다. 모든 연구는 모든 경우는 아니라 하더라도, 어느 경우에도 심지어 비교적 작은 공장이 근대화되거나 기계화되어 있는 경우, 자본과 산출고 비율이 대업체에 있어서 보다도 낮다고 하는 것을 나타내고 있었다.

　소공장에 투입되는 자본은 실제로 외환으로 도입하지 않고서도 국내에서 아주 흔히 생산될 수 있는 기계나 시설의 형태로 되어 있었다고도 할 수 있다. 마찬가지로, 소공업에 필요하게 되는 자본의 대부분은 오로지 원자재나 생산물이 체화되고 있는 동안만, 혹은 후자에 대한 지불이 이루어지게 될 때까지 기대하고 있는 유동자본이 되어 있을는지 모른다. 그러나 설령 그러한 유보조건을 고려한다 하더라도, 자본 절약적이라는 주장은 소공업을 지지하는 일반적 이유로서 큰 무게를 지니고 있다고는 생각되지 않는다.

　소공업을 원조하는 데에는 그 밖에도 한층 불가피한 이유가 있다. 소공업으로부터의 파급 효과는 대제조공업으로부터의 그것보다도 확실히 크다 할 것이다. 소공업에서 기계를 가지고 일하거나 소공업을 경영하는 것으로부터 얻어지게 되는 경험은 노동력 간에 더욱 확대될 것이다. 그리고 공업화에 있어서의 지역적 균형을 달성한다는 문제를 접어두고서도, 남아시아국은 대생산업체와 소생산업체 간의 균형을 이룩해야 한다는 문제에 직면하고 있다.

　소수의 대기업과 엄청나게 많은 농업 및 수공업으로 구성되어 있는 경제를 가진다고 하는 것은 매우 불행한 일이라 할 것이다. 대공업의 수준 밑에는 마땅히 비교적 작은 공기업의 층이 있어야 할 것이다. 대공장과 소공장은 두 가지 방법으로 서로 보완할 수 있을 것이다. 첫째로, 대업체는 상대적으로 작은 업체에 부품의 생산이나 용역 업무를 하청시킬 수 있을 것이다. 둘째로, 상대적으로 작은 기업은 그것이 완제품으로 가공되는 원료의 대부분을 상대적으로 큰 기업으로부터 기대할 수 있을 것이다.

  소공업은 가내공업이 보호될 수 있는 것과 마찬가지로, 대제조공업으로부터의 압도적인 경쟁으로부터 보호될 수 있다. 수입제한책과 투자억제책은 상당한 시장 보호를 해주기 위해 사용될 수 있다. 소공업에 있어서 생산성을 근대화하고 개선하기 위한 조치가 가내공업에 있어서와 마찬가지의 방법으로 사용될 수 있다. 폭넓은 전면에로의 소기업의 진출은 시장의 확장을 전제로 하고 있으나, 그러나―특히 수출생산부문이 막혀 있다고 한다면―이것은 그 나라에 있어서의 생산이나 소득의 일반적인 상승이 있어야만 일어나게 될 것이다.

  소공업과 가내공업의 확장을 촉진시키는데 있어서 남아시아국이 이룩한 진보를 평가하는데 있어서, 우리들은 사태를 개선하고자 노력하는 사람들이 그 밑에서 활동하지 않으면 안 되는 심한 핸디캡을 명심하지 않으면 안 된다. 결국 이들 모든 핸디캡은 저개발의 결과에 있거나 추진의 심한 부족에 있다. 이 점에 있어서, 인도는 좋은 예를 제공하고 있다.

  가내 수공업을 보호하는 정책은 그 자체가 방어책 이상의 것으로는 거의 될 수 없다. 농촌 수공업자의 경제적 지위에 있어서의 실질적인 개선을 가져오기 위해서는 그가 생산하고 판매하는 양을 증가시키는 것이 필요하다. 그렇지만, 그의 생산물의 보다 많은 양을 흡수할 수 있는 시장의 능력은 일반적인 생산이 증진되고 농업에 있어서의 소득이 증대하는 것에 달려 있다.

농촌의 기공들은 그들이 도시 시장을 확보하려면 자기들의 생산물의 질을 또한 높이지 않으면 안 된다. 이러한 이유에서 노동자들이 그들의 생산물의 양과 더불어 질을 높이는 것을 도와주기 위한 정책 노력이 이루어져 왔다. 그러나 가내 공업이 아무리 크게 보호된다 하더라도, 그것이 더욱 격심한 경쟁에 부딪치게 될 것이라는 것은 능히 예상할 수 있다. 동시에 쓸 수 있는 돈이 많아지면, 사람들은 전통적인 수공업 제품으로부터 대공업에 의해 생산되는 값싼 제품으로 옮겨가는 수가 종종 있다. 뿐만 아니라, 가내 공업에 있어서 생산성을 증가시키기 위해 취해지게 되는 적극적인 모든 조치는 능률이 낮은 기업을 파산케 함으로써 단기적으로 기술적 실업을 가져오게 할 우려도 있다.

인도에 있어서 수공업적 방직업이나 수공업적 제조업에 있어서의 생산은 초기의 3차에 걸치는 계획기간에 엄청나게 증가하게 되었고, 위에서 논한 모든 문제를 고려에 넣는다면, 이러한 발전은 인상적인 것으로 생각되지 않으면 안 된다. 그러나 그 밖의 대부분의 농촌 수공업은 그렇게 잘 되어가지 않고 있었다. 가내 공업을 촉진하는 비용은 막대하였고, 또한 해를 거듭하여 늘어가고 있었던 것 같이 보인다.

인도 관리들은 15년간 계획을 실시한 끝에 가내 공업은 거기에 고용된 사람의 수를 실질적으로 증가시키지 못했고, 또한 농촌사회의 부에 대하여 현저하게 보탬이 되는 것은 없었다고 평가했다. 그렇지만, 이 기간에는 두드러진 인구 증가가 있었던 반면에 농업은 상대적으로 정체에 빠져 있었다는 것도 또한 기억해 두어야 할 것이다. 이러한 모든 요인을 감안할 때, 정부 정책은 그럼에도 불구하고, 매우 중요한 가치가 있었다고 생각된다. 그것이 있었던들 노동력 저애용 문제는 한층 더 심하게 되었을 것이고, 또한 수공업자들의 생활수준은 한층 더 하락하게 되었을 것이다. 또한 수공업자들의 생활수준은 한층 더 하락하게 되었을 것이다. 인도 농촌에 있어서 전통적 제조업의 명맥을 유지케 한 것—비록 그 기간이 짧기는 하였으나—만도 적지 않게 중요한 업적이 된다.

남아시아의 모든 나라들은 자국의 소기업을 비호 내지 보호하고자 노력해 왔다. 그러나 계획 작성에 있어서 대부분의 경제학자들은 소기업의 생산적 이익을 주로 그것이 고용에 대해 주게 되는 효과를 기준으로 해서 고찰해 왔다. 그리하여 그들은 그 분석을 노동 참가에만 한정해 왔고, 또 그 밖의 노동력 이용의 두 가지 구성요소—노동 지속과 노동 능률—는 대부분 무시해 왔다.

우리들은 노동 지속과 노동 능률이 가내 공업이나 소공업에 대한 모든 정책에 의해 어떻게 영향을 받게 되었는가를 알지 못하고 있다. 그렇지만, 노동 참가, 노동 지속과 노동 능률 간의 상호관련에 관하여 우리들이 알고 있는 것으로부터 노동이 기회를 증가시키게 되는 것은 무엇이든지 이러한 노동의 양과 효율성을 증대시키는 경향이 있을 것이라는 것을 우리는 가정하려고 한다.

이러한 논거 위에서 농촌 수공업자들을 협동조합—이 속에서 그들은 지역사회의 규율에 복종하게 될 것이다—에 가입시키는 것, 그들을 특별활동이나 그 밖의 수단으로 훈련시키는 것, 그리고 그들에게 도구나 기계로서 장비화하는 것 등은 그들이 일하는 시간이나 능률의 증대를 가져오게 함에 틀림이 없을 것이다. 그러나 우리가 알기로는, 많은 경우에 있어서 사태는 이러한 방향으로 진행되지 않는다. 무엇보다도, 대부분의 농촌 노동자들이나 수공업자들이 낮은 생활수준과 노동력 이용을 낮게 하고 있는 모든 조건에 피동적으로 적응하는 그들의 해묵은 습성 자체가 개선에 대한 무서운 장해가 되어 있다. 이러한 것들은 특히 급속하게 늘어나고 있는 노동력이 있다면 빨리 달라지게 될 수 없다.

게다가, 많은 수공업자들은 농민들과 마찬가지로 어떠한 형태로건 중간상인들이나 고리대부업자들에게 묶여 있다. 이들 중개자들은 현상을 항구화시키고 개혁을 좌절시키는 것에 명백한 이해관계를 가지고 있다. 이들의 파괴력은 강력한 정책 조치에 의해 깨뜨려질 수 있을 것이나, 그러나 개혁가들이 이 같은 반대의 힘을 과소평가하려는 것은 어리석은 생각이다.

남아시아의 농촌에 있어서 수공업을 보호하고 촉진해야 할 이유는 특히 한층 가난한 나라들에 있어서 강하다. 농촌에 있어서 대부분이 수공업자들에 대해서는 대신할 만한 일자리가 없고, 또한 그들의 운명을 개선할 수 있는 유일한 방법, 참으로 그들의 생활수준의 더 이하의 저하를 막을 수 있는 유일한 방법은 그들에게 되도록 시장을 보호해 주는 동시에 그들의 생산성을 향상시키는 길 밖에 없다.

이것은 국가가 그들에게 보호된 시장을 마련하는데 대한 비용을 최소로 할 것이며, 그리고 그것은 또한 그와 같은 시장에 대한 그들의 필요성을 증가시키게 될 것이다. 농촌지방에 대공업을 설립시키고자 한들 부질없는 일이다. 그렇지만 소공업을 마찬가지로 도시에 세우도록 장려할 이유는 강하다.

소공업은 그 규모는 작지만, 우리들이 그것으로부터 생겨나게 되리라고 기대하는 보다 강력한 파급 효과로 말미암아 남아시아의 공업 성장이 식민지시대에 있어서 그러했던 것처럼 근대적 대기업을 가지는 몇몇 포령에만 한정되는 것을 막을 수 있다.

가내공업의 유지 및 촉진과 농업에 대한 유사한 정책은 남아시아 저개발국이 다가올 오랜 기간에 걸쳐 두 개의 별개 경제부문을 갖게 될 것이라고 하는 것을 암시하고 있다. 그 하나는 작기는 하지만 점차 성장하고 있으며, 완전하게 근대화된 대소 제조기업 부문이고, 다른 하나는 전통적 기술과 그다지 다름이 없는 노동집약적 기술을 사용하게 될 것이고, 또한 급증하고 있는 노동력의 대부분에 일자리를 계속 주게 될 엄청나게 큰 부문이다.

근대화된 공업은 노동력을 절약하게 될 것이며, 또 노동력은 금세기 말까지는 급속하게 성장하게 될 것이므로, 후자의 유형은 과도적인 유형으로서가 아니라 수십 년 동안 우세하게 될 유형으로서 받아들일 필요가 있을 것이다. 이러한 사정 하에서는 도시 소기업을 되도록 급속히 근대화하는 것이 급선무가 된다. 가장 진보적인 소기업의 주요 기능은 고용의 극대화를 가져오게 하는데 있는 것이 아니라, 그 작업을 확대해서 공업화를 가속화하는 데 있어야 할 것이다.

농업과 수공업—그리고 흔히 소기업도 마찬가지로—은 기술적으로 뒤떨어진 채 남겨두지 않으면 안 된다는 생각을 받아들이는 것, 그리고 계획화의 노력은 근대 대공업의 포령을 건설하는 데에만 한정한다고 하는 것은 크게 실패를 가져올 가능성이 있다.

 간디의 사회적·경제적 교리 속에는 합리성의 본질적인 요소가 있었고, 또한 전후기에 발전하게 되었던 바와 같은 가내공업 조성을 위한 프로그램은 현재 지배적으로 되어 있는 매우 어려운 모든 조건하에서는 단호하고 현실적인 개발계획을 더욱 더 대표하고 있다.

제21장 인구문제

　우리들은 가끔 개발국으로부터 얻어진 개념을 남아시아의 사회적 현실에 적용하는 정의상의 곤란을 지적한 바가 있었다. 인구에 관해서는 그와 같은 곤란이 있을 리가 없다. 우리들은 명백히 인구에 관한 모든 요소를 상대적으로 간단하고 명백한 방법으로 다룰 수 있다. 인구 규모, 인구의 연령별 성품과 분포, 출생자 수 및 사망자 수는 남아시아의 현실에 논리적으로 타당성이 있을 뿐만 아니라 적합한 방법으로 정의할 수 있는 생물학적 모든 사실이기 때문이다.
　이러한 관찰은 형식적 인구학, 특히 출생과 사망 및 연령 구성간의 모든 관계에 관련을 가지고 있다. 그렇지만, 우리들이 간단한 인구학적 분석을 넘어서서 원인과 결과를 구명하게 된다면, 우리들은 곧 비생물학적 성질을 갖는 복잡한 사회적·경제적 모든 조건에 부딪치게 된다. 그리하여 우리들은 인구 변화의 연구에 있어서 마저도 개발국에서 형성된 개념이나 접근방법을 적용하는 것에 의해 단순화하고자 하는 유혹과 싸우지 않으면 안 된다.

남아시아에 있어서의 인구 변화는 메커니즘에 관한 분석을 흐리게 하는 것으로는, 아주 중요한 통계가 부족하고 신빙성을 잃고 있다고 하는 점이 있다. 인구학자들은 자료를 개선하는 것에 의해서 뿐만 아니라 빈약한 자료를 되도록 최대한의 결과를 달성하게끔 사용하는 기술을 개발하는 것에 의해, 이러한 핸디캡을 극복하고자 노력하고 있었다. 그럼에도 불구하고 인구통계의 불완전은 여전히 중요한 장애로 남아 있다. 미얀마나 남베트남에 있어서 총인구 규모에 관한 믿을 수 있는 숫자는 이를테면, 입수가 불가능하고, 또한 모든 나라에 있어서의 출생 및 사망에 관한 기록은 불완전하다.

일반적으로 총인구라는 간단한 집계로부터 특정 연령그룹이나 직업그룹에 있어서 남자 인구수 및 여자 인구수가 같은 집계로 세분화되어감에 따라, 인구자료는 한층 더 믿을 수 없게 된다. 그러나 총인구의 숫자마저도 나라에 따라 그리고 최근의 국세조사의 자료에 따라 그 숫자를 낮게 한 착오의 범위만큼 내용을 달리하고 있다.

불과 10년 전만 해도, 남아시아국은 과도한 인구성장이라는 문제에 부딪치고 있는가, 그리고 그 나라들은 어떠한 의미에서 그러한 문제에 부딪치고 있는가 하는 것 등은 여전히 논쟁의 대상이 되고 있었다. 그러나 오늘날에는 이 지역의 모든 나라들이 아주 가속적인 인구성장을 갖는 위급한 단계에 들어서기에 이르렀고, 그리고 또 경제개발의 성공 여부는 결정적으로 인구 추세와 관련을 갖고 있다고 하는 것이 일반적으로 인정되고 있다. 근년에는 틀림없는 인구혁명이 일어나고 있는데, 그것이 진행되고 있는 속도나 규모는 전례가 없을 정도의 것이다.

이러한 혁명을 전문가들은 예측하지 못하고 있었다. 최근에 이르기까지 그들은 다만 초기의 추세에서 추정하고 있었을 뿐이다. 그 결과 그들의 예상은 실제로 일어나고 있었던 것보다도 언제나 낮다는 것이 판명되었다. 요컨대, 최근의 인구조사 자료와 그 밖의 정보는 예측된 성장률의 극적으로 대대적인 상향 수정이 필요하게 되었다고 하는 것과, 증가율은 지금까지 상승해 왔고, 또 현재에도 상승하고 있다고 하는 것을 가리키고 있다.

이 인구학적 추세의 메카니즘은 간단하다. 사망률은 크게 줄어든 반면에, 출생률은 믿을 만한 가장 오래된 통계에 나타나 있는 것과 다름이 없는 고수준에 머물러 있거나, 최근에는 심지어 더욱 고수준에 도달하고 있는 것이다. 그러므로 인구의 자연 증가율은—그리고 재생산율은—사망률의 저하를 그대로 반영하여 급속하게 상승하게 된 것이다.

출생률의 상승과 사망률의 감소가 생활수준에 있어서는 하등의 변화도 없이—인민 대중에 대해서는 하등 변화가 없었다—일어나고 있다고 하는 것은 명백하다. 출생률을 줄이기 위한 강력한 정책조치가 취해지지 않는다면, 남아시아는 매우 높은 인구 증가율과 심지어 점점 높아지는 증가율을 계속 가지게 될 것이다. 그러한 현상이 일어나게 됨에 따라, 우리들은 결국 사망과 출생은 다시 균형에 접근하지 않으면 안 된다고 하는 인구학자들의 격언—다시 말하면 출생률이 새로운 사망률 수준에까지 저하될 수 없다면, 사망률은 언젠가는 또 다시 증가하지 않으면 안 된다고 하는 격언—에 직면하게 된다.

남아시아에 적용되는 경우, 이러한 가설은 우선 우리들이 앞의 여러 장에서 설명한 바와 같은 생활조건이나 노동조건 하에서는 현재의 인구 추세가 만약에 역전되지 않는다면, 반드시 개발 노력을 좌절시키고 말 것이라는 것을 의미함에 틀림이 없다. 이것은 결국 소득과 생활수준의 누적적인 악화를 가져올 것이다. 이것은 머지않아 이 지역의 보다 크고 보다 인구가 조밀하고 보다 가난한 부분—그리고 이 책에서의 전면에 걸친 분석은 이 부분에다 가장 큰 비중을 두고 있다—에서 일어나게 될 것이다. 일단 소득과 생활수준이 떨어지기 시작하기만 한다면, 사망률은 어느 시점에 이르러서는 그 자율적인 성격을 잃게 되어 직접적으로 이것에 의해 영향을 받게 될 것이다.

노동력의 규모에 있어서 예기되는 증가를 자연자원이나 토지자원에다 관련시켜 말한다면, 새로이 대두하고 있는 인구위기는 가난한 나라들에 관한 더욱 두드러지게 아시아적인 현상으로 되어 있다. 남아시아를 제외하고서는 오직 중국, 북아프리카(이집트 포함), 그리고 라틴 아메리카의 카리브연안만이 비슷한 사정에 놓여 있다.

남아시아의 약간의 부분—이를테면, 라오스, 캄보디아 및 모든 나라들에 있어서의 개별적인 지역과 같은—마저도, 인구 증가분을 흡수하는데 사용될 수 있는 전인미답의 자연자원이 풍부하다고 하는 추상적인 의미에 있어서, 인구가 과밀하다고 하기보다는 오히려 인구가 과소한 상태로 계속 남아 있다. 그러나 이러한 경우에 있어서는 이 때문에 개발이 더욱더 필요하게 되며, 그 성공의 여부는 국내적인 제도적 모든 개혁, 특히 토지소유제도 및 소작제도의 개혁, 교육 및 훈련의 개선, 그리고 이러한 모든 것에 앞서서 개혁에 유리한 정치 풍토의 유무에 따라 결정된다.

그것은 또한 부유국의 예에다가 개발도상국을 도와주게 된 금융정책이나 무역정책을 요구하고 있다. 만약 이러한 모든 조건이 국내외적인 모든 정책에 의해 마련되지 않는다고 한다면 대중들은 계속 초만원이 될 것이고, 그리고 한 지역이나 한 나라는 설령 가까운 곳에 자연자원이 풍부하게 있다 하더라도 인구가 과밀한 상태로 남게 되는 수가 있을 것이다.

남아시아의 급속한 인구성장의 기초는 식민지시대에 확립을 보게 되었다. 우리들이 이 책의 다른 부분에서 논의한 바와 같이 식민지 강국은 여러 세대에 걸쳐 자기들의 영토에 있어서의 생활수준을 개선하기 위해 거의 아무것도 하지 않고 있었다. 그러나 그들의 통치 말기에 이르러 다소의 진보가 보건시설을 마련하는데 있어서 이루어지게 되었다. 또한, 아프리카에 있어서와 마찬가지로 남아시아에 있어서도 식민 열강국의 존재는 토착민의 전쟁으로 인한 사망률을 크게 저하시키게 되었다. 이 모든 것이 가지는 결과는 명백히 누적적인 것이었다.

1800년에서 1850년까지 남아시아의 인구 성장률은 연평균 1000분의 9였었다. 20세기 초에 이르러 그것은 1000분의 10으로 늘어났다. 1960년대 초기에는 그것은 무려 1000분의 20을 상회하게 되었다. 인구 예측은 후에 나타나게 되는 결과와 일치하지 않는 것으로 소문나 있으며, 예측과 사실 간의 격차는 매우 심했다.

파리국제인구회의에서는 1937년에, 이를테면 세계에서 가장 인구가 조밀한 섬의 하나인 쟈바의 인구에 관한 금세기 말까지의 예측이 소개되고 있었다. 그런데 이미 1955년에 쟈바의 인구실수는 2000년에 대한 예측수를 5백만이나 초과하고 있는 것으로 추정되고 있었다. 비교적 최근의 예측마저도 제2차 세계대전 후에 남아시아에서 일기 시작한 인구 성장의 참다운 비율을 예견하는데 실패하고 있었다. 그리하여 공공개발계획의 대부분은 극히 최근까지 인구 성장률을 대체로 크게 과소평가하게 되었다.

이상의 점에 유의하면서, 우리들은 다가올 20년 동안의 남아시아에 있어서의 출생률과 사망률에 대한 전망에 관해 다음과 같은 결론을 내리기로 한다. 단, 이 결론은 산아제한을 보급시키고자 하는 신중한 정부의 노력이 없고, 또 현재의 인구정책이나 그 정책의 효과에 하등의 변화가 없다고 하는 것을 전제로 해서 얻어지게 된 것이다.

(1) 사망률은 나라마다 그 율이 다르기는 하지만 계속 감소하게 될 것이다. 그리하여 1975~1980년에는 출생시의 평균수명이 말레이시아나 스리랑카에 있어서는 65세 정도거나 약간 상회할 것이고, 태국과 필리핀은 60세 정도, 인도와 인도네시아, 남베트남과 미얀마 및 파키스탄에 있어서는 50~52세가 될 것으로 예상된다.

(2) 출생률은 이 기간을 통해서, 이 지역의 모든 나라에 있어서 불변하게 되거나 다소 늘어나게 될 것이다.
(3) 국제이민은 남아시아의 어느 나라에 있어서도 인구 추세에 대해 중대한 영향을 미치지 못할 것이다.

남아시아의 인구는 현재 매우 급속하게—유럽인구사에 기록된 어떠한 시기의 성장률보다도 더 급속하게—늘어나고 있고, 또 남아시아국의 몇몇 나라에서는 그 증가율이 한층 더 가속화하는 징조마저 보이고 있다고 하는 것은 사실이다. 이러한 심상치 않은 성장 과정이 말하는 가장 중대한 대목은 앞으로 수십 년 내에는 정부 활동이—아무리 강력하고 단호하고 일관성을 갖게 된다 하더라도—그 성장을 촉진하고 있는 강력한 사회적 힘을 저지시키는데 기껏해야 아주 조금밖에 영향을 줄 수 없다고 하는 것이다.

설령 출생률이 다음 수십 년 동안에 상당히 감소된다 하더라도—우리들의 분석은 그러한 감소가 자연발생적으로 일어날 수 없다고 하는 것을 가리키고 있다—이것은 인구 규모의 추세를 감소가 시작된 지 자그만치 30년 이내에는 아주 크게는 달라지게 하지 않을 것이다.

비교적 많은 수의 어린이를 가지고 있는 이들 나라에 있어서의 현 연령 분석도—이것은 그 자체가 최근 수십 년 동안에 있어서의 높은 출생률과 증대하는 출생률을 반영하고 있다—1세대에 걸쳐 효력을 갖게 될 높은 성장 가능성을 내포하고 있다. 출생 연령을 갖는 사람의 수는 출생률 자체가 감소하기 시작한 지 1세대 후에 비로소 감소하기 시작할 수 있는 것이다.

여기서 주의해야 할 점은 인구정책에 의해 출생률을 저하시킬 수 있다고 다소 극단적으로 가정을 한다 하더라도, 20~30년 동안은 인구성장의 타성이 총인구에 있어서 계속적인 높은 증가율을 보증하게 될 것이라는 점이다. 이 때문에 인구정책이 중요하다고 하는 것이 명백하게 된다. 즉, 인구성장의 높은 타성은 인구 제한에 관한 적극적인 정책을 통해서 되도록 급속하게 브레이크를 거는 것을 더욱더 긴급하게 하고 있다. 그러나 이러한 긴급성은 정책을 맡고 있는 자들이 국가이익에 대하여 유달리 장기적인 관점을 취할 용의가 있을 경우에만 뚜렷하게 될 것이다. 보다 장기적인 관점에서—심지어 15년~30년을 관점으로 해서—매우 성공적인 인구정책에 의해서마저도 이루어질 수 있는 변화는 아주 제한된 것으로 보이게 될 것임에 틀림없다.

이주나 이민은 남아시아국의 어느 나라에 있어서도 인구의 장래의 규모에다 크게는 영향을 주지 못할 것이다. 제1차 세계대전 후에 세계의 개발국 대부분은 해외로부터의 이주민을 제한하는 국가정책을 확립하고 있었다. 개발국에 있어서 특히 가난하고 미숙하고 흔히 문맹인 비백색인들의 유입에 대한 제한이 머지않은 상태에 완화될 징조는 전혀 없다.

우리들은 남아시아의 어느 나라로부터의 이렇다 할 만한 이민은 없을 것으로 보지 않으면 안 된다. 설령 이러한 장벽이 약간은 제거된다 하더라도, 남아시아의 지도자들은 이민을 탐탁하게 생각하지 않고 있다. 다시, 설령 지도자들이 탐탁하게 생각하고 있다 하더라도, 남아시아에 살고 있는 대중들의 대부분은 생활 근거를 외국에 옮겨 그 곳에서 딱딱한 새로운 생활을 하기를 원치 않고 있다. 그러나 만약 남아시아의 인구문제가 이 지역으로부터의 이민을 통해서 완화될 수 없다고 한다면, 그것은 또한 이 지역 내의 민족 이동에 의해서도 해결될 수 없을 것이다. 오늘날에 있어서는 제2차 세계대전까지 계속되었던 인도로부터(그리고 중국으로부터) 스리랑카나 말레이시아에로의 민족 이동이 재현될 가망은 없다.

　인구학적으로 우리들은 한 시대의 종말에 다가서고 있다. 가난한 사람들의 평화적인 이주는 경제적 모든 조건을 조정하는데 한층 더 작은 역할 밖에 하지 못하게 될 것이다. 부유한 나라들의 국경은 제1차 세계대전과 더불어 닫혀지기 시작했고, 가난한 나라들마저도 이것을 뒤따르게 되었으며, 남아시아에 있어서 새로 독립한 저개발국들은 그들의 정책을 이러한 범세계적 추세에 맞추고 있다.

　남아시아에 있어서의 인구성장률이 오늘날에는 대체로 그들의 경제 발전율과 관계가 없다는 것이 명백하다. 발전은 사망률 감소의 속도나 정도에 대하여 영향을 줄 수 있다. 그것은 생활수준을 결정하고, 그리고 보건 조건의 개선에 충당되는 공공지출액에다 영향을 줄 수 있기 때문이다. 그러나 출생률은 만약에 자연발생적인 힘에 맡겨진다면, 전통적으로 높은 수준에 머무르게 되거나, 경제발전이 있건 없건 다소 증가할지도 모른다.

　일반적으로 말해서, 남아시아의 급속하고 가속적인 인구 증가는 경제 진보를 저지하고 있을 뿐만 아니라, 조만간 각국이 갖는 조건에 따라 악화는 아니라 하더라도 경제정체를 가져올 우려가 있다. 이민은 실행 불가능한 정책으로 되어 있고, 또 어떠한 정부도 사망률의 감소를 바라지 않을 수 없으므로, 이 지역에 있어서의 모든 정부가 직면하게 되는 실제문제는 이들 모든 정부가 자연발생적으로는 생겨나지 않을 출생률의 감소를 일으키게 하고자 기도하느냐 하지 않느냐 하는 것이다.

우리들의 인구동태의 경제적인 영향에 관한 분석에 있어서 기초가 되는 것은 코올(Ansley J. Coale)과 후우버(Edgar M. Hoover)가 증명하게 되었던 다음과 같은 사실이다. 즉, 출생률의 저하는 저개발국의 노동력에 대하여 20년 혹은 심지어 30년 동안은 이렇다 할 영향을 주지 않을 것이라고 하는 사실이다. 앞으로 15년 동안 이것은 자명하다. 그러나 그 후의 약 15년 동안에 있어서 마저도 예상되는바 영향은 점진적이거나 완만할 것이다. 그리하여 출생률의 감소가 생산자수에다 주는 영향은 거의 1세대 동안이나 늦어지게 된다. 그렇지만 소비자수에 대한 그 영향은 즉각적이다. 노동력 이외의 상대적인 수는 출생률이 감소하자마자 떨어지기 시작할 것이다.

남아시아에 있어서 산아율의 감소가 갖는 적극적인 효과는 알기 어렵지 않다. 총인구에 있어서 아동의 비율 감소는 진보적인 것이 될 것이다―즉, 출산연령에 달한 젊은이의 수는 감소하게 될 것이고, 산아수도 비교적 적게 될 것이다. 진일보해서 출생률이 현재보다도 낮은 수준에서 안정된다면, 연령 분포는 비정상적으로 높은 비율의 젊은이들과 어린이들을 갖는 대신에 정상적으로 되는 경향이 있을 것이다.

보살펴야 할 아동수가 줄게 된다면, 양친에 대한 소득은 아무리 우리들이 그것을 계산한다 하더라도 늘어나게 될 것이다. 만약에 평균소득중에서 증가된 모든 부분이 소비를 증가시키는데 충당된다고 한다면, 그리고 보통의 아동이나 성인이 상대적으로 동일한 소비의 몫을 유지하게 된다면, 1인당 소득증대에 상응하는 생활수준의 일반적인 상승이 나타나게 될 것이다. 각자는 보다 좋은 음식을 취하게 되거나 보다 좋은 집에 살게 될 것이고, 모두가 공공예산에 의해 제공되는 교육시설, 보건시설 및 그 밖의 복지시설을 더욱더 향유하게 될 것이다.

소비수준 향상의 부수적인 효과는 노동투입 뿐만 아니라 노동 능률의 증대에 의해 생산성을 제고시키는 것이 될 것이다. 소득수준의 향상과 더불어 저축도, 그리고 아마 투자도 늘어날 수 있을 것이고, 조세를 통한 정부 소득도 높아지게 될는지도 모른다. 게다가, 생활수준의 향상으로부터는 한층 미묘한 효과가 생겨날 수 있는 것이다.

남아시아의 몇몇 지구에 있어서의 심한 빈곤의 적어도 일부분은 태도와 제도를 개혁하고, 근대기술을 보급하고, 위생을 개선하는 등에 대한 대중의 무관심과 무반응을 설명하는 것임에 틀림이 없다. 그리하여, 출생률의 감소 효과는 경제적인 관점에서 뿐만 아니라 보다 넓은 인간적인 관점에서도 직접적으로 유리한 것이 될 것이고, 또한 이러한 효과는 매우 크고 누적적인 것이어서 해를 거듭하여 타력(惰力)을 얻게 되리라고 하는 것이 명백하다. 그 효과는 또한 인간과 토지 비율과는 관계없이 될 것이다. 왜냐하면, 동일한 인과적인 메커니즘이 인구가 조밀한 나라에 있어서와 마찬가지로 인구가 희소한 나라에 있어서도 작용하게 될 것이 틀림없기 때문이다.

다른 방향에서의 효과는 노동력의 증가를 수반하게 된다. 남아시아국에 있어서는 노동력이 현재 그들 간에서 이전에 증가하고 있었던 것보다도 훨씬 급속하게 증가하고 있으며, 그것은 심지어 산아제한의 효과가 실현되기 시작하기 전에 서유럽에 있어서 증가했던 것보다도 20~30배나 더 빨리 증가하고 있다. 이러한 증가는 계속하게 될 것이다. 지금부터 15년~20년 후에 노동 연령에 달하게 될 사람들의 대부분은 이미 태어나 있다. 산아율을 감소시키고자 하는 어떠한 노력이 이루어진다 하더라도, 그것은 이 연령층에 대해서는 아무런 효과도 없을 것이다.

우리들은 앞 장에서 이들 늘어나는 노동력을 생산적으로 이용되게 할 수 있는 유일한 희망이 장기적으로는 공업화의 확장에 있다고 하는 것을 말한 바가 있다. 그러나 단기적으로는—이것은 다가올 수십 년을 의미한다—남아시아국에 있어서의 계획화의 대전제는 농업이 노동력에 있어서 예기되는 급속한 증가의 훨씬 많은 부분을 흡수해야 한다는 것으로 되지 않으면 안 된다. 농업계획의 목적은 노동력 이용을 높이는 것, 더구나 노동력이 급증하고 있는 동안에 높이는 것으로 되지 않으면 안 된다. 그러나 이것은 기껏해야 미봉책에 불과하다.

만약 공업화가 마침내 확대해가는 노동력의 고용에 대해서 그것이 미치게 되는 순효과가 적극적이고 중요하게 되는 점에까지 확대되지 않는다면, 농업에 종사하는 대중들에게는 큰 불행이 일어나게 될 것이고, 일반적으로는 경제발전의 정체 혹은 심지어 후퇴가 일어나게 될 것이다. 현재 및 장래의 출생률과 사망률에 따르는 노동력의 성장이 아무런 재난을 일으키지 않고 남아시아의 어떠한 나라에 있어서 흡수될 수 있다고 생각하는 것은 전혀 비현실적이다.

인구정책은 바로 그 성질상 장기적인 전망에서 고찰될 필요가 있고, 남아시아에 있어서는 그 필요성이 인구의 약년화(弱年化)로 말미암아 더욱 크다. 15세 이하의 인구가 서방국에 있어서는 20~25%인데 반해서 남아시아에 있어서는 40%이고, 출산 연령층에 있어서 마저도 연령분포가 이에 못지않게 왜곡되어 있으므로, 인구성장 그리고 특히 노동력 성장이 눈에 띄게 둔화되기까지는 오랜 제동기간이 필요하다. 설사 남아시아국의 한 두 나라에 대해서 노동력의 성장이 얼핏 보기에 앞으로 얼마 동안은 위험할 것 같지 않게 생각된다 하더라도, 이것은 산아율을 저하시키고자 하는 노력을 연기해도 좋다고 하는 논거가 될 수는 없을 것이다. 그리고 산아제한을 보급시키는 정책이 출생률에다 상당한 효과를 가질 수 있게 되기까지는 대중을 교육하는 기간이 필요하게 될 것이라고 하는 것을 잊어서는 안 된다.

비록 이 문제에 관한 우리들의 논술이 일반적인 용어로 이루어지게 되기는 했지만, 그리고 비록 우리들은 우리들의 모든 사실에 관한 지식이 허용하는 이상으로 논술을 특수화하는 것을 꾸준히 피해 오기는 했지만, 우리들은 다음과 같은 결론을 내릴 수 있다고 믿는다. 즉, 그것은 인구 동태의 경제적 영향에 관한 고찰은 남아시아국의 모든 정부에 대하여 산아제한이 인민대중들 간에서 실천되게 하는 정책 조치를 되도록 빨리, 그리고 되도록 정력적으로 세우게 하는 강력한 이유를 주고 있다고 하는 결론이다.

이들 모든 정부들은 가톨릭국인 필리핀과 같은 특수한 예외도 있기는 하지만, 적어도 최근까지 산아제한에 대한 공공정책을 모색했다. 그러나 남아시아의 어떠한 나라도 아직은 출생률의 감소에다 이렇다 할 영향을 미치지 못하고 있다. 인구정책이 재빨리 시작되었던 인도에 있어서 마저도 산아율은 아직도 감소하지 않고 있다.

1960년 중엽 현재 산아제한 정책으로부터 생겨날만 했던 모든 이익은 어쨌든 나병률이나 사망률의 감소에 의해, 그리고 아마도 피임 습관의 해이에 의해 상쇄기에 이르렀고, 인구율은 아직도 늘어나고 있다. 하지만, 이 지역의 모든 정부가 피임에 토대를 두는 인구제한 정책을 신중하게 선택하였거나 선택하고 있다고 하는 사실은 근대사에 있어서 좀처럼 없는 일이었다. 일본은 그와 같은 선택을 하게 된 남아시아 외에서의 유일한 나라이기는 하지만, 그러나 일본은 인도가 그 조치를 취하고 난 후에 그렇게 하게 되었고, 당초에는 그 성과가 마찬가지로 뚜렷하지 못했다.

19세기의 마지막 4반세기 이래의 서방국에 있어서의 출생률의 극도의 감소와 프랑스나 그 밖의 나라들에 있어서의 이러한 추세의 재빠른 출현은 이 인구제한 정책의 결과가 아니었다. 그와 반대로, 사회의 모든 조직적인 힘—법·관료·성직자·교육자·언론인·의사—이 산아제한이 보급되는 것을 막는데 동원되고 있었다. 산아제한의 관행은 이러한 힘에도 불구하고 번져가게 되었는데, 그 이유는 대중들 자신이 그 관행을 원하고 있었고, 또 그것에 정통해 있었기 때문이다.

오늘날에 있어서도 가톨릭교회는 여전히 산아제한에 반대하는 가장 크고 잘 조직된 힘으로 남아 있다. 그러나 이곳에 있어서 마저도 반대하는 단결력은 금이 가기 시작하고 있다. 공산주의국과 사회주의 국가는 산아제한을 할 필요가 없다고 하는 마르크스주의적 입장을 되풀이 하면서, 한 때 적극적으로 산아제한을 반대했다.

1954년 로마세계인구회의에서 소련권과 가톨릭 학자들로부터의 대표자들은 기묘한 경쟁을 벌였는데, 각 그룹은 세계의 어느 나라에도 진정한 인구문제 따위는 있을 수 없고, 다만 사회적·경제적 대개혁이 필요할 뿐이라는 것을 주장하는데 서로 앞장을 섰다.

우리들은 이제 유럽 공산국에 있어서 인구에 관한 마르크스 이론이 완화되고 있는 것을 목격하고 있다. 이것은 부분적으로는 스탈린 격하운동의 부수적인 효과일지도 모른다. 그러나 보다 기본적으로 그것은 공공정책을 사적 몸가짐과 보다 밀접하게 일치되게 할 필요를 반영하고 있다. 이러한 문제는 어느 나라에 있어서도 언젠가는 전면에 나타나지 않을 수 없는 것이고, 또한 현재 가톨릭교회에다 압력을 가하고 있는 것도 이 문제인 것 같이 생각된다.

식민지시대의 후기에 인도에 있어서 지식 있는 엘리트들과 민족주의적 지도자들은 인도 소대륙이 인구과밀하다고 하는 것을 믿기 시작했다. 그들의 걱정은 서방에서도 되풀이 되었고, 세계는 그 자체의 임기응변책을 낳고 있다고 하는 맬더스의 주장이 많은 서구의 지식인들에 의해 받아들여지게 되었다. 맬더스는 인구성장을 억제하는 수단으로서 산아제한을 끈덕지게 반대한 사람이었다. 그러므로 신맬더스주의자라는 말은 산아제한을 위해 싸움으로써 마침내 승리를 거두게 된 서방국에 있어서의 이들 급진론자들을 잘못 부른 말이다.

인도에 있어서는 모든 조건이 매우 달랐다. 그곳에서는 인구 과밀이나 빈궁화의 유령은 사라지지 않았고, 대규모적인 대중의 빈곤은 굽힐 수 없는 엄연한 현실이 되어 있었다. 모든 도시에 사는 극소수의 서구화된 그룹들만이 산아제한을 실천하게 되었고, 대중들이 자연발생적으로 그것을 채택할 징조는 보이지 않았다.

인도에 있어서 인구 억제는 생활수준의 제고와 관련해서 고찰되지 않으면 안 되었으므로, 인구 문제는 사실상 신맬더스주의에 의하지 않고서는 합리적으로 논의될 수가 없었다. 인도 지식인들의 급진적인 영국 친구들에 의해 박차가 가해지게 되었던 인구 억제의 요구는 산아제한의 보급에 반하는 모든 정책—그것들은 중요한 것은 아니었다—을 파괴하기 위해 내세워졌다고 하기보다는 출생률에다 브레이크를 걸기 위해 산아제한의 대중적인 보급을 촉진하는 적극적인 공공정책에 착수하기 위해 내세워지게 되었다. 그렇게 하고자 하는 충동은 생활수준의 향상을 향한 경제개발의 꿈이 생겨나자마자 특히 강하게 되기에 이르렀다. 식민지시대가 끝장나게 되었을 때 지적 기반은 다져지게 되었다. 그리하여 합리적인 정책이 독립기에 추구될 수 있게 되었다.

그 밖의 남아시아의 나라들에 있어서 신맬더스주의 운동은 비교적 완만하게 밖에 뿌리를 내리지 못하고 있었다. 오랜 기간에 걸쳐, 인구정책 문제는 고려되지 않으면 안 된다고 하는 뜻의 국가 지도자들에 의한 약간의 성명, 상담소를 개설하거나 가족계획을 선전하는 약간의 개인적 노력이 있었을 뿐이었다. 그러나 이들 여타 국가의 어느 나라에 있어서도 산아제한을 촉진하는 국가정책이 60년대 중엽까지는 세워지지 않고 있었다. 그럼에도 불구하고, 산아제한을 보급시키기 위한 인구정책에 관한 생각은 이미 이 때에 가톨릭국인 필리핀까지도 포함하는 남아시아의 모든 나라들에 번져가고 있었다. 단, 라오스나 캄보디아와 같이 가장 후진적인 나라들은 예외였음은 물론이다.

인도네시아나 미얀마에 있어서는 그와 같은 정책에 대한 관심이 기껏 속임수로 애매하게 표현되고 있을 따름이었다. 그러나 태국에 있어서는 전수상 타나라트(Sarit Thanarat) 원수가 1962년도 국가예산 교서에서 이미 자국에 있어서의 높은 인구 증가율―당시 그것은 연간 3.6%를 하회하지 않고 있는 것으로 생각되고 있었다―에 관한 우려를 표명하고 있었다.

이것과 때를 같이 해서, 남아시아국에 있어서의 산아제한에 대한 때로는 과도하리만큼의 대중적인 열의가 서방세계에서 일기 시작하고 있었다. 실천을 요구하는 외침은 주로 신교(新敎) 국가에 한정되고 있었거나 아직도 한정되고 있지만, 그러나 이들 나라들은 가장 부유하고 가장 강력한 나라들이므로 대세를 결정하고 있다. 그렇지만, 이처럼 갑작스러운 서구에 의한 관심은 남아시아의 많은 지도자들에게 역효과를 주게 되었다. 이 무렵에는 전식민지에 민족주의적 감정의 물결이 용솟음치게 되는 현상이 일어나고 있었다. 자국의 인구성장을 줄이라고 하는 백인의 권고는 아시아의 힘을 꺾기 위한 서방측의 노력인 양 비치게 되었다.

보다 열광적인 민족주의자들의 약간에 대해서는 그것은 피임을 통한 대학살과 마찬가지의 뜻을 갖는 것이었다. 그러나 그와 같은 지도자들의 보다 우매한 생각이 10년 전에는 어떠한 것이었던, 그들은 이제 그들 자신들도 인구성장의 완화를 생각하지 않으면 안 된다고 하는 명백한 전제를 받아들이기 시작했다.

자기들의 인구문제에 과감하게 대결해서 적절한 정책을 수립하고자 하는 노력에 있어서, 남아시아국은 하나의 불변한 가치전제—이것은 중요한 실제적 결과를 가지게 된다—즉, 인구성장을 저하시키고자 하는 어떠한 기도도 출생요인에다 작용하는 것에 한정되어 있다고 하는 가치전제에 의해 속박을 받게 된다.

높은 사망률이 인구성장을 완화한다고 해서 그것에 만족하거나 심지어 그것을 받아들인다고 하는 것은 간단하게 용납될 수 없을 것이다. 이것이 가치전제로서 문명세계의 어디에서나 마찬가지로 남아시아에 있어서도 정책에 대한 기초로 된다고 하는 것은 다툴 여지가 없다. 질병과 싸우고 급사를 막기 위해 마땅히 해야 할 모든 일은, 그것이 인구성장에 주게 되는 영향이 어떠하건, 이루어지지 않으면 안 된다.

의술이 가지는 오랜 전통적 정신과 일치하는 이러한 가치판단은 근년에 이르러 공산권에 있어서 뿐만 아니라 비공산권에 있어서도 인구정책의 원리가 되기에 이르렀다. 그 가치 전제가 이곳에서는 있는 그대로, 즉 도덕적 명령으로 제시되고 있는 것이다.

남아시아에 있어서 인구정책의 주요 논거는 경제적인 것이므로—즉, 생활수준을 유지 또는 향상시키고, 또한 경제개발의 폭을 넓히고자 하는 데 있는 것이므로—이 정책은 인구 규모에 초점이 두어지게 된다. 그 정책 권고의 요점은 출생률을 감소시키는 것, 따라서 인구성장을 둔화시키는데 있다. 남아시아의 정책이 진정한 신맬더스주의로 되는 이유는 여기에 있다. 결국 그것은 산아제한이 서구에 있어서나 동구 공산국에 있어서 보급되었던 것처럼 자발적으로는 보급되지 않고 있으므로, 그리고 가까운 장래에 보급되리라고 기대할 만한 근거도 거의 없으므로, 신맬더스주의로 되기에 이르렀다.

공적 윤리와 사적 윤리가 일치를 보게 되어 산아제한이 보급되고 있는 이상, 이 점에서 우리들이 남아시아에서 출현하고 있는 인구정책과 가장 발전한 서방국에서 출현하고 있는 인구정책을 비교한다고 하는 것은 남아시아의 정책이론의 복잡한 요건을 전망케 하는 데 하나의 도움이 될 것이다.

양자 간의 차이는 철저하다. 우선 서북 유럽에 있어서는 인구과밀을 두려워할 이유가 조금도 없었고, 참으로 총출생수의 저하를 바라야 할 하등의 경제적 이유도 없었다. 그와 반대로, 출생률은 총인구가 그 자체를 재생산하지 못하게 되는 점에까지 쉽게 하락할 수 있다고 하는 것을 사람들은 깨닫고 있었다. 인구의 감소는 일반적으로 바람직하지 않은 것으로 생각되고 있었다. 이러한 가치판단의 배후에서, 경제적 이유는 작은 역할 밖에 하지 못하였지만, 그렇다고 경제적 이유에 반대되는 뚜렷한 이유가 있는 것도 아니었다.

남아시아에 있어서는 현재 공공정책 조치에 의해 출생률을 감소시키고자 기도해야 할 이유가 있지만, 이와 달리 서북 유럽의 모든 곳에 있어서는 장래에도 그렇게 해야 할 이유가 없을 것이라고 하는 것은 확실하다 할 것이다. 그 대신, 산아제한에 대한 반대를 물리치고, 가족계획을 촉진하는 모든 조치는 출생률을 저하시키기 위해서가 아니라 모든 사회적·경제적 계급의 사람들을 고무해서 가족의 구성원에다 가정생활에 가장 적합한 모든 조건을 제공하게 되는 가족의 규모를 선택시키게 될 모든 조건을 만들어 내게 하기 위해 취해지고 있다.

산아제한을 촉진함에 있어서, 서북 유럽의 관심은 인구의 양보다도 질에, 그리고 자녀들이 자라나는 모든 조건의 개선에 집중되고 있다. 대체로 말해서 동구 공산국가에 있어서의 정책 방향도 비슷하다. 어느 점에 있어서 새로운 사태의 중요성이 이들 나라에 있어서는 한층 더 급속하게, 그리고 충분하게 받아들여지고 있었다. 이것은 다시 냉전문제를 초월하는 모든 이상과 모든 정책의 어떤 중요한 모든 요소가 있다고 하는 것을 입증하고 있다.

이것과 대조적으로, 남아시아국은 인구발전의 양적 국면을 주로 강조하지 않을 수 없게 되어 있다. 지상의 경제적 관심은 그들로 하여금 산아제한을 보급시키는 것에 의해 출생률을 저하시키도록 노력하지 않을 수 없게 강요하고 있다. 산아제한은 자발적으로 보급되지 않고, 더구나 필요한 만큼의 속도로는 보급되지 않고 있기 때문이다. 이들 인구정책은 신맬더스주의로 되지 않을 수 없는 반면, 서방국과 동구국의 그것은 신맬더스주의가 아니다.

그럼에도 불구하고, 그 결과는 아주 비슷하다. 남아시아국은 그들의 신맬더스적 인구정책에서 현실성을 부여하려고 노력하고 있으므로, 그들은 우선 자유의사에 따르는 친자 관계의 원리 이외의 어떠한 원리도 가질 수 없다. 그리고 그 원리는 또한 서구에서 출현하고 있는 인구정책의 바탕이 되어 있을 뿐만 아니라, 선진 공산국가에 있어서도 그렇게 되어가고 있다.

남아시아국이 사람들의 동기를 여러 가지 방법으로 수정하지 않으면 안 될 것이라고 하는 것—남아시아국의 경우에는 주고 사람들로 하여금 보다 적은 수의 자녀를 가지게 한다고 하는 것—은 이 원리의 테두리 내에서, 그리고 그 원리를 한층 더 완전하게 실현하는 것에 의한 국가 지시는 효과적이 아니다. 그것이 일시 시도되고 있었던 공산국가에 있어서 마저도 효과적인 것으로는 되지 못했다. 그럼으로, 산아제한에 관한 지식은 보급되지 않으면 안 되고, 또한 산아제한을 달성시키는 가장 효과적인 모든 수단이 대중들에게 이용가능하게 되지 않으면 안 된다.

남아시아국이 출산을 조장하지 않도록, 많은 자녀를 갖는 세대―이것들은 가장 가난하고 또 가장 원조를 필요로 하게 되기 마련일 것이다―에 유리하게 될 모든 정책을 경계하지 않으면 안 된다고 하는 것은 사실이다. 그러나 이에서의 모순은 대세대(大世帶)에 대한 원조가 양친에 대해 현금 형태로 지불되는 한에서만 존재하게 된다. 자녀들을 위해 이루어지게 되는 각종의 형태―보건시설, 교육시설 및 훈련시설의 확충으로부터 학교 급식에 이르기까지―의 원조가 있음은 틀림이 없다. 그러나 만약 편의가 자녀들의 복지를 위해 직접적으로 추진된다면, 그리고 그것이 현물로 자녀들에게 주어지게 되고, 또 현금으로 양친에게 주어지지 않는다면, 출산을 조장할 위험은 크게 줄어들게 된다.

그와 같은 조치는 양친이 자녀를 갖는 것으로부터 얻게 되는 경제적 이익을 감소시키는 역효과를 종종 갖게 될 것이다. 남아사이에 있어서의 아동복지는 서구에 있어서 보다도 한층 더하게 사회화된 소비―이것은 아동들에게 그들이 필요로 하는 보다 많은 부분을 공동시설을 건설하는 것에 의해 직접적으로, 그리고 현물로 주게 된다―를 통해서 일반적으로 이루어지지 않으면 안 될 것이다.

남아시아에 있어서도, 또한 실현되어야 할 목적은 출생률의 수준이 저하되었다면, 그리고 저하되었을 때에는 당연히 인구의 질의 향상이 되지 않으면 안 된다. 일단 산아제한이 널리 실행을 보게 된다면, 인구정책은 당연히 더욱더 가족의 복지와 국민의 질에 돌려지게 될 것이다. 그리고 출생률의 저하에서 얻어지게 되는 주요 이익을 추구하고 있는 동안에 있어서 마저도, 남아시아국은 여러 가지 방법으로 아동의 복지와 인구의 질을 향상시키고 있을 것이다.

 인구문제는 근본적으로 도의적인 문제이고, 그리고 그것은 인도주의적 원리가 전면에 나타나게 됨에 따라 더욱더 도의적인 문제로 인식되기에 이를 것이다. 그것에 관련되는 수많은 사회적·경제적 모든 문제에 관하여 공통적인 기풍과 같은 그 무엇이 세계 도처에서 발전하기 시작하고 있다.

 지금까지 수많은 이데올로기적이고 정치적 및 사회적 모든 요인은 약간의 남아시아의 나라들이 공공연하게 산아제한 정책을 선언하는 것을 막아왔고, 아주 최근에는 이들 중의 어느 나라가 인구성장의 어느 정도의 완화를 가져오게 하는데 필요한 만큼의 큰 자극을 가지게 될 정책을 채택하는 것을 막아왔다. 그러나 종교적 모든 제도에서 생겨나는 금기와 장애—이것들은 여타 세계에서 아주 중요한 역할을 해왔다—는 남아시아에 있어서는 훨씬 약하다. 사실 남아시아의 주요 종교—힌두교, 불교 및 마호멧교—의 경전 속에는 산아제한에 반대하는 명시적이고 단정적인 구절이 없다.

 이러한 종교의 지도자들이 이 중대한 시기에 산아제한을 지지하는 지적인 선구자로 출현하게 될 것으로는 기대될 수 없다고 하지만, 그들 중의 몇몇은 적어도 산아제한의 약간의 형태와 이에 대한 동기를 명백히 관대하게 보아주고 있다. 가톨릭국인 필리핀은 물론 예외이다. 산아제한에 찬성하는 어떠한 공무상의 움직임도, 비록 가톨릭적 입장은 이미 확고한 것으로 되어 있지 않다 하더라도, 최근까지 방해를 받게 되거나 어렵게 되고 있었다. 그러나 불교와 힌두교 및 마호멧교가 아직까지 대중의 일상생활이나 사회양식에 있어서 아주 중요한 역할을 하고 있는 그 밖의 나라들에 있어서도 반대를 받지 않고 있다고 하는 것만으로는 충분치 못하다. 왜냐하면, 모든 기존 종교는 신중한 합리적인 생각이나 기술적 수단을 사용하는 것으로부터 생기게 되는 모든 변화를 두려워하거나 싫어하는 보수주의에 대한 본능을 나누어가지고 있기 때문이다.

발전의 초기 단계에 있었던 모든 나라들에 있어서 기계류나 새로운 수송 수단에 대해서 나타나게 되었던 본능적인 우려도 이것과 궤를 같이 하고 있다. 그러나 중요한 점은 일단 인구정책의 필요성이 정치적 수준에서 인식되기만 한다면, 남아시아에 있어서는—어느 정도 그리고 적어도 잠시 동안, 필리핀에 있어서를 제외하고는—서방세계에 있었던 것과 같이 교회로부터의 끈덕지고 강력하게 조직된 반대가 없을 것이라는 것이다.

인구정책에 대한 금기(禁忌)의 정치적 원천은 중대한 소수파 문제를 안고 있는 나라들—이를테면, 스리랑카와 같은 나라—에 있어서 존재하고 있다. 소수파에 있어서는 되도록 큰 다수파로 머물고자 하는 욕망이 있을 것이고, 한편 소수파는 종종 그 수를 늘이기를 바라게 될 것이다.

스리랑카에 있어서의 스웨덴의 가족계획은, 그것이 스리랑카계 사람들이 살고 있는 지구에 있어서 시작되었기 때문에 곤란에 부딪치게 되었던 것으로 알려져 있다. 가족계획은 타밀족이 그것에 따르지 않는다면 스리랑카계 그룹 내에서 출생률을 감소시키게 될는지 모른다고 하는 것이 염려되고 있었다.

진실한 인종적 이원성이 있는 경우, 이것은 그 자체가 거의 필연적으로 산아제한에 관한 일치된 정책에 대해 무서운 금기를 제공하게 될 것이다. 말레이시아에 있어서 말레이계 사람들이나 중국계 사람들의 태도는 다 같이 다른 종족이 산아제한을 따르지 않는 것으로 말미암아 자기들 자신의 사회에서 출생이 감소할는지도 모른다고 하는 걱정에 의해 영향을 받게 되기 쉽다. 그럼에도 불구하고, 말레이계 사람들에 의해 지배되고 있는 그 정부는 가족계획상담소의 설치를 지지해 왔다.

참다운 사태를 곡해한 하나의 다른 예는 인도네시아에 있어서의 수카르노 정부의 소신이었는데, 그 소신은 인구문제는 개척민을 쟈바나 파리로부터 외곽 섬이나 수마트라에 이주시킴으로써 해결될 수 있다고 하는 것이었다. 그들의 과오는 쟈바로부터의 이민—이것은 가장 실제적이고 보람이 있는 정책이었다—에 대한 관심에 있었던 것이 아니라, 쟈바의 인구성장률에 대한 정부의 잠재적인 영향력을 과장하는 경향에 있었다.

수카르노 대통령—그의 몰락은 생활이 가지는 경제적 모든 사실에 대한 그의 무분별에 의하는 바가 컸었다—은 흩어진 인도네시아인들에게 국민정신을 불어 넣는데 성공했다. 그는 그의 나라의 가능성에 강한 자존심을 가지고 있었고, 인도네시아인들이 자기들 자신의 팽창해 가는 인구에 대비할 수 없다고 하는 생각은 그에게는 비위에 맞지 않는 것이었다. 인도네시아의 지도자들의 산아제한에 대한 근본적인 태도는 뉴스위크지의 베른하아드 크리셔(Bernhard Krisher)와의 인터뷰에서 수가르노에 의해 뚜렷하게 표명되고 있었다.

"나는 아직도 우리들은 이 나라에서 산아제한을 할 필요가 없다고 믿고 있네. 나의 해결책은 보다 많은 토지를 개척하는데 있으니까, 만약 인도네시아의 모든 토지를 개척한다면 2억 5천만의 국민을 부양할 수 있을 것이지만, 나는 현재 겨우 1억 3백만의 국민 밖에 가지고 있지 않네. 인도네시아에서 아주 많은 어린이들을 보고(파키스탄의) 아유브 칸이 말한 바가 있었네. '수카르노대통령, 나는 어린이들을 볼 때마다 몸서리가 나요. 어린이들은 문제를 낳게 하니까요.' 나는 대답했네. '그렇고 말고요. 각하의 나라는 가난하니까요. 그러나 나의 나라에 있어서는 다다익선이지요.'"

수카르노 대통령은 그의 이민계획이 몹시 실패하였고, 또한 쟈바나 발리로부터 수마트라로 이주하는 사람들의 수는 쟈바에서만 태어나고 있는 어린이의 수보다도 훨씬 적다고 하는 것을 믿으려고 하지 않았다. 수카르노 대통령의 실각 이후로 인도네시아를 지배하고 있는 군사혁명위원회는 어쨌든 포오드재단에다 쟈바에 약간의 산아제한상담소를 설치하는 것을 인정하게 되었다.

인도를 포함한 모든 나라에서 조직적인 편견이 인구문제의 긴급성을 과소평가하게 하는데 영향을 주게 되었다. 늘어나는 노동력에 대해 노동 기회를 창출해야 할 미래의 경제적 곤란이 전면에 나타나게 되고 있는데, 이것은 세대당 자녀수의 감소를 통해서 반드시 얻어질 수 있는 직접적인 경제적 구제로부터 관심을 돌리게 하고 있다.

다음으로 우리들이 수(數)의 환상이라고 부르는 것이 있다. 크다는 것과 위대한 것과의 구별은 일상용어나 일상 생각에 있어서는 결코 명백하게 되어 있지 않으며, 지식인들 중에서도 혼동으로부터 완전하게 벗어날 수 있는 사람은 드물다. 대소는 의식적이건 무의식적이건 국력과 관련지워져 있으며, 대소가 국위에 대해서 가지는 관계는 명백하다. 누구도 이 나라는 너무나 대국이므로 더 이상 커져서는 안 될 것이라고 하는 것을 받아들이기는 어려울 것이다―이것은 남아시아에 있어서의 인구폭발에 대한 서방측의 경악에 의해 쉽게 보충될 수 있는 어려움이기도 하다.

이러한 태도를 평가하는데 있어서 우리들은 이것을 산아제한을 조장하고 있는 유럽인의 태도와 직접적으로 비교할 수 없다고 하는 것을 상기하지 않으면 안 된다. 이에서 말한 보류조건에 미루어, 남아시아의 촌락에 있어서는 모든 조건이 자녀수를 제한하고자 하는 욕망―효과적이고 지속적인 산아제한을 가져오게 하기에 충분할 만큼 강한 욕망―을 일깨우는데 엄청나게 불리하게 되어 있는 것으로 보이게 될 것이다.

어느 점에서는 자녀의 출산과 교육은 투자로 보여지는 수 조차 있다. 자녀들은 병들거나 늙을 때에 대한 대비책이 되고, 또한 아직 어릴적부터 자주 양친의 일의 부담을 덜어주기 시작하고 있다. 비교해서 말한다면, 남아시아의 생활의 배경은 양친이 자녀들에게 의무를 다하게 기대되고 있다고 하기보다는 자녀들이 양친에게 의무를 다하게 기대되고 있는 것으로 되어 있다. 게다가, 대부분의 남아시아인들은 서구인들보다도 자연적으로 뿐만 아니라 가족으로서도 한층 더 접근해서 함께 살고 있다. 어린이들을 돌보는 점을 나누어 가질 너무나 많은 여성들, 어머니들, 할머니들, 누나들이 가까이에 있다.

모든 남아시아의 사회, 특히 힌두인들 간에 있는 또 하나의 주요한 태도적 요인은 남계자손에 대한 갈망이다. 젊은이는 아들을 얻기 전에는 이들 사회에 있어서 어른의 지위를 얻지 못하게 되어 있고, 그리고 힌두인들은 사후에 그의 두개골이 아들에 의해 절개될 필요가 있다고 믿고 있다. 아들을 가지고자 하는 충동이 생기게 되는 것도 이 때문이며, 높은 사망률을 감안한다면 2, 3명이 바람직하다. 이것은 특히 결혼생활 초기에 있어서의 산아제한을 방해하고 있다. 다행히도 높은 사망률은 유아나 아동간의 사망률이 현저한 저하를 보이기 시작하기만 한다면 감소하지 않을 수 없을 것이다. 이러한 모든 의견은 고립해서가 아니라 일상의 정치적 현실과 관련해서 발전하게 되었다고 하는 것을 잊어서는 안 된다. 그리고 단기적인 관점에서는 모든 정부가 인구문제에다 당연한 주의를 쏟기를 싫어하는 것을 이해하기가 어렵지 않다.

남아시아국의 모든 정부는 각종의 긴급한 정치적 모든 문제를 짊어지고 있고, 또한 그들은 경제개발을 계획하고자 용감하게 노력하고 있다. 그러므로 인구문제는 국가의 운명을 덮고 있는 흐릿한 구름과 같이 먼 지평선 위에 어렴풋이 나타나게 되는 경향이 있다. 이것은 경제문제에 전념하고 있는 계획 입안자들의 견해로는 지극히 당연한 것이고, 그리고 그들은 계획화에 관한 모든 구상에 대한 테두리를 정하는 것이 보통이다.

남아시아의 모든 정부는 영원히 심각한 위기상태 속에 있다. 모든 긴급한 문제를 수습하는데 곁들여 아주 멀리까지 앞을 내다보고 거창한 과업—인구문제의 해결—을 짊어진다고 하는 것은 인구문제가 확실히 논쟁의 대상이 될 수 있는 문제인 만큼, 한층 더 싫증을 자아내게 함에 틀림이 없다. 그럼에도 불구하고 인도나 파키스탄에 있어서 추세는 산아제한 정책을 더욱더 강조하는 방향으로 가고 있고, 그 밖의 몇몇 남아시아의 나라들도 우리들이 이미 지적했던 바와 같이 동일한 방향으로 움직이고 있다. 그러나 정책으로 결정되는 것만으로는 충분치 못하다.

산아제한을 대중에다 보급시키는 프로그램을 실시하는데 있어서 각계각층의 노동자들의 기간요원들이 훈련되고, 조직되고, 또한 효과적으로 활동하게 되지 않으면 안 되고, 이러한 노력 전체는 일반적인 행정구조 속에 통합되지 않으면 안 된다. 모든 그 밖의 분야에 있어서도 마찬가지로, 모든 정부가 부딪치고 있는 것은 우리들이 이 연구에서 취약국가라는 제하에 요약한 바 있었던 문제이며, 취약국가는 일반적으로 모든 정책의 노력과 실시를 낮은 수준에 멈추게 하는 경향이 있다. 만약 새로운 산아제한 정책이 그 목표를 달성하는데 실패하게 된다면, 계획실시의 미비한 점은 인민대중 간에서의 태도에서 생기는 장애에 의한다고 하기 보다는 행정 수준에서의 이러한 일련의 장해에 의하는 바가 더욱 클 것이다.

우리들은 산아제한이 아주 무식한 주민들—이들은 대부분이 정체적이고 아주 낮은 생활수준을 제공하고 있는 농촌경제 속에서 생존하고 있다—간에 보급되었던 경험은 역사적으로 있었던 적이 거의 없다고 하는 것을 강조한 바가 있었다. 그렇지만, 남아시아국에 십중팔구 크게 유리하게 될 수 있는 초기 조건에 있어서도 중대한 두 가지의 차이점이 있다. 그 하나는 남아시아국에 있어서는 인구제한이 공공정책의 조치에 의해 계획적으로 이루어질 수 있다고 하는 점이다.

다른 하나는 피임의 기술적 수단에 의존할 기회가 있다고 하는 점이다. 서구에 있어서 산아제한의 보급—그리고 십중팔구 동구 공산국가에 있어서도 마찬가지로—은 그와 같은 수단을 쉽게 이용할 수 있게 되기 전에 태도의 변화로부터 직접적으로 생기고 있었다.

오랫동안 피임은 주로 중절성교에 의해 방지되고 있었고, 그것은 아직도 서방국가—이들 나라에 있어서는 국민들이 그 밖의 점에서는 매우 세련되어 있고, 또한 소득도 매우 높다—에 있어서는 피임의 주요 수단으로 남아 있다. 남아시아국에서 시작된 대중운동은 서방 각국에서 가능했던 것보다도 훨씬 클 정도로 처음부터 기술적인 피임법의 이용을 가능하게 할 것이다.

자궁내 피임구의 이용 가능성은 전망을 산아제한의 급속한 보급으로 완전하게 바꿔놓게 되었고, 그것을 남아시아에서 이용 가능하게 되게 하는 포오드재단과 같은 비영리기관의 원조는 또 하나의 유리한 요인이 되었다. 이제 구경피임약의 효력이 널리 받아들여지게 되었으므로, 그 알약은 산아제한의 또 하나의, 그리고 한층 용이한 방법의 이용 가능성을 가져오게 하고 있다.

마지막으로 한마디 한다면, 만약 남아시아국이 출생률을 저하시키기 위해 효과적인 정책을 세우지 않는다고 한다면, 그들이 완만한 경제발전을 겪게 될 뿐만 아니라 조만간 생활수준이 저하한다는 위험에 빠지게 될 것이 확실하다.

파키스탄과 인도 및 쟈바가 이러한 것이 일어나기 시작하는 역사의 시점에 이미 들어서고 있다고 하는 것은 부인할 수 없다. 인구정책은 경제정책의 구성 부분을 생각되지 않으면 안 된다. 특히 보다 넓고 보다 가난한 나라들에 있어서 이러한 불행을 피하고자 한다면, 인구를 계획하거나 그 밖의 계획을 작성하는데 있어서의 강력하고 정합된 노력이 필요불가결하게 된다.

출생 수준이 갖는 경제적 영향은 매우 클 뿐만 아니라 누적적이고 누진적이다. 특히 정책 조치는 오직 점진적으로만 출생률에다 영향을 미칠 수 있으므로, 그것이 되도록 빨리 취해지는 것이 절대적으로 필요하게 된다. 발언권이 없는 인민대중들은 그들의 습성을 바꾸게 유도되지 않으면 안 되고, 그리고 발언권이 있는 상류계층은 자기들의 금기를 극복해서 산아제한의 보급을 위해 강력한 조치를 취하는 것에 대한 자기들의 반대를 지양하지 않으면 안 된다.

이들 대중들 간에는 산아제한에 대해 적극적인 태도를 취하고자 하는 잠재적인 마음가짐이 있다. 교육적 선전은 이러한 마음가짐을 고무하는 원동력이 될 것이다. 그와 같은 선전은 인민 사이에 교육수준이 높아짐에 따라 보다 높은 성공 가능성을 가지게 될 것이다.

인도 정부는 제3차 계획에서 산아율을 1973년까지 인구 1000명당 25명으로 저하시킬 수 있을 정도로 가족계획을 촉진한다고 하는 주요 목표를 설정하고 있었다. 지금까지의 경험을 고려한다면, 이러한 목표에 다소라도 가까운 어떠한 것이 실제로 예측될 수 있으리라고는 믿기 어렵다. 이 연구에서 강조했던 바와 같이, 인구폭발은 전후기에 남아시아에서 일어나게 된 가장 중대한 사회적 변화이다. 그것은 어떠한 개혁 노력이나 어떠한 개발 노력보다 훨씬 중대한 것이고, 또한 그것은 이러한 노력을 방해하는데 큰 영향을 주고 있다.

산아제한이 다가올 수십 년 동안에 있어서 가장 위대한 변화가 될 것이라는 현재 존재하고 있는 가능성은 모든 개혁과 개발의 달성을 점차 더욱 쉽게 할 것이다. 그러나 그 산아율이 앞으로 10년 내에 감소하게 될 것인지, 더구나 급속하게 감소하게 될 것인지는 불확실하게 생각되지 않을 수 없다.

Part 5
인구의 질
Population Quality

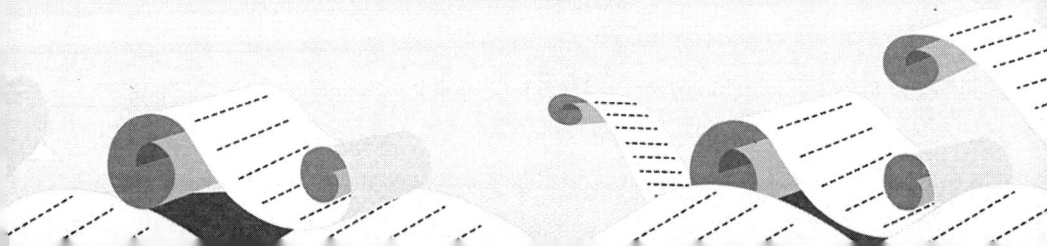

제22장 인간에 대한 투자

　모든 국민의 빈곤에 관한 어떠한 연구도 인간생활의 질에 관한 연구가 없이는 완전하게 되기를 바랄 수 없을 것이다. 그리고 이에 있어서의 두 가지의 기본적인 요소는 보건과 교육이다. 발전은 인과적으로 순환한다고 하는 우리들의 전제에 있어서, 우리들은 경제적·사회적 생활을 개선하기 위해서 사람은 또한 그의 보건과 교육을 개선하지 않으면 안 된다고 생각하고 있다. 우리들은 인간생활의 질을 엄격히 정의하거나 정확하게 측정하는 것은 불가능하다고 하는 것을 알고 있기 때문에 이러한 확신을 갖게 되는 것이다.

　우리들이 남아시아에 관한 연구에 관심을 돌리게 될 때, 우리들은 다음과 같은 두 가지 가설을 가지고 그렇게 하고 있는 것이다. 그 가정의 하나는 남아시아의 사람들이 세계의 그 밖의 사람들보다도 더욱 질병에 걸리기 쉬운 어떠한 생물학적 특질을 이어받고 있다고 하는 믿을 만한 증가는 없고, 보건 조건에 있어서의 차이점은 환경적 모든 요인에 의해 설명된다고 하는 것이다. 나머지 가설은 학습능률에 대해 중요한 관련성을 갖는 외견상의 사고력과 정신적 적성도 다만 이러한 환경적 모든 요인에 의해서만 달라지게 된다고 하는 것이다.

세계에서 가장 우수한 통계자료가 주어진다 하더라도, 이른바 보건 수준이나 교육 수준을 정확하게 설명하기란 역시 불가능할 것이며, 또한 우리들은 이들 두 가지의 질적 수준이 어떠한 것인가에 관해서 독단적으로 단정할 수조차 없다. 건강상의 양을 확증하는 모든 곤란에 덧붙여, 남아시아에 있어서는 보건 조건에 관한 정보가 불충분하며, 또 종종 전혀 결여되고 있다고 하는 사실이 있다. 널리 알려진 증상을 가진 특수 질병의 만연에 관한 추계가 있을 때조차도, 영양부족에 따르는 이른바 초기적 질병의 만연이나 일반적인 정신적·육체적 허약성, 그리고 주민들 사이에서의 병원체의 만연에 관해서 극히 개략적인 추정이 이루어지게 될 수 있을 뿐이다.

남아시아에 있어서는 쉽게 눈에 띄지 않는 이러한 보건상의 결점이 보다 명백한 결점보다도 국가발전에 대해 더욱 중요하게 될는지 모른다. 수많은 이용이 가능한 각종의 의료시설도 보건 조건이나 그 조건 개선과 명백한 관련을 가지고 있지 않으며, 보건사업에 할당되는 세출을 보더라도 이것은 한층 잘 들어맞는다.

보건 조건을 논의하는 데 있어서는, 사망률에 대한 언급이 자주 이루어지게 된다. 우리들은 사망률이라는 용어를 다소 형식적으로 전적인 건강의 결여로 정의하고 있다. 이리하여 그것은 보건 조건보다도 훨씬 간단한 개념이 되고, 또한 그것은 수량화하거나 측정하기가 보다 쉽게 된다. 그럼으로, 사망률에 관한 지식은 우리들이 나병이나 불건강의 존재를 의미하고 있는 훨씬 복잡한 일련의 모든 조건에 관해서 이용할 수 있는 지식보다도 엄청나게 앞서 있다. 그렇지만, 일반적인 보건 조건을 나타내기 위해서 사망률—일반 사망률이건 연령별 사망률이건 평균여명표이건—을 사용하는 것은 허용될 수 없다.

사망률은 두 개의 구성요소—치명적으로 될 수 있는 질병의 만연과 이러한 질병이 치명적으로 되는 것을 막지 못하는 정도—에서 생기는 결과를 나타내고 있을 뿐이다. 그것은 실제에 있어서 나병을 나타내는 척도로서는 충분치 못하다. 사망률은 그것만으로는 질병의 빈도나 지속기간, 또한 이를테면 눈이 안 보이는 것, 혹은 몸을 쇠약케 하는 위장병과 같은 건강 부족의 정도에 관해서 말하지 않고 있다.

실로, 설령 사망률이 감소하고 있고, 또 평균 여명이 증가하고 있다 하더라도, 대부분의 주민들이 병들어 있거나 혹은 적어도 언제나 정상적인 기력을 잃고 있을는지도 모른다고 하는 것도 생각할 수 있다. 심지어 사람들이 더 장수하기는 하지만 이전보다도 더 큰 정도로 몸을 쇠약케 하는 불건강상태로 고통을 받게 되는 데 지나지 않는다고 하는 것도 생각할 수 있다.

이러한 예측은 남아시아에 있어서의 현재 변화하고 있는 건강 사정에 특히 들어맞는다. 새로운 강력한 의료기술이 치명적으로 될 가능성이 있는 질병을 예방하거나, 치료하는 데 사용되고 있으나, 그러나 대중들의 생활수준은 눈에 띌 정도로 향상되지 않고 있으며, 어떤 지역에 있어서는 오히려 떨어지고 있을는지도 모른다.

만약 의료기술이나 그 응용이 계속 진보하게 된다면, 설령 생활수준이 저하되고, 또 사람들의 질병에 대한 저항력이 약하게 되어 점차 더욱 쇠약하게 되고, 따라서 더욱 비능률적으로 일하게 된다 하더라도 사망률은 다가올 얼마동안에는 감소하게 될는지 모른다.

만약 급속한 산아율의 저하가 일어나지 않는다고 한다면, 혹은 철저한 사회적·경제적 모든 개혁이 이루어지지 않는다고 한다면, 또는 해외로부터 훨씬 대규모적이고 보다 효과적인 원조가 개입하지 않는다고 한다면, 남아시아에서 가장 가난한 몇몇 나라들은 머지않아 그와 같은 사태에 놓여지게 되거나, 심지어 이미 그러한 사태에 들어서게 되었다고 말할 수 있을 것이다.

교육의 상대적 수준을 정의한다고 하는 것이 더 어렵지는 않다 하더라도, 마찬가지로 어렵다고 할 것이다. 교육은 여러 가지의 형태를 취하게 되며, 따라서 이에도 공분모(公分母)는 있을 수 없다. 이를테면, 문맹이거나 문맹으로 머무르게 될 사람들에게 농업확장 사업에 대한 중요한 노력을 일으키게 할 수 있을는지 모른다. 모든 형태의 교육 중에서 태도개선은 적어도 기술 전수에 못지않게 중요하다.

남아시아에 있어서는 교육의 모든 국면에 관한 군사적 자료가 크게 부족하다―심지어 문자해독인 취학과 같은 간단한 항목에 관한 추계마저도 매우 부족하다. 그러나 설령 믿을 만한 자료가 이용될 수 있다 하더라도, 그것은 교육 '수준' 혹은 교육 수준에 있어서의 변화를 예측하는 기초로는 될 수 없을 것이다.

　교육―또는 이를테면, 시설 준비나 교수 채용―에 충당되는 재정자원을 기준으로 해서 교육수준을 측정하고자 하는 기도는 모두가 실패하지 않을 수 없다. 그 이유의 하나는 능력의 부여를 통해서 뿐만 아니라 태도의 개선을 통해서 얻어지는 교육의 생산고는 자원의 투입량과는 일정한 관련이 없기 때문이다.

　남아시아에 있어서의 모든 형태의 교육에는 큰 낭비가 있으며, 그리고 교육의 대부분은 명백히 그릇된 교육으로 되어 있다. 근대화나 개발이 목표로서 주어지게 된다면, 그릇된 형태의 능력이나 그릇된 태도를 전수하게 되거나 유지하게 되는 것이다. 이것은 교육의 개선이 그 개선을 목적으로 사용되고 있는 자원의 양에 있어서의 증대뿐만 아니라, 자원의 보다 효과적인 이용을 필요로 하고 있다고 하는 것을 의미하고 있다. 더구나 보건과 교육은 분리시켜 다루어질 수 없다. 우선 보건 조건과 교육은 밀접하게 상호의존하고 있다.

　한편으로, 자기에게 주어지는 학교 교육을 충분히 이용할 수 있는 아동의 능력은 그의 건강에 달려 있다. 자기가 얻고 있는 지식이나 기술을 이용할 수 있는 성인의 능력은 그의 정신적·육체적 건강에 달려 있다. 다른 한편, 건강상태가 개선될 수 있는 정도는 섭생법에 관한 사람들의 지식이나 이에 대한 태도에 달려 있다.

　다음으로, 보건과 교육의 수준은 전체적인 사회적 환경, 특히 일반적인 태도나 제도에 의존하고 있다. 보건과 교육면에서의 개혁은 사회적—혹은 심지어 공동체적이고 가정적—개혁을 필요로 하고 있다. 기술적 이유로 말미암아, 이러한 모든 개혁은 만약 대규모적으로 착수되지 않거나 개발계획 속에 통합되지 않는다면 허사가 되고 마는 것이 보통이다.

이와 관련하여 말한다면, 특히 태도는 행동 패턴을 신상필벌에 의거하는 법률적·행정적 모든 조치를 통해서 개선될 수 있다고 하는 것에 주의해야 할 것이다. 이와 같은 모든 정책의 효율은 동일한 목표로 교육적 노력을 돌리게 함으로써 증가되게 할 수가 있다. 이 때문에 특정 목적—이를테면, 산아제한의 보급—에 돌려지는 홍보활동이 추진되는 수가 있다. 만약 그 목적이 달성된다면, 이것은 반드시 교육적인 노력이라고는 생각되지 않고 있는 수단에 의해 이루어지게 된다 하더라도, 교육적 개선임에는 틀림없다.

보건과 교육은 그처럼 일정한 규칙이 없는 주제로 되어 있으므로, 이것에 관한 우리들의 논거는 매우 광범위한 각종 현상을 포함하게 될 뿐만 아니라 과거로부터의 유산을 포함하는 전사회조직의 상호관련성을 강조하게 될 것이다. 그것은 남아시아국에 있어서의 보건과 교육의 상대적 수준과 이러한 수준에 있어서의 변화율에 관해서 명확한 요약적 설명을 주지는 않을 것이다. 더우기, 그러한 사태를 낳게 한 특정 요인에 관해서마저도 믿을 만한 통계가 없으므로 우리들의 분석은 부득이 일반적인 추정, 직접적인 경험을 갖는 전문가의 의견, 그리고 우리들 자신의 인상과 추측에 토대를 두게 될 것이다.

보건과 교육에 관한 모든 문제에 접근하는 데 있어서 우리들의 가치전제는, 개발이 바람직한 것이라면 그 속에서는 보건과 교육이 큰 역할을 하게 된다고 하는 것으로 요약된다. 각 개인에 대해서는 건강이 그의 행복과 그에게 가까운 사람들의 행복의 중요한 요소가 되고 있다.

그가 이용할 수 있게 마련된 보건시설은 그의 생활수준을 높이는 항목으로 되어 있다. 실제로 건강의 향유는 인권 속에서 한 자리—평등이라는 접근화의 이상과 일치하는 한 자취—를 차지하게 되기에 이르렀다. 그러나 독자적인 가치를 가지고 있다고 하는 것 이외에도, 건강 증진은 그것이 그 밖의 사회적·경제적 모든 조건에 대해 영향을 미치게 된다고 하는 점에서 개발과정에 있어서 유용한 효과를 가진다. 이러한 순환적 인과관계의 반대의 측면은 건강 자체가 사회경제적 모든 요인에 의해, 또한 명확하게는 소득이나 생활수준에 의해, 그리고 특히 영양에 의해 영향을 받게 된다고 하는 사실이다.

노동 능률이 부분적으로는 국민의 건강상태에 의존하고 있으니 만큼, 첫눈에도 건강의 증진은 모든 면에 대해 유리한 것으로 보이게 될 것이다. 그렇지만 보건 조건의 개선은 사망률의 저하나 심지어 출생률의 다소의 상승을 수반하게 되기에 안성맞춤이며, 따라서 개발에 해로운 영향을 주는 인구 증가를 가져오기에 안성맞춤이다. 이처럼 모순이 있기는 하지만, 그러나 보건 조건의 개선은 우리들이 전장에서 말했던 바와 같이 도덕적 명령으로 되어 있다.

교육도 또한 독자적인 가치를 가지고 있다. 확실히 자기 능력의 개발에서 생기는 개인적 이익과 개개인이 자기 나라나 또는 세계의 생활과 문화에 참여할 수 있는 기회를 확대시키는 모든 것은 그의 사생활을 윤택하게 해준다. 보다 실제적인 면에서 본다면, 교육은 개개인에게 자기의 소득을 증대시키고 생활수준을 높일 수 있는 기회를 주게 되는 것이므로, 그것은 그에게 중요하다. 그러므로 보건시설과 마찬가지로 교육시설도 생활수준을 높이는 하나의 항목으로 된다. 그리고 건강의 향유와 마찬가지로 교육에의 접근은 점차 '인권'의 하나로서 인식을 얻어가고 있다.

일의 성질상, 교육의 개선은 사회적·경제적 모든 조건의 개선을 가져오게 될 것이다. 그러나 남아시아에 있어서의 교육은 언제나 이렇게 유리한 결과를 가져오게 하지는 않는다. 때때로 교육은 개발에 적합하지 않다고 하는 이유로 말미암아, 학생들(그리고 그들의 가족들)에 의해 소중하게 생각되고 있다. 이를테면, 이 지역 도처에는 육체노동을 싫어하는 경향이 있으며, 이러한 경향은 사람들이 교육에 접근하는 방법과 그들이 그것을 이용하는 방법에 영향을 주고 있다. 그러나 교육적 노력의 결과로서, 만약 개개인이 자기 자신의 야망을 국가의 개발노력과 동일시할 수 있을 정도로 태도가 달라질 수 있다고 한다면, 가치판단의 대립은 점차 해결될 것이고, 또한 교육의 독자적 가치는 교육이 가지는 개발을 위해서만이 유용한 효과를 나타나게 하는 이상으로, 이러한 면에서의 노력을 더욱 확장시키는 것을 정당화시키는 일까지도 하게 될 것이다.

최근에 이르러, 남아시아의 지도자들 간에 보건과 교육에 대한 관심을 높이게 하는 수많은 업적들이 나타나게 되었다. 서구에서의 복지국가들의 출현, 공산국가에 의한 보건과 교육의 특질에 대한 강조, 관련기관의 원조 등은 모두가 하나같이 개선을 위한 열성을 강화하게 되었다. 이러한 모든 영향의 충격은 남아시아에 있어서 교육받은 특권계층 사이에서 가장 강하게 의식되고 있다. 이들 나라에 있어서 광범위한 인민대중들은 그 영향을 받고는 있으나 아직은 그 정도가 보잘 것 없다.

이와 같은 사실은 당국이 대중들로 하여금 공중위생이나 섭생법에 관해서 보다 합리적으로 행동하게끔 유도하려 할 때, 그것은 곤란에 부딪치게 된다고 하는 것을 가리키고 있다. 설령, 대중들이 교육 효과 중의 하나로 되게 하고자 하는 태도의 개혁에 대하여 종종 저항하는 일이 있다 하더라도, 그들은 보다 나은 학교 교육에 대해 아마 다소 많은 관심을 가지고 있을 것이다. 모든 정부는 두 가지 면으로 행동을 취할 용의를 더욱더 나타내고 있기는 하지만, 그러나 그 범위는 한정되어 있다.

약간의 조치—이를테면, 말라리아 박멸운동—에 관한 것을 제외하고는 보건정책은 높은 우선순위가 주어지지 않고 있다. 교육수준을 향상시키고자 하는 모든 정책은 모든 계획에 있어서 보다 중시되고 있다. 이러한 정책이 개발에 보다 큰 영향을 미치지 못하게 된 것은 부분적으로는 취학연령 인구의 폭발적인 급증에 기인하는 것이고, 또한 다른 부분적으로는 교육적 노력의 방향에 있어서의 결점이나 약점에 기인하는 것이다. 보건 분야나 교육 분야에 있어서 순수하고 철저한 모든 개혁이 주어지게 된 비교적 낮은 우선순위는 일반적인 개발철학에 또한 연유하고 있다. 이 연구도 도처에서 주의했던 바와 같이, 경제학적 문헌과 모든 계획은 개발국에서 도입된 개념이나 분석 모델을 남아시아의 상황하에 무비판적으로 적용하는 것에 기초를 두고 있는 모든 이론에 의하여 지배되어 왔다.

자본과 생산고의 비율이라는 개념에 중심을 두는 모든 모델이 저개발국에 있어서의 경제계획의 방향을 결정하고 있었다. 이 전후형 접근방법이 내포하고 있는 뜻의 하나는 '비경제적' 모든 요인—모든 제도 및 모든 태도뿐만 아니라 보건시설과 교육시설을 포함하는 생활수준—은 무시될 수 있다고 하는 가정이다. 경제개발을 위한 물적 자본의 투자에 주된, 그리고 흔히 배타적인 중요성이 주어지게 된다면 이러한 가정이 필요하게 된다.

그렇지만, 더욱 최근에 이르러서는 약간의 경제학자들은 고도로 개발된 서구국가의 경제성장이 물적 시설에 대한 투자량 이외의 다른 어떠한 기준으로 설명되지 않으면 안 된다고 하는 것을 재발견했다. 그러나 이러한 경제학자들도 전통적인 자본과 산출고 비율을 버리려고 하지 않고 있었다. 그 대신에, 그들은 자본투자의 개념을 확대해서 물적 투자 이외에도 때로는 인적 능력에 대한 투자 또는 인적 수요에 대한 투자로 불리워지고 있었던 인간에 대한 투자를 포함시키고 있었다. 이렇게 하는데 있어서 그들은 역시 잡다한 특수 요인을 명확한 지출량이 산정될 수 있는 하나 또는 어쩌면 몇몇의 종류로 줄이는 것을 필요로 하게 되었다.

처음부터, 관심은 교육에 쏠리게 되었고, 보건은 다만 우연하게 문제로 된 것 뿐이었다. 그러나 보다 정교한 모든 모델은 전적으로 인간에 대한 투자를 교육이라는 단일 요인으로 환원시키고 있다.

개발국에는 물적 투자―이것은 다음으로 교육에 돌려지게 되었다―에 의해 충분히 설명될 수 없는 자본과 산출고 모델에 있어서의 미해결부분이 있다고 하는 연구결과는 어떠한 저개발국도 가지지 못할 것 같은 통계에 기초를 두고 있었다. 그럼에도 불구하고, 경제학자들은 이 이론을 저개발국에 적용하는 데에 주저하지 않고 있다.

몇몇 경제학자들은, 저개발국은 선진국에서 안출된 근대기술을 사용하지 않으면 안 되므로, 교육에 대한 투자가 서방국이 발전의 초기단계에 있었을 때 그들 나라에서 필요했던 것보다도 오늘날 저개발국에 대해 한층 더 중요하다고 하는 사실을 지적하고 있다. 그와 같은 일반적인 생각은 예외로 하더라도, 저개발국에 널리 퍼져 있는 매우 다른 모든 조건 하에서 교육의 효과를 결정하는 연구에는 거의 관심을 두지 않고 있었다. 새로운 이론은 유추에 의해서 적용되고 있었을 따름이다.

사태는 다소 역설적으로 되어 가고 있다. 남아시아나 그 밖의 저개발지역에 있어서 계획화의 대부분과 개발에 관한 경제학적 문헌의 대부분은 계속 물적 투자가 개발의 원동력으로 된다고 하는 생각에 토대를 두고 있는 반면에 오늘날에 있어서는 개발이 주로 하나의 교육과정으로 된다고 보는 경제학자의 수가 늘어나고 있다. 교육을 간단하게 투자라는 금융상의 용어로 다룬다고 하는 것이 과연 가능하고 옳은 일인가의 문제는 잠시 접어두고서도, 남아시아나 그 밖의 지역의 교육자들은 확실히 이 새로운 경제학파와 의견을 같이 하고 있다.

사회과학이 갖는 해로운 세분화와 전통적 경제학이 가진 편협성을 증명하고 있으면서, 경제학자들이 제2차 세계대전 후로 오직 물적 투자에만 입각하는 개발이론—이 이론은 경제성장 과정을 설명할 수 없으므로 일단의 경제학자들이 후에 인간에 대한 투자라는 용어를 발견하게 되었다—을 세울 수 있었다고 하는 것은 참으로 놀랄 만한 사실이다.

교육부문에 전문적으로 종사하고 있었던 연구가들이나 실천가들에 의해 과거에 생각되었거나 쓰여졌던 모든 것을 감안할 때, 이것은 더욱 놀라운 일이다. 이전에는 어느 곳에서도 경제개발이 논의되는 경우, 반드시 교육개선이 두드러진 역할을 하게 되었다.

주요한 예외는 저개발국에 있어서 전후의 경제개발 이론과 경제개발 계획이었다. 자그마치 1세기 이상이나 개발을 위한 교육은 교육학 문헌의 중요 테마가 되고 있었다. 경제사가들도 경제발전율이 시대와 나라에 따라 달라지게 된 이유를 설명하고자 할 때, 교육이나 교육개혁에 많은 주의를 경주하는 것이 보통이다. 하지만, 이러한 학자들은 누구나 많은 전후 경제학자들과 같이 자본과 투자 비율로 설명되고 있는 금융적 투자량이라는 개념적 테두리 속에 교육개혁을 집어넣으려고 하지 않았다. 이것은 가장 새로운 경제학적 접근방법에 있어서의 유일한 신고찰인 것이다.

교육의 중요성을 강조하는 새로운 접근방법이 있다고 하는 것은 확실히 환영할 만한 일임에 틀림이 없다. 그러나 우리들은 그것이 전후형 접근방법에 대한 반대를 철두철미하게 지켜 나아가지 못하고 있으므로 그것을 비난하는 바이다. 이러한 가장 새로운 학파에 속하는 경제학자들은 교육을 투자의 추가 항목으로 포함시키는 데 국한하고 있다. 그러나 그들이 이렇게 제시하고 있는 모델은 수많은 근거 없는 가정에 토대를 두고 있다.

이 경우, 그 모델은 교육이 금융상의 지출에 의해 촉진될 수 있는 동질의 크기로 된다고 하는 가정을 필요로 하게 된다. 그 모델은 또한 교육시설 이외의 일반적인 태도와 제도 및 생활수준이 이 문제에 대해 하등 중요하지 않고, 또한 동시에 적용되고 있는 그 밖의 모든 정책 조치의 효과는 전적으로 무시될 수 있다고 하는 것을 의미한다. 이러한 모든 가정은 논리적으로 모순되어 있고, 또 현실에도 맞지 않으므로 자본과 산출고 모델의 사용은 현실적이고 관련성이 있는 연구를 방해하게 될 뿐이다.

우리들의 연구는 뚜렷하게도, 교육이 생산성을 제고시키는 효과와 심지어 교육을 받고자 하는 사람들의 관심은 제도적 모든 개혁이 이루어지게 되는 정도에 의존하게 될 것이라는 것을 나타내고 있었다. 그와 같은 모든 개혁은 오직 법률적·행정적 수단을 통해서만 생겨날 수 있을 것이고, 또 그러한 모든 개혁은 그것들을 효과적으로 되게 할 수많은 추가적 정책을 필요로 하고 있다.

교육을 오직 투자에 의해서만 다룬다고 하는 것은 또한 평등문제를 간과하는 것을 의미하게 된다. 하지만, 사회적·경제적 불평등은 교육을 개선하고자 하는 노력의 효과를 결정적으로 결정하게 되며, 또한 교육의 진보는 현재 종종 불평등을 격화시키는 데에 이바지하고 있다. 따라서 대인간투자라는 가장 새로운 이론은 우리들의 가치전제와 대립하는 방향으로 심히 기울어져 있다.

우리들은 교육분야에 있어서의 노력을 비난하거나 물적 투자의 중요성을 부정하고자 하지는 않는다. 우리들이 말하고자 하는 요점은 제도적 구조─그 속에서 경제적 모든 변수는 작용을 하게 되고, 그리고 공통점이 없는 모든 활동을 총합하는 한편, 그러한 모든 활동을 그 밖의 보완적인 모든 활동으로부터 분리시키고 있는 제도적 구조─를 충분히 고려하지 않는 분석은 피상적일 뿐만 아니라, 오해를 가져오지 않을 수 없다고 하는 것이다.

제도적 구조로부터의 추상(抽象)은 그 구조 속에서 형성되고, 다음으로 그것을 뒷받침하게 되는 모든 태도로부터의 추상은 남아시아에 있어서 뿐만 아니라, 서구에 있어서도 편의주의적인 것으로 된다. 그것은 편향된 접근방법이다.

인간에 대한 투자의 범주를 교육에 대한 지출에 한정하는 이러한 경향은 어째서 경제학자들이 그 밖의 주요한 인구의 질, 즉 보건을 무시하게 되었는가에 관한 문제를 곧 제기하게 된다. 이에 대한 해답으로, 교육의 '수준'을 정의하는 것은 적어도 보건의 목적을 정의하는 것과 같이 곤란하므로, 보건이나 보건의 목적을 정의하는 것이 곤란하기 때문이라고 할 수는 없을 것이다.

한쪽으로 치우친 측정 노력과 금융상의 용어로 표시된 그 효과는 교육의 경우에 있어서 부적당하거니와 마찬가지로 보건의 경우에 있어서도 부적당하다. 사실에 관한 지식도 양자의 경우 다 같이 대동소이하게 부족하다. 어쨌든 정의상의 곤란도, 또한 경험적 자료의 부족도 경제학자들이 문제를 다루거나 지식의 말을 쓴 해결책을 제시하는 것을 방해하지 않았고, 더구나 경제학자들 중의 모델 설정자들이 그렇게 하는 것을 방해하지는 않고 있다.

보건의 개선은 소득과 생활수준에 대해서 하향 압력을 가하게 되는 인구학적 모든 변화를 수반하게 되는 것이 보통이라고 하는 사실은 특히 이러한 2차적인 모든 변화에 대한 고려가 모델을 약간 복잡하게 하는 것에 의해 이루어질 수 있으므로 보건 요인을 무시하는 것을 정당화하지는 않는다. 그러므로 보건을 개발계획에서 제외해야 할 하등의 이유가 없는 것이다.

불량한 건강은 남아시아의 저개발국에 있어서의 노동투입이나 노동능률의 향상에 대한 매우 중대한 장애요인이 되고 있다. 그러나 만약 우리들이 대보건 투자를 대교육 투자에 보태서 인적 자원을 인구의 질이라는 이들 두 가지의 차원에서 정의한다면, 우리들은 보건시설에 대한 지출뿐만 아니라, 보건 조건의 개선에 관련되는 모든 비용도 포함시키지 않으면 안 된다.

남아시아의 모든 나라에 있어서는, 특히 그들 중에서 가장 크고 가장 가난한 나라인 인도와 파키스탄에 있어서는 불량한 건강의 주요 원인이 인민대중 간에 있어서의 심한 영양부족과 영양실조에 있다. 대다수의 남아시아인들은 그들의 소득의 반이 훨씬 넘는 것을 식량에다 지출하고 있으면서도, 영양부족 상태에 있다. 또한 그들은 의복과 주택 및 그들의 건강을 어느 정도 유지하는 데 필요한 위생시설에도 접근하지 못하고 있다. 그러므로 이러한 극한상태에서는 필수품, 특히 식량의 소비증대나 그러한 소비증대를 가능하게 하는 지출은 건강의 증진을 가져오게 함에 틀림이 없을 것이며, 이 점은 고도 개발국에 있어서와는 사정이 다르다.

　이상이 뜻하는 바는 인간에 대한 투자라는 새로운 용어가 만약 그 바탕에 깔린 추론이 논리적으로 모순이 없게 되자면, 교육시설이나 보건시설을 위한 소비뿐만 아니라 사실상 모든 불가결한 소비도 포함시키지 않으면 안 된다고 하는 것이다. 그렇지만 각종 항목의 소비의 한계가 생산성에 미치게 되는 효과는 다르다.
　어떤 소비는 상대적으로 비생산적일 것이고, 어떤 소비는 심지어 건강에 대해 부정적인 효과를 가지고 있다. 진정한 계획문제는 어떻게 하면 개발을 촉진시키는 방향으로 소비를 밀고 나아가거나 돌리게 할 수 있을까 하는 데 있다. 이 문제는 이들 가난한 나라들에 있어서, 소비의 대부분이 대인간투자를 형성하고 있다고 하는 설명에 의해서는 조금도 밝혀지지 않을 것이다. 계획 입안자들이 알아둘 필요가 있는 것은 각종 항목의 소비 증가는 생산성에 미치게 되는 효과이며, 이 점에 있어서 그 모델은 전혀 아무것도 가리키는 바가 없다.

요컨대, 몇몇 경제학자들의 전후형 접근방법에 대한 극히 최근의 반대는 그것이 이 무렵에 물적 투자에 대해 주어지고 있었던 독점적인 역할에 도전을 하고 있는 한 확실히 건전하다. 교육을 개선하고자 하는 보다 큰 노력은—만약 이 노력이 빈틈없이 짜여지고 또 경주된다고 한다면—어떠한 물적 투자보다도 더 개발에 대해 도움이 될 수 있을 것이다. 하지만, 이러한 결론은 자본투자를 오직 확대해서 정의하고 있는 전통적 모델의 사용으로부터는 생겨나지는 않는다.

이것은 보건을 개선하기 위한 보다 큰 노력에 관해서도 말할 수 있을 것이다. 하지만, 이러한 노력은 주요 목적으로서 불가결한 소비의 증대, 그리고 특히 식량 섭취량의 증대를 가지는 것으로 되지 않으면 안 될 것이다. 다시 이러한 일은 그 모델이 보건에 관한 조치를 고려에 넣고 있다 하더라도, 자본과 산출고 모델의 사용으로부터는 생겨나지 않을 것이다.

투자 중심의 접근방법은 다음과 같은 사실을 전적으로 무시하고 있다. 즉, 그것은 제도적·태도적 모든 개혁—이것들은 예산적 고찰보다도 오히려 정치적 모든 결정에 의존하고 있다—이 교육에 대한 투자로 하여금 이익을 가져오게 할 필요가 있다고 하는 사실과 교육계획의 성공 여부는 교육계획 자체의 방향과 더불어 그 밖의 모든 분야에 있어서 추구되는 모든 정책에 의존하고 있다고 하는 보다 폭넓은 고려를 무시하고 있다.

이곳에서 논의된 바와 같은 견해를 가진 경제학파에 속하는 몇몇 학자들이 대체로 우리들의 평가와 의견을 같이하게 되리라고 하는 것은 있을 수 있다. 그러나 만약 인간에 대한 투자라는 개념이 이러한 모든 비판을 고려에 넣기 위해 수정된다면 그것은 사실상 이론적 내용이 없는 것으로 되고, 또한 그것은 다만 물적 투자뿐만 아니라 그 밖의 모든 유발된 변화를 고려에 넣고 있는 보다 합리적이고 용의주도한 개발계획을 위해서 분명치 않은 선전용어로 되고 만다.

오해를 피하기 위해, 다시 우리들은 모든 모델이 사용에 반대하는 것이 아니라는 것을 강조해야 할 것이다. 더구나 우리들은 양적 판단을 하는 세력을 반대하는 것은 아니다. 우리들은 어떤 요인이 '질적'이라고 하는 견해에 찬성하지 않는다. 원칙적으로 사회과학자들은 그들 지식의 모든 것을 측정할 수 있는 양으로 옮기고자 끊임없이 노력하지 않으면 안 되기 때문이다. 그렇지만, 모든 모델뿐만 아니라 양적 모든 결정은 논리적으로 일관하고 철두철미한 모든 사실에 근거를 두지 않으면 안 된다. 어떻게 서로 다른 개발 노력이 영향을 주고 있는가, 그리고 어떻게 이러한 노력이 제도적 배경에 의해 영향을 받게 되는가에 관해서 더욱 많이 알아둘 필요가 있다. 보다 많은 자료가 이용가능하게 될 때, 명백하고, 논리적으로 일관되고, 또한 현실에 적합한 모든 모델이 생겨나게 될 여지가 있는 것이다.

남아시아국은 보다 많은 자원을 보건과 교육의 개선에 바쳐야 한다고 하는 판단이 그 자체로는 십중팔구 옳다 하겠지만, 그러나 그것은 애매하고 또한 참으로 중요한 다음과 같은 모든 문제를 밝히지 않고 있다. 즉, 어느 방향으로 보건계획과 교육계획이 돌려져야 하며, 얼마만큼 그러한 계획은 추진되어야 하며, 어떠한 수단을 사용해야 하며, 그리고 그 밖에 어떠한 정책조치가 필요하게 되는가 등의 모든 문제를 밝히지 않고 있다.

계획화에의 전통적인 전후형 접근방법—이것은 개발을 물적 투자에만 관련시키고 있다—에 대한 비판은 근거가 확실하다 하겠으나, 그것은 가장 새로운 경제학파에 의해 내세워지고 있는 이유보다도 더욱 기본적인 이유로 말미암아 그러하다. 그것은 조금도 경제성장의 원동력으로서의 인간에 대한 투자에 관한 일반 '이론'에 의해 강화되거나 보다 정밀화되어 있지는 않다. 새롭고 확대된 자본과 산출고 모델의 사용에 의해 빈번히 도달하게 되는 양적 추론은 이를테면 '불완전고용'이 되고 있는 노동력의 백분율의 계산과 마찬가지로 허구적인 것이다.

실재하지 않는 지식에 그럴듯한 외관을 주게 함으로써, 이러한 추론은 현실을 있는 그대로 연구한다고 하는 힘드는 과업을 회피하는 것을 용이하게 하고 있다. 이 장에 있어서의 추상적인 비판은 과학의 진보를 방해하거나 또는 그르치고 있는 선입관에 입각한 쓸모없는 모든 이론의 바탕을 밝히는 데 도움이 되기 위한 것이다.

제23장 보 건

　남아시아에 있어서 빈약한 보건 조건은 생활의 거의 모든 국면과 밀접하게 관련되고 있다. 건강의 증진이 개개인에 대해 독자적인 가치를 가지고 있다고 하는 사실은 이용 가능한 보건시설이 한 나라의 생활수준에 있어서 중요한 항목으로 되고, 동시에 식량·주택·의복 위생시설 및 교육시설을 포함하는 그 밖의 거의 모든 소비항목의 이용 가능성도 보건 조건과 관련을 갖고 있다고 하는 것을 의미한다.
　보건 조건의 개선은 반드시 노동투입과 노동능률을 증대시키게 될 것이고, 그것은 또한 말라리아 지역이 배수되거나 소득이 되는 경우와 같이 경작 가능한 토지 면적을 증대시킬 수가 있다. 기후가 노동력 이용에 대해 미치게 되는 영향은 그것이 보건 조건에 대해 미치게 되는 영향과 밀접하게 관련되고 있다. 보건 조건은 명백히 출생률과 사망률의 결정 요인이 되어 있고, 또한 양적인 인구동태의 결정요인으로 되어 있다. 인민대중 간에서 산아제한을 보급시키는데 성공하게 되었던 정책은 모녀의 보건 조건을 개선하는 효과를 가지게 됨에 틀림없을 것이다.

 자녀수의 감소가 생활수준을 높이는 한—직접적으로는 부양 의무를 경감시키는 것에 의하고, 간접적으로는 그것이 노동력 이용에 미치게 되는 효과에 의해—그와 같은 양적 인구 전개는 일반적으로 보건 조건에다 형향을 미치게 된다.

 남아시아국이 독립국에서 식민지로 옮겨가게 되었던 수세기 동안, 의료시설과 보건시설의 진보는 근대적인 의미에 있어서는 기껏해야 최소로 그치거나 경우에 따라서는 없는 거나 다름이 없었다. 그럼에도 불구하고 유럽인이 출현하여 식민지를 건설하게 된 이후로 서방 의술이 소개되기 시작했다. 그러나 대체로 도입된 지 얼마 되지 않은 의술 원조마저도 유럽계 식민지 주민이나 그들이 특혜를 주려고 하고 있었던 토착 귀족에 집중되고 있었다.

 식민지시대에는 사망률의 현저한 감소가 있었다. 그 이유의 일부는 전쟁이 없었다는 데 있었다. (식민 강대국들은 토착 부족들과의 싸움을 거의 하지 않았다). 그러나 일부는 식민지에 있어서의 점진적인 보건활동의 증가와 흉작시에 기아를 막기 위한 노력에 의하는 것이었다. 그렇지만, 장기에 걸쳐서 식민지의 모든 정부는 토착민들을 의학과 위생 및 보건면에서 훈련시키고자 하는 두드러진 노력은 거의 하지 않았고, 또한 이러한 것들을 자기 자신들에 대해서 마찬가지로 토착민들에 대해서도 제공하고자 하는 노력을 거의 하지 않았다.

 토착민은 천연약물요법이나 정신요법을 결합시킨 전통적 의술에 계속 의존하고 있었다. 실제로, 서구의 의사들이 처음으로 도래하게 되었을 무렵, 한방의술 분야는 더 이상 발전할 여지가 없었다. 이 의술의 효능—이것은 식민지시대 동안에 저하되었다—도 또 하나의 문제가 되었다. 식민지시대 말기까지는 농촌지방이나 도시 빈민굴의 인민대중들은 천연두에 대한 예방접종을 강제로 받게 하는 법에 의해 지배를 받게 된 이외에는 식민지시대에 착수되었던 전염병 예방사업의 혜택을 거의 입지 못하고 있었다.

제2차 세계대전을 뒤이은 독립시기에 남아시아의 인구는 예상도 못할 정도로 갑작스럽게 폭발적인 비율로 성장하기 시작했다. 불길하게도 인구성장은 근대에 이르러서 남아시아에 있어서의 유일한, 그리고 참으로 중대한 사회적 변화가 되었다.

제21장에서 말했던 바와 같이, 그것은 역사적으로 전례가 없는 사망률의 급속한 감소에 기인하고 있다. 이것에 대한 설명을 생활수준의 개선에서 찾을 수는 없다. 왜냐하면, 생활수준이 수많은 인민대중에 대해서는 조금도 변화하지 않았기 때문이다. 또한 나병률이나 사망률에 영향을 미칠 정도로 위생에 대한 교육이나 태도의 발견도 없었다.

남아시아의 각국 간에 정도와 시기에는 차이는 있지만 사망률의 급속한 감소는 그 대신에 최근의 과학적 모든 발견에 기초를 둔 새로운 의술의 적용때문이다. 이 새로운 의술은 적은 비용으로 관련자의 생활수준이나 관습 및 습성에 관계없이 질병의 예방 내지 치료를 가능하게 했다. 강력한 화학약제 및 항생물질은 수많은 전염병의 치료에 혁명을 가져오게 했고, DDT나 그 밖의 살충제는 특히 중요한 것이었다.

이러한 의약품은 선진국에서 20년에 걸쳐 개발된 것이었다. 양산에 따라 이러한 의약품을 염가로 대량 사용이 가능하게 되었다. 이러한 약품은 기초훈련을 가진 사람에 의해서도 조제될 수 있을 정도로 간단했기 때문에 더욱 이점이 있었다.

대체로, 그와 같은 의약품은 원자력의 발견이 전쟁의 성격을 바꾼 것과 거의 마찬가지로 질병을 예방하거나 치료하는 모든 조건을 바꿔놓게 하였다. 한때, 남아시아에 있어서 가장 흔한 단일병원이었던 말라리아가 전 지역을 통해서 대폭적으로 줄어들게 되었고, 특히 인도는 이것과 싸우는데 칭찬할 만한 전진을 보여주고 있었다.

남아시아국은 결핵—이것은 금세기 초부터 아주 널리 퍼지게 되었다—을 억제하기 위한 프로그램을 가지고 있다. 더욱이 말레이시아, 싱가포르 및 스리랑카는 한층 더 강력하게 이 프로그램을 추진해 오고 있다. 인도대륙과 미얀마를 제외한 지역에서 천연두로 인한 곰보는 상당히 성공적으로 저지되어 왔다. 장래를 내다볼 때, 남아시아 도처에서 말라리아가 거의 완전히 일소될 전망은 밝다. 마찬가지로 천연두에 관해서도 그렇게 말할 수가 있을 것이다. 하지만, 천연두의 경우에는 수백만의 사람들이 접종을 받아야 하고, 또 재접종을 받아야 할 것이므로, 보다 최소한 인적이고 물적 자원이 이 과업에 동원되지 않으면 안 될 것이다.

새로운 의학적 모든 발견과 대중운동 기술은 남아시아국 정부로 하여금 오직 비교적 적은 자원소비를 가지고 나병률이나 사망률을 크게 낮추는 것을 가능하게 했다. 아마 의학자들은 다가올 몇 해 동안에 더욱 효력이 있는 의약품, 살충제 및 왁찐을 개발하게 될 것이다. 그러나 질병을 예방하거나 치료하고자 하는 노력은 더욱더 영양, 공중위생 및 섭생법 분야에 있어서의 개혁을 요구하게 될 것이고, 또한 잘 훈련된 의술가·설비·진료소 및 병원의 공급의 증가를 요구하게 될 것이다. 그러므로 의술의 보다 더한 발전에는 더욱 많은 비용이 들게 될 것이고, 또한 그 속도도 느려지게 될 것이다.

대중운동의 추진은 남아시아의 모든 정부가 질병에 대한 투쟁이 매우 중대하다는 생각을 받아들이게 되었다고 하는 것을 나타내는 것이었다. 이것은 다음으로, 토착의술은 원칙상 치료적인 것이므로 이들 모든 정부가 현대의학의 처방에 따르게 되었다고 하는 것을 의미했다. 남아시아국에다 현대의학의 뿌리를 박게 한 요인의 하나는 새로 창설된 세계보건기구에 대한 이들 모든 정부의 참여와 이 기관 및 그 밖의 공사 보건단체가 전후에 주게 되었던 원조였다.

이러한 배경에 비추어 볼 때, 남아시아국의 개발계획에 있어서 보건 프로그램에 대해 지금까지 보다 높은 우선순위가 주어지지 않고 있었다고 하는 것은 다소 놀라운 일이 아닐 수 없다. 위생 개선이 그와 같은 계획의 주요 목적의 하나로 언급되는 일은 드물 수밖에 없다. 각국은 독립된 보건부를 가지고 있기는 하지만, 보건부장관들은 보편적으로 그와 같은 차별이 눈에 뜨이는 나라들에 있어서는 각료 속에 끼지도 못하고 있다.

남아시아국 정부가 보건을 어떻게 보고 있는가를 알 수 있는 또 하나의 방법은 보건을 위한 공공지출을 국민소득이나 국민총생산과 대비하는 데 있다. 일반적으로 남아시아국에 있어서의 보건을 위한 공공지출은 개발국에 있어서 보다도 절대적으로 훨씬 낮았을 뿐만 아니라 국민총생산에 비해서도 훨씬 낮은 비율을 차지하고 있었다.

스리랑카와 말레이시아는 그 나라들이 남아시아의 기준에서는 상대적으로 유복하다고 하는 것을 감안한다 하더라도, 이 지역의 그 밖의 나라들보다도 공공보건정책에 보다 높은 우선순위를 주고 있다. 하지만 1인당 공공지출을 기준으로 한다면, 스리랑카와 말레이시아도 부유한 서방국이 지출하는 금액의 대략 10% 밖에 지출하지 않고 있다.

남아시아의 모든 나라들이 독립을 얻게 되었을 때, 보건시설은 아주 보잘것이 없었고, 의사들의 수도 매우 적었다. 인도와 스리랑카는 그 밖의 나라들에 비해 다소 나은 형편이었지만, 그러나 인도네시아, 파키스탄 및 미얀마는 유자격의 의술가들을 사실상 갖지 못했다.

모든 나라들이 출발 당시에 비해 장족의 진보를 보이게 되었다고는 하지만, 남아시아에서 가장 형편이 좋은 나라마저도 심지어 1960년에 이르기까지 서방국이 보유하고 있었던 의사 수의 5분의 1도 채 보유하지 못하고 있었다. 그들의 높은 나병률을 고려에 넣는다면 그들의 생활형편은 도리어 악화되고 있다 하겠다. 게다가 개업의들도 충분하게 훈련을 받지 못하고 있고, 그리고 의학도들은 서구에 있어서 보다도 훨씬 더 어려운 상황하에서 공부를 하고 있다. 특히 전문의는 이 지역의 어디에서나 크게 부족하다.

 남아시아의 의사들 간에서 보게 되는 일반적으로 낮은 수준의 능력에도 불구하고, 남아시아국의 빈곤과, 그리고 이로 말미암아 치료를 받고 싶어도 좀처럼 받지 못하게 되는 현실에 비추어, 남아시아의 의사들이 과도하게 교육을 받고 있다고 하는 것이 때때로 말해지고 있다. 그래서 J. K. 갈브레이스는 다음과 같이 쓰고 있다.

 "문외한으로서 나는 의학교육이…가난한 나라의 상황에 참으로 적합한 것인지 가끔 의심을 가져보았다.…전과정에 걸치는 훈련의 실시는(미국이나 유럽에 있어서, 그리고 뉴델리에 있어서도) 현대의학 교육의 필수조건이 되고 있다. 그러나 자원이 희소한 개발도상국에 있어서, 만약 우리들이 소수를 위해 높은 수준을…고집한다면, 우리들은 다수에 대해 의술의 도움을 거부하고 있는 것이 되지 않을까. 우리들은 농촌에서 부러진 다리를 고치거나 모르핀을 다소 처방할 줄 아는 의사를 가지고 있지 않은 희생으로서 대도회지에서 좋은 의사를 얻고 있는 것은 아닐까."

 그럼에도 불구하고 남아시아의 각국에 있어서 보건정책은 개업의의 자격 수준을 되도록 높이는 데 두고 있었다. 하지만, 이것은 앞으로 오랫동안 심한 의사 부족을 면치 못하게 될 것이라는 것을 의미한다. 남아시아 지역에 있어서 간호원의 부족은 의사의 부족보다도 한층 더 심각하다. 이것은 양성시설이나 기초교육의 예상되는 부족 이외에도 다른 많은 요인으로부터 생기고 있다. 특히 인도에 있어서의 상류 카아스트 계급의 힌두인은 인종 접촉, 특히 간호나 조산과 관련되는 인체 접촉을 혐오하고 있다. 이러한 편견은 파키스탄이나 말레이시아의 회교도에 의해서도 답습되어 왔다.

인도와 스리랑카, 말레이시아 및 싱가포르 등의 일부 지방을 제외하고는 이 지역의 대부분의 지방에 있어서는 또한 자격 있는 의사가 매우 부족하다. 특히 농촌지구에 있어서는 효율적으로 운영되는 투약 시설을 실제로 찾기조차 어렵다. 모든 지방에 있어서 농촌 주민들은 수련을 받은 의사나 간호원을 거의 이용할 수 없으므로, 그들이 꼭 병원에 가야한다면 멀리 떨어져 있는 도시로 가지 않으면 안 된다. 그렇지만, 남아시아에 있어서의 몇몇 정부들은 외부기관의 도움을 얻어, 다소의 치료를 받을 수 있는 전국에 걸친 그물눈과 같은 보건센터를 설치하는 것에 의해 농촌 주민들을 도와주는 방향으로 움직이고 있다.

비록 전래의 의술이 쇠퇴하고, 또 관에 의한 지원을 거의 받지 못하고 있다고 하지만, 그것은 농촌 주민들이나 도시의 하류계급에 대한 지배력을 잃지 않고 있다. 그 이유는 전적으로 경제적인 것만도 아니고, 또한 근대적 의료시설의 부족에 의하는 것도 아니다.

농촌사람들의 눈에는 토박이 의생(醫生)은 서구적인 교육을 받은 의사의 소질보다도 월등한 소질을 가지고 있다. 토박이 의생이 자기의 환자들을 가족들로부터 격리시켜 병원에 수용하는 일이 없고, 또한 환자들이 자기들의 질병을 귀신에게 돌린다 하더라도 그들은 비웃지 않는다.

그는 결코 환자들이 어디가 아픈가를 모른다고 말하지 않으며, 그리고 결과가 나타나기 전에 대가를 요구하지도 않는다. 현대적인 의료 서비스의 공급이 현존하는 수요를 충족시키기에 부족이 없다 하더라도, 토박이 의생의 이러한 태도와 기득권익은 농촌지역에 있어서의 그와 같은 서비스의 성장을 저해하게 될는지도 모른다.

남아시아의 기후―이것은, 이 지역의 사회적 모든 조건을 형성하는 그처럼 많은 모든 요소 중에서 아주 강력한 요인이 되어 있다―는 기생충병이나 전염병의 번식이나 만연에 대해 이상적인 환경을 조성하고 있다. 새로운 의학적 기술은 이 지역의 모든 나라들에 대해 이러한 모든 질병과 싸울 수 있는 효과적인 무기를 제공하게 되었다. 보다 많은 것이 의료시설의 개선과 위생이나 섭생법의 개량, 특히 영양에 관계되는 생활수준의 향상과 더불어 이루어질 수 있을 것이다. 그러나 모든 요인의 제공은 경제수준에 의거하게 되고, 그리고 이에서도 기후는 노동능률과 토양, 작물의 성장 및 천연자원에 대한 그 영향을 통해서 불리한 영향을 미치고 있다.

불량한 건강이 가지는 순환적 인과관계의 이러한 모든 연쇄는 또한 남아시아국의 빈곤으로 말미암아 타파하기가 더욱 어렵게 될 수도 있다. 그렇지만, 한편 이러한 빈곤 자체는 부분적으로는 건강에 대한 기후의 해로운 영향에 의해 야기되고 있다.

남아시아에 있어서의 영양부족이나 영양실조의 주요 원인은 물론 빈곤과 그리고 특히 농업에 있어서의 인간 및 토지의 보다 낮은 생산성에 있다. 이에 대한 대책은 일반적으로 말한다면 개발이라고 할 수 있겠으나, 그 길은 순탄하지 못할 것이다. 그 부분적인 이유는 식사량의 부족 자체가 대중들의 노동 능력을 저하시키고 있었기 때문이다. 남아시아에 있어서 일반의 건강상태를 약화시키게 된 또 하나의 주요 원인은 환경위생에 있어서의 발전이 없다고 하는 데 있다. 이러한 발전이 없게 된 이유의 하나는, 물론 필요물자의 값이 비싸고 또 감독관이 부족하다는 데 있다.

다시 우리들은 빈곤이 건강에 대하여 중대한 위험을 주게 되는 모든 조건을 끈덕지게 존속케 하는 주된 원인이 되고 있다는 것을 발견하게 된다. 하지만 동시에 건강상태의 악화는 노동투입이나 노동능률을 저하시킴으로써 빈곤을 항구화하게 한다. 발전이 지지부진하게 되는 또 하나의 이유는 국민의 호응이 부족하다는 데 있다.

공중위생의 개선은 그리하여 다만 필요한 재정적·물질적 및 인적 자원을 획득하는 문제에 그치는 것이 아니다. 그것은 또한 대중을 교육하는 문제로도 된다. 대중들은 그들이 더욱 합리적으로 되고, 그리고 자기들의 건강에 대해 관심을 가지도록 교화되지 않으면 안 된다. 만약 그들이 그 효과가 상당하다고 하는 것을 깨닫게 된다면, 그들은 자기들의 주택을 개량하기 위해 농한기와 알맞은 지방산 재료를 이용할 수 있게 될 것이다. 특히 만약 그들이 청소 같은 잡일을 실증내지 않고 자주 할 수 있게 된다면, 그들은 가정과 환경을 더욱 위생적인 상태로 유지할 수가 있을 것이다.

공중위생이나 개인위생에 대한 태도는 사회조직 자체를 형성하게 되고, 또 종교·미신·성관행 및 종교의식에도 반영된다. 그러나 이것은 위생에 관한 관습을 개선하고자 하는 운동이 절망적이라는 것을 의미하는 것은 아니다. 남아시아에 있어서의 보건 조건을 연구한 자라면 누구나 다음과 같은 인상을 받게 되기 마련이다. 즉, 그와 같은 운동을 전개할 필요성은 무한히 크고, 또한 특히 교사와 학교가 보통의 경우보다도 한층 더 대대적으로 조직적인 개입을 할 필요가 있다고 하는 인상이다.

이 지역에 있어서의 실제적인 보건 조건을 평가하는데 있어서 대중운동—그것은 사망률뿐만 아니라 나병률도 감소시키게 되었다—의 시기나 효과에 관해서 그리고 보건시설의 개선에 관해서 우리들이 알고 있는 것은, 보건 조건을 기준으로 한 국가 간의 서열이 사망률을 기준으로 한 국가 간의 서열과 어느 정도 비슷하게 될 것이라는 것을 말하고 있다.

사망률은 다음으로 경제수준이나 생활수준, 특히 영양수준을 기준으로 한 국가의 서열과 상당히 잘 일치하고 있다. 사람들이 부유하게 되면 될수록 그들은 그만큼 더 영양부족으로 인한 질병을 잘 피할 수 있고, 또 충분한 의료혜택을 받을 수가 있으므로, 그렇게 생각하는 것은 당연하다. 그럼에도 불구하고, 남아시아에 있어서는 고소득층마저도 때와 장소를 가리지 않은 전염병에 종종 걸리지 않을 수 없다.

질병을 예방하고자 하는 조치는 대략 같은 방법으로 모든 계급의 사람들에게 혜택을 주어왔던 것이지만, 의료종사자나 병원 시설의 공급을 증가시키고자 하는 조치는 고소득층에 속하는 사람들에게만 혜택을 주어 왔다.

건강과 노동능률간의 관계를 더듬어 보는 경우, 우리들은 양자 간에는 복잡한 인과관계가 있다는 것을 인정하지 않을 수 없다. 그러나 실제로 이 관계를 밝히고자 하는 노력은 전혀 이루어진 바가 없었다. 영양부족과 노동능률 간의 관계에 관한 연구가 다소 있기는 했다. 이러한 연구들은 한결같이 적정수준 이하의 식량 섭취는 사람들의 노동 능력에다 아주 뚜렷한 직접적인 영향을 주게 된다고 하는 결론을 확증하고 있다.

만약 중노동이나 무거운 것을 드는 것이 병을 일으키게 한다는 남아시아인들 사이에 널리 퍼져 있는 확신이 없다고 한다면, 건강 부족은 노동투입이나 노동능률에다 영향을 적게 미치게 될는지도 모른다. 그와 같은 통념은 이해할만 하다. 왜냐하면 노동이 건강을 실제로 크게 해치게 될 우려가 있는 환경 속에서 종종 수행되고 있기 때문이다. 그러나 그와 같은 확신은 그 자체만으로도 사람들이 오랫동안 그리고 열심히 일하는 것을 방해할 수 있다.

이러한 류의 오해는 어느 만큼은 태도를 합리화한 것이고, 이러한 태도의 합리화는 그 자체가 건강상태와 관계없는 것이 아니다. 서구에 있어서와 마찬가지로 남아시아에 있어서도 아시아인의 가치관—그들의 사색과 내세의존, 수수자적 및 탈속을 좋아하는 경향—으로서 종종 이상화되고 있는 남아시아인들의 모든 특징이 부분적으로는 건강부족이나 영양부족에서 생겨나고 있을는지도 모른다.

우리들은 보건문제와 관련되는 모든 요인들이 상호관련이

있다고 하는 것을 강조해 왔다. 계획의 관점에서 본다면, 보건분야에 있어서의 어떠한 특정정책 조치의 효과도 모든 그 밖의 정책 조치에 의존하게 되고, 그것은 특정정책 조치만으로는 결정되지 않는다. 이것은 보건 조건의 개선에서 얻어지는 일정한 이익을 어떠한 단일한 조치에서 생긴 것으로 돌리기란 불가능하다는 것을 의미한다. 그 밖의 어떠한 형태의 계획 이상으로 보건 조건 개선을 위한 계획은 절차에 얽매이지 않고 직각적으로 진행되지 않으면 안 되고, 그 절차는 단편적인 지식이 널리 알려져 있는 추정에 의해 보완되고, 또 전략의 윤곽을 나타내게 하는 것으로 족하다.

그 문제는 수많은 상호보완적인 정책 조치를 결합시킴으로써 최대한으로 광범위하게 공격되지 않으면 안 된다. 교육, 그리고 보다 합리적인 태도의 파급은 보건 조건과 일반적인 관계를 가지고 있으며, 이러한 관계가 교육을 개선하는 모든 정책을 채택하는데 대한 모든 그 밖의 이유를 더욱 중요하게 만들고 있다. 그렇지만, 특수한 건강 장애에 대해서 사람들을 계몽하는 보다 특수한 임무는 공중위생을 개선하는 임무가 그러한 바와 같이 보건당국에 속해 있다.

보건교육에 관해서는 일반적으로 이루어진 일이 너무나 적다고 하는 것이 우리들의 인상이다. 산아제한의 분야에 있어서와 마찬가지로 강력한 홍보활동을 대대적으로 전개할 필요가 있다. 또한 보건 개선과 이 법의 보다 적절한 시행도 필요하게 된다. 이상적으로는 법적·행정적 분야에 있어서의 그와 같은 정책 조치가 보건운동—이것은 유도와 처벌에 의해 뒷받침을 받게 된다—에 통합되어야 할 것이다.

새로운 의학기술의 사용은 남아시아를 휩쓸고 있던 질병과 싸우는데 최근 수십 년 동안 효험이 있었다. 이러한 운동은 이 때까지의 나병률과 사망률을 개선하는데 크게 이바지하게 되었다. 가일층의 진보는 더욱더 공공지출과 섭생법이나 공중위생에 대한 대중의 협조의 증진, 그리고 보다 훌륭하고 보다 많은 의료시설에 의존하게 될 것이다.

이용이 가능한 산만하고 불충분한 지식으로부터 우리들은 남아시아국이 현명하게 되어, 보다 강력한 보건정책을 추구하게 될 것이고, 또 보다 충분한 보건통계를 수집하거나 보다 집중적인 연구에 착수하는 것에 의해 보건정책 방향에 대한 보다 확고한 기초를 발견하게 될 것이라는 결론을 내리는 바이다.

제24장 교육과 유산

교육이 개발의 관점에서 고찰되는 경우에는 언제나, 그 목적이 지식이나 기술을 전수하는데 있어야 할 뿐만 아니라 모든 태도를 합리화하거나 근대화하는 데 두어지지 않으면 안 된다. 이러한 도전은 개발을 방해하는 모든 태도나 모든 제도가 아주 확고하게 뿌리를 박고 있는 남아시아의 저개발국에 있어서는 훨씬 더 중요하다. 이것은 남아시아국의 교육자들이 서방 개발국의 교육적 모든 관행과 모든 정책을 무비판적으로 채택해서는 안 되는 절실한 이유의 하나이다. 또한 남아시아국은 다가올 수년 동안에는 종전과 같이 완만한 페이스로 교육프로그램을 발전시킬 수 있는 형편에 있지 못하다.

남아시아국은 그 나라들의 개발계획에 있어서 유례없이 높은 인구 증가율을 포함해서 극복해야 할 많은 불리한 조건을 가지고 있으므로, 그 나라들은 개발에 유리한 태도와 지식 및 기술을 보다 신속하게 보급시키도록 노력하지 않으면 안 된다. 그 나라들의 초기 조건은 여러 가지 점에서 훨씬 불리하므로, 그 나라들은 뒤따르는 취학아동에게 새로운 사상과 태도를 가지게 하는 완만한 과정에 의존할 수 없고, 그 대신에 성인들을 교육시키려는 단호한 노력을 하지 않으면 안 된다. 그리고 성인층의 불합리한 태도는 그들 간의 무지나 기술부족이 그러하듯이 젊은이들을 교육시키려는 노력을 방해하는 경향이 있으므로 성인교육은 또한 아동교육의 효율성을 증대시키는 수단으로서도 부가적인 유용한 가치를 가지고 있다. 태도를 합리화하는 데에 관해서 말한다면, 정부가 처벌이나 유도를 내포하는 법률적·행정적 정책조치에 의해서 달성하려고 기도하는 태도의 개혁은 어떠한 것이든 간에 모두가 보다 넓은 의미의 교육정책이라는 이름 아래 다루어져야 한다는 것이 인식되어야 할 것이다.

아동뿐만 아니라, 성년에 대해서도 문자해득력과 일반적인 지식이 특수기술의 습득을 용이하게 하고, 또 태도의 합리화를 가져오는 데 이바지하게 될는지 모른다. 다음으로, 보다 합리적인 태도는 문자해득력과 지식 및 기술의 습득을 용이하게 할 수 있는 학습 의욕을 드높이게 된다. 대체로 교육정책은 교육적 노력을 국가발전에 최대한의 자극을 줄 수 있는 방향으로 돌리게 하고, 할당하게 하는 주요 목적을 가지지 않으면 안 된다.

남아시아에 있어서 교육을 개혁한다고 하는 문제는 단순히 보다 많은 학교 교육을 제공한다고 하는 양적인 문제로 그칠 수 없다. 그것은 어느 정도 그릇된 교육과 학교 자원의 대규모적인 낭비를 제거하는 문제이기도 하다. 그리고 보건정책의 분야에 있어서는 모든 인간, 그리고 대체로 모든 동물에도 적용할 수 있는 의학기술이 있는 반면, 교육정책의 분야에 있어서는 이용이 가능한 그와 같은 객관적인 교육기술은 없다.

남아시아에 있어서의 교육문제는 당사국의 사회적 모든 조건과 그 나라들의 개발의 추구를 감안해서 새로운 각도에서 해결책이 모색되지 않으면 안 된다. 그리고 그렇게 하기 위해서는 계획 입안자들은 보건에 있어서처럼 간단하게 모든 낡은 전통을 버리거나, 이상적인 간단한 기술을 택할 수는 없다. 우리들은 이 분야에 있어서의 개혁에 관한 문제는 이러한 전통이 어떠한 것이며, 또 그것이 아직 현시점에서도 어떠한 영향을 미치고 있는가에 대한 주의를 기울이지 않고서는, 그 윤곽을 드러내게 할 수 없다. 일반적으로 말해서 이러한 영향은 해로운 것이기는 하지만 전적으로 그러한 것은 아니다.

과거의 교육적 전통이 갖는 교리—이 교리 위에 남아시아의 모든 국민은 현재 그들의 현대교육제도를 세우려고 기도하고 있다—는 복잡한 조직이다. 그 윤곽은 어렴풋이 지각되는 남아시아사의 여명기에 형성되기 시작했다. 그 무렵에는 종교 교육이 종교 관계자들의 주요 관심사로 되어 있었다.

남아시아는 3대 세계종교—힌두교·불교 및 마호멧교—의 발상지 내지 실험장이었다. 이들은 각각 별개 형태의 강력한 교육적 노력을 낳게 하고 있었다. 그러나 대중들이 받들고 있었던 종교가 활동을 낳게 하는 힘으로는 되지 못했다.

현재와 마찬가지로, 당시에도 대중종교는 거의 역동설(dynamism을 갖지 않고 있었다. 그것은 전통적인 태도나 제도의 신성불가침성을 인정케 하는데 주로 이바지하게 되었다. 대중들은 자발적으로 교육을 요구할 수 있을 만큼 자극을 받지 못했다. 그 대신에 교육적 자극은 종교적 모든 조직에 있어서보다 높은 수준의 승려직으로부터 나타나게 되었다.

3대 종교에 있어서 승려들은 대개가 교사들이었고, 이것은 어느 정도 오늘날에 있어서도 들어맞는다. 대부분의 승려들은 경전을 교육의 매개물로 사용할 수 있었다. 그들의 경전은 일찍부터 성문형태로 꾸며지고 있었기 때문이다.

힌두교의 전통에 의하면, 교육은 한 사회적 그룹, 즉 브라아만층의 배타적인 독점물이거나 또는 대체로 그러한 것으로 되는 것이었다. 그러나 일찍부터 이러한 힌두교의 전통의 주류로부터 중요한 일탈이 생겨나고 있었다. 브라아만층이 아니었던 귀족들이나 상인들이 부귀를 누리게 되었을 때, 그들은 자기 자신과 자기들의 자녀 및 부하들을 위하여 보다 실용적인 교육을 요구하기 시작했고, 또 그러한 교육을 받기 시작했던 것이다.

힌두교에 도전하게 되었던 비상한 개혁운동인 불교 및 자이나교는 높은 수준의 세력을 갖게 되기에 이르렀고, 또한 그들의 종교적 교리의 체계를 갖추기 시작했다. 뒤에 이르러 불교도들 간에는 승원에다 소년들—이들은 모두가 승려로 된다고 기대하지 않고 있었다—을 받아들여 상당한 기간에 걸쳐 경전을 가르치고 더욱이 읽고 쓰는 것 뿐만 아니라, 보다 세속적인 모든 문제에 대해 초보적인 훈련을 시키는 것이 관행으로 되기에 이르렀다. 때때로 승원학교는 한층 정규학교와 마찬가지의 기능을 가지게 되었고, 수도자들은 계속 가족과 함께 가정에 살면서 학교에 다니고 있었다. 그러나 이제는 불교가 근대화나 개발을 위한 적극적인 힘으로는 되지 않고 있으며, 그렇게 된 때는 이미 수세기가 지났다.

마호멧교는 정복에 따라 외부로부터 남아시아에 들어오게 되었다. 종교적 신앙심의 결과로서 모든 공동체나 카아스트가 종종 이렇다 할 정신적 준비도 갖춤이 없이 개종하게 되었다. 그렇지만, 회교의 경전인 코오란에 의하면 청년의 교육은 종교의 의무로 되는 것이었다. 그 경전의 수많은 그 밖의 탁월한 모든 규정과 마찬가지로, 그 의무는 결코 대규모적으로는 이행되지 않고 있었다.

많은 회교도들의 자녀들이 사원 내의 학교에 규칙적으로 출석했다고는 생각되지 않으며, 그리고 아마 대부분은 전혀 출석하지 않았을 것이다. 그리고 이러한 학교들은 대개가 현재에도 그러한 것과 같이 당시에도 생도들이 아라비아어로 된 코오란을 암송하는 것을 가르치는 데 집중하고 있었으며, 이것들은 현세의 지식을 가르치기 위한 매우 효과적인 기관으로는 될 수 없었다. 오늘날에 있어서도, 말레이시아인들이나 얼마간의 인도인들 간에는 초등학교는 회교도의 교사가 가르치게 되어 있고, 또한 상당할 정도로 코오란의 암송에 근거를 두고 있다.

유럽으로부터의 남아시아에의 가장 빠른 식민지 침략자들은 양대 가톨릭제국주의국, 즉 스페인과 포르투갈이었다. 뒤늦게 도착하게 되었던 프로테스탄트 강대국, 즉 네덜란드나 영국과는 달리 양국은 애당초부터 계획적인 교육정책을 가지고 있었다. 경제적 착취에 더하여, 그들의 사명의 하나는 이

교도들을 그리스도교 신자로 개종시키는 데 있었다. 이에서 중요한 것은 이러한 사명이 사람들에게 읽고 쓰는 교육을 요구하는 것으로 해석되고 있었다는 점이다. 이것은 만약 정치적 지배나 상업적·금융적 착취가 유일무이한 목적이었다면 거의 정당화될 것 같지 않은 정책이었다.

이것은 필리핀—이 나라는 3세기 반 이상이나 계속 스페인 치하에 있었다—에 있어서 가장 깊은 영향을 미치게 되었다. 17세기 초까지는 심지어 중등교육제도나 고등교육제도를 위한 기초가 확립되기에 이르렀고, 이 제도는 단순히 종교 교육만을 지향하는 것은 아니었다. 그리고 행정당국과 긴밀하게 제휴해서 활동하고 있었던 사제들이나 성직자들은 그물눈과 같은 초등학교를 창설하기 시작했고, 이들 초등학교에 있어서는 종교 과목뿐만 아니라 비종교 과목도 가르치고 있었다.

1863년에는 스페인의 식민지 정부가 7세에서 13세에 이르는 모든 아동들에 대하여 무상으로 실시되는 초등 의무교육 프로그램을 채택하게 되었다. 스페인인들이 1세대 후에 물러나게 되었을 때에는 이 야심적인 프로그램은 조금도 실현되지 않고 있었다. 그럼에도 불구하고, 필리핀은 대중교육에 있어서 대부분의 그 밖의 아시아의 식민지들을 이미 앞질러 있었다.

애당초부터 필리핀에 있는 미식민지 당국은 교육에 주안을 두게 되었으며, 또한 교육을 통해 자기들 자신의 인상을 부각시키고자 했다. 미식민지 당국은 또한 모든 제도의 미국화를 목적으로 하고 있었기 때문에 필리핀의 교육에 대해 새로운 자극을 주고 있었다. 미국의 필리핀 통치는 단기적이기는 했으나, 그러나 교육에 관한 한 대체로는 놀랄 만한 성과를 거둔 것으로 생각된다. 그것은 남아시아에 있어서의 가장 높은 문자해득율과 중등 및 고등교육제도의 기틀을 남겨 놓게 되었다.

현재 인도네시아로 되어 있는 곳에, 포르투갈인들에 이어 침입했던 네덜란드인들은 이렇다 할 전도열을 보이지 않고 있었다. 식민지 교육에 대한 그들의 모든 정책은 경제적 모든 상황에 따라 변화하게 되었다. 때때로 보다 야심적인 프로그램이 내세워지고 있었으나 그러나 실제로 이루어진 것은 거의 없었고, 그리고 네덜란드 지배가 제2차 세계대전중에 일본군에 의해 끝장나게 되었을 무렵에는 문자해득률이 이 지역에서 가장 낮은 편에 속했다.

중등 및 고등교육에 대한 네덜란드의 실적은 한층 빈약한 것이었다. 오직 소수의 인도네시아 청년들만이 지금까지 대학의 문을 거치게 되었으나, 독립 초에는 전문적 교육을 받은 자들이 1천 명에도 달하지 못하고 있었다. 아이러니컬하게도 이들은 독립투쟁의 간부를 배출하게 되었다.

현재 필리핀과 더불어 이 지역에서 가장 높은 문자해득률을 가진다는 영예를 나누어 가지고 있는 스리랑카는 불교도들의 중요한 교육적 노력에 더하여 포르투갈, 네덜란드 그리고 마지막으로는 영국 통치의 영향에 의해 이익을 얻게 되었다. 스리랑카는 식민지시대에 대학교를 얻지 못하고 있었지만, 학생들이 해외—인도나 영국—에서 자기들의 학업을 계속하는 것이 다른 남아시아의 식민지에 있어서 보다도 스리랑카에 있어서는 보다 흔한 일로 되어 있었다.

스리랑카는 일찍이 1924년부터 시작해서 점차적으로 자치를 분양받게 되었고, 한편 스리랑카 정치가들은 얻어진 자치를 보건과 함께 교육의 발전을 추진하는 데 이용하게 되었다.

처음으로 인도에 서구적인 교육적 충격을 주게 된 사람들도 또한 가톨릭계 뿐만 아니라 프로테스탄트계의 전도사들이었다. 그들은 이러한 충격을 주는 데 있어서 식민지 관리들로부터 거의 아무런 도움을 받지 않는 수가 가장 많았으며, 그리고 비교적 자주 그들의 반대에 직면하기도 했다. 만일 인도가 가톨릭국에 의해 식민지화 되었거나 지배되고 있었다고 한다면, 그 교육사가 어떻게 달라지게 되었을까—혹은 만약 영국민이 미국민과 마찬가지로 국내에 있어서의 인민정부와 대중교육이라는 모든 이상을 일찍이 공약하게 되었다고 한다면, 더욱 근년에 이르러 인도의 교육사가 어떻게 달라지게 되었을까 하는 것을 생각해 보는 것은 흥미 있는 일이다.

영국 식민지 당국도 중등교육과 고등교육에 관심을 갖게 되기에 이르렀다. 1760년대와 1770년대에 당국은 힌두교도와 회교도의 고등교육기관에 대해 소규모이기는 하나 재정적 지원을 하게 되었고, 이 지원은 1813년에 동인도회사 헌장에 의해 한층 더 촉진되었다. 1835년에는 교육에 할당되는 모든 기금은 영국적인 교육—교실에서 영어가 사용되는 것을 포함해서—을 실시하는데 사용되어야 한다는 극적인 정책 전환이 결정되기에 이르렀다.

이 기간의 영국 당국은 행정에 현지 주민을 고용할 필요에 의해서 뿐만 아니라 인도 국민의 상류계층 간에 서구문명, 보다 구체적으로는 영국문명을 전파시키고자 원하고 있었기 때문에 새로운 정책을 강행하게 되었다. 그렇지만, 이러한 결정은 만약 발언권이 있는 인도 상류계층이 인도문화의 서구화가 그들 자신의 이익으로 된다는 것을 강하게 느끼고 있지 않았다고 한다면, 거의 취해지지 않았을 것이다.

이러한 태도는 성과를 거두게 되었고, 더구나 영국인들이 네덜란드인이나 프랑스인들보다 식민지에서 알맞은 자격을 가지는 인도인들에게 책임 있는 행정적 지위에 취임하는 것을 허용하는 훨씬 자유로운 정책을 따르게 되기 시작했을 때, 더욱 더 성과를 거두게 되었다. 그러나 영어를 인도어로 만들려고 하는 생각은 없었다. 또 게다가, 식민지 시기의 거의 말기까지 고수되었던 새로운 정책노선은 자기 나라말로 하는 대중교육에 대해서는 지원이 없을 것이라고 말하고 있었다.

당시에는 인도 국민 자신들중에서 발언권이 있는 사람들이 대중들을 교육시키기 위해서는 무엇인가가 이루어져야 한다는 것을 요구하지 않고 있었으므로, 이 노선은 부분적으로 보다 쉽게 받아들여지게 되었다. 그와 같은 요구가 나중에 수정되었을 때, 그 요구는 이데올로기적으로는 다소 관념적인 것이었고, 또한 실천적으로는 실효성이 없는 것이었다. 그러나 마침내 간디는 평등주의적 모든 이상을 인도인들의 토론 속에 강력히 도입하게 되었고, 그리고 국민운동을 인도의 말없는 수많은 사람들의 이익을 지원하는 방향으로 조정하게 되었다.

중등교육 분야에 있어서는, 1835년의 정책 결정이 인도 상류 계층을 위한 학교 시설의 급속한 확장기를 열어놓게 되었으며, 그 확장은 식민지 시기의 종말까지, 아니 그 후에도 대체로 가속적으로 계속되고 있었다. 그러나 교육제도의 전구조는 졸업장을 얻는 것이 주요 목적으로 되어 있었다고 하는 사실에 의해, 또 이 졸업장은 관직에 대한 운행증으로 이바지하게 되었다고 하는 사실에 의해 결정되고 있었다.

인도의 각급 학교—이들의 모든 과정은 상류학교에 입학하는 것을 목적으로 하고 있다—에 있어서는 중점이 인문계 학과에 두어지고 있었다. 과학계나 기술계의 학과에 대해서는 주의가 돌려진다 하더라도, 조금밖에 돌려지지 않고 있다. 모든 것이 개개인을 식민지 경영에 필요하게 되는 하위직에 알맞게 훈련시킬 수 있게끔 꾸며지고 있었다.

1850년에 이르러, 비로소 완전하게 영국의 지배하에 들어가게 되었던 미얀마에 있어서는 인도의 패턴이 되풀이 되기도 했으나, 그 정도는 한층 약했다. 말레이시아에 있어서는 주민의 인종적인 다양성이 교육발전에 대해 상이한 성격을 주게 되었다. 중국인들은 그들 자신의 학교를 설립하고 있었거나 종종 그들의 젊은이들을 상급 교육을 위해 중국에 보내고 있었던 반면, 말레이시아인들은 조신(朝臣)에 속하는 한 줌의 상류계층이나 회교 군주들 주변의 대지주들을 제외하고는 보다 덜 진취적이었다. 사정이 이러했으므로, 영국인들은 아주 서서히 토착민들에게 행정직에 대한 문호를 개방하고 있었는데, 이것은 중국인들에게 지나치게 유리하게 되지 않게 하기 위함이었다.

프랑스령 인도지나에 있어서는 교육이 보다 오래된 식민지에 있어서만큼 초기 전도활동으로부터 혜택을 입지 못하고 있다. 프랑스인들은 영국인들만큼 현지 주민들을 행정에 참여시키는데 너그럽지 못했다. 그들이 지원하고 있었던 비교적 한정된 수의 학교는 프랑스 교육제도의 색채를 띠고 있었다. 이러한 노력의 성과의 대부분은 보다 진보한 베트남인들에게 돌아가게 되었다.

라오스나 캄보디아에 있어서의 교육은 주로 구식의 불교전통—승려가 승원에서 학동을 가르치는 방식—을 답습하고 있었다. 하노이에 있는 인도지나대학교는 겨우1917년에 이르러 설립되었다.

식민지 지배로부터 벗어나게 되었을 때, 신생국이 갖게 되었던 가장 중대한 핸디캡은 자기들의 인구에 관해 아무것도 아는 바가 없었다고 하는 데 있었다. 이러한 핸디캡의 주된 요소의 하나는 문자해득률이 낮다고 하는 것, 더욱이 실용적인 문자해득률이 한층 낮다고 하는 것이었다. 이 점에 관해서는 비교적 높은 점에 있는 필리핀 및 스리랑카와 또한 비교적 낮은 점에 있는 인도와 파키스탄 및 인도네시아 간에 상당한 차이가 있다고는 하지만, 이것은 일반적인 설명으로서만 옳다 할 것이다.

신생국이 극복하기 어려운 애로를 형성하고 있는 식민지시대의 유산에 있어서의 한 가지 요소는 대중을 위한 학교가 있었다 하더라도 교사들의 훈련이 특히 초등 수준에서 등한시되고 있었다는 사실이다. 특히 인도나 파키스탄에 있어서는, 전통적으로 교사들의 낮은 지위와 그들의 낮은 봉급수준이 결원 보완을 방해하였고, 또한 그들에게 훈련을 시킴으로써 자질을 높이는 데에 대한 관심을 잃게 하고 있었다.

전식민지시대에 있어서의 교수방법은 이미 말했던 바와 같이 학동들이 교재를 이해하건 이해하지 못하건 간에 그들에게 그것을 암송시키는 방향으로 몹시 기울어져 있었다. 이 방법은 물론 회교사원 내의 학교에서는 필요한 것이었다. 왜냐하면 이러한 학교에서는 교과과정의 중요한 부분이 아라비아어로 코오란을 읽히는 데 있었기 때문이었다. 그러나 암송을 통한 학습은 남아시아 전역에 걸쳐서, 그 밖의 모든 토착민들의 학교에 있어서도 공통적인 방법으로 되고 있었다. 교육은 아직도 교조주의적이고 권위주의적인 경향이 있으며, 따라서 그것은 질문, 비판적인 태도 혹은 교내외에 있어서의 자습에 대한 관심을 거의 장려하지 않고 있었다.

권위주의라는 유산은 대학 강의에도 현저하게 이어지고 있다. 남아시아의 대학교를 방문한 서구인은 누구나, 오늘날에 있어서 마저도 보통 학생의 무비판적인 태도를 보고 놀라움을 느끼게 된다. 학생은 교수나 교과서—혹은 교과서의 발췌부분—가 자기가 필요로 하는 지식을 전해주기를 바라고 있고, 또한 듣고, 읽고 그리고 외우는 것 이외에는 손수 이렇다 할 지적 노력도 하지 않은 채, 자기에게 주어지는 지식만을 받아들이고 있다.

이 점에 있어서의 그의 순종적인 태도는 그가 시험의 요구조건이 부당하게 과중하다고 느낀다면, 아주 쉽게 항의를 하는 것과는 기묘한 대조를 이루고 있었다. 학생은 또한 대학생으로서 자기가 엘리트그룹에 속해 있거나 혹은 머지않아

속하게 되리라고 하는 것을 강하게 의식하고 있었다.

서방국이나 공산국의 보통학생과 남아시아의 보통학생 간에 창의를 자극하는데 있어서의 차이점은 물론 다만 상대적인 것이다. 그러나 창의를 자극한다는 것은 국가발전의 입장에서는 최고로 중요하다. 남아시아의 각급 학교에 있어서의 수업은 독창적인 사고와 발전을 위해 아주 불가결한 것으로 되어 있는 탐구적이고 실험적인 의욕의 성장을 좌절시키기 마련이다. 그것은 학생들로 하여금 시험에 합격하고 졸업장을 얻을 수 있게 하는 방향으로 돌려지고 있다. 졸업장이 증명해야 할 지식이나 기술보다도, 오히려 졸업장 자체가 추구되는 목적으로 되어 있다.

이것이야말로 식민지시대로부터의 유산이고, 또한 더욱 구체적으로는 행정직에 근무할 수 있고, 또한 전문직을 맡을 수 있는 현지 주민의 교육받은 엘리트를 양성하려 했던 식민지 당국의 노력으로부터의 유물이다. 그러나 이러한 류의 교육이 남아시아국의 오랜 정체적 사회에 살고 있는 사람들의 뿌리 깊은 신분의식으로 말미암아, 그곳에서 크게 환영을 받게 되었다고 하는 사실을 간과해서는 안 될 것이다.

남아시아 도처에서, 교육받은 사람들은 자기들이 받은 교육을 육체노동에 의해 자기들의 손을 더럽히게 할 모든 의무로부터 해방시켜 주는 배지(badge)로 생각하는 경향이 있다. 의심할 나위도 없이 육체노동의 천시는 간디가 거듭 강조했던 바와 같이 개발에 대해 매우 중대한 장애로 되어 있다.

이 지역을 통해서 이러한 편견의 유행이나 심화, 대중의 교육수준이나 문자해득 수준 간에는 명백한 반대의 상관관계가 있다. 즉, 편견은 대중교육이 가장 진보되지 않은 나라들에 있어서 가장 강하기 마련이다. 이러한 관측과 관련되는 하나의 중요한 추론은 문맹퇴치운동과 보편적인 아동교육을 꼭 필요하게 하는 이유의 하나가 육체노동에 대한 이 같은 편견을 일소하는 것으로 될 것이다.

식민지 강대국들은 그들의 교육정책을 실시하거나 혹은 실시하지 않는 것을 통해서, 보통 이러한 편견을 강화시키는 데 공헌하고 있었다. 강대국들의 목적은 주민들의 기본적인 태도를 바꾸게 해서 그것을 개발에 알맞도록 하는 데 있었던 것이 아니라, 다루기 쉬운 서기와 소관리가 되도록 훈련시키는 데 있었다.

인문계나 일반교양계 과정을 희생시키고 직업계나 기술계 과정을 확대시킴에 대한 중등교육이나 고등교육을 개혁하는 것을 어렵게 만들었던 이유를 알려고 할 때, 이러한 모든 것이 고려되지 않으면 안 될 것이다. 그렇지만 남아시아에 있어서의 교육받은 엘리트는 식민지 정부와 함께 학교제도를 극히 보수적으로 만든 책임을 나누어 가지지 않으면 안 된다. 왜냐하면, 그러한 학교제도는 육체적 노동에 대한 그들의 편견을 조장하고, 이로 말미암아 그들의 사회적·경제적 요구를 지지하고, 또한 그들이 자기들의 이익이 된다고 생각했던 것을 뒷받침해주고 있기 때문이다.

거의 모든 남아시아의 나라들에 있어서는, 교육제도가 초등수준에서마저도 심히 소녀들에게 불리하게 되어 있으며, 이 지역을 통해서 문자해득률은 남성보다도 여성에서 더욱 낮다. 이것은 부분적으로는 교육분야에 있어서 정부의 노력이 매우 보잘 것 없었다고 하는 데에 기인한다.

  대중교육 시설은 형편없이 불충분하고, 또한 중등교육은 행정직에 근무시키는 것을 목적으로 하는 직업 지향형이었다. 그러나 주로 그 이유는 전식민지시대에까지 소급하고 있는 대중의 태도에 있다. 3대 아시아의 종교는 소녀 교육에 대해서 거의 관심이 없었고, 또 일반적으로는 여성을 낮은 위치에 놓고 있었다. 하지만 불교는 그 밖의 점에 있어서와 마찬가지로 이 점에 있어서도 비교적 평등주의적이었다.

  식민지시대나 전식민지시대로부터 이어받게 된 이러한 모든 특징은 개발에 대한 무서운 금기와 장애로 되어 있으며, 우리들은 남아시아의 신생국의 교육개혁이 그들의 개발 잠재력을 높이기 위해 희망을 걸고 있는 것보다도 더욱 지지부진하게, 그리고 더욱 비능률적으로 진행된다 하더라도 놀라서는 안 될 것이다.

  독립의 쟁취는 대중들 간에서나 그들의 사회에 있어서 어떠한 기적적인 변화를 일으키게 하지는 못하고 있었다. 현존 교육기구는 사회적 계층을 포함하고 있는 보다 큰 제도적 조직의 일부분이며, 이 조직은 대중의 태도에 의해 뒷받침을 받게 되고, 또 이 태도 자체는 제도에 의해 형성되고 있다.

  남아시아의 대중들은 교육을 불충분하게 받고 있을 뿐만 아니라, 그들은 대규모적으로 그릇된 교육을 받고 있다. 그리고 양 결함을 극복하려고 하는 모든 정책을 저지하거나 왜곡되게 하는 태도적·제도적 전조직에 뿌리박은 중대한 기득권익도 있다.

모든 남아시아국들에 있어서는 교육개혁을 실현시키려는 과업이 인구폭발에 의해 훨씬 더 어렵게 되고 있다. 아동수가 매우 급속하게 늘어나고 있으므로, 관계당국은 학교교육이나 문맹퇴치에 있어서 오직 현상유지에 급급하지 않으면 안 된다. 교육개혁에 대한 이러한 장애는 식민지시대로부터 이어받은 것들 속에는 없었다. 인구폭발의 영향은 제2차 세계대전 후로, 위에서 지적한 일련의 금기와 장애에 덧붙여지게 되었다.

제25장 문자해득력과 성인교육

　독립된 남아시아의 신생국 정부는 전후기에 있어서의 정부 수립 당초부터 교육개혁을 그들의 정책순위표의 상위에 두고 있었다. 그러나 정책 입안자들은 모든 순위표 속에서 학생들이 얼마나 잘 배우게 될 것인가, 그들이 무엇을 배우게 될 것인가, 혹은 개발을 촉진하기 위해서는 식민지시대의 종주국들로부터 신생국 정부가 물려받게 된 교육제도를 어떻게 개혁해야 할 것인가라는 질적인 기준에 의해서가 아니라, 주로 얼마나 많은—즉, 얼마나 많은 학생들이 얼마나 많은 학과에 또는 얼마나 많은 학교에 입학하게 될 것인가—이라는 양적인 기준에 의해 생각하는 경향이 있었다.
　이 지역의 모든 나라들은 자국민의 문자해득률을 높이는 데 큰 중점을 두고 있었다. 이 목적을 달성하기 위해서 그들은 거의 전적으로 초등학교 취학률을 증대시키는 것에만 의존해 왔다. 성인교육—이것은 확실히 개발에 있어서 가장 중요한 요소의 하나이다—에 대해서는 비교적 낮은 순위 밖에 주어지지 않았다.

많은 사람들—우리들도 그 중에 포함된다—은 남아시아의 저개발국이 되도록 급속하게 기능적인 문지해득의 수준을 높이는 것이 개발을 위해 가장 중요하다는 것을 느끼고 있었다. 그와 같은 견해는 종종 스칸디나비아, 독일 및 미국을 내세우는 것에 의해 지지를 받고 있었다. 이 나라들은 모두가 19세기 초에 현저하게 높은 문자해득률을 가지게 되었고, 이 나라들이 급속한 발전을 하게 된 것도 이 덕택이었다. 그러나 우리들이 강조했던 바와 같이 초기 조건이 남아시아에 있어서는 너무나 다르므로 누구도 자동적으로는 서방국과의 유사점을 끄집어낼 수가 없었다.

개발에서 문자해득이 하게 되는 역할에 관해서 믿을 수 있는 자료는 각국에 있어서 현재의 문자해득 수준과 발전 수준에 관한 연구로부터는 한층 적게 얻을 수밖에 없다. 상호관계는 높을 것같이 보이지만, 그러나 그 사실은 어떤 것이 원인이고 어떤 것이 결과인가를 우리들에게 말하지 않고 있다. 하지만, 문자해득력의 진보와 경제개발의 진보가 서로 연결되어 있다고 하는 것은 명백하다.

일반적인 용어로 말한다면, 두 개의 형태의 진보를 동시에 가져오게 하는 하나의 공통적인 모든 요인이 작용을 하고 있다. 즉, 이들 모든 요인의 서로서로의 영향은 상호적이고 누적적임에 틀림이 없다고 생각해도 무방하다 할 것이다. 문자해득 수준과 경제발전 수준 간의 상호관계에 의한 국제 비교는 그 인과관계에 관한 문제를 설명조차 하지 않고 있다. 문자해득력이 개발에 대해 갖는 가치에 관한 집중적인 조사연구는 전무한 상태이므로, 논의는 당분간 일반적이고 상식적인 용어로 제기되지 않으면 안 된다.

전후기에는 문자해득력의 중요성이 종종 낮게 평가되고 있었다. 낭만적이고 전통적인 사고에 물들은 논의는 무지몽매한 농민이나 노동자의 슬기로움을 찬양하고 있었다. 그 논의는 이들이 책을 통해 우선 배우지 않고서도 유용한 기술을 얻을 수 있다고 하는 것을 전제로 하고 있다. 이러한 확신은 아동을 위한 초등교육을 확대시키려는 욕망을 크게 감소시키지 않고 있었지만, 남아시아의 대부분의 나라에 있어서 그것은 성인교육의 일부분으로서의 문맹퇴치운동에 대한 열을 냉각시키고 있었다.

우리들은 실제훈련에 대해 우선순위를 주고자 하는 사람들은 문자해득력에 의해 뒷받침되지 않는 교육의 효과를 과대평가하고 있고, 또한 한층 더 중요하게는, 문자해득력이 남아시아의 기초 직업교육에 대해 가지게 될 중대한 의미를 과소평가하고 있다고 생각했다.

설계도나 서면 지시를 읽을 수 있고, 또 이해할 수 있는 사람들은 그렇게 할 수 없는 사람들보다도 더욱 훌륭한 공업노동자가 될 수 있다. 쉽게 계산을 할 수 있고, 또 팜프렛을 읽을 수 있는 농민들이 그런 능력이 없는 농민들보다도 더 진보적인 경작자로 될 수 있었다. 지방정부를 조직하고, 협동조합을 창설하고, 그리고 일반적으로는 남아시아가 힘쓰고 있는 현대적인 기술발전과 산업발전을 이룩하고자 하는 각국의 노력은 모두가 국민들 사이에 높은 문자해득력을 필요로 하고 있다.

일반적으로 말해서, 문자해득력은 그것이 없다면 폐쇄된 채 남아 있을 소통의 길을 열어준다. 그것은 다른 기술을 습득하고 보다 합리적인 태도를 발전시키기 위한 필요조건으로 되어 있다. 문자해득력이 초등수준에 있어서 마저도 교육의 전 목적으로 될 수 없다고 하는 것은 사실이다. 그러나 교육에 의해 이루어지게 될 모든 변화의 복합체에 있어서의 모든 요소들은 비록 간단명료한 방법으로는 아니라 할지라도 문자해득력과 관련되고 있다.

또 하나의 사상파(思想派)는 남아시아가 가장 필요로 하는 것이 중등교육의 확충이라고 생각하고 있다. 우리들은 이러한 접근방법은 그릇된 것으로 생각한다. 경제개발을 촉진하기 위해서는 교육이 일찍부터 되도록 넓은 기반을 가져야 할 필요가 있지만, 이는 중등교육이나 고등교육에 대한 지원자 수를 늘게 함으로써 선발되는 자들의 범위를 넓히기 위함이다.

그와 같은 목표는 또한 정체경제 속에 있어서의 단순한 포령의 발전보다도 오히려 국가사회 전체의 발전을 가져오게 하기 위해서도 중요하다. 남아시아의 보다 크고 가난한 나라들이 부딪치고 있는, 특히 불안정한 사태에 있어서는 전주민들을 되도록 빨리 읽고 쓸 수 있게 하는 대대적인 노력이 필요하다고 하는 것이 우리들의 의견이다. 한계적인 진보만으로는 충분치 못하다 할 것이다.

남아시아의 교육에 관한 계수를 측정하려 할 때, 우리들은 또다시 극히 낮은 질의 통계에 의해 방해를 받게 된다. 이 지역에 있어서는 문자해득력에 관한 자료가 아주 불충분하다.

무엇보다도 문자해득력에 관한 정의와 그 적용에 관계되는 많은 불확실이 있다. 보통 문자해득력은 읽고 쓰는 기본적인 능력을 가리키는 것으로 이해되고 있다.

유네스코의 정의에 따르면, 문자해득력이 있는 사람이라 함은 일상생활에 관한 간결한 설명을 이해하고 읽을 수 있을 뿐만 아니라 쓸 수 있는 사람을 가리켜 말한다. 일반적으로 이 정의가 받아들여지고는 있지만, 그러나 이것은 아주 명확한 것은 못되고, 또한 각국에는 변종이 있다.

문자해득력의 기준이 명백히 설명되어 있을 때마저도 국세조사자들이 그것을 옳게 이해해서 전국에 꼭 같이 그것을 적용하게 된다든가, 또는 그들이 개인의 문자해득력에 관해 일반적이고 애매한 질문을 하게 될 때 올바른 답을 얻게 된다는 하등의 보장도 없다. 그 밖의 저개발국에 있어서와 마찬가지로 남아시아에 있어서의 문자해득력에 관한 모든 숫자는 대체로 과장되어 있고, 그 숫자의 약간은 크게 과장되어 있다고 우리는 생각한다.

현황에 관해서 말한다면, 9개국은 각각 다른 3개의 그룹을 형성하고 있다. 상위그룹에 속하는 스리랑카와 필리핀 및 태국에 있어서는 일반적인 문자해득 수준이 높고, 남성이 70%, 여성이 50%를 넘고 있는 것으로 보인다.

중위그룹에 속하는 미얀마와 말레이시아 및 인도네시아에 있어서는 성별 차이가 심하다. 남성은 50% 이상이 문자해득력이 있으나, 그러나 여성은 25~40%만이 해득력이 있다. 하위그룹에 속하는 파키스탄과 인도 및 남베트남에 있어서는 남성의 문자해득률이 불과 약 8%에서 13%에 걸쳐 있다.

문자해득률에 의한 나라들의 순위는 다시 경제수준에 의한 그들의 순위와 대략 일치하고 있다. 그렇지만, 이러한 자들은 큰 조건부로 받아들여져야 할 것이다. 설령 과장되어 있다 하더라도, 이러한 숫자들은 역시 이 지역 내에 있어서의 상대적인 차이에 관한 폭넓은 지식을 주게 될는지 모른다.
　인도네시아의 경우, 문자해득률 곡선의 급승은 이 나라가 남아시아의 다른 나라들과는 달리 성인교육 프로그램에서 어느 정도의 성과를 거두게 되었다고 하는 것을 확신하는 증거이다. 왜냐하면 비교적 나이가 많은 층에 속하는 사람들은 인도네시아가 1950년대에 그 교육제도를 발전시키기 시작했을 때에는 이미 취학연령을 넘어서고 있었기 때문이다. 그러나 이에서도 다시 사실을 희망적인 생각이나 국민적 지지로부터 분리시키는 주의가 필요하게 된다.
　인도네시아의 경우를 제외하고는 문자해득력의 진보가 거의 전적으로 학교제도의 테두리 내에서 일어나게 되었다. 문자해득력에 있어서 성과의 대부분은 30세 미만의 인구층에서 생겨나게 되었다. 다시, 도시 주민과 농촌 주민 간에는 일반적인 격차가 있다. 가장 낮은 문자해득률을 가진 나라들은 가장 많은 농촌 인구를 가지고 있다. 도시 남성은 선택된 그룹에 속한다. 인도에 있어서 마저도 그들의 60% 이상이 문자해득력을 가진 것으로 알려져 있다. 농촌 여성은 버림받은 그룹에 속해 있고, 스리랑카에 있어서 마저도 농촌 여성의 문자해득률은 5%를 겨우 넘어서고 있을 뿐이다.
　한 가지의 언어를 읽고 쓰게 된다 하더라도, 많은 남아시아의 나라들에 있어서는 적어도 하나의 다른 언어나 지방어를 읽고 쓰게 되어야 하므로 그것은 크게 효용을 발휘하지 못하게 된다. 게다가, 많은 사람들이 하나 혹은 그 이상의 서구어를 마스터해야 한다고 하는 문제도 있다. 이러한 형태의 문자해득력은 보다 높은 교육을 받고자 원하거나 공직에 근무할 준비를 갖추는 사람들에 대해서는 매우 중요하다.

식민지 강대국의 서구어는 종종 혼성 외국어가 되기에 이르렀고, 이 외국어는 비록 소수의 상류, 중류계급에서만 사용되고 있다고 하지만, 한 나라의 모든 지방에서 이해되는 유일한 언어가 되어 있다. 사람이 읽고 쓰는 얼마간의 능력을 가지고 있다 하더라도, 그것만으로는 자기의 기술을 실제로 이용하기에 충분하지 못하다. 그리하여 우리들은 문헌에서 기능적인 문자해득력이라는 용어에 부딪치게 된다. 이 용어에 대해서 명확한 의미를 부여한다고 하는 것은 극히 어려운 일이다. 그것을 읽고 쓰고 또한 자기 자신의 실제적 필요에 따라 영리하게 계산할 수 있는 능력으로 정의하는 것은 상식과 부합되기도 하지만, 그러나 이러한 정의는 충분히 명확하다고는 할 수 없다.

산술적인 해득력은 기능적인 문자해득력의 매우 중대한 국면이다. 경제개발의 입장에서는 그것은 적어도 언어상의 해득력에 못지않게 중요하다. 확실히 숫자를 이해하면서 읽고 쓸 수 있을 뿐만 아니라, 그것을 간단한 가감산이나 승산에 수학적으로 사용할 수 있는 능력은 모든 공업노동에 있어서와 마찬가지로 농업에 있어서도 중요하다. 숫자를 뜻 깊게 사용할 수 있는 능력이 문헌에서 무시되고 있다는 것은 문자해득력에 관한 의논에 있어서의 중대한 결함이다. 산술적 숙달에 관한 자료는 전혀 수립된 적이 없다.

 기능적인 문자해득력을 직접적으로 측정하기란 매우 어려운 일이었으므로, 분석가들은 정규교육의 특정연한이 이러한 문자해득력을 가져오게 한다고 생각하고 있었다. 유네스코는 4년의 학교교육 기관을 최소연한으로 가정하고 있다. 그러나 우리들은 이 기간이 남아시아에 있어서는 충분한 기간이 될 수 있을 것인지 의심스럽게 생각한다. 남아시아에 있어서는 교육의 질이 종종 매우 낮은 뿐더러 출석률도 매우 좋지 못하고, 또한 가정이나 마을의 환경도 문자해득과는 거리가 멀기 때문이다.

 이 지역에 있어서의 문맹자들의 큰 비중을 고려한다면, 남아시아국이 독립하게 되었을 때, 그들이 강력한 성인 문맹퇴치운동에 기꺼이 착수하게 되었더라면 하고 아쉬운 생각이 들게 될는지 모른다.

 유네스코는 매년 적어도 10%의 성인 문맹자들에게 문자해득 과정을 밟을 기회를 주기만 한다면, 문맹은 어느 정도 단기간 내에 일소될 밝은 전망이 있을 것으로 내다보고 있었다. 성인교육은 개발을 추진하는 데 아주 중요할 뿐만 아니라, 그것은 또한 자녀들의 교육을 보다 효과적으로 되게 하는 데 이바지함에 틀림이 없을 것이다. 우리들이 가지고 있는 모든 자료는 문맹의 양친을 가진 어린이들은 학교 성적이 뒤떨어지고, 그 결과 더 쉽게 문맹에 빠져들기 마련이라고 하는 것을 말하고 있다. 무식한 가정의 해로운 영향은 취학 전에 가장 강하게 느껴지게 되고, 그리고 이 시기에 형성된 모든 태도는 존속되기 마련인 것이다.

그와 같이 고려해야 할 이유가 있음에도 불구하고, 성인교육은 남아시아의 교육개혁 계획 속에서 두드러진 지위가 주어지지 않고 있었다. 인도네시아는 어느 정도 예외일는지 모른다. 성인교육 기구는 또한 그 밖의 모든 나라들에도 존재하고는 있으나, 그러나 그것은 예산 배정을 위해 기존학교 관료제도와 싸우는 데 있어서 불리하게 되어 있다.

성인교육은 제2차 세계대전 이래로 남아시아에서 교육으로서 돕고자 노력해 왔던 국제기관이나 정부 간의 기관에 의해 우연히 원조를 받게 된 데 불과한 것으로 보인다. 이들 모든 기관은 곧 기초교육 혹은 사회교육이라는 생각으로 기울게 되었는데, 이러한 생각은 인도나 대부분의 문헌에서 사회개발이라고 불리워지는 것으로 통합되기에 이르렀다.

문자해득력 자체를 위한 문자해득력은 충분치 못하다고 말해지고 있었고, 또한 교육은 지식과 기술, 그리고 실질적으로 중요한 태도를 전수하는 방향으로 돌려져야 할 것이다. 이것은 당연히 모든 수준, 그리고 모든 형태의 모든 교육에 꼭 같이 해당된다. 그렇지만 불안을 자아내게 하는 사실은 학교를 개혁하기 위해서나 그것을 실제적 필요에 더욱 적합하게 되게 만들기 위해서 행해진 일이란 비교적 조금 밖에 없었던 데 반해, 성인교육은 전적으로 무시되고 있었거나 또는 너무나 실리적인 것으로 되어 버렸으므로 그것은 이미 사람들로 하여금 읽고 쓸 수 있게 하려는 어떠한 진지한 시도도 포함하지 않게 되었다는 사실이다. 그렇지만 문자해득력은 위에 열거된 그 밖의 좋은 모든 목적과 동등하게 놓아질 수는 없다. 무엇보다도 그것은 그것에 의해 그 밖의 모든 목적이 달성될 수 있는 수단으로 되어 있기 때문이다. 그것은 참으로 모든 실제적인 노력에 있어서보다 많은 성과를 거두기 위한 전제조건으로 되어 있다.

이러한 발전의 배후에는 문자해득력이 없어도 자기들 자신의 일을 처리할 만큼 현명하고 소박하기는 하나 빈틈없는 농민상이 있었고, 이러한 농민상은 낭만적이고 전통적인 환상에서 유래했다. 이러한 점을 미루어 본다면, 초등교육을 확충함으로써 다음 세대를 읽고 쓸 수 있게 만들려고 하는데 대하여 보통으로 표명되어 왔던 깊은 관심이 다소 역설적인 것으로 보이게 될 것이다.

농업 산출고가 점처럼 늘어나지 않았다고 하는 사실은 개혁가들로 하여금, 설령 지역사회개발 계획이 사회교육을 축소시키는 결과를 가져오게 한다 하더라도, 그 계획은 생산을 높이는 것을 목적으로 하는 농업 확대사업에 대해 더 한층 역점을 두어야 한다는 것을 최근에 이르러 요구하게 했다. 사회교육은 실제로 전통적인 문화의 모든 요소를 유지하거나 재생시키고, 또한 연예나 오락을 제공하여 일반의 사기를 높이는 방향으로 주로 돌려지게 되었다.

다행히도, 우리들이 언급하고 있는 전후의 이데올로기적 발전이 전환점에 도달하게 된 듯한 징조가 나타나고 있다. 일반교육에 대해, 그리고 이를테면 경제개발에 대해 문자해득력이 가지는 수단적인 중요성은 약 10년 전에 최고위층의 교육계획 창립 입안자들에 의해 재발견되었다.

성인교육을 더욱 추진하겠다고 하는 결정—이것은 정부의

선언이나 국제교육회의에서 도달하게 된 협정에 표명되고 있다―은 남아시아가 오늘날의 학동들이 성장하는 것을 기다릴 수 없다고 하는 사실을 인식한 데서 생겨난 것이다. 그렇지만, 실제로 이러한 이데올로기적 변화로부터 얻어진 결과는 크지 않았다.

성인교육을 남아시아의 교육제도의 효과적인 일부분으로 되게 하기 위해서는 밀접하게 서로 관련된 수많은 문제들과 씨름을 하지 않으면 안 된다. 농촌에 있어서 뿐만 아니라 도시에 있어서도 중점이 근대화, 즉 변화와 가동성에 두어져야 할 것이다.

문맹퇴치운동은 유용한 정도의 문자해득력을 갖게 하는 것을 목적으로 하지 않으면 안 되고, 그리고 모든 노력은 사람들이 새로이 얻게 된 기술을 구사할 수 있도록 이루어지지 않으면 안 된다. 문자해득력은 취업을 위한 성인직업훈련 계획에서 제외되어서는 안 될 것이다. 어쨌든 이러한 계획―국제식량농업기구와 국제노동기구는 이러한 계획에 대해 선구적인 일을 해오고 있었다―은 일반적인 성인교육계획에 통합될 것이다.

무엇보다도, 성인교육은 초등학교에서 아동들을 가르치는 것으로부터 분리되어서는 안 될 것이다. 초등학교 교사들은 규칙적으로 자기들의 시간의 일부분을 성인교육에다 바쳐야 할 것이다. 참으로, 그들은 성인교육운동에 있어서 지방의 지도자로서 봉사할 수 있게 고무되어야 할 것이다. 그렇지만, 그들의 참여 가치는 그들이 지역사회에서 지식으로서 존경을 받게 되는 정도에 달려 있고, 다음으로 그들이 존경을 받게 되는 정도는 그들의 훈련과 봉급 및 사회적 지위에 의존하게 된다.

우리들은 남아시아국에 있어서는 성인교육이 선진국에 있어서 보다도 훨씬 더 필요하게 되고, 또한 그것에 상이한 방향과 내용을 갖지 않으면 안 된다고 하는 것을 강조해 왔다. 따라서 오직 서방국으로부터의 모든 방법만을 뒤따른다고 하는 것은 현명하지 못하다. 실험이 필요하게 되는 소이도 이에 있다. 아동들을 학교에 격리시키고, 다음에 가서 어쩌면 성인들을 위한 학급을 편성하는 따위의 모든 방식은 제고되어야 할 것이다. 가족과 지역사회를 단위로 해서 가르치는 프로그램이 더욱 효과적일 수도 충분히 있다.

어쨌든 학교는 시민센터가 되어야 할 것이고, 또 사회적 변화를 가져오게 하는 데 더욱 적극적인 역할을 하게 되어야 할 것이다. 전문학교나 대학교도 그렇게 되어야 할 것이다. 대학의 학생 간부들은 성인교육에 대한 책임의 일부를 맡게 됨으로써 가정관례나 사회에 대해서 큰 이익을 줄 수 있을 것이다. 활발한 대학의 대외활동은 또한 그처럼 많은 학생들의 목적 없는 소란을 완화시키게 될 것이고, 또 보다 많은 학생들을 가르치는 직업으로 이끌게 될 것이다.

성인교육과정의 조직이나 관리에는 전문가적 기술이 필요하게 되지만, 그러나 열의도 또한 필요하게 된다. 문맹퇴치의 추진은 작전이나 야전(野戰)의 성격을 가지지 않으면 안 된다. 마을에 있어서의 이른바 지식에 대한 기아(饑餓)라는 명제는 ─높아지는 기대의 사명이라는 명제와 마찬가지로─대개가 상류계급의 조작된 관념이고 특히 농업에 있어서 전통적인 자급자족을 가지는 농촌지구에 적용되는 경우에 그러하다.

교육은 개발에 관한 실제문제에 돌려지게 되는 경우에서도 대중들 간에 즉각적인 반응을 불러일으키지 못하며, 농촌에 있어서는 더구나 그러하다. 모든 교육활동의 시작은 선전활동이나 지방인 예를 통해서 이러한 반응을 일으키게 하는 데 있지 않으면 안 된다. 대중들은 교육기회를 반가이 맞이할 채비가 되어 있지 않으면 안 된다.

교육에 대한 최근의 태도를 창조하는데 대한 중대한 장해의 하나는 보도 수단이 크게 부족하다고 하는 것과, 그러한 수단이 있기만 하면 모두가 이미 기능적으로 읽고 쓸 수 있을 뿐만 아니라 사상이 한층 깨인 사람들의 마음에 주로 영향을 주게 된다고 하는 사실이다. 예기될 수 있는 바와 같이, 보도수단에 의한 남아시아국의 순위는 경제수준에다 토대를 둔 그들의 순위와 다소 밀접하게 일치하고 있다.

시청각 매체는 그것이 이용될 수 있는 곳에서는 심지어 문맹자들을 가르치는 데에도 이용될 수 있을 것이다. 이들 매체는 현재 지식을 위해서보다도 오락을 위해서 더 많이 이용되고 있기는 하지만, 그러나 그렇다 하더라도 그것들은 태도를 근대화의 방향으로 돌리게 하는데 이바지할 수 있을 것이다. 저렴하고 손쉽게 얻을 수 있는 트랜지스터 라디오는 교육운동의 도구로 되기에 안성맞춤일 것이다. 이를테면, 라오스나 태국에 있어서의 광대놀이와 같은 민속예술 형태마저도 교육진흥에 이용될 수 있을 것이다. 그러나 교육적 노력을 방해하는 가장 중대한 결함은 글을 쓰거나 책과 그 밖의 교재를 인쇄하기 위한 용지의 부족이다.

최소한의 문자해득력이 종종 기능적인 해득력으로까지 발전하지 않게 되고, 또한 겨우 글을 해득할 수 있는 자들이 문맹으로 빠져들게 되는 주요 이유의 하나는 사람들이 읽을 책이나 글을 쓸 종이를 전혀 갖지 못하고 있다는 데 있다.

남아시아에 있어서는 1950년대 이래로 주민 1인당 문화용 용지 소비량이 상당히 증가했음에도 불구하고, 그 양은 미국이나 스웨덴과 같은 선진국의 그것에 비한다면 아직도 일부분에 지나지 않는다.

남아시아국에 있어서는 읽고 쓰는 데 필요한 용지의 상당한 공급 증가가 그들의 노력을 뒷받침하기 위해 실현될 수 있을 것이라고 하는 것을 그들이 확실할 만한 처지에 있지 않다고 하는 것은, 그들의 교육계획에 있어서의 중대하고도 참기 어려운 결함이 되고 있다.

1960년 동경에서 열렸던 아시아 및 극동 펄프용지회의는 그 보고서에서 다음과 같은 결론을 내리고 있다.

"만약 이 지역의 제지공업의 발전을 장려하기 위해 적극적인 행동이 취해지지 않는다면, '현 교육프로그램은 위태롭게 되고, 지식 있는 시민의 창조는 지체되고, 낡아빠진 분배제도는 존속될 것이며, 그리고 공업발전을 방해할 중대한 위험이 있다.'"
라고 쓰고 있다.

제26장 학교제도

 남아시아 국가들—이 나라들은 한 나라만을 제외하고는 모두가 서방 강대국의 전식민지였다—은 식민지 본국으로부터 불충분한 형태로 모방하게 된 학교제도를 가지고 그들의 독립생활을 시작하게 되었다.
 그 학교제도의 성격, 그리고 그것이 얼마나 식민지 강대국뿐만 아니라 토착 상류계급의 이해관계와 일치하고 있었는가에 관해서는, 우리들은 제24장에서 식민지시대로부터의 유산을 논의했을 때 간단하게 언급한 바가 있었다.
 독립이 얻어지게 되었을 때, 남아시아국의 몇몇 나라들의 지도자들은 특히 인도의 네루는 선교육제도가 '개혁'되지 않으면 안 된다고 주장했다. 인도에 있어서는 간디가 독립에 앞서기 수십 년 전에 그와 같은 철저한 교육제도의 개혁을 요구하고 있었다. 그러나 어느 정도 이러한 개혁은 스리랑카에서 일어나게 된 것을 제외하고는 인도나 그 밖의 남아시아의 나라들에 있어서는 좀처럼 일어나지 않고 있었다. 식민지 시대로부터 물려받게 된 교육제도에 관한 주요 개혁은 오늘날에 있어서도 거의 이루어지지 않은 채 남아 있었다.
  인도의 저명한 교육자중 한 사람인 J. P. 나이크는 이것을 1965년에 이렇게 표현하고 있었다.

  "지난 60년 동안에 일어나게 된 것은 다만 구제도의 확장뿐이고, 변화가 있었다면 그것은 내용면이나 기술면에서의 약간의 한계적인 변화일 따름이다."

  아무런 진지한 개혁 시도도 없이 전승된 학교제도는 대체로 보수적인 자유방임 노선을 따르게 방치되고 있었고, 분류(奔流)처럼 넘쳐흐르는 아동들은 압력이 가장 강한 학교시설을 확장하고자 하는 노력 이외의 다른 어떠한 간섭도 받지 않은 채 기존시설로 밀어닥치게 되었다. 한편 아동들의 학교교육을 아주 크게 보완하게 되는 성인교육은 우리들이 제25장에서 지적했던 바와 같이 대부분 무시되고 있었다. 압력을 가할 수 있는 사람들은 학생들이나, 교육을 받고 발언권이 있는 상류계층에 속하는 학부모들이다. 교사들이나 교육계 관료들도 또한 중요한 세력이기는 하나 그러나 그들은 대체로 보수적인 세력이다.
  모든 개혁에 대한 것은 불평등한 경제적·사회적 계층화와 불공평한 권력의 배분에 뿌리를 박고 있다. 간디나 네루가 꿈꾸고 있었던 교육제도의 혁명은 전제조건으로서 사회적·경제적 혁명을 가정하게 되는 것이었으나, 그들도 또한 이러한 혁명에 관해서는 언급에 그치고 있었다. 따라서 사회적·경제적 혁명은 지연되었거나 무기한으로 미루어지게 되었고,

그동안에 현실적 발전은 불평등을 증대시키는 방향으로 나아가고 있었다. 다른 한편, 사회적·경제적 혁명은 교육제도의 혁명을 가정하게 되는 것이다.

실로, 학교제도로부터 빗나간 구조마저도 유지되어 왔다. 대학—이것은 학생들이 공직에 들어가도록 준비시키는 곳이다—의 시험제도가 각급 학교의 교육을 계속 지배하고 있다고 하는 것은 이미 제24장에서 지적한 바가 있다. 시험의 대유행은 고등교육기관의 하급학교에 대한 부당한 영향뿐만 아니라, 보다 근본적으로는 불평등하고 아직도 크게 정체적인 사회에 있어서의 지위에 대한 비정상적인 관심을 반영하고 있다.

식민지시대의 유산의 일부분으로, 인도와 파키스탄은 심지어 초등 수준에서도 수많은 사립학교를 가지고 있다. 사립학교의 표준에 관한 통계는 없으나, 그러나 그것들이 공립학교보다도 이질적이라는 것을 우리들은 알고 있다.

유럽인들의 자녀들이나 토착 최상류 계급의 자녀들을 위해 설립된 것들을 포함하는 약간의 사립학교들—이것들은 묘한 영국 관습에 따라 퍼브릭스쿨(공립학교)이라고 불리워지고 있다—은 최상급에 속한다. 그 밖의 사립학교들은 감독 소홀로 말미암아 질이 매우 떨어져 있다.

사립학교의 보급에 의해 야기된 주요문제는 학교제도를 발전시키기 위한 문교당국의 지시와 감사 및 통제의 약화이다. 이를테면, 중등학교의 기술계나 직업계에로의 개편은 남아시아국의 공언된 정책으로 되어 있기는 하지만, 만약 사립학교들이 계속 전통에 따르는 과정만을 가르치게 된다면, 그 개편이 어려워질 것임에 틀림이 없다. 이러한 사정하에서는 학교제도의 국영이 남아시아에 있어서 그처럼 조금 밖에 관심을 일으키지 않고 있다는 것이 놀랄 일인지도 모른다. 이들 중의 많은 나라들이 사회주의 지향을 공언하고 있다고 하는 것을 생각할 때 더욱 그러하다.

서구적인 관점에서는 공립학교 제도를 강화하고, 또 사립학교들이 꾸준하게 공립학교 제도에 협조하지 않는다면, 그러한 사립학교들—특히 종립(宗立)학교들—에 대해 국고보조금을 중단한다는 것은 당연한 결정으로 보이게 될 것이다. 스리랑카는 남아시아에서 이러한 방향으로 행동을 취하게 된 유일한 나라이다.

대부분의 남아시아의 나라들에 있어서는 공납금이 공사립을 막론하고 각급 학교에 부과되고 있다. 이러한 공납금의 대부분은 낮은 수준에 머물러 있으며, 그 이유의 일부는 아주 많은 사립학교에 정부가 보조금을 주고 있다는 데 있다. 그러나 공납금제도에 관한 건설적인 논의가 아주 조금밖에 없었다고 하는 것을 보게 되는 것은 괴이한 일이다. 사정이 그러하므로, 이러한 논의는 공납금의 무차별적인 인하가 바람직하다든가, 혹은 재정적 이유에서 공납금은 유지시킬 필요가 있다든가 하는 것 등에 초점을 두는 일이 가장 빈번했다.

학생들을 계획된 방향—이를테면, 인문계 중등학교를 실업계 중등학교로 바꾸는 방향—으로 유도하는 수단으로서 공납금의 조정은 문제로 제시되지 않고 있었다. 남아시아국에 있어서는 계획화가 크게 강조되고 있음에도 불구하고, 이것은 다시 교육분야에 있어서는 실제로 자유방임적 태도가 크게 존속되고 있는 것을 나타내는 것이다.

이 점에 있어서도 또 스리랑카는 다르다. 스리랑카는 원조를 받지 않겠다고 하는 극소수의 공립학교에 대한 것을 제외하고는 고등 수준의 학교를 포함하는 모든 학교가 무상교육의 원칙을 채택하고 있었다. 보다 일반적으로는, 그 밖의 모든 남아시아국들의 교육도 또한 공립으로 되어 있는 초등학교에 있어서는 점차 무상으로 되어가고 있었다.

하나의 결정적인 개혁요구—즉, 대중의 문맹은 퇴치되어야 한다고 하는 요구—가 독립 초부터 남아시아국에서 일어나게 되었다. 성인교육을 위한 노력은 대체로 제외되고 있었으므로—이것은 또한 문교 관료들의 기득권익과 일치하고 있었다—문맹퇴치 목표는 초등학교의 아동수용 능력을 급속히 확대시키는 프로그램으로 옮겨지게 되었다.

1950년의 인도헌법은 10년 내에 무상의무교육이 14세까지의 아동에 대해 정칙으로 된 것이라고 하는 것을 화려하게 밝히고 있었다. 1951년에 인도네시아 정부는 1961년까지 초등교육을 보편화할 것을 목표로 내놓고 있었다.

남아시아의 그 밖의 나라들은 파키스탄에 대한 것을 제외하고는 한층 높은 문자해득 수준을 이미 가지고 있었고, 또한 보다 많은 초등학교를 가지고 있었음에도 불구하고, 얼마간은 보다 조심스러웠다. 그러나 1959년의 카라치계획에 있어서는 남아시아의 모든 유네스코 회원국의 교육상들이 7년간의 무상 초등의무 교육의 보편화를 1980년에 대한 목표로서 정하는데 합의를 보고 있었다.

대개의 남아시아국이 그들의 비현실적인 목표에 훨씬 미치지 못하고 있다는 것을 비판하는 것은 부질없는 일이다. 초등학교의 수용 능력을 확대시키는데 있어서의 곤란은 특히 한층 가난한 나라들에 있어서는 정말 엄청나게 크다.

일반적으로, 남아시아에 있어서 아동들에게 초등교육을 받게 한다는 것은 개발국에 있어서 보다도 훨씬 짐이 되는 과업으로 되어 있다. 그 이유의 하나는 취학연령 아동이 인구의 훨씬 큰 비율을 형성하고 있고, 인구 자체가 더욱더 급속하게 증가하고 있기 때문이다.

또 하나의 이유는 남아시아국, 특히 이들 중의 가장 가난한 나라들이 학교를 세울 만한 기반의 대부분을 가지지 못하고 있기 때문이다. 그들은 상당히 적은 비율의 취학아동을 가지고 출발하고 있다. 그리고 시초에는 학교 운영에 필요한 모든 것, 이를테면 학교·교사·교과서·노트 등이 부족하다. 그러나 비판을 받을 만한 보다 명백한 다른 근거도 있다.

선언된 목적은 인구의 문자해득률을 높이기 위해 초등교육의 확대에 우선권을 주자는 데 있었지만, 실제로 일어난 일은 중등교육이 더 빨리 늘어나고 있었고, 또한 고등교육은 이보다도 한층 더 급속하게 늘어나게 되었다고 하는 것이다.

초등교육을 확대하는 계획목표가 전혀 달성되지 않는 일반적인 경향이 있는 반면, 중등교육 그리고 특히 고등교육의 확대에 관해서는 목표를 넘어서게 되거나 때로는 상당히 넘어서고 있다. 이 모두가, 중등교육은 초등교육보다 3~5배나 비용이 들 것 같고, 그리고 고등수준의 교육은 중등수준에서 보다도 5~7배나 더 비싸게 들 것 같은 사실에도 불구하고 일어나고 있었다.

발전을 계획목표로부터 벗어나게 하는데 작용을 주고 있는 것은 모든 나라에서 정치적으로 강력한 상류계층에 속하는 학부모들과 학생들로부터의 압력의 영향이라고 생각된다. 한층 더 뚜렷한 사실은 계획목표의 관점으로부터 벗어나게 되는 이러한 경향이 파키스탄·인도·미얀마, 그리고 인도네시아와 같은 가장 가난한 나라들에서 더욱 두드러진다고 하는 것이다.

더욱이 이러한 나라들은 한층 적은 수의 초등학교 아동들을 가지고 출발하게 되었으므로, 초등교육에 최우선권을 주는 프로그램을 실시하지 않으면 안 될 가장 강한 이유를 가지고 있는 것이다. 초등교육에는 상대적으로 가장 적게 돈을 들이고 있으며, 또 중등교육이나 고등교육에 유리하게 계획목표로부터 가장 크게 벗어나는 것을 허용하고 있는 나라들은 일반적으로 가장 가난한 나라들이다.

이상의 모든 비교는 취학자수에 관해 발표된 통계를 토대로 해서 이루어진 것이다. 이 연구를 통해서 우리들은 빈번히 교육에 관한 통계의 질이 빈약하다는 것과 그러한 통계가 수립되고 이용되는 방식이 의심쩍다고 하는 것에 대해 불평을 하게 되었다.

제25장에서 우리들은 문자해득력에 관한 통계가 미덥지 못하다고 하는 것을 지적했었고, 또한 이들 통계가 현존 문맹, 특히 직무상의 문맹을 크게 과소평가하고 있다고 하는 견해

를 표명했다.

 저개발국에 있어서의 교육에 관한 논의에서 사용되고 있는 또 하나의 주요 개념은 취학아동이라는 개념이다. 대부분의 문헌 속에서, 특히 최근에 발전 요인으로서의 교육에 관심을 가지게 된 경제학자들에 의해 출간된 문헌 속에서는, 공표된 취학자수는 아동들이 취학하고 있는 정도를 상당히 정확하게 나타낸다고 하는 것을 보통으로 천진난만하게, 그리고 무비판적으로 가정하고 있다. 교육상태나 그 상태의 최근의 개선에 관한 아주 지나치게 낙관적인 판단은 종종 이 취학통계에 기초를 두고 있다.

 취학자수가 믿을 수 없다고 하는 것은 다음과 같은 한 가지 예로서도 예증될 수 있을는지도 모른다. 파키스탄의 1961년도의 국세조사에 의하면, 5세에서 9세에 이르는 아동들의 15% 미만이 취학하고 있었고, 한편 취학통계에 의하면 연령층이 다소 다르기는 하지만 6세부터 10세에 이르는 아동들의 거의 30%가 학적을 두고 있었다.

 파키스탄에 있어서는 사립중등학교에 부속된 초등과정에 재학중인 생도들—아마 전생도수의 20%를 넘고 있을 것이다—이 초등학교 취학통계 속에 들어가 있지 않다고 하는 것도 또한 생각하지 않으면 안 된다.

 그러한 류의 통계적 차이는 아마 파키스탄에 있어서 특히 심할 것이고, 파키스탄은 남아시아 지역에 있어서 경제수준에 관해서 뿐만 아니라 교육실적에 관해서도 하위에 속해 있다. 그러나 자세히 검토한다면, 취학 통계가 학교교육 실적이나 혹은 아동들이 실제로 통학하고 있는 정도를 과대평가하고 있다고 하는 것을 알 수 있으며, 이것은 물론 중대한 문제이다.

 취학 통계에 있어서의 편향은 초등학교에 대해 가장 강하게 작용하고 있고, 중등학교나 대학에 대해서는 비교적 적게 작용하고 있다. 게다가 취학 통계를 부풀게 하는 이러한 편향은 가장 만족스럽지 못한 교육적 상태에 있는 아주 가난한 나라들―이를테면, 파키스탄과 인도 및 인도네시아―에 있어서 가장 두드러지게 나타나고 있으며, 이러한 나라들은 비교가 되지 않을 만큼 크고, 또한 남아시아의 인구의 대다수를 차지하고 있다. 그리하여 공표된 통계는 이 지역의 매우 가난한 나라들과 비교적 가난하지 않은 나라들 간의 현존하는 격차를 낮게 평가하기 쉽다. 이러한 실제적 발전이 초등교육에 불리하게 목표로부터 벗어나게 되는 격차는, 각국 간의 취학자수의 비교에 의해 나타나게 되는 것보다도 아주 가난한 나라들에 있어서는 실제로 그만큼 더 크게 된다.

 같은 말을 개별적인 나라들의 내부에 있어서의 격차에 관해서도 할 수 있다. 다시 말하면 소녀, 농촌지방의 아동, 그리고 일반적으로 비교적 가난한 아동에 대한 학교 재학률은 취학 통계에 의해 판단되는 경우, 한층 과장된 것으로 되어 있다. 만약 우리들이 계급 간의 격차에 관한 자료를 가지게 된다면, 우리들은 틀림없이 취학자수가 보다 가난한 가족의 자녀에 대해 한층 낮을 뿐만 아니라, 그 낮은 숫자마저도 더욱 과장되어 있다고 하는 것을 발견하게 될 것이다.

 취학 통계의 주요 결함은 취학으로 간주되고 있는 아동도 반드시 규칙적으로 학교에 나가고 있는 것이 아니고, 또한 1년 내내 나가지 않고 있다고 하는 것이다. 이러한 편향은 교사들이나 행정가들이 다 같이 목표를 달성시키고 그 결과를 과시하고자 원하고 있기 때문에 강하게 된다. 그러므로 엄격한 규모는 실제적인 학교 출석과 학년 말의 재적률이다.

취학자수에 주목하는 이외에도, 우리들은 취학 통계에 관한 우리들의 평가의 근거를 남아시아국의 공식적이고 비공식적 문헌 속에서 발견할 수 있는 모든 산만한 자료에 두어 왔다. 이러한 추정은 물론 지극히 신빙성이 없다. 그러나 그것은 옳지 않은 취학자수에 근거를 두게 된 숫자보다는 아마 더 나을 것이다. 또한 이 추정은 참으로 관련이 있는 문제에 대한 주의를 환기시키고, 그렇게 함으로써 관청 통계를 개선시키고자 하는 도전의 의미도 가지고 있다.

인도에 있어서는 아마 3명 중의 1명의 아동만이 초등교육과정을 마치게 될 뿐이며, 파키스탄에 있어서는 6명 중의 1명의 아동만이 그렇게 하게 된다. 다만 스리랑카와 말레이시아에 있어서는 아동들의 대다수가 초등과정을 마치고 있다. 미얀마는 양그룹 중간점에 낙착되고 있다. 비교적 많은 아동들이 1학년에 입학하고 있는 필리핀이나 태국에 있어서는 중퇴율이 계속 매우 높다. 인도네시아는 이 점에 있어서는 다소 나은 편이기는 하나 거의 대동소이하다.

불규칙적인 출석과 낙제 및 중퇴는 자원의 큰 낭비의 표본이다. 초등학교를 위한 총지출이 초등교육을 성공리에 마치고, 어느 정도의 기능적인 해득력을 얻게 된 아동의 1인당 비용을 표시한다면, 생도 1인당 비용은 보통 생각되고 있는 것보다도 훨씬 클 것이다. 불행히도, 이렇게 계산된 생도 1인당 비용은 한층 가난한 나라들이나 농촌지구에 있어서 특히 높다. 낭비는 낭비를 할 여유가 가장 적은 곳에서 가장 크다

취학이나 출석을 강제하는 법이 빈번하게 통과되고 있기는 하지만, 그것도 이러한 상태를 개선할 수 없다. 무엇보다도 충분한 학교시설이 이용가능하지 않는 곳에서는 그러한 법이 적용될 수 없기 때문이다. 그러나 이것은 접어두고서도, 규칙적인 출석이 사회적인 습성의 확고한 일부분으로 되어 있지 않는 곳에서는 그 법은 지켜지거나 강요되지 않을 것이다.

특히 한층 가난한 나라나 농촌지역에 있어서는 양친들이 오랜 전통이나 생활환경 속에서 자기들의 자녀들을 학교에 보내지 않아도 되는 정당한 사유를 찾을 수 있다. 주요한 사유의 하나는 경제적인 것이다. 오래 전부터 아동들은 한층 어린 나이에도 일을 해왔고, 그들은 값싼 노동력의 보충원으로 생각되고 있다.

이러한 관습을 타파하기 위한 주의는 거의 경주되지 않고 있다. 방학기는 도시나 농촌을 막론하고 한 나라의 모든 지역의 각급 학교에 대해 대략 같은 것이 보통이다. 방학을 아동들이 들일의 보조자로서 혹은 성인을 대신해서 가축을 돌보고 동생들을 보살피는 대리인으로서 가장 필요하게 되는 시기와 일치되게 하는 진지한 노력은 거의 이루어지지 않고 있다고 생각된다. 특히, 보다 가난한 나라에 있어서나 보다 가난한 지방에 있어서는 능률과 규율의 일반적인 결여가 학교제도에 고루 퍼져 있었다.

생도들이 잠시 학교를 멀리하게 되는 경우에는 그들은 낙

제생으로 되기 마련이고, 이것은 생도들이 아예 퇴학하는 것을 당연한 것으로 되게 하는 사태에 대한 준비를 의미하는 수가 종종 있다. 생도들이 학교에 다니는 모든 조건은 충분치 못하며, 남아시아에 있어서는 그들을 계속 학교에 머무르게 할 만한 조건이 거의 없다.

불규칙적인 출석과 낙제 및 중퇴라는 문제에 관해서는 거의 연구가 없다. 이러한 문제에 관해서 포괄적이고 상세한 자료를 얻는다고 하는 것은 남아시아국의 문교 당국의 가장 긴급한 과업으로 될 것으로 생각된다. 이것이야말로, 다름아닌 학교제도의 바탕에 깔려있는 비능률과 자원의 낭비를 제거하기 위한 정책계획의 으뜸가는 필요조건으로 되고 있다.

서방세계의 여러 지역과는 달리 남아시아는 학교 건물 문제로 골치를 앓을 필요가 없다. 이 지역의 거의 대부분에 있어서는 기후가 온화하므로 학교 부지를 선정해서 비를 피할 간단한 건물을 세우는 것으로서 족한 수가 종종 있다. 만약 방학기가 보다 잘 짜여져 있다고 한다면, 모든 곤란은 더욱 더 감소될 것이다. 학교 건물이 필요하다 하더라도 그것은 현지 재료로 건축될 수 있을 것이고, 그 비용도 그렇게 많이는 들지 않을 것이다.

이것은 시설을 그다지 필요로 하지 않는 초등 수준에 특히 들어맞는다. 그러나 이곳에서는 학교 건물이 문제로 되지 않는다 하더라도 교육기재와 교과서, 용지, 그리고 각종 교육보조기재의 부족은 특히 보다 가난한 나라들이나 더욱이 그 나라들의 농촌지방에서는 확실히 문제가 된다.

충분히 훈련되고 의욕에 불타는 교사의 확보는 효과적인 초등교육에 대한 한층 더 중대한 전제조건으로 되어 있다. 남아시아의 모든 나라들은 훈련되지 않은 교사에 속하는 수많은 교사들을 가지고 가르치게 하고 있다.

현재 이용 가능하거나 계획되고 있는 시설을 고려에 넣는다면, 필리핀—이 나라에서는 교사 훈련이 대학 수준에서 주어지고 있다—만이, 그리고 아마도 스리랑카와 말레이시아가 오는 10년 내외에 훈련된 교사로 훈련되지 않은 교사를 대체할 수 있을는지도 모른다. 교사 부족은 스리랑카나 필리핀을 제외하고는, 젊은이들이 교직을 맡기를 싫어하기 때문에 더욱더 해결되기 어렵게 되고 있다. 그 밖의 남아시아의 나라들에 있어서는 문제가 가정 밖에서 일하는 여성에 대한 전통적인 태도에 의해 더욱 심각하게 되고 있으며, 그리고 독신 여성은 농촌에 살며 일하는 것이 특히 어렵다고 하는 것을 알게 된다.

또한, 교사를 훈련된 교사와 훈련되지 않은 교사로 분류하는 것도 가장 의심스럽게 생각하지 않으면 안 된다. 교사들의 대부분은 특히 보다 가난한 나라들에 있어서는 아무리 좋게 해석한다 해도 잘 훈련되어 있지 않다. 훈련된 교사들은 또한 도시나, 보다 일반적으로 높은 문자해득력을 가지는 지역에 집중되는 경향이 있다.

인도에 있어서는, 스리랑카·필리핀·태국 및 심지어 인도네시아와의 격차의 정도를 달리하면서 초등학교 교사의 봉급이 극히 낮고, 또한 그들의 사회적 지위도 낮다. 다음으로 이것은 특히 농촌지방에서 교사를 보충하거나 채용하는데 부정적인 영향을 주고 있다. 특히, 보다 가난한 나라들에 있어서는 교원양성학교의 개선과 동시에, 초등학교 교사들의 경제적·사회적 지위의 향상이 급선무로 되고 있으며, 그들의 지위의 향상은 재능 있는 젊은이들이 교직원에 들어가는 것을 고무하게 될 것이며, 또한 아동들이나 지역사회에 대한 교사들의 영향을 증가시킬 가능성이 있을 것이다.

교사 훈련을 개선한다고 하는 것은 가난한 나라에 있어서는 급속히 달성하기 어려운 수많은 일들을 전제로 하게 될 것이다. 즉 양성학교 입학 전의 예비교육의 개선, 흔히 양성기간의 연장, 그리고 무엇보다도 교과과정의 철저한 개혁이나 참으로 교사들이 그 속에서 움직일 수 있는 모든 정신상태의 철저한 개혁을 전제로 하게 될 것이다. 봉급의 인상이나 교원들의 봉급은 비록 그와 같이 극히 낮기는 하지만 총교육비의 아주 큰 비율을 차지하고 있으므로—시설이나 그 밖의 교육설비에 그처럼 조금 밖에 지출되지 않고 있는 것도 이 때문이다—보다 가난한 나라들에 있어서는 특별한 곤란에 부딪치게 된다.

이미 초등 수준에서 남아시아의 복잡한 언어 사정은 교육에 대해 중대한 의미를 내포하게 된다. 사정이 그러하므로, 인도나 파키스탄과 같은 가장 가난한 두 나라는 초등학교에서 흔히 어느 하나에도 그렇게 능통하지 못하고 있는 교사들을 통해 몇 가지의 언어와 몇 가지의 문자를 가르칠 필요로 인해서 가장 큰 곤란에 부딪치게 된다.

이미 초등 수준에서 남아시아의 복잡한 언어 사정은 교육에 대해 중대한 의미를 내포하게 된다. 사정이 그러하므로,

인도나 파키스탄과 같은 가장 가난한 두 나라는 초등학교에서 흔히 어느 하나에도 그렇게 능통하지 못하고 있는 교사들을 통해 몇 가지의 언어와 몇 가지의 문자를 가르칠 필요로 인해서 가장 큰 곤란에 부딪치게 된다. 이들 매우 큰 나라들 —이들 나라들에 있어서는 국민적 통합에 대한 희망과 정부에 대한 대중의 참여는 다수언어주의나 복수언어주의를 전제로 하지 않으면 안 된다—에 있어서는 보다 폭넓은 문화적·정치적 모든 이유가 학교의 다수언어주의 또는 복수언어주의를 아무리 타당한 것으로 되게 한다 하더라도, 그것은 교육발전에 대한 장애물로 불리워져야 마땅한 것이다. E. J. 킹이 쓰고 있는 바와 같이, 모든 아동의 교과과정은 다른 어떠한 것을 채워주기 전에 언어의 학습에 집중되지 않으면 안 된다.

학교는 이러한 이유로 말미암아, 생도들이 이용할 수 있는 책이 매우 적고 공책도 거의 없음에도 너무나 지나치게 '책중심'으로 되어가고 있다. 이것은 우리들이 제24장에서 지적했던 식민지시대나 그 이전의 시대로부터의 나쁜 전통을 강화하는 경향이 있다.

인도에 있어서는 교육과정을 보다 사회생활에 알맞게 하고, 또 거기에다 육체노동의 원리를 삽입하고자 하는 간디의 의도는 성과를 거두지 못하고 있었다. 간디의 모든 제안을 완화시킨 형태로 되어 있고, 또 초등학교제도의 일부분으로 운영되어 왔던 기간 학교를 상류계급의 자제들은 거의 거들떠보지도 않았다.

위에서 말한 것을 요약한다면, 남아시아에서 가장 많은 수의 아동이 자라나고 있는 가난한 나라나 가난한 지역에 있어서는, 초등교육의 실태가 거의 절망적이라고 하지 않을 수 없다. 아동들이 초등과정을 마칠 때까지 학교에 나가고 있다 하더라도, 학교는 발전을 가져오게 하기 위해 가르치고 있는 것이 아니라 정체와 빈곤을 유지하기 위해 계속 교육하고 있는 것이다.

이미 지적했던 바와 같이, 중등학교의 생도 수는 초등학교의 그것보다도 더 빠르게 계속 늘어나고 있다. 말레이시아와 인도네시아라는 예외가 있기는 하지만, 적어도 초등학교 졸업생들의 절반은 중등학교에 입학하고 있다. 이들 중등학교는 거의 모두가 식민지형의 '인문계' 학교로 남아 있다. 중등교육은 생도들이 일반적으로 만족할 만한 준비교육을 받지 못하고 있다고 하는 중대한 핸디캡을 가지고 출발하게 된다. 이 핸디캡은 초등교육의 연한이 5년이거나 그 이하에 있는 나라, 즉 파키스탄과 인도의 대부분 및 미얀마에 있어서는 더욱 크다.

언어의 복잡성이 자아내는 효과적인 교육에 대한 장애는 중등학교에서 보다 더 심하게 되고 있다. 토착어에 덧붙여 적어도 하나의 서양어가 종종 필수로 되어 있다. 오늘날에 있어서 마저도 외국어에 의지함이 없이 태국과 미얀마 및 인도네시아를 제외한 남아시아의 어떠한 나라를 다스린다고 하는 것은 거의 불가능할 것이다.

공용 토착어는 언어학적으로 미발전상태에 있으므로, 특히 기술적·과학적 분야에 있어서의 복잡한 개념은 토착어로는 표시될 수 없다. 초등학교에 있어서와 마찬가지로, 언어 공부가 교과과정의 여러 다른 과목 위에 덧붙여지게 되고, 어학의 숙달은 교육성과의 척도로 되고 있다. 식민지시대로부터 전승된 '일반교양적'인 인문계 학교를 보다 실천적인 학교로 전환시키는 것을 그처럼 어렵게 했던 이유의 하나는 바로 이것이다.

중등학교의 물적 장비―건물·도서관·과학실험실·교육보조기재, 특히 교과서 및 필기용지―에 관해서는 통계를 전혀 입수할 수가 없다. 일반적인 인상이나 문헌에 산재하는 정보에서 판단한다면, 이러한 장비는 충분하지는 못하지만 초등학교에 비해서 적어도 양적으로나 질적으로 우수하다.

중등학교는 도시지구에 소재하는 일이 많고, 생도의 대부분은 다소 넓은 의미에서 상류계급으로부터 오게 된다. 다른 인상으로는, 물적 장비에 대한 기중은 교원의 질에 대한 것과 마찬가지로 일반적으로 낮지만, 경제수준이 높은 나라들―특히, 스리랑카와 말레이시아―에 있어서는, 그리고 가난한 나라들에 있어서조차도 주로 최상류계급의 자녀들을 가르치고 있는 사립학교에 있어서는 상당히 높다.

식민지시대로부터 이어받은 해로운 전통, 준비 부족으로 중등학교에 입학하는 생도, 거의가 자격도 없고 욕구불만인 교원, 때에 따라서는 몇 가지의 언어와 문자를 가르쳐야 하는 교원의 과중한 부담을 생각한다면, 남아시아 대부분의 중등학교에 있어서 높은 수준에 달하지 못하고, 또한 이것이 보다 큰 나라에서 더욱 심하다는 것은 놀랄 만한 일이 못된다.

중등학교의 교육을 개선하고자 하는 노력을 제지하는 하나의 유력한 요인은 유례없는 무계획적이고 급속한 중등학교의 생도 수의 증가이다. 특히, 보다 가난한 나라나 지역에 있어서는 생도 수의 팽창은 이미 낮은 수준에 있는 교육을 더 낮게 한다는 것을 의미하기 쉽다.

주의를 끌게 하는 하나의 특수한 문제는 교과서의 특성과 편향이며, 이 문제는 중등학교에 대해 특히 중요하다. 남아시아의 여러 나라에서 수백 권의 교과서를 보고 또 제네바의 국제교육국이 수집한 상당히 광범위한 교재를 조사하고 난 뒤에, 우리들은 그 나라들의 교과서가 극히 완만한 정도로 현시대의 요청에 부응하고 있지 않다고 판단하게 되었다.

교과서가 풍기는 이국조(異國調)는 부분적으로는 교과 요인으로부터 생겨나고 있고, 한편 그 요인은 놀라울 정도로 식민지시대로부터의 유산을 이어받고 있다. 그것은 또한 부분적으로는 외국의 전통에 크게 의존하지 않고 교과서를 편찬할 수 있는 학자의 부족을 반영하고 있다. 교과서는 이국조를 강하게 풍기고 있을 뿐만 아니라 시대에도 뒤떨어져 있다.

무작위적이고 개략적 표본 추출로부터 얻어진 숫자에 입각해서 결론을 내린다고 하는 것은 물론 위험한 일이다. 그러나 이용 가능한 자료에 의한다면, 중등학교가 보다 더한 발전을 위하여 근대적이고 국가적이며, 또한 합리적이기도 한 문화를 건설하는 방향으로 과단성 있게 나아가고 있는 일은 거의 없다는 것을 가리키고 있는 것 같이 보인다. 토착어를 교육의 매개수단으로 바꾸는 것도 거의 진전을 보지 못하고 있다.

이 모든 것을 감안할 때, 남아시아에 있어서 대부분의 중등학교의 교육이 높은 수준에 도달하지 못하고 있다고 하는 것은 놀랄 일이 못될 것이다. 1958년에 공표된 보고서에서 인도중등교육위원회는 이 지역의 중등교육에 관한 일반적인 비판을 적절하게 요약하고 있었다.

그 이후에도 비판을 꺾기 위해 거의 아무 것도 이루어지지 않고 있었다. 중등교육의 급속한 팽창은 그 질적 수준을 한층 낮게 하는 경향이 있었다. 동위원회는 다음과 같은 판정을 내리고 있었다.

(1) 현 교과과정은 편협하게 짜여져 있다.
(2) 그것은 책 중심이고 이론중심이다.
(3) 그것은 풍부하고 뜻 깊은 내용도 가지고 있지 않으면서 지나치게 복잡하다.
(4) 그것은, 그것이 모든 사람을 교육하는 것으로 되어야 한다면, 마땅히 그 곳에 들어가 있어야 할 실천적인 모든 활동이나 그 밖의 모든 활동을 충분하게 갖추지 않고 있다.
(5) 그것은 청년들의 필요와 능력을 충족시키지 못하고 있다.
(6) 그것은 너무나 크게 시험을 좌우되고 있다.
(7) 그것은 학생들로 하여금 국가의 산업적·경제적 발전의 일익을 담당하게 훈련시키는데 크게 필요한 기술적·직업적 모든 과목을 포함하지 않고 있다.

이러한 사태가 가져온 하나의 중요한 국면은 교육을 실제 생활에 결부시키고, 유용한 기술을 전수하고, 특히 실제적·직업적·기술적 훈련에 한층 더 중점을 두고자 하는 전후기에 있어서의 모든 노력에도 불구하고, 중등학교의 절대 다수가 이미 지적했던 바와 같이 식민지시대에 엘리트 양성을 위한 상류계급 교육과정에서 확립되었던 일반 교양적이고 인문적·문과적인 성격을 여전히 유지하고 있었다고 하는 사실이다. 이것은 중등학교에 관한 통계를 작성하는데 있어서 우리들이 대부분의 경우, 그 밖의 형태의 학교를 무시할 수 없을 정도로 일어나고 있었다.

이 지역의 어느 나라에 있어서도 철저한 개혁이 일어나고 있다고 하는 징조는 없다. 직업학교나 기술학교에 대한 취학증가—백분율로는 대개가 다소 늘고 있지만—는 절대수로 본다면 얼마 되지 않는다. 인문계 중등학교—대부분의 확대는 계속 여기서 이루어지고 있다—의 교육과정의 근대화는 어느 나라에서도 눈에 띄일 정도로는 일어나지 않고 있다.

전문가들 뿐만 아니라, 정치 지도자들 간에서도 이 점에 관해서 철저한 개혁이 필요하다—영국령 인도에 있어서는 독립 전에 있어서 마저도 거의 1세기에 걸쳐 공식보고서에서 주장되고 있었다—는 전원일치의 동의가 있었음을 생각한다면, 이것은 놀랄 일인지도 모른다. 이러한 보수주의를 설명하는 수많은 요소가 있다.

이들 수많은 요소 중의 약간, 즉 대학 시험제도가 이 방면에 미치게 되는 영향, 중등학교에 입학하는 생도들—특히 초등학교의 연한이 짧고 흔히 효율이 낮은 가난한 나라의 생도들—에게 중등학교 입학 전에 예비적인 일반교육을 실시한 실제적 필요성, 또한 특히 가난한 나라에 있어서 어학 공부가 교과과정서 다른 과목을 소외시키는 경향 등에 관해서는 이미 가르칠 수 있는 인재가 부족하다고 하는 점이다.

그들은 정부나 산업에서는 요구되며, 그곳에서는 학교보다도 많은 봉급과 높은 사회적 지위를 기대할 수 있으므로, 부족하게 되는 것은 당연하다. 게다가 과학과 기술 및 직업과목의 교육은 돈이 많이 드는 실험실이나 그 밖의 특수교육 보조기재를 필요로 한다.

설상가상으로 전통이라는 중압도 있다. 전통은 학교에 관계하는 사람들의 기득권익에 의해서 강화되고 있다. 개혁이 이루어진다면 그들이 받았던 훈련이나, 알고 있는 방법이 필요치 않게 되므로 그들의 대부분이 개혁을 반대하는 데에는 충분한 이유가 있는 것이다. 보다 기본적으로는 교육을 받은 상층의 지배계급이 자기들과 대중과의 사이에 단층을 유지하며, 그 속에서 기득권익을 느끼고 있다.

중등학교를 더욱 실천적이고 직업 교육적으로 만든다면 육체적 노동에 자주 참가할 필요가 있게 된다. 이것이 바로 그들이 싫어하는 점이다. 또한 생각건대, 이러한 학교는 학생들로 하여금 육체노동을 일상 업무로 하는 직업에 대한 준비를 갖추게 하는 곳이므로 전통적인 인문계 중등학교보다 인기가 떨어지기 마련일 것이다.

그 결과, 공업경영이라는 중간단계에서는 오직 사무원으로 되기만을 고집하지 않는 훈련받은 인재가 언제나 부족하게 된다. 인문계 중등학교를 졸업하고 대학에 진학하지 않는 자가 식민지시대의 전통에 따라 사무원의 일자리를 구하게 되지만, 그들은 이러한 종류의 사무직에 알맞은 훈련, 즉 속기와 타자, 서류정리에 관한 아무런 지식도 가지고 있지 않는 것이다.

이러한 사태는 대체로 어느 나라에서도 개선되어 있지 않다. 최근 인도의 보고서에는 다음과 같이 기록되어 있다. '교육제도와 우리들의 발전도상 경제의 사회적·경제적인 요청과의 사이를 조정할 필요성은 더욱 더 증대하고 있다. 이에서 빚어진 결과는 훈련된 인재의 부족과 병행하여 교육받은 실업자 수의 증대로 되고 말았다.'

대학교육 확장의 필요성은 일반적으로 더욱더 강조되고 있었으며, 가난한 나라에서도 적지 않게 이러한 경향이 있었다. 다시 대학교육도 중등학교의 준비부족의 영향을 받고 있다. 중등학교가 초등학교의 짧은 연한으로 말미암아 불리하게 되어 있고, 또한 초등학교, 중등학교가 다 같이 낮은 수준의 교육 효율 밖에 갖지 못하고 있는 보다 가난한 나라에 있어서는 특히 그러하다. 언어상의 문제는 외국어를 읽는 실용적인 능력이 필요하게 되는 대학의 수준에 있어서는 더욱 복잡하게 되어 있지만, 이러한 필요가 만족할 만한 정도로 충족되는 일은 드물다.

건물과 도서관·실험실, 설비 및 교육기재에 대한 거액의 투자가 있었음에도 불구하고, 이들 나라에서는 학생 수의 급증으로 말미암아 항구적인 저수준을 벗어나기 어렵고 때로는 더욱 저하되고 있다. 교수의 질은 낮고 악화되는 경향마저 있다. 중등학교 이상으로 대학에서도 중퇴율이 높다.

대학 수준에서는 중등학교 수준 이상으로 직업 훈련적으로 되지 않으면 안 될 것이고, 학생들을 특정의 전문직에 알맞게 가르쳐야 할 것이다. 그럼에도 불구하고 실제로는 남아시아인이건 외국인이건 전문가는 모두가 대학은 비전문인을 지나치게 많이 계속 배출시키고 있다고 이구동성으로 불평하고 있다.

인문과학과 법률, 사회과학 및 일반교양을 습득한 이들 비전문인들은 자격 부족의 행정가와 사무원 및 교육 받은 실업자층을 팽창시키고 있고, 가족의 보조로 생활하게 되는 이들 실업자층을 팽창시키고 있다. 동시에 보다 많은 기사·농업기술자·의사·치과의사·약제사, 그리고 특히 각급 학교의 교원이 요구되고 있는 것이다. 이것은 남아시아의 모든 나라에 해당된다.

고등교육 구조를 개발의 요구에 부응하도록 개혁하는데 따르는 모든 곤란은 이미 말한 바와 같이, 중등학교를 직업 교육적 혹은 적어도 보다 실제적이고 보다 아카데믹하지 않도록 하는 노력을 방해하는 모든 곤란, 즉 기술교육이 건물이나 시설면에서 비용이 든다는 곤란, 정부와 산업과 경쟁해서 교원을 보충한다는 곤란 등의 흡사한 데가 있다.

다소 높은 수업료를 징수하는 것이 보통으로 되어 있는 대학은 재정적인 이유에서 학생 1인당의 한계비용이 낮은 교양학과나 법률학과의 입학자 수를 늘이고자 한다. 이러한 모든 인과적 요인의 저류로 되어 있는 것은, 교육은 결국 상류계급의 엘리트를 위한 것으로 되어야 할 것이라고 하는 전통적인 생각이며, 그리고 이러한 생각은 식민지시대로부터 물려받게 된 것이다.

남아시아의 교육상황에 관한 지금까지의 설명을 일관하고 있는 하나의 주제는 한 나라의 경제수준과 교육부문의 성과와의 밀접한 상호관계이다.
　그다지 가난하지 않은 두 나라인 스리랑카와 말레이시아는 바야흐로 아동 전원에 6년간의 초등교육을 실시하는 방향으로 나아가고 있다. 특히 스리랑카는 중등교육을 받는 생도의 수도 증가시키고 있다. 비교적 높은 문자해득률을 가지고 출발한 이들 두 나라는 이제 젊은 세대에 있어서는 문맹이 전무한 상태로 되어가고 있다. 이것은 평등과 발전에 대한 중대한 장애―'교육받은 사람들'이 그 마음속에 가지고 있는 노동에 대한 경멸감―를 제거하는 가능성을 높여줄 것이다. 배움이 더 이상 소수의 상류계급의 독점물로 되지 않을 때, 노동하는 자와 노동하지 않는 자와의 사이에 가로놓인 계급 간의 장벽은 제거하기가 점차로 더 쉽게 될 것이다.
　전후, 스리랑카와 말레이시아는 양적으로는 발전도가 낮은 대학제도와 고교 졸업생의 대학 진학률이 낮은 상태에서 출발하였지만 대학의 수준은 일반적으로 높은 것이었다. 이들 두 나라는 대학교육에 대해서는 해외유학에 의존하는 바가 비교적 컸었다.
　스리랑카와 말레이시아는 대학을 급속하게, 더구나 상당히 높은 수준을 유지시키면서 현재 설립 중에 있다. 중등교육을 받은 아동의 수가 상대적으로 많으므로, 이 나라들은 상류계급에 의한 고등교육 독점의 장벽을 깨뜨리는 방향으로 나아가고 있다. 특히, 스리랑카는 각급 학교의 수업료를 무상으로 함으로써 교육의 민주화를 향한 중요한 첫걸음을 내딛고 있다. 그렇지만 대체로는, 스리랑카와 말레이시아는 대학교육의 개혁에 있어서 보다 가난한 나라에 비하여 아직도 크게는 성공을 거두지 못하고 있으며, 그리고 일반교육형으로부터 실제적인 직업교육형으로의 중등교육의 개혁이라는 점에 있어서는 더구나 성공하지 못하고 있다.

초등학교조차도 교과 과정은 지나치게 일반 교육적으로 되어 있다. 초등학교와 중등학교 및 대학 등을 각급 학교의 전통적인 일반 교육형으로부터 벗어나기 위한 개혁이 과감하게 추진되기만 한다면, 그 개혁은 틀림없이 육체노동에 대한 편견을 급속히 제거하게 될 것이다.

적기는 하지만 보다 덜 가난한 이들 두 나라의 아동들을 제외한다면, 남아시아의 아동들의 대부분은 학교 교육을 전혀 받지 않고 있거나, 읽고 쓰는 기능적인 능력을 몸에 지니기 전에 학교를 마치고 마는 것이다. 그렇지만 필리핀이나 태국이 급속하고 계속적인 탈락자를 감소시키는데 성공한다면 스리랑카와 말레이시아를 따를 수 있을 것이다. 인도네시아는 비교적 가난하고 일반적으로 계획과 정책이 매우 낮은 수준에 있음에도 불구하고, 교육의 개선을 위한 대중의 열의가 비교적 높으므로 초등교육에 관해서는 얼마간 유리한 위치에 있다.

특히, 필리핀은 그 나라의 청년의 대부분에게 중등교육과 대학교육을 실시할 수 있다고 하는 점에서 다른 나라들을 앞질러 있다. 그 질이 반드시 높다고는 할 수 없지만 노동시장에 대해 비교적 높은 교육을 받은 사람의 공급이 많다는 사실로 말미암아 육체노동에 대한 혐오감을 일소시키게 될 것이다.

 일찍이 미국 지배하의 식민지시대로부터 필리핀은 교사와 학교에 대해 지역적 사회생활에서의 보다 높고 중심적인 지위를 주고자 노력해 오고 있었으며, 또한 특히 초등 수준의 교육을 개선하고 근대화하고자 하는 노력에 많은 관심을 보여 왔고, 더욱이 성인교육은 인도네시아를 제외한 남아시아의 다른 어느 나라에 있어서 보다도 다소나마 진보하고 있었다.

 여기서 말한 모든 나라들은 아직도 해결되지 않은 교육정책 문제를 짊어지고 있지만, 이 지역에서 가장 가난한 나라들인 파키스탄·인도·미얀마에 있어서는 문제가 복잡하게 확대되어 가고 있다. 이들 세 나라를 한 데 묶는다면 그 인구는 이 지역의 총인구의 과반수를 훨씬 넘고 있다. 앞으로 정책의 결론을 생각함에 있어서 우리들은 이 지역의 보다 크고 가난한 이 부분을 주로 염두에 두게 될 것이다. 그러나 각종의 특수문제에 있어서는 많은 결론이 이에서 언급된 그 밖의 여러 나라들과도 관련을 갖게 될 것이다.

 가난한 나라들의 불행한 교육 사정을 설명하는 기본적인 이유의 일부분은 다름아닌 그 나라들의 빈곤인 것이다. 교육 발전을 위해 이용할 수 있는 자원은 극히 적다. 그러나 문제는 더욱 복잡하다. 미얀마라는 예외는 있기는 하지만, 이들 나라에는 또한 불평등이 존재하고, 교육받은 상류계급과 대중과의 사이에는 매우 심한 단절이 있다.

 빈곤과 불평등 간에는 인과적인 상호관계가 있다. 교육의 독점은 토지 소유의 독점과 더불어 불평등을 낳게 하는 가장 기본적인 근원으로 되어 있으며, 보다 가난한 나라에 있어서는 그 기반을 더욱 굳게 하고 있다. 대중에게 교육을 보급시키는 기도가 이루어지고 있는 경우에 있어서 마저도 그러하다. 보다 가난한 나라일수록 중퇴자와 낙제생, 시험 탈락자가 더 많은데, 그러한 낭비를 빚어내는 메커니즘은 계급적 편견이다.

가난한 나라에서는 초등학교의 1학년에 입학하는 얼마 되지 않는 아동 중에서도 농촌지대의 아동, 일반적으로 악조건의 가정의 자녀의 그 수가 더 적다. 다음으로 결석과 낙제, 그 위에 중퇴는 이와 같은 계층에서 가장 빈번하게 생긴다. 가난한 나라, 특히 가난한 지역에 있어서는 우리들이 이미 본 바와 같이, 보통 수학기간이 짧고 그나마도 질이 낮은 초등학교를 졸업할 수 있는 아동의 비율은 전체 중에서 극히 적다. 이와 같이 교육의 초기단계에 있어서조차 가혹한 도태과정이 작용하며, 이 과정에서는 대체로 특권이 적은 집단이 배제되는 경향이 있다. 초등학교 졸업생의 중등학교에 대한 진학률이 높은 이유는 바로 여기에 있다.

중등학교의 중퇴자와 나중에 졸업시험에 불합격한 자는 동일한 원칙에 따른 제2단계에서의 도태를 의미하고 있다. 중등과정을 마친 보다 더 낮은 비율의 동년배 중에서 다시 대다수가 대학에 입학하게 된다. 여기에서도 또한 같은 양상이 되풀이 된다. 낮은 사회적·경제적 계층의 가정으로부터 비교적 소수의 학생은 대학에서도 중퇴를 많이 하게 되거나, 또는 졸업시험에서도 많이 실패하게 되는 것이다.

이와 같은 도태의 메커니즘에는 몇 가지의 사회적·경제적 요인이 작용하고 있다. 이들 요인 중에서 주요한 것의 하나는 경제적 요인이다. 비록 초등교육은 무상으로 되어가고 있다고 생각될 것이지만, 각종의 총지출이 따르는 수가 많다. 아동들에게 일을 시켜야 할 필요성은 물론 가난한 가정에서 더욱 강하게 느껴지게 된다. 중등 수준에서는, 그리고 더 나아가 대학 수준에서는 수업료제도가 계속 중요성을 가지게 되고 있다.

가난한 아동들의 교육에 대한 경제적 저지 요인은 그 밖의 여러 가지 방법으로 교육을 상류계급의 독점물로 항구화시키는 경향이 있는 사회적 배경 속에서 작용을 하고 있다. 하류계층의 양친들은 보통 교육이 거의 없거나 전혀 없고 문맹이므로, 그들은 자기들의 자녀들에게 교육을 시키고자 하는데 대한 관심이 비교적 적다. 농촌에는 교육에 대한 굶주림이 있다고 하는 이야기는 한낱 낭만적인 환상이며, 물론 예외가 없는 것은 아니지만, 특히 이 지역의 가장 가난한 나라들에 있어서는 그러하다.

학교에 나가지 않는 하류계급의 자녀들의 압도적인 대다수에 대해서는 가정환경이 교육적 진보에 도움을 줄 만한 것이 못된다. 가족들이 책상이나 의자도 없는 수가 보통인 판자집을 꽉 메우고 있고, 책을 읽는다든가 글을 쓴다고 하는 것은 가정생활과는 거리가 멀며, 또한 이용할 만한 용구도 없다.

해가 지면 특히 가난한 농촌지구에 있어서는 밝혀줄 불도 없다. 교육을 성공시키는 요인으로서의 가정환경에는 소수의 부유하고 교육받은 가정과 엄청나게 많은 하류계급의 가정 간에 어마어마한 격차가 있다. 그 격차는 선진국에 있어서보다 훨씬 크다. 설령 학교가 우수하다 하더라도, 가난한 가정의 자녀들이 학교에 들어가서 학업을 계속하고 학교를 졸업하는 데에는 극히 어려운 문제가 여전히 따르게 되는 것이다.

그 결과, 상류계급을 아주 유리하게 하고 그 교육의 독점을 강화해 주는 내재적 편향이 나타난다. 마할라노기스(P. C. Mahalanobis) 교수는 '…상층에 있는 사람들의 소수 그룹의 권력과 특권은 존속될 뿐만 아니라 강화되는 경향이 있다. …이것은 당연한 일이지만, 그 특권적 지위와 권력이 유지되기를 바라는 영향력 있는 사람들의 그룹을 낳게 하였다'라고 쓰고 있다.

또 나이크는 '교육의 발전은…없는 자보다도 있는 자에게 혜택을 주고 있다. 이것은 사회주의를 부정하는 것'이라고 결론을 내리고 있다.

뛰어난 인도교육위원회보고서(1964~66)는 다음과 같이 강조하였다.

"부유한 자와 빈곤한 자, 교육 받은 자와 교육 받지 못한 자 간의 사회적 거리는 크고 또한 확대되어 가고 있다.…교육 자체가 사회적 격차를 확대시키고 계급적 차이를 넓혀가고 있다.…더욱 나쁘게는 이런 차별이 상류계급과 일반대중간의 격차를 넓히는 경향이 있다."

사태는 파키스탄에 있어서도 다를 바가 없다. 이에 관해 깊이 논의되는 일은 훨씬 적지만, 오히려 사태는 더욱 나쁘게 되어 있다. 인도와 파키스탄 두 나라는 얼마 되지 않는 높은 교육을 받은 상류계급의 엘리트를 가지고 있으나, 동시에 이들 나라의 대중들은 현재 거의 또는 전혀 교육을 받지 못하고 있다. 일반대중의 무지는 경제개발에 대해서 중대한 저지 내지 장애의 요인이 되고, 이들 두 나라를 빈곤에 빠뜨리게 하고 있다.

동시에 두 나라에 있어서의 심한 불평등—이것은 상류계급에 의한 사실상 교육의 독점을 통해서 계층화되고 계속 강화되고 있다—은 교육의 민주화를 의미하는 개혁을 무력하게 하는 경향이 있다.

이 장이나 전장에서 우리들은 이러한 상류계급의 권력의 메커니즘이 어떠한 때에 교육정책이나 교육발전에 작용을 하게 되는가를 보아 왔다. 즉, 그것은 공표된 목적과는 달리 성인교육이 경시되고 있을 때, 그리고 더욱 많은 비용이 드는 중등교육, 특히 대학교육이 초등교육보다도 훨씬 급속하게 팽창하는 것이 그대로 방치될 때, 각급 학교 교육의 일반화를 감소시키고, 중등교육이나 고등교육을 보다 실천적이고 기술적이고 직업 지향적으로 하는 개혁을 위한 노력이 이루어지지 않을 때 작용을 하게 된다. 결함에 관한 설명에서 이미 예측되고 있는 주된 정책적 결론을 열거하기에 앞서, 우리들은 대중이 매우 가난한 불평등적인 사회에 있어서의 상류계급의 권력 메커니즘의 작용을 강조할 필요가 있었던 것이다.

교육의 개혁은 불평등한 사회에서 가장 필요하게 되는 것이지만, 가장 큰 금기와 장애가 있는 것도 그곳에서이다. 가난에 쪼들린 대중들에게는 거의 아무런 권력도 주어져 있지 않고, 또 이들 대중은 발언권도 없으며 피동적인 입장에 놓여져 있다. 개인적으로나 집단적으로도, 이들은 교육개혁의 필요성을 깨닫지 못하고 있다.

기대상승의 혁명이라는 생각과 마찬가지로 교육에 대한 굶주림은 한낱 합리화에 불과하고, 이런 생각은 부유한 유럽인과 부유한 남아시아인이 만약 그들이 그처럼 처참한 상태에서 살아야 한다면, 그들 자신이 그러한 상태에 어떻게 대처할 것인가 하는 반응을 반영한 것에 지나지 않는다.

하나의 주요한 결론은, 교육제도를 철저하게 개혁할 필요가 있다고 하는 것이다. 포괄적이고 날카로운 인도교육위원회보고서가 강조하고 있는 바와 같이, '인도의 교육은 급격한 재건, 거의 혁명이라고 할 만한 것을 필요로 하고 있다.…이것은 단호하고 대규모적인 행동을 필요로 하고 있다. 현상을 주물럭거리거나, 갈지 자 걸음으로 전진하거나, 신념을 잃고 만다면, 사태를 이전보다 악화시킬 뿐일 것이다.' 이것은 인도에 대해서와 마찬가지로 파키스탄이나 미얀마에 대해서도 들어맞는다. 그리고 정도는 다소 약하지만, 태국과 인도네시아, 필리핀 등의 중간 그룹에도 들어맞는다.

각종 직업이 학교 졸업생을 필요로 하고 있다고 하는 것을 강조함으로써, 개발계획에다 교육정책을 통합시키고자 하는 현재까지의 노력의 대부분은 오히려 무의미한 것이었다. 그것은 전인구의 문맹의 퇴치라는 개발에 관련된 주요한 관심사로부터 주의를 떼어 놓는 경향마저 있었다. 현재 가장 긴급히 필요하게 되는 것은 통합된 전체로서의 교육계획 그 자체인 것이다.

교육제도의 효과적인 개혁은 교육기관에 대한 확고한 정부의 감독을 전제로 하지 않으면 안 된다. 정부가 그 계획의 실현을 확실하게 하기 위해 권력을 행사하지 않는다면, 교육제도의 발전을 위한 전면적인 계획을 꾸며본들 하등 의미가 없을 것이다. 이 지역에 있어서는 스리랑카만이 현재 이 문제를 해결하는 도상에 있다.

첫번째로 필요한 것은 교육의 질을 유지하고 높이는 일이며, 그리고 어떠한 경우라 할지라도 현실적이 아니거나 혹은 교육의 질적 기준에 해가 되는 확장—이러한 확장은 독립시대를 통해서 원칙으로 되어 있었다—은 불허한다는 것이다. 제4차 5개년계획안(1966년)은 이렇게 지적하고 있다.

"수의 증가는…어느 정도의 질의 저하를 수반하게 되었다. 가까운 장래에는 이때까지의 경우보다도 단결·질·다양화·학기말 시험·직업교육과 같은 모든 요인에 대해 더욱 많은 주의를 효과적으로 기울이지 않으면 안 된다고 하는 것은 명백하다."

두번째로 필요하게 되는 것은 대체로 첫 번째의 필요성과 동시에 일어나는 것이지만, 교육의 3단계에 균형을 유지해야 하는 필요성이다. 특히, 교육프로그램을 선언함에 있어서 초등교육에 주게 되었던 우선순위를 실현하는데 있다. 이와 같은 필요성은 중등학교나 대학 입학자의 급속한 증가에 대해

브레이크를 거는 것을 의미하거나 심지어 감소시키는 것을 의미해야 할 것이다.

남아시아의 중등학교, 대학은 '일반교양인'을 과다하게 공급할 능력이 있을 정도이므로, 보다 훈련된 젊은이를 필요로 하고 있는 약간의 분야만을 지정하는 것에 의해 기술적·직업적·전문적인 훈련을 현재의 혹은 다소 소규모의 중등학교와 대학의 교육 조직 내에서 증가시키고, 그럼으로써 보다 많은 교사와 농업확장 작업원, 의료 종사자를 공급하지 못할 이유는 없다.

중등학교와 대학에 대한 입학자를 줄인다면, 중등학교, 대학에 입학하는 학생의 입시준비의 수준이나 능력도 더욱 높은 수준으로 유지될 수 있을 것이며, 낙제나 중퇴, 입시 실패라는 낭비를 감소시킬 수도 있을 것이다. 이렇게 되면 중등학교나 대학의 질적 기준을 일반적으로 더욱더 높이는 일도 가능하게 될 것이다. 그렇게 된다면, 더욱 많은 자원을 초등교육으로 돌릴 수 있을 것이다. 그렇다고 하더라도, 특히 현재 훈련을 받은 교사가 부족하다고 하는 사실을 생각한다면, 1학년에 입학하는 아동의 수를 늘이고자 하는 압력을 당분간은 억제해야 한다는 것이 신중히 고려되어야 할 것이다. 그렇게 되면 서로 관련되는 두 개의 목적을 달성하기가 훨씬 쉽게 될 것이다.

그 목적의 첫째는 초등학교의 모든 물적 시설을 처참할 정도의 저수준에서 상승시킨다는 것이고, 둘째의 목적은 엄청난 낭비가 되는 중퇴자의 낙제생을 철저하게 줄인다는 것이다. 이들 두 가지 결함은 농촌지역에 있어서 가장 크다 인도교육위원회보고서가 강조하고 있는 바와 같이 '…다음의 10년간에 초등학교의 단계에서 실시하지 않으면 안 되는 가장 중요한 프로그램은 교육의 질을 개선하고, 정체와 낭비를 최저로 끌어내리는 데 있다.' 그렇지만, 초등학교 입학자 수의 증가를 끌어내리는 것은 단지 일시적인 것으로 그쳐야 할 것이다. 중등학교, 대학의 축소와 방향전환으로 초등학교를 위한 자원을 증가시키게 되었을 때, 특히 유자격의 우수한 교사를 증가시키게 되었을 때, 그리고 중퇴자나 낙제생에 의해서 생기는 초등학교 제도의 막대한 낭비가 감소되는 방향으로 참다운 진전이 이루어졌을 때에는, 초등학교의 입학자 수는 새로이 강력하게 확장되어야 할 것이다. 만약 이것을 연기하는 일이 있다면, 그것은 보다 가난한 지역에 사는 많은 사람들이 그들의 자녀를 초등학교에 보낼 기회를 얻기 위하여 기다려야 할 기간을 더욱 연장시키게 된 것이다.

 수업료의 인하와 빈곤한 학생들에 대한 금전적 원조의 증가는 교육개혁의 일부로 되지 않으면 안 된다. 이것은 중등학교나 대학 입학을 위한 격심한 경쟁을 가져오게 할 것이다. 이로 말미암아—그리고 특히, 만약 중등학교나 대학의 총입학자 수의 매우 급속한 증가를 둔화시키고자 하는 기도가 동시에 이루어지게 된다면—학생의 선발은 보다 엄격한 기준에 입각하지 않으면 안 될 것이다. 그리하여 교육개혁가들이 직면하게 되는 문제는 보다 엄격한 시험을 발전시키되, 어떻게 하면 학교를 재래의 시험제도의 중압감으로부터 해방시킬 수 있을까 하는 것이다.

 발언권이 있는 계층이 시험을 치름으로써 얻게 된 지위의 상징—졸업장·학위·서위(叙位)·합격등급—을 지나칠 정도로 중시하고 있는 나라에서 이것을 달성하기 위해 합리적인 지시를 강행한다고 하는 것은 감당하기 어려운 과업일 것이다.

그와 같은 과업은 모든 교육기관의 철저한 정신개혁과 전사회의 생활관이나 노동관의 변화를 전제로 하게 된다. 그렇지만 시험제도의 개혁은 보다 민주적인 선발방법의 실용화를 위해서 뿐만 아니라, 각급 학교 교육의 방향과 내용의 개혁을 위해서도 최고로 중요하다.

남아시아 전체를 통해서, 그리고 매우 가난하고 초등교육이 가장 뒤떨어져 있는 이 지역의 대부분에 있어서는 실용적인 문자해득력의 향상을 촉진시키기 위해서 뿐만 아니라, 자녀들을 초등학교에 보내거나 문맹으로 되돌아가는 것을 방지하기 위해서도 성인교육에 대해서 강력한 노력을 경주할 필요가 있다. 이러한 노력은 밀접한 관련하에서 이루어져야 할 것이고, 참으로 학교에 있어서의 교육활동을 확장함으로써 이루어져야 할 것이다.

학교제도 개혁의 중점은 정규 교사의 수와 질의 향상에 두어져야 할 것이다. 인도교육위원회는 교육의 지상목적이 아동의 태도를 바꾸는 데 있어야 할 것이고, 궁극적으로는 전국민의 태도—전체로서의 국민의 가치관—를 바꾸는 데 있어야 한다고 하는 것을 계속 강조하고 있다.

이러한 목적은 자기들의 경제적·사회적 조건에 만족하고, 자기들의 지역사회에서 지적이고 정신적 지도자로서 받아들여지고, 유용하고 실제적인 지식을 대중에게 헌신적으로 전수하고자 하는 정열을 가지고 동시에 전진하려는 의사를 가진 교사들이 없다면 실현될 수 없는 과업이 되고 말 것이다.

이러한 관점에서 교원양성기관은 교육의 개혁에 대해서 전략적으로 중요하게 된다. 이들 기관은 학생들 사이에 정신적·지적 에너지를 불러일으키고, 사람들로 하여금 개발에 참여케 하는 '발전소'의 구실을 해야 할 것이다. 이러한 개혁을 수행하는 힘이 한 데 뭉치려고 한다면, 대중의 열의가 하나의 '운동'으로까지 발전하지 않으면 안 될 것이다. 근대화의 모든 이상의 선구자인, 발언권이 있고 교육받은 상류계급에 속하는 사람들이 이러한 운동에 앞장을 서지 않으면 안 될 것이다.

그러한 지도자들이 충분히 나타나게 되어 상류계급의 근대적이고 이기적인 이해관계를 타파하지 않으면 안 된다. 그러나 결국 교육개혁은 인민대중에 의해 강요되지 않으면 안 된다. 이러한 불평등하고 가난한 나라들에 있어서 그와 같은 이해관계가 참으로 타파될 수 있을까. 설령, 위에서 약술하였던 개혁계획의 모든 점에 관해서 원칙적인 합의가 이루어지게 되었다 하더라도, 이러한 나라들에 있어서는 권력구조 속에 개혁에 반대하는 조직적인 저항이 있기 때문이다.

이미 인용한 바가 있었던 1966년도 인도교육위원회의 보고서는 기본적으로 상술한 노선을 따르는 단호하고 대규모적인 행동을 요청하고 있다. 동보고서는 이 보고서가 행동을 대신할 수 없다고 하는 것을 강조하고, 다음과 같이 맺고 있다. '…이 나라의 장래는 다가올 10년 내외에 주로 교육에 관해서 무엇을 하느냐에 달려 있다.'

동위원회의 보고서가 발표된 이래로, 인도의 계획이나 정책의 경향은 그것이 권고한 방향으로 가지 않고 있다. 영국 지배시대의 위대한 전통에 따라 교육분야나 그 밖의 많은 분야에서 안출되었거나 발표된 매우 많은 보고서와 마찬가지로 이 보고서도 칭찬을 받고는 있으나 실천되지 않고 있다.

인도의 계획이나 정책의 경향은 그 교육제도의 철저한 개혁에 대한 필요를 충족시키는 방향으로 가지 않고 있다. 남아시아의 그 밖의 극도로 가난한 여러 나라에 있어서도 크게 다른 일은 아무것도 일어나지 않고 있다.

제27장 모든 전제

 본서의 앞의 모든 장을 통해서 우리들은 개발계획에 의해 저개발에서 개발로 옮겨가고자 하는 남아시아의 기도에 대하여 영향을 미치고 있는 사회적·경제적 모든 요인과 모든 조건을 제시한 바 있다. 개발은 저개발로부터 벗어나는 과정, 빈곤으로부터 일어서는 과정을 의미하고, 그것은 개발계획에 의해 추구되고, 실제로 달성되기도 한다.
 한 나라를 저개발국으로 특징지음에 있어서 사실상 뜻하게 되는 바는 그 나라에 노동이나 생활에 대한 일련의 바람직하지 못한 수많은 모든 조건이 있다고 하는 것이다. 즉, 그것은 산출고와 소득, 생활수준이 낮고, 태도나 행동양식과 더불어 많은 생산양식의 형편이 좋지 못하고, 그리고 국가수준의 제도로부터 가족이나 이웃들의 사회적·경제적 모든 관계를 지배하고 있는 제도에 이르기까지 불리한 모든 제도가 존재한다고 하는 것을 뜻한다.
 이러한 조건들은 '개발'—이 말은 모호한 점이 없지는 않으나 사용하기에 충분할 만큼 명확한 개념이다—이 바람직하다는 입장에서는 바람직하지 못하거나 불리한 것으로 평가되고 있다. 이들 모든 조건 간에는 일반적인 인과관계가 있으며, 그리하여 그것들은 사회제도를 형성하게 된다. '개발'은 전사회제도의 상향운동을 의미하고 있다.

사회제도 내의 모든 조건 간의 관계를 확정하는 것은 저개발과 개발에 관한 연구의 과제이다. 모든 사회제도는 하나의 변화가 다른 변화를 일으키게 한다고 하는 점에서 인과적으로 얽혀 있는 수많은 모든 조건으로 구성되어 있다. 우리들은 이들 조건을 생산고 및 소득과 생산조건, 생활수준, 생활과 노동에 대한 태도와 제도 및 정책 등으로 폭넓게 분류해 왔다.

첫 머리의 두 개는 확실히 경제적 요인이고, 한편 생활과 노동에 대한 태도와 제도는 비경제적 요인이고, 생활수준은 일반적인 계획 목표로서를 제외하고는 경제계획으로부터 제외되는 것이 보통이다. 정책은 그것이 경제적 모든 조건의 변화를 유발시키는 것을 목적으로 하게 되는 경우에는 경제적 요인에 속하기는 하지만, 그것은 혼합체이다.

사회제도를 형성하는 모든 조건에는 상·하, 주·종이 없다. 경제적 모든 조건이 그 밖의 조건에 우선하는 것은 아니다. 제도에 스며있는 모든 조건의 상호의존 관계의 논증과 분석은 다른 각도에서도 마찬가지로 상이한 순위로도 분류될 수 있을 것이다. 그와 같은 분류는 동일한 사회적 현실을 포함하게 될 것이고, 또 동일한 분석 내용을 가지게 될 것이다.

이들 각종의 조건들은 남아시아에 있어서는 바람직하지 못하다든가, 또는 형편이 좋지 못한 것으로 특징지워지고 있다. 왜냐하면 남아시아와는 다른 방향으로 모든 조건의 변화가 개발, 즉 전사회제도의 상향운동을 일으키고 유지시키기 위해 바람직하다고 생각되고 있기 때문이다. '상향'이라 함은 운동이 개발의 관점에서 보다 바람직한 방향에 있다고 하는 것을 의미하고, '하향'이라 함은 개발에 대해 바람직하지 못한 운동을 의미한다. 게다가 우리들은 또한, 조건의 방향의 변화가 다른 조건들을 상향이건 하향이건 동일한 방향으로 변화시키는 경향이 있을 것이라고 하는 것을 전제로 해왔다.

앞의 여러 장에서 우리들은 남아시아국의 저개발의 가장 중요하고 일반적인 모든 특징의 하나가 낮은 평균노동 생산성에 있다고 하는 것을 설명한 바 있다. 그 결과에 의하면 남아시아국에 있어서는 노동자 1인당 국민산출고가 낮다. 그리고 이러한 사태의 건너편에는 노동자 1인당 또는 주민 1인당의 낮은 국민소득이 있다. 수많은 제한조건이 따르게 되므로 불완전하다 하겠으나, 이것은 한 나라의 저개발 수준을 나타내는 지표로서 불완전하다 하겠으나, 이것은 한 나라의 저개발 수준을 나타내는 자료로서 생각될 수 있다. 그렇지만 그것은 저개발의 정의로는 되지 않으며, 그 상향적 변화도 개발의 정의로서 사용될 수 없다.

생산의 모든 조건은 경제구조와 변화의 방향이나 강도에 영향을 미치는 또 하나의 요인이다. 우리들이 설명한 바와 같이 공업부문은 특히 조직적인 대공업에 있어서는 보잘것이 없다. 그 밖의 모든 부문에 있어서는 특히 공업과 수공업, 전통산업에 있어서는 생산기술이 원시적이고 자본 집약도가 낮다.

소득에 대한 저축률도 또한 낮다. 1인당 저축은 더욱더 낮다. 특히 장기적인 생산투자 형태의 기업은 거의 없다. 도로·철도·항만·발전소 등과 같은 간접자본도 불충분하다. 노동력 이용은 노동참가, 노동지속, 또한 노동능률이라는 점에서 낮다.

이들 모든 조건은 상술한 한 쪽으로만 향하는 방법으로 서로 직접적인 관련을 가지고 있다. 그리하여 낮은 저축률은 자본형성을 억제하는 경향이 있다. 미숙한 생산기술은 부분적으로는 1인당 자본 장비율이 낮은 결과이다. 노동력 배분은 너무나 많은 노동력이 상대적으로 저생산적인 활동에 투입되고 있다고 하는 점에서 결함이 있다. 다음으로 낮은 노동 투입과 낮은 노동능률도 부분적으로는 원시적 기술과 자본 부족의 결과이다.

우리들은 남아시아의 대부분의 사람들에게 저생활수준을 가지게 하는 모든 원인을 열거해 왔다. 이러한 저생활수준은 독특한 결함, 즉 불충분한 음식물과 열악한 주택조건, 빈약한 공적이고 사적 위생시설이나 의료시설, 불충분한 직업적·전문적 교육시설이나 일반교육시설 등으로 나타나게 된다. 이러한 저생활 수준은 대개가 저수준의 생산성이나 소득에 의해 일어나게 되고, 또한 저생활 수준은 저노동 능률을 가져오게 하고 있다.

이러한 인과적 순환의 또 하나의 국면을 본다면, 생활이나 노동에 대한 남아시아인들의 태도는 개발의 관점에서 결함이 있다. 작업면에서의 훈련의 수준은 낮고, 시간면이나 질서면에서도 마찬가지이다. 민첩성과 적응성, 야심이 없는 데다가 허다한 비합리적인 견해와 미신적인 신앙도 있다. 경험이나 변화를 받아들일 마음가짐도 없다.

어떤 계급에는 육체노동에 대한 멸시가 있고, 다른 계급에는 권력이나 착취에 대한 순종이 있다. 이러한 것들에 덧붙여 신중하고 지속적인 산아제한을 받아들일 용의도 없다. 대개의 남아시아국에 있어서 인구의 급속하고 가속도적인 증가는 빈곤의 주요인으로 되어 있으며, 그리고 산아제한은 이러한 추세를 저지하는 유일한 수단으로 되어 있다.

반대 방향에서 본다면, 이러한 바람직하지 못한 태도와 생활양식이나 노동양식 등은 모두가 어느 정도로는 낮은 생활수준의 함수이며, 그리고 간접적으로는 낮은 생산수준이나 소득수준의 함수가 되고, 또 그것들은 동시에 하나의 원인으로 되기도 한다. 여기에도 저개발을 설명하는데 결정적인 또 하나의 인과관계가 있다.

우리들의 전제는 개발계획을 통해서 저개발로부터 개발로 옮겨가는 문제에 대해서는 제도적인 접근이 필요하다고 하는 것이었다. 그러나 남아시아국에는 경제개발에 불리한 수많은 제도적 조건이 있다. 농지 소작제도는 농업 발전에 해를 끼치고 있다. 기업과 고용·무역·신용을 증대시키는 기관은 발전하지 않고 있다. 몇몇 나라들은 아직도 다양한 모든 요소를 하나의 통일국가 속에 통합시키지 못하고 있다.

약간의 나라들은 정부기관을 가지고 있기는 하나, 그것들은 필요하게 되는 권한을 갖지 못하고 있다. 그리고 관공서의 능률이나 성실성은 그 수준이 낮고, 이러한 모든 것들은 결합해서 취약국가를 형성하게 하고 있다. 이러한 제도적 무기력의 근저에는 저수준의 대중의 참여와 경직하고 불평등한 사회적 계층화가 존재하고 있다.

모든 이러한 제도적 결함은 대중의 태도의 결함과 밀접하게 관련되어 있다. 대중의 태도는 일반적으로 제도를 뒷받침하게 되고, 동시에 이러한 제도에 의해 뒷받침을 받고 있다. 양자는 저수준의 생산성과 저소득에 대한 책임을 나누어 가지고 있다. 저생산성과 저소득은 다음에 가서 저수준의 문자 해득력이나 교육을 항구화시키고, 또한 이것들은 지방자치체의 제도의 결함을 항구화시키게 된다.

정책이 없는 경우에는, 사회제도는 주요한 모든 변화와 우리들이 위에서 논의한 바와 같은 모든 조건의 상호작용의 결과로서 정체하게 되거나 보다 높은 수준으로 발전하게 되거나, 혹은 보다 낮은 수준으로 후퇴하게 될 것이다. 그러나 계획이 있다면 개발을 달성하고 촉진하기 위한 정책의 정합이 생기게 된다.

각종 공동사회간의 그리고 그 내부의 격차—이것을 우리들은 이 책의 앞부분에서 무시해 왔다—를 고려에 넣는다 하더라도, 남아시아의 모든 나라들은 자기들이 저개발상태에 있다고 생각하고 있다. 이 점은 중요하다. 왜냐하면 대중의 개발에 대한 갈망, 또는 적어도 그 나라들의 지도자들의 개발에 대한 갈망은 그 나라들의 개발에 영향을 주고 있는 모든 조건을 변화시키는 것에 대한 관심을 내포하고 있기 때문이다. 기후나 천연자원과는 달라서, 이러한 조건들은 고정된 것이 아니다. 이것들은 정책에 의해—정치적·조직적 행위에 의해— 변화될 수 있다.

이들 모든 조건은 이러한 의미에 있어서 모두가 '사회적'인 것이다. 그리고 사회과학은 오늘날 남아시아의 사람들과 부유한 서방국이나 공산국에 살고 있는 사람들 간의 능력이나 소질에 있어서 선천적인 차이를 인정하지 않고 있다. 낮은 개발수준을 가져오게 할 육체적이고 정신적 구조의 유전적 차이도 예외가 될 수 없을 것이다. 그러나 이러한 사실들은 지금까지 노골적으로 표명되지 않고 있었다.

우리들의 분석은 이러한 나라들에 살고 있는 사람들이 본래는 보다 운이 좋은 경제적 운명을 갖게 되었던 사람들과 다르지 않다고 하는 것을 가정하고 있다. 남아시아 사람들의 처지는 현재 뿐만 아니라 과거에 있어서도 상이한 생활조건이나 노동조건의 소산일 따름이었다.

우리들이 이러한 모든 조건을 저개발에 대해 바람직하지 못한 것으로 특징지웠을 때, 우리들은 다만 그 나라의 구체적인 개발목표—혹은 보다 정확하게 말한다면, 그 나라에서 정책을 결정하는 사람들의 목표—의 관점에서 그렇게 특징지우게 되었던 것이다. 특히 생활과 노동 그리고 사회제도에 관해서 어느 나라가 품고 있는 생각에 대한 정신적 태도는 우리들의 분석에서 전혀 언급된 바가 없었다.

비록 우리들의 관심이 남아시아 지역의 저개발국에 집중되어 왔다고는 하지만, 각종의 생활조건에다 노동조건의 상호의존이 조직된 사회의 일반적인 특징이라고 하는 것은 물론이며, 따라서 아무리 고도로 발전되었다 하더라도 모든 국민사회에는 그러한 의존성이 존재하고 있는 것이다. 그러나 낮은 개발수준은 우리들이 강조했던 바와 같이 그러한 상호의존의 특성에 대해서 뿐만 아니라 그 힘에 대해서도 중요한 영향을 가지고 있는 것이다. 상호의존적 모든 조건으로 구성된 전사회제도라는 우리들의 가설은 이러한 이유로 말미암아, 남아시아에 있어서는 훨씬 큰 관련성을 가지고 있는 것이다.

사회제도에 있어서의 주요한 변화는 외부로부터—수확에다 영향을 주게 되는 적시의 혹은 불시의 계절풍에 의해, 또는 외국이 취하게 되는 경제적 조치에 의해—생겨날 수도 있다. 혹은 그 변화는 하나 또는 몇 개의 불리한 조건을 개선하고자 하는 노력으로 국내에서 취해지게 되는 정책 조치에 의해 내부적으로 유발될 수도 있다.

우리들은 개발을 전사회제도의 상향운동으로서 정의한 바 있었다. 그러나 계획화라는 목적을 위해서 우리들은 이러한 관념적인 지표보다도 확인하거나 측정하기가 쉬운 개발의 직접적인 '징조'를 표시할 필요가 있다. 그러한 지표로서 국민생산고의 성장이나 주민 1인당 소득의 성장을 측정하는 것이 선택되는 것도 당연하다. 사회제도에 있어서는 모든 조건의 기본적인 상호의존이 있고, 생활수준을 결정하는데 있어서는 개인 소득이 지배적으로 중요하게 되기 때문이다. 우리들은 이러한 생활수준은 중요한 것이고, 그것은 태도와 행동양식 및 제도에 영향을 주게 된다고 가정해 왔다.

우리들은 다음으로, 만약 이들 후자의 모든 조건이 변화하지 않는다면, 혹은 만약 그것들이 아주 오래 끌게 된다면, 이러한 사실이 생산성이나 소득의 향상을 억제하게 될 것이라고 하는 것을 알고 있다. 그러나 1인당 소득의 변화는 우리들이 참으로 나타내고자 원하는 전사회제도의 보다 복잡한 변화를 반영하는 개략적이고 얻기 쉬운 지표 이상으로는 결코 사용될 수 없다.

또한 1인당 소득과 같은 양을 지표로서 사용하는 것이 보다 쉽게 접근할 수 있는 경제적 모든 조건에 대해서 지나치게 집중하는 습성을 가져오게 해서는 안 될 것이다. 그렇게 되면 제도 속에서 유발되어야 할 모든 변화의 선택을 한쪽으로 기울게 할 우려가 있기 때문이다. 결국, 우리들은 개발이 언제나 인간의 문제가 되고 있다고 하는 것을 강조하지 않을 수 없게 된다.

남아시아에 있어서의 개발계획에 관한 연구의 주요 부분은, 분석은 우선 경제적 모든 조건—산출고 및 소득, 생산조건, 그리고 생활수준—과 이들 모든 조건에만 영향을 주게 되는 모든 정책에 집중될 수 있다고 하는 가정에 의해 방해를 받아 왔다. 때로는 생활수준마저 무시되고 있다. 이러한 영향을 받지 않는다고 하는 가정도 또한 있다. 그 대신에 태도나 제도는 경제적 모든 조건의 변화에 자동적으로 아주 쉽게 적응하게 될 것이라고 흔히 생각되고 있다.

실제로는 태도나 제도는 끈덕지며, 쉽게 변화되지 않으며, 절대로 간접적으로 변화되지 않는다. 다른 한편, 정책은 인과적 순환 속에서 변화의 유발을 의미하고, 하나 또는 약간의 경제적·사회적 부문에 적용되고 있다. 그리고 계획화는 개발을 달성하고 촉진하기 위한 모든 정책을 의미하고 있다.

얼핏 보기에 인과적 상호의존은 한 방향으로의 변화의 힘이 그 밖의 모든 조건을 동일한 방향으로 움직이게 하는 고도로 불안정한 사회제도를 가리키고 있는 것으로 생각될 것이다. 그러나 저개발국에서 보통으로 겪게 되는 낮은 수준의 균형이나 개발정책에 대한 중대한 장애뿐만 아니라 보다 일반적으로 역사에서 보게 되는 대부분의 사회제도의 안정은 이러한 예측과는 날카로운 대조를 이루고 있다. 균형은 아주 불안정한 모든 힘이 결합한 우연한 결과라고 하기 보다는 예외를 거의 갖지 않는 정칙(定則)인 것처럼 보인다.

우리들이 갖는 모든 증거는 사회적 안정이나 균형이 정상이고, 모든 사회 특히 저개발사회는 강하게 안정된 성격을 띤 제도를 가지고 있다고 하는 것을 말하고 있다. 이러한 사실로 미루어본다면, 참다운 수수께끼는 어떻게 하면 모든 사회가 균형을 벗어나서 발전할 수 있을까 하는 데 있다 하겠다.

많은 저개발국들의 경우에 있어서 모든 조건의 어느 하나의 변화에 대한 그 밖의 모든 조건의 반응은 거의 동시에 일어나지 않는다. 일반적으로 반응은 뒤늦게 흔히 상당한 기간을 두고 나타나게 된다. 때로는 이러한 모든 조건 중의 몇몇은 전혀 반응이 없는 경우도 있다.

초기단계에 무반응이 생기게 됨으로써 순환적 인과관계가 끝나게 된다면, 이것은 더욱 중대한 문제를 던지게 된다. 그리하여 보다 많은 토지를 경작하거나, 혹은 균형을 통해 산출고를 높일 수 있는 기회를 가지는 농민이라 할지라도, 만약 그가 생활수준을 높이고자 하는 야심을 갖지 않고 있다면 이러한 기회를 포착하지 못하게 될는지도 모른다.

확실히 그 밖의 제도적 모든 조건—이를테면, 불리한 농지소작법—은 이러한 농민에게 노력하는 유인(誘因)을 주지 못하는 조건으로 되어 있을는지도 모른다.

오직 남아시아에만 존재하는 이러한 류의 저해요인이 연구된 바도 있었다. 그러나 남아시아 사회의 전통적인 무대장치 속에서는(중국인 사회의 그것은 어느 정도 예외이지만), 많은 사람들의 마음이 오직 생존에만 쏠리고 있다고 하는 것은 의심할 나위가 없다. 그들은 그들의 관례적인 낮은 생활수준을 유지하고자 하는 것 이외에는 아무것도 노력하지 않고 있다. 언제나 마찬가지로 태도와 제도는 서로 뒷받침을 하고 있다.

이러한 사실은 접어두고서라도, 그 밖에도 모든 조건에 있어서 변화의 효과가 나타나게 되는 것이 늦어지는 수도 있다. 이를테면, 영양의 개선은 노동능률을 개선하게 됨에 틀림이 없을 것이다. 그러나 그 주요 효과는 여러 해에 걸쳐—유년시대로부터 이러한 개선된 영양을 누릴 수 있는 세대가 노동력으로 등장하게 될 때까지는—인지되지 않을지도 모른다.

설령 교육수준이 향상된다 하더라도, 만약 불평등이 심화되어 있고, 국가가 취약국가로 남아 있다고 한다면, 태도나 사회제도는 여전히 불변한 채 남게 될는지도 모른다. 모든 원인의 순환은 사회조직의 모든 요소에 의해 상호작용이 있을 때만이—한 조건의 변화가 결국 원조건의 변화로 하여금 충분한 가일층의 변화를 또다시 일으키게 하는 2차적인 충격의 자동제어를 궁극적으로 수반할 때만이—상향으로 움직이기 때문에, 타성(惰性)의 이러한 모든 요인은 개발을 방해하거나 지연시키게 된다.

계획화는 자극을 일으키고 지속시키지 않으면 안 될 뿐만 아니라, 안정이나 정체를 누적적으로 상향운동으로 변화시키기 위해 반응을 촉진시키지 않으면 안 된다. 그러나 이러한 일이 일어나게 될 기회는, 만약 동시에 반대방향으로 작용하는 다른 변화가 있다고 한다면 역시 감소하게 될 것이다.

모든 남아시아국은 각각 성과가 다르기는 하지만 개발정책을 답습하고 있다. 대부분의 나라들은 서방국이나 공산국, 또는 쌍방으로부터 증여나 차관을 얻고 있다. 이러한 원조가 충분히 크고, 그 밖의 정책이 일으키게 된 변화가 아주 큰 경우에 순환의 상향운동이 일어나게 됨은 틀림이 없을 것이다. 그러나 이러한 일은 남아시아의 모든 정부가 경직하고 불평등한 사회구조나 태도에 반대해서 행동할 수 있을 만큼 현명하게 되고 용기를 가지게 될 때 비로소 일어나게 될 것이다. 왜냐하면, 만약 사회제도나 태도가 변화되지 않는다면, 그것들은 원조를 포함하는 모든 노력을 수포로 돌아가게 할는지도 모르기 때문이다.

이러한 타성의 힘 이외에도 다른 힘이 또한 개발정책과는 별도로 그리고 동시에 일어나고 있다. 이러한 힘의 어느 것은 사회제도를 하향으로 끌어내리는 경향이 있다. 이러한 힘 중에서 가장 중요한 것은 인구폭발이다. 만약 그것이 남아시아에서 계속된다면, 그것은 머지않아 사회제도에 지배적인 영향을 주게 될는지도 모른다. 그것은 계획되고 있을는지도 모르는 개발정책이나 외국 원조의 모든 강력한 증강을 헛되게 할 수도 있을 것이다. 또 하나의 중화적인 힘은 우리들이 알고 있는 바와 같이 남아시아국의 무역상의 지위의 악화이고, 이것은 그들의 수출품에 대한 수요 감퇴에 연유하며, 한편 그들의 수입 필수품은 늘어나고 있다.

사회제도에 있어서 운동이 서로 얽혀서 일어날 기회가 있다고 하는 것은 남아시아 저개발국이 현재 스스로를 끌어올릴 희망이 있다고 하는 것에 대한 근거를 제공하고 있다. 그러나 일반적인 원칙에는 예외가 있는 법이고, 이 때에는 부차적인 변화가 실제로 사회제도를 근본적인 변화로부터 예기되었던 것과는 반대의 방향으로 움직이게 한다. 개발에서 생겨나는 수많은 중화적인 변화를 짐작하기란 어렵지 않다. 이를테면, 관개시설은 만약 적당한 주의가 배수방법에 대해 주어지지 않는다면 토질의 파괴를 가져오게 할는지도 모른다.

학교 교육은 만약 교육정책이 새로이 교육받은 자들이 자기들은 너무나 잘났으므로 자기들의 손을 더럽히지 않아도 된다고 믿는 것을 막지 못하게 된다면 실제로 부정적인 경제적 효과를 갖게 될는지도 모른다. 정부 통제는 만약 감시가 철저하지 못하다면 부패의 증대를 낳게 할는지도 모른다. 실시되지도 않을 법을 제정하는 것은 냉소주의를 낳게 할는지도 모른다. 그렇지만, 상향적인 변화가 그 밖의 모든 조건의 하향적인 변화—상향적인 변화가 아니고—를 낳게 하는 대부분의 경우에 있어서는, 더욱 과단성이 있는 계획화가 이러한 역행을 막을 수 있을 것이다. 만약 계획 입안자들이 신중을 기하고 있고, 그리고 정부가 과감하게 행동할 용의가 있다고 한다면, 그와 같은 부작용은 거의 생겨나지 않을 것이다.

계획화에 관한 어떠한 일반적인 논의의 배후에는 이상적인 계획, 또는 최적의 계획이라는 생각이 깃들어 있다. 이론적으로는, 우리들은 사회제도의 최대한의 상향적인 변화를 낳게 할 모든 정책을 선택하는 것에 의해 이상적인 계획을 수립할 수 있어야 할 것이다. 이상적인 계획을 결정하기 위해서는, 우리들은 태도와 정부 정책을 포함해서 사회제도의 모든 조건에 관해 최대한의 지식을 갖지 않으면 안 될 것이다. 우리들은 또한 어떤 조건이 바람직한가에 관한 건전한 가치판단과 더불어 위에서 말한 것들의 상호의존에 관한 최대한의 지식이 필요하게 될 것이다.

우리들은 직접, 간접으로 계획 집행의 결과로 되어 있는 모든 조건의 변화에 대한 명확한 독립적인 가치판단을 하지 않으면 안 될 것이다. 이처럼 이상적인 상황에 도달하기란 사실상 불가능하기는 하지만, 그러나 이것이 이상적인 계획이라는 생각을 배제해서는 안 될 것이다. 이상에 접근시키고 내용을 간추리는 것은 모든 과학적 노력에 있어서 정당한 것이고, 또한 그렇게 하는 것은 개발계획에 있어서도 마찬가지로 정당하다.

하나의 애로는 우리들이 지니고 있는 넓은 가치전제—전후형 모든 이상—가 다만 상당히 모호함을 갖고 제시될 수 있다고 하는 것이다. 그럼에도 불구하고 그것들은 우리들에게 아주 애매함이 없이 모든 조건과 이것들의 변화를 개발의 관점에서 널리 바람직하다든가 바람직하지 못하다든가로 분류하는 것을 용납하고 있다.

 또 하나의 애로는 계획이 근본적으로 하나의 정치적 프로그램이라는 데 있다. 계획은 정부의 가치판단에 의해 만들어지지 않으면 안 된다. 정부의 가치판단은 약간의 점에서 이러한 연구의 그것과는 다를는지도 모른다. 그러나 정부 자체도 사회제도의 일부분이고 계획은 이것으로부터 분리될 수 없다. 게다가 정부나 국민의 태도를 포함해서 사회제도는 계획 자체를 따라가게 되는 결과로서 계획의 진행중에 변화할 수 있다. 그러므로 어떠한 정부도 그 자체의 주관적인 가치판단만을 따를 수 있을 정도로 아주 자유롭지는 못하다. 그러나 인구에 의해 생기게 되는 장애가 필연적인 애로로 되게 두어서는 안 될 것이다. 원칙적으로 그러한 장애는 계획화가 고려에 넣지 않으면 안 되는 기후나 그 밖의 장애와 하등 다를 것이 없다. 그렇지만 계획화는 또한 정부나 그 지도자들에 의한 금기도 고려하지 않으면 안 된다.
 계획 관리나 계획 실시를 책임지고 있는 지도자들도 전적으로 사심이 없지 않고, 또한 사회적으로 초연하게 될 수도 없다. 그들 자신도 개혁되어야 할 사회제도의 일부분인 것이다. 이러한 사실은 그들의 비전에다 영향을 주게 되거나 때로는 그것을 제한하는 경향이 있다. 그러나 남아시아국의 발언권이 있는 사람들 간에 계획화와 개발에 대한 요망이 번져 가는 데에서 보게 되는 놀랄 만한 사실은, 그들이 이러한 태도를 취하거나 금기를 가하는 것으로부터 전적으로 벗어날 수 없다고 하는 것이 아니라, 그들이 자기들의 사회에서 널리 취해지고 있는 태도와 전혀 관계가 없지 않으면서도 그것들을 개혁하고자 하는 욕망을 보이고 있다고 하는 것이다.

다시, 계획의 진행과정 자체는 가치판단을 모든 이상—모든 이상 중에서 첫째로 손꼽히는 것은 바로 합리성이다—과 더욱 일치하는 방향으로 합리화시키는데 이바지하게 될 것이다. 바람직한 목적으로서의 개발에 대해 쏠리게 되는 주의는 사람들로 하여금 생활수준의 향상—이것은 그 자체가 정체적인 후진국의 많은 사람들에 대해서는 새로운 가치판단이다—에 대해서 뿐만 아니라, 태도나 제도를 포함해서 사회제도의 모든 그 밖의 조건의 상향적 변화에 대해 적극적이고 직접적인 가치를 부여하게 하는 경향이 있을 것이다. 계획이 추진됨에 따라 모든 조건의 상향적 변화는 간접적인 가치를 얻게 된다. 왜냐하면, 사람들이 그러한 변화가 그 밖의 모든 조건도 역시 끌어올리게 될 것이라고 하는 것을 깨닫게 되기 때문이다.

어느 관점에서는 전통적 경제체제로부터 근대적 경제체제에로의 발전이 대체로 이전에는 오직 직접적인 가치판단이 지배하고 있었던 곳에서 간접적인 가치판단이 창조되거나 확대되는 것을 의미한다. 그러므로 발전은 선택의 확대를 가져오게 한다. 비록 기회가 가치판단의 변화를 일으키게 하는 수가 있다 하더라도 이러한 발전은 기회 증대의 직접적인 결과는 아니고 가치판단의 변화의 결과이다. 발전은 오히려 순환적 인과관계에 관한 이해의 증대와 변화를 보다 높은 목적에 대한 수단으로 보고자 하는 마음가짐의 증대에서 생겨나게 된다.

이러한 일은 이를테면, 만약 어떤 거래나 경제활동이 카아스트에서 생겨나게 되어 그것들이 금전적인 보수에 따라 평가를 받게 된다면—만약, 이를테면 상류계층의 회교도 여성이나 힌두교도 여성의 노동에 대한 터부가 여유보다도 노동의 이점을 높이 평가하는 것으로 바뀌지게 되거나, 혹은 문자 그대로 상징적인 성우(聖牛)가 송아지 고기나 보통의 식육으로 이용된다면—일어나게 될 것이다.

참으로, 만약 독자적 가치판단이나 유용한 가치판단이라는 영역이 획정될 수 없다고 한다면, 최적 계획에 관한 논의는 모두가 무의미하게 된다. 숙고되고 계획된 합리적인 선택은 약간의 결과가 그 자체로는 전혀 가치가 없거나, 혹은 그것이 갖는 독자적인 가치가 어떠한 것이건 모두가 절대적이 아니지만, 그러나 경합하는 모든 목적의 달성에 의해 보상될 수 있다고 하는 것을 가정하고 있다.

모든 것이 가격을 갖지 않는 세계에 있어서는 최적 계획이란 있을 수 없고, 실로 아무런 계획화도 있을 수 없다. 계획화는 권력을 쥐고 있는 사람들—정부—이 금기를 극복하고 선택을 자유롭게 해주는 방향으로 이미 상당히 나아가 있고, 사람들이 그들을 따르도록 유도될 것이라고 하는 것을 가정하지 않으면 안 된다.

계획화와 개발은 일단 시작되기만 하면 전통적인 태도나 제도에 의해 생기게 된 금기뿐만 아니라, 장애를 한층 더 제거하는 것에 의해 가치판단을 저절로 변화시키는 경향이 있을 것이라고 하는 점을 가정하고 있다. 그러므로 최적 계획은 오히려 새로이 생겨나는 결과, 변화하는 인과관계, 그리고 피지배자들과 더불어 지배자들 간에서의 변화하는 가치판단을 감안해서 계속 수정되지 않으면 안 되는 모든 정책—끊임없이 전진하는 유형의 모든 정책—으로 생각되어야 할 것이다. 그러나 계획화는 결국 정책 수립의 대용으로는 결코 될 수 없다. 그러나 계획화는 결국 정책 수립의 대용으로는 결코 될 수 없다.

그와 반대로, 계획화의 가치전제는 정치적 과정으로부터 그리고 정치적 과정에 의해 생겨나지 않으면 안 된다. 이러한 가치전제는 간단하고 일반적인 것으로는 될 수 없으며, 그것은 정치적 과정을 결정하거나 그것에 의해 결정되는 가치판단과 마찬가지로 특수적이고 복잡한 것으로 되지 않으면 안 된다. 이를테면 인도에 있어서는 소 도살을 일반적으로 싫어하고 있다고 하는 것을 고려에 넣지 않고서는 축산계획을 구상하기란 불가능하다 할 것이다.

농업정책이 세워지는 경우에는 토지소유제도와 소작제도를 다루지 않으면 안 되고, 그래야만이 정부는 한 나라의 현실적인 권력 상황에 비추어 양제도가 있음직할 뿐만 아니라 바람직하게 된다고 하는 것을 알게 될 것이다.

모든 계획화는 이처럼 정치적 선택을 의미하고 있다. 이러한 선택은 오직 넓고 추상적인 목표에만 관련을 갖는 것은 아니다. 그것은 계획과정의 모든 단계나 계획 속에 포함되어 있는 각 특수단계와도 관련을 가지고 있다. 선택이 달성하고자 하는 목표와 더불어 수단도 평가되지 않으면 안 된다. 그

리하여 개발계획은 본질적으로 정치적 프로그램이고, 계획
작성은 그 자체가 정치적 과정의 일부분인 것이다.

계획기관이 성공적으로 그 임무를 다하게 하기 위해서는,
그것은 대체로 정부의 협의기관으로 되거나 거의 교섭기관으
로 되지 않으면 안 된다. 과학적 연구에 바쳐지는 활동은 계
획기관 활동의 상대적으로 작은 부분에 지나지 않는다.

계획화가 오직 완만한 정도로 밖에 정부와 관계를 갖지 않
고 있는 남아시아의 저개발국에 있어서는, 그것은 심지어 기
술적으로 사용하는 경우에도 크게 효과를 나타내지 못하고
있다. 계획화를 그 기능 속에 통합시키고자 원하거나 통합시
킬 수 있는 정부가 없는 경우에는 계획화 자체의 기술적 혹은
객관적 성격을 지나치게 강조하게 하는 유혹이 강하게 된다.

수많은 계획이 전후형 모든 이상과 궤도를 같이하는 목적
이나 주요 목표를 공공연하게 밝히고 있다. 그러나 이러한
목적과 계획에 있어서의 실제적인 정책방안과의 관계를 명백
히 하고자 하는 노력은 거의 이루어지지 않고 있다. 그러한
목적은 정부가 그것에 입각해서 생동하고자 하는 가치판단과
는 하등 관계가 없는 상투적인 합리화에 지나지 않는 것으로
보인다. 종종 그것은 지식인들이나 급진론자들에게 주어지는
진정제로서 이바지하고 있을 뿐이다. 그 목적은 초미의 급무
로 되어 있는 계획수립과는 거의 관계가 없는 꿈세계의 이상
에 속해 있다.

계획의 초기단계에는 어떤 대강의 선택이 이루어지지 않으
면 안 된다. 이 선택은 현재 그 나라의 특수성, 그 나라의 세

계에 있어서의 무역상의 위치 등에 관한 폭넓은 개념에 의해 유도되지 않으면 안 된다. 그것은 위정자들의 금기를 포함해서 정부의 주요한 야망이나 가치판단에 따르지 않으면 안 된다. 뿐만 아니라, 그것은 각종의 사회적·정치적 힘—압력과 기득권익, 이상, 그리고 일반적인 태도와 제도에 의해 생겨나온 큰 장애—간에서의 활발한 절충을 용인하지 않으면 안 된다.

계획화의 절차는 아마 건축기사가 시청 청사의 약도를 준비하는 것과 가장 유사한 데가 있을 것이다. 건축기사는 건물의 사용목적과 가용자금, 그가 마음대로 쓸 수 있는 대지, 그리고 그가 봉사하고 있는 사람들의 취향—이것은 그 자신의 취향과 마찬가지로 그 시대의 유행에 의해 영향을 받게 된다—을 고려에 넣게 된다. 어떤 경우에 있어서는 그가 자기의 착상이 다른 사람들의 착상보다 앞질러 있다고 하는 것을 알고 있으며, 이 때문에 그는 자기의 착상을 팔게 되는 것이다.

그는 당초의 계약조건에 응해서 당연히 약도뿐만 아니라 뒤에 작성된 설계도를 제시하지 않으면 안 된다. 마찬가지로 일단 계획 입안자들이 계획의 앞뒤를 결정적으로 선택해서 이것을 정부에 제출한 뒤에는 그들도 계속 그것을 보다 세부에 걸쳐 다듬을 수 있다. 이 같은 정교화는 언제나 대충 지시하는 방향으로 이루어지게 될 것이다.

계획이 실현됨에 따라 그것은 본래 약도와는 다르게 될 것이다. 그러나 대충은 뒤이은 작업의 조건을 이루게 되거나 그것에다 방향을 주게 될 것이다. 건축기사의 작업에 있어서와 마찬가지로 계획에 있어서도 목적이나 이상, 욕망이나 비전이 있지 않으면 안 된다. 동시에 계획은 한 나라의 현실적인 물질적 모든 조건에 의한 제약을 받지 않으면 안 되고, 또한 정치적 기반을 찾지 않으면 안 된다. 일단 계획이 세워진 뒤에는 그것은 강력하게 추진될 필요가 있다. 추진이 충분히 강력하지 못하다면, 발전이 일어나게 될 리가 없기 때문이다.

임계최소노력(critical minimym effort)이라는 이 개념—라이벤스타인은 이 개념을 그의 저서「경제적 후진성과 경제성장」에서 그렇게 부르고 있다—은 경제학자들에 의해 현재 널리 받아들여지고 있다. 그러나 대추진에 관한 논의는 너무나 자주 경제적 모든 요인에만 한정되고 있다. 그 보다도 대추진은 제도 전체를 정체된 힘의 지배로부터 끌어올리게 함에 틀림이 없을 것이므로, 대추진이라는 생각은 사회제도의 모든 부분에까지 확대되지 않으면 안 된다. 만약 모든 조건을 강력하고 정합된 특정 노력에 의해 변화시키지 않는다면, 그것들은 전혀 변화하지 않거나, 아마도 그릇된 방향으로 변화하게 될 것이다.

이렇게 되면 발전은 고사하고 후퇴가 나타나게 될 것이다. 노력은 심지어 위와 같은 노력에 의해 처음에는 향상되지 않았던 모든 조건으로부터 향상된 모든 조건에 이르기까지 효과의 적극적인 자동제어를 낳게 하기에 충분할 만큼 크지 않으면 안 된다. 상향운동의 정력을 얻게 됨에 따라, 계속적인 변화는 비교적 적은 노력으로 더욱더 크게 될 수가 있다. 그러나 대중들을 우선 먼저 움직이게 하지 않으면 안 된다. 저개발국이 점진적인 접근방법에 의존할 수 없는 것은 이러한 이유에서이다.

후진성과 빈곤은 자연히 한 나라가 대계획을 위해 충분한 자원을 동원하는 것을 어렵게 하고 있으나, 다름아닌 이러한 후진성과 빈곤은 대계획을 효과적으로 되게 하기 위해서 대규모적인 것으로 되지 않으면 안 되게 하는 이유로 되고 있다.

대추진의 원리는 많은 계획 입안자들에 의해 받아들여지고 있다. 그렇지만 그들은 노력이 한정된 수의 지역이나 혹은 한정된 수의 조건에 집중되어야 한다고 주장하고 있다. 그들은 이러한 집중의 결과가 파급효과에 의해 제도 전체에 옮겨지게 될 것으로 생각하고 있다. 그러나 파급효과 자체는 개발계획의 함수이고, 남아시아에 있어서는 일반적으로 그것이 약하다.

실제로, 대규모적이고, 광범위한 추진에는 경제성이 있고, 비교적 작은 노력은 낭비를 의미할 뿐이다. 이러한 노력은 최소 수준보다도 크게 되지 않으면 안 될 뿐만 아니라, 우리들은 남아시아에 관한 우리들의 일반적인 지식으로부터 그러한 노력은 동시에 수많은 조건에 돌려지지 않으면 안 되며, 더욱이 단기간 내에 집중되지 않으면 안 되며, 또한 합리적으로 정합된 방법으로 적용되지 않으면 안 된다고 하는 것을 알고 있다. 전면에 걸치는 일련의 모든 정책—그 속에서 모든 국가 간섭은 정합되고 있다—의 필요성은 개발국에 있어서보다 저개발국에 있어서 훨씬 더 크다.

저개발국의 개발문제에 관한 저작에 있어서는 경제분야에 있어서 개발정책의 효과와 일반적인 태도나 제도 간에는 밀접한 관련이 있다고 하는 것을 인정하는 것이 일반적으로 되어 있다. 그러나 이 문제에 관한 거의 모든 경제학적 연구―남아시아 경제학자들에 의한 것이건 외국 경제학자들에 의한 것이건―는 이 관계와 그 결과를 거의 완전하게 무시하고 있다고 해도 과언은 아니다.

계획이 계획화의 문제에 관해 보다 광범위한 구상을 피력하고 그 지면의 많은 부분을 비경제적 요인을 변화시키는데 바치고 있을 때마저도, 그것은 여전히 그 핵심에다 투자 프로그램―이 프로그램에 있어서는 생산고가 자본투입의 함수로서 일반적으로 물적 투자를 기준으로 하여 다루어지고 있다―을 가지고 있다.

계획은 투자를 통한 생산고의 증대를 목적으로 하는 개발 노력이 모든 그 밖의 조건에 대해 유리한 변화를 일으키게 할 것이라고 하는 확신을 고수하고 있다. 계획은 또한 직접적인 행동에 의해 비경제적 조건을 변화시키고자 하는 노력이 어렵거나 불가능하다고 생각하고 있다. 우리들이 본서의 앞부분에서 지적했던 바와 같이 경제정책을 기득권익에 도전하고 깊이 뿌리박은 금기를 뿌리뽑고, 소중히 여겨온 전통과 신앙을 건드리고, 또한 사회적 타성이라는 강력한 힘과 싸우는 사회정책보다는 확실히 실천하는 것이 보다 쉽다 하지만, 만약 개발정책이 협의의 경제개발에만 주로 돌려지게 된다면, 그 효과는 줄어들게 될 것이다.

서방 경제학자들의 대다수는 계획 입안자이며, 그들은 마르크스에 의해 어느 정도 영향을 받고 있으나, 이러한 사실을 거의 알지 못하고 있다. 그들은 일반적으로 경제적 진보가 태도나 제도에 대해 강력하고 급속한 영향을 갖게 될 것으로 생각하고 있다. 그러나 공산주의자들 자신마저도 충격은 경제분야로부터 상부구조에까지 급속하게, 그리고 효과적으로 파급된다고 하는 마르크스의 낙관적인 가설에 의존하지 않고 있음은 명백하다. 그 대신에 그들은 사회적 모든 조건을 개혁하기 위해 직접적으로 간섭을 하는 한편, 언제나 마찬가지로 마르크스의 교리를 사회―이것은 생산양식에 의해 변화된다―로 하여금 정부를 결정하게 하는 대신에 사회를 개조하기 위해 정부를 이용하고 있다.

하지만, 앞에서도 강조한 바와 같이 남아시아국은 공산주의적 개발노선을 따르려고 하지 않고 있다. 그들은 민주주의적 계획화를 목표로 삼고 있다. 그러나 우리들이 입증한 바와 같이, 불행하게도 민주주의적 계획화라는 용어는 현존하는 법을 시행하고 새로운 법을 획정하거나 시행하려는 결단력이 심히 결여되어 있는 것을 합리화하는데 이용되어 왔다.

높이 존경받고 있는 미국의 법률가 러니드 핸드(Learned Hand)의 '법은 폭력이다'라는 격언은 남아시아의 대부분의 지식인에게는 마음에 들지 않을 것이고, 또한 그들에 의해 이해되지도 않을 것이다. 남아시아국의 정부들은 부유하고 민주적인 서방 복지국가들보다도 의무를 부과하거나 강요하는 것을 한층 더 싫어하고 있다. 하물며 이들 서방 복지국가들은 사회적 목적을 위한 권력 행사를 민주주의로부터 후퇴로는 보지 않고 있다.

이처럼 권력행사를 싫어하고 있다고 하는 사실은 남아시아의 개발이 상대적으로 성공하지 못하고 있다고 하는 것을 설명하는데 이바지하고 있을 뿐만 아니라, 이러한 개발이 결여 자체는 그 저개발상태에 의해 설명될 수 있다. 현재에 있어서도 취약국가는 계획화에 대한 거의 극복하기 어려운 장애나 금기를 제거하는데 속수무책일뿐더러 실제로는 장애나 금기를 낳게 하는 데 이바지하고 있다.

 남아시아국에 있어서 이러한 장애를 깨뜨릴 가망은 이를테면, 만약 인도와 같은 나라에 있어서 정부가 참으로 일반적인 태도나 제도를 개혁하고자 결심하고 있고, 또한 필요한 조치를 위하며, 그 결과를 받아들일 용기를 가지고 있다면 전혀 달라지게 될 것이다. 우리들은 여러 점에서 태도나 제도의 대규모적이고 급속한 개혁이 일련의 소규모적이고 점진적인 개혁보다 어렵지 않다고 하는 것을 주장한 바 있지만, 그것은 단숨에 찬물에 들어가는 것이 서서히 잠기는 것보다도 덜 고통스러운 것이나 마찬가지이다.

 처음에도 말한 바와 같이, 서방국이 개발을 계획하는 경우에는 태도나 제도의 개혁을 무시해도 좋을 만한 충분한 이유가 있었던 것이다. 그러나 우리들은 이러한 전제가 남아시아에는 적용될 수 없다고 하는 것을 주장하는 바이다. 같은 원리가 생활수준을 개선하는 데에도 적용된다. 이를테면, 부유한 나라에 있어서는 대부분의 사람들에 대한 영양수준이 일반적으로 매우 높기 때문에 섭취되는 식량의 양이나 질은 노동생산성에 대해 하등 영향이 없다. 그러나 대부분의 남아시아국에 있어서는 사정이 다르다.

 인도나 파키스탄에 있어서는, 그리고 정도는 다소 낮지만 그 밖의 남아시아국에 있어서는 대부분의 사람들의 총칼로리 섭취량이 너무나 낮으므로 적정 수준의 건강과 에너지, 그리고 노동 능률을 유지하기에도 부족하다. 마찬가지로 서방국에 있어서의 교육수준은 이미 매우 높으므로, 더 이상의 진보가 있다 하더라도 그것은 노동 능력에 대해 직접적인 효과를 가지지 못하게 될 것이다.

남아시아에 있어서 저수준의 노동 능률은 부분적으로는 빈약한 초등교육의 결과이다. 그것은 또한 유용한 교육 인재의 부족에 의해서도 일어나고 있다. 교육의 확충을 필요로 하고 있을 뿐만 아니라 이종(異種)이 교육이 권장되지 않으면 안 된다. 너무나 많은 남아시아의 학교들이 반숙련공 및 숙련공, 기능공 또는 심지어 부기사(簿記士)가 되기에 적합하지 않거나, 그렇게 되기를 원하지도 않는 졸업생들을 배출하고 있다. 그보다도 졸업생들은 육체노동을 멀리하게끔 교육을 받아왔다.

서방측의 모든 조건과 남아시아측의 모든 조건 간의 이러한 차이 계획화에 대해 중대한 의미를 가지고 있다. 부유한 나라들에 있어서는 설령 저축·투자·고용·생산고라는 용어로 경제개발을 생각하는 것이 의미가 있다 하더라도, 그리고 또 소비가 저축될 수 있는 소득부분을 감소시키지 않는 한, 생활수준을 무시하는 것이 의미가 있다 하더라도 저개발국에 있어서는 사정이 전혀 다르다.

남아시아의 일반대중에 대해서는 소비증대가 그 증대의 방향이나 구성에 따라 다르기는 하지만 생산성을 제고시키게 된다. 여기에는 한층 더한 번거로움이 따르지 않으면 안 된다. 서구의 부유한 나라들에 있어서는 생활수준의 향상을 지향하는 어떤 정책조치—이를테면, 보건시설과 같은—의 확충은 본질적으로 독립적으로 다루어질 수 있는 기술적 문제로 되어 있는 반면에, 남아시아국에 있어서 생활수준에 대해 영향을 주게 되는 모든 정책은 상호의존적이다.

앞에서도 강조한 바와 같이 그 이유는 생활수준이 매우 낮다고 하는데 있다. 그리하여 남아시아의 문제에 적용되는 서구적 사고는 그릇된 결론을 낳게 하지 않을 수 없다. 남아시아에 있어서 생활수준의 특정 구성요소를 그 밖의 구성요소로부터 고립시켜 기술적 문제로서 다룬다고 하는 것은 불가능하다. 그것은 모두가 밀접하게 상호 연관되어 있다. 이를테면, 보건문제는 엄청날 정도로 교육문제로도 되어 있다. 생산과 생산성을 증대시키는 어떠한 조치도 어떤 소비를 향상시키는 조치로부터 분리될 수 없다.

개발정책은 그것이 효과적으로 되자면, 생활수준의 구성요소가 생산을 제고시키는 한, 이들 요소의 약간을 포함해서 훨씬 광범위한 활동에 걸쳐 정합되지 않으면 안 된다. 우리들은 또한 비소비적 소득이라는 의미로 저축(이것은 사후적 투자와 동일하다)이 부유한 나라들에 있어서는 상당히 명백한 의미를 가지고 있으며, 또한 총산출고는 저축자본의 증가의 함수로 볼 수 있다고 하는 것을 강조하지 않을 수 없다.

그러나 대규모적인 과소 소비가 정상적으로 되어 있는 저개발국에 있어서는 투자와 소비간의 근본적인 구별이 적용되지 않으며, 그러한 구별에 입각하는 추론은 관계가 없거나 가치가 없다. 소비증대는 투자를 형성하게 된다. 즉, 그것은 생산을 제고시키게 된다. 그리고 동시에 소비는 증가된 채 있다.

소련의 계획 입안자들이 마르크스가 오직 산업시설이나 자본축적에 의해서 정의하게 되었던 투자를 생산성 제고의 유일한 원천으로 결코 한정하지 않고 있다고 하는 것을 보게 되는 것은 흥미 있는 일이다. 그들의 계획은 언제나 비물질적인 생산적 자산의 창조에 대해서 거액의 지출을 하게 되는 부문을 포함하고 있었다. 오늘날 소련의 고성장률의 대부분이 이러한 인간에 대한 투자에 의하고 있었다고 하는 것은 명백한 사실이다.

소련이 대부분의 남아시아의 나라들보다도 흡족한 식량공급을 가지고 있었다고 하는 것은 사실이다. 소련은 아주 충분한 영양수준을 유지하는 것이 가능했다. 그리하여 소련의 계획 입안자들은 주택 건축이나 의료 소비를 억제하는 데에 의해서 자원을 절약하는 한편, 교육과 보건에 대한 노력을 증가시키게 되었다. 소련 정부는 이러한 소비억제에 의해 자원을 투자를 위해 자유로이 할 수 있었고, 한편 동시에 성장이 요구하는 바에 따라 약간의 방향에 대한 억제와 다른 방향에 대한 급속하고 엄청난 증가를 결합하는 방법으로 소비를 왜곡하거나 전환시킬 수 있었다.

소비의 각종 구성요소가 생산성에 미치게 되는 영향의 차이를 인식함으로써, 소련의 계획 입안자들은 물적 투자계획의 확장에 필요하게 되는 자금을 확보하기 위해 높은 저축률을 강요하는 따위의 간단한 공식을 사용하지를 않았다. 저축의 강제는 소비의 왜곡에 의해 뒷받침되고 있다.

남아시아의 저개발국은 그들의 경제계획에 있어서 소비정

책에 대해서 완전하고 중요한 임무를 부과하지 않으면 안 될 것이다. 남아시아국의 할 일은 국내외의 전문가들이 보편적으로 가정하고 있는 것처럼 일정한 저축률을 달성하기 위해 소비를 억제하는 것만으로 그쳐서는 안 될 것이다. 그들의 생활수준은 너무나 낮기 때문에 거의 어떠한 방향에서의 소비 저하도 생산성을 억누르게 되고, 또한 소비 증대의 억제마저도 해를 끼치게 되므로, 그들은 소비의 구성요소를 변화시키는 것이 생산성에 미치게 되는 영향을 주의 깊게 고찰하지 않으면 안 되며, 그리고 다음으로는 가장 생산적인 방향으로 소비를 돌리게 하도록 기도하지 않으면 안 된다.

바꿔 말한다면, 남아시아의 저개발국은 소비자의 자유선택을 결정적인 것으로 용인하고 있는 서구적인 정책과 관계를 끊지 않으면 안 된다. 그렇게 하지 않는다면 그들은 바람직한 투자를 위한 충분한 저축의 준비를 포함해서 생산성 제고에 필요하게 되는 모든 조건을 마련할 수 없게 될 것이다— 그리고 그들은 자기들의 국민에게 부당한 고통을 가하게 될 것이다.

공산국과는 달라서 모든 생산과 가격, 소비를 강력하게 통제하고 있지 않는 이들 나라는 일반적으로 소비를 억제하는 데 있어서 뿐만 아니라, 보다 중요한 것은 소비를 생산적인 방향으로 돌리게 하는데 있어서도 명백히 불리한 위치에 놓여 있다. 그럼에도 불구하고 그들은 문제에 부딪치지 않으면 안 된다. 이를테면, 이러한 목적을 달성시키는데 이바지하게 될 그들의 조세정책은 보다 넓은 관계에서 구상될 수 있다. 그들은 그들의 방법이 다를는지도 모르지만, 소련이 달성하게 되었던 것을 달성하지 않으면 안 된다. 그것을 달성하는데 실패한다면, 그들은 개발의 희망이 꺾이고 말 것이다.

모든 남아시아 개발계획의 기본적인 약점은 계획화를 금전적인 국면 또는 계획화의 재정적인 국면에 대해서만 오직 집중시킨데 있었다. 재정적 계획은 행정 능률을 확실하게 하는데 필요하고, 그리고 보다 넓은 금전적인 계획은 또한 한정된 효용을 가지고 있을는지 모른다고 하더라도 양자의 어느 것도 계획으로 될 수가 없다. 소기의 목적을 달성하게 되는 계획은 종종 경제부문에 있어서의 물적 요소, 재화 및 용역의 투입조건이나 생산 기대를 기준으로 하는 어떤 물적 계획에 토대를 두지 않으면 안 된다.

특정 투자로부터, 그리고 장애나 과잉시설의 위험을 최소로 하기 위한 특정 투자의 정합으로부터 특종 최종생산물을 얻기 위한 목표의 설정은 원칙적으로 바람직하기는 하지만, 적절한 통계자료가 없으므로 실행이 불가능한 때가 많다고 하는 것이 주장되어 왔다. 만약 이 주장이 옳다면, 어떻게 실행 가능한 금전적 투자계획을 수립할 수 있을까라고 묻는 것도 타당성이 있다. 금전적 계획화와 물적 계획화 간의 하나의 차이점은 다만 후자가 계획이 근거를 두게 된 불충분한 사실적 자료를 공표하지 않을 수 없는데 반하여, 후자는 종종 그것을 은폐하는 작용을 하게 된다고 하는 점이다.

이것은 모든 정부가 설령 충분한 자료에 입각해서 계획을 입안할 수 없고, 대체로 추정에 의존하지 않으면 안 된다고 하는 것을 부정하는 것은 아니다. 요컨대, 이러한 추정과 추계는 결국 구체적인 물적 항목과 그 항목의 변화에 관계를 갖지 않으면 안 된다. 재정적·금전적 계획은 기껏해야 물적 계획의 토대 위에 세워진 상부구조 밖에 될 수 없다.

모든 효과적인 계획화는 물적 계획화로 되지 않으면 안 된다. 특히 관련성이 있는 모든 사실이 매우 부족한 나라들에 있어서는 이렇게 하는 것이 극히 어렵고, 그리고 개략적인 추계와 추정이 종종 필요하게 된다. 오직 재정적·금전적 계획화만이 있다고 하는 가정 속에는 재정이 유일한 장애이고, 그리고 물적 자원은 불변가격으로 화폐 지출이 지시하는 방향으로 원활하게 흐르게 된다고 하는 암묵의 가설이 있다. 나아가 설령 금전적 또는 재정적 계획에 대한 물적 크기를 정합하는 근본적인 계획을 반영하는데 지나지 않는 한층 온건한 역할이 주어지게 된다 하더라도, 다음과 같은 묵시적으로 가정을 피하기란 불가능하다 할 것이다.

즉, 개발에 대한 장애의 모든 것은 물적 자원의 충분한 지출에 의해 극복될 수 있고, 또한 비물질적 장애가 존재하는 곳에 있어서조차도 이들 장애를 제거하기 위한 모든 정책의 효과는 그 과정에서 소비되는 자원과 관련을 가지게 된다고 하는 가정이다. 양가정의 어느 것도 남아시아국에는 타당치가 않다.

고전적이고 서구적인 경제학 개념을 통해서 남아시아의 모든 문제에 접근하는데 대한 또 하나의 커다란 문제는 서구적인 용법으로 인플레이션과 디플레이션을 고찰하려는데 있다. 남아시아국에 있어서의 전형적인 상황은 자본뿐만 아니라 노동력의 엄청난 저이용이 있는 한편, 동시에 부족과 장애도 있다.

　인플레이션이나 디플레이션이라는 용어가 그와 같은 상황에 적용될 수 있을 것인지는 의심스럽다. 만약 인플레이션이, 가격이 등귀하고 부족과 배급이 나타나게 되는 경향을 의미한다면, 이 때에는 확실히 남아시아에 인플레이션이 있다. 그리고 디플레이션이 시설과 인력이 충분히 이용되지 않고 있다고 하는 것을 의미한다면, 이 때에도 마찬가지로 확실하게 디플레이션이 있다.

　저개발국에 있어서 인플레이션을 향하는 경향은 시장에 있어서 뿐만 아니라 공익시설·수송·배분 및 여신 등 각 부문에 있어서의 애로와 관련이 있다. 이에 대한 대응책은 교과서적인 수요 축소로는 될 수 없다. 그보다도 부족 항목의 공급을 높이고자 하는 기도가 있어야 한다. 이것은 때로는 가격이 등귀하고 이윤이 생산면에서 증대하게 되는 것을 허용하는 것에 의해 이루어질 수 있을 것이다. 그러나 남아시아에 있어서는 다른 조치가 더욱 필요하게 될 것 같다. 왜냐하면 가격 등귀는 매우 자주 공급을 감퇴시키게 되며, 또한 그것은 수요를 감퇴시킬 것이 확실하기 때문이다. 식량 가격의 등귀는 자기 자신의 토지를 소유하지 않고 있는 남아시아의 농부를 자극해서 반드시 증산을 가져오게 하지는 않을 것이다. 그러나 그것은 남아시아의 노동자로 하여금 보다 적게 매입할 공산이 크다.

　계획 입안자들은 애로에 부딪친 수요를 과잉상태에 있는 대용품으로 돌리게 하도록 노력하지 않으면 안 된다. 그들은 확실히 가격 등귀를 실제로 성장을 촉진시키는 부문에 제한하도록 노력하지 않으면 안 되고, 또한 그들은 그들의 계획화에 있어서 미래의 애로를 미리 처리하고자 시도하지 않으면 안 된다.

　마지막으로, 남아시아국의 개발계획에 있어서 계획 자체는 그것이 착수된 때부터 일정기간—3년, 4년, 5년 혹은 그 이상—에 걸쳐 세워질 수 있다. 이렇게 하는 것은 간편하고, 또한 정부나 국민을 고무해서 선정된 진로에 따라 움직이게 한다. 그러나 일단 착수된 뒤로는 그것은 특히 변화와 반응에 적응하는 기회를 주는데 있어서 고도로 신축적이어야 할 것이다.
　계획화의 목적은 사정의 변화를 감안해서 목적에 대한 수단의 합리적인 조정을 이용하게 하는데 있다. 이러한 모든 변화는 새로운 경험에 대한 반응과 계획화 과정 자체로부터 생겨나는 새로운 생각을 포함하게 되어야 할 것이다.
　이러한 원칙으로부터 최대의 이익을 얻기 위해서 남아시아국은 회전조직을 채택해야 한다고 하는 충고를 받아들이는 것이 좋을 것이다. 회전계획에 있어서는 세 가지의 계획이 실제로 매년 작성되어야 하고, 또한 실시되어야 할 것이다.
　첫째의 것은 당해 연도를 위한 계획으로 되어야 할 것이고, 또한 한 해의 예산과 외환 예산을 포함해야 할 것이다. 둘째의 것은 몇 해—3년, 4년 혹은 5년—에 걸치는 계획이라야 할 것이고, 그리고 그것은 변화가 생겨남에 따라 달라져야 할 것이다.
　마지막으로 해마다 10년, 15년 혹은 20년에 걸치는 장기적 계획—이에서는 장래의 발전의 보다 넓은 윤곽이 예보된다—
이 제시되어야 할 것이다. 해마다 1년 계획은 해마다 수정되
는 3개년 계획, 4개년 계획 또는 5개년 계획 등의 일부분으로
되어야 할 것이다.

　고정적이건 신축적이건 모든 계획은 그들 모두가 변화되지
않으면 안 되므로, 어느 정도로는 회전적인 계획화를 수반하
게 된다. 그러나 회전계획이 정식으로 채택된다면, 그 합리성
과 효율성이 증대하게 될 것이다. 바꾸어 말한다면, 이것은
실망을 줄이게 될 것이고, 또한 고정적인 계획이 그 목표를
달성하지 못할 때 일어나게 되는 대중의 냉소를 줄이게 될
것이다.

역자 후기

자유·평등·우애라는 이념 위에 세워진 복지국가의 실현은 행동적으로는 어떻든 이론적으로는 오늘날의 모든 사회과학자나 심지어 정치 실천가도 언필칭 내세우는 이상이다. 세계적으로는 북구(北歐) 모든 나라와 같이 이미 복지세계의 단계에까지 도달하게 되어 지상천국의 출현을 눈앞에 내다보고 있는 나라가 있는가 하면, 대부분의 저개발국에 있어서처럼 아직도 국민 대다수가 기아선상에서 허덕이고 있으므로 복지라는 개념은 생각조차 할 수 없는 나라도 적지 않다.

이와 같이 가진 나라와 가지지 못한 나라 간에 날로 늘어만 가는 현저한 격차는 필연적으로 국제 긴장을 가져오는 요인이 되어 있으며, 이것은 핵무기의 존재와 함께 우리 인류를 크게 위협하고 있다.

이 역서에 수록된 「아시아의 드라마:*Asian Drama*)」의 원저자 카알 군나르 미르달(Karl Gunnar Myrdal)은 바로 이 남북 격차에 관한 문제의 소재를 명백히 하는 공시에 그 해결책을 제시한 세계 정상의 사회과학자 중의 한 사람이다. 그는 국내적으로 부유한 자와 빈곤한 자, 국제적으로 개발국과 저개발국을 낳게 한 원인이 국내적·국제적 불평등에 있다고 보고, 이러한 불평등이 어떻게 생기게 되었으며, 어떻게 확대되어 가고 있는가를 경제사회학적 입장에서 소상하게 규명하고 있다.

그는 이에 대한 대책으로서 복지국가의 실현과 그 발전형태로서의 복지세계에로의 도약이 바람직하다는 것을 거듭 강조하고 있다. 그의 이념과 사상은 중진국에로의 힘찬 발돋음을 하면서 복지의 균등화를 꾀하지 않으면 안 되는 우리나라에 대해서도 시사하는 바가 적지 않을 것으로 믿는다.

「현대복지국가론(Beyond the Welfare State, London 1960)」과 「빈곤의 도전(The Challenge of World Poverty, London 1970)」등 수많은 불후의 노작으로 세계의 식자들에게 깊은 감명을 준 미르달은 이른바 북구학파에 속하는 경제학자로 널리 알려져 있으며, 현재는 스톡홀름 국제평화연구소의 소장으로 있으면서 라틴 아메리카협회의 회장을 겸하고 있다. 특히 국제평화연구소는 군비와 군축에 관한 전문적인 연구기관의 미비점을 보완하기 위해 미르달의 제창에 따라 스웨덴 정부의 재정적 지원으로 설립된 기관이며, 이곳에서 매년 발간되는 연감은 국제연합에서 군비축소가 논의되는 경우, 가장 권위 있는 자료로 이용되고 있다.

1898년 스웨덴의 구스타프스에서 태어난 그는 팔순에 가까운 오늘날에 있어서도 그의 위대한 사상과 학설을 통해서 세계평화를 겨냥하는 여론조성에 지대한 공헌을 하고 있다. 그의 이러한 공헌은 널리 인정되어 1971년에도 노벨평화상의 유력한 후보자로 클로우즈업되고 있으나, 자신이 수상국 태생이라는 이유에서 사전에 이를 사양했으므로 실현을 보지는 못했다.

그의 초기 경험을 보면 1923년 스톡홀름대학교 대학원 법학교를 졸업한 뒤, 1927년에 동대학의 강사로 임명되어 정치경제학을 담당했다. 이때 그의 처녀작인 「가격형성문제와 경제변화」가 발표되었으며, 그때의 그의 나이는 불과 29세였다. 그 후 1929~1930년까지 2년 동안 록펠러재단의 연구원으로 미국에 체류하게 되었고, 1931년에는 스톡홀름대학의 정교수로 승진하여, 1938년 하버드대학의 초청으로 재차 도미할 때까지 줄곧 그 곳에서 경제학 강의를 맡았다.

그가 카셀이나 빅셀의 뒤를 이어 경제학의 기초이론 연구에 몰두하여 「경제학설과 정치적요소」및 「화폐적 균형론」등의 기초 이론적인 저술을 하게 된 것도 이 무렵이었다. 그러나 미르달은 이 시기에 이미 이론적인 연구와 병행해서 실제적인 경제문제에도 많은 관심을 가져, 1933~1938년 사이에는 스웨덴 정부의 경제사회정책 고문으로 추대되는 한편, 스웨덴은행의 중역과 상임위원직을 맡아 스웨덴의 발전에 이바지한 바가 컸었다.

케인즈의 「일반이론」이 발표되기 3년 전, 그러니까 1933년에 적자 재정에 의한 공공설비 정책을 제창, 실시케 함으로써 스웨덴의 불황을 극복케 했다는 사실은 정책가로서의 그의 뛰어난 재질을 나타내는 것이다. 이렇게 볼 때, 그의 업적은 단순한 순수경제이론가의 차원에서 평가할 것이 아니라 박학한 현실적 정치인 내지 경제인, 나아가 박력 있는 국제 경제학자의 차원에서 평가함이 옳을 것이다.

1938년 봄 하버드대학에 초빙되어 1942년까지 미국에 머물러 있는 동안, 그는 흑인문제를 연구하였고, 그 결과를 1944년에 「미국의 딜레마—흑인문제와 근대민주주의」라는 표제로 세상에 내어놓았다.

이 저서는 대표적인 근대적 민주주의로서의 미국사회의 취부라고 할 수 있는 흑인문제를 경제·정치·사회·사상·문화 등의 모든 각도에서 포괄적이고 집약적으로 분석하고 있다. 60년대에 접어들면서 미국사회를 혼란의 도가니에 몰아넣게 된 흑인난동을 이미 이 책이 예언하고 있었다고 함은 그의 투철한 통찰력을 나타내고도 남음이 있다 할 것이다. 어쨌든 그는 이 연구를 통해서 흑인뿐만 아니라 일반적인 하층계급이나 특히 저개발국의 가난한 대중의 운명을 더욱 더 따뜻하게, 그러나 날카롭게 볼 수 있는 눈을 기르게 된 것으로 보인다.

이 무렵부터 그의 관심은 종전까지의 균형이론에서 벗어나 경제발전의 문제를 사회학적으로 추구하게 된 것 같다. 그러나 경향은 그가 전후에 사회민주당 상원의원, 정부요원 및 상무성 장관 및 국제연합구주경제위원회의 위원장으로서 (1947~57년)널리 내외의 정치경제의 현실과 접촉하게 됨으로써 더욱 굳어졌고, 자기 특유의 방법론으로 승화되었다.

그가 스웨덴 정부에 불황대책을 제안했던 것은 약관 35세 때의 일이었으므로 그 후에 그가 스웨덴의 발전에 얼마나 크게 기여했는가를 짐작할 수 있을 것이다. 스웨덴이 세계 최초의 복지국가를 실현한 나라로서 만약 사회민주당의 공헌을 이야기한다면, 이에서 적어도 미르달의 이름은 빼놓을 수 없을 것이다.

그는 이렇게 바쁜 실천적 활동 속에 몸을 두고 있으면서도 끊임없이 그의 조국 스웨덴을 비롯하여 세계 각국의 정치, 경제문제에 학문적인 관심을 쏟는 한편, 그와 같은 관찰과 사색의 결과를 계속 저서로 발표했다.

1950년대의 그의 주요한 저작을 든다면 「경제이론과 저개발지역(*An international Economy*, London 1956)」「*Economic Theory and Underdeveloped Regions*, London 1957)」등이 있다. 전자는 국제관계에 있어서의 분열과 통합이라는 이율배반적

인 운동을 중심으로 하여 선·후진국간의 국제적 통합의 가능성을 논한 것이고, 후자는 선·후진국간에 존재하는 커다란 국제적 불평등은 어떻게 발생했으며 어떻게 증대하게 되었는가, 그리고 이에 대한 대책은 무엇인가에 대해 초점을 두고 이론을 전개한 것이다.

그는 흑인문제가 그러한 것처럼 저개발국의 문제 역시 상호 연관적이고 순환적·누적적 인과관계 때문에 더욱 악화된다고 지적하고, 저개발국은 자신의 문제해결에 알맞은 이론체계를 찾지 않으면 안 된다고 주장하고 있다.

1960년대에 들어와서도 그의 정력적인 활동은 계속되고, 그의 이론체계는 원숙의 단계에 들어서게 되었다. 그리하여, 그는 이전까지의 일반적인 이론체계를 고도개발국이나 남아시아의 저개발국이라는 무대에다 실제로 적용하여 고도개발국이 안고 있는 문제점과 그 해결책, 저개발국 스스로의 과제와 개발 방향, 그리고 선·후진국 간의 협조의 필요성과 그 방법 등을 선명하게 지적하고 있다.

이 무렵의 그의 대표적인 저술로는 개발국에 관한 것으로 1963년의 「현대복지국가론」, 「풍요에의 도전」이 있고, 저개발국에 관한 것으로는 그의 필생의 역작인 1968년의 「아시아의 드라마」가 있으며, 그리고 선·후진국간의 협의를 논한 것으로는 1970년의 「빈곤의 도전」 등이 있다.

「현대복지국가론」에서 저자는 복지국가로의 길을 다름아닌 계획화의 길로 파악하고 있다. 그는 계획화의 과정이 대중의 적극적 참여 위에 그 인간적 기반을 구축하고 그것을 유지하지 않는다면, 복지국가는 실현될 수 없다고 못박는다. 그리고 국가 개입에 관한 계획화의 다음 단계는 국가 개입이 감소되는 단계라고 규정하고, 그 전제는 지방자치정부의 강화와 복지국가의 각종 하부구조의 균형 있는 성장이라고 강조한다. 나아가 복지국가의 문제에 언급하면서, 그는 서방의 부유한 나라는 빈곤한 나라에 대해 자유뿐만 아니라 평등까지 주지 않으면 안 된다고 말하고, 국제적인 계급투쟁의 폭발을 피하고 세계의 안정을 유지하기 위해서는 보다 폭넓은 조화의 창조가 필요하다고 역설한다.

이러한 복지세계에의 그의 집념은 「풍요에의 도전」에서 더욱 명백하게 된다. 미국은 고도의 번영과 성장을 구가하고 있는 반면에, 큰 실업과 빈곤, 그리고 국제수지의 악화 등으로 골치를 앓고 있는데, 이 때문에 미국은, 편협한 국민주의적인 세계정책으로 치달을 가능성이 있고, 이렇게 되면 복지세계의 실현은 더욱 어렵게 될 것이라고 그는 우려하고 있다. 따라서 미국과 같은 개발된 국가들이 자유와 평등이라는 그들의 문화적 유산에 충실하게 되고, 체제의 상이를 넘어서서 조화와 친선의 관계를 유지하고, 저개발국을 참으로 도와주는 것이 복지세계를 실현하는 지름길이라면서 개발국의 책임을 재삼 묻고 있다.

한편, 이렇듯 복지세계에로의 길을 가로막고 있는 요인을 개발국에서 찾고, 이에 대한 책임을 개발국에 물었던 미르달은 마침내 저개발국의 측면에도 눈길을 돌린다. 그가 그의 이상인 복지세계의 실현을 위해서는 저개발국 스스로가 당장 해야 할 일이 무엇이며, 개발국이 어떠한 방법으로 저개발국의 이러한 자조 노력을 도와주어야 할 것인가를 연구하고자 마음먹게 되었던 것은 1957년 「경제이론과 저개발지역」을 출간한 뒤부터였다고 한다. 그 후 1961년에 이르러, 그가 창설하였고 주도하고 있었던 스톡홀름 국제경제연구소와 미국의 연구조성 기관인 20세기재단과의 연구 계약이 맺어짐에 따라 이 연구는 마침내 본격화되기에 이르렀다.

이 연구에는 그의 부인 알바 미르달여사, 「정치적 요소와 경제학설」의 영역자로서, 또한 「개발연구의 미개척분야(*The Frontiers of Development Studies, Edinburgh,* 1972」저자로서 명성을 떨치고 있는 옥스퍼드대학의 스트리이덴(Paul P. Streeten) 교수 등 6명의 세계적 석학이 연구보조의 책임을 맡고 참여했다. 스웨덴 정부는 이 연구에 도움이 되도록 그의 부인을 인도주재 스웨덴대사로 기용하는데 서슴치 않았다. 이리하여 미르달이 저개발국에 관한 정치적·경제적·사회적 연구를 결심한 지 12년, 본격적으로 착수한 지 만 8년만인 1968년에 장장 2,300여면에 달하는 그 연구 성과는 3권으로 분책되어 「아시아의 드라마(*Asian Drama*, New York, 1968)」라는 이름으로 첫 선을 보이게 되었다.

이 역서는 뉴욕타임즈지의 시카코 지사장이며, 20세기재단의 연구원이기도 한 미국에서도 알려진 문필가 킹(Seth S. King)이 미르달의 감수아래 축소하게 된 1971년판을 번역한 것이다.

일찍이 아담 스미드는 1776년에 중상주의 사상과 정책에 대하여 철저한 비판을 가한 「국부론」을 내놓음으로써 경제학의 창시자로서의 지위를 굳히게 되었지만, 이로부터 2세기가 지난 1968년에 미르달이 그의 주저 「아시아의 드라마」의 부제를 국부론이라고 붙이게 된 것은 작금 경제분석의 주요 도구로 널리 사용되고 있는 이른바 전후형 접근방법에 철저한 비판을 가함으로써 경제학의 올바른 방향을 찾아보려는 그의 높은 포부를 나타내는 것이라 하겠다.

이리하여 「아시아의 드라마」와 그 속편 「빈곤의 도전」에서는 전인류의 입장에서 복지세계에로의 접근을 위한 저개발국의 할 일과 개발국이 져야 할 책임이 보다 구체적으로 다루어진다. 즉, 저개발국이 사상은 있으되 국민적 통합이 없고, 계획은 있으되 소득격차만 날로 늘어가고 있는 암담한 현실을 타개하기 위해서는 저개발국 자체의 자조 노력이 무엇보다 중요하며, 이러한 노력은 저개발국이 가지고 있는 유일 최대의 가용자원—농촌 유휴노동—의 활용과, 기득권익—권력이나 부의 편재—을 막는데 집중되어야 한다고 그 방향을 밝혀준다.

즉, 저개발국은 토지개혁을 결정하고 실행하지 않으면 안 되며, 마찬가지로 대중 간에다 산아제한을 보급시키거나 교육제도의 개혁을 하지 않으면 안 되며, 또한 보다 많은 사회적 규제를 받아들이게 하고, 올바르게 일이 처리되게 하기 위해 구멍투성이의 법률과 결함이 많은 관료기구를 가지는 취약국가에 대한 투쟁을 하지 않으면 안 된다고 하는 것을 지적하고 있다. 동시에 서구적인 것의 무조건 도입 및 선진국의 음험하고도 간교한 기득권익, 옹호정책 등을 경계해야 된다고 후진국에 대해 따뜻한 충고를 잊지 않는다.

한편, 저개발국의 자조 능력을 돕기 위해 개발국이 해야 할 일은 이때까지의 원조를 줄일 것이 아니라 더욱 증가시키되, 이것을 자국의 이익이 되게끔 정치적으로 이용하지 말아야 한다는 것이다. 국제간의 조화를 가져오기 위해서는 자원이나 기술의 원조만으로는 불충분하고, 이에 앞서 대외경제정책상의 국민주의가 타파되어야 한다고 주장한다.

그는 이제까지의 예로 보아 원조에는 관대한 나라가 무역이나 금융면에 있어서는 오히려 더욱 이기적이라고 개발국의 태도를 나무라고 있다. 그렇지만, 선·후진국간의 협조에 관해서 모든 국내 개혁은 저개발국 스스로의 힘에 의해 수행되지 않으면 안 된다고 하는 것을 미르달은 이렇게 강조한다.

"어느 정도 우리들은 모두가 이 드라마의 협연자들이다. 그것은 마치 남아시아를 위해 설치된 이 무대가 확대되고 온 세계를 그것에 끌어들임으로써 누구도 단순한 고객이 될 수 없게 하는 것과 같다. 그러나 이 드라마에 있어서의 주역들은 남아시아의 주민 자신들, 특히 그들의 교육받은 계층이다. 연구 재정원조의 공여, 그리고 그 밖의 수단을 통한 국외자들의 협연은 최종적인 결과에 대해서는 오히려 중요치 않은 여흥이다."

이상의 간단한 소개를 통해서도 미드달박사의 주장 속에는 신탁(申託)처럼 끈질긴 힘이 용솟음치고 있음을 알 수 있다. 혹자는 그의 이러한 제안을 가지고 이론적으로는 공상적인 것이고, 정치적으로는 비현실적이라고 생각할는지도 모른다. 그러나 이 역서 권두부록에서 그가 말하고 있는 바와 같이,

'나는 역사를 운명이 아니라 인간이 만든 것이라고 생각하고 있습니다. 나는 이러한 점이 미래학에는 근본적으로 결여되어 있다고 봅니다. 미래는 인간의 행동, 즉 정치가나 국가의 행동 여하에 달려 있으며, 과학자가 어디까지 그들의 편견을 불식하고 권력자 속에서 얼마나 많은 반응을 얻을 수 있을까 하는 것에 있는 것입니다. 역사는 운명이 아니라 인간이 만드는 것입니다. 만약 이러한 위험을 모두가 깨달을 수 있다면 무지로 말미암아 이상에 대한 신념을 잃게 된 모든 사람들이나, 우리들의 정부의 정책을 마침내는 전환시킬 수도 있을 것입니다. 국제연합이 하는 일도 이 때까지처럼 실패가 아니라 성공으로 이끌 수가 있을 것입니다'라고 하는 점을 우리 역시 잊어서는 안 될 것이다.

언제나 특정한 입장이나 사상에 사로잡히지 않고 세계적인 시야와 전인류의 복지향상을 고수하면서 오늘날의 세계가 직면하고 있는 문제에 끊임없는 정열로서 계속 소리높이 외치고 있는 그의 모습에는 깊은 감명을 느끼지 않을 수가 없다.

역자가 경제과학심의회의 상임위원회 고승제박사님과 「아시아의 드라마」의 번역을 약속한 지 어언간 3개성상이 흘러갔다. 이것이 계기가 되어 동학 몇몇 분과 상의 끝에 역자를 포함한 3명이 각각 1권씩 맡아 번역에 착수하게 되었으나,

원본이 워낙 방대한 데다가 일역판—출판되었다고는 듣고 있으나 끝내 구하지 못했다—도 없어 공역에 따르는 용어상의 통일도 문제였거니와, 공역자 중에서는 외유 혹은 보직 등으로 더 이상 번역을 계속할 수 없게 된 분도 있었고, 역자 역시 보직과「빈곤의 도전」의 번역으로 시간이 부족하였기에 부득이 당초의 계획을 단념하지 않을 수 없었다.

역자가「빈곤의 도전」을 탈고하여 출판사에 넘기고, 이 때부터 역자 단독으로 부족하나마「아시아의 드라마」를 번역하려는 작심에서 제1권을 통독, 선택할 부분을 체크하여 제2권에 들어갈 무렵에 하버드대학에 유학중인 동료 나경수교수로부터 킹에 의한 축소판이 보내져 왔다. 그리하여 또 다시 번역 방침을 변경하여 이 축소판을 번역하기로 마음먹고 본격적으로 번역에 착수하게 되었다.

원고의 작성이 완료된 후 추고에 들어가기는 했으나, 아는 것도 없이 서둘러 번역하게 된 것인지라, 역자로서도 도시 마음에 들지 않아 원고 보따리를 캐비닛 속에 처넣고 동기 휴가중에 철저한 가필을 기약하고 있던 차 평소 미르달에 깊은 관심을 가지고 있던 동료 김영청교수께서 출판이 늦어지는 것을 안타까이 여겨 원고의 통독과 수정을 맡아 주었다. 김교수께서는 원고를 면밀히 검토하여 오역을 지적하거나 적역으로 보완하거나 해서 상당히 가필된 원고를 장별로 역자에게 돌려주었다.

　역자가 이것을 다시금 정리하여 출판사에 인도했다. 처음 약속보다 늦어졌고, 내용도 초역의 성격을 띤 것이 되고 말았지만, 김교수의 협력을 얻게 됨으로써 이 역서의 출간까지의 기간이 얼마간 단축되었고, 더욱이 역자 혼자서 하게 된 것보다도 훨씬 내용이 충실하게 되었다고 하는 것을 역자는 다시없는 기쁨으로 생각한다. 물론 역문(譯文)에 대해서는 아직도 마음에 들지 않은 곳이 적지 않으며, 또한 뜻하지 않은 오역과 누락도 많을 것으로 생각한다. 독자제현의 기탄없는 비판을 받아 좋은 내용으로 가다듬을 기회를 가지게 되기를 빌어 마지않는다.

　끝으로 사의를 표한다고 해서 은혜를 적게 입었다고 하는 것을 의미하는 것은 아니지만, 기회 있을 때마다 표현상의 상의에 응해주신 부광식교수님과 그 밖의 동료 교수님들, 그리고「아시아의 드라마」와「빈곤의 도전」서문이나 요약에 해당하는 이 역서의 권두부록의 원본을 구해주어, 이 역서를 한결 읽기 쉽게 해준 경북대 사범대학 김영호교수에 대해서도 전술한 여러 분들에 대한 것과 마찬가지로 진심으로 감사의 말씀을 올리는 바이다.

역　자

역자 약력

- 일본 상지대학 예과 졸
- 서울대학교 문학부 졸
- 경북대학교 경상대학장
- 경제학박사

주요 역서

- 「현대복지국가론」「빈곤의 도전」「풍요에의 도전」
- 「아시아의 드라마」외 다수

개정1판 발행 | 2018년 5월 1일
발행처 | 서음미디어
등 록 | 2009. 3. 15 No 7-0851
서울시 동대문구 난계로 28길 69-4
Tel (02) 2253-5292
Fax (02) 2253-5295

저 자 | K. G. 미르달
역 자 | 최광열
발행인 | 이관희
본문편집 | 은종기획
표지일러스트 | 주야기획

ISBN 978-89-91896-11-6

이 책은 저작권법에 의해 보호를 받는 책이므로 무단전제나 복제를 금합니다.
©seoeum